תלמוד בבלי

— מהדורת נאה —

בבא קמא חלק א

Steinsaltz Center

ירושלים

KOREN

Please note that the number ranges that appear at the bottom of each daf of the Vilna pages indicate the corresponding pages of the Koren Talmud Bavli translation and commentary.

תלמוד בבלי

הוצאת קורן ירושלים

— מהדורת נאה —

מסכת בבא קמא
דף ב. עד דף יז.

COMMENTARY BY

Rabbi Adin Even-Israel
Steinsaltz

EDITOR-IN-CHIEF

Rabbi Dr Tzvi Hersh Weinreb

EXECUTIVE EDITOR

Rabbi Joshua Schreier

•

STEINSALTZ CENTER
KOREN PUBLISHERS JERUSALEM

אַרְבָּעָה

*אֲבוֹת נְזִיקִין: אהַשּׁוֹר, בוְהַבּוֹר, וְהַמַּבְעֶה, וְהַהֶבְעֵר. לֹא הֲרֵי הַשּׁוֹר כַּהֲרֵי הַמַּבְעֶה, וְלֹא הֲרֵי הַמַּבְעֶה כַּהֲרֵי הַשּׁוֹר. וְלֹא זֶה וָזֶה שֶׁיֵּשׁ בָּהֶן רוּחַ חַיִּים, כַּהֲרֵי הָאֵשׁ שֶׁאֵין בּוֹ רוּחַ חַיִּים. וְלֹא זֶה וָזֶה שֶׁדַּרְכָּן לֵילֵךְ וּלְהַזִּיק, כַּהֲרֵי הַבּוֹר שֶׁאֵין דַּרְכּוֹ לֵילֵךְ וּלְהַזִּיק. הַצַּד הַשָּׁוֶה שֶׁבָּהֶן – שֶׁדַּרְכָּן לְהַזִּיק, וּשְׁמִירָתָן עָלֶיךָ, וּכְשֶׁהִזִּיק – גחָב הַמַּזִּיק לְשַׁלֵּם תַּשְׁלוּמֵי נֶזֶק דבְּמֵיטַב הָאָרֶץ.§

גמ' מִדְּקָתָנֵי "אָבוֹת" – מִכְּלָל ודְּאִיכָּא תּוֹלָדוֹת. תּוֹלְדוֹתֵיהֶן כַּיּוֹצֵא בָּהֶן, אוֹ לָאו כַּיּוֹצֵא בָּהֶן? גַּבֵּי שַׁבָּת תְּנַן: *זאֲבוֹת מְלָאכוֹת אַרְבָּעִים חָסֵר אַחַת. אָבוֹת – חמִכְּלָל דְּאִיכָּא תּוֹלָדוֹת, תּוֹלְדוֹתֵיהֶן טכַּיּוֹצֵא בָּהֶן; ילָא שְׁנָא אָב – חַטָּאת, וְלָא שְׁנָא תּוֹלָדָה – חַטָּאת. לָא שְׁנָא אָב – סְקִילָה, וְלָא שְׁנָא תּוֹלָדָה – סְקִילָה. וּמַאי אִיכָּא בֵּין אָב לְתוֹלָדָה? נָפְקָא מִינָּהּ: כדְּאִילּוּ עָבֵיד שְׁתֵּי אָבוֹת בַּהֲדֵי הֲדָדֵי, אִי נַמִי שְׁתֵּי תּוֹלָדוֹת בַּהֲדֵי הֲדָדֵי – מִחַיַּיב אַכָּל חֲדָא וַחֲדָא. וְאִילּוּ עָבֵיד אָב וְתוֹלָדָה דִּידֵיהּ – לָא מִחַיַּיב אֶלָּא חֲדָא. *וּלְרַבִּי אֱלִיעֶזֶר, דִּמְחַיֵּיב אַתּוֹלָדָה בִּמְקוֹם אָב, אַמַּאי קָרֵי לֵיהּ אָב וְאַמַּאי קָרֵי לָהּ תּוֹלָדָה? הַךְ דַּהֲוָה בְּמִשְׁכָּן חֲשִׁיבָא – קָרֵי לֵיהּ אָב, הַךְ דְּלָא הֲוֵי בְּמִשְׁכָּן חֲשִׁיבָא – קָרֵי לָהּ תּוֹלָדָה. גַּבֵּי טוּמְאוֹת תְּנַן; *אֲבוֹת הַטּוּמְאוֹת: להַשֶּׁרֶץ, מוְהַשִּׁכְבַת זֶרַע, וּטְמֵא

רש"י

אַרְבָּעָה אֲבוֹת נְזִיקִין. "אָבוֹת" קָרֵי לְהָנָךְ דִּכְתִיבָן בִּקְרָא בְּהֶדְיָא, וּבַגְּמָרָא מְפָרֵשׁ הֵי נִינְהוּ תּוֹלָדוֹת. הַשּׁוֹר וְהַבּוֹר כו'. כַּסֵּדֶר שֶׁהֵן כְּתוּבִין בַּפָּרָשָׁה סִדְּרָן בַּמִּשְׁנָה, דְּפָרָשָׁה רִאשׁוֹנָה נֶאֱמְרָה בְּשׁוֹר שְׁנִיָּה בְּבוֹר. מַבְעֶה. מְפָרֵשׁ בַּגְּמָ'. הֶבְעֵר. "כִּי תֵצֵא אֵשׁ". **לֹא** הֲרֵי שׁוֹר כַּהֲרֵי הַמַּבְעֶה. כְּלוֹמַר, אִי כָּתַב רַחֲמָנָא שׁוֹר לָא נָפֵיק מַבְעֶה מִינֵּיהּ, וְאַמְּטוּ לְהָכִי אִיצְטְרִיכוּ לְמִיכְתַּב. וּלְהָכִי נָקַט בְּרֵישָׁא "כַּהֲרֵי הַמַּבְעֶה" וְלָא נָקַט לְהוּ כַּסֵּדֶר לֹא הֲרֵי הַשּׁוֹר כַּהֲרֵי הַבּוֹר, מִשּׁוּם דְּתוּ לָא הָוֵי מָצֵי לְמִיתְנֵי "לֹא זֶה וָזֶה שֶׁיֵּשׁ בָּהֶן רוּחַ חַיִּים", דְּהָא בּוֹר אֵין בּוֹ רוּחַ חַיִּים. וְעוֹד טַעֲמָא אַחֲרִינָא: דְּהָא רְבוּתָא אַשְׁמְעִינַן, שֶׁאַף עַל גַּב שֶׁיֵּשׁ לִשְׁנֵיהֶם רוּחַ חַיִּים לָא נָפֵיק חַד מֵחַבְרֵיהּ. וּבַגְּמָ' מְפָרֵשׁ מַאי "לֹא הֲרֵי" דְּקָאָמַר. כַּהֲרֵי הָאֵשׁ שֶׁאֵין בּוֹ רוּחַ חַיִּים. וְאִי לָא כְּתָבֵיהּ רַחֲמָנָא, הֲוָה אָמֵינָא לִיפָּטֵר. **לֹא** זֶה וָזֶה כו'. אֵלּוּ שֶׁלָּשְׁתָּן דַּרְכָּן לֵילֵךְ וּלְהַזִּיק. הַצַּד הַשָּׁוֶה כו'. מְפָרֵשׁ בַּגְּמָ' לְאֵתוּיֵי מַאי. בְּמֵיטַב הָאָרֶץ. מְעִידִית נְכָסָיו יִגְבֶּה דְּמֵי הֶזֵּיקוֹ, אִם רוֹצֶה לִפְרוֹעַ לוֹ קַרְקַע. **גמ'** חַטָּאת. בְּשׁוֹגֵג. סְקִילָה. בְּמֵזִיד. אִי עָבֵיד שְׁתֵּי אָבוֹת. בְּשׁוֹגֵג. מִיחַיַּיב. תַּרְתֵּי חַטָּאוֹת. לָא מִיחַיַּיב אֶלָּא חֲדָא. אַאַב מְלָאכָה, אֲבָל אַתּוֹלָדָה דִּידֵיהּ לָא מִיחַיַּיב. וּלְר"א דִּמְחַיֵּיב תַּרְתֵּי כו'. דְּאִי עָבֵיד אָב וְתוֹלָדָה דִּידֵיהּ מְחַיֵּיב תַּרְתֵּי חַטָּאוֹת, בְּמַסֶּ' כְּרִיתוֹת בְּפֶ' "אָמְרוּ לוֹ" (דף טז.). כּוּלְּהוּ אֲבוֹת מְלָאכוֹת מִמִּשְׁכָּן גָּמְרִינַן לְהוּ, בְּמַסֶּכֶת שַׁבָּת (דף מט:).

וּטְמֵא

תוספות

ארבעה אבות נזיקין. אית דוכתא דלא תני "הן", כמו הכא, ובגמרא גבי שלש עשרה אבות נזיקין, וב"ארבעה מחוסרי כפרה" (כריתות דף ח:). ואית דוכתא דקתני "הן", כדקתני: ארבעה שומרין הן (שבועות ד' מט.), וארבעה ראשי שנים הן (ר"ה ד' ב. ושם). (גליון: וא"ת: אמאי לא קאמר "ארבעה אבות נזיקין הן", כדקתני "ד' ראשי שנים הן"? וי"ל: שלא בא אלא להגיד: ארבע אבות הללו, לא ראי זה כראי זה. וקצת קשה: דבגמרא מוכח דנאית תנא למניינא, מדפריך: ותנא דידן מאי טעמא לא תני הני. לכך י"ל: דיש מקומות דלא תני "הן", כדאשכחן ב"ארבעה מחוסרי כפרה"*. ע"כ).

השור והבור. פי' בקונטרס: כסדר שנכתבו בפרשה סדרן במשנה. *ואע"ג דלמ"ד תנא שור לרגלו – לא הוי כסדר הפרשה, דרגל נפקא לן מ"ושלח את בעירה" דכתיב בתר בור, מ"מ שם שור כתיב קודם בפרשה, דהיינו נגיחה דקרן. ולמ"ד מבעה זה אדם, אע"ג דלבתר הבערה כתיב, בפרשת אמור, "מכה בהמה ישלמנה" דהיינו אדם דאזיק שור – לא חש לשנותו כסדר הפרשה, לפי שרחוק כל כך, ושנאו כסדר "לא הרי" דסיפא, שמבעה קודם להבער. ור"ת: פי': דשם אדם כתיב בפרשה קודם, "כי יגנוב איש שור", והוא אחד מאבות נזיקין דקתני לה בברייתא בגמרא.

לא הרי השור כהרי המבעה. פירוש: אין קולתו של שור כקולתו של מבעה, כדמפרש לקמן בגמ' למ"ד תנא שור לקרנו ומבעה לשינו – משום דשור כוונתו להזיק, ומבעה אין כוונתו להזיק. ולפיכך, אי כתב רחמנא שור – לא אתי מבעה מיניה, שהוא קל מיניה. ואין פירושו כשאר מקומות שבתלמוד "לא ראי זה", דהתם פירושו: אין חומרא של זה כחומרא של זה, ולכך אין החומרות גורמות זה הדין, אלא הצד השוה שבהן גורם הדין. ושינה כאן התלמוד פירושו מבשאר מקומות, משום דהזכיר החמור תחילה ב"לא זה וזה שיש בהן רוח חיים".

ולא זה וזה שיש בהן רוח חיים כהרי האש. גבי שור ומבעה לא הוצרך לפרש החומרא כי הכא, משום דכל אחד קל למצוא חומר באחד מה שאין בחבירו. והא דלא תני הכא "לא הרי האש כהרי השור ומבעה", כדקתני לעיל "לא הרי המבעה כהרי השור", משום שלא היה יכול למצוא חומרא מה שאין בשניהם. דאי משום דכח אחר מעורב בו, ואין הולך לדעתו כמו שורו – אין זה חומרא, ◐מדלא חשיב לה גבי חומר באש מבשור. ◐והא דאמרינן לקמן (דף ג, ודף ו.) גבי אבנו וסכינו: מאי שנא אש דכח אחר מעורב בו, ואין הולך לדעתו – ה"ק: מאי שנא אש, שאע"פ שכח אחר מעורב בו, ראוי להתחייב בו – משום שהוא ממונך ושמירתו כו'. ובסיפא גבי בור הוה מצי למימר: לא הרי הבור שתחילת עשייתו לנזק, כהרי אלו – ולא חש, לפי שהפסיק באש, ובור לא רצה לשנות קודם אש – דא"כ הוי אתי אש מיניה, דכולהו אתי מבור וחד מהנך, כדאמרינן בגמ' (ד' ה:). והתנא האריך להגדיל תורה ויאדיר. וקצת קשה: דמשמע ◐דעונשין ממון מן הדין, *◐ובמכלתין תניא: "כי יפתח... וכי יכרה" אם על הפתיחה חייב, על הכרייה לא כל שכן! אלא ללמדך שאין עונשין ממון מן הדין. ומיהו, בפרק "הפרה" (לקמן מט: ושם) דריש ליה לדרשה אחרינא: שעל עסקי פתיחה וכרייה באה לו. או: להביא כורה אחר כורה, שסילק מעשה ראשון (לקמן נא.). [וע' תוס' לקמן ד: ד"ה ועדים].

ולרבי אליעזר אמאי קרי ליה אב. וא"ת: ונימא דנפקא מינה לענין התראה, שצריך להתרות אתולדה משום אב דידה, כדאמרינן בפרק "תולין" (שבת דף קלח.): משמר משום מאי מתרין ביה? רבה אמר: משום בורר, רבי זירא אמר: משום מרקד! וי"ל, דהכי *פריך: משום מאי מתרין ביה שהוא חייב? רבה אמר משום בורר, אבל התרו בו משום מרקד – פטור, דכיון שהוא מתרה בדבר שאין דומה, סבר שמלעיג בו, ופטור. אבל אם התרו בו ואמר: אל תְּשַׁמֵּר חייב. ועי"ל: דזהו שמתרץ: הך דהואי במשכן קרי ליה אב, וצריך להתרות התולדה בשמה. *ועוד, דנוטע ומבשל אין צריך להתרותו משום אב, ואם התרה משום התולדה – חייב, ואפ"ה לא חשיב ליה בפרק "כלל גדול").

*ה"ג: הך דהואי במשכן חשיבא קרי ליה אב, הך דלא הואי במשכן חשיבא קרי ליה תולדה. ולפי הך גירסא בא לאפוקי כמה מלאכות שלא היו חשובין, והיו במשכן, דתולדות נינהו ולא אבות מלאכות, כדאמרינן בפרק "במה טומנין" (שבת דף מט:): הם העלו הקרשים מקרקע לעגלה – דהיינו הכנסה ומושיט בדיוטא אחת. ואית דגרסי: הך דהוה במשכן וחשיבא – קרי לה אב, הך דלא הוה במשכן ולא חשיבא – קרי לה תולדה. ולפי גירסא זו צריך לומר דבעי תרתי, אבל חשיבא ולא הוי במשכן או איפכא – הוי תולדה.

דאלו

*) [וע' תוס' שבת עג: ד"ה משום ועוד שם נו: ד"ה ולר"א למחייב]

רבינו חננאל

ארבעה אבות נזיקין השור והבור והמבעה וההבער לא השור כהרי המבעה כו' ובענין מדקתני אבות מכלל דאיכא תולדות תולדותיהן כיוצא בהן אי לא. גבי שבת תנן אבות מלאכות תולדותיהן כיוצא בהן בשגגה בין אבות בין תולדות חטאת במזיד סקילה פי' אבות זורע תולדות נוטע וכיוצא בו וכן הארבעים חסר אחת כולן בענין הזה פירושם. ומאי טעמא קרי להאי אב ולהאי תולדה. ופשטי' דאי עביד ב' אבות או ב' תולדות חייב תרתי [ואילו] אב ותולדה דידיה אינו חייב אלא אחד ואקשי' ולר' אליעזר דמחייב על אב ותולדה דידיה תרתי מאי *) דתנן [כריתות טז.] א"ר עקיבא שאלתי את ר' אליעזר העושה מלאכות הרבה מעין מלאכה אחת מהו כו' עד חייב על כל אחת ואחת. ופשטי לה בגמרא [דשאלתו היה] תולדות מלאכות כמלאכות דמיין אי לא. ופשט ליה דולדי לאבות כמלאכו' דמיין. ופרק' הך דהואי במשכן קרי ליה אב מלאכה. דלא הואי במשכן קרי ליה תולדה. (ודברי רבי אליעזר מפורשים הן בכריתות פרק אמרו לו). גבי טומאות תנן אבות טומאות כו' תולדותיהן

כאן נ"ל מה שכתוב לקמן דברי ר' אליעזר מפורשים הם בכריתות בפ' אמרו לו דתנן.

עין משפט נר מצוה

א א מיי' פ"א מהל' נזקי ממון הל' י' סמג עשין סז ולאוין רפט טוש"ע ח"מ סי' שפט סעיף א:

ב ב מיי' שם פי"ג הל' ב ופי"ב הלכה א סמג עשין סח טוש"ע ח"מ סי' תי סעיף א:

ג ג מיי' שם פי"ד הל' א סמג עשין סט טור ש"ע ח"מ סי' תיח סעיף א:

ד ד מיי' שם פ"א הל' ב סמג עשין סז טוש"ע ח"מ סי' שפט סעיף א:

[וע' תוס' ר"ה ב. ד"ה ארבעה ולע"ק]

[עיין תוספות ריש שבת ד"ה יציאות]

ה ה מיי' שם ופ"ח הלכה ט סמג שם טור ש"ע שם סעיף ב וסי' תיט סעיף א:

ו ו מיי' שם פ"ב הלכה א וע"ש סמג שם טוש"ע ח"מ סי' שפט סעיף יח:

ז ז מיי' פ"ז מהל' שבת הלכה א סמג לאוין סה:

ח ח מיי' שם הל' ה:

ט ט י כ מיי' שם הלכה ז:

י ל מיי' פ"ד מהל' שאר אבות הטומאה הל' ב סמג עשין רמו:

יא מ מיי' שם פ"ה הל' א סמג שם:

מסורת הש"ס

שקלים ח. כריתות ב:

[...]ת מט: עג. [וש"נ] שקלים ח.

[...]ת עה: נו: כריתות טז.

כלים פ"א מ"א

נ"ל ובמכילתא

נ"ל פירושו

עיין במהרש"ם

[...]ין במהרש"ל בשם גליון

גליון הש"ס

[...]וס' ד"ה ולא. מדלא חשיב לה. לקמן י ע"א: **בא"ד** והא דאמרינן לקמן ג ע"ב: **בא"ד** דעונשין ממון מן הדין. עיין לקמן ד ע"ב תוס' ד"ה ועדים ועיין ברש"י חגיגה יא ע"ב ד"ה לבתו: **בא"ד** ובמכלתין תניא. וכן עוד במכילתא פרשת משפטים בפסוק וטבחו או מכרו אם על הטביחה חייב על המכירה לכ"ש אלא שאין עונשין מן הדין:

יב א מיי' פ"ה מהל' טומאת מת הל' ט:
יג ב מיי' שם הל' ז ופ"א שם הל' ה ופ"א מהל' שאר אבות הטומאה הל' א ופ"ד שם הל' ב ופ"ה שם הל' א ופ"י מהל' טומאת צרעת הל' יא ופ"א מה' מטמאי משכב ומושב הל' א סמג עשין רלא רמו:
יד ג מיי' פ"ה מהל' טומאת מת הל' ז ופ"א מהל' שאר אבות הטומאה הל' א סמג שם:
טו ד מיי' פ"ב מהל' נזקי ממון הל' א ב סמג עשין סז טוש"ע ח"מ סי' שפט סעיף יח:
טז ה מיי' פ"א שם הלכה י סמג וטוש"ע שם:
יז ו מיי' שם הל"י טוש"ע שם סעיף יט:
יח ז מיי' שם פ"ב הל' ב טור ש"ע שם סעי' יח וסעיף יט:
יט ח טוש"ע ח"מ סי' שצ סעיף א:
כ ט טור ש"ע ח"מ סי' שצא סעיף א:

אוּטְמֵא מֵת. תּוֹלְדוֹתֵיהֶן לָאו כַּיּוֹצֵא בָּהֶן; בדְּאִילּוּ אָב – מְטַמֵּא אָדָם וְכֵלִים, גוְאִילּוּ תּוֹלָדוֹת – אוֹכָלִין וּמַשְׁקִין מְטַמֵּא, אָדָם וְכֵלִים לֹא מְטַמֵּא. הָכָא מַאי? אָמַר רַב פַּפָּא: דיֵשׁ מֵהֶן כַּיּוֹצֵא בָּהֶן, וְיֵשׁ מֵהֶן לָאו כַּיּוֹצֵא בָּהֶן. ת"ר: הג' אָבוֹת נֶאֶמְרוּ בְּשׁוֹר: הַקֶּרֶן, וְהַשֵּׁן, וְהָרֶגֶל. קֶרֶן מְנָלַן? דְּת"ר: °"כִּי יִגַּח" – אֵין נְגִיחָה אֶלָּא בְּקֶרֶן, שֶׁנֶּאֱמַר: *°"וַיַּעַשׂ לוֹ צִדְקִיָּה בֶּן כְּנַעֲנָה קַרְנֵי בַרְזֶל וַיֹּאמֶר כֹּה אָמַר ה' בְּאֵלֶּה תְּנַגַּח אֶת אֲרָם" וגו', וְאוֹמֵר: °"בְּכוֹר שׁוֹרוֹ הָדָר לוֹ וְקַרְנֵי רְאֵם קַרְנָיו בָּהֶם עַמִּים יְנַגַּח". מַאי "וְאוֹמֵר"? וְכִי תֵּימָא: *דִּבְרֵי תוֹרָה מִדִּבְרֵי קַבָּלָה לָא יָלְפִינַן – ת"ש "בְּכוֹר שׁוֹרוֹ הָדָר לוֹ". וְהַאי מֵילַף הוּא?! גִּילּוּי מִילְּתָא בְּעָלְמָא הוּא, דִּנְגִיחָה בְּקֶרֶן הוּא! אֶלָּא, מַהוּ דְּתֵימָא: כִּי פָּלֵיג רַחֲמָנָא בֵּין תָּם לְמוּעָד – ה"מ בִּתְלוּשָׁה, אֲבָל בִּמְחוּבֶּרֶת – אֵימָא כּוּלָּהּ מוּעֶדֶת הִיא, ת"ש "בְּכוֹר שׁוֹרוֹ הָדָר לוֹ" וגו'. יתּוֹלָדָה דְּקֶרֶן מַאי הִיא? נְגִיפָה, נְשִׁיכָה, רְבִיצָה, וּבְעִיטָה. מַאי שְׁנָא נְגִיחָה דְּקָרֵי לָהּ אָב – דִּכְתִיב "כִּי יִגַּח", נְגִיפָה נַמִי, כְּתִיב °"כִּי יִגֹּף"! הַאי נְגִיפָה – נְגִיחָה הִיא. דְּתַנְיָא: פָּתַח בִּנְגִיפָה וְסִיֵּים בִּנְגִיחָה, לוֹמַר לְךָ: זוֹ הִיא נְגִיפָה, זוֹ הִיא נְגִיחָה. מַאי שְׁנָא גַּבֵּי אָדָם דִּכְתִיב "כִּי יִגַּח", וּמַאי שְׁנָא גַּבֵּי בְּהֵמָה דִּכְתִיב "כִּי יִגֹּף"? *אָדָם דְּאִית לֵיהּ מַזָּלָא – כְּתִיב "כִּי יִגַּח", בְּהֵמָה דְּלֵית לָהּ מַזָּלָא – כְּתִיב "כִּי יִגֹּף". וּמִלְּתָא אַגַּב אוֹרְחֵיהּ קמ"ל, *דְּמוּעָד לְאָדָם הָוֵי מוּעָד לִבְהֵמָה, וּמוּעָד לִבְהֵמָה לָא הָוֵי מוּעָד לְאָדָם. נְשִׁיכָה תּוֹלָדָה דְּשֵׁן הִיא! לָא, שֵׁן – יֵשׁ הֲנָאָה לְהֶיזֵּקָהּ, הָא – אֵין הֲנָאָה לְהֶיזֵּקָהּ. רְבִיצָה וּבְעִיטָה תּוֹלָדָה דְּרֶגֶל הִיא! לָא, רֶגֶל – הֶיזֵּקָהּ מָצוּי, הָנֵי – אֵין הֶיזֵּקָן מָצוּי. אֶלָּא "תּוֹלְדוֹתֵיהֶן לָאו כַּיּוֹצֵא בָּהֶן" דְּאָמַר רַב פַּפָּא, אַהַיָּיא? אִילֵימָא אַהָנֵי, מַאי שְׁנָא קֶרֶן – דְּכַוָּונָתוֹ לְהַזִּיק, וּמָמוֹנְךָ, וּשְׁמִירָתוֹ עָלֶיךָ הָנֵי נַמִי: כַּוָּונָתָן לְהַזִּיק, וּמָמוֹנְךָ, וּשְׁמִירָתָן עָלֶיךָ! אֶלָּא, יתּוֹלָדָה דְּקֶרֶן כְּקֶרֶן, וְכִי קָאָמַר רַב פַּפָּא אַשֵּׁן וָרֶגֶל. שֵׁן וָרֶגֶל הֵיכָא כְּתִיבִי? *דְּתַנְיָא: °"וְשִׁלַּח" – חזֶה הָרֶגֶל, וְכֵן הוּא אוֹמֵר: °"מְשַׁלְּחֵי רֶגֶל הַשּׁוֹר וְהַחֲמוֹר". "וּבִעֵר" – טזוֹ הַשֵּׁן, וְכֵן הוּא אוֹמֵר: °"כַּאֲשֶׁר יְבַעֵר הַגָּלָל"

תורה אור: שמות כא; מ"א כב; דברים לג; שמות כא; שם כב; ישעיה לב; מ"א יד

וּטְמֵא מֵת. מִי שֶׁנָּגַע בְּמֵת הָוֵי אַב הַטּוּמְאָה. דְּמֵת עַצְמוֹ – אֲבִי אֲבוֹת הַטּוּמְאָה הוּא, וְהַנּוֹגֵעַ בּוֹ הָוֵי אַב הַטּוּמְאָה וּמְטַמֵּא אָדָם וְכֵלִים, דְּהָא כְּתִיב: "כֹּל אֲשֶׁר יִגַּע בּוֹ הַטָּמֵא יִטְמָא" וגו' (במדבר יט), וְהַאי קְרָא בִּטְמֵא מֵת כְּתִיב, וּמַשְׁמַע דִּמְטַמֵּא אָדָם, דְּהָא כְּתִיב: "וְהַנֶּפֶשׁ הַנּוֹגַעַת" וגו'. הָכָא מַאי. תּוֹלָדוֹת דְּשַׁבָּת, הָוֵי כְּאָבוֹת, תּוֹלָדוֹת דְּטוּמְאָה לָא הָוֵי כְּאָבוֹת. וְהָכָא תּוֹלָדוֹת דִּנְזָקִין מַאי? מִי אָמְרִינַן תּוֹלָדוֹת כַּיּוֹצֵא בָּהֶן, לָא שְׁנָא אָב לָא שְׁנָא תּוֹלָדָה – אִם הִזִּיק מְשַׁלֵּם, אוֹ דִּלְמָא לָא? יֵשׁ מֵהֶן כו'. וּלְקַמָּן מְפָרֵשׁ מִילְּתֵיהּ דְּרַב פַּפָּא בִּשְׁמַעְתִּין. הַקֶּרֶן. לִנְגּוֹחַ. הַשֵּׁן. לֶאֱכוֹל. רֶגֶל. דְּרִיסָה, לִשְׁבּוֹר אֶת הַכֵּלִים. בְּאֵלֶּה תְּנַגַּח אֶת אֲרָם בָּהֶם עַמִּים יְנַגַּח. אַלְמָא נְגִיחָה בְּקֶרֶן. דִּבְרֵי קַבָּלָה. נְבִיאִים וּכְתוּבִים. וְהַאי מֵילַף הוּא. בִּתְמִיָּה: הָא לָא גָּמְרִי' מִדִּבְרֵי קַבָּלָה לֹא חִיּוּב וְלֹא פְּטוּר, אֶלָּא גִּלּוּי מִילְּתָא הוּא, דְּכָל הֵיכִי דִּכְתִיב נְגִיחָה – בְּקֶרֶן הוּא. אֶלָּא. לְהָכִי אִיצְטְרִיךְ "וְאוֹמֵר", דְּמַהוּ דְּתֵימָא: כִּי חָלַק רַחֲמָנָא בֵּין תַּמָּה לְמוּעֶדֶת, דְּבְשׁוֹר תָּם כְּתִיב: "וְחָצוּ אֶת כַּסְפּוֹ" דְּלֹא מְשַׁלֵּם אֶלָּא חֲצִי נֶזֶק, וּבְמוּעָד כְּתִיב: "שַׁלֵּם יְשַׁלֵּם שׁוֹר תַּחַת הַשּׁוֹר" – דִּמְשַׁלֵּם נֶזֶק שָׁלֵם – ה"מ בְּקֶרֶן תְּלוּשָׁה, דּוּמְיָא דְּקַרְנֵי לְצִדְקִיָּה בֶּן כְּנַעֲנָה, וּכְגוֹן שֶׁאֲחָזָהּ הַבְּהֵמָה הַקֶּרֶן בֵּין שִׁינֶּיהָ וְנָגְחָה, דְּהָתָם וַדַּאי לֹא מְשַׁלֵּם תָּם כּוּלֵּיהּ נֶזֶק, מִשּׁוּם דְּאֵין דַּרְכָּהּ בְּכָךְ, וְלֹא הָיָה לַבְּעָלִים לִשְׁמוֹר מִדָּבָר זֶה. אֲבָל מְחוּבֶּרֶת. דְּאוֹרְחֵיהּ הוּא. אֵימָא כּוּלָּהּ מוּעֶדֶת הִיא. אֲפִילּוּ בַּתְּחִילָּה, וּמְשַׁלֵּם נֶזֶק שָׁלֵם. ת"ש. "וְקַרְנֵי רְאֵם" כְּתִיב בָּהּ נְגִיחָה, אַלְמָא מְחוּבֶּרֶת נַמִי קָרֵי נְגִיחָה, וּבִסְתָם נְגִיחָה פָּלֵיג רַחֲמָנָא בֵּין קֶרֶן תַּמָּה לְקֶרֶן מוּעֶדֶת. נְגִיפָה. שֶׁדְּחָפָה בְּגוּפָהּ וְהִזִּיקָה בְּכַוָּונָה. רְבִיצָה. שֶׁרָאֲתָה כֵּלִים בַּדֶּרֶךְ וְהָלְכָה וְרָבְצָה עֲלֵיהֶן כְּדֵי לְשַׁבְּרָן. בְּעִיטָה. שֶׁבָּעֲטָה בְּרַגְלֶיהָ וְשִׁבְּרָה אֶת הַכֵּלִים. וְאַהָכִי הָווּ תּוֹלָדָה דְּקֶרֶן, דְּכַוָּונָתָן לְהַזִּיק כִּי קֶרֶן, וְאֵין הֲנָאָה לְהֶיזֵּקָהּ כִּי קֶרֶן, וְאֵין הֶיזֵּקוֹ מָצוּי תָּדִיר. וְהִלְכָּךְ הָווּ כִּי קֶרֶן, דְּכָל אֵימַת דְּלֹא הוּעֲדָה בְּב"ד ג' פְּעָמִים בְּכָךְ – אֵינָהּ מְשַׁלֶּמֶת נֶזֶק שָׁלֵם. מַאי שְׁנָא נְגִיחָה דְּקָרֵי לֵיהּ אָב דִּכְתִיב כִּי יִגַּח נְגִיפָה נַמִי כְּתִיב כִּי יִגֹּף שׁוֹר אִישׁ אֶת שׁוֹר רֵעֵהוּ. וְכֵיוָן דִּנְגִיפָה כְּתִיב, תֶּיהֱוֵי נַמִי אָב. הַךְ נְגִיפָה נְגִיחָה הוּא. וְלֹא דְּחִיפַת הַגּוּף. פָּתַח הַכָּתוּב בִּנְגִיפָה. "כִּי יִגֹּף שׁוֹר אִישׁ אֶת שׁוֹר רֵעֵהוּ". וְסִיֵּים בִּנְגִיחָה. "אוֹ נוֹדַע כִּי שׁוֹר נַגָּח הוּא", וְלָא כְּתִיב "כִּי שׁוֹר נַגָּף הוּא", אֶלָּא נַגָּח. לוֹמַר לְךָ. דְּהַךְ נְגִיפָה לָאו דְּחִיפַת הַגּוּף הִיא, אֶלָּא נְגִיחַת קֶרֶן. וְלֵיכָּא לְמֵימַר דְּאַכַּתִּי נְגִיפָה הָוֵי אָב, וּנְגִיחָה זוֹ הִיא נְגִיפָה דְּהַיְינוּ דְּחִיפַת הַגּוּף – דְּהָא נְגִיחָה אַשְׁכַּחַן דְּבְקֶרֶן הִיא. גַּבֵּי אָדָם. כְּשֶׁהַשּׁוֹר נָגַח אָדָם כְּתִיב: "כִּי יִגַּח שׁוֹר אֶת אִישׁ", וְגַבֵּי נְגִיחָה שׁוֹר בְּשׁוֹר כְּתִיב: "כִּי יִגֹּף שׁוֹר אִישׁ אֶת שׁוֹר רֵעֵהוּ". אָדָם דְּאִית לֵיהּ מַזָּלָא. שֶׁיֵּשׁ לוֹ דַּעַת לִשְׁמוֹר אֶת גּוּפוֹ. כְּתִיב כִּי יִגַּח. דְּוַדַּאי נִתְכַּוֵּון הַשּׁוֹר לְהָרַע, וּבָא עָלָיו בְּכֹחַ. אֲבָל נְגִיפָה הָוֵי מַשְׁמַע שֶׁמְּצָאוֹ עוֹמֵד וּדְחָפוֹ בְּקַרְנָיו. ◎אִית לֵיהּ מַזָּלָא – וְאֵינוֹ נוֹחַ לַהֲמִיתוֹ בִּנְגִיפָה, דְּהִיא דְּחִיפַת קֶרֶן מְעַט, אֶלָּא בִּנְגִיחָה – בְּכֹחַ וּבְכַוָּונָה, וּבִתְחִיבַת קֶרֶן בַּגּוּף. לִישָּׁנָא אַחֲרִינָא: וְאַגַּב אוֹרְחֵיהּ קמ"ל. קְרָא, מִדְּתָלָה נְגִיחָה בָּאָדָם וּנְגִיפָה בַּבְּהֵמָה, דְּמַשְׁמַע נוֹחָה הִיא הַבְּהֵמָה לָמוּת מִן הָאָדָם, מַשְׁמִיעֵנוּ דְּשׁוֹר הַמּוּעָד לַהֲרוֹג אֶת הַבְּהֵמָה ג' פְּעָמִים לֹא חָשִׁיב הַעֲדָאָה לְגַבֵּי אָדָם, דְּאִם נָגַח אָדָם וָמֵת – דַּיּוֹ כְּתָם, דְּאֵינוֹ מְשַׁלֵּם אֶת הַכּוֹפֶר. דִּבְתָם הַהוֹרֵג אָדָם כְּתִיב: "סָקוֹל יִסָּקֵל הַשּׁוֹר וּבַעַל הַשּׁוֹר נָקִי" (שמות כא), וּבְמוּעָד כְּתִיב: "וְגַם בְּעָלָיו יוּמָת", וְהַהִיא מִיתָה הַיְינוּ מָמוֹן, שֶׁמְּשַׁלֵּם אֶת הַכּוֹפֶר, דְּמֵי נֶהֱרָג, לְיוֹרְשָׁיו. וְלֹא מִיתָה מַמָּשׁ, דְּאָמְרִינַן בְּפ"ק דְּסַנְהֶדְרִין (דף טו:): עַל רְצִיחָתוֹ אַתָּה הוֹרְגוֹ וְאִי אַתָּה הוֹרְגוֹ עַל רְצִיחַת שׁוֹרוֹ. אֲבָל מוּעָד לְאָדָם הָוֵי מוּעָד לִבְהֵמָה. וּמוּעָד לַהֲרוֹג אֶת הָאָדָם מַשְׁכַּחַתְּ לָהּ ◎כְּשֶׁלֹּא עָמַד בַּדִּין עַד שֶׁנָּגַח שָׁלֹשׁ פְּעָמִים, שֶׁלֹּא נִסְקַל מִיָּד כְּשֶׁהֵמִית הָרִאשׁוֹן. רְבִיצָה תּוֹלָדָה דְּרֶגֶל הִיא. דְּעַל יְדֵי כְּפִיפַת רַגְלַיִם הִיא רוֹבֶצֶת. רֶגֶל הֶיזֵּקָהּ מָצוּי. דְּכָל שָׁעָה הִיא מְהַלֶּכֶת, וְאִם יֵשׁ כְּלוּם תַּחַת רַגְלֶיהָ הִיא דּוֹרֶסֶת. הָנֵי אֵין הֶיזֵּקָן מָצוּי. הִלְכָּךְ תּוֹלָדָה דְּקֶרֶן הֵן, דְּאֵין הֶיזֵּקוֹ מָצוּי וְאֵין הֲנָאָה לְהֶיזֵּקוֹ, וּמְשַׁלְּמִי חֲצִי נֶזֶק כְּקֶרֶן. מַאי שְׁנָא קֶרֶן. דִּמְחַיֵּיב – דְּכַוָּונָתוֹ לְהַזִּיק כו'. וְשִׁלַּח. "אֶת בְּעִירֹה".
הַגָּלָל

דאילו אב מטמא אדם וכלים. גרס. ולא גרסינן: אדם ובגדים, שלשון זה משמע: מטמא* אדם לטמא בגדים. וא"ת: והרי טמא מת עושה כלי מתכת כיוצא בו, דחרב הרי הוא כחלל, אלמא יש מהן כיוצא בהן! וי"ל: דאכתי אינו עושה כיוצא בו, שאותו כלי מתכת אין עושה כלי מתכת אחר כיוצא בו, כמו שמדקדק ר"ת בריש מתני' דאהלות.

תנו רבנן שלשה אבות. הפסיק בברייתא זו לפרש "תולדותיהן לאו כיוצא בהן" דקאמר רב פפא אהייא. **אבל** במחוברת אימא כולה מועדת היא. לשלם נזק שלם אפילו בפעם ראשונה. וא"ת: ומהי תיתי? אי מתלושה — דייה כתלושה, אי משאר אבות — התינח למ"ד (לקמן ד' ה:): קרן עדיפא, דכוונתו להזיק, ואפילו קרן אתי, וכדמפרש ר"ת לקמן דהיינו למ"ד פלגא נזקא ממונא, דאית ליה סתם שוורים לאו בחזקת שימור קיימי. אבל למ"ד פלגא נזקא קנסא, דאית ליה סתם שוורים בחזקת שימור קיימי — לא אתיא קרן מכולהו, כדאמרינן לקמן (שם): כי שדית בור בינייהו — אתי כולהו, לבר מקרן, דאיכא למיפרך: שכן מועדין מתחילתן. פי': דרכן להזיק, משא"כ בקרן, דבחזקת שימור קיימי! וי"ל: דלמ"ד פלגא דנזקא קנסא, הא דקאמר: אבל במחוברת אימא כולה מועדת היא, וישלם נזק שלם בפעם ראשונה — לאו משום דאיצטריך קרא לאשמועינן דאין מועדת. אלא התנא הוצרך לאשמועינן להביא ראיה מן הפסוק דמחוברת נמי הוי בכלל נגיחה. שלא תטעה לומר דנגיחה היינו בתלושה דומיא דקרני ברזל דצדקיה, אבל במחוברת דרכו להזיק מתחילתו, ונלמוד מבור ומחד מאבות לחייבו לכתחלה נזק שלם.

ומלתא אגב אורחיה קמ"ל. ואפילו לרב פפא, דאמר לקמן ב"שור שנגח ד' וה'" (דף לז.) דמועד לאדם סתמא לא הוי מועד לבהמה — היינו דוקא שנגח ג' בני אדם, דבהכי לא הוי מועד לבהמה. אבל נגח אדם ושור וחמור, דהוי מג' מינים — הוי מועד לכל. אבל נגח שור וחמור וגמל — לא הוי מועד לאדם, ואע"ג דלכל בהמה הוי מועד, אפילו לרב פפא כדאיתא התם. וה"ר מנחם פי', דה"ק: מועד לאדם — שהיה מועד לכל, וחזר בו מבהמה, ונשאר מועד לאדם — הוי מועד לבהמה. דחזרה דבהמה לאו חזרה היא. אבל מועד לכל וחזרה מאדם — לא הוי מועד לאדם, דחזרה דאדם חזרה היא. **כאשר** יבער הגלל. פי' ר"ח: כמו "נדבכין די אבן גלל" (עזרא ו), שהשן דומה לאבן שיש.
הא

רבינו חננאל

תולדותיהן לאו כיוצא בהן הכא מאי. אמר ר' פפא יש מהן תולדות כיוצא באבותם ויש מהן לאו כיוצא בהן: ת"ר ג' אבות נאמרו בשור הקרן והשן והרגל. הקרן דת"ר כי יגח אין נגיחה אלא בקרן כו' מהו דתימא כי פליג רחמנא בין תמה למועדת בתלושה. פי' בקרן תלושה כמו קרני צדקיה בן כנענה שהן קרני ברזל. אבל קרן המחוברת שהוא קרן השור אימא מתחילה מועדת היא. ת"ש וקרני ראם קרניו וגו'. תולדה דקרן כל דבר שכוונת הבהמה להזיק ואין היזקה מצוי. כגון נגיפה נשיכה רביצה ובעיטה. ופשט' תולדה דקרן כקרן. כי קאמר רב פפא תולדות לאו כיוצא בהן אתולדה

מסורת הש"ס: [ע' תוס' נדה נא: ד"ה ולכתוב] [חגיגה י: נדה כג.] [שבת נג:] [ולקמן לז.] לקמן נה:

גליון הש"ס

גמ' דברי תורה מדברי קבלה. ע' חולין קלז ע"א תוס' ד"ה אחי: **רש"י** ד"ה כתיב כי יגח כו' אית ליה מזלא. עיין שבת ע"ב ברש"י ד"ה מזל: **שם** ד"ה ואגב אורחיה כשלא עמד בדין. לקמן ה ע"א:

הַגָּלָל עַד תּוּמּוֹ". אָמַר מָר: "וְשִׁלַּח" זוֹ הָרֶגֶל, וְכֵן הוּא אוֹמֵר "מְשַׁלְּחֵי רֶגֶל הַשּׁוֹר וְהַחֲמוֹר". טַעֲמָא דִּכְתַב רַחֲמָנָא "מְשַׁלְּחֵי רֶגֶל הַשּׁוֹר וְהַחֲמוֹר", הָא לָאו הָכִי בְּמַאי מוֹקְמַתְּ לָהּ? אִי קֶרֶן — כְּתִיב, אִי שֵׁן — כְּתִיב! אִיצְטְרִיךְ; סד"א: אִידִי וְאִידִי אַשֵּׁן, וְהָא — דִּמְכַלְיָא קַרְנָא, הָא — דְּלָא מְכַלְיָא קַרְנָא, קמ"ל. וְהַשְׁתָּא דְּאוֹקִימְנָא אַרֶגֶל, שֵׁן דְּלָא מְכַלְיָא קַרְנָא מְנָלַן? דּוּמְיָא דְּרֶגֶל; מָה רֶגֶל — לָא שְׁנָא מְכַלְיָא קַרְנָא, וְלָא שְׁנָא לָא מְכַלְיָא קַרְנָא, אַף שֵׁן — [א]לָא שְׁנָא מְכַלְיָא קַרְנָא, (שמות כב) וְלָא שְׁנָא לָא מְכַלְיָא קַרְנָא. אָמַר מָר: °"וּבִעֵר" (מ"א יד) — זוֹ הַשֵּׁן, וְכֵן הוּא אוֹמֵר °"כַּאֲשֶׁר יְבַעֵר הַגָּלָל עַד תּוּמּוֹ". טַעֲמָא דִּכְתַב רַחֲמָנָא "כַּאֲשֶׁר יְבַעֵר הַגָּלָל עַד תּוּמּוֹ", הָא לָאו הָכִי בְּמַאי אוֹקִימְנָא לָהּ? ◉אִי קֶרֶן – כְּתִיב, אִי רֶגֶל – כְּתִיב! אִיצְטְרִיךְ; סד"א: אִידִי וְאִידִי אַרֶגֶל, הָא — דְּאָזֵיל מִמֵּילָא, הָא — דְּשָׁלַח שַׁלּוּחֵי, קמ"ל. וְהַשְׁתָּא דְּאוֹקֵי אַשֵּׁן, רֶגֶל דְּאָזְלָה מִמֵּילָא מְנָלַן? דּוּמְיָא דְּשֵׁן; מַה שֵּׁן — לָא שְׁנָא שָׁלְחָהּ שַׁלּוּחֵי, ל"ש דַּאֲזַל מִמֵּילָא, אַף רֶגֶל — לָא שְׁנָא שָׁלְחָהּ שַׁלּוּחֵי, לָא שְׁנָא אָזְלָה מִמֵּילָא. וְלִכְתּוֹב רַחֲמָנָא "וְשִׁילַּח" וְלָא בָּעֵי "וּבִיעֵר", דְּמַשְׁמַע רֶגֶל וּמַשְׁמַע שֵׁן; (ישעיה לב) מַשְׁמַע רֶגֶל — דִּכְתִיב: °"מְשַׁלְּחֵי רֶגֶל הַשּׁוֹר (דברים לב) וְהַחֲמוֹר", וּמַשְׁמַע שֵׁן — דִּכְתִיב: °"וְשֶׁן בְּהֵמוֹת אֲשַׁלַּח בָּם"! אִי לָאו קְרָא יְתֵירָה, ה"א: אוֹ הָא אוֹ הָא, אוֹ רֶגֶל — דְּהֶיזֵּיקוֹ מָצוּי, אוֹ שֵׁן — דְּיֵשׁ הֲנָאָה לְהֶיזֵּיקוֹ. *מִכְּדִי שְׁקוּלִין הֵן, וְיָבֹאוּ שְׁנֵיהֶם, דְּהֵי מִנַּיְיהוּ מַפְּקַתְּ? אִצְטְרִיךְ, סד"א: הָנֵי מִילֵּי — הֵיכִי דְּשָׁלַח שַׁלּוּחֵי, אֲבָל אָזְלָא מִמֵּילָא — לָא, קמ"ל. § תּוֹלָדָה דְּשֵׁן מַאי הִיא — [ב]נִתְחַכְּכָה בְּכוֹתֶל לַהֲנָאָתָהּ, וְטִינְּפָה פֵּירוֹת לַהֲנָאָתָהּ. מַאי שְׁנָא שֵׁן — דְּיֵשׁ הֲנָאָה לְהֶיזֵּיקוֹ, וּמָמוֹנְךָ, וּשְׁמִירָתוֹ עָלֶיךָ. הָנֵי נַמִי — יֵשׁ הֲנָאָה לְהֶיזֵּקָן, וּמָמוֹנְךָ, וּשְׁמִירָתָן עָלֶיךָ! אֶלָּא: [ג]תּוֹלָדָה דְּשֵׁן כְּשֵׁן, וְכִי קָאָמַר רַב פַּפָּא — אַתּוֹלָדָה דְּרֶגֶל. תּוֹלָדָה דְּרֶגֶל מַאי הִיא: *[ד]הִזִּיקָה בְּגוּפָהּ דֶּרֶךְ הִילּוּכָהּ, בִּשְׂעָרָהּ דֶּרֶךְ הִילּוּכָהּ, בְּשָׁלִיף שֶׁעָלֶיהָ, *בִּפְרוּמְבִּיָא שֶׁבְּפִיהָ, בְּזוּג שֶׁבְּצַוָּארָהּ. מַאי שְׁנָא רֶגֶל — דְּהֶיזֵּיקוֹ מָצוּי, וּמָמוֹנְךָ, וּשְׁמִירָתוֹ עָלֶיךָ. הָנֵי נַמִי — הֶיזֵּקָן מָצוּי, וּמָמוֹנְךָ, וּשְׁמִירָתָן עָלֶיךָ! אֶלָּא: [ה]תּוֹלָדָה דְּרֶגֶל כְּרֶגֶל, וְכִי קָאָמַר רַב פַּפָּא — אַתּוֹלָדָה דְּבוֹר. תּוֹלָדָה דְּבוֹר מַאי נִיהוּ? אִילֵימָא אָב י' וְתוֹלָדָה ט' — לָא ט' כְּתִיבִי וְלָא י' כְּתִיבִי! (שמות כא) הָא לָא קַשְׁיָא, °"וְהַמֵּת יִהְיֶה לּוֹ" אָמַר רַחֲמָנָא, וְקִים לְהוּ לְרַבָּנַן: י' — עָבְדָן מִיתָה, ט' — נְזִיקִין עָבְדִי, מִיתָה לָא עָבְדִי. סוֹף סוֹף, [ו]זֶה אָב לְמִיתָה וְזֶה אָב לִנְזָקִין! אֶלָּא: [ז]אַבְנוֹ סַכִּינוֹ וּמַשָּׂאוֹ שֶׁהִנִּיחָן בִּרְשׁוּת הָרַבִּים וְהִזִּיקוּ. הֵיכִי דָּמֵי? אִי דְּאַפְקְרִינְהוּ — בֵּין לְרַב וּבֵין לִשְׁמוּאֵל הַיְינוּ בּוֹר, וְאִי

רש"י

הַגָּלָל. הַיְינוּ שֵׁן, שֶׁפְּעָמִים מְגוּלֶּה וּפְעָמִים מְכוּסֶּה. וּכְתִיב בֵּיהּ "יְבַעֵר". לִישָּׁנָא אַחֲרִינָא: "גָּלָל" זֶה רְעִי, שֶׁהַשֵּׁן מְבַעֶרֶת לְמַאֲכָל וְנַעֲשֵׂית גָּלָל, כְּמוֹ גִּלְלֵי אָדָם וְגִלְלֵי בְהֵמָה. אִידִי וְאִידִי. "וְשִׁלַּח" "וּבִיעֵר", תַּרְוַיְיהוּ אַשֵּׁן. "וְשִׁלַּח" אָתָא לְחִיּוּבֵיהּ הֵיכָא דְּלָא כַּלְיָא קַרְנָא, דְּמַשְׁמַע כְּגוֹן שֶׁאֲכָלָהּ עֲרוּגָה וְסוֹפוֹ לַחֲזוֹר וְלִצְמוֹחַ, אֲבָל לֹא כַּתְּחִלָּה. "וּבִיעֵר" הַיְינוּ הֵיכָא דִּמְכַלְיָא קַרְנָא, דְּמַשְׁמַע "וּבִיעֵר" – שֶׁמְּבַעֵר לְגַמְרֵי. ◉וְאִי קַשְׁיָא: הֵיכָא מָצֵי לְמֵימַר אִידִי וְאִידִי אַשֵּׁן, הָא דִּמְכַלְיָא קַרְנָא וְהָא דְּלָא מְכַלְיָא? לִיכְתּוֹב חַד לְהֵיכָא דְּלָא מִיכַלְיָא דְּלִיחַיֵּיב, וְכ"שׁ הֵיכָא דְּכַלְיָא! תְּרֵיךְ: אִי מֵהַאי קְרָא ה"א: הַאי אָתֵי לְהֵיכָא דִּמְכַלְיָא, אֲבָל לָא מְכַלְיָא – לֹא. הִלְכָּךְ אִיכָּא לְמֵימַר וַדַּאי אִידִי וְאִידִי אַשֵּׁן, אִי לָאו דִּכְתַב רַחֲמָנָא "מְשַׁלְּחֵי רֶגֶל הַשּׁוֹר". מָה רֶגֶל לָא שְׁנָא כו'. דְּהָא לָא כְּתִיב בֵּיהּ "וּבִעֵר". מַה שֵּׁן לָא שְׁנָא כו'. דְּהָא לָא כְּתִיב בֵּיהּ "וְשִׁילַּח". אוֹ הָא אוֹ הָא אוֹ רֶגֶל מִשּׁוּם דְּהֶיזֵּקָהּ מָצוּי. אֲבָל שֵׁן – לֹא. אוֹ שֵׁן מִשּׁוּם דְּיֵשׁ הֲנָאָה לְהֶיזֵּיקָהּ. אֲבָל רֶגֶל – לֹא. מִכְּדִי. שֵׁן וְרֶגֶל שְׁקוּלִין הֵן, שֶׁאֵין זֶה חָמוּר מִזֶּה, שֶׁהֲרֵי בִּשְׁנֵיהֶם יֵשׁ בָּהֶן צַד חָמוּר. וְיָבֹאוּ שְׁנֵיהֶם. מִ"וְשִׁלַּח". דְּהֵי מִינַּיְיהוּ מַפְּקַתְּ. דְּלָא לֵיתֵי מִינֵּיהּ, הָא שְׁנֵיהֶן שָׁוִין. אִיצְטְרִיךְ. לֵיהּ "וּבִעֵר". דְּאִי מַפְּקַתְּ מִ"וְשִׁלַּח", הֲוָה אָמֵינָא: הָנֵי מִילֵּי הֵיכָא דְּשַׁלְּחֵי אִיהוּ בְּכַוָּונָה לִרְעוֹת בִּשְׂדֵה חֲבֵירוֹ, אֲבָל אָזְלָא מִמֵּילָא – לֹא. קמ"ל "וּבִעֵר". וְכֵיוָן דְּנָפְקָא לָן שֵׁן דְּמִמֵּילָא מִ"וּבִעֵר" אָתְיָא רֶגֶל וְיָלְפָה מִינֵּיהּ. נִתְחַכְּכָה בַּכּוֹתֶל לַהֲנָאָתָהּ. וְהִפִּילַתּוּ. אוֹ טִינְּפָה פֵּירוֹת לַהֲנָאָתָהּ – ◉שֶׁנִּתְגַּלְגְּלָה עֲלֵיהֶן כְּדֶרֶךְ סוּסִים וַחֲמוֹרִים. דְּהַיְינוּ דּוּמְיָא דְּשֵׁן שֶׁיֵּשׁ הֲנָאָה לְהֶיזֵּיקָהּ. וּמַאי שְׁנָא שֵׁן. מֵהָנָךְ דְּקָא מוֹקְמַתְּ מִילְּתֵיהּ דְּרַב פַּפָּא בְּתוֹלָדָה דְּשֵׁן וְרֶגֶל. כָּל הֶיזֵּק דֶּרֶךְ הִילּוּךְ שֶׁלֹּא בְּכַוָּונָה הָוֵי תּוֹלָדָה דְּרֶגֶל, דְּהֶיזֵּיקוֹ מָצוּי וְאֵין כַּוָּונָתוֹ לְהַזִּיק. וּבִשְׂעָרָהּ. שֶׁנִּדְבְּקוּ כֵּלִים בִּשְׂעָרָהּ וּגְרָרָתָן וּשְׁבָרָתָן. מַאי שְׁנָא רֶגֶל. דְּמִיחַיֵּיב דְּהֶיזֵּק מָצוּי כו'. אָב עֲשָׂרָה. בּוֹר עָמוֹק י' טְפָחִים הַיְינוּ אָב, דְּכָךְ דַּרְכּוֹ לְהָמִית. וְזֶה אָב לִנְזָקִין. דְּאִם נָפַל שׁוֹר בְּבוֹר תִּשְׁעָה וּמֵת – פָּטוּר בַּעַל הַבּוֹר, וְאִם הוּזַּק – חַיָּיב. וְאָב הוּא, דְּהָא מִדִּיּוּקָא דִּקְרָא נָפְקָא, מִדִּכְתִיב: "וְהַמֵּת יִהְיֶה לּוֹ" – דְּמַשְׁמַע בּוֹר עֲשָׂרָה דְּבַר מִקְטִיל הוּא חַיָּיב בְּמִיתַת הַשּׁוֹר, הָא בְּצִיר מֵהָכִי – בְּמִיתָה לֹא חַיָּיב, הָא בִּנְזָקִין – מִתְחַיֵּיב. לִישָּׁנָא אַחֲרִינָא: סוֹף סוֹף זֶה אָב לְמִיתָה וְזֶה אָב לִנְזָקִין. דְּכִי הֵיכִי דְּנָפֵיק לָן מִקְּרָא בּוֹר עֲשָׂרָה לְמִיתָה – נָפְקָא לָן בּוֹר ט' לִנְזָקִין. דִּכְתִיב: "וְנָפַל שָׁמָּה שׁוֹר אוֹ חֲמוֹר", מַשְׁמַע בֵּין מֵת וּבֵין הוּזַּק – "בַּעַל הַבּוֹר יְשַׁלֵּם". וּמִיהוּ, אִם מֵת הַשּׁוֹר אָמוּר רַבָּנַן בְּבוֹר תִּשְׁעָה פָּטוּר, דְּלֹא מֵחֲמַת הַבּוֹר מֵת, דְּאֵין בּוֹ כְּדֵי לְהָמִית. אֲבָל הוּזַּק – חַיָּיב, דְּבוֹר תִּשְׁעָה בַּר נְזָקִין הוּא. אַבְנוֹ אוֹ סַכִּינוֹ שֶׁהִנִּיחָן בִּרְשׁוּת הָרַבִּים. וְנִתְקְלוּ בָּהֶן בְּנֵי אָדָם, וְהִזִּיקוּ לָהֶם. דְּאַפְקַרִינְהוּ. שֶׁהִפְקִירָן וּנְתָנָן בִּרְשׁוּת הָרַבִּים. בֵּין לְרַב בֵּין לִשְׁמוּאֵל. דִּפְלִיגִי בְּפֶרֶק "הַמַּנִּיחַ אֶת הַכַּד" (לקמן דף כח:). הַיְינוּ בּוֹר. דְּתַרְוַיְיהוּ אָמְרוּ: כָּל תַּקָּלָה שֶׁהִפְקִיר נָפְקָא לָן מִבּוֹר דְּחַיָּיב, כִּי הֵיכִי דְּבוֹר חִיּוּבָא בִּרה"ר הִיא, דַּהֲוֵי הֶפְקֵר. כִּדְאָמְרִינַן לְקַמָּן בְּפֶ' "שׁוֹר שֶׁנָּגַח אֶת הַפָּרָה" (דף מט:): שֶׁבַּעַל עִסְקֵי כְּרִיָּיה וּפְתִיחָה בָּא לוֹ, אַף כָּל תַּקָּלָה שֶׁהִפְקִירָהּ – חַיָּיב.

אִי

תוספות

הא דלא מכליא קרנא. פ"ה: שחת שעתיד לצמוח, אבל לא כתחלה. וקשה: והא מכליא קרנא, שגם הבעלים הם יכולים לקצור! אלא י"ל: שטנפה פירות להנאתה. מכל מקום קרי ליה לקמן לטניפת פירות להנאתה תולדה, כיון דפשטיה דקרא איירי באכילה דמכליא קרנא◉.

והא דמכליא קרנא. וא"ת: ולכתוב רחמנא "ושילח", ולא בעי "וביער"! ויש לומר: דהוה אמינא דוקא דשילח שלוחו, כדלקמן. **דומיא** דרגל. וא"ת: ונימא איפכא, דהא דמקשינן לחומרא — הנ"מ באיסורא, אבל בממונא — לא! ואומר ר"ת: דמדה היא בתורה, לא שנא באיסורא ול"ש בממונא.

ושן בהמות אשלח בם. אע"ג דאמרינן בעלמא [בספרי פרשת האזינו]: בהמות שיש להן ארס כנחש, ונושכות וממיתות — דהוי נשיכה שהיא תולדה דקרן, מכל מקום איירי נמי בחיות רעות שדרסו ואכלו להנאתן, כדמתרגמינן "ושן בהמות" — ושן דחיה ברא. וחיה בכלל בהמה.

איצטריך ס"ד אמינא ה"מ היכא דשלח שלוחי. וא"ת: תיקשי השתא הא דפריך לעיל: טעמא דכתב רחמנא "כאשר יבער הגלל", הא לאו הכי במאי מוקמית? והשתא ליכא לשנויי כדלעיל! וי"ל: דה"ק בברייתא: דאלו לא נאמר "ושילח" הוה מפקינן מ"כאשר יבער הגלל". וכי האי גוונא איכא בריש "איזהו נשך" (ב"מ דף סא.).

לא י' כתיב ולא ט' כתיב. תימה: דבפ' "הפרה" (לקמן דף נ. ושם) תנן: מה בור יש בו כדי להמית עשרה. פי' בקונט': דסתם בור יש בו י'. א"כ, י' כתיב! ועוד קשה: דהכא דריש מ"והמת יהיה לו"! ועוד, דבסמוך פריך: סוף סוף זה אב למיתה וזה אב לנזקין. ופי' הקונט': ד"נפל שמה שור" — משמע בין מת בין הוזק. א"כ, כי דרשינן "שור ולא אדם" הוה ליה למעט נמי אדם מנזקין! ע"כ נראה לפרש דסתם בור עמוק הרבה. ולריכי "בור" "והמת יהיה לו", דאי לא כתיב בור — הוה אמינא כל דקטיל, ואפילו אין בו כדי להמית. ואי כתיב בור — הוה אמינא דוקא בור, ולא שיח ומערה, דגזירת הכתוב הוא, ולהכי אילטריך תרוייהו. והכי פריך: לא ט' כתיב ולא י' כתיב בהדי'. ומסיק: סוף סוף זה אב למיתה וזה אב לנזקין. פירוש: כיון דבור י' לא כתיב בהדיא, אלא מפקי' מסברא מ"והמת יהיה לו" דבעינן כדי להמית, וקים להו לרבנן דהיינו בור י' — בור ט' נמי הוי סברא דהוי אב לנזקין, כיון דיש בו כדי להזיק. ומכל מקום לא ממעטינן אדם מנזקין, דקרא ד"ונפל שמה שור" — לא איירי אלא בבור י'. ובירושלמי דריש דהוה ליה למיכתב "כי יפתח איש" "כי יכרה איש בור", למה כתיב "בור" "בור"? אלא: חד "בור" — למיתה, וחד "בור" — לנזקין. ומכל מקום לא ממעטינן אדם מנזקי', דקרא ד"ונפל" לא ממעט אלא אמאי דכתיב בקרא בהדיא, דהיינו בור עשר ולא איתורא*). **בין** לרב בין לשמואל היינו בור. וא"ת: הא רב אית ליה לקמן (דף נ:) בור שחייבתו תורה — להבלו ולא לחבטו! וי"ל: דהתם משום דקרקע עולם הזיקתו, אבל הכא — חבטא דידיה הוא.

*) [עיין תוספות סנהדרין מה. ד"ה מה]

משורו

עין משפט נר מצוה

כא א (מיי' פ"ג מהל' נזקי ממון) סמג עשין סז טוש"ע ח"מ סי' שצא סעיף א:

כב ב מיי' שם פ"ב הל' י סמג שם טוש"ע ח"מ סי' שם:

כג ג מיי' שם ופ"ב הל' ב סמג שם וטור ש"ע שם וסי' שפט סעיף יא:

כד ד מיי' שם סמג שם טור ש"ע שם סי' שפט סעיף א:

כה ה מיי' שם פ"ב הל' י טור ש"ע שם וסי' שפט סעיף יח:

כו ו מיי' פי"ב שם הלכה י סמג עשין סח טוש"ע ח"מ סי' תי סעיף י:

כז ז מיי' פי"ג שם הל' ג סמג שם טוש"ע שם סי' תיא סעיף א:

מסורת הש"ס

[זבחים ד: ערכין ד: נזיר נח:]

[לקמן יז:]

[פי' על זה תמצא בפירוש רש"י לקמן יז:]

רבינו חננאל

דשן ורגל. אמר מר ושלח זו הרגל וכן הוא אומר משלחי רגל השור והחמור. ולולי האי קרא משלחי רגל השור והחמור האי ושלח את בעירה במאי מוקמת לה אי קרן כתיב כי יגח. אי שן כתיב ובער בשדה אחר ואוקימנא בשן כדכתיב כאשר יבער הגלל פי' השן שהיא דומה א) לאבן גלל. מהו דתימא הני תרי קראי ושלח ובער תרווייהו אשן והא דאכל פירי לגמרי וקא מיכליא קרנא והא ב) דאפסדינהו לפירי דחייב ולא מיכליא קרנא. והשתא דאוקימנא ושלח זו הרגל שן אי לא מיכליא קרנא מנלן דחייב. ופריק דומיא דרגל כו'. אמר מר ובער זה השן כו' כעניינא דרגל. ואקשי' וליכתוב רחמנא ושלח דמשמע תרתי משמע רגל דכתיב משלחי רגל השור. ושן משמע דכתיב ושן בהמות אשלח בם ולא בעי ובער. ופריק אי לא הוה כתיב ובער הוה אמינא חד מינייהו אי רגל דהזיקה מצוי שמצויה הליכתה בכל עת והפסדתה בהליכתה אי שן דיש הנאה להזיקה אבל תרווייהו לא. ואמרי' מכדי שקול הוא יבואו שניהם. פי' מכדי דין השן והרגל שוה זה יש הנאה להזיקה וזו הזיקה מצוי. ואין אחד מכריע על חבירו באי זו דרך אתה יכול לרבות אחת מהן ולמעט האחר אי אפשר לך אלא לרבות את שניהן [ופריק] הוה אמינא דאע"ג דמרבה לתרווייהו הוה אמינא לעולם אינו חייב אלא אם [שילחה] הוא ואכלה אבל אם הלכה מעצמה ואכלה לא קמ"ל ובער בין שילחה ובין הלכה מעצמה. כיוצא בו בתחלת שחיטת קדשים [זבחים ד:] מה הפרט מפורש דבר הטעון צפון וישנו בחטאות הפנימיות [כו']. שחיטה וקבלה אין הולכה וזריקה לא. איכא למימר הכי ואיכא למימר הכי שקול הוא [ויבואו] שניהם. ג) ס"א מכדי שקול הוא. תוב גרסי' בפ' הכל מעריכין [ערכין ד:] ד"א נפשות להביא מנוול ומוכה שחין והא אפיקתיה להנך. הנך לא צריכי קרא מאי טעמא שקול הוא ויבאו כולן כי אצטריך למנוול ומוכה שחין. תולדה דשן כל שיש לבהמה הנאה בהזיקה כגון נתחככה בכותל להנאתה וטינפה פירות להנאתה. פי' אילולי שעשתה צרכיה היתה מצטערת לפיכך חייב מפני שנהנת. ודחי' נמי בהא ואמרי' תולדה דשן כשן. כי קאמר רב פפא אתולדה דרגל: תולדה דרגל כל דבר שהזיקו מצוי ואין כוונתה להזיק כגון הזיקה בגופה דרך הילוכה או בשערה דרך הילוכה. ודחי' נמי להא ואמר כי קאמר [ר"פ] אתולדה דבור דילפינן מן והמת יהיה לו וקים להו לרבנן י' טפחים עבוד מיתה ט' לא עבוד מיתה. פי' בור אם הוא עמוק י' טפחים ונפל שמה שור ומת חייב פחות מי' טפחים חייב בנזיקין ולא במיתה. ותרווייהו אבות נינהו זה אב למיתה וזה אב לנזיקין ותולדה דבור מאי ניהו

גליון הש"ס

גמ' אי קרן כתיב. ואי בשדה אחר משלם נזק שלם והקרא דוחנו את כספו ברה"ר א"כ אייתרא לה תון דדרשי' לקמן ט ע"א דאין חלוק נזק חלוק: **רש"י** ד"ה אידי ואידי וכו' ואי קשיא. וכן הקשה תוס' וק"ל הא בפשוטו ניחא דושלח לחודיה לא מצי למיכתב דלא היינו יודעין אי איירי מגן אי ברגל מש"ה כתיב לאורויי דמיירי מגן. וכן בהא דאמרינן ס"ד אידי ואידי ארגל לא מצי לכתוב ובער לחוד דלא היינו יודעין במאי מיירי לזה כתיב ושלח לאורויי דמיירי מרגל ול"ע: **שם** ד"ה נתחככה כו' שנתגלגלה עליהן. עיין לקמן יח ע"ב ברש"י ד"ה דלחיק: **תד"ה** הא דלא מכליא קרנא וכו' דקרא איירי באכילה דמכליא קרנא. עי' לקמן כג ע"ב:

א) עי' תוס' דף ב: ד"ה כאשר יבער וכו'. ב) ואולי צ"ל דאטנפינהו. ג) נראה דצ"ל ל"א כל חדא וחדא תיקום במילתיה וכ"ה שם בזבחים.

עין משפט נר מצוה

כח א מיי' פי"ג מהל' נזקי ממון הל' ב סמג עשין סח טוש"ע ח"מ סי' תי סעי' א וסי' תיא סעי' א:

כט ב מיי' פ"א מהל' חובל ומזיק הלכה יא סמג עשין ע טוש"ע ח"מ סי' תכא סעי' ג:

ל ג ד מיי' שם פ"ו הל' י סמג שם טוש"ע ח"מ סי' שפד סעי' א:

לא ה מיי' פרק י"ד מה' נזקי ממון הל' טז סמג עשין סז סח טוש"ע ח"מ סי' תיח סעיף א:

לב ו ז ח מיי' שם פרק א הלכה יא ופרק ב שם הלכה ב סמג שם טוש"ע ח"מ סי' שפט סעיף יח וסי' של סעיף ג:

גמרא

וְאִי דְּלָא אַפְקְרִינְהוּ, אִי לִשְׁמוּאֵל דְּאָמַר: *כּוּלָּם מִבּוֹרוֹ לָמַדְנוּ — הַיְינוּ בּוֹר, וְאִי לְרַב דְּאָמַר: כּוּלָּם מִשּׁוֹרוֹ לָמַדְנוּ — הַיְינוּ שׁוֹר. מַאי שְׁנָא בּוֹר — שֶׁכֵּן תְּחִלַּת עֲשִׂיָּיתוֹ לְנֶזֶק, וּמָמוֹנְךָ, וּשְׁמִירָתוֹ עָלֶיךָ. הָנֵי נַמִי — תְּחִלַּת עֲשִׂיָּיתָן לְנֶזֶק, וּמָמוֹנְךָ, וּשְׁמִירָתָן עָלֶיךָ! אֶלָּא: [א]תּוֹלָדָה דְּבוֹר כְּבוֹר, וְכִי קָאָמַר רַב פַּפָּא — אַתּוֹלָדָה דְּמַבְעֶה. מַאי נִיהוּ? אִי לִשְׁמוּאֵל דְּאָמַר מַבְעֶה זוֹ שֵׁן — הָא אוֹקִימְנָא תּוֹלָדָה דְּשֵׁן כְּשֵׁן, אִי לְרַב דְּאָמַר מַבְעֶה זֶה אָדָם — מַאי אָבוֹת וּמַאי תּוֹלָדוֹת אִית בֵּיהּ? וְכִי תֵּימָא: אָב — נֵיעוֹר, תּוֹלָדָה — יָשֵׁן. וְהָתְנַן:* [ב]אָדָם מוּעָד לְעוֹלָם, בֵּין עֵר בֵּין יָשֵׁן! אֶלָּא, אַכִּיחוֹ וְנִיעוֹ. הֵיכִי דָּמֵי? אִי בַּהֲדֵי דְּאָזְלִי קָמַזְּקִי — [ג]כֹּחוֹ הֲוָה, אִי בָּתַר דְּנָיְיחַ — בֵּין לְרַב בֵּין לִשְׁמוּאֵל [ד]הַיְינוּ בּוֹר! אֶלָּא, תּוֹלָדָה דְּמַבְעֶה כְּמַבְעֶה, וְכִי קָאָמַר רַב פַּפָּא — אַתּוֹלָדָה דְּאֵשׁ. תּוֹלָדָה דְּאֵשׁ מַאי נִיהוּ? אִילֵימָא אַבְנוֹ סַכִּינוֹ וּמַשָּׂאוֹ שֶׁהִנִּיחָן בְּרֹאשׁ גַּגּוֹ וְנָפְלוּ בְּרוּחַ מְצוּיָה וְהִזִּיקוּ, הֵיכִי דָּמֵי? אִי בַּהֲדֵי דְּאָזְלוּ קָא מַזְּקִי — הַיְינוּ אֵשׁ; מ"ש אֵשׁ — דְּכֹחַ אַחֵר מְעוֹרָב *בָּהֶן, וּמָמוֹנְךָ, וּשְׁמִירָתוֹ עָלֶיךָ. הָנֵי נַמִי — כֹּחַ אַחֵר מְעוֹרָב בָּהֶן, וּמָמוֹנְךָ, וּשְׁמִירָתָן עָלֶיךָ! אֶלָּא, [ה]תּוֹלָדָה דְּאֵשׁ כְּאֵשׁ, וְכִי קָאָמַר רַב פַּפָּא — אַתּוֹלָדָה דְּרֶגֶל. רֶגֶל?! הָא אוֹקִימְנָא תּוֹלָדָה דְּרֶגֶל כְּרֶגֶל! *[ו]בַּחֲצִי נֶזֶק צְרוֹרוֹת, דְּהִלְכְתָא גְּמִירִי לָהּ. וְאַמַּאי קָרֵי לָהּ תּוֹלָדָה דְּרֶגֶל — [ז]לְשַׁלֵּם מִן הָעֲלִיָּיה. וְהָא מִבַּעְיָא בָּעֵי רָבָא; *דִּבְעֵי רָבָא: חֲצִי נֶזֶק צְרוֹרוֹת, מִגּוּפוֹ מְשַׁלֵּם אוֹ מִן הָעֲלִיָּיה מְשַׁלֵּם? לְרָבָא מִבַּעְיָא לֵיהּ, לְרַב פַּפָּא פְּשִׁיטָא לֵיהּ. לְרָבָא דְּמִבַּעְיָא לֵיהּ, אַמַּאי קָרֵי לָהּ תּוֹלָדָה דְּרֶגֶל? [ח]לְפוֹטְרָהּ בִּרְה"ר. § "הַמַּבְעֶה וְהַהֶבְעֵר" כו'. מַאי מַבְעֶה? רַב אָמַר: מַבְעֶה זֶה אָדָם, וּשְׁמוּאֵל אָמַר: מַבְעֶה זֶה הַשֵּׁן. רַב אָמַר: מַבְעֶה זֶה אָדָם, דִּכְתִיב: °"אָמַר שׁוֹמֵר אָתָא בֹקֶר וְגַם לָיְלָה אִם תִּבְעָיוּן בְּעָיוּ", (ישעיה כא) וּשְׁמוּאֵל אָמַר: מַבְעֶה זֶה הַשֵּׁן, דִּכְתִיב: °"אֵיךְ נֶחְפְּשׂוּ עֵשָׂו נִבְעוּ מַצְפּוּנָיו". (עובדיה א) מַאי מַשְׁמַע? כִּדְמְתַרְגֵּם רַב יוֹסֵף: אֵיכְדֵין אִתְבְּלִישׁ עֵשָׂו אִתְגַּלְיָין מַטְמְרוֹהִי. וְרַב, מַאי טַעְמָא לֹא אָמַר כִּשְׁמוּאֵל? אָמַר לָךְ: מִי קָתָנֵי "נִבְעֶה"? וּשְׁמוּאֵל, מ"ט לֹא אָמַר כְּרַב? אָמַר לָךְ: מִי קָתָנֵי "בּוֹעֶה"? מִכְּדִי, קְרָאֵי לָא כְּמָר דַּיְיקִי וְלָא כְּמָר דַּיְיקִי, רַב מ"ט לָא אָמַר כִּשְׁמוּאֵל? תָּנָא *שׁוֹר וְכָל מִילֵּי דְּשׁוֹר. [לקמן ט:] וּשְׁמוּאֵל נַמִי, הָא תָּנָא לֵיהּ שׁוֹר! אָמַר רַב יְהוּדָה: תָּנָא שׁוֹר לְקַרְנוֹ, וּמַבְעֶה לְשִׁינּוֹ. וְהָכִי קָאָמַר: לֹא רְאִי הַקֶּרֶן שֶׁאֵין הֲנָאָה לְהֶזֵּיקוֹ, כִּרְאִי הַשֵּׁן שֶׁיֵּשׁ הֲנָאָה לְהֶזֵּיקָהּ.
וְלֹא

רש"י

אי דלא אפקרינהו לשמואל דאמר. הָתָם בְּ"הַמַּנִּיחַ אֶת הַכַּד" (לקמן דף כח:): כָּל תַּקָּלָה בּוֹר הוּא, וְאע"ג דְּלֹא הִפְקִיר – הַיְינוּ בּוֹר. **וּלְרַב דְּאָמַר.** כָּל תַּקָּלָה שֶׁלֹּא הִפְקִירָהּ מִשּׁוֹר לָמַדְנוּ, מַה שּׁוֹר שֶׁהוּא מָמוֹנוֹ וְאִם הִזִּיק חַיָּיב – אַף כָּל מָמוֹנוֹ אִם הִזִּיק חַיָּיב. **הַיְינוּ שׁוֹר.** וְלָאו תּוֹלָדָה דְּבוֹר נִינְהוּ, וּבְשׁוֹר אֲמַרַן לְעֵיל תּוֹלָדָה דְּשׁוֹר כִּי שׁוֹר! וַאֲפִי' לִשְׁמוּאֵל נַמִי, דְּאָמַר תּוֹלָדָה דְּבוֹר נִינְהוּ – מַאי חָזֵית לְאוֹקוּמֵי מִילְּתָא דְּרַב פַּפָּא אַתּוֹלָדָה דְּבוֹר? מַאי שְׁנָא בּוֹר דְּחַיָּיב – שֶׁכֵּן תְּחִילַּת עֲשִׂיָּיתוֹ וכו'. **הָנֵי נַמִי תְּחִלַּת עֲשִׂיָּיתָן.** תְּחִילַּת מַה שֶּׁנַּעֲשׂוּ בּוֹר, דְּהַיְינוּ כְּשֶׁהוּנְחוּ לְשָׁם הָיוּ עוֹמְדִים לְנֶזֶק! **וְכִי קָאָמַר רַב פַּפָּא.** תּוֹלָדָה לָאו כְּאָב דִּידָהּ – אַתּוֹלָדָה דְּמַבְעֶה. פְּלוּגְתָּא דִּשְׁמוּאֵל וְרַב בְּמַבְעֶה לְקַמָּן בִּשְׁמַעְתִּין. **אָדָם נֵיעוֹר.** הַיְינוּ אָב. **אָדָם מוּעָד. עֵר וְיָשֵׁן.** בְּשִׁילְהֵי פ"ב. **אֶלָּא.** תּוֹלָדָה דְּאָדָם הַיְינוּ כִּיחוֹ וְנִיעוֹ. כִּיחוֹ = רוֹק הַפֶּה. נִיעוֹ = לֵיחַת הַחוֹטֶם. (רוֹק הַיּוֹצֵא מִתּוֹךְ גּוּפֵיהּ אַגַּב כֹּחַ). **אִי בַּהֲדֵי דְּאָזְלִי מַזְּקֵי.** שֶׁנָּפַל עַל הַשִּׁירָאִים וְטִנְּפוּהָ, אוֹ לְתוֹךְ הַמַּשְׁקִין וְנִמְאֲסוּ. **כֹּחוֹ הוּא.** וְהַיְינוּ אָדָם גּוּפוֹ, וְחַיָּיב. **אִי בָּתַר דְּנָיְיחַ.** אַחַר נוֹחַ הָרוֹק לָאָרֶץ הִזִּיקוּ, שֶׁהוּחְלַק אָדָם בָּהֶם. **בֵּין לְרַב בֵּין לִשְׁמוּאֵל הַיְינוּ בּוֹר.** דְּהָא וַדַּאי תַּקָּלָה דְּאַפְקְרָהּ הִיא. **בְּרוּחַ מְצוּיָה.** דְּאִי בְּרוּחַ שֶׁאֵינָהּ מְצוּיָה – הָוֵי אוֹנֶס, וְלָא מְחַיַּיב. אֲבָל בְּרוּחַ מְצוּיָה – הָוֵי תּוֹלָדָה דְּאֵשׁ, שֶׁהֲרֵי אֵשׁ נַמִי הָרוּחַ מוֹלִיכָהּ. **דְּכֹחַ אַחֵר מְעוֹרָב בָּהּ.** וַהֲוָה לֵיהּ לְאַסּוֹקֵי אַדַּעְתֵּיהּ. **בַּחֲצִי נֶזֶק צְרוֹרוֹת.** שֶׁהָיְתָה מְהַלֶּכֶת, וְהִתִּיזָה צְרוֹרוֹת בְּרַגְלֶיהָ, וְשִׁיבְּרוּ אֶת הַכֵּלִים. דְּקַיְ"ל דְּהִלְכְתָא גְּמִירִי לַהּ לְמֹשֶׁה מִסִּינַי דְּמָמוֹנָא הוּא, וְלָא קְנָס. וְאע"ג דְּפַלְגָא נֶזֶק שֶׁל נְגִיחָה הָוֵי קְנָס, כִּדְאָמְרִינַן לְקַמָּן, הַאי פַּלְגָא נִזְקָא – מָמוֹנָא הוּא. וְהִלְכָּךְ, לָאו תּוֹלָדָה דְּקֶרֶן הוּא, אֶלָּא דְּרֶגֶל, דְּמִכֹּחַ רֶגֶל הוּא דְּאָתוּ. וּכְרֶגֶל לָא הָוֵי, דְּרֶגֶל מְשַׁלֵּם נֶזֶק שָׁלֵם. וְהַיְינוּ דְּרַב פַּפָּא. **וְאַמַּאי קָרֵי לָהּ תּוֹלָדָה דְּרֶגֶל.** הוֹאִיל וְאֵינָהּ מְשַׁלֶּמֶת כְּמוֹתָהּ. **לְשַׁלֵּם מִן הָעֲלִיָּיה.** שֶׁאִם הִזִּיקָה יוֹתֵר מִמַּה שֶּׁהִיא שָׁוָה – מְשַׁלֵּם הַמַּזִּיק מִבֵּיתוֹ, כִּי רֶגֶל, דִּכְתִיב בָּהּ בְּרֶגֶל: "מֵיטַב שָׂדֵהוּ" וגו'. וְלָא הָוְיָא כִּי קֶרֶן, דְּאֵין הַמַּזִּיק מְשַׁלֵּם אֶלָּא מִגּוּפוֹ, כִּדְכְתִיב (שמות כא): "וּמָכְרוּ אֶת הַשּׁוֹר הַחַי וְחָצוּ אֶת כַּסְפּוֹ", וְאִם הִזִּיק יוֹתֵר עַל כְּדֵי דָּמָיו – מַפְסִיד הַנִּיזָּק. **וּלְרָבָא אַמַּאי קָרֵי לָהּ תּוֹלָדָה דְּרֶגֶל לְפוֹטְרוֹ בִּרְה"ר.** כִּי רֶגֶל, דְּרֶגֶל אֵינָהּ חַיֶּיבֶת אא"כ נִכְנֶסֶת לִרְשׁוּת הַנִּיזָּק וְהִזִּיקָה, דִּכְתִיב בָּהּ: "וְשִׁלַּח אֶת בְּעִירֹה וּבִעֵר בִּשְׂדֵה אַחֵר" – וְהַיְינוּ בִּרְשׁוּת הַנִּיזָּק. **אָמַר שׁוֹמֵר.** אָמַר הקב"ה. **אָתָא בֹקֶר.** גְּאוּלָּה לַצַּדִּיקִים. **וְגַם לָיְלָה.** חֹשֶׁךְ לָרְשָׁעִים. **אִם תְּשׁוּבוּ** בִּתְשׁוּבָה וּתְבַקְּשׁוּ מְחִילָה – "בְּעָיוּ", אַלְמָא: בְּאָדָם כְּתִיב "בְּעָיוּ". **אִיתְגַּלְיָין.** תַּרְגּוּמוֹ שֶׁל "נִבְעוּ", אַלְמָא: "נִבְעוּ" לְשׁוֹן גִּילּוּי, הִלְכָּךְ אָמַר: מַבְעֶה זֶה הַשֵּׁן, דְּמַבְעֶה לְשׁוֹן מְגוּלֶּה הוּא, דְּהַיְינוּ שֵׁן – שֶׁפְּעָמִים מְגוּלֶּה וּפְעָמִים מְכוּסֶּה. **נִבְעָה.** דְּמַשְׁמַע: הוּא עַצְמוֹ נִבְעָה = נִגְלָה. "מַבְעֶה" קָתָנֵי, שֶׁהוּא מַבְעֶה דָּבָר אַחֵר. **בּוֹעֶה.** לְשׁוֹן "בְּעָיוּ". **תָּנָא שׁוֹר לְקַרְנוֹ וּמַבְעֶה לְשִׁינּוֹ.** וּלְקַמָּן פָּרֵיךְ: רֶגֶל מַאי שַׁיְּירֵיהּ? **לֹא רְאִי הַקֶּרֶן שֶׁאֵין הֲנָאָה כו'.** בְּעַל כָּרְחִיךְ הָכִי מְפָרֵשׁ: לֹא רְאִי הַקֶּרֶן שֶׁאֵין הֲנָאָה לְהֶזֵּיקוֹ כִּרְאִי הַשֵּׁן כו', כְּלוֹמַר: דְּאִי כָּתַב רַחֲמָנָא קֶרֶן דְּחַיָּיב – לָא אָתְיָא שֵׁן מִינֵּיהּ, דְּקֶרֶן אֵין הֲנָאָה לְהֶזֵּיקוֹ, שֵׁן יֵשׁ הֲנָאָה לְהֶזֵּיקוֹ.
וְלֹא

תוספות

משורו למדנו. היינו קרן, דשן ורגל פטורין ברה"ר. ובאבנו וסכינו אין לחלק בין תמות למועדות, דלא שייך לחלק אלא בבעלי חיים. וא"ת: היכי גמר משור? מה לשור — שכן ב"ח, וכוונתו להזיק! ומפרש רשב"ם: דאתי מבור ושור ממה הצד. ולקמן גבי הצד השוה, דקאמר אביי לאתויי אבנו וסכינו, לא גרס "אי לרב דאמר כולם משורו למדנו היינו שור" — דלרב א"ש, דבמה הצד אתי', כדפרשי'. אבל קשה: כיון דמבור נמי יליף — לפטרו בהו כלים כבור, ולקמן ב"המניח" (דף כח.) מחייב בהו רב כלים גבי נשבר כדו!

וממונך. לאו דוקא גבי בור, דלאו ממונא הוא. וכן גבי אש, ⊕דפשיטא דאם הדליק גדישו של חבירו באש של אחר דחייב.

תולדה ישן. הוה מצי למפרך, דלקמן מוקי מתניתין בישן שדרכו להזיק וקרי ליה אב, אלא דבלאו הכי פריך שפיר.

והתנן אדם מועד לעולם. לא פריך דישן נמי הוי אב, כדדרש עלה בגמרא בפ' "כיצד" (לקמן דף כו:) מ"פצע תחת פצע", דהא לא מייתי הכא קרא. אלא מייתי דהוי כיוצא בו.

כיחו וניעו. פירש הקונטרס: מי האף. וקשה לר"ת: דבפ' "דם הנדה" (נדה דף נה: ושם) קתני: כיחו וניעו ומי האף! ונראה: דכיחו הוא היוצא מן הגרון בכח, וניעו הוא היוצא מן הפה על ידי נענוע*.

לפוטרו ברה"ר. וא"ת: אמאי פשיטא ליה טפי מלשלם מן העלייה? וי"ל: כיון דמן הדין היה משלם נזק שלם, ואתי הלכתא דלא משלם אלא חצי נזק — אם כן אתי הלכתא להקל, ולא להחמיר. **אמאי** קרי לה תולדה דרגל. אע"ג דדמי לרגל, כיון שדינה חלוק — היה לו לקרות לה שם בפני עצמה.

כדמתרגם רב יוסף. נקט רב יוסף, לפי שהיה בקי בתרגום, שיש כמה ענייני תרגום. ולא כדפירש בעלמא לפי שהיה סגי נהור, ודברים שבכתב אי אתה רשאי לומר על פה, ולכך היה אומר תרגום — דמשום "עת לעשות" אמר התם* דשרי, ואין לך "עת לעשות" גדול מזה*⊕.

לא ראי הקרן שאין הנאה להזיקו. ופשיעה פשע, שהיה לו לשמור שורו, שבקל היה יכול לשומרו שאין דחוקה להזיק, כיון שאין הנאה להזיקה. אבל שן שיש הנאה להזיקה — הוי כעין אונס, שלא היה יכול לשומרה כל כך, כיון שהשן דחוק לאכול להנאתו. ולא ראי השן שאין כוונתו להזיק, ואין יצרה תקפה, ובקל יכול לשומרה — כראי הקרן דכוונתו להזיק, ויצרה תקפה, ואין יכול לשומרה כל כך יפה.
מידי

מסורת הש"ס

תורה אור
[לקמן ו. כח:]
לקמן כו: [סנהדרין עב.]
ס"א אין זה
[כה]
[וכ"כ הערוך ערך כח]
[לקמן יז.]
לקמן יח.
[גיטין ס.]
[ועי' תוס' שבת קטו. ד"ה ובידו ובתוס' מגילה כא: ד"ה במגילה]

גליון הש"ס

תוס' ד"ה וממונך דפשיטא דאם הדליק. לקמן כב ע"א תוס' אשו משום ממונו: **ד"ה** כדמתרגם רב יוסף ואין לך עת לעשות מזה. עי' שבת דף קטו ע"א תד"ה לא ומהרש"א שם:

רבינו חננאל

ניהו אבנו סכינו ומשאו שהניחן ברשות הרבים [והזיקו] ואמרי' היכי דמי אי דאפקרינהו בין לרב ובין לשמואל היינו בור כו' חלוקת רב ושמואל בפ' המניח את הכד בהלכה דנשברה כדו כו' ודחינן נמי ואמרי' כי קאמר רב פפא אתולדה דמבעה כו'. אלא אכיחו וניעו פי' רוקו בליחה עבה או רכה כדאמר [עירובין לט ע"א] בענין תלמיד שרק בפני רבו ואמר כיח ורוק קאמרי'. אי בתר דנייח זה הרוק. ודאי הזורק רוק מפיו מפקיר אותו בין לרב ובין לשמואל היינו בור. [אלא] כי קאמר רב פפא אתולדה דאש והן אבנו סכינו ומשאו שהניחן בראש הגג ונפלו ברוח מצויה והז[יקו] ואקשי' הני כי אש דמו מה אש כח אחר מעורב בה והיא הרוח שמעבירה ומציתה ולולי הרוח לא היתה האש הולכת ומזקת הני נמי כח אחר מעורב בהן והוא הרוח כו'. ואוקימנא כי קאמר רב פפא בתו[לדה] דרגל בחצי נזק צרורות דהלכתא גמירי לה כדתנן [לקמן יז.] היתה מבעטת או שהיו צרורות מנתזות מתחת רגליה ושיברה את הכלים משלם חצי נזק. ואמאי קרי ליה תולדה דרגל לשלם מן העליה. ול[רבא] דמבעיא ליה אמאי קרי ליה תולדה דרגל לפוטרה ברשות הרבים. פס' והמבעה רב אמר המבעה זה אדם שנאמר אם תבעיון בעיו וקיימא לן כרב דסוגיין דשמעתין כותיה. ולא עוד אלא אמוראי ק[מאי] כותיה ואליבא דידיה שקלי וטרו. ושמואל אמר זה השן [שנאמר] איך נחפשו עשו נבעו מצפוניו וכדמתרגם רב יוסף איכדין איתבליש עשו אתגליין מטמרוהי. ורב [אמר] לך מי קתני נבעה. ושמואל אמר לך מי כתיב בועה. מכדי קראי לא דייקי לא כרב ולא כשמואל רב מאי טעמא לא אמר כשמואל. אמר תנא ליה [שור] במתני' וכלל קרנו ושנו ורגלו. ושמואל אמר לך תנא שור והוא הקרן תנא מב[עה] והוא

וְלֹא רְאִי הַשֵּׁן שֶׁאֵין כַּוָּנָתוֹ לְהַזִּיק כִּרְאִי הַקֶּרֶן שֶׁכַּוָּונָתוֹ לְהַזִּיק. וְלָאו ק"ו הוּא? וּמַה שֵּׁן שֶׁאֵין כַּוָּנָתוֹ לְהַזִּיק – חַיָּיב, קֶרֶן שֶׁכַּוָּונָתוֹ לְהַזִּיק – לֹא כ"ש! אִיצְטְרִיךְ, ס"ד אָמִינָא מִידֵי דַּהֲוָה אַעֶבֶד וְאָמָה; עֶבֶד וְאָמָה לָאו אע"ג דְּכַוָּונָתָן לְהַזִּיק אפ"ה [א]פְּטִירִי, ה"נ לָא שְׁנָא. אָמַר רַב אַשִׁי: אַטּוּ עֶבֶד וְאָמָה לָאו טַעֲמָא רַבָּה אִית בְּהוּ? [ב]שֶׁמָּא *יַקְנִיטֶנּוּ רַבּוֹ וְיֵלֵךְ וְיַדְלִיק גְּדִישׁוֹ שֶׁל חֲבֵירוֹ, וְנִמְצָא זֶה מְחַיֵּיב אֶת רַבּוֹ מֵאָה מָנֶה בְּכָל יוֹם! אֶלָּא, פָּרֵיךְ הָכִי: לֹא רְאִי הַקֶּרֶן שֶׁכַּוָּונָתוֹ לְהַזִּיק כִּרְאִי הַשֵּׁן שֶׁאֵין כַּוָּנָתוֹ לְהַזִּיק, וְלֹא רְאִי הַשֵּׁן שֶׁיֵּשׁ הֲנָאָה לְהֶיזֵּקוֹ כִּרְאִי הַקֶּרֶן שֶׁאֵין הֲנָאָה לְהֶיזֵּקוֹ. וְרֶגֶל מַאי? שַׁיְּרֵיהּ?! "כְּשֶׁהִזִּיק חָב הַמַּזִּיק" לְאַתּוּיֵי רֶגֶל. וְלִיתְנְיֵיהּ בְּהֶדְיָא! אֶלָּא אָמַר רָבָא: תְּנָא שׁוֹר לְרַגְלוֹ וּמַבְעֶה לְשִׁינּוֹ, וְה"ק: לֹא רְאִי הָרֶגֶל שֶׁהֶיזֵּקָהּ מָצוּי כִּרְאִי הַשֵּׁן שֶׁאֵין הֶיזֵּקָהּ מָצוּי, וְלֹא רְאִי הַשֵּׁן שֶׁיֵּשׁ הֲנָאָה לְהֶיזֵּקוֹ כִּרְאִי הָרֶגֶל שֶׁאֵין הֲנָאָה לְהֶיזֵּקוֹ. וְקֶרֶן מַאי? שַׁיְּרֵיהּ?! "כְּשֶׁהִזִּיק חָב הַמַּזִּיק" לְאַתּוּיֵי קֶרֶן. וְלִיתְנְיֵיהּ בְּהֶדְיָא! בְּמוּעָדִין מִתְּחִילָּתָן קָמַיְירֵי, בְּתַמִּין וּלְבַסּוֹף מוּעָדִין לָא קָמַיְירֵי. וּשְׁמוּאֵל מ"ט לֹא אָמַר כְּרַב? אָמַר לָךְ: אִי סָלְקָא דַּעְתָּךְ אָדָם, הָא קָתָנֵי סֵיפָא: שׁוֹר הַמּוּעָד, וְשׁוֹר הַמַּזִּיק בִּרְשׁוּת הַנִּיזָּק, וְהָאָדָם. וְלִיתְנֵי בְּרֵישָׁא! בְּנִזְקֵי מָמוֹן קָמַיְירֵי, בְּנִזְקֵי גּוּפוֹ לָא קָמַיְירֵי. וְרַב נַמִי, הָא קָתָנֵי אָדָם בְּסֵיפָא! אָמַר לָךְ רַב: הַהוּא לְמִחְשְׁבֵיהּ בַּהֲדֵי מוּעָדִין הוּא דַּאֲתָא. וּמַאי "לֹא הֲרֵי"? ה"ק: לֹא רְאִי הַשּׁוֹר שֶׁמְּשַׁלֵּם אֶת הַכּוֹפֶר כִּרְאִי הָאָדָם שֶׁאֵין מְשַׁלֵּם אֶת הַכּוֹפֶר, וְלֹא רְאִי הָאָדָם שֶׁחַיָּיב בְּאַרְבָּעָה דְּבָרִים כִּרְאִי הַשּׁוֹר שֶׁאֵין בּוֹ אַרְבָּעָה דְּבָרִים. הַצַּד הַשָּׁוֶה שֶׁבָּהֶן – שֶׁדַּרְכָּן לְהַזִּיק. וְכִי שׁוֹר דַּרְכּוֹ לְהַזִּיק? בְּמוּעָד. וּמוּעָד דַּרְכּוֹ לְהַזִּיק? כֵּיוָן דְּאִיַּיעַד אוֹרְחֵיהּ הוּא. אָדָם דַּרְכּוֹ לְהַזִּיק? בְּיָשֵׁן. יָשֵׁן דַּרְכּוֹ לְהַזִּיק? כֵּיוָן דְּכָיֵיף וּפָשֵׁיט אוֹרְחֵיהּ הוּא. "וּשְׁמִירָתָן עָלֶיךָ"? אָדָם – שְׁמִירַת גּוּפוֹ עָלָיו הוּא! וּלְטַעֲמִיךְ, הָא דְּתָנֵי קַרְנָא: אַרְבָּעָה אָבוֹת נְזִיקִין וְאָדָם אֶחָד מֵהֶן, אָדָם – שְׁמִירַת גּוּפוֹ עָלָיו הוּא! אֶלָּא, כִּדְאָמַר לֵיהּ רַבִּי אַבָּהוּ לְתַנָּא, תְּנֵי: אָדָם – שְׁמִירַת גּוּפוֹ עָלָיו,

הָכָא

רש"י

וְלֹא רְאִי הַשֵּׁן שֶׁאֵין כַּוָּנָתוֹ כו'. דְּאִי כָּתַב רַחֲמָנָא שֵׁן לָא אָתֵי קֶרֶן מִינֵּיהּ. וּלְהָכִי פָּרֵיךְ: וְלָאו ק"ו הוּא? כָּל שֶׁכֵּן דְּמִשּׁוּם הַאי טַעֲמָא נָפֵיק קֶרֶן מִשֵּׁן! וְה"ה נַמִי דְּקָא פָּרֵיךְ אַטַּעֲמָא קַמָּא, דְּאִי כָּתַב קֶרֶן הֲוָה נָפְקָא שֵׁן מִינֵּיהּ בְּק"ו: וּמַה קֶּרֶן שֶׁאֵין הֲנָאָה לְהֶיזֵּקָהּ חַיָּיב כו'. וְהַאי לֵיכָּא לְתָרוּצֵי דְּהָכִי מִיפַּרְשָׁא מִילְּתָא דְּרַב יְהוּדָה: לֹא רְאִי הַקֶּרֶן שֶׁאֵין הֲנָאָה כו', וְאִי כָּתַב שֵׁן לָא אָתְיָא קֶרֶן מִינֵּיהּ. וְלֹא רְאִי הַשֵּׁן שֶׁאֵין כַּוָּנָתוֹ לְהַזִּיק כו' וְאִי כָּתַב קֶרֶן לָא אָתְיָא שֵׁן מִינֵּיהּ, וְלָא תִּיקְשֵׁי מִידֵּי. הַאי לָאו מִילְּתָא הִיא, שֶׁאֵין זֶה לְשׁוֹן הַתַּלְמוּד, אֶלָּא הַהוּא דְּבָעֵי לְמִיגְמַר חַבְרֵיהּ מִינֵּיהּ נָקֵיט בְּרֵישָׁא, כִּדְקָתָנֵי מַתְנִי' "לֹא זֶה וָזֶה שֶׁיֵּשׁ בָּהֶן רוּחַ חַיִּים כַּהֲרֵי הָאֵשׁ שֶׁאֵין בּוֹ רוּחַ חַיִּים", וְאִי כָּתַב הָנֵי תַּרְתֵּי לָא אָתֵי אֵשׁ מִתַּרְוַייהוּ. אַלְמָא, כָּל הֵיכָא דְּקָתָנֵי "לֹא רְאִי זֶה כִּרְאִי זֶה" הַהוּא דְּבָעֵי אַגְמוּרֵי חַבְרֵיהּ מִינֵּיהּ נָקֵיט בְּרֵישָׁא, כִּדְקָתָנֵי מַתְנִי', וְה"ק: לֹא רְאִי זֶה כִּרְאִי זֶה – אֵין דִּין הַכָּתוּב בָּזֶה רָאוּי לִנְהוֹג בָּזֶה. **אִיצְטְרִיךְ.** לְמִיכְתַּב קֶרֶן. **אפ"ה פְּטוּרִין.** כִּדְאָמְרִינַן בְּפ' "הַחוֹבֵל" (לקמן דף פז.): הָעֶבֶד וְהָאִשָּׁה פְּגִיעָתָן רָעָה, הַחוֹבֵל בָּהֶן – חַיָּיב, וְהֵן שֶׁחָבְלוּ בַּאֲחֵרִים – פְּטוּרִין. **לָאו טַעְמָא רַבָּה אִית בְּהוּ.** דְּאִי מִיחַיְּיבָא לֵיהּ, כָּל שָׁעָה שֶׁיַּכְעִיסֶנּוּ רַבּוֹ יֵלֵךְ וְיַדְלִיק גְּדִישׁוֹ שֶׁל חֲבֵירוֹ כְּדֵי לְחַיֵּיב אֶת רַבּוֹ. **אֶלָּא פָּרֵיךְ וְאֵימָא הָכִי.** "לֹא רְאִי הַשּׁוֹר כִּרְאִי הַמַּבְעֶה" דְּקָתָנֵי בְּמַתְנִי', ה"ק: לֹא רְאִי הַקֶּרֶן שֶׁכַּוָּונָתוֹ לְהַזִּיק כַּהֲרֵי הַשֵּׁן שֶׁאֵין כַּוָּנָתוֹ לְהַזִּיק אֶלָּא לַהֲנָאָתָהּ מִתְכַּוֶּונֶת, הִלְכָּךְ אִי כָּתַב קֶרֶן – לָא הֲוָה נָפֵיק שֵׁן מִינָּהּ. **וְלֹא** הֲרֵי הַשֵּׁן שֶׁיֵּשׁ **הֲנָאָה** לְהֶיזֵּקָהּ כַּהֲרֵי הַקֶּרֶן כו'. וְאִי כָּתַב שֵׁן לָא אָתְיָא קֶרֶן מִינָּהּ. **וְרֶגֶל מַאי.** עָבֵיד לֵיהּ תַּנָּא דְּמַתְנִי', דְּלָא תָּנֵי? **שַׁיְּרֵיהּ.** בִּתְמִיָּה. וְה"ק. הַךְ דְּקָתָנֵי מַתְנִי' "לֹא הֲרֵי הַשּׁוֹר כַּהֲרֵי הַמַּבְעֶה" – ה"ק כו'. רֶגֶל הֶיזֵּקָהּ מָצוּי. הִלְכָּךְ לָא אָתְיָא שֵׁן מִינָּהּ. **רֶגֶל וּבוֹר.** שֵׁן וְאֵשׁ מוּעָדִין מִתְּחִילָּתָן לְשַׁלֵּם נֶזֶק שָׁלֵם, דְּלָא פָּלֵיג רַחֲמָנָא בֵּין תָּם לְמוּעָד אֶלָּא בִּנְגִיחָה. **שׁוֹר הַמַּזִּיק בִּרְשׁוּת הַנִּיזָּק.** שֶׁנִּכְנַס לִרְשׁוּת הַנִּיזָּק וְנָגַח שָׁם אֶת שׁוֹרוֹ. וְאע"ג דְּתָם הוּא – מְשַׁלֵּם נֶזֶק שָׁלֵם, וְסְתָמָא כְּר"ט דְּאָמַר לְקַמָּן (דף טו:): מְשׁוּנֶּה קֶרֶן בִּרְשׁוּת הַנִּיזָּק – נֶזֶק שָׁלֵם מְשַׁלֵּם. **בְּנִזְקֵי מָמוֹנוֹ.** בִּנְזָקִין שֶׁמָּמוֹנוֹ מַזִּיק מַיְירֵי רֵישָׁא. **בְּנִזְקֵי גּוּפוֹ.** שֶׁהוּא עַצְמוֹ מַזִּיק – לָא מַיְירֵי. **הָא קָתָנֵי אָדָם.** בְּסֵיפָא, וְלָמָּה לֵיהּ לְמִיתְנֵי בְּרֵישָׁא? **לְמִיחְשְׁבֵיהּ בַּהֲדֵי מוּעָדִין הוּא דַּאֲתָא.** דְּקָתָנֵי: חֲמִשָּׁה תַּמִּין וַחֲמִשָּׁה מוּעָדִין, וְקָחָשֵׁיב לְהוּ וְאָזֵיל. **וּמַאי לֹא הֲרֵי.** דְּקָתָנֵי בְּמַתְנִי' "לֹא הֲרֵי הַשּׁוֹר כַּהֲרֵי הַמַּבְעֶה" לְרַב דְּאָמַר מַבְעֶה זֶה אָדָם. שׁוֹר מוּעָד שֶׁנָּגַח אָדָם וּמֵת – מְשַׁלֵּם כּוֹפֶר, הִלְכָּךְ, אִי כָּתַב שׁוֹר לָא אָתְיָא אָדָם מִינֵּיהּ, דְּאָדָם שֶׁהָרַג אֶת חֲבֵירוֹ בְּמֵזִיד – נֶהֱרָג, בְּשׁוֹגֵג – גּוֹלֶה, וְאֵינוֹ מְשַׁלֵּם כּוֹפֶר. אָדָם הַחוֹבֵל בַּחֲבֵירוֹ חַיָּיב בְּאַרְבָּעָה דְּבָרִים: צַעַר, רִיפּוּי, שֶׁבֶת, וּבוֹשֶׁת. אֲבָל נֶזֶק לָא קָא חָשֵׁיב, דְּשׁוֹר נַמִי נֶזֶק מְשַׁלֵּם. אֲבָל בְּהָנָךְ אַרְבָּעָה דְּבָרִים אֵינוֹ חַיָּיב, כִּדְמַסִּיק בְּשִׁילְהֵי "כֵּיצַד הָרֶגֶל מוּעֶדֶת" (לקמן כו.) דְּאָמְרִי': "כִּי יִתֵּן אִישׁ מוּם בַּעֲמִיתוֹ" – אִישׁ בַּעֲמִיתוֹ וְלֹא שׁוֹר בַּעֲמִיתוֹ. **וְקָא** פָּרֵיךְ הַצַּד הַשָּׁוֶה כו'. לְרַב דְּאָמַר: תְּנָא שׁוֹר וְכָל מִילֵּי דְּשׁוֹר – הֵיכִי מָצֵי לְמִיתְנֵי בְּקֶרֶן דַּרְכּוֹ לְהַזִּיק? וְלִשְׁמוּאֵל לֵיכָּא לְמִיפְרַךְ, דְּרֶגֶל וַדַּאי דַּרְכּוֹ לֵילֵךְ וּלְהַזִּיק. **דְּכָיֵיף וּפָשֵׁיט.** אֶת רַגְלָיו. **אוֹרְחֵיהּ הוּא.** לְשַׁבֵּר כֵּלִים שֶׁבְּצַד מַרְגְּלוֹתָיו. וְקָא פָּרֵיךְ: מַאי הַאי דְּקָתָנֵי "וּשְׁמִירָתָן עָלֶיךָ"? לָשׁוֹן זֶה אֵינוֹ שַׁיָּיךְ אֶלָּא בְּנִזְקֵי מָמוֹנוֹ.

הָכָא

תוספות

מידי דהוה **אעבד ואמה.** ולא כפירוש רש"י, שפירש: משום דתנן ב"החובל" (לקמן דף פז.): עבד ואשה פגיעתן כו'. דא"כ ה"ל למינקט "עבד ואשה". אלא מפרש ר"ת דנקט "עבד ואמה" משום דקאי אמתני' דסוף מסכת ידים, וטעמא משום שמא יקניטנו רבו דבסמוך מפורש התם. **לאו** אע"ג דכוונתו להזיק **אפ"ה פטורין.** וא"ת: עבד ואמה גופיה נילף מק"ו דשן להתחייב, כיון דהכתי לא ידע טעמא דשמא יקניטנו רבו! וע"ק: כיון דידע רישא דמתניתין דמסכת ידים (פ"ד מ"ז), מדנקט "עבד ואמה" ולא נקט "עבד ואשה", א"כ *מסתמא ידע סיפא! וע"ק: דעבד ואמה כשאין כוונתן להזיק נמי פטירי, וא"כ מאי מייתי? וי"ל: דשפיר הוה ידע המקשה טעמא דשמא יקניטנו רבו. ואפ"ה פריך: כיון דעבד ואמה פטורין, ואפילו באין כוונתן להזיק, ואע"ג דלא שייך טעמא דשמא יקניטנו רבו, דאנוס הוא, *דפעמים דנתכוונו ויאמרו לא נתכוונו — לכך פטירי בכל ענין. נמצא שכוונתן גורם הפטור, ה"נ קרן שכוונתו להזיק — יש לנו לפוטרו. ורב אשי פי': דאפילו באין כוונתו להזיק איכא טעמא רבה. **כשהזיק** חב המזיק כו'. לא היינו "כשהזיק" קמא, אלא מאידך "כשהזיק" מרבה לה. **למחשביה** בהדי מועדין כו'. ושמואל ס"ל דלא ה"ל לאשמועינן בסיפא, כיון דלא אשמעינן שום חידוש טפי מברישא. אבל שן ורגל, אע"ג דתנא ליה ברישא — תנא ליה בסיפא גבי מועדין, משום חידוש דמפרש: השן מועדת לאכול את הראוי לה, והרגל מועדת לשבר דרך הילוכה. וקרן נמי תנא. ואע"ג דתנא ברישא "כשהזיק חב המזיק" לאתויי קרן — מ"מ תנא ליה בסיפא, משום דתני ליה גבי חמשה תמים — מש"ה תנא ליה נמי בהדי מועדין. וא"ת: אמאי לא חשיב אש ובור גבי מועדים? וי"ל: דלא חשיב אלא בעלי חיים, אבל בור ואש כך לי פעם ראשונה כמו פעם ג' וד'. **כראי** אדם שאין משלם את הכופר. הקשה ריב"א: מאי חומרא היא זו? האי דאין משלם את הכופר, משום דקים ליה בדרבה מיניה! ותירץ: דשוגג נמי פטור, מדתנא דבי חזקיה. ואור"י: דלאו פרכא היא כלל, דלא מפטר משום קים ליה בדרבה מיניה. וכאן נמי אין שייך להזכיר תנא דבי חזקיה. דלקמן בפ"ב (דף כו.) משמע דאי לאו קרא ד"עליו" ולא על האדם הוה ילפינן אדם משור שיתחייב מזיד מיתה וכופר, ומ"עליו" פטרי ליה אפילו שוגג, דומיא דשור, דאין מזיד לשור. ותנא דבי חזקיה דפוטר אפילו שוגג — היינו ממון שהזיק בשעת חיוב מיתה, ולאפוקי ממאן דדריש בפ' "אלו נערות" (כתובות דף לה. ושם): הא אם יהיה אסון לא יענש, דדוקא דין אסון. אתא חזקיה ואשמועינן: לאו דוקא דין אסון לא יענש, אלא אפי' שוגג לא יענש. **כיון** דכייף ופשיט **אורחיה הוא.** בירושלמי יש דישן לא מחייב אלא כשהשכיב עצמו אצל הכלים, אבל אם ישן והביאו כלים אצלו ושברן — פטור, דהם גרמו לו. וכן אם היה ישן והלך חבירו לישן אצלו והזיקו זה את זה — הראשון פטור והאחרון חייב. **ולטעמיך.** פירוש: אפילו תימא מבעה זה השן. **אדם** שמירת גופו עליו. מכאן משמע דלא גרסינן במתני' "וממונא", מדלא פריך נמי הכי "אדם ממונו הוא"! *ומש"ה אין צריך למחקו, כדפירשתי לעיל (ג: ד"ה וממונך).

ואימא

עין משפט נר מצוה

לג א מיי' פ"א מהל' גניבה הלכה ט סמג עשין קנה טור ש"ע ח"מ סי' שמט סעיף ד:

לד ב מיי' שם הלכה ט:

מסורת הש"ס

[ידים פ"ד מ"ז]

[עי' תוס' פסחים לז. ד"ה אלא]

ועי' במהר"מ שהאריך בתירוצם של התוס' ובספר פ"י

[ומשום בור ואש נמי צריך למוחקו כצ"ל עי' מהר"מ]

גליון הש"ס

ם' ד"ה כשהזיק כו' מאידך. דלקמן דף ט : ועי' לקמן דף יג ע"ב ס' ד"ה כשהזיק: **שם** כראי כו' דלא מפטר ס קלב"מ. עי' לקמן דף "א ברש"י ד"ה משא"כ : **בא"ד** דאי לאו ן דעליו. עי' בספר יאים לרא"ם סי' רז:

רבינו חננאל

והוא השן שן אין כונתה להזיק אלא לאכול להנאתה. קרן כונתה להזיק ואין לה הנאה. ואתי למילף מעבד ואמה דפטרי מרייהו. ודחי לה רב אשי אטו עבד ואמה לאו טעמי' רבה אית בה במתניתין *) בסוף מסכת ידים תאמרו בעבדו ואמתו שיש בהן דעה שאם יקניטנו ילך וידליק גדישו של חבירו ונמצא מחייבנו בכל יום. ולא עמד זה התירוץ ונדחה. ותירץ רבא הכי תנא שור לרגלו ומבעה לשינו כו' וקרן מאי שיירה מאי טעמא שן ורגל מועדין מתחילתן הן ותני להו ברישא קרן דהוא תם ולכי מייעד הוי ליה מועד תנא ליה בסיפא כשהזיק חב המזיק לאתויי קרן. ושמואל מאי טעמא לא אמר כרב אמר לך אדם הא קתני ליה בסיפא דמתני' והאדם ואמאי לא תנא ליה ברישא דבנזקי ממונו קמיירי. בנזקי גופו לא קמיירי. **פסק.** ויש אומר הלכה כשמואל. ורב אמר לך אדם האי דקתני ליה בסיפא למיחשביה בהדי מועדין הוא דאתא מאי לא (ראי) [הרי] (לא ראי) [דקאמר] הכי קאמר לא ראי השור שמשלם את הכופר כו' הצד השוה שבהן שדרכן להזיק. שור דרכו להזיק במועד. אדם דרכו להזיק בישן. ושמירתן עליך אדם שמירת גופו עליו הוא ופריך כר' אבהו דאמר לתנא תני אדם שמירת

*) [עי' תוס' ד"ה מידי דהוה]

הָכָא נַמִי תְּנֵי: אָדָם שְׁמִירַת גּוּפוֹ עָלָיו. מַתְקִיף לָהּ רַב מָרִי, וְאֵימָא: מַבְעֶה זֶה הַמַּיִם, כִּדְכְתִיב: °"כִּקְדוֹחַ אֵשׁ הֲמָסִים מַיִם תִּבְעֶה אֵשׁ"! מִי כְּתִיב "מַיִם נִבְעוּ"? "תִּבְעֶה אֵשׁ" כְּתִיב. מַתְקִיף לָהּ רַב זְבִיד, וְאֵימָא: מַבְעֶה זֶה הָאֵשׁ, דְּכִי כְּתִיב "תִּבְעֶה" – בְּאֵשׁ הוּא דִּכְתִיב! אִי הָכִי, מַאי "הַמַּבְעֶה וְהַהֶבְעֵר"? וְכִי תֵּימָא: פֵּרוּשֵׁי קָמְפָרֵשׁ – אִי הָכִי, "אַרְבָּעָה"?! שְׁלֹשָׁה הָווּ! וְכִי תֵּימָא: תְּנָא שׁוֹר דְּאִית בֵּיהּ תַּרְתֵּי – אִי הָכִי, "לֹא זֶה וָזֶה שֶׁיֵּשׁ בָּהֶן רוּחַ חַיִּים", אֵשׁ מַאי רוּחַ חַיִּים אִית בֵּיהּ? וְתוּ, מַאי "כַּהֲרֵי הָאֵשׁ"?§ *תָּנֵי רַב אוֹשַׁעְיָא, שְׁלֹשָׁה עָשָׂר אֲבוֹת נְזִיקִין: שׁוֹמֵר חִנָּם, וְהַשּׁוֹאֵל, נוֹשֵׂא שָׂכָר, וְהַשּׂוֹכֵר, נֶזֶק, צַעַר, וְרִיפּוּי, שֶׁבֶת, וּבוֹשֶׁת, וְאַרְבָּעָה דְּמַתְנִי' – הָא תְּלֵיסַר. וְתַנָּא דִּידַן מ"ט לָא תָּנֵי הָנֵי? בִּשְׁלָמָא לִשְׁמוּאֵל, בְּנִזְקֵי מָמוֹן קָמַיְירֵי, בְּנִזְקֵי גּוּפוֹ לָא קָמַיְירֵי. אֶלָּא לְרַב, לִיתְנֵי! תְּנָא אָדָם וְכָל מִילֵּי דְּאָדָם. וּלְר' אוֹשַׁעְיָא נַמִי, הָא תָּנֵי לֵיהּ אָדָם! תְּרֵי גַּוְונֵי אָדָם, תְּנָא אָדָם דְּאַזֵּיק אָדָם, וּתְנָא אָדָם דְּאַזֵּיק שׁוֹר. אִי הָכִי, שׁוֹר נַמִי לִיתְנֵי תְּרֵי גַּוְונֵי שׁוֹר, לִיתְנֵי שׁוֹר דְּאַזֵּיק שׁוֹר, וְלִיתְנֵי שׁוֹר דְּאַזֵּיק אָדָם! הַאי מַאי? בִּשְׁלָמָא אָדָם דְּאַזֵּיק שׁוֹר – נֶזֶק הוּא דִּמְשַׁלֵּם, אָדָם דְּאַזֵּיק אָדָם – מְשַׁלֵּם אַרְבָּעָה דְּבָרִים. אֶלָּא שׁוֹר, מַה לִּי שׁוֹר דְּאַזֵּיק שׁוֹר, מַה לִּי שׁוֹר דְּאַזֵּיק אָדָם, אִידִי וְאִידִי נֶזֶק הוּא דִּמְשַׁלֵּם! וְהָא שׁוֹמֵר חִנָּם וְהַשּׁוֹאֵל נוֹשֵׂא שָׂכָר וְהַשּׂוֹכֵר, דְּאָדָם דְּאַזֵּיק שׁוֹר הוּא, וְקָתָנֵי! תָּנֵי הֶיזֵּקָא דְּבִידַיִם, וְקָתָנֵי הֶיזֵּקָא דְּמִמֵּילָא. *תָּנֵי ר' חִיָּיא, עֶשְׂרִים וְאַרְבָּעָה אֲבוֹת נְזִיקִין: תַּשְׁלוּמֵי כֵפֶל, וְתַשְׁלוּמֵי אַרְבָּעָה וַחֲמִשָּׁה, וְגַנָּב, וְגַזְלָן, וְעֵדִים זוֹמְמִין, וְהָאוֹנֵס, וְהַמְפַתֶּה, וּמוֹצִיא שֵׁם רַע, וְהַמְטַמֵּא, וְהַמְדַמֵּעַ, וְהַמְנַסֵּךְ, וְהָנֵי תְּלֵיסַר – הָא עֶשְׂרִים וְאַרְבָּעָה. וְרַבִּי אוֹשַׁעְיָא מַאי טַעְמָא לָא תָּנֵי הָנֵי? בְּמָמוֹנָא קָמַיְירֵי, בִּקְנָסָא לָא קָמַיְירֵי. גַּנָּב וְגַזְלָן דְּמָמוֹנָא הוּא, לִיתְנֵי! הָא קָתָנֵי לֵיהּ: שׁוֹמֵר חִנָּם וְהַשּׁוֹאֵל. וְרַבִּי חִיָּיא נַמִי הָא תְּנָא לֵיהּ: שׁוֹמֵר חִנָּם וְהַשּׁוֹאֵל! תָּנֵי מָמוֹנָא דַּאֲתָא לִידֵיהּ בְּהֶיתֵּירָא, וְקָתָנֵי מָמוֹנָא דַּאֲתָא לִידֵיהּ בְּאִיסּוּרָא.

עֵדִים

תורה אור

ישעיה סד

ה"נ תְּנֵי אָדָם שְׁמִירַת גּוּפוֹ עָלָיו. וְהַאי דְּקָתָנֵי "וּשְׁמִירָתָן עָלֶיךָ" – אַשְּׁאָרָא. אֵימָא מַבְעֶה זֶה הַמַּיִם. שֶׁאִם שׁוֹטֵף אָדָם מֵימָיו לִרה"ר וּבָא אַחֵר וְנִטְנְפוּ כֵּלָיו – חַיָּיב הַשּׁוֹפְכָן. כִּקְדוֹחַ אֵשׁ הֲמָסִים. כְּמוֹ שֶׁהָאֵשׁ שׂוֹרֵף דָּבָר הַנִּימַס, כְּגוֹן זֶפֶת וְשַׁעֲוָה וְכָל מִינֵי רֶבֶב. מַיִם תִּבְעֶה אֵשׁ. וּכְמַיִם שֶׁמְּבַעְבְּעִים אֶת הָאֵשׁ, כְּשֶׁנּוֹתְנִין מַיִם עַל הָאֵשׁ נַעֲשִׂים כְּמִין אֲבַעְבּוּעוֹת רְתִיחוֹת. וְסֵיפָא דִּקְרָא הָכִי הוּא: "לְהוֹדִיעַ שִׁמְךָ לְצָרֶיךָ" – כֵּן תּוֹדִיעַ שִׁמְךָ לְצָרֶיךָ כְּשֶׁתְּאַבְּדֵם מִן הָעוֹלָם. מִי כְּתִיב מַיִם נִבְעוּ. לְשׁוֹן רַבִּים, דְּלֶיהֱוֵי מַשְׁמַע דְּ"מַבְעֶה" אַמַּיִם קָאֵי, שֶׁהֵן מְבַעְבְּעִין אֶת הָאֵשׁ. תִּבְעֶה אֵשׁ כְּתִיב. דְּמַשְׁמַע שֶׁהָאֵשׁ מְבַעְבֵּעַ הַמַּיִם, דְּ"תִבְעֶה" לְשׁוֹן יָחִיד וּלְשׁוֹן נְקֵבָה. פֵּרוּשֵׁי קָא מְפָרֵשׁ. הַמַּבְעֶה זֶה הַהֶבְעֵר. דְּאִית בֵּיהּ תַּרְתֵּי. שֵׁן וְרֶגֶל. וְקֶרֶן לָא קָחָשֵׁיב, דְּבִתְמִין לָא קָמַיְירֵי. מַאי לֹא זֶה וָזֶה. דְּקָתָנֵי מַתְנִי' אַשּׁוֹר וּמַבְעֶה: לֹא זֶה וָזֶה שֶׁיֵּשׁ בָּהֶן רוּחַ חַיִּים. וְאִי מַבְעֶה הַיְינוּ אֵשׁ – מִי אִית בּוֹ רוּחַ חַיִּים? אָבוֹת. קָרֵי לְהָנָךְ דִּכְתִיבָן בִּקְרָא. שׁוֹמֵר חִנָּם. חַיָּיב בִּפְשִׁיעָה, וְהַשּׁוֹאֵל חַיָּיב אֲפִילּוּ בְּאוֹנָסִין, וְשׂוֹכֵר וְנוֹשֵׂא שָׂכָר חַיָּיבִים בִּגְנֵיבָה וַאֲבֵידָה, וְכ"ש בִּפְשִׁיעָה. וְכוּלְּהוּ כְּתִיבִי כִּדְתָנֵי בְּפֶרֶק "הַשּׁוֹאֵל" בְּבָבָא מְצִיעָא (דף צד:): פָּרָשָׁה רִאשׁוֹנָה נֶאֶמְרָה בְּשׁוֹמֵר חִנָּם, שְׁנִיָּה בְּשׁוֹמֵר שָׂכָר, שְׁלִישִׁית בְּשׁוֹאֵל. הִלְכָּךְ אָבוֹת נִינְהוּ. וּלְקַמָּן בָּעֵי: מַאי נִינְהוּ תּוֹלָדוֹת? נֶזֶק. הַחוֹבֵל בַּחֲבֵירוֹ נוֹתֵן לוֹ מַה שֶּׁהוּא שָׁוֶה עַכְשָׁיו פָּחוֹת מִבַּתְּחִילָּה. צַעַר. אוֹמְדִין כַּמָּה אָדָם הָעוֹמֵד יָדוֹ לִיקָּצֵץ ע"י חֶרֶב, רוֹצֶה לִיתֵּן כְּדֵי שֶׁיִּתְקַצֵּץ לוֹ ע"י סַם, דְּלֵית לֵיהּ צַעַר כּוּלֵּי הַאי. וְרִיפּוּי וְשֶׁבֶת וּבוֹשֶׁת. כּוּלְּהוּ יָלֵיף מִקְּרָאֵי בְּפֶרֶק "הַחוֹבֵל" (לקמן דף פה.) וְכֵיוָן דִּכְתִיבֵי – אָבוֹת נִינְהוּ. כָּל הָנָךְ דְּר' אוֹשַׁעְיָא הוּא עַצְמוֹ מַזִּיק, דְּהָנָךְ ד' שׁוֹמְרִים הֵן עַצְמָם הִזִּיקוּ, הוֹאִיל וְלֹא שָׁמְרוּ כָּרָאוּי. וּבְנִזְקִין דְּאַזֵּיק גּוּפוֹ לָא קָמַיְירֵי מַתְנִי'. אֶלָּא לְרַב. דְּאָמַר: מַבְעֶה זֶה אָדָם, הוֹאִיל וּמַיְירֵי תַּנָּא דְּמַתְנִי' – לִיתְנֵי הָנֵי. תְּנָא אָדָם. מַבְעֶה דְּמַתְנִי'. תְּנָא אָדָם דְּאַזֵּיק שׁוֹר. כְּלוֹמַר: נִזְקֵי מָמוֹן, דְּהָא מַבְעֶה דּוּמְיָא דְּשׁוֹר קָתָנֵי, וְשׁוֹר לָא מַיְירֵי בְּנִזְקֵי אָדָם, דְּרַחֲמָנָא פַּטְרֵיהּ לְגַמְרֵי, כִּדְתַנְיָא לְקַמָּן (דף נג:): שׁוֹר וְלֹא אָדָם, חֲמוֹר וְלֹא כֵּלִים. וְאָדָם דְּאַזֵּיק שׁוֹר, הֵיכָא כְּתִיב דְּקָרֵי לֵיהּ אָב – דִּכְתִיב: "וּמַכֵּה נֶפֶשׁ בְּהֵמָה יְשַׁלְּמֶנָּה". בִּשְׁלָמָא אָדָם דְּאַזֵּיק שׁוֹר כו'. וְכֵיוָן דְּלָא דָּמֵי חִיּוּבַיְיהוּ לַהֲדָדֵי – תָּנֵי לְהוּ בְּתַרְתֵּי. אָדָם דְּאַזֵּיק אָדָם. כְּגוֹן ה' דְּבָרִים דְּחוֹבֵל בַּחֲבֵירוֹ. וּלְקַמֵּיהּ פָּרֵיךְ: הָא ד' שׁוֹמְרִין דְּר' אוֹשַׁעְיָא – אָדָם דְּאַזֵּיק שׁוֹר הוּא. וְקָתָנֵי. רַבִּי אוֹשַׁעְיָא. אָבוֹת דְּמַתְנִי' – הִזִּיק דְּבָדַיִם, ד' שׁוֹמְרִין – הִזִּיק דְּמִמֵּילָא. תַּשְׁלוּמֵי כֵפֶל. "אִם הִמָּצֵא תִמָּצֵא בְיָדוֹ הַגְּנֵבָה". תַּשְׁלוּמֵי אַרְבָּעָה וַחֲמִשָּׁה. בְּטוֹבֵחַ וּמוֹכֵר. וְגַנָּב. שֶׁמְּשַׁלֵּם ע"פ עַצְמוֹ וְאֵינוֹ מְשַׁלֵּם כֵּפֶל אֶלָּא קֶרֶן בִּלְבַד. וּכְגוֹן שֶׁהוֹדָה מֵעַצְמוֹ, דְּמוֹדֶה בִּקְנָס פָּטוּר, כִּדְאָמְרִינַן: "אֲשֶׁר יַרְשִׁיעוּן אֱלֹהִים יְשַׁלֵּם שְׁנַיִם" וְהַיְינוּ קְנָס, וְאָמְרִינַן בְּפ' "מְרוּבֶּה" (לקמן דף סד:): פְּרָט לְמַרְשִׁיעַ אֶת עַצְמוֹ. וְגַזְלָן. נַמִי אָב הוּא, דִּכְתִיב: "וְהֵשִׁיב אֶת הַגְּזֵלָה אֲשֶׁר גָּזָל" (ויקרא ה). אוֹנֵס וּמְפַתֶּה. כְּתִיבֵי, "חֲמִשִּׁים כָּסֶף" כְּתִיב בְּאוֹנֵס (דברים כב), וּבִמְפַתֶּה כְּתִיב (שמות כב): "כֶּסֶף יִשְׁקֹל כְּמוֹהַר הַבְּתוּלֹת", כְּמוֹהַר בְּתוּלִים שֶׁל אוֹנֵס, דְּהַיְינוּ חֲמִשִּׁים כֶּסֶף. מוֹצִיא שֵׁם רַע. כְּתִיב: "וְעָנְשׁוּ אוֹתוֹ מֵאָה כֶסֶף" (דברים כב). מְטַמֵּא. תְּרוּמָה. מְדַמֵּעַ. תְּרוּמָה בְּחוּלִּין. וּמְנַסֵּךְ. יֵין לַע"ז. וּבְמַסֶּ' גִּיטִּין (דף נג:) מְפָרֵשׁ אַמַּאי לָא קָם לֵיהּ בִּדְרַבָּה מִינֵּיהּ. מְטַמֵּא מְדַמֵּעַ וּמְנַסֵּךְ לָא כְּתִיבֵי בְּהֶדְיָא, וְאפ"ה הָווּ אָבוֹת, שֶׁבִּכְלַל נֶזֶק הֵן, וְנֶזֶק מָמוֹן כְּתִיב בַּתּוֹרָה (ויקרא כד): "מַכֵּה נֶפֶשׁ בְּהֵמָה יְשַׁלְּמֶנָּה". וּמְנַסֵּךְ אֶת הַיַּיִן לֵיכָּא לְמֵימַר א] שֶׁנִּיסְּכוֹ בְּיַיִן נֶסֶךְ שֶׁזָּרַק בּוֹ – דְּלָא קָמְחַסְּרֵיהּ וְלָא מִידֵּי, דְּהָא מְזַבֵּין לֵיהּ בַּר מִדְּמֵי יֵין נֶסֶךְ שֶׁבּוֹ. וּמְטַמֵּא. שֶׁמַּגִּיעַ שֶׁרֶץ בִּתְרוּמַת כֹּהֵן, דְּאַפְסְדַהּ מִינֵּיהּ. גַּנָּב. הַמּוֹדֶה מֵעַצְמוֹ, וְגַזְלָן, דְּלָא מְשַׁלְּמֵי אֶלָּא קֶרֶן – לִיתְנֵי! תְּנָא לֵיהּ שׁוֹמֵר חִנָּם וְהַשּׁוֹאֵל. דְּהָתָם נַמִי שַׁיָּיךְ גְּנֵיבָה, כְּגוֹן שֶׁטָּעַן שֶׁנִּגְנַב הֵימֶנּוּ וַהֲרֵי הִיא בְּיָדוֹ, וְאָמְרִינַן בְּפֶרֶק "מְרוּבֶּה" (לקמן דף סג:) דְּטוֹעֵן טַעֲנַת גַּנָּב כְּגַנָּב, וְטוֹעֵן טַעֲנַת גַּזְלָן כְּגַזְלָן. וְהָא דְּנָקַט הָכָא "וְהַשּׁוֹאֵל" – לָאו דַּוְקָא, דְּהָא לָא מַשְׁכַּחַתְּ בֵּיהּ דְּנִפְטַר, לֹא בְּטוֹעֵן טַעֲנַת גַּנָּב וְלֹא בְּטוֹעֵן טַעֲנַת גַּזְלָן – שֶׁהֲרֵי הוּא חַיָּיב בְּכוּלּוֹ. דַּאֲתָא לִידֵיהּ בְּהֶיתֵּירָא. שׁוֹמֵר חִנָּם, אע"ג דְּהַשְׁתָּא טוֹעֵן טַעֲנַת גַּנָּב שֶׁנִּגְנַב הֵימֶנּוּ, מִיהוּ מֵעִיקָּרָא כִּי אֲתָא – בְּהֶיתֵּירָא אֲתָא לִידֵיהּ. וְגַנָּב וְגַזְלָן מָמוֹנָא אֲתָא לִידֵיהּ בְּאִיסּוּרָא.

עֵדִים

ואימא מבעה זה המים. פי': כיון דקרא לא דייקי לא כמר ולא כמר. וא"ת: והיכן כתיב מים בתורה? וי"ל: מ"ושלח", וכן הוא אומר (איוב ה) "ושולח מים על פני חוצות". ואע"ג ד"שלח בעירה" בבהמה איירי – מ"מ מים נמי משתמעי מיניה, מדאפקיה רחמנא בהמה בלשון "ושלח". ולעיל דבעי במאי מוקמינן לה – לא מצי מוקמינן במים, דכי נמי מוקמת במים אית לן לאוקומי במילי דשור מדכתיב "בעירה". וא"ת: והני מים ה"ד? אי דמשקיל עליה בדקא דמיא, ובכח ראשון – כחו הוא. ואי בכח שני – גרמא בעלמא הוא, כדאמרינן ב"הנשרפין" (סנהדרין דף עז:)! וי"ל: דמיירי בכח שני, וקמ"ל דבכח שני נמי חייב. א"נ: בתר דנחו. ולא דמי לבור, כגון פותקין ביבותיהן דלקמן (דף ל.). ואע"ג דאתי במה הצד – הוה אמינא דאיצטריך לכותבו לחייב כלים, דמבור לא הוה שמעינן. והוה מצי למיפרך: מאי לא זה וזה שיש בהן רוח חיים. אלא דבלאו הכי משני שפיר. **מי** כתיב מים נבעו. וא"ת: כי כתיב נמי "נבעו" לא מיתוקמא מתניתי' במים, דמי קתני "נבעה" כדדייק לעיל (דף ג:) גבי שן! *וי"ל: דלא שייך לאקשויי אלא גבי שן דליתני "נבעה", שהשן עצמו נבעה. ד"מבעה" משמע מגלה [דבר אחר: שהיה מכוסה], אבל במים שייך שפיר לישנא דמבעה, שהמים רותחים קרויים מבעבעים.

שלשה עשר אבות נזיקין. ודיניהם י"ב, דשוכר כשומר שכר הוי או כשומר חנם הוי.

שומר חנם והשואל. שומר חנם פטור מן הכל חוץ מן הפשיעה, שואל חייב בכל חוץ ממתה מחמת מלאכה, ונושא שכר חייב במקלת – בגניבה ואבידה, ופטור באונסין. לכך נקט להו בזה הסדר, ולא כסדר שנכתב בפרשה.

תרי גווני אדם. וא"ת: כיון דתני תרי גווני אדם, ליתני נמי ג' אבות בשור: הקרן והשן והרגל! וי"ל: דניחא ליה לכלול כולם בשור, כמו תנא דמתני'. **ועדים** זוממין. פירש ריב"א: דאפילו שילם על פי העדים זוממין – חייבין, דלא שייך בממון "כאשר זמם ולא כאשר עשה" – דאפשר בחזרה. ור"י מפרש: דלא צריך להאי טעמא, דגבי ממון מחייבינן להו בק"ו, דגבי ממון עונשין מן הדין. והא דאמרינן במכות (דף ה:): הרגו אין נהרגים – היינו משום דהתם אין עונשין מן הדין*. **מנסך**. פליגי בה ב"הנזקין" (גיטין נג: ושם), חד אמר: מנסך ממש, וחד אמר: מערב.

הא

גופו עליו. ואתקיף רב מרי ואימא מבעה זה מים כדכתיב מים תבעה אש. ודחי ליה מי כתיב מים נבעו תבעה אש [כתיב] כלומר תבעה מלאכת אש היא. ואקשי אי הכי אימא מבעה זה האש ונדחת ולא עמדה. תני רב הושעיא י"ג אבות נזיקין שומר חנם ושואל כו' בשלמא לשמואל דאמר מבעה זה השן אמר לך מתני' בנזקי ממונו מיירי בנזקי גופו לא מיירי אלא לרב דמפרש מבעה זה אדם הוה ליה למתני הני י"ג במתני'. ומפריק רב תנא מבעה שהוא אדם וכלל בו כל נזקי אדם ורב הושעיא תנא במתני' אדם דאזיק שור בידים דהוא משלם נזק והדר תנא אדם דאזיק אדם דמשלם ד' דברים והזיקה (דשור) [אדם דאזיק שור] דממילא. תני ר' חייא כ"ד אבות נזיקין תשלומי כפל ותשלומי ד' וה' וגנב וגזלן וכו' פי' המדמע

רש"ל וא"כ אכתי לא דייק קרא

הגהות מהר"ב רנשבורג

א] רש"י ד"ה ומנסך וכו' שניסכו ביין נסך שזרק בו דלא קמחסרי'. עי' פני יהושע:

[עיין לעיל ב. תוס' ד"ה ולא זה]

[כריתות ג:]

[שם]

עֵדִים זוֹמְמִין דְּמָמוֹנָא הוּא, לִיתְנֵי! סָבַר לָהּ כְּר"ע, *דְּאָמַר: אאֵין מְשַׁלְּמִין עַל פִּי עַצְמָן. אִי סָבַר לֵיהּ כְּר"ע, °לִיתְנֵי תְּרֵי גַּוְונֵי שׁוֹר; לִיתְנֵי שׁוֹר דְּאַזֵּיק שׁוֹר, וְלִיתְנֵי שׁוֹר דְּאַזֵּיק אָדָם. *דִּתְנַן, ר"ע אוֹמֵר: אַף תָּם שֶׁחָבַל בְּאָדָם מְשַׁלֵּם בַּמּוֹתָר נֶזֶק שָׁלֵם! *הָא תַּבְרֵיהּ ר"ע לִגְזִיזֵיהּ; דְּתַנְיָא, ר"ע אוֹמֵר: יָכוֹל אַף תָּם שֶׁחָבַל בְּאָדָם יְשַׁלֵּם מִן הָעֲלִיָּיה? תַּלְמוּד לוֹמַר: °"יֵעָשֶׂה לּוֹ" — מִגּוּפוֹ מְשַׁלֵּם, וְאֵינוֹ מְשַׁלֵּם מִן הָעֲלִיָּיה. הָאוֹנֵס וְהַמְפַתֶּה וְהַמּוֹצִיא שֵׁם רַע, דְּמָמוֹנָא הוּא, לִיתְנֵי! מַה נַּפְשָׁךְ; אִי נֶזֶק — תְּנָא לֵיהּ, אִי צַעַר — תְּנָא לֵיהּ, אִי בֹּשֶׁת — תְּנָא לֵיהּ, אִי פְּגָם — הַיְינוּ נֶזֶק. מָה אִית לָךְ לְמֵימַר? קְנָסָא, בִּקְנָסָא לָא קָמַיְירֵי. הַמְטַמֵּא וְהַמְדַמֵּעַ וְהַמְנַסֵּךְ דְּמָמוֹנָא הוּא, לִיתְנֵי! מַה נַּפְשָׁךְ; אִי *הֶיזֵּק שֶׁאֵינוֹ נִיכָּר שְׁמֵיהּ הֶיזֵּק — הָא תְּנָא לֵיהּ נֶזֶק, אִי *הֶיזֵּק שֶׁאֵינוֹ נִיכָּר בלָא שְׁמֵיהּ הֶיזֵּק — הֲוָה לֵיהּ קְנָסָא, וּבִקְנָסָא לָא קָמַיְירֵי. לֵימָא קָסָבַר ר' חִיָּיא: הֶיזֵּק שֶׁאֵינוֹ נִיכָּר לָא שְׁמֵיהּ הֶיזֵּק, דְּאִי שְׁמֵיהּ הֶיזֵּק — הָא תְּנָא לֵיהּ נֶזֶק! תְּנָא הֶיזֵּקָא דְּמִינְכְּרָא, וּתְנָא הֶיזֵּקָא דְּלָא מִינְכְּרָא. בִּשְׁלָמָא לְתַנָּא דִּידָן, תְּנָא מִנְיָינָא *לְמַעוּטֵי דְּר' אוֹשַׁעְיָא, וְר' אוֹשַׁעְיָא תְּנָא מִנְיָינָא לְמַעוּטֵי דְּרַבִּי חִיָּיא. אֶלָּא מִנְיָינָא דְּרַבִּי חִיָּיא לְמַעוּטֵי מַאי? *לְמַעוּטֵי מוֹסֵר וּמְפַגֵּל. וְלִיתְנֵי! בִּשְׁלָמָא מְפַגֵּל — בְּקָדָשִׁים לָא קָמַיְירֵי, אֶלָּא מוֹסֵר מַאי טַעְמָא לָא תָּנֵי? שָׁאנֵי מוֹסֵר, דְּדִיבּוּרָא, וּבְדִיבּוּרָא לָא קָמַיְירֵי. וְהָא מוֹצִיא שֵׁם רַע דְּדִיבּוּרָא הוּא, וְקָתָנֵי! דִּיבּוּרָא דְּאִית בֵּיהּ מַעֲשֶׂה הוּא. וְהָא עֵדִים זוֹמְמִין דִּיבּוּרָא דְּלֵית בֵּיהּ מַעֲשֶׂה הוּא, וְקָתָנֵי! הָתָם אע"ג דְּלֵית בֵּיהּ מַעֲשֶׂה — רַחֲמָנָא קְרְיֵיהּ מַעֲשֶׂה, דִּכְתִיב: °"וַעֲשִׂיתֶם לוֹ כַּאֲשֶׁר זָמַם לַעֲשׂוֹת לְאָחִיו". בִּשְׁלָמָא לְתַנָּא דִּידָן, תְּנָא אָבוֹת — מִכְּלָל דְּאִיכָּא תּוֹלָדוֹת. אֶלָּא לְרַבִּי חִיָּיא וְרַבִּי אוֹשַׁעְיָא, אָבוֹת — מִכְּלָל דְּאִיכָּא תּוֹלָדוֹת, תּוֹלְדוֹתֵיהֶן מַאי נִיהוּ? אָמַר רַבִּי אַבָּהוּ: כּוּלָּן כְּאָבוֹת לְשַׁלֵּם מִמֵּיטָב. מַאי טַעְמָא? אָתְיָא "תַּחַת" "נְתִינָה" "יְשַׁלֵּם" "כֶּסֶף". § "לֹא הֲרֵי הַשּׁוֹר כַּהֲרֵי הַמַּבְעֶה". § מַאי קָאָמַר? אָמַר רַב זְבִיד מִשְּׁמֵיהּ דְּרָבָא, הָכִי קָאָמַר: לִכְתּוֹב רַחֲמָנָא חֲדָא וְתֵיתֵי אִידָךְ מִינֵּיהּ! הֲדַר אֲמַר: חֲדָא מֵחֲדָא לָא אָתְיָא. § "וְלֹא זֶה וָזֶה שֶׁיֵּשׁ בָּהֶן רוּחַ חַיִּים". § מַאי קָאָמַר? אָמַר רַב מְשַׁרְשְׁיָא מִשְּׁמֵיהּ דְּרָבָא, הָכִי קָאָמַר: לִכְתּוֹב

שמות כא | דברים יט

תורה אור

רש"י

עֵדִים זוֹמְמִין דְּמָמוֹנָא הוּא. דְּכָל הַמְשַׁלֵּם יוֹתֵר ע"מ שֶׁהִזִּיק, כְּגוֹן כֶּפֶל וְתַשְׁלוּמֵי אַרְבָּעָה וַחֲמִשָּׁה – קָרֵי קְנָס, כִּדְלְקַמָּן בְּהַךְ פִּירְקִין (ד' טו:). וּכְגוֹן כָּל דָּבָר קָצוּב הָאָמוּר בַּתּוֹרָה, כְּגוֹן חֲמִשִּׁים שֶׁל אוֹנֵס וּמְפַתֶּה, וּמֵאָה שֶׁל מוֹצִיא שֵׁם רַע, כּוּלְּהוּ הָוֵי קְנָסָא. אֲבָל מִידֵּי אַחֲרִינָא – מָמוֹנָא. סָבַר לָהּ כְּר"ע. דְּאָמַר בְּמַסֶּ' מַכּוֹת בְּפ"ק (ד' ג.): עֵדִים זוֹמְמִין אֵין מְשַׁלְּמִים עַל פִּי עַצְמָן. כְּגוֹן אִם הוּזְמוּ בְּב"ד זֶה וְלֹא הִסְפִּיק בַּעַל דִּין לְהַעֲמִידָן בַּדִּין וּלְתוֹבְעָן, וְהָלְכוּ לְמָקוֹם אַחֵר וְהוֹדוּ שָׁם בְּב"ד, וְאָמְרוּ: הוּזַמְנוּ בְּבֵית דִּינוֹ שֶׁל פְּלוֹנִי – פְּטוּרִין. אַלְמָא: קְנָסָא הוּא, וּמוֹדֶה בִּקְנָס פָּטוּר. אִי ר"ע לִיתְנֵי תְּרֵי גַוְונֵי שׁוֹר. דְּהָא לְר"ע יֵשׁ חִילּוּק בֵּין תַּשְׁלוּמִין שֶׁל שׁוֹר דְּאַזֵּיק שׁוֹר, דְּלָא מְשַׁלֵּם אֶלָּא חֲצִי נֶזֶק, לְתַשְׁלוּמֵי שׁוֹר דְּאַזֵּיק אָדָם, דִּתְנַן לְקַמָּן בְּפֶ' "הַמַּנִּיחַ אֶת הַכַּד" (דף לג.): ר"ע אוֹמֵר כו'. בַּמּוֹתָר. אִם חָבַל אָדָם בְּשׁוֹר תָּם, וְתָם בְּאָדָם, וְשָׁמוּ ב"ד חֲבָלָה שֶׁחָבַל שׁוֹר בְּאָדָם יוֹתֵר מֵחֲבָלָה שֶׁחָבַל הָאָדָם בַּשּׁוֹר – מְשַׁלֵּם בַּעַל הַשּׁוֹר אוֹתוֹ עוֹדֵף. לִגְזִיזֵיהּ. לְכֹחַ אֶגְרוֹפוֹ, כִּדְאָמַר בְּסַנְהֶדְרִין בְּפ"ק (דף ז.): אַדְיֵיהּ לִגְזִיזָה וְקָם. יָכוֹל יְשַׁלֵּם תָּם שֶׁחָבַל בְּאָדָם מִן הָעֲלִיָּיה ת"ל כו'. וְאִשְׁתַּכַּח דְּלָא מְשַׁלֵּם נֶזֶק שָׁלֵם, אֶלָּא כְּמוֹ שֶׁהַשּׁוֹר שָׁוֶה. אוֹנֵס וּמְפַתֶּה דְּמָמוֹנָא הוּא. שֶׁחֲמִשִּׁים כֶּסֶף לְבַד הָוֵי קְנָס, אֲבָל יֵשׁ בּוֹ פְּגָם, שֶׁשָּׁוָה עַכְשָׁיו פָּחוֹת מִדְּמֵעִיקָּרָא, כִּדְאָמַר בִּכְתוּבּוֹת (דף מ.), וּבוֹשֶׁת דְּמָמוֹנָא הוּא. ה"ג מַה נַּפְשָׁךְ. מִשּׁוּם מַאי אִילְטְרִיךְ לֵיהּ לְמִיתְנֵי, אִי מִשּׁוּם צַעַר תְּנָא לֵיהּ. מְדַמֵּעַ. מְעָרֵב תְּרוּמָה עִם חוּלִּין שֶׁל חֲבֵירוֹ. דְּהַשְׁתָּא מְזַבֵּין לְהוּ בְּזוֹל, לְפִי שֶׁאֵין יָכוֹל לְאוֹכְלָהּ אֶלָּא כֹּהֵן. מְנַסֵּךְ. שֶׁנִּיסֵּךְ יֵין חֲבֵירוֹ לְע"ז וַאֲסָרוֹ בַּהֲנָאָה, הוֹאִיל וְעָבֵיד בֵּיהּ מַעֲשֶׂה בְּגוּפֵיהּ דְּיַיִן. שֶׁאֵינוֹ נִיכָּר. כְּגוֹן הָכָא, דְּאֵין הַנֶּזֶק נִיכָּר בְּתוֹךְ הַפֵּירוֹת, דְּלָא חָסַר לְהוּ. לֵימָא קָסָבַר רַבִּי חִיָּיא לָא שְׁמֵיהּ הֶיזֵּק. וּמִשּׁוּם דִּקְנָס הוּא תָּנֵי, דְּלָא הָוֵי בִּכְלַל אָבוֹת דְּרַבִּי אוֹשַׁעְיָא. אֶלָּא מִנְיָינָא דְּרַבִּי חִיָּיא לְמַעוּטֵי מַאי. דְּלָא מַחֲשִׁיב בַּהֲדַיְיהוּ. מוֹסֵר. מַלְשִׁין שֶׁמּוֹסֵר מָמוֹן חֲבֵירוֹ לְגוֹי. וּמְפַגֵּל. *כֹּהֵן שֶׁשָּׁחַט קָרְבָּנוֹ שֶׁל יִשְׂרָאֵל חַטָּאת א] לְשׁוּם שְׁלָמִים, דְּאֵין הַקָּרְבָּן עוֹלֶה לְחוֹבַת בְּעָלָיו, וְצָרִיךְ אַחֵר. וְלִיתְנֵי לֵיהּ. ר' חִיָּיא הַאי מוֹסֵר! מוֹצִיא שֵׁם רַע דִּיבּוּרָא דְּאִית בֵּיהּ מַעֲשֶׂה. בְּעִילָה. מִכְּלָל דְּאִיכָּא תּוֹלָדוֹת. כִּדְפָרְשִׁינַן לְעֵיל לְכָל חַד וְחַד: נְגִיפָה וּנְשִׁיכָה לְקֶרֶן, נִתְחַכְּכָה לַהֲנָאָתָהּ תּוֹלָדָה דְּשֵׁן, וְכֵן לְכוּלָּן. תַּחַת נְתִינָה כו'. דִּבְכוּלְּהוּ כְּתִיב אוֹ "תַּחַת" וְגָמְרִינַן "תַּחַת" "תַּחַת" מִשּׁוֹר מוּעָד, דִּכְתִיב בֵּיהּ "שׁוֹר תַּחַת הַשּׁוֹר": מַה הָתָם מִמֵּיטָב, דְּגָמַר מִשֵּׁן וָרֶגֶל דִּכְתִיב בֵּיהּ "מֵיטַב שָׂדֵהוּ" – אַף כָּאן מֵיטָב, שֶׁאִם בָּא לְשַׁלֵּם קַרְקַע לַנִּיזָּק בִּשְׁבִיל הֶיזֵּקוֹ – מַגְבֵּהוּ מִן הָעִידִית. אוֹ "נְתִינָה" וְגָמַר "נְתִינָה" "נְתִינָה" מִשּׁוֹר שֶׁנָּגַח אֶת הָעֶבֶד, דִּכְתִיב בֵּיהּ "יִתֵּן לַאדֹנָיו". אוֹ "יְשַׁלֵּם" וְגָמַר מִשֵּׁן וָרֶגֶל, דִּכְתִיב בָּהֶן "מֵיטַב כַּרְמוֹ יְשַׁלֵּם". אוֹ "כֶּסֶף" וְגָמְרִי מִבּוֹר, דִּכְתִיב בֵּיהּ "כֶּסֶף יָשִׁיב לִבְעָלָיו". וְאַרְבַּע אָבוֹת גְּמִירֵי כּוּלְּהוּ מִשֵּׁן וָרֶגֶל. בְּשׁוֹמֵר חִנָּם כְּתִיב: "אֲשֶׁר יַרְשִׁיעֻן אֱלֹהִים יְשַׁלֵּם". בְּשׁוֹאֵל כְּתִיב: "בְּעָלָיו אֵין עִמּוֹ שַׁלֵּם יְשַׁלֵּם". בְּנוֹשֵׂא שָׂכָר כְּתִיב: "אִם גָּנֹב יִגָּנֵב מֵעִמּוֹ יְשַׁלֵּם". שׂוֹכֵר אֵינוֹ כָּתוּב בַּתּוֹרָה, אֲבָל דִּינוֹ כְּנוֹשֵׂא שָׂכָר. בְּנֶזֶק דְּחוֹבֵל בַּחֲבֵירוֹ כְּתִיב נְתִינָה "כֵּן יִנָּתֶן בּוֹ", וְהַיְינוּ מָמוֹן, הַנִּיתָּן מִיָּד לְיָד, כִּדְדָרְשִׁינַן בְּ"הַחוֹבֵל" (לקמן דף פד.). בְּצַעַר כְּתִיב: "פֶּצַע תַּחַת פָּצַע" וְדָרְשִׁינַן לֵיהּ לְקַמָּן בְּ"הַחוֹבֵל" (דף פה.): "פֶּצַע תַּחַת פָּצַע" – לִיתֵּן צַעַר בִּמְקוֹם נֶזֶק. בְּרִיפּוּי וְשֶׁבֶת כְּתִיב נְתִינָה: "שִׁבְתּוֹ יִתֵּן וְרַפֹּא", *וּבְבֹשֶׁת כְּתִיב "תַּחַת". גַּבֵּי אוֹנֵס וּמְפַתֶּה – דִּכְתִיב: "תַּחַת אֲשֶׁר עִנָּהּ", וְדָרְשִׁינַן בִּכְתוּבּוֹת בְּפֶרֶק "אֵלּוּ נְעָרוֹת" (דף מ:): חֲמִשִּׁים כֶּסֶף תַּחַת הָעִינּוּי – מִכְּלָל דְּאִיכָּא בּוֹשֶׁת וּפְגָם. לִישָּׁנָא אַחֲרִינָא: הוֹאִיל וּכְתִיב בְּחוֹבֵל בַּחֲבֵירוֹ "תַּחַת", דִּכְתִיב "תַּחַת פָּצַע", כּוּלְּהוּ חֲמִשָּׁה דְּבָרִים דִּידֵיהּ מֵהָתָם גָּמְרִינַן. בְּתַשְׁלוּמֵי כֶפֶל כְּתִיב "יְשַׁלֵּם שְׁנָיִם". וּבְתַשְׁלוּמֵי אַרְבָּעָה וַחֲמִשָּׁה כְּתִיב "חֲמִשָּׁה בָקָר יְשַׁלֵּם תַּחַת" וגו'. וְקֶרֶן דְּגַנָּב בִּכְלַל כֶּפֶל הוּא. וּבְגָזֵל כְּתִיב נְתִינָה: "וְנָתַן לַאֲשֶׁר אָשַׁם לוֹ" (במדבר ה). בְּעֵדִים זוֹמְמִין כְּתִיב בְּהוּ "נֶפֶשׁ בְּנֶפֶשׁ" (דברים יט), וּכְמַאן דִּכְתִיב "תַּחַת" דָּמֵי. בְּאוֹנֵס וּמְפַתֶּה וּמוֹצִיא שֵׁם רַע כְּתִיב "כֶּסֶף". "וְנָתַן לַאֲבִי הַנַּעֲרָה חֲמִשִּׁים כָּסֶף" (שם כב) – הַיְינוּ אוֹנֵס, מְפַתֶּה – "כֶּסֶף יִשְׁקוֹל כְּמֹהַר הַבְּתוּלֹת" (שמות כב), בְּמוֹצִיא שֵׁם רַע – "וְעָנְשׁוּ אוֹתוֹ מֵאָה כֶסֶף" (דברים כב). מְטַמֵּא וּמְדַמֵּעַ וּמְנַסֵּךְ בִּכְלַל נֶזֶק הֵן, *וּבְנֶזֶק כְּתִיב בֵּיהּ "תַּחַת". מַאי קָאָמַר. לָמָּה לִי לְמִיתְנֵי כְּלָל. וְתֵיתֵי אִידָךְ מִינָּהּ. בַּמֶּה מָצִינוּ בְּשׁוֹר שֶׁהוּא מַזִּיק וְחַיָּיב – אַף הַמַּבְעֶה שֶׁהוּא מַזִּיק, יְהֵא חַיָּיב. לָא אָתְיָא. כִּדְמְפָרֵשׁ לְעֵיל, רַב לְטַעְמֵיהּ וּשְׁמוּאֵל לְטַעְמֵיהּ.

תוספות

הא תבריה ר"ע לגזיזיה. אין לפרש דחזר בו, מדקתני שמשלם מגופו, דבפ' "המניח" (לקמן דף לג.) תני בהדיא, ר"ע אומר: כמשפט הזה — כתחתון ולא כעליון. יכול ישלם מן העלייה כו'. ולפ"ה נמי קשה, דפי': *אע"ג דזימנין ליכא נזק שלם, כגון שהשור אין שוה כדי היזקו — מכל מקום ליתני תרי גווני שור, כיון דלפעמים איכא נזק שלם! וי"ל: דכיון דאין משלם אלא מגופו אי אפשר למיתני גבי אבות, דאמרינן לקמן: כולם כאבות הן לשלם ממיטב.

האונס והמפתה והמוציא ש"ר דממונא הוא. מוציא שם רע לית ביה ממונא כלל אלא מאה כסף, אלא אגב אחריני נקטיה.

המטמא והמדמע. המ"ל דלא תנא להו משום דלא מיחייב בשוגג.

דאי שמיה היזק. ואע"ג דחזקיה דאמר שמיה היזק איתותב ב"הניזקין" (גיטין דף נג:), מ"מ ניחא ליה לאוקומי ברייתא דרבי חייא אביו אליביה.

וקתני היזק דלא מינכרא. והא דקתני שלשה גווני — לפי שהם שנויין בפ' "הניזקין" (שם נג:), כדקתני: שומר חנם והשואל, נושא שכר והשוכר, דקתני גווני טובא.

תני מניינא למעוטי. האי למעוטי לאו משום דלית ליה דרבי חייא, אלא כלומר: למעוטי, דלא איירי בהו.

למעוטי מוסר כו'. המ"ל: למעוטי כופר ושלשים של עבד, והא דלא קתני להו — משום דבקטלא לא איירי. ומוסר ומפגל, אפילו למאן דלא דאין דינא דגרמי — מחייב משום קנס, ב"הגוזל בתרא" (לקמן דף קיז.).

דיבורא דאית ביה מעשה. דבכתובות בפ' "נערה" (דף מו.), א"ר אליעזר בן יעקב: לא נאמרו דברים הללו אלא כשבעל. ור' יהודה אית ליה התם עד שישכור עדים.

כולם כאבות לשלם ממיטב. ואע"ג דתולדות דאבות דמתניתין משלמין נמי ממיטב, מ"מ הני אי לאו דקרינא להו אבות — לא הוי ידעי דמשלמי ממיטב.

תחת נתינה כו'. בספרי מפיק בושת מ"וקצותה את כפה ולא תחוס עיניך" (דברים כה), ויליף מעדים זוממין, דכתיב "לא תחוס עיניך" (שם יט). וא"ל שהוא גזירה שוה גמורה, מדלא קאמר: אתיא "תחת" "נתינת" "עיניך". ועדים זוממים, פרש"י: דכתיב בהו "נפש בנפש". וצ"ל דאפילו אם העידו על שור תם שהזיק, או העידו פלוני חייב לפלוני מנה, דדינו בזיבורית — דמשלמי במיטב. דאם רצו לחייב אחרים ממיטב — לא צריך קרא, דמ"כאשר זמם" נפקא דיתחייבו ממיטב.

מאי קאמר. משום דלא מצי לפרושי האי "לא הרי" כשאר "לא הרי" שבתלמוד, קמתמה מאי קאמר.

כי

עין משפט נר מצוה

לה א מיי' פרק יח מהלכות עדות הלכה ח סמג עשין קי טור ח"מ סי' לח:

הספר חסר וצ"ל ולאשמעינן דלא משלם נזק שלם אלא כמו שהשור שוה דלא ע"ג וכו'. ר"מ

לו ב מיי' פ"ו מהלכות חובל ומזיק הלכה א סמג עשין ע טוש"ע ח"מ סי' שפה סעיף א:

רבינו חננאל

מערב תרומה וכיוצא בה בחולין. דברי ר' עקיבא דאמר בעדים זוממין אין משלמין על פי עצמן מפורש בתחלת פ' כיצד העדים נעשין זוממין. ת"ר ד' דברים נאמרו בעדים זוממין אין נעשין בני גרושה ובני חלוצה. ואין גולין לערי המקלט ואין משלמין כופר ואין נמכרין בעבד עברי משום ר' עקיבא אמרו אף אין משלמין על פי עצמן. פי' תבריה ר"ע לגזיזיה שיבר כלי זיינו שלוחם בהן כלומר *) חזר בו דתניא ר' עקיבא אומר יכול ישלם מן העלייה כו' וזה בפ' המניח את הכד. פי' מוסר המוסר את חבירו לגוים ונענש או מסר ממון חבירו לגוים אם יש עדים חייב לשלם. ודין מן הטוען טענת מסור ואין לו ראייה אני עתיד לפרשו במקומו בפ' הכונס צאן לדיר. אשכחן הני אבות נזיקן כו' בהדי מסור ומפגל ואית בהו ממונא וקנסא והזק בידים והזיקא דאתי ממילא. ואית בהו ממונא דאתא לידיה בהיתרא וממונא דאתא לידיה באיסורא. ואית בהו נמי היזק ניכר והיזק שאינו ניכר. ואית בהו דיבור שיש בו מעשה [כמו] המוציא שם רע. ודיבור שאין בו מעשה ורחמנא שווי' מעשה עדים זוממין. ודיבור שאין בו מעשה מסור והני אבות תולדותיהן כיוצא בהן בר מתולדה דרגל בחצי נזק צרורות דהלכתא גמירי לה ואמאי קרי ליה תולדה דרגל לשלם מן העלייה וכולן מועדין מן התחלתן בר מן הקרן. ושן ורגל ברשות הרבים פטורים **) דאורחייהו הוא. אמר ר' אבהו כולן כאבות הן לשלם ממיטב. מאי טעמא אמר אביי אתיא תחת תחת נתינה ישלם כסף פי' מצאנו בפירוש בשן ורגל דכתיב ובער בשדה אחר מיטב שדהו ומיטב כרמו ישלם וגמרינן מינה דכל מקום דכתיב תשלומין הוא ממיטב בשור כתיב שלם ישלם שור תחת השור בבור כתיב בעל הבור ישלם במבעה כתי' מכה בהמה ישלמנה בהבער כתיב שלם ישלם המבעיר בשומרים כתיב ישלם שנים לרעהו. ובשומר שכר כתיב ישלם לבעליו. ובשואל כתיב שלם ישלם. (או כשומר) [שוכר] או כשומר שכר גנב חיים שנים אמר

ישלם תשלומי ד' וה' כתיב חמשה בקר ישלם תחת השור וארבע צאן תחת השה. בגזלן כתיב ושלם אותו בראשו. ולמד עוד מי שאינו כתוב בו לשון תשלומין בלשון תחת. כתיב בנזקי שור שלם ישלם שור תחת השור מה תשלומי שור כתיב ביה תחת והוא ממיטב אף כל היכא דכתיב תחת ממיטב הוא. וילפי מינה הניזקין דכתיב עין תחת עין והעדים זוממים בכלל. תחת חבורה ויליף מינה האונס (של) [דכתיב] ונתן האיש השוכב עמה לאבי הנערה חמשים כסף ולו תהיה לאשה תחת אשר ענה. ותנא ולפי מינה אחריני כמו האונס אם אבכה דכתיב בה ממיטב אף כל היכא דכתיב נתינה או כסף ישלם ממיטב. (ול"ג) ויליף מינה המפתה דכתיב כסף ישקל. ומוציא שם רע דכתיב וענשו אותו מאה כסף. ריפוי ושבת כתיב רק שבתו יתן ורפא ירפא. המטמא והמדמע והמנסך יין לע"ז. והמסור והמפגל כיון דקימא לן היזק שאינו ניכר שמיה היזק שייכי כולהו בכלל נזק: פיס' לא השור

*) עי' תוס' ד"ה הא תבריה. **) עי' ברא"ש ריש מכלתין מ"ש על הרי"ף בזה.

מסורת הש"ס

מכות ג.

לקמן לג. מב: ערכין יד:

לקמן מב:

[גיטין נג.]

[שם מד: נג: מועד קטן יג. כתובות לה.]

[כריתות ב:]

[עיין בתוספו' ע"ז עד. ד"ה למעוטי]

עי' בס' פני יהושע במסכת ב"ק מ"ש בזה

אולי צ"ל ובבושת

גי' ר"מ ובכוק כתיב ישלם דכתיב מכה בהמה ישלמנה

הגהות מהר"ב רנשבורג

א] רש"י ד"ה ומפגל וכו' חטאת לשום שלמים. עי' מנחות דף מט ע"א בלשון רש"י שם ד"ה ומחשב וכו' לשם שלמים וכו' ובתוספות שם ד"ה וקמחשב בה וכו' פני יהושע וקושיא מקובלת ודו"ק:

גליון הש"ס

גמ' ליתני תרי גווני שור. עי' לקמן דף ז ע"א תוס' ד"ה וכי"ע:

לִכְתּוֹב רַחֲמָנָא תַּרְתֵּי, וְתֵיתֵי אִידָךְ מִינַּיְיהוּ. הֲדַר אֲמַר: חֲדָא מִתַּרְתֵּי לָא אָתֵי. אָמַר רָבָא: וְכוּלְּהוּ כִּי שָׁדֵית בּוֹר בֵּינַיְיהוּ, אָתְיָא כּוּלְּהוּ בְּמָה הַצַּד, לְבַר מִקֶּרֶן, מִשּׁוּם דְּאִיכָּא לְמִיפְרַךְ: מַה לְּכוּלְּהוּ [א]שֶׁכֵּן מוּעָדִין מִתְּחִילָּתָן. וּלְמַאן דְּאָמַר: אַדְּרַבָּה, קֶרֶן עֲדִיפָא שֶׁכַּוָּונָתוֹ לְהַזִּיק – אֲפִילּוּ קֶרֶן נַמִי אָתְיָא. אֶלָּא לְמַאי הִלְכְתָא כְּתַבִינְהוּ רַחֲמָנָא? לְהִלְכוֹתֵיהֶן: קֶרֶן – [ב]לְחַלֵּק בֵּין תַּמָּה לְמוּעֶדֶת; שֵׁן וָרֶגֶל – [ג]לְפוֹטְרָן בִּרְשׁוּת הָרַבִּים; בּוֹר – [ד]לִפְטוֹר בּוֹ אֶת הַכֵּלִים. *וּלְרַבִּי יְהוּדָה דִּמְחַיֵּיב עַל נִזְקֵי כֵלִים בְּבוֹר – [ה]לִפְטוֹר בּוֹ אֶת הָאָדָם; אָדָם – [ו]לְחַיְּיבוֹ בְּאַרְבָּעָה דְּבָרִים; אֵשׁ – [ז]לִפְטוֹר בּוֹ אֶת הַטָּמוּן. וּלְרַבִּי יְהוּדָה דִּמְחַיֵּיב עַל נִזְקֵי טָמוּן בְּאֵשׁ, לְאַתּוּיֵי מַאי?

לְאַתּוּיֵי

לִכְתּוֹב רַחֲמָנָא תַּרְתֵּי. שׁוֹר וּמַבְעֶה, וְתֵיתֵי אֵשׁ מִינַּיְיהוּ. דְּכִי פָּרְכַתְּ: מַה לְּקֶרֶן שֶׁכֵּן כַּוָּונָתוֹ לְהַזִּיק – אִיכָּא לְמֵימַר: שֵׁן תּוֹכִיחַ. מַה לְּשֵׁן שֶׁיֵּשׁ הֲנָאָה לְהֶזֵּיקוֹ – קֶרֶן יוֹכִיחַ. וּלְרַב דְּאָמַר מַבְעֶה זֶה אָדָם תֵּיתֵי הָכִי: כִּי פָּרְכַתְּ מַה לְּשׁוֹר שֶׁכֵּן כַּוָּונָתוֹ לְהַזִּיק תֹּאמַר בְּאֵשׁ – אָדָם יוֹכִיחַ, שֶׁאֲפִילּוּ אֵין כַּוָּונָתוֹ לְהַזִּיק חַיָּיב, כִּדְתְנַן (לקמן דף כו.): אָדָם מוּעָד בֵּין עֵר בֵּין יָשֵׁן. מַה לְּאָדָם שֶׁכֵּן חַיָּיב בְּאַרְבָּעָה דְּבָרִים – שׁוֹר יוֹכִיחַ. הַצַּד הַשָּׁוֶה שֶׁבָּהֶן – שֶׁדַּרְכָּן לְהַזִּיק וּשְׁמִירָתָן עָלֶיךָ. אַף אֲנִי אָבִיא אֵשׁ. הֲדַר אֲמַר חֲדָא מִתַּרְתֵּי נַמִי לָא אָתְיָא. דְּלָא רָאֵי קֶרֶן וּמַבְעֶה שֶׁיֵּשׁ בָּהֶן רוּחַ חַיִּים כַּהֲרֵי אֵשׁ כו'. וְכוּלְּהוּ כִּי שָׁדֵית בּוֹר בֵּינַיְיהוּ אָתְיָא. אִי כְּתִיב בּוֹר וַחֲדָא מֵהָנָךְ, אָתְיָא כּוּלְּהוּ [מֵהַהִיא וּמֵאִידָךְ] בְּצַד הַשָּׁוֶה. דְּאִי כְּתִיב בּוֹר וְקֶרֶן – אָתְיָא שֵׁן מִינַּיְיהוּ הָכִי: מַה בּוֹר שֶׁאֵין דַּרְכּוֹ לֵילֵךְ וּלְהַזִּיק חַיָּיב, שֵׁן שֶׁדַּרְכּוֹ לֵילֵךְ וּלְהַזִּיק לֹא כָּל שֶׁכֵּן. מַה לְּבוֹר שֶׁכֵּן תְּחִילַּת עֲשִׂיָּיתוֹ עוֹמֵד לְנֵזֶק, תֹּאמַר בְּשֵׁן – קֶרֶן יוֹכִיחַ. מַה לְּקֶרֶן שֶׁכֵּן כַּוָּונָתוֹ לְהַזִּיק – בּוֹר יוֹכִיחַ. וְחָזַר הַדִּין. הַצַּד הַשָּׁוֶה שֶׁבָּהֶן שֶׁדַּרְכָּן לְהַזִּיק, וּמָמוֹנְךָ כו' – אַף אֲנִי אָבִיא שֵׁן. וְכֵן רֶגֶל מִקֶּרֶן וּבוֹר. דְּכִי פָּרְכַתְּ: מַה לְּבוֹר שֶׁכֵּן תְּחִילַּת עֲשִׂיָּיתוֹ לְנֵזֶק, תֹּאמַר בְּרֶגֶל – קֶרֶן יוֹכִיחַ. מַה לְּקֶרֶן שֶׁכֵּן כַּוָּונָתוֹ לְהַזִּיק – בּוֹר יוֹכִיחַ. וְכֵן אֵשׁ מִקֶּרֶן וּבוֹר, בְּכוּלָּן תְּחִילַּת הַדִּין: מַה בּוֹר שֶׁאֵין דַּרְכּוֹ לֵילֵךְ וּלְהַזִּיק חַיָּיב, אֵלּוּ כּוּלָּן שֶׁדַּרְכָּן לֵילֵךְ וּלְהַזִּיק לֹא כ"ש. מַה לְּבוֹר שֶׁכֵּן תְּחִילַּת עֲשִׂיָּיתוֹ כו'. וְכֵן אִי כָּתַב רַחֲמָנָא בּוֹר וְשֵׁן אָתוּ כּוּלְּהוּ אִינָךְ נַמִי, לְבַר מִקֶּרֶן, בְּהַאי דִּינָא: מַה בּוֹר שֶׁאֵין דַּרְכּוֹ לֵילֵךְ וּלְהַזִּיק חַיָּיב, רֶגֶל וְאֵשׁ לֹא כָּל שֶׁכֵּן. וְכֵן אָדָם. מַה לְּבוֹר שֶׁכֵּן תְּחִילַּת עֲשִׂיָּיתוֹ לְנֵזֶק, תֹּאמַר בְּכָל אֵלּוּ – שֵׁן תּוֹכִיחַ. מַה לְּשֵׁן שֶׁכֵּן יֵשׁ הֲנָאָה לְהֶזֵּיקוֹ, תֹּאמַר בְּכָל אֵלּוּ – בּוֹר תּוֹכִיחַ. הַצַּד הַשָּׁוֶה כו', אַף אֲנִי אָבִיא כָּל אֵלּוּ. אֲבָל קֶרֶן לֹא אָתְיָא מִינַּיְיהוּ, דְּאִיכָּא לְמִיפְרַךְ: מַה לְּהַצַּד הַשָּׁוֶה שֶׁבְּבוֹר וְשֵׁן שֶׁכֵּן מוּעָדִים מִתְּחִילָּתָן, תֹּאמַר בְּקֶרֶן. וְכֵן אִי כְּתִיב בּוֹר וְרֶגֶל, אָתְיָא כּוּלְּהוּ מֵהָא דִּינָא דְּבוֹר, לְבַר מִקֶּרֶן, דְּכִי פָּרְכַתְּ: מַה לְּבוֹר שֶׁכֵּן תְּחִילַּת עֲשִׂיָּיתוֹ לְנֵזֶק, תֹּאמַר בְּשֵׁן וְאֵשׁ וְאָדָם – רֶגֶל יוֹכִיחַ. מַה לְּרֶגֶל שֶׁכֵּן הֶזֵּיקוֹ מָצוּי, דְּכָל שָׁעָה הִיא מְהַלֶּכֶת, תֹּאמַר בְּכָל אֵלּוּ – בּוֹר יוֹכִיחַ. וְחָזַר הַדִּין הַצַּד הַשָּׁוֶה כו' אַף אֲנִי אָבִיא כָּל אֵלּוּ. אֲבָל קֶרֶן לֹא אָתְיָא, דְּמַה לְּהַצַּד הַשָּׁוֶה שֶׁבָּהֶן שֶׁמּוּעָדִין מִתְּחִילָּתָן, תֹּאמַר בְּקֶרֶן. וְכֵן אִי כָּתַב בּוֹר וְאֵשׁ הֲוָה אָתוּ אִינָךְ בְּהַאי דִּינָא מִבּוֹר, וְכִי פָּרְכַתְּ: מַה לְּבוֹר שֶׁכֵּן תְּחִילַּת עֲשִׂיָּיתוֹ לְנֵזֶק, תֹּאמַר בְּרֶגֶל וְשֵׁן וְאָדָם – אֵשׁ תּוֹכִיחַ. מַה לְּאֵשׁ שֶׁכֵּן מוּעֶדֶת לֶאֱכוֹל בֵּין שֶׁרָאוּי לָהּ בֵּין שֶׁאֵינוֹ רָאוּי לָהּ, כְּגוֹן עֵצִים כֵּלִים וַאֲבָנִים, תֹּאמַר בְּשֵׁן שֶׁאֵינָהּ מוּעֶדֶת אֶלָּא לְדָבָר הָרָאוּי לָהּ – בּוֹר יוֹכִיחַ, שֶׁאֵינוֹ מוּעָד אֶלָּא לְדָבָר הָרָאוּי לָהּ. דָּבָר שֶׁאֵינוֹ רָאוּי לָהּ מַאי נִיהוּ – אָדָם, דִּכְתִיב: "וְנָפַל שָׁמָּה שׁוֹר אוֹ חֲמוֹר", שׁוֹר וְלֹא אָדָם, חֲמוֹר וְלֹא כֵּלִים. דְּאִם נָפַל בַּבּוֹר אָדָם וְכֵלִים – פָּטוּר בַּעַל הַבּוֹר. הַצַּד הַשָּׁוֶה שֶׁבָּהֶן כו' אַף אֲנִי אָבִיא שֵׁן. וְאָתוּ אָדָם וְרֶגֶל בִּפְלַגֵי דִּינָא, דְּכִי אָמְרַתְּ: אֵשׁ תּוֹכִיחַ – לֵיכָּא לְמִיפְרַךְ "מַה לְּאֵשׁ" מִידֵּי. אֲבָל קֶרֶן לֹא אָתְיָא, דְּמַה לְּהַצַּד הַשָּׁוֶה שֶׁבְּבוֹר וְאֵשׁ שֶׁכֵּן מוּעָדִים מִתְּחִילָּתָן. וּלְהָכִי נָקַט רָבָא בּוֹר, דְּמֵחַד מֵאִידָךְ לֹא מָצֵי לְמֵימַר כִּי שָׁדֵית חַד בֵּינַיְיהוּ אָתוּ כּוּלְּהוּ מֵהַהִיא וּמֵחַד מֵאִידָךְ, דְּהָא מִכָּל תְּרֵי מִינַּיְיהוּ לֹא הֲוָה אָתוּ לֹא קֶרֶן וְלֹא בּוֹר; קֶרֶן מֵאֵשׁ וְרֶגֶל וְשֵׁן וְאָדָם – לֹא, דְּמַה לְּכוּלְּהוּ שֶׁכֵּן מוּעָדִין מִתְּחִילָּתָן. וּבוֹר נַמִי לֹא אָתְיָא, דְּמַה לְּכוּלְּהוּ שֶׁכֵּן דַּרְכָּן לֵילֵךְ וּלְהַזִּיק. וְאִי קַשְׁיָא לָךְ: לֵימָא כִּי שָׁדֵית קֶרֶן בֵּינַיְיהוּ! אִי נָקַט קֶרֶן, אִיכָּא תְּרֵי דְּלָא אָתֵי מִינָּהּ וּמֵחַד מֵאִידָךְ. דְּאִי נָקַט רֶגֶל אוֹ שֵׁן אוֹ אָדָם בַּהֲדֵי קֶרֶן – לֹא אָתְיָא אֵשׁ מִינַּיְיהוּ, דְּפָרְכִינַן: מַה לְּהַצַּד הַשָּׁוֶה שֶׁבָּהֶם שֶׁיֵּשׁ בָּהֶם רוּחַ חַיִּים. וְכֵן בּוֹר נַמִי לֹא אָתְיָא מִינַּיְיהוּ. וְאִי נָקַט אֵשׁ בַּהֲדֵי קֶרֶן לֹא אָתְיָא שֵׁן וּבוֹר מִינַּיְיהוּ. דְּכִי פָּרְכִינַן: מַה לְּאֵשׁ שֶׁכֵּן אוֹכֶלֶת אֲפִילּוּ דָּבָר שֶׁאֵין רָאוּי לָהּ, כְּגוֹן כֵּלִים, תֹּאמַר בְּשֵׁן דְּפָטוּר עַל הַכֵּלִים, כִּדְתְנַן בְּמַתְנִיתִין – לֵיכָּא לְמֵימַר קֶרֶן יוֹכִיחַ. וּבוֹר נַמִי לֹא אָתֵי מִינַּיְיהוּ, שֶׁכֵּן דַּרְכָּן לֵילֵךְ וּלְהַזִּיק מַה שֶּׁאֵין כֵּן בְּבוֹר. וּלְמַאן דְּאָמַר כו'. לֹא אִיתְפַּרַשׁ [א] הֵיכָא.

לְהִלְכוֹתֵיהֶן. לְמַה שֶּׁיֵּשׁ בָּזֶה מַה שֶּׁאֵין בָּזֶה. לְפוֹטְרָן בִּרְשׁוּת הָרַבִּים. דִּכְתִיב בְּהוּ: "וּבִעֵר בִּשְׂדֵה אַחֵר" – דְּלָא חַיָּיבִין אֶלָּא בִּרְשׁוּת הַנִּיזָּק. פְּלוּגְתָּא דְּרַבִּי יְהוּדָה וְרַבָּנַן לְקַמָּן בִּשְׁלְהֵי פֶּרֶק "שׁוֹר שֶׁנָּגַח אֶת הַפָּרָה". וּדְרָשָׁה דְּבוֹר נִרְאֶה בְּעֵינַי דִּכְדִי נְסֵיב לָהּ, דְּהָא בּוֹר אִיצְטְרִיכָא לֵיהּ לְמִיכְתַּב, דְּהָא מִכָּל תְּרֵי מִינַּיְיהוּ לֹא נָפְקָא, דְּכוּלְּהוּ דַּרְכָּן לֵילֵךְ וּלְהַזִּיק, לְבַר מִבּוֹר. אֶלָּא אַיְּידֵי דְּדָרֵישׁ לְהִלְכוֹת הָאֲחֵרִים נָקַט לָהּ נַמִי. לִפְטוֹר בּוֹ אֶת הָאָדָם. כִּדְדָרְשִׁינַן: שׁוֹר וְלֹא אָדָם. אָדָם. לְהָכִי כַּתְבֵיהּ רַחֲמָנָא. לְחַיְּיבוֹ בְּאַרְבָּעָה דְּבָרִים. צַעַר רִיפּוּי שֶׁבֶת וּבוֹשֶׁת, מַשְּׁאֵ"כ בְּכָל הָנֵי. לִפְטוֹר בּוֹ אֶת הַטָּמוּן. שֶׁאִם הָיוּ בְּגָדִים טְמוּנִים בַּגָּדִישׁ – פָּטוּר הַמַּבְעִיר, דִּכְתִיב בֵּיהּ (שמות כב): "אוֹ הַקָּמָה", וְדָרְשִׁינַן בִּשְׁלְהֵי "הַכּוֹנֵס צֹאן לַדִּיר" (לקמן דף ס.): מַה קָּמָה בְּגָלוּי – אַף כָּל גָּלוּי, לְאַפּוֹקֵי טָמוּן דְּלָא. מַה שֶּׁאֵין כֵּן בְּשׁוֹר וּבוֹר וּמַבְעֶה. וְרַבִּי יְהוּדָה קָא פָּלֵיג הָתָם.

לְאַתּוּיֵי

כי שדית בור בינייהו אתיא כולהו. מה שפי' הקונטרס דשן אתיא מבור ואש, דכי פרכת: מה לאש שכן מועדת לאכול בין ראוי לה בין שאין ראוי לה, תאמר בשן שאין מועדת לאכול אלא בראוי לה. וקשה: דלא אשכחן שאינו ראוי בשן, דאם אכלה דבר שאין ראוי לה — לא הוי תולדה דשן אלא תולדה דקרן, כיון דאין הנאה להזיקה. ואי משכחת בשום ענין — נילף מאש דמתחייב אף באין ראוי! ונראה דשן נמי אתי בפלגא דדינא, או מאש לחודיה. ומיהו, י"ל לפירוש הקונטרס דשפיר פרכינן פירכא דלא שייכא בשן, דכהאי גוונא פריך ב"החובל" (לקמן דף פח.) גבי עבד ואשה: מה לאשה שכן אינה במילה. אך מה שפירש: בור יוכיח שאין מועד לדבר שאין ראוי לו כגון אדם — קשה: חדא, דלא פטר אדם אלא ממיתה, ולא מנזקין, ועוד: אטו משום דפטר אדם, חשוב אין ראוי? והלא באש נמי פטור טמון! ועוד: דלקמן (דף ט:) גבי חומר בשור מבבור אין מולא לרבי יהודה דמחייב על נזקי כלים בבור אין ראוי בבור, והא משכחת ליה אדם! אלא נראה: דאדם נמי חשוב ראוי לבור, דראוי למות בהבלא. אבל כלים חשיב ליה לקמן אין ראוי, דלא מזקא להו הבלא. ואע"פ דכלים חדתי מפקעי בהבלא, כדאמר בסוף פרק "הפרה" לקמן (דף נג.) — מ"מ יש כלים שאין מתקלקלים בהבלא. וא"ת: והיכי אתי אש מבור וחד מאינך — מה לאינך שכן אין כח אחר מעורב בו, תאמר באש דכח אחר מעורב בו! דהוי קולא, מדפריך בסמוך גבי אבנו וסכינו ומשאו: מה לבור שכן אין כח אחר מעורב בו! וי"ל: דבור שנעשה בלא כח אחר — חמור מאבנו וסכינו שלא הזיקו בהליכתן, אלא לבתר דנייחי, ולא נעשו בור אלא ע"י כח אחר. אבל אש שהולך ומזיק בהליכתו ע"י כח אחר, חמור מבור שאין הולך ומזיק אלא במקומו. והא דקאמר בסמוך: אש תוכיח, שכן כח אחר מעורב בו וחייב — ה"פ: אע"ג דכח אחר מעורב בו, וחשיבי ליה כאילו בעצמו עושה את הכל, וחייב משום חיליו. ה"נ, אע"ג דכח אחר מעורב בו — חשובים כאילו בעצמו עושה את הבור הזה בלא כח אחר. אי נמי: היינו דפריך מה לאש — שכן כח אחר מעורב בו דידיה *חמור יותר, שע"י זה הולך ומזיק למרחוק, מה שאין כן באבנו וסכינו ומשאו. וא"ת: והיכי אתו כולהו מאש ובור? מה לאש ובור — שכן מעשיו גרמו לו, כדמפרש לקמן גבי בור המתגלגל. ואש נמי, מעשיו גרמו לו שהדליק האש! וי"ל: דלא חשיב אש מעשיו גרמו לו, כיון שהרוח מסייעו. וא"ת: מבור ואדם נמי, היכי אתו? מה לבור ואדם — שכן מעשיו גרמו לו! וי"ל: דאתו מבור ואדם ישן, או נופל מן הגג ברוח שאינה מצויה, דחייב, כדאמר לקמן בסוף פרק שני (דף כז.). וא"ת: מבור ורגל היכי אתי? מה לבור ורגל — שכן היזקן מצוי, דלקמן חשבינן בור היזקו מצוי! וי"ל: דאין בור היזקו מצוי טפי מאחרים. ולא קאמר לקמן הכי אלא להזכיר חומרא אחת שוה בבור וכותל ואילן. **שכן** מועדין וכו'. אין לפרש שמשלמין נזק שלם — דאם כן קרן נמי אתיא, כיון דלא כתיב. אלא מפרש ר"ת: דמועדין מתחילתן — היינו שדרכן להזיק, משא"כ בקרן — דסתם שוורים בחזקת שימור קיימי, למ"ד* פלגא דניזקא קנסא. ולמ"ד אדרבה קרן עדיפא — היינו למ"ד דפלגא ניזקא ממונא, שדרכו להזיק ולא קיימי בחזקת שימור. ולא כמו שפירש הקונטרס דלא איתפרש היכא. (גי': **להלכותיהן** הוה מצי למימר דכולהו איצטריך למיכתב, דאי לא כתיב אלא הוה נפקא מחד מהנך ובור — הוה פטרי בהו כלים. ואי יליף מחד מהנך ומאש — הוה פטרי בהו טמון). ומתני' לא קתני אלא להגדיל תורה ויאדיר. **בור** לפטור בו את הכלים. אגב אורחיה נקטיה, דבור לא אתי מכולהו.

אש לפטור בו את הטמון. הוה מצי למימר: לחייב בו את הכלים. דאש לא אתי מבעלי חיים אלא מחד מינייהו ובור, דפטר בו את הכלים.

אי

עין משפט נר מצוה

לז א מיי' פ"ב מהלכות נזקי ממון הלכה א סמג עשין סח טוש"ע ח"מ סי' שפט סעיף ו:

לח ב מיי' שם פ"א הלכה ה סמג שם טוש"ע שם סעיף ב וסעיף ט:

לט ג מיי' שם הלכה א טור ש"ע שם סעיף טו:

מ ד ה מיי' שם פי"ג הלכה א סמג שם טור ש"ע ח"מ סי' תי סעיף כא:

מא ו מיי' פ"א מהל' חובל ומזיק הלכה א סמג עשין ע טוש"ע ח"מ סי' תכ סעיף ג:

מב ז מיי' פי"ד מהל' נזקי ממון הלכה א סמג עשין סט טוש"ע ח"מ סי' תיח סעיף יג:

רבינו חננאל

אמר רבא וכולהו כי שדיית בור בינייהו אתיין [כולהו מבור ומקרן] בר מקרן כו': מה שור ובור שדרכן להזיק ושמירתן עליך אף אני אביא האש. מה לשור שכן יש בו רוח חיים בור יוכיח שאין בו רוח חיים. מה לבור שתחלת עשייתו לנזק שור יוכיח וחזר הדין כו' וכן כולן. ואלא למאי הלכתא פלגינהו רחמנא. ואוקמה רבא להלכותיהן. קרן לחלק בין [תמה] למועדת. שן ורגל לפוטרן ברשות הרבים בור לרבנן לפטור בו את הכלים. ולר' יהודה לפטור בו את האדם. אש לרבנן לפטור בו את הטמון כדבעינן למימר לקמן. לר' יהודה

פי' שכן דרכו לילך ולהזיק. רש"ל

(לקמן טו.)

רש"ל מ"ז ועי' רש"א

מסורת הש"ס

רש"ל

לקמן י. כח: נג:

הגהות הגר"א

[א] רש"י ד"ה ולמאן דאמר כו' לא איתפרש היכא. נ"ב הוא הקודש:

לְאַתּוּיֵי אלִיחֲכָה נִירוֹ וְסִכְסְכָה אֲבָנָיו.§ "הַצַּד הַשָּׁוֶה שֶׁבָּהֶן".§ לְאַתּוּיֵי מַאי? אָמַר אַבַּיֵי: בלְאַתּוּיֵי אַבְנוֹ סַכִּינוֹ וּמַשָּׂאוֹ שֶׁהִנִּיחָן בְּרֹאשׁ גַּגּוֹ וְנָפְלוּ בְּרוּחַ מְצוּיָה וְהִזִּיקוּ. הֵיכִי דָּמֵי? אִי בַּהֲדֵי דְּקָא אָזְלִי קָא מַזְּקִי, הַיְינוּ אֵשׁ; מַאי שְׁנָא אֵשׁ — דְּכֹחַ אַחֵר מְעוֹרָב בּוֹ וּמָמוֹנְךָ וּשְׁמִירָתוֹ עָלֶיךָ, הָנֵי נַמִי — כֹּחַ אַחֵר מְעוֹרָב בָּהֶן וּמָמוֹנְךָ וּשְׁמִירָתוֹ עָלֶיךָ! וְאֶלָּא בָּתַר דְּנַיְיחִי, אִי דְּאַפְקְרִינְהוּ, בֵּין לְרַב בֵּין לִשְׁמוּאֵל הַיְינוּ בּוֹר; מַאי שְׁנָא בּוֹר — שֶׁכֵּן תְּחִילַּת עֲשִׂיָּיתוֹ לְנֶזֶק וּמָמוֹנְךָ וּשְׁמִירָתָן עָלֶיךָ, הָנֵי נַמִי — תְּחִילַּת עֲשִׂיָּיתָן לְנֶזֶק וּמָמוֹנְךָ וּשְׁמִירָתָן עָלֶיךָ! אֶלָּא דְּלָא אַפְקְרִינְהוּ, לִשְׁמוּאֵל *דְּאָמַר גכּוּלָּם מִבּוֹרוֹ לָמַדְנוּ, הַיְינוּ בּוֹר! לְעוֹלָם דְּאַפְקְרִינְהוּ, וְלָא דָּמוּ לְבוֹר, מַה לְּבוֹר שֶׁכֵּן אֵין כֹּחַ אַחֵר מְעוֹרָב בּוֹ, תֹּאמַר בְּהָנֵי שֶׁכֹּחַ אַחֵר מְעוֹרָב בָּהֶן — אֵשׁ תּוֹכִיחַ. מַה לְּאֵשׁ שֶׁכֵּן דַּרְכּוֹ לֵילֵךְ וּלְהַזִּיק — בּוֹר תּוֹכִיחַ. וְחָזַר הַדִּין. רָבָא אָמַר: לְאַתּוּיֵי דבּוֹר* הַמִּתְגַּלְגֵּל בְּרַגְלֵי אָדָם וּבְרַגְלֵי בְהֵמָה. ה"ד? אִי דְּאַפְקְרִינְהוּ, בֵּין לְרַב בֵּין לִשְׁמוּאֵל הַיְינוּ בּוֹר; מַאי שְׁנָא בּוֹר — שֶׁכֵּן תְּחִילַּת עֲשִׂיָּיתוֹ לְנֶזֶק וּשְׁמִירָתוֹ עָלֶיךָ, הָנֵי נַמִי — תְּחִילַּת עֲשִׂיָּיתָן לְנֶזֶק וּשְׁמִירָתָן עָלֶיךָ! אֶלָּא דְּלָא אַפְקְרִינְהוּ, לִשְׁמוּאֵל דְּאָמַר: כּוּלָּם מִבּוֹרוֹ לָמַדְנוּ, הַיְינוּ בּוֹר! לְעוֹלָם דְּאַפְקְרִינְהוּ, וְלָא דָּמֵי לְבוֹר, מַה לְּבוֹר שֶׁכֵּן מַעֲשָׂיו גָּרְמוּ לוֹ, תֹּאמַר בְּהָנֵי שֶׁאֵין מַעֲשָׂיו גָּרְמוּ לוֹ — שׁוֹר יוֹכִיחַ. מַה לְּשׁוֹר שֶׁכֵּן דַּרְכּוֹ לֵילֵךְ וּלְהַזִּיק — בּוֹר תּוֹכִיחַ. *וְחָזַר הַדִּין, לֹא רְאִי זֶה כִּרְאִי זֶה. רַב אַדָּא בַּר אַהֲבָה אָמַר: לְאַתּוּיֵי הָא דְּתַנְיָא, *הכׇּל אֵלּוּ שֶׁאָמְרוּ: פּוֹתְקִין בִּיבוֹתֵיהֶן וְגוֹרְפִין מְעָרוֹתֵיהֶן, בִּימוֹת הַחַמָּה אֵין לָהֶם רְשׁוּת, בִּימוֹת הַגְּשָׁמִים יֵשׁ לָהֶם רְשׁוּת, אע"פ שֶׁבִּרְשׁוּת, אִם הִזִּיקוּ — חַיָּיבִים לְשַׁלֵּם. הֵיכִי דָּמֵי? אִי בַּהֲדֵי דְּקָאָזְלִי מַזְּקִי, כֹּחוֹ הוּא! אֶלָּא בָּתַר דְּנַיְיחִ, הֵיכִי דָּמֵי? אִי דְּאַפְקְרִינְהוּ, בֵּין לְרַב בֵּין לִשְׁמוּאֵל הַיְינוּ בּוֹר; מ"ש בּוֹר — דִּתְחִילַּת עֲשִׂיָּיתוֹ לְנֶזֶק וּמָמוֹנְךָ וּשְׁמִירָתוֹ עָלֶיךָ, הָנֵי נַמִי — תְּחִילַּת עֲשִׂיָּיתָן לְנֶזֶק וּמָמוֹנְךָ וּשְׁמִירָתָן עָלֶיךָ! אֶלָּא דְּלָא אַפְקְרִינְהוּ, לִשְׁמוּאֵל דְּאָמַר כּוּלָּם מִבּוֹרוֹ לָמַדְנוּ, הַיְינוּ בּוֹר! לְעוֹלָם דְּאַפְקְרִינְהוּ, וְלָא דָּמֵי לְבוֹר, מַה לְּבוֹר שֶׁכֵּן שֶׁלֹּא בִּרְשׁוּת, תֹּאמַר בְּהָנֵי דִּבִרְשׁוּת

שׁוֹר

רש"י

לְאַתּוּיֵי לִיחֲכָה נִירוֹ. שֶׁאִם לִיחֲכָה הָאֵשׁ חֲרִישָׁתוֹ שֶׁל חֲבֵירוֹ, אוֹ סִכְסְכָה אֲבָנָיו – חַיָּיב. בָּאֲבָנִים שַׁיָּיךְ לְשׁוֹן סִכְסוּךְ, שֶׁלֹּא נִשְׂרְפוּ לְגַמְרֵי אֶלָּא שֶׁסִּכְסְכָה וְנִדְבְּקָה הָאֵשׁ בָּהֶן. וְסִכְסְכָה – מִעֵט, כִּדְאָמְרִינַן (חולין דף יז:) גַּבֵּי פְּגִימַת סַכִּין: מְסוּכְסֶכֶת – מֵרוּחַ אַחַת, שֶׁלֹּא נִפְגְּמָה מִב' לְדָדִין לְגַמְרֵי. וּלְהָכִי כְּתַב אֵשׁ לְחַיְּיבוֹ בְּהָנֵי, דְּנָפְקָא לָן הָתָם מֵ"אוֹ הַשָּׂדֶה" דְּלָא שָׁמְעִינַן מֵהָנָךְ דְּמַתְנִיתִין הָא מִילְּתָא דְּלִיחַיֵּיב בְּדָבָר שֶׁאֵינוֹ רָאוּי לָהּ, כְּגוֹן הָכָא, שֶׁאֵין עִיקַּר אֵשׁ בְּכָךְ. הַצַּד הַשָּׁוֶה שֶׁבָּהֶן שֶׁדַּרְכָּן לְהַזִּיק כו'. דְּמַשְׁמַע: אַף כֹּל שֶׁדַּרְכּוֹ לְהַזִּיק וּשְׁמִירָתוֹ עָלֶיךָ, וּמַאי מָצֵית לְאַתּוּיֵי? הַיְינוּ אֵשׁ. דְּתוֹלָדָה דְּאֵשׁ הִיא, דְּמַאי שְׁנָא אֵשׁ מִינָּהּ – שֶׁכֵּן כֹּחַ אַחֵר מְעוֹרָב בָּהּ – הָנֵי נַמִי כֹּחַ אַחֵר כו'. בָּתַר דְּנַיְיחִי. מַזְּקִי בָּהֶן שׁוֹר אוֹ חֲמוֹר. אִי דְּאַפְקְרֵיהּ בֵּין לְרַב בֵּין לִשְׁמוּאֵל. דִּפְלִיגִי בְּהֶפְקֵר בְּפֶ' "הַמַּנִּיחַ אֶת הַכַּד" (לקמן דף כח:). הַיְינוּ בּוֹר. דְּתַרְוַיְיהוּ אָמְרִי: כׇּל תַּקָּלָה שֶׁהִפְקִיר נָפְקָא לָן מִבּוֹר דְּחַיָּיב. דְּכִי הֵיכִי דְּחִיּוּבָא דְּבוֹר הוּא בִּרה"ר דַּהֲוֵי הֶפְקֵר כִּדְאָמְרִינַן בְּפֶ' "שׁוֹר שֶׁנָּגַח אֶת הַפָּרָה" (לקמן דף מט:) שֶׁבַּעַל עִסְקֵי כְּרִיָּיה וּפְתִיחָה בָּאָה לוֹ – אַף כׇּל תַּקָּלָתוֹ שֶׁהִפְקִיר חַיָּיב, דְּהָא נַמִי תְּחִילַּת עֲשִׂיָּיתָן לְנֶזֶק, דַּהֲוָה לֵיהּ לְאַסּוּקֵי אַדַּעְתֵּיהּ דְּסוֹפוֹ לִיפּוֹל בְּרוּחַ מְצוּיָה. אֵשׁ תּוֹכִיחַ. וְהַיְינוּ דְּנָקַט בְּמַתְנִי' הַצַּד הַשָּׁוֶה. שֶׁכֵּן דַּרְכּוֹ לֵילֵךְ כו'. אֲבָל אֵלּוּ לֹא הִזִּיקוּ בַּהֲלִיכָתָן, אֶלָּא הַשּׁוֹר וְהַחֲמוֹר נִתְקַל בָּהֶן. וְחָזַר בָּהֶן הַדִּין. דְּאִיכָּא לְמִפְרַךְ: מַה לְּבוֹר שֶׁכֵּן אֵין כֹּחַ אַחֵר מְעוֹרָב בּוֹ, וְאָתְיָא בְּהַצַּד הַשָּׁוֶה דְּמַתְנִיתִין. בּוֹרוֹ הַמִּתְגַּלְגֵּל. כְּגוֹן הִנִּיחַ אֶבֶן בִּרה"ר, וּבְעוֹדָהּ בִּמְקוֹמָהּ לֹא הִזִּיקָה וְגִלְגְּלָה רַגְלֵי אָדָם וּבְהֵמָה לְמָקוֹם אַחֵר וְהִזִּיקָה שָׁם. אִי בַּהֲדֵי דְּאָזְלֵי מַזְּקִי כו'. לֹא גָּרַס. וְהָכִי גָּרְסִינַן: הֵיכִי דָּמֵי, אִי דְּאַפְקְרָהּ בֵּין לְרַב בֵּין לִשְׁמוּאֵל כו'. מַעֲשָׂיו. כְּרִיָּיתוֹ, גָּרְמָה אֶת הֶהֵיזֵּק. אֲבָל מַעֲשָׂיו שֶׁל זֶה לֹא הִזִּיקוּ, אֶלָּא רַגְלֵי אָדָם וּבְהֵמָה שֶׁגִּלְגְּלוּהוּ. שׁוֹר יוֹכִיחַ. שֶׁאֵין מַעֲשֵׂה בְּעָלִים גָּרְמוּ הֶהֵיזֵּק, אֶלָּא מָמוֹנוֹ הִזִּיק – וְהַיְינוּ הַצַּד הַשָּׁוֶה דְּנָקַט בְּמַתְנִיתִין. כׇּל אֵלּוּ שֶׁאָמְרוּ. וְקָחָשֵׁיב וְאָזֵיל לְהוּ: אֵלּוּ הַפּוֹתְקִים בִּיבוֹתֵיהֶם וְגוֹרְפִים מְעָרוֹתֵיהֶם. כְּלוֹמַר: כׇּל אֵלּוּ שֶׁאָמְרוּ חֲכָמִים שֶׁיֵּשׁ לָהֶן רְשׁוּת לְהַשְׁלִיךְ נִזְקֵיהֶן לִרה"ר, וְאֵלּוּ הֵן: פּוֹתְקִין בִּיבוֹתֵיהֶן – פּוֹתְחִין צִינּוֹרוֹתֵיהֶן הַמְקַלְּחִים שׁוֹפְכִים שֶׁשּׁוֹפְכִין מֵחַצְרֵיהֶן לר"ה. וְגוֹרְפִין מְעָרוֹתֵיהֶן. וּמַשְׁלִיכִין זִבְלֵיהֶן לִרה"ר. בִּימוֹת הַחַמָּה אֵין לָהֶם רְשׁוּת. מִפְּנֵי שֶׁהָרְחוֹב נָאֶה וְהוּא מְקַלְקְלוֹ, אֲבָל בִּימוֹת הַגְּשָׁמִים, שֶׁהָרְחוֹבוֹת מְלוּכְלָכוֹת – יֵשׁ לָהֶן רְשׁוּת. וְאע"פ שֶׁבִּרְשׁוּת. כ"ד מַשְׁלִיכִין, אִם הִזִּיקוּ – חַיָּיבִין. כֹּחוֹ הוּא. וְהַיְינוּ אָדָם, וְתָנָא לֵיהּ בְּמַתְנִיתִין.

שׁוֹר

תוספות

אי לרב דאמר כו'. לא גרסינן, כדפירשנו לעיל*. **מה** לבור שכן אין כח אחר מעורב בו. למאי *דפריך דלא חשיב את מעשיו גרמו לו לפי שהרוח מסייע לו — ה"מ למפרך הכא: מה לבור שכן מעשיו גרמו לו, תאמר באבנו וסכינו. אלא לפי דפירכא שכן אין כח אחר מעורב בו חשיב טפי, דהשתא ליכא למימר שור יוכיח, אלא אש גרידא. ולקמן גבי בור המתגלגל פריך: מה לבור שכן מעשיו גרמו לו, דלא שייך התם שכן אין כח אחר מעורב בו. דהיכי נימא? תאמר בור המתגלגל שכן כח אחר מעורב בו, דמשמע דלא הוי בור אלא על ידי כח אחר — וזה אינו, שהרי נעשה בור בלא כח אחר, משמניחו ברה"ר. **לאתויי** בור המתגלגל. בכל הספרים כתוב: אי בהדי דקא אזלי קמזקי כחו הוא. ופירש הקונטרס דלא גרס ליה. וטעמא, משום דאמרינן לקמן ב"המניח" (דף כז:): אין דרכן של בני אדם להתבונן בדרכים. ובעל התקלה נמי אין לחייבו מטעם אדם המזיק, אלא משום דחשיב כרוח מצויה, והוי אשו. ואין לאוקמו בשביל כך, דלענין כדי שלא ילכו כ"כ בחוזק שיתיזו ויזיקו — דרכו להתבונן שפיר. ולהכי פריך: כחו הוא, ויתחייב המגלגל הכל ולא בעל התקלה. ואע"ג דלגבי כלב שנטל החררה והלך לגדיש כו' (לקמן ד' כא:) ופריך בגמרא (ד' כג.): וליחייב בעל הגחלת נמי, שהוא בעל התקלה — היינו משום דכלב לאו בר דעה הוא, אבל הכא *המקלקל בר דעה הוא. תדע, דאם הדליק אש ובא אחר ושרף טלית חבירו, או חפר בור ובא אחר ודחף שור חבירו לתוכו אין סברא שיתחייב בעל הבור או בעל האש. והמגלגל ברגלי בהמה, אם הזיק בהדי דאזלי — יתחייבו שניהם, בעל הבהמה ובעל התקלה. והא דאמרינן לקמן בפרק "הפרה" (ד' נג:*): שור ואדם שדחפו לבור, לענין נזקין — כולן חייבין, דמשמע אפילו בעל הבור! צריך לומר דמיירי אדם בלא כוונה, דכיון דאין בכוונה כלל — חייב בעל הבור כמו האדם. והא דאמרינן (שם): לענין ד' דברים ודמי ולדות אדם חייב, האי ד' דברים היינו נזק צער וריפוי ושבת, אבל בושת אין חייב עד שיתכוין, כדאמר ב"החובל" (לקמן ד' פו.). ולא הוי כארבעה דברים דלעיל, דהתם לא חשיב נזק. והא דאמר (לקמן נג:) לענין כופר ושלשים של עבד שור חייב — צ"ל דהיינו דוקא בכוונה. אע"ג דלא הוי דומיא דאדם. דבשלא בכוונה ליכא כופר ושלשים של עבד, כדאי' בשילהי "שור שנגח ד' וה'" (לקמן ד' מג.). **מה** לבור שכן שלא ברשות. *דאפילו עשאו ברשות ואח"כ הפקיר, כיון שהפקיר, היינו שלא ברשות. **תאמר** בהני דברשות שור יוכיח. וא"ת: למ"ד תנא שור לרגלו, היכי קאמר שור יוכיח דברשות חייב? והא רגל לא מיחייב אלא ברשות הניזק, ושם אין לו רשות! וי"ל: כגון שהלך ברה"ר והתיז והזיק ברה"י דחייב, כדאמרינן לקמן (דף יט.). (שייך לע"ב) ה"ג: **הכותל** והאילן שנפלו לרשות הרבים והזיקו פטור מלשלם. וכן כתוב בספרים של רש"י, וכן בספר רב אלפס, וכן עיקר. אבל אותם דכתוב בהו "חייב לשלם" לא נהירא, דכיון דבשלא הזהירו חייב — לא יתכן להקל עליו לפוטרו ממה שמזהירין אותו לקוץ ולסתור. **אי** דאפקרינהו בין לרב בין לשמואל היינו בור. וא"ת: והא משמע לקמן ב"המניח" (ד' כט.) דלכ"ע המפקיר נזקיו לאחר נפילת אונס דפטור. והאי נמי אונס הוא, דבנין ונטיעה שעשה לא פשע כלום! וי"ל: כיון שהזהירו לקוץ ולסתור שלא יזיקו, ועבר הזמן — הוי פושע, והוי כמפקיר *נכסיו לאחר נפילת פשיעה. **היינו** בור. לכאורה נראה דמיירי כשהזיקו כותל ואילן בשעת נפילה גופה, ואפ"ה מדמה ליה לבור, מדלא קאמר הכא "אי בהדי דקאזלי קמזקי, היינו אש". ועוד: דאי בהיזק דלאחר נפילה מיירי, אמאי פטור מלשלם? הלא כיון שנפלו מיד היה לו לסלקן! ועוד: דא"כ לא הוה ליה למיתני "לקוץ ולסתור", אלא: "נתנו לו זמן לפנותו ולסלקו", כיון דבהיזק דלאחר נפילה איירי. אע"ג דבור אין הולך להזיק, ואלו הולכים ומזיקין — יש לנו ללמדם מבור, דעדיף היזק דידהו שהולך ומזיקין, מבור שאינו הולך ומזיק אלא מזיק במקומו. ונראה דבהיזק דלאחר נפילה נמי

עין משפט נר מצוה

מד א מיי' פי"ד מהל' נזקי ממון הלכה ח סמג עשין סט טוש"ע ח"מ סי' תיח סעיף ב:

מה ב ג מיי' פי"ג מהלכות נזקי ממון הלכה ב ג סמג עשין ע טוש"ע ח"מ סי' תיא סעיף א:

מו ד מיי' שם טור ש"ע שם סעיף ג:

מז ה מיי' שם הלכה יג סמג שם טוש"ע ח"מ סי' תיד סעיף ב:

הגהות בגליון

[דף ג: ד"ה משורו]

נ"ל דפרישית

[נ"ל המקלקל]

[וע"ש בתוספות ד"ה שור]

נ"ל נזקיו

[לקמן יט:]

[קדושין ה: כח: וש"נ]

לקמן ל.

רבינו חננאל

לאתויי ליחכה נירו וסיכסכה אבניו: **פים'** הצד השוה שבהן כו' לאתויי מאי אמר אביי לאתויי אבנו וסכינו ומשאו שהניחן בראש הגג ונפלו ברוח מצויה והזיקו בתר דנייחי. אבל [אי] בהדי דקאזלי אזקי לא איצטריך לרבויי ליה דהיינו אש אלא אפי' בתר דנייחי. רבא אמר לאתויי בור המתגלגל כו' רב אדא בר אהבה אמר לאתויי הא דתניא כל אלו שאמרו פותקין ביבותיהן וגורפין מערותיהן בימות החמה אין להן רשות בימות הגשמים יש להם רשות אע"פ שיש להן רשות אם הזיקו חייב לשלם. ומקום חלוקת רב ושמואל כבר פירשנוהו

עין משפט נר מצוה

מח א ב מיי' פרק יג מהלכות נזקי ממון הלכה יט סמג עשין סז סח טור ש"ע ח"מ סי' תטז סעיף א:

מט ג ד טוש"ע ח"מ סי' תיט סעיף א:

נ ה מיי' פ"ח מהלכות נזקי ממון הלכה א סמג עשין סז:

מסורת הש"ס

תורה אור

— שור יוכיח. מה לשור שכן דרכו לילך ולהזיק — בור תוכיח. וחזר הדין. רבינא אמר, לאתויי הא דתנן: *[א]הכותל והאילן שנפלו לרה"ר והזיקו — פטור מלשלם; [ב]נתנו לו זמן לקוץ את האילן ולסתור את הכותל, ונפלו בתוך הזמן והזיקו — פטור, לאחר הזמן — חייב. היכי דמי? אי דאפקרה, בין לרב בין לשמואל היינו בור; מאי שנא בור — דהזיקו מצוי ושמירתו עליך, הני נמי — היזקן מצוי ושמירתן עליך! אי דלא אפקרינהו, לשמואל דאמר כולם מבורו למדנו, היינו בור! לעולם דאפקרינהו, ולא דמי לבור, מה לבור שכן תחילת עשייתו לנזק, תאמר בהני שאין תחילת עשייתן לנזק — שור יוכיח. מה לשור שכן דרכו לילך ולהזיק — בור תוכיח. וחזר הדין. § "כשהזיק חב המזיק". § חב המזיק?! "חייב המזיק" מיבעי ליה! אמר רב יהודה אמר רב: האי תנא ירושלמי הוא, דתני לישנא *קלילא. § "לשלם תשלומי נזק". § *ת"ר: °"מיטב שדהו ומיטב כרמו ישלם" (שמות כב) — מיטב שדהו של ניזק ומיטב כרמו של ניזק, דברי רבי ישמעאל. ר' עקיבא אומר: לא בא הכתוב אלא לגבות לניזקין מן העידית, וק"ו להקדש. ור' ישמעאל, אכל שמינה משלם שמינה, אכל כחושה משלם שמינה?! אמר רב אידי בר אבין: הכא במאי עסקינן — כגון שאכל ערוגה בין הערוגות, ולא ידעינן אי כחושה אכל אי שמינה אכל, דמשלם שמינה. אמר רבא: ומה אילו ידעינן דכחושה אכל — לא משלם אלא כחושה, השתא דלא ידעינן אי כחושה אכל אי שמינה אכל — משלם שמינה?! המוציא מחבירו עליו הראיה! אלא אמר רב אחא בר יעקב: הכא במאי עסקינן — [ג]כגון שהיתה עידית דניזק כזיבורית דמזיק, ובהא פליגי; רבי ישמעאל סבר: בדניזק שיימינן, ורבי עקיבא סבר: [ד]בדמזיק שיימינן. מ"ט דרבי ישמעאל? ●נאמר שדה למטה ונאמר שדה למעלה, מה שדה האמור למעלה דניזק — אף שדה האמור למטה דניזק. ורבי עקיבא: "מיטב שדהו ומיטב כרמו ישלם" דהאיך דקא משלם. ורבי ישמעאל: ●אהני *גזרה שוה ואהני קרא; אהני גזרה שוה — כדקאמינא, אהני קרא — כגון *דאית ליה למזיק עידית וזיבורית, ועידית לניזק, וזיבורית דמזיק לא שויא כעידית דניזק — דמשלם ליה ממיטב דידיה, דלא מצי אמר ליה: תא את גבי מזיבורית, אלא גבי ממיטב. ר' עקיבא אומר: לא בא הכתוב אלא לגבות לניזקין מן העידית, וקל וחומר להקדש. מאי "קל וחומר להקדש"? אילימא דנגח תורא דידן לתורא דהקדש? °"שור *רעהו" (שם כא) אמר רחמנא — [ה]ולא שור של הקדש! אלא לאומר "הרי עלי מנה לבדק הבית", דאתי גזבר ושקיל מעידית? לא יהא אלא בעל חוב, ובעל

שור יוכיח. שברשות ב"ד הוא מהלך ברה"ר, שהרי כל אדם יש לו רשות בכך, ואם הזיק חייב. אף אני אביא כו'. והיינו הצד השוה דמתני'. נתנו לו זמן. ב"ד. מאי שנא בור שכן הזיקו מצוי. שדרך שנופלין שם בהמות. ואי קשיא הא מילתא דאמרן לעיל דרגל הזיקה מצוי ולא בור — לאו פירכא היא, דבור הזיקו מצוי אבל אינו מצוי כ"כ כי רגל, שכל שעה היא מהלכת. תחילת. בנין הכותל ונטיעת האילן לא היה לנזק. מיטב שדהו של ניזק. שאם אכלה ערוגה בשדהו — שמין ערוגה משובחת של ניזק כמה יפה עכשיו עם פירותיה, וכמה תהא יפה בלא פירות ונותן לו. לא בא הכתוב אלא לגבות לנזקין מן העידית. של מזיק. דשמין ערוגה של ניזק לפי מה שהיא, ואם מזיק בא ליתן לו קרקע בדמי נזקו — נותן לו מיטב שדותיו שוה אותן דמים. וקל וחומר להקדש. מפרש לקמן. וקפריך ורבי ישמעאל אכל ערוגה שמינה. ודאי דין הוא דלשלם שמינה. אכל כחושה. מי משלם שמינה? בתמיה. בין הערוגות. ויש שם ערוגות שמינות וטעונות פירות הרבה, וכחושות וטעונות מעט, ולא ידעינן הך ערוגה הנאכלת מהי ניהו. השתא משום דלא ידעינן משלם שמינה. בתמיה, הא ניזק הוא מוציא מחבירו, ועליו הראיה! ה"ג אלא אמר רב אחא בר יעקב. מודה רבי ישמעאל דלא משלם אלא דמי ערוגה לפי מה שהיא. ובהא פליג, כגון שהיתה עידית דניזק כזיבורית דמזיק. רבי ישמעאל סבר: בדניזק שיימינן. דהא דכתיב בקרא שישלם לו בדמי נזקו מקרקע מיטב — אשדות דניזק קאי, ומשלם ליה מזיק דמי נזקו קרקע מזיבורית שלו כשוה נזקו, שהרי הוא כמיטב שדהו של ניזק. ורבי עקיבא סבר בדמזיק שיימינן. ל"מיטב" דקרא, דיהיב ליה מעידית דידיה. נאמרה שדה למטה. "מיטב שדהו ישלם". ונאמרה שדה למעלה. "ובער בשדה אחר". אף שדה האמור למטה של ניזק. והכי קאמר קרא: שאם יש למזיק קרקע הדומה לעידית דניזק — ישלם לו הימנה שיעור דמי נזקו. מיטב שדהו של האיך דקא משלם. דהיינו שדה של מזיק, ולא אתי גזרה שוה ועקר ליה לקרא. ואהני קרא. דמשמע: מיטב דהאיך דקא משלם. משלם ליה ממיטב דידיה. הואיל וזיבורית שלו לא הויא כעידית דניזק. שור רעהו אמר רחמנא ולא שור דהקדש. דאם נגח שור של הקדש — פטור. והוא הדין לכל שאר נזקין, שאם מזיק את ההקדש פטור. לישנא אחרינא: להכי נקט שור הקדש ולא מוקי לה באכילת בהמתו שדה הקדש — משום דלא משכחת לה. דאי שדה חרם — לכהנים הוי, וכשדה הדיוט דמי, וליכא למימר ק"ו להקדש. ושדה הקדש נמי דהוי לצורך בדק הבית — או המקדיש פודהו לאלתר, או מוכרין אותו לאלתר לאחר, וכשיוצא ביובל לכהנים הוי, דכתיב (ויקרא כז): "והיה השדה בצאתו ביובל" וגו', דלכהנים הוי. ואי קודם פדייה — אין מעילה בקרקעות, דכל המחובר לקרקע כקרקע דמי. ובעל

נמי מלי איירי, ופטור מלשלם. וכגון שלא נודע לבעליו שנפלו, או ידעו ולא יכלו לסלקו כל כך מהר. והא דלא קתני: נתנו לו זמן לסלקו ולפנותו — משום דבהיזק נפילה גופה נמי איירי, ונתנו לו זמן לקוץ ולסתור ולפנותו קאמר. והשתא אתי שפיר, דמדמה ליה לבור טפי מלאש, ואף על גב דבשעת נפילה יש לדמותו לאש כמו לבור. דמאש חלוק במה שאין כח אחר מעורב בו, ומבור חלוק במה שאין תחילת עשייתן לנזק. אלא לכך דימה אותו לבור — משום דבהיזק דלאחר נפילה אין לדמותו כלל לאש אלא לבור.

חב חייב מיבעי ליה. בשאר דוכתין לא דייק הכי, כגון: "אין חבין לאדם אלא בפניו" [גיטין יא:], ו"תופס לב"ח במקום שחב לאחרים" [שם: ב"מ י.]. *דהתם לא שייך לשון חיוב, אלא לשון חובה.

ורבי ישמעאל אכל שמינה. פירוש: בשלמא אכל שמינה משלם שמינה, אלא אכל כחושה אמאי משלם שמינה? אי נמי ה"פ: כיון דבשמינה אין משלם אלא שמינה כמו שהזיק, ולא קנסינן ליה לשלם יותר ממה שהזיק, א"כ כשאכל כחושה נמי, לא לקנסיה לשלם יותר ממה שהזיק, לשלם שמינה. וא"ת: אמאי טעי טפי בדברי ר' ישמעאל, לומר שאם אכל כחושה משלם שמינה, יותר מדברי ר' עקיבא? דלמא רבי עקיבא קאמר נמי שאם אכל ערוגה כחושה משלם ערוגה שמינה שבשדותיו! וי"ל: לפיכך טעה בדברי רבי ישמעאל טפי, משום דקאמר רבי עקיבא: לא בא הכתוב אלא לגבות לניזקין מן העידית — משמע שמשמע מר' ישמעאל שבא הכתוב לחייב יותר ממה שהזיק, כגון דאם אכל כחושה משלם שמינה.

כגון שהיתה עידית דניזק כזיבורית דמזיק. ואיפכא לא מצי למימר, דכ"ע מודו דאין משלם אלא עידית שיש לו, ואין צריך לקנות. כדאמרינן לקמן (ד' ז:): אין לו אלא זיבורית — כולם גובין מן הזיבורית. ומיהו, אי בשל עולם הן שמין — המ"ל כגון דזיבורית דמזיק כעידית דעלמא, דלר' עקיבא גובין מן הזיבורית, ולר' ישמעאל יהיב ליה מעידית דניזק. ואפילו למ"ד בשלו הן שמין — המ"ל דלית ליה למזיק כעידית דניזק. דלמ"ד כסף או מיטב — ישלם כסף לרבי ישמעאל, ולר' עקיבא לא ישלם אלא ממיטב שלו. **שור** רעהו כו'. תימה: ולוקמה בשן ורגל שהזיק את ההקדש, דהתם לא כתיב "רעהו", ומקרן ליכא למילף, דאינה מועדת מתחילתה. ובגזרה שוה ד"תחת נתינה ישלם כסף" נמי לא ילפינן, דלא נתקבלה אלא לענין תשלומי מיטב. דאי לכל מילי — ליפטרו כולהו מטמון, וברה"ר, וכלים, ופסולי המוקדשין! וי"ל: דכולהו נזקין פטורין בהקדש, כדמוכח בירושלמי בריש "הניזקין". דקאמר התם: במה אנן קיימין, אי בהכשר נזקין — הא תנינא: "שור רעהו" ולא שור של הקדש. ואי בנזקי גופו — הא תני רבי חייא: נזקין להדיוט ואין נזקין לגבוה. אלא באומר "הרי עלי מנה לבדק הבית". משמע דלא משכחת נזקין בהקדש לא בשן ולא ברגל

[עי' רש"י שבת קנג: ד"ה קלי]

ב"מ קיז:

לקמן נט. גיטין מח: ושם כל הסוגיא]

גליון הש"ס

גמ' אהני ג"ש. עי' ערכין טו ע"א תוס' ד"ה הנ"ל ב' כתובים:

[עי' תוספות ערכין טו. ד"ה הוו]

[לקמן לז:]

דאית לי' למזיק עידית וזיבורית ועידית דניזק לא שויא כעידית דמזיק וזיבורית דמזיק לא שויא כעידית דניזק כו' כצ"ל מהרש"ל בשם ה"ר שכנא

רבינו חננאל

למעלה. רבינא אמר [לאתויי הא דתנן] הכותל והאילן שנפלו לרשות הרבים והזיקו פטורין [מלשלם] נתנו לו זמן [לקוץ את האילן ולסתור את הכותל] ונפלו בתוך הזמן והזיקו פטור לאחר זמן חייב: לעולם דאפקרינהו ולא דמו לבור אלא אתו במה הצד. וקיימא לן כרבינא דבתרא הוא ויש אומרין בכולהו דלא פליגי אלא כל חד וחד דייק ומוקים: פיס' לשלם תשלומי נזק במיטב הארץ: ת"ר מיטב שדהו של ניזק דברי ר' ישמעאל ואקשי עליה אכל ערוגה שמנה משלם שמנה. אבל אם אכל ערוגה רזה ישלם שמינה דקאמרת ממיטב של ניזק כלומר רואין ערוגה שהיא מיטב של ניזק ומשלם לו המזיק כמותה. ופריק לעולם אינו משלם אלא כשיעור מה שאכל בלא תוספת וכגון שהי' העידית שהיא מיטב דניזק כזיבורית של מזיק ר' ישמעאל אומר נותן לו המזיק הזיבורית שלו דלגבי ניזק מיטב הוא. ואמר מאי טעמא נאמר שדה למעלה שנאמר ובער בשדה אחר והיא השדה של ניזק ונאמר שדה למטה מיטב שדהו מה שדה האמור למעלה דניזק אף שדה האמור למטה דניזק. ר' עקיבא אומר מיטב שדהו של מזיק וקל וחומר להקדש. ואמרי' ר' עקיבא דייק מיטב שדהו [ישלם] דמשלם הוא והמזיק. ור' ישמעאל אהני גזרה שוה כדאמרן ואהני קרא כגון דאית ליה למזיק עידית וזיבורית ועידית דידיה לא שויא כעידית דניזק משלם לו ממיטב שלו. ר' עקיבא אומר לא בא הכתוב אלא לגבות לנזקין מן העידית וקל וחומר להקדש דסבר ליה כר' שמעון בן מנסיא.
רמי

אובַעַל חוֹב בְּבֵינוֹנִית! וְכִי תֵּימָא: סָבַר ר"ע כָּל בַּעַל חוֹב נַמִי בְּעִידִית, אִיכָּא לְמִיפְרַךְ: מַה לְּבַעַל חוֹב שֶׁכֵּן יָפֶה כֹּחוֹ בַּנְּזָקִין, תֹּאמַר בְּהֶקְדֵּשׁ שֶׁהוּרַע כֹּחוֹ בַּנְּזָקִין! לְעוֹלָם דִּנְגַח תּוֹרָא דִּידָן לְתוֹרָא דְּהֶקְדֵּשׁ. וּדְקָא קַשְׁיָא לָךְ: "שׁוֹר רֵעֵהוּ" אָמַר רַחֲמָנָא, וְלֹא שׁוֹר שֶׁל הֶקְדֵּשׁ — ר"ע סָבַר לָהּ כְּר"ש בֶּן מְנַסְיָא; דְּתַנְיָא, *ר"ש בֶּן מְנַסְיָא אוֹמֵר: שׁוֹר שֶׁל הֶקְדֵּשׁ שֶׁנָּגַח שׁוֹר שֶׁל הֶדְיוֹט — פָּטוּר, שׁוֹר שֶׁל הֶדְיוֹט שֶׁנָּגַח שׁוֹר שֶׁל הֶקְדֵּשׁ, בֵּין תָּם בֵּין מוּעָד — מְשַׁלֵּם נֶזֶק שָׁלֵם. אִי הָכִי, ר' יִשְׁמָעֵאל וְר"ע, מִמַּאי דִּבְעִידִית דְּנִיזָּק וְזִיבּוּרִית דְּמַזִּיק פְּלִיגִי? דִּלְמָא דְּכ"ע בִּדְנִיזָּק שָׁיְימִינַן, וְהָכָא בִּפְלוּגְתָּא דְּר"ש בֶּן מְנַסְיָא וְרַבָּנַן קָמִפַּלְגִי, ר"ע סָבַר כְּר"ש בֶּן מְנַסְיָא, וְר' יִשְׁמָעֵאל סָבַר כְּרַבָּנַן! א"כ, מַאי "לֹא בָּא הַכָּתוּב"? וְעוֹד, מַאי "ק"ו לַהֶקְדֵּשׁ"? וְעוֹד, הָא אָמַר רַב אַשִׁי, תַּנְיָא בְּהֶדְיָא: °"מֵיטַב שָׂדֵהוּ וּמֵיטַב כַּרְמוֹ יְשַׁלֵּם" — מֵיטַב שָׂדֵהוּ שֶׁל נִיזָּק וּמֵיטַב כַּרְמוֹ שֶׁל נִיזָּק, דִּבְרֵי רַבִּי יִשְׁמָעֵאל; ר"ע אוֹמֵר: במֵיטַב שָׂדֵהוּ שֶׁל מַזִּיק וּמֵיטַב כַּרְמוֹ שֶׁל מַזִּיק.§ רָמֵי לֵיהּ אַבַּיֵי לְרָבָא, כְּתִיב: "מֵיטַב שָׂדֵהוּ וּמֵיטַב כַּרְמוֹ יְשַׁלֵּם", מֵיטָב — אִין, מִידֵּי אַחֲרִינָא — לָא. וְהָתַנְיָא: *°"יָשִׁיב" — לְרַבּוֹת שָׁוֶה כֶּסֶף, וַאֲפִילּוּ סוּבִּין! לָא קַשְׁיָא: כָּאן מִדַּעְתּוֹ, כָּאן בְּעַל כָּרְחוֹ. אָמַר עוּלָּא בְּרֵיהּ דְּרַב עִילָּאי: דַּיְקָא נַמִי, דִּכְתִיב "יְשַׁלֵּם", בְּעַל כָּרְחוֹ. א"ל אַבַּיֵי: מִי כְּתִיב "יְשׁוּלַּם"? "יְשַׁלֵּם" כְּתִיב, מִדַּעְתּוֹ מַשְׁמַע! אֶלָּא אָמַר אַבַּיֵי: כִּדְמָר; דְּתַנְיָא: גהֲרֵי שֶׁהָיוּ לוֹ בָּתִּים שָׂדוֹת וּכְרָמִים, וְאֵינוֹ מוֹצֵא לְמוֹכְרָן — מַאֲכִילִין אוֹתוֹ מַעֲשַׂר עָנִי עַד מֶחֱצָה; וַהֲוֵי בָּהּ מָר: הֵיכִי דָּמֵי? אִי הוּזַל אַרְעָתָא דְּכ"ע וְדִידֵיהּ נַמִי זַל בַּהֲדַיְיהוּ — אֲפִילּוּ טוּבָא נַמִי לִיסְפֵּי לֵיהּ, דְּהָא זוֹל דְּכ"ע נַמִי! אֶלָּא דְּאוֹקִיר אַרְעָתָא דְּכוּלֵּי עָלְמָא, וְדִידֵיהּ, אַיְידֵי דְּעָיֵיל וְנָפֵיק אַזּוּזֵי זַל אַרְעֵיהּ — אֲפִילּוּ

שמות כב (beside: רַב אַשִׁי, תַּנְיָא בְּהֶדְיָא)

שם כא (beside: "יָשִׁיב")

רש"י

ובעל חוב דינו בבינונית. בְּמַסֶּ' גִּיטִּין בְּפֶרֶק "הַנִּזָּקִין" (ד' מח:). וְכִי תֵּימָא קָסָבַר ר"ע כו'. אֲפִילּוּ הָכִי לָא גָּמְרִינַן הֶקְדֵּשׁ מִינֵּיהּ, דְּאִיכָּא לְמִיפְרַךְ: מַה לְּבַ"ח — שֶׁכֵּן יָפֶה כֹּחוֹ בִּנְזָקִין, שֶׁהַהֶדְיוֹט הוּא נוֹטֵל בְּהֶיזֵּיקוֹ מִן הָעִידִית. תֹּאמַר בְּהֶקְדֵּשׁ שֶׁהוּרַע כֹּחוֹ בִּנְזָקִין. דְּלָא שָׁקֵיל נֶזֶק מִידֵּי. דְּתַנְיָא ר"ש בֶּן מְנַסְיָא כו'. תורה אור בְּרֵישׁ פִּירְקִין דְּ"שׁוֹר שֶׁנָּגַח [אַרְבָּעָה וַחֲמִשָּׁה"]. מְשַׁלֵּם נֶזֶק שָׁלֵם. וְקָדָרֵישׁ לֵיהּ לְ"רֵעֵהוּ" הָכִי: שׁוֹר שֶׁל רֵעֵהוּ הוּא דְּכִי הָוֵי מַזִּיק תָּם לֹא מְשַׁלֵּם אֶלָּא חֲצִי נֶזֶק. אֲבָל אִי מַזִּיק שׁוֹר שֶׁל הֶקְדֵּשׁ — מְשַׁלֵּם מַזִּיק נֶזֶק שָׁלֵם, וַאֲפִילּוּ תָּם. וְקָאָמַר ר"ע דְּשָׁקֵל הֶקְדֵּשׁ שִׁיעוּר דְּמֵי שׁוֹרוֹ מֵעִידִית קַרְקָעוֹת שֶׁל מַזִּיק. דִּלְמָא דְּכ"ע בִּדְנִיזָּק שָׁיְימִינַן. וְלָא מְשַׁלֵּם לֵיהּ מַזִּיק אֶלָּא זִיבּוּרִית, הוֹאִיל וְהוּא כְּעִידִית דְּנִיזָּק, דְּמוֹדֶה ר"ע לְר' יִשְׁמָעֵאל דְּאָמַר מֵיטַב שָׂדֵהוּ שֶׁל נִיזָּק. וְעִידִית דְּקָאָמַר ר"ע — עִידִית דְּנִיזָּק קָאָמַר, וְלָא אָתֵי לְאִיפְלוּגֵי עֲלֵיהּ אֶלָּא בְּהֶקְדֵּשׁ. וּבִפְלוּגְתָּא דְּר"ש בֶּן מְנַסְיָא וְרַבָּנַן פְּלִיגִי. דִּשְׁמַעֵיהּ ר"ע לְרַבִּי יִשְׁמָעֵאל דְּלָא אַיְירֵי אֶלָּא בְּהֶדְיוֹט, אֲבָל בְּנִזְקֵי הֶקְדֵּשׁ פָּטַר לֵיהּ, וְאָתֵי ר"ע לְפְלוּגֵי עֲלֵיהּ. א"כ מַאי לֹא בָּא הַכָּתוּב. דְּמַשְׁמַע דִּבְקְרָא גּוּפֵיהּ פְּלִיגִי, דְּלֹא בָּא הַכָּתוּב לְהָכִי, אַלְמָא בְּהֶדְיוֹט נַמִי פְּלִיגִי. וְעוֹד מַאי ק"ו לְהֶקְדֵּשׁ. הוֹאִיל וּ"מִן הָעִידִית" דְּקָאָמַר ר' עֲקִיבָא אַנִּיזָּק קָאֵי, וּלְאַקּוּלֵי אָתָא, דְּיָהֵיב לֵיהּ מַזִּיק מִזִּיבּוּרִית — מַאי "ק"ו לְהֶקְדֵּשׁ"? גְּרִיעוּתָא הָוֵי! וּלְר"ע יָפֶה כֹּחוֹ דְּהֶקְדֵּשׁ בִּנְזָקִין, דְּאָמַר דַּאֲפִילּוּ הָוֵי מַזִּיק תָּם שָׁקֵיל הֶקְדֵּשׁ נֶזֶק שָׁלֵם, וְנָפְקָא לֵיהּ מֵ"רֵעֵהוּ". וְעוֹד. תַּנְיָא בְּהֶדְיָא, דְּ"מִן הָעִידִית" דְּקָאָמַר ר"ע — אַמַּזִּיק קָאֵי. יָשִׁיב. "כֶּסֶף יָשִׁיב לִבְעָלָיו". דַּהֲוָה לֵיהּ לְמִיכְתַּב "בַּעַל הַבּוֹר יְשַׁלֵּם כֶּסֶף לִבְעָלָיו", "יָשִׁיב" דִּכְתַב רַחֲמָנָא לָמָּה לִי, הוֹאִיל וּכְבָר כְּתִיב "יְשַׁלֵּם" — לְרַבּוֹת כָּל הַשָּׁבוֹת. מִדַּעְתּוֹ. אִי מְשַׁלֵּם לֵיהּ מַזִּיק נִזְקוֹ מִדַּעְתּוֹ, דְּלָא אַטְרְחֵיהּ לִצְעוֹק עָלָיו בְּבֵ"ד — שָׁקֵיל סוּבִּין. אֲבָל אִם אֵינוֹ רוֹצֶה הַמַּזִּיק לְשַׁלֵּם נִזְקוֹ לַנִּיזָּק אֶלָּא בְּבֵ"ד, דְּהַיְינוּ בְּעַל כָּרְחוֹ — אֵינוֹ מְשַׁלֵּם אֶלָּא כֶּסֶף. דַּיְקָא נַמִי. דְּגַבֵּי מֵיטָב כְּתִיב "יְשַׁלֵּם", דְּמַשְׁמַע יְשַׁלֵּם בְּעַל כָּרְחוֹ. יְשׁוּלַּם. מַשְׁמַע עַל יְדֵי אֲחֵרִים, דְּבֵ"ד יוֹרְדִין לִנְכָסָיו דְּמַזִּיק. אֲבָל "יְשַׁלֵּם" — מַשְׁמַע נַמִי מִדַּעְתּוֹ. אֶלָּא אָמַר אַבַּיֵי. לָא מַשְׁכַּחַתְּ תֵּירוּצָא לְהָנֵי קְרָאֵי אֶלָּא כִּדְמָר — כִּי הַאי גַּוְונָא דְּתֵירְצָהּ רַבָּה לְהָךְ דְּתַנְיָא כו'. מִי שֶׁהָיוּ לוֹ שָׂדוֹת בָּתִּים וּכְרָמִים. שָׁוֶה מָאתַיִם זוּז. וּתְנַן בְּמַסֶּכֶת פֵּאָה (פ"ח מ"ח): מִי שֶׁיֵּשׁ לוֹ מָאתַיִם זוּז — לֹא יִטּוֹל לֶקֶט שִׁכְחָה וּפֵאָה וּמַעֲשַׂר עָנִי, דְּלָאו עָנִי הוּא וְנִמְצָא גּוֹזֵל עֲנִיִּים. הָיוּ לוֹ מָאתַיִם זוּז חָסֵר דִּינָר, וְנָתְנוּ לוֹ שָׁוֶה אֶלֶף זוּז בְּבַת אַחַת — הֲרֵי זֶה יִטּוֹל. וְזֶה יֵשׁ לוֹ בָּתִּים שָׂדוֹת וּכְרָמִים שָׁוֶה מָאתַיִם זוּז, אֲבָל אֵינוֹ מוֹצֵא לִמְכּוֹר — מַאֲכִילִין אוֹתוֹ מַעֲשַׂר עָנִי עַד מֶחֱצָה, שָׁוֶה מֵאָה זוּז, וְקַרְקְעוֹתָיו יִמְכּוֹר בְּמֵאָה זוּז, דִּטְפֵי מִפַּלְגָא לָא זַיְילֵי לְעוֹלָם, וַהֲרֵי יֵשׁ לוֹ מָאתַיִם זוּז. וַהֲוֵי בָּהּ מָר. וְהַיְינוּ רַבָּה. אֲפִילּוּ טוּבָא נַמִי לֵיסְפּוּ לֵיהּ. שֶׁהֲרֵי עַכְשָׁיו אֵין שָׁוֶה מָאתַיִם זוּז, וּתְנַן (שם): הָיוּ לוֹ מָאתַיִם זוּז חָסֵר דִּינָר, אֲפִילּוּ נָתְנוּ לוֹ שָׁוֶה אֶלֶף זוּז בְּבַת אַחַת — יִטּוֹל. אֲפִילּוּ

תוספות

בּרגל ולא באדם המזיק, אלא באומר "הרי עלי מנה". וכן משמע במתני', דתנא (לקמן דף ט:): נכסים שאין בהם מעילה, ואכולהו אבות קאי, ואפילו אנזקין דאדם למאן דאמר מבעה זה אדם. והא דאמר שמואל ב"השואל" (ב"מ ד' לט:): "כי יאכל" — פרט למזיק, דלא משלם חומש, ומשמע: הא קרן חייב — היינו מדרבנן. ונראה דשאר נזקין דפטירי בהקדש גמירי מקרן ומאדם ומבור, דפטר בו פסולי המוקדשים, וכ"ש הקדש. וא"ת: היכי ילפינן שן מכולהו? מה לשן שיש הנאה להזיקה! וי"ל: דיותר ראוי להתחייב אדם המזיק בידים ממזיק ע"י שילוח בעירה. וא"ת: "רעהו" דכתב רחמנא למה לי? הא מ"וכי יאכל" נפקא, כדאי' במסכת מעילה (דף יט.): מקיש רחמנא הקדש לתרומה, מה תרומה כתיב "כי יאכל" פרט למזיק, אף הקדש, כל מילי דאכילה ומזיק ליה — פטור. ולאו דוקא מידי דאכילה, כדאיתא התם! וי"ל: דאי לאו דאשכחן דפטור מזיק הקדש — לא הוה דרשינן מ"כי יאכל" פרט למזיק, אלא למעט חומש לחודיה. ואע"ג ד"כי יאכל" בתרומה כתיב, ושם חייב מזיק קרן, דממון דכהן הוא — מ"מ מהאי קרא ד"כי יאכל" לא נפיק, אלא מקרא אחרינא, דהוי כגוזל חבירו ומזיקו. ומיהו, למ"ד (לקמן כו.) דאיכא כופר ברגל — לא אתיא מכל הני, דמה לקרן ואדם ובור — דלא משלם כופר בפעם ראשונה. ולרבי טרפון דאית ליה (שם) כופר שלם בתם — ניחא.

ורבי עקיבא סבר לה כר' שמעון. תימה, לעיל (דף ה.): כי מוקי לה עדים זוממין כר"ע, ליקשי: אי ר"ע — ליתני תרי גווני שור, שור דאזיק שור הדיוט ושור דאזיק שור דהקדש! וי"ל: דבהקדש לא קמיירי. אך קשה: כי נמי סבר כר"ש, לפרוך: מה להדיוט — שכן יפה כחו בנזקי אדם! ולמאי דפי', דלא דרשינן "כי יאכל" פרט למזיק דלא משלם כלל אלא משום דכתיב "רעהו" — אתי שפיר. אך קשה: ולפרוך שכן יפה כחו בנזקי בור! **ועוד** מאי ק"ו להקדש. פירש הקונטרס: הואיל ו"מן העידית" דא"ר עקיבא אניזק קאי, ולאקולא אתא, דיהיב ליה מזיק מזיבורית — מאי ק"ו להקדש? גריעותא הוא! וקשה לפי': דאין זה גריעותא אלא חומרא, דר"י פוטר לגמרי מזיק את ההקדש, ור"ע מחייבו כ"ש. ולענין מיטב נמי חשיבות הוא, דמשלם ממיטב דניזק ולא מגרוע דניזק! ונראה לר"י דה"פ: מאי ק"ו להקדש? דלענין חיובא מזיק בהקדש לא קאמר, דהא מקרא דר"ש נפקא. אלא לענין מיטב קאמר, ולא הוה לר"ע לאהדורי לרבי ישמעאל ק"ו להקדש, כיון דרבי ישמעאל היה מודה בכך, אי לאו משום דפטר ליה לגמרי.

ישיב לרבות שוה כסף. בפ"ק דקדושין (דף ח. טז.) דרשינן נמי הכי גבי עבד עברי, ויש [שום] לריכותא. (ע"ש דף ג. בתוספות ד"ה בפרוטה). **ישלם** מדעתו משמע. וא"ת: דבפרק "הזרוע" (חולין ד' קל: ושם ד"ה תנא), "ישלם" בעל כרחו משמע, דקאמר: תנא תני ישלם דברי ר' אליעזר, ואת אמרת מדת חסידות שנו כאן! וי"ל: דהתם לא קאמר אלא דלא הוי מדת חסידות, אלא בדין חייב. ועוד אמר ר"ת, דה"ק: תנא תני ישלם דברי רבי אליעזר, ופליגי רבנן עליה, ואת אמרת וכו'. ועל מדת חסידות לא הוו פליגי רבנן. ובלאו הכי צריך לפרש התם כן. **מי** שהיו לו בתים כו'. לא מיירי בבתים שדר בהם, דהא תנן במסכת פאה (פ"ח מ"ח): אין מחייבין אותו למכור ביתו וכלי תשמישו.

אי דאייקור ארעתא אפילו פורתא נמי לא ליספו ליה. אף על גב שאינו מוצא ליתן עליהם מאתים זוז — לא יטול כלל, לפי שגרם לעצמו, ופשע, דלא הוי ליה למיעל ולמיפק אזוזי. אבל אם לא פשע — אפילו שוות יותר ממאתים זוז יכול ליטול קודם שימכור בפחות משויין. ורב אלפס מפרש בעשיר, ועד מחלה — היינו [א] עד שימצא שיקנה אותם לכל הפחות בחצי דמיהן. וגרסינן בתר הכי: אילימא דזיל ארעתא דכ"ע ודידיה נמי זל בהדייהו אפילו פורתא — נמי לא ליספו ליה, פירוש: אפילו הוזלו כל כך שאפילו המחצה לא יתנו לו — לא ליספו ליה, כיון דזל ארעתא דכ"ע, ושוות מאתים זוז אף לפי הזול. אלא דאייקור כ"ע — אפילו טובא נמי ליספו ליה. פי': אפילו מוצא שיתנו

עין משפט נר מצוה

נא א מיי' פי"ע מהל' מלוה ולוה הלכה א סמג עשין לד טוש"ע ח"מ סי' קב סעיף א:

נב ב מיי' פ"א מהל' נזקי ממון הלכה א ופ"ח הלכה י סמג עשין סז טור ש"ע ח"מ סי' שפט סעיף ב וסי' תיט סעיף א:

נג ג מיי' פ"ט מהלכות מתנות עניים הלכה טז טוש"ע יו"ד סי' רנג סעיף ג:

רבינו חננאל

רמי ליה אביי לרבא לר' עקיבא דקתני מיטב שדהו של מזיק והתניא כסף ישיב לבעליו לרבות שוה כסף פי' ישיב כל מה שמשלם המזיק שוה היא דבדידיה תלה רחמנא דכתיב ישיב. ופריק אם בא המזיק לשלם מעצמו כל מה שירצה משלם ואם דוחה מלשלם וב"ד גובין ומוציאין ממנו אין גובין אלא מיטב. ודייק רב עולא מדכתיב ישלם ש"מ על כורחו. ואקשו עליה מי כתיב ישולם אדרבה ישלם מדעתו משמע. *) פי' מאכילין אותו מעשר עני עד מחצה אם הוזלו נכסיו משום דדחיק לזבוני מאכילין אותו מעשר עד שיעור חצי נכסיו שביקש למכור שאין דרך לזול יתר מיכן. אם הוזלו עד חצי דמיהן מה ששוה בניסן ק' זוזי לא משכח בה בתשרי [אלא] ג' זוזי מאכילין אותו מעשר עני ולא שבקינן ליה לזבוני בהכי. האי נמי לגבי נזיקין אם בא לגבות ממון בתשרי דזילא ארעא ואמר ליה הניזק דיני בעידית הב לי בינונית כמו ששוה עכשיו ואמר ליה המזיק אי שקלת מיטב שקול בזול כי השתא דלא יכילנא לדחותך דהא דינך בעידית ואי בעית בינוני' שקול כמו ששוה בניסן דקרינא ביה ישיב לרבות שוה כסף כי האי גונא מה ששוה בניסן. ודחי' לה כלומר אם כן הורעתה כחו של נזקין אלא אי איכא לדמויה להא דתניא הרי שהיו לו בתים שדות וכרמים ואינו מוצא למכור מאכילין אותו מעשר עני עד מחצה.

*) נ"ל אלא אמר אביי כדמר דתניא הרי שהיו לו וכו'.

מסורת הש"ס

לקמן לז: גיטין מט.

[...]ן ע. י: יד: [ערכין כז.]

הגהות הגר"א

[א] תוס' ד"ה אי כו' ועד [...]לה היינו כו' נ"ב [...]ב"ס מפרש מחלה [...]יהן ממש וכן פורתא טובא ממש:

אפילו פורתא נמי לא ליספו ליה! ואמר מר עלה: לא צריכא, [א]דביומי ניסן יקרא ארעתא וביומי תשרי זל ארעתא, דכ"ע נטרי עד ניסן ומזבני, והאי הואיל ואצטריכא ליה זוזי זבין כדהשתא, עד פלגא — אורחיה למיזל, טפי — לאו אורחיה למיזל; והכא נמי גבי נזקין, דיניה בעידית, ואי א"ל איהו: הב לי בינונית טפי פורתא, א"ל: אי שקלת כדינך שקול כדהשתא, ואי לא — שקיל כיוקרא דלקמיה. מתקיף לה רב אחא בר יעקב: [ב]א"כ, הורעת כחן של נזקין אצל בינונית וזיבורית, דרחמנא אמר ממיטב, ואת אמרת מבינונית וזיבורית נמי לא! אלא אמר רב אחא בר יעקב: אי איכא לדמויי — לב"ח מדמינן ליה; *בעל חוב דיניה בבינונית, ואי א"ל: הב לי זיבורית טפי פורתא, א"ל: אי שקלת כדינך — שקול כדהשתא, ואי לא — שקיל כי יוקרא דלקמיה. [ג]מתקיף לה רב אחא בריה דרב איקא: א"כ, נעלת דלת בפני לוין, דא"ל: אילו הוו לי זוזי הוה שקלי כדהשתא, השתא דזוזי גבך אשקול כיוקרא דלקמיה?! אלא אמר רב אחא בריה דרב איקא: אי איכא לדמויי — לכתובת אשה מדמינן, דהא *כתובת אשה [ד]דינה בזיבורית, ואי אמרה ליה איהי: הב לי בינונית בציר פורתא, אמר לה: אי שקלת כדינך — שקול כדהשתא, ואי לא — שקלי כיוקרא דלקמיה. מכל מקום קשיא! אמר רבא: כל דיהיב ליה — ממיטב ליתיב ליה.

והא "מיטב שדהו" כתיב! אלא, כי אתא רב פפא ורב הונא בריה דרב יהושע מבי רב, [ה]פרשוה: כל מילי מיטב הוא, דאי לא מזדבן הכא מזדבן במתא אחריתי, לבר מארעא, דליתיב ליה ממיטב, כי היכי דלקפוץ עלה זבינא.§ בעא מיניה רב שמואל בר אבא מאקרוניא מרבי אבא: כשהן שמין, *[ו]בשלו הן שמין או בשל עולם הן שמין? אליבא דרבי ישמעאל לא תבעי לך, דאמר בדניזק שיימינן. כי תבעי לך — אליבא דרבי עקיבא, דאמר בדמזיק שיימינן, מאי? "מיטב שדהו" אמר רחמנא למעוטי דניזק, או דלמא למעוטי דעלמא נמי? אמר ליה: רחמנא אמר "מיטב שדהו", ואת אמרת בשל עולם הן שמין?! איתיביה: [ז]אין לו אלא עידית — כולם גובין מן העידית, בינונית — כולם גובין בינונית, זיבורית — כולם גובין זיבורית; [ח]היו לו עידית ובינונית וזיבורית — נזקין בעידית, ובעל חוב בבינונית, וכתובת אשה בזיבורית; [ט]עידית ובינונית — נזקין בעידית, ב"ח וכתובת אשה בבינונית; בינונית וזיבורית — נזקין ובעל חוב בבינונית, וכתובת אשה בזיבורית;
עידית

שיתנו טפי ממחלה, מ"מ ליספו ליה עד שימלא למוכרן בשווין. דמה שאין מולא למוכרן בשווין — לפי שרולין אותו שהוא דחוק. ולית דגרס: אי דזולי כו' אפילו טובא נמי לא ליספו ליה. פי': אפילו הוזלו הרבה לא ליספו ליה, כיון דשוות מאתים זוז, וזול נמי דכ"ע. ולי דלאייקור אפילו פורתא ליספו ליה. פירוש: אפילו הוזלו פורתא.

דביומי ניסן יקרי ארעתא. ול"ת: התינח שדות — כדפי' הקונטרס, לפי שיחרוש בקיץ ויזרע במרחשון. אלא בתים, מאי חילוק יש בהן בין ניסן לתשרי? וי"ל: שרגילין שייקרו בזמן שרגילין לשכור הבתים, ולאחר ששכרו זילו.

לבעל חוב מדמינן ליה. ולא שייך למפרך א"כ הורעת כחו — שלא יפה הכתוב כח בעל חוב, אלא אדרבה הורע כחו, דמדאורייתא דינו בזיבורית. **הב** לי זיבורית טפי פורתא. לא גרסינן "או עידית בציר פורתא" — דאם כן מאי קפריך: א"כ נעלת דלת בפני לוין, הלא אין דינו כלל בעידית, דקיימא לן דינו בבינונית. **לכתובת** אשה מדמינן ליה. ה"ה דהוה מצי לאוקמי בבעל חוב דקאי ביה, ודקאמר "הב לי עידית בציר פורתא". אלא לפי שהתחיל והעמיד בנזקין, ואח"כ בב"ח — ניחא ליה למנקט בתרייהו כתובת אשה. **אליבא** דר' ישמעאל לא תיבעי לך דאמר בדניזק שיימינן. כיון דיליף מג"ש ד"שדה שדה" מ"וביער בשדה אחר" דהוי דניזק. אבל לר"ע, אפשר דהא דקאמר דהאיך דקמשלם — לא אתא אלא למעוטי דניזק. ה"ג:

אפילו פורתא נמי לא ליספו ליה. שהרי שוות קרקעותיו מאתים זוז. דביומי ניסן יקרי ארעתא. מפני שהלוקח ניר חורש אותן בימות הקיץ וזורען בתשרי ובמרחשון. וביומי תשרי זילי, שאין סיפק לזורען בתשרי, משום דאיצטריך לזוזי. הלכך, עני לא הוי דיזול שוה אלף דינר — הואיל וביומי ניסן שוות קרקעותיו מאתים. ועשיר לא הוי — הואיל ולכולי עלמא נמי לא הוי שוין השתא מאתים. הלכך משלימין לו עד מאתים, והיינו מחלה, דעד פלגא אורחיה למיזל, טפי — לא. והכא נמי גבי נזקין. נמי בהכי מיתרצו קראי, כגון דביומי ניסן יקרא ארעתא, וביומי תשרי זול. והזיק בתשרי שוה מנה, ובא לגבות מנה מקרקעות המזיק, ודינו בעידית, כדכתיב "מיטב". [שקול]. כי זול דהשתא. ואי א"ל. ניזק: הב לי מבינונית כדהשתא טפי פורתא מאי דבעית למיתב לי בעידית — לא מצי למכפייה. אלא א"ל מזיק: אי שקלת בעידית כי דינך — שקול כי השתא, ואי לא — שקול מבינונית כיוקרא דלקמיה. ולהכי אתי "ישיב" לרבות סובין. דאי בעי למשקל ניזק סובין, כגון שיש לו קרקע סמוך לאותה בינונית של מזיק, וניחא ליה בה — שקיל לה כיוקרא דלקמיה, דהא שוה כסף הוא בניסן. ולהכי איצטריך לאביי לאוקמא בהכי כדאמרן, דסופה לייקר בניסן, משום דאי אין סופה לייקר — קרא למאי אתא? פשיטא דאי בעי ניזק למישקל סובין שקיל בע"כ של מזיק, שאפילו בעידית יפה כחו, כל שכן בבינונית! אלא להכי אתא קרא, למימר דישיב לו שוה כסף כיוקרא דלקמיה. לישנא אחרינא: מאכילין אותו מעשר עני עד מחלה — לאו אעני קאי, אלא אכל אדם שצריך מעות למזונות והיו לו בתים שדות וכרמים, ואינו מוצא למכור אפילו בחלי דמיהן — מאכילין אותו מעשר עני עד שיתייקרו קרקעותיו, שיוכל למכרן בחלי דמיהן. אפילו טובא נמי. אפילו מצי לזבונינהו טובא יותר מחלי דמיהן — ליספו ליה עד שיוכל למכור בשוויהן, דהא מכה דכולי עלמא הוא, ולא פשע מידי. אפילו פורתא נמי. אפילו אין יכול למוכרן אלא פורתא — לא ליספו ליה, דפושע הוא. עד פלגא אורחיה למיזל טפי לא. הלכך: אם יכול למכור בחלי דמיהן — אין מאכילין אותו מעשר עני, דזה דרכו. ואם הוזלו טפי — מאכילין ולא יפסיד, ותפוס לשון ראשון. ואת אמרת מבינונית וזיבורית לא שקיל. כי השתא. אי איכא לדמויי. להא דרבה. לבעל חוב מדמינן לה דבעל חוב דינו בבינונית. בפרק "הניזקין" במסכת גיטין (דף מח:). והשתא, אם בא בעל חוב לגבות מן הלוה בתשרי, וא"ל ללוה: הב לי זיבורית טפי פורתא, כי היכי דליהוי שוה מלוה דאית לי גבך כזולא דהשתא, מצי אמר ליה: אי שקלת כו', ואי לא שקלת בינונית — שקול כיוקרא דלקמיה. לכתובת אשה מדמינן לה. וכגון שנתן לה גט בתשרי, וזילו ארעתיה, והיתה כתובתה מאתים. ודינה לגבות מזיבורית, כדמסקינן התם בפרק "הניזקין". מכל מקום קשיא. "מיטב" ו"ישיב" דמרבי סובין. כל דיהיב ליה ממיטב יהיב ליה. וכי פרע ליה סובין יתן לו מסובין מעולין שלו. והא מיטב שדהו כתיב. ואי כדקאמרת — לכתוב מיטב סתמא. כל מילי. דמטלטלין, שיכול להוליכן ממקום זה למקום אחר — הוי מיטב. דאי לא מיזדבן הכא. כולי האי. מיזדבן במתא אחריתי. ולהכי לא כתיב "מיטב" אלא לגבי שדות. והכי מתרצי קראי: בשדות יתן מיטב, ובמטלטלים אפי' סובין. כשהן שמין. הא עידית וזיבורית. בשלו הן שמין. והוא דהוי עידית לדידיה דמזיק יהיב ליה. ואי אית ליה עידית וזיבורית, ושוי' זיבורית דידיה כעידית דעלמא — אפילו הכי לא יהיב ליה מזיק לניזק אלא מעידית דידיה, דבתר ארעתא דידיה אזלינן. או בשל עולם הן שמין. ויהיב ליה מזיבורית, שהרי לכל העולם הוא עידית. דאמר בדניזק שיימינן. וכיון דשויא הך זיבורית כעידית דניזק — יהיב ליה מזיבורית. למעוטי דניזק. דלא אזלינן בתר מיטב דניזק. ואע"ג דהך זיבורית דמזיק הוא מיטב דניזק, הואיל ולא הוי מיטב — לעלמא לא יהיב ליה מינה, אבל אי לעלמא הויא מיטב — יהיב ליה מינה, אע"ג דאית ליה עידית. או דלמא למעוטי נמי דעלמא. ד"שדהו" דוקא, והיא דלגביה הויא עידית — יהיב ליה. א"ל מיטב שדהו אמר רחמנא. דאזלינן בתר ארעתא דידיה, ויהיב ליה מעידית ארעתיה, ולא שיימינן בשל עולם. אין לו אלא עידית. במי שהיו עליו בעל חוב וכתובת אשה ונזקין. וכתובת אשה בזיבורית. במסכת גיטין בפרק "הניזקין" (דף מט:) תני טעמא: דיותר משהאיש רוצה לישא, אשה רוצה לינשא.
עידית

מהרנ"ש
[גיטין מח:]
[שם]
[כתובות קי.]

נד א מיי' פ"ט מהלכות מתנות עניים הלכה יז טור שו"ע יו"ד סימן רנג ס"ג:
נה ב טוש"ע ח"מ סי' תיט סעיף ב:
נו ג טוש"ע ח"מ סי' קב סעיף ב וסעיף ג וע"ש:
נז ד מיי' פט"ז מהלכות אישות הלכה ג ופי"ט מהלכות מלוה ולוה הלכה ד סמג עשין מח טוש"ע אה"ע סי' ק סעיף ב:
נח ה מיי' פ"ח מהלכות נזקי ממון הלכה י סמג עשין סו טוש"ע ח"מ סי' תיט סעיף א:
נט ו מיי' שם ופי"ט מהל' מלוה ולוה הלכה א ופכ"ד שם הלכה י סמג שם ועשין לד טוש"ע שם וסי' קב סעיף א וע"ש במ"מ ובב"י:
ס ז מיי' פי"ט מהלכות מלוה ולוה הלכה ז סמג עשין לד טוש"ע ח"מ סי' קב סעיף ד:
סא ח מיי' שם הלכה ד סמג שם:
סב ט מיי' שם הלכה ד סמג שם טוש"ע ח"מ שם:

רבינו חננאל

והוי בה רבה ופירשה כגון דביומי ניסן יקרא ארעא כו'. לבעל חוב מדמינן ליה בעל חוב דינו בבינונית. ואמר ליה הב לי זיבורית כשוי' דהשתא בתשרי כו' ודחי לה אם כן נעלת דלת בפני לוין כו' ופשוטה היא. והדרינן לשמעתין מכל [מקום] קשיא. ופרקי' ישיב מטלטלי נינהו וכל מטלטלין מיטב קרינא ביה דאי לא מזבין בהאי אתרא מזדבני באתרא אחרינא לבד מקרקע דליתן ליה ממיטב כי היכי דליקפוץ עליה זבינא. בעא מינה רב שמואל בר אבא מרבא בשלו הן שמין או בשל עולם הן שמין. פי' כגון שהיו בינונית שלו כעידית דעלמא אי אמרת בשל עולם הן שמין דינו בבינונית ופשט ליה בשלו הן שמין. ואותיב ליה מהא דתניא נזקין בעידית ובעל חוב בבינונית וכתובת אשה בזיבורית היו לו בינונית וזיבורית נזקין ובעל חוב בבינונית וכתובת אשה בזיבורית

עִידִית וְזִיבּוּרִית – נִזָּקִין בְּעִידִית, וּבַעַל חוֹב וּכְתוּבַּת אִשָּׁה בְּזִיבּוּרִית; קָתָנֵי מִיהָא מְצִיעָא: בֵּינוֹנִית וְזִיבּוּרִית – נִזָּקִין וּב"ח בְּבֵינוֹנִית, וּכְתוּבַּת אִשָּׁה בְּזִיבּוּרִית. וְאִי אָמְרַתְּ בְּשֶׁלּוֹ הֵן שָׁמִין, תֵּעָשֶׂה בֵּינוֹנִית שֶׁלּוֹ כְּעִידִית וְיִדָּחֶה ב"ח אֵצֶל זִיבּוּרִית! הָכָא בְּמַאי עָסְקִינַן – כְּגוֹן שֶׁהָיְתָה לוֹ עִידִית וּמְכָרָהּ. וְכֵן א"ר חִסְדָּא: כְּגוֹן שֶׁהָיְתָה לוֹ עִידִית וּמְכָרָהּ. הָכִי נַמִי מִסְתַּבְּרָא, מִדְּקָתָנֵי אַחֲרִיתִי: בֵּינוֹנִית וְזִיבּוּרִית – נִזָּקִין בְּבֵינוֹנִית, ב"ח וּכְתוּבַּת אִשָּׁה בְּזִיבּוּרִית, קַשְׁיָין אַהֲדָדֵי! אֶלָּא לָאו ש"מ: כָּאן שֶׁהָיְתָה לוֹ עִידִית וּמְכָרָהּ, כָּאן שֶׁלֹּא הָיְתָה לוֹ עִידִית וּמְכָרָהּ. *וְאִי בָּעֵית אֵימָא: *אִידִי וְאִידִי שֶׁלֹּא הָיְתָה לוֹ עִידִית וּמְכָרָהּ, וְלָא קַשְׁיָא: הָא דְּשַׁוְיָא בֵּינוֹנִית שֶׁלּוֹ כְּעִידִית דְּעָלְמָא, וְכָאן דְּלָא שַׁוְיָא בֵּינוֹנִית שֶׁלּוֹ כְּעִידִית דְּעָלְמָא. וְאב"א: אִידִי וְאִידִי כְּגוֹן שֶׁהָיְתָה בֵּינוֹנִית שֶׁלּוֹ כְּבֵינוֹנִית דְּעָלְמָא, וְהָכָא בְּהָא פְּלִיגִי; מ"ס: בְּשֶׁלּוֹ הֵן שָׁמִין, וּמ"ס: בְּשֶׁל עוֹלָם הֵן שָׁמִין. רָבִינָא אָמַר: בְּדְעוּלָּא פְּלִיגִי, *דְּאָמַר עוּלָּא: דְּבַר תּוֹרָה ב"ח בְּזִיבּוּרִית, שֶׁנֶּאֱמַר: "בַּחוּץ תַּעֲמוֹד וְהָאִישׁ אֲשֶׁר אַתָּה נוֹשֶׁה בוֹ יוֹצִיא אֵלֶיךָ אֶת הָעֲבוֹט הַחוּצָה", מַה דַּרְכּוֹ שֶׁל אָדָם לְהוֹצִיא לַחוּץ – פְּחוּת שֶׁבְּכֵלִים, וּמַה טַּעַם אָמְרוּ ב"ח בְּבֵינוֹנִית? כְּדֵי שֶׁלֹּא תִּנְעוֹל דֶּלֶת בִּפְנֵי לוֹוִין; מָר אִית לֵיהּ תַּקַּנְתָּא דְּעוּלָּא, וּמָר לֵית לֵיהּ תַּקַּנְתָּא דְּעוּלָּא. *ת"ר: מָכַר לְאֶחָד אוֹ לִשְׁלֹשָׁה בְּנֵי אָדָם כְּאֶחָד – כּוּלָּן נִכְנְסוּ תַּחַת הַבְּעָלִים, בָּזֶה אַחַר זֶה – כּוּלָּן גּוֹבִין מִן הָאַחֲרוֹן, אֵין לוֹ – גּוֹבֶה מִשֶּׁלְּפָנָיו, אֵין לוֹ – גּוֹבֶה מִשֶּׁלִּפְנֵי פָנָיו. מָכַר לְאֶחָד הֵיכִי דָּמֵי? אִילֵימָא בְּבַת אַחַת, הַשְׁתָּא לִשְׁלֹשָׁה, דְּאִיכָּא לְמֵימַר חַד מִינַּיְיהוּ קָדֵים, אָמְרַתְּ כּוּלָּן נִכְנְסוּ תַּחַת הַבְּעָלִים, מָכַר לְאֶחָד מִיבַּעְיָא? אֶלָּא פְּשִׁיטָא בָּזֶה אַחַר זֶה, וּמ"ש שְׁלֹשָׁה – דְּכָל חַד וְחַד אָמַר לֵיהּ: הִנַּחְתִּי לְךָ מָקוֹם לִגְבּוֹת מִמֶּנּוּ? הַאי נַמִי אַכָּל חַד וְחַד לֵימָא לֵיהּ: הִנַּחְתִּי לְךָ מָקוֹם לִגְבּוֹת מִמֶּנּוּ! הָכָא בְּמַאי עָסְקִינַן – כְּגוֹן שֶׁלָּקַח עִידִית בָּאַחֲרוֹנָה. וְכֵן אָמַר רַב שֵׁשֶׁת: כְּגוֹן שֶׁלָּקַח עִידִית בָּאַחֲרוֹנָה. אִי הָכִי, לֵיתוּ כּוּלְּהוּ וְלִיגְבּוּ מֵעִידִית! מִשּׁוּם דְּאָמַר לְהוּ: אִי שָׁתְקִיתוּ וְשָׁקְלִיתוּ כְּדִינַיְיכוּ – שָׁקְלִיתוּ, וְאִי לָא – מַהַדַרְנָא שְׁטָרָא דְּזִיבּוּרִית לְמָרֵיהּ, וְשָׁקְלִיתוּ כּוּלְּכוּ מִזִּיבּוּרִית. אִי הָכִי, בְּנִזָּקִין

רש"י

עִידִית וְזִיבּוּרִית נִזָּקִין בְּעִידִית וּבַעַל חוֹב וּכְתוּבַּת אִשָּׁה בְּזִיבּוּרִית. מִדְּאוֹרַיְיתָא ב"ח בְּזִיבּוּרִית, כִּדְלְקַמָּן, וְרַבָּנַן הוּא דְּתַקּוּן לֵיהּ בְּבֵינוֹנִית מִשּׁוּם נְעִילַת דֶּלֶת לַלּוֹוִין, וְהֵיכָא דְּלֵית לֵיהּ בֵּינוֹנִית – לֵיתָא לְתַקַּנְתָּא. תֵּעָשֶׂה בֵּינוֹנִית שֶׁלּוֹ כְּעִידִית. דְּהָא מֵיטַב הִיא לוֹ. וּמְכָרָהּ. לְאַחַר הַלְוָאָה, דְּאִישְׁתַּעְבְּדָא לֵיהּ בֵּינוֹנִית לְב"ח מֵעִיקָּרָא, בְּעוֹד שֶׁהָיְתָה עִידִית בְּיָדוֹ. אִידִי וְאִידִי שֶׁלֹּא הָיְתָה לוֹ עִידִית. וּדְכ"ע בְּשֶׁל עוֹלָם הֵן שָׁמִין. וְלָא קַשְׁיָא כו'. הָא דְּקָתָנֵי: ב"ח וּכְתוּבַּת אִשָּׁה בְּזִיבּוּרִית – דְּשַׁוְיָא בֵּינוֹנִית דִּידֵיהּ כְּעִידִית דְּעָלְמָא. אִידִי וְאִידִי [כְּגוֹן] שֶׁהָיְתָה בֵּינוֹנִית שֶׁלּוֹ כְּבֵינוֹנִית דְּעָלְמָא. וְלֹא הָיְתָה לוֹ עִידִית מִתְּחִילָּה. וּבְהָא פְּלִיגִי: דְּתַנָּא דְּמַתְנִיתָא קַמַּיְיתָא סָבַר בְּשֶׁל עוֹלָם הֵן שָׁמִין, וְאַמְּטוּ לְהָכִי שָׁקֵיל ב"ח בְּבֵינוֹנִית כְּדִינֵיהּ. וְאִידָךְ סָבַר בְּשֶׁלּוֹ הֵן שָׁמִין. ל"א גָּרְסִינַן: אִידִי וְאִידִי כְּגוֹן שֶׁהָיְתָה בֵּינוֹנִית שֶׁלּוֹ כְּעִידִית דְּעָלְמָא. וּמְפָרְשִׁינַן לֵיהּ הָכִי: אִידִי וְאִידִי כְּשֶׁהָיְתָה לוֹ עִידִית וּמְכָרָהּ, וּבְהָא פְּלִיגִי. דְּתַנָּא דְּמַתְנִיתָא קַמַּיְיתָא סָבַר: בְּשֶׁלּוֹ הֵן שָׁמִין, וְכֵיוָן דִּלְדִידֵיהּ הֲוַאי בֵּינוֹנִית, אע"ג דִּלְעָלְמָא עִידִית – מִינֵּיהּ מְשַׁלֵּם. וְתַנָּא דְּבָרַיְיתָא סָבַר: בְּשֶׁל עוֹלָם הֵן שָׁמִין. וְתִפּוֹס לָשׁוֹן רִאשׁוֹן. בִּדְעוּלָּא קָמִיפַּלְגִי. תַּנָּא בַּתְרָא לֵית לֵיהּ תַּקַּנְתָּא דְּעוּלָּא, אֶלָּא בָּתַר קְרָא אָזֵיל. וַאֲפִילּוּ הָוֵי לֵיהּ נַמִי עִידִית, דְּהַשְׁתָּא הֲוַאי לֵיהּ בֵּינוֹנִית גְּמוּרָה בֵּין לְדִידֵיהּ בֵּין לְעָלְמָא – אֲפִילּוּ הָכִי ס"ל דְּלִשְׁקוֹל ב"ח מִזִּיבּוּרִית. מְכָרָן לְא' אוֹ לְג' בְּנֵי אָדָם. בְּיוֹם א'. מִי שֶׁהָיָה עָלָיו נְזָקִין וּכְתוּבַּת אִשָּׁה וּב"ח, וְהָיוּ לוֹ עִידִית וּבֵינוֹנִית וְזִיבּוּרִית. כּוּלָּן נִכְנְסוּ תַּחַת הַבְּעָלִים. נִכְנְסוּ הַלָּקוֹחוֹת כְּדִין הַמּוֹכֵר, וּמִי שֶׁלָּקַח עִידִית – יִפְרַע לַנִּיזָּק, וְלוֹקֵחַ בֵּינוֹנִית – יְשַׁלֵּם אֶת הַחוֹב, וְלוֹקֵחַ זִיבּוּרִית – אֶת הַכְּתוּבָּה. מִן הָאַחֲרוֹן. דַּאֲפִי' שֶׁקָּלוּ קַמָּאֵי עִידִית וּבֵינוֹנִית מָצֵי מַדְחָן לְהוּ הַלָּקוֹחוֹת לִנְזָקִין וּב"ח אֵצֶל זִיבּוּרִית. דְּאָמַר: הִנַּחְתִּי לְךָ מָקוֹם לִגְבּוֹת הֵימֶנּוּ, וּתְנַן בְּמַסֶּכֶת גִּיטִּין (דף מח:): אֵין נִפְרָעִים מִנְּכָסִים מְשׁוּעְבָּדִים בְּמָקוֹם שֶׁיֵּשׁ בְּנֵי חוֹרִין וַאֲפִי' הֵן זִיבּוּרִית. דְּכִי זַבּוּן הָנֵי תְּרֵי קַמָּאֵי – אִשְׁתַּיֵּיר זִיבּוּרִית בְּנֵי חוֹרִין, וְאע"פ דַּהֲדַר אִיזְדַּבְּנָא – בָּתַר בַּתְרָא אָזְלִינַן. אֵין לוֹ. כְּדֵי סִיפּוּק שֶׁלָּשְׁתָּן, שֶׁאֵין אוֹתוֹ קַרְקַע שָׁוֶה כָּל כָּךְ. גּוֹבֶה. הַמּוֹתָר מִשֶּׁלְּפָנָיו. אִילֵימָא בְּבַת אַחַת. בִּשְׁטָר אֶחָד. הַשְׁתָּא לְג' דְּאִיכָּא לְמֵימַר חַד מִינַּיְיהוּ קָדֵים. שֶׁזֶּה לָקַח בַּבּוֹקֶר, וְהַלָּלוּ שְׁנַיִם בָּעֶרֶב, וּמָצֵי לְמִיטְעַן: הִנַּחְתִּי לְךָ מָקוֹם. אָמְרַתְּ נִכְנְסוּ תַּחַת הַבְּעָלִים. הוֹאִיל וְאֵין נִיכָּר בִּשְׁטַר הַמֶּכֶר מִי לָקַח רִאשׁוֹן. אֶלָּא בָּזֶה אַחַר זֶה. בְּג' יָמִים. לֵימָא. הַאי לוֹקֵחַ אֶחָד. הִנַּחְתִּי לְךָ מָקוֹם לִגְבּוֹת. כִּי הֵיכִי דְּנֵיזְלוּ כּוּלְּהוּ בָּתַר זִיבּוּרִית. שֶׁלָּקַח עִידִית בָּאַחֲרוֹנָה. דְּנִיחָא לֵיהּ לְמֵיתַב לְהוּ כְּדִינַיְיהוּ, וְלָא לֵיזְלוּ בָּתַר עִידִית. לִיגְבּוּ מֵעִידִית. כְּלוֹמַר מֵעִידִית שֶׁנִּשְׁאֲרָה בַּת חוֹרִין בְּג' הַלָּקוֹחוֹת, וְהוּטַּל שִׁיעְבּוּדָן עָלֶיהָ. וְאִי לָא מַהַדַרְנָא לִשְׁטָרָא דְּזִיבּוּרִית לְמָרֵיהּ. כִּי הֵיכִי דְּתִתַּהְדְּרוּ לְמִיגְבָּא מִינֵּיהּ. דְּאֵין נִפְרָעִין מִנְּכָסִים מְשׁוּעְבָּדִים בְּמָקוֹם שֶׁיֵּשׁ בְּנֵי חוֹרִין. אִי הָכִי. דְּמִשּׁוּם הַאי טַעְמָא הוּא. בְּנִזָּקִין

תוספות

ה"ג: **אידי** ואידי בשלא היתה לו עידית ומכרה הא דשויא בינונית דידיה כעידית דעלמא הא דלא שויא כו'. והא דקאמר: אידי ואידי כגון שלא היתה לו עידית ומכרה, *)ולא בעי למימר דתרוייהו איירי שלא היה לו כלל, דא"כ ההוא דמיירי דשויא בינונית דידיה כעידית דעלמא אמאי קרי לה בינונית? אלא ה"ק: אידי ואידי שלא היתה לו עידית ומכרה. כלומר: לא איירי כשהיתה לו עידית ומכרה, אלא: בחדא מיירי שלא היתה לו מעולם, וחדא מיירי כשהיתה לו ועדיין יש לו. ואין צריך לאוקמי כשמכר שום שדה, וסברי תרווייהו בשל עולם הן שמין.

ואי בעית אימא אידי ואידי כשהיתה בינונית שלו כבינונית דעלמא. ולא גרס כעידית דעלמא, דכיון דקאי אשלא היתה לו עידית — אמאי קרי ליה בינונית, כיון דהוו עידית דידיה ודעלמא? ועוד: דא"כ היכי מתוקמא ההיא דקתני נזקין וב"ח בבינונית, בין למ"ד בשלו הן שמין בין למ"ד בשל עולם הן שמין?

מר לית ליה תקנתא דעולא. דוקא היכא דלית ליה עידית, דהוי האי בינונית עידית לדידיה. מדנקט בינונית וזבורית משמע דאי אית ליה עידית — גבי ב"ח מבינונית. וקסבר, כיון דלית ליה אלא בינונית וזיבורית, [א] דשייך כאן טעמא דאמר ב"הניזקין" (גיטין מט:): מפני מה ב"ח אין דינו בעידית — כדי שלא יראה שדה נאה ודירה נאה לחבירו ויאמר אקפוץ ואלונו כדי שאגבה אותה בחובי.

מה דרכו של אדם להוציא פחות שבכלים. אע"ג דשליח ב"ד היה מוליא, לא היה מוליאו אלא מה שהלוה נותן לו.

להוציא פחות שבכלים. וא"ת: אפי' פחות שבכלים מיטב הוא, כדאמר לעיל: כל מילי מיטב הוא! וי"ל: כשמוליא כלים דרכו להוליא הגרוע, וכשמוליא קרקע נמי דרכו להוליא זיבורית. ונראה דהלכה דבשלו הן שמין, דהכי אית ליה לר"נ בכתובות (דף קי.).

כולן נכנסו תחת הבעלים. וא"ת: [ב] והא נזקין מלוה על פה נינהו, ומלוה על פה לא גבי ממשעבדי! וי"ל: דכשעמד בדין — כמלוה בשטר דמיא, כדאמר ב"הגוזל *בתרא" (לקמן קיב) ובכמה דוכתין.* אי נמי: מלוה הכתובה בתורה ככתובה בשטר דמיא, וחייב.

אין לו גובה משלפניו. אומר ריב"א: שאם באו כולם בבת אחת — כל הקודם בשטר גובה מן האחרון תחילה. ואם נזקין קדמו — גובה מן האחרון, אפי' היא זיבורית. ואם בא ב"ח אחריו, יגבה נמי מן האחרון אם יש לו. ואם אין לו — גובה משלפניו ואפי' מן העידית. והאשה משלפני פניו — ואפי' הן עידי עידית.

דאיכא למימר דחד מינייהו קדים. דאין כותבין שעות אלא בירושלים.

מכרן לאחד בבת אחת מיבעיא. השתא לא אסיק אדעתיה טעמא ד"אי שתקת", דאפילו כתוב הכל בשטר אחד יכול לכבוש השטר ולהחזיר הזיבורית לבעלים כאלו לא קנה מעולם.

אי שתקת כו' ואי לא מהדרנא שטרא דזיבורית למריה. אע"ג דבלאו הכי אשה גביא מזיבורית — מ"מ לא מליא למימר ליה "לכי תהדר", כיון שאין מפקיע כחה. אבל ב"ח לא מצי למימר דלישקול בזיבורית מטעם ד"אי שתקת", דכיון דמפקיע כחו מצי א"ל "לכי תהדר", דהא השתא נמי מזיבורית אתה רוצה ליתן לי. לכך לא פריך בסמוך אלא מנזקין, ולא מב"ח, כדפירש הקונטרס. [ועי' תוספות יבמות לו. ד"ה דאמר]. בדיתמי

עין משפט נר מצוה

סג א מיי' פי"ט מהל' מלוה ולוה הלכה ד סמג עשין לד טוש"ע חו"מ סי' קב סעיף ז:

*) גי' מהר"ם לא בעי כו' בלא וי"ו ועי' בספר פ"י

סד ב טוש"ע ח"מ סי' קב סעיף ז ועיין שם בב"י:

סה ג מיי' פי"ט מהל' מלוה ולוה הלכה א סמג עשין לד:

סו ד מיי' פי"ט מהלכות מלוה ולוה הלכה ו סמג עשין לד טוש"ע ח"מ סי' קיט סעיף ג:

סז ה מיי' שם הלכה ה טור ש"ע שם סעי' ז:

סח ו מיי' שם הלכה ו טור ש"ע שם סעי' ה:

רבינו חננאל

ואי אמרת בשלו הן שמין תיעשה בינונית דידיה עידית דהא לית ליה טובה ממנה וידחה בעל חוב בזיבורית. ופרקי' כגון דהוה ליה עידית ומכרה ותנן אין נפרעין מנכסים משועבדין במקום שיש בני חורין וכו'. ואמרי' הכי נמי מסתברא דתניא אחריתי בינונית וזיבורית ניזקין בבינונית ובעל חוב וכתובת אשה בזיבורית קשיין אהדדי כו' ופשוטה היא. רבינא אמר בדעולא קמפלגי דאמר דבר תורה בעל חוב בזיבורית שנאמר בחוץ תעמוד וכו' מה דרכו של לוה להוציא פחות שבכלים. ומה טעם אמרו בעל חוב בבינונית שלא לנעול דלת בפני לוין. האי תנא דקתני בעל חוב בבינונית אית ליה דעולא והאי דקתני בעל חוב בזיבורית לית ליה דעולא. ת"ר מכרן לאחד או לשלשה כו' היו לו עידית ובינונית וזיבורית ומכרן לאחד או לשלשה כאחד כולן נכנסו תחת הבעלים מגבין לנזקין מן העידית ולבעל חוב בבינונית ולכתובת אשה בזיבורית ואקשי' אמאי נימא הנחתי לך מקום לגבות ממנו ופרק' כגון שלקח עידית באחרונה והיינו טעמא דלא גבו כולהו

הגהות הגר"א

[א] תוס' ד"ה מר כו' דשייך כאן כו'. נ"ב אבל הראב"ד פי' דכ"ע בשלו הן שמין ומ"ד בבינונית לית לי' דעולא וסבירא ליה כר"ש דאמר בהנזקין מ"מ כו' וכאן כיון שהיא כבינונית דעלמא ליכא חששא ואוקמוה אדאורייי' ואנן קיימא לן כעולא. (ועבהגר"א חו"מ ס"ס ק"ב): [ב] ד"ה כולן וא"ת כו' נ"ב כל זה לשיטתם בקדושין יג ב אבל לפי' הרי"ף א"ל לזה דר"פ מודה במלוה הכתובה בתורה ועיין רשב"א (ועמ"ש רבינו ביו"ד סימן שם ס"ק כט).

מסורת הש"ס

ס"א רב אשי אמר

[א] אידי ואידי כשהיתה עידית ומכרה ועיין ... ר"מ קך כאן ... לא היתה לו עידית ... לא אידי ואידי שלא היתה כו'

גיטין נ. [ב"ב קעה:]

[ב"מ טו. ב"ב קעה: ערכין ז.]

[ו]ספתא דכתובות פי"ב ע"ש]

[לקמן קיב.] [ע"ל אלא מזיבורית]

בדיתמי דלאו בני פרעון נינהו. [א] אע"ג שזה מחזיר להם קרקע — הוו להו כיתומים שקנו קרקע לאחר מיתת אביהן, דאין בעל חוב חוזר וגובה אותה מהן. ואף על גב דכשגבו קרקע בכתובת אביהן אמרינן ב"ש נוטלין" (ב"ב דף קכה.) דבעל חוב חוזר וגובה מהן. **רצה** מזה גובה ומזה גובה. ואע"ג דאמרינן: אין גובין מנכסים משועבדים במקום שיש נכסים בני חורין, אפי' הן זיבורית — שאני הכא דכולהו משעבדי נינהו. **אבל** זבן עידית וזיבורית. נראה דאיירי שפיר אפי' דשביק בינונית, מ"מ הולרך טעמא ד"להכי טרחי וזביני ארעא דלא חזי לך", דלא מצי א"ל: הנחתי לך מקום לגבות ממנו, כדאמר בסמוך גבי שביק בינונית דכוותיה, דשמא ב"ח אוהב זיבורית טפי מבינונית, [ב] ובע"כ של שמעון היה יכול ליקח טפי פורתא, כדאמרינן לעיל, דאמר: א"כ נעלת דלת בפני לוין. ולא איצטריך לטעמא ד"להכי טרחי וזבנא ארעא דלא חזי לך" אלא משום דזבן זיבורית. אבל משום זבין עידית ושייר זיבורית ובינונית — לא איצטריך, דכמו שהיה שמעון יכול לדחותו אצל בינונית וזיבורית — גם לוי יכול לדחותו, דמה מכר לו ראשון לשני — כל זכות שתבא לידו. **מצי** א"ל הנחתי לך מקום לגבות. לאו דוקא קאמר הא לישנא, דלא שייך למימר הכי אלא גבי בעלים, ולא גבי לוקח ראשון. ועיקר טעמא לא הוי אלא משום דמה מכר ראשון לשני — כל זכות כו', והוא היה יכול לדחותו אצל בינונית אחריתי. אבל אי לא שביק בינונית דכוותיה — לא מצי לדחותו אצל זיבורית, דראשון נמי לא היה יכול לדחותו אצל זיבורית. דאי משום "אי שתקת" — יאמר לו: לכי תהדר. **דינא** הוא דאזיל ראובן וקא משתעי [דינא בהדיה]. וא"ת: מאי נפקא מינה? הא כל מה שיכול ראובן לטעון טענינן ליה לשמעון, דטענינן ליה ללוקח, וכן ליתומים, בין פרוע בין מזוייף, ולריכי עידי קיום. *דאי לאו הכי — לא שבקת חיים לכל בריה. ובפרק "גט פשוט" (ב"ב דף קעד:) נמי מוכח כן, דקאמר: שכיב מרע שאמר מנה לפלוני בידי, אמר "תנו" — נותנין לו, לא אמר "תנו" — אין נותנין. ומוקי לה בדנקט שטרא, אמר "תנו" — קיימיה לשטריה, לא אמר "תנו" — לא קיימיה לשטריה. משמע דטענינן להו ליתמי מזוייף. ובפ"ק דב"מ (דף יד. ד"ה דינא) הארכתי. וכן אין לומר דנ"מ שעדיו של ב"ח קרובים לראובן ורחוקים לשמעון — דהא לשמעון נמי אין יכולין להעיד, כיון דאי טריף ליה משמעון — אזל בתר ראובן. וכן אם יהיה לשמעון עדים שמעידין זכותו והם קרובים — פסולין להעיד אפילו לראובן, כיון דיש ריוח לשמעון שמעמיד הקרקע בידו, כדמוכח סוף פרק קמא דמכות (דף ז.) גבי אילעא וטוביה קרובים דערב הוו, פסיל להו אפילו לגבי לוה ומלוה, משום דכי לית ליה ללוה — אזל מלוה בתר ערבא. א"כ, מאי נפקא מיניה? ויש לומר: דנפקא מיניה לראיה אחרונה, כגון שאמר שמעון: אין לי עדים ואין לי ראיה, ולאחר זמן מצא ראיה או עדים, דשמעון אין יכול להביאם, וראובן שלא אמר אין לי עדים — יכול להביאם. אי נמי: כגון שטוען: לבית דין גדול קאזילנא, ושמעון לא מצי למטרח כמו ראובן. [ועיין בתוספות ב"מ יד. ד"ה דינא וכתובות לג: ד"ה דינא].

ויצאו

בִּנְזָקִין נַמִּי נֵימָא הָכִי! אֶלָּא, הָכָא בְּמַאי עָסְקִינַן — אבְּיַתְמֵי, דְּלָאו בְּנֵי פֵּרָעוֹן נִינְהוּ, וְשִׁיעְבּוּדָא דִּילֵיהּ עֲלֵיהּ דִּידֵיהּ רַמְיָא. הִלְכָּךְ לֵיכָּא לְמֵימַר הָכִי. אֶלָּא, מִשּׁוּם דְּאָמַר לְהוּ: טַעֲמָא מַאי אֲמוּר רַבָּנַן *אֵין נִפְרָעִין מִנְּכָסִין מְשׁוּעְבָּדִים בְּמָקוֹם שֶׁיֵּשׁ בְּנֵי חוֹרִין — מִשּׁוּם תַּקַּנְתָּא דִּידִי, באֲנָא בְּהָא תַּקַּנְתָּא לָא נִיחָא לִי; כִּדְרָבָא. *דְּאָמַר רָבָא: כָּל הָאוֹמֵר אִי אֶפְשִׁי בְּתַקָּנַת חֲכָמִים כְּגוֹן זוֹ — שׁוֹמְעִין לוֹ. מַאי כְּגוֹן זוֹ? כִּדְרַב הוּנָא, *דְּאָמַר רַב הוּנָא: גיְכוֹלָה אִשָּׁה שֶׁתֹּאמַר לְבַעְלָהּ: אֵינִי נִיזּוֹנֵית וְאֵינִי עוֹשָׂה.§ דפְּשִׁיטָא, מָכַר לוֹקֵחַ בֵּינוֹנִית וְזִיבּוּרִית וְשִׁיֵּיר עִידִית לְפָנָיו — לֵיתוּ כּוּלְּהוּ וְלִיגְבּוּ מֵעִידִית, דְּהָא אַחֲרוֹנָה הִיא, וּבֵינוֹנִית וְזִיבּוּרִית לֵיתְנְהוּ גַּבֵּיהּ דְּמָצֵי לְמֵימַר לְהוּ: גְּבוּ מִבֵּינוֹנִית וְזִיבּוּרִית, דְּלָא נִיחָא לִי בְּתַקַּנְתָּא דְּרַבָּנַן. אֲבָל מָכַר עִידִית וְשִׁיֵּיר בֵּינוֹנִית וְזִיבּוּרִית, מַאי? סָבַר אַבַּיֵּי לְמֵימַר: אָתוּ כּוּלְּהוּ גָּבוּ מֵעִידִית. א"ל רָבָא: *מַה מָּכַר רִאשׁוֹן לַשֵּׁנִי — כָּל זְכוּת שֶׁתָּבֹא לְיָדוֹ. וְכֵיוָן דְּאִילּוּ אָתוּ גַּבֵּי לוֹקֵחַ רִאשׁוֹן מָצֵי אַגְבֵּי לְהוּ מִבֵּינוֹנִית וְזִיבּוּרִית, וְאע"פ דְּכִי זָבְנֵי בֵּינוֹנִית וְזִיבּוּרִית אַכַּתִּי עִידִית בְּנֵי חוֹרִין הֲוַאי, *הוְאֵין נִפְרָעִין מִנְּכָסִים מְשׁוּעְבָּדִים כָּל זְמַן דְּאִיכָּא בְּנֵי חוֹרִין — מָצֵי א"ל: לָא נִיחָא לִי בְּהַאי תַּקָּנָה. לוֹקֵחַ שֵׁנִי נַמִּי ומָצֵי א"ל: גְּבֵי בֵּינוֹנִית וְזִיבּוּרִית, דְּכִי זָבֵין לוֹקֵחַ שֵׁנִי, אַדַּעְתָּא דְּכָל זְכוּתָא דַּהֲוָה לֵיהּ לְרִאשׁוֹן בְּגַוַּהּ זָבֵין. *אָמַר רָבָא: זרְאוּבֵן שֶׁמָּכַר כָּל שְׂדוֹתָיו לְשִׁמְעוֹן, וְהָלַךְ שִׁמְעוֹן וּמָכַר שָׂדֶה אַחַת לְלֵוִי, וּבָא ב"ח דִּרְאוּבֵן, רָצָה — מִזֶּה גּוֹבֶה, רָצָה — מִזֶּה גּוֹבֶה. חוְלָא אֲמָרַן אֶלָּא דִּזְבַן בֵּינוֹנִית, אֲבָל זְבַן עִידִית וְזִיבּוּרִית — לָא, דְּא"ל: לְהָכִי דַּיְיקִי וּזְבַנִי עִידִית וְזִיבּוּרִית, אַרְעָא דְּלָא חַזְיָא לָךְ. וַאֲפִילּוּ זְבַן בֵּינוֹנִית נַמִּי — לָא אֲמָרַן טאֶלָּא דְּלָא שִׁיֵּיר בֵּינוֹנִית דִּכְוָותֵיהּ, דְּלָא מָצֵי א"ל: הִנַּחְתִּי לְךָ מָקוֹם לְגַבֵּי שִׁמְעוֹן. אֲבָל שִׁיֵּיר בֵּינוֹנִית דִּכְוָותֵיהּ גַּבֵּי שִׁמְעוֹן — לָא גָּבֵי מִינֵּיהּ, דְּמָצֵי א"ל: הִנַּחְתִּי לְךָ מָקוֹם לִגְבּוֹת מִמֶּנּוּ. *אָמַר אַבַּיֵּי: רְאוּבֵן שֶׁמָּכַר שָׂדֶה לְשִׁמְעוֹן בְּאַחֲרָיוּת, וַאֲתָא ב"ח דִּרְאוּבֵן וְטָרַף מִשִּׁמְעוֹן, דִּינָא הוּא דְּאָזֵיל רְאוּבֵן וּמִשְׁתָּעֵי דִּינָא בַּהֲדֵיהּ, וְלָא מָצֵי א"ל: לָאו בַּעַל דְּבָרִים דִּידִי אַתְּ, דְּאָמַר לֵיהּ: אִי מַפְּקַתְּ מִינֵּיהּ — עֲלַי הָדַר. וְאִיכָּא דְּאָמְרִי: אֲפִילּוּ שֶׁלֹּא בְּאַחֲרָיוּת נַמִּי, דְּא"ל: לָא נִיחָא לִי דְּתֶהֱוֵי לְשִׁמְעוֹן תַּרְעוֹמֶת עֲלַי. וְאָמַר אַבַּיֵּי: רְאוּבֵן שֶׁמָּכַר שָׂדֶה לְשִׁמְעוֹן שֶׁלֹּא בְּאַחֲרָיוּת, וְיָצְאוּ

בנזקין נמי נימא הכי. אי בעית למשקל בינונית – שקול, ואי לא – מהדרנא שטרא למריה, ותשקול זיבורית בע"כ. ואמאי יהיב ליה עידית? אלא מדלא טעין הכי – בע"כ בהכי עסקינן: כגון שמת המוכר, וכיון שלא הניח קרקע אין היתומים בני פרעון, דמטלטלי דיתמי לבעל חוב לא משתעבדי. ואע"פ שמחזיר להם קרקע – הוו להו כיתמי שקנו קרקע לאחר מיתת אביהם. ולהכי פריך מנזקין ולא פריך מב"ח; דמאי לימא ליה: אי שקלת זיבורית שקול, ואי לא מהדרנא שטרא למריה ותשקול מיניה – מצי א"ל האי: לכשתחזיר, דהא השתא נמי זיבורית קבעית למפרע לי. הלכך ליכא למימר הכי. לשון קושיא הוא. **אלא.** להכי לא גבי מעידית, משום דאמר להו: טעמא מאי אמור רבנן אין נפרעין מנכסים משועבדים במקום שיש בני חורין – משום תקנתא דלוקח. **אנא בהאי תקנתא לא ניחא לי.** שקילו כדינייכו. **דאמר רבא.** במסכת כתובות. **מאי כגון זו.** על הי מילתא אמר רבא. "האי מכלל דאיכא אחריתי" לא גרסינן ליה. **איני ניזונית.** משלך. **ואיני עושה.** מלאכה. דמשום תקנתא דידי דדלמא לא ספקי לי מזונות במעשה ידי, תקינו לי רבנן מזונות משלך תחת מעשה ידי, בההיא תקנתא לא ניחא לי. **פשיטא.** בניחותא. **מכר לוקח.** שלקח עידית באחרונה, בינונית וזיבורית, ושייר עידית לפניו כו'. **דהא אחרונה היא.** ושיעבודייהו עלה רמיא. ובינונית הא לית ליה השתא, דמצי למימר: גבי מיניה, דלא ניחא לי בתקנתא כו'. **מאי.** מי אזלי כולהו בתר לוקח ב', שהרי הוא לקח שיעבודייהו. ומלוקח ראשון לא גבו, דאמר: בעינא בתקנתא דרבנן, ועידית דהואי בת חורין בשעת לקוחות הראשונות – שלכם היא. **ראשון לשני.** לוקח ראשון ללוקח שני. **כל זכות שתבא לידו.** וכיון דאי הואי עידית גבי לוקח ראשון הוה מגבי להו מבינונית בהאי טענה דאמרן: "אי אפשי בתקנת חכמים", השתא נמי אמר להו לוקח שני: זילו לגבי לוקח ראשון וגבו בינונית. **ומכר שדה אחת ללוי.** והיא שדה בינונית הואי, ולא שייר שמעון בינונית אחריתי. דהכי מפרש לה לקמיה. **רצה.** מלוי גובה אותה שדה, דא"ל: שיעבודי שקלת. **רצה.** משמעון גובה מזיבורית, דא"ל: את בעל דברים דידי את, דשקלת כולהו נכסי דראובן. **ולא אמרן.** דגובה מלוי. **אלא דזבן.** לוי בינונית. **להכי דייקי.** דקדקתי. **וקמשתעי דינא בהדיה.** דבעל חוב, לסלקו מאותו קרקע בדברים, אם יש לו לראובן שום תביעה על בעל חובו, לומר: פרעתיך. דקיימא לן במסכת שבועות (דף מא.) דאע"ג דנקיט שטרא, אי א"ל: אישתבע לי דלא פרעתיך – בעי אישתבועי. **ולא מצי א"ל.** ב"ח לראובן. **לאו בעל דברים דידי את.** בקרקע זו, שכבר יצתה מרשותך, ואנא שיעבודי שקילנא. **משום דא"ל.** ראובן. **כי מפקת מיניה עלי הדר.** מה שאתה מוציא משמעון יחזור עלי, שהרי קבלתי עלי אחריות.

עסיקין

סט א טור ש"ע ח"מ סימן קטו סעיף ה בהג"ה:
ע ב מיי' פי"ע מהלכות מלוה ולוה הלכה ו סמג עשין צד:
עא ג מיי' פי"ח מהל' אישות הלכה ד סמג עשין מח טור ש"ע אה"ע סימן סט סעיף ד וסימן פ סעיף טו בהג"ה וסי' פא סעיף א בהג"ה:
עב ד מיי' פי"ע מהל' מלוה ולוה הלכה ז סמג עשין צד טוש"ע ח"מ סימן קטו סעיף ו:
עג ה מיי' שם הלכה ב ופי"ח שם הל' ד סמג שם טוש"ע ח"מ סימן קיא:
עד ו מיי' שם פי"ט הלכה ו ועיין שם סמג שם טוש"ע ח"מ סי' קיט סעיף ז:
עה ז ח ט מיי' שם הלכה ג סמג שם טור ש"ע סימן קטו סעיף ח:
עו י מיי' פי"ע מהלכות מכירה הלכה ט סמג עשין פב טור ש"ע ח"מ סימן רכו סעיף ח:

וא"ל דנ"מ לענין מזוייף שאין שמעון יכול לטעון מספק דפשיטא להבא ליפרע מנכסי יתומים או ממשועבדים לצריך עידי קיום דאי לאו הכי כו'. כ"ה בס"א

[גיטין מח:]
שם עז. כתובות פג. ב"ב מט:
כתובות נח: עז: פג. [ע"ש]
ערכין כג.
גיטין מח.
כתובות נב. [ע"ש]
שם ב"מ יד.

רבינו חננאל

מן העידית משום דאמר להו אי שתקיתו ושקליתו כדינייכו שפיר ואי לא מהדרנא זיבורית למריה ואמינא לכו הנחתי לכם מקום לגבות ממנו ושקליתו כולהו מן הזיבורית. ואקשי' אי הכי בנזקין נמי נימא הכי וכל שכן לבעל חוב דתנן אין נפרעים מנכסים משועבדין במקום שיש בני חורין ואפילו הן זיבורית ונדחת. ואוקימנא כגון שמת הלוה ולא שבק מידי דיתמי לאו בני פירעון נינהו ושעבודא על הלוקח רמיא הלכך לא יכול למימר מהדרנא שטרא דזיבורית למריה ולעולם כגון דזבן עידית באחרונה ואמאי לא גבו כולהו מן העידית דיכול למימר להו מאי טעמא אמור רבנן אין נפרעין מנכסין משועבדין כו' משום תקנתא דלקוחות דאמר לוקח הא תקנתא לא ניחא לי בה ודינא בהדאי כדרבא דאמר רבא כל האומר אי אפשי בתקנת חכמים כגון זו שומעין לו מאי כגון זו כדרב הונא דאמר יכולה אשה שתאמר לבעלה איני ניזונת ואיני עושה. פשיטא מכר לוקח זיבורית ובינונית כו'. ואסיקנא מה מכר ראשון לשני כל זכות שתבוא לידו [הנא] (האידנא) וזבנא. הני שמעתתא דאביי פשוטות הן פי'

הגהות הגר"א

[א] תוס' ד"ה בדיתמי כו' אע"ג כו'. נ"ב וכשב' פירקא ביתומים קטנים [ב] ד"ה אבל כו' ובע"כ כו'. נ"ב וכ"ד הרשב"א ושארי פוסקים והרא"ש חולק על זה (ועבהגר"א סימן ק"ב ס"ק ב):

תורה אור

וְיָצְאוּ עָלֶיהָ עֲסִיקִין, אעַד שֶׁלֹּא הֶחֱזִיק בָּהּ — יָכוֹל לַחֲזוֹר בּוֹ, מִשֶּׁהֶחֱזִיק בָּהּ — אֵין יָכוֹל לַחֲזוֹר בּוֹ; מ"ט? דְּאָמַר לֵיהּ: חַיְיתָא דְּקִטְרֵי סָבְרַתְּ וְקַבְּלַתְּ. מֵאֵימַת הָוֵאי חֲזָקָה? במִכִּי דָּיֵישׁ אַמִּצְרֵי. וְדַוְקָא שֶׁלֹּא בְּאַחֲרָיוּת, אֲבָל בְּאַחֲרָיוּת — לָא. וְאִיכָּא דְּאָמְרִי: גאֲפִי' בְּאַחֲרָיוּת נַמִי, דְּאָמַר לֵיהּ: אַחְוֵי טִירְפָּךְ וַאֲשַׁלֵּם לָךְ. רַב הוּנָא אָמַר: אוֹ כֶּסֶף אוֹ מֵיטָב. אֵיתִיבֵיהּ רַב נַחְמָן לְרַב הוּנָא: ○"יָשִׁיב" — *לְרַבּוֹת שָׁוֶה כֶּסֶף, אֲפִילּוּ סוּבִּין! הָכָא בְּמַאי עָסְקִינַן — בִּדְלֵית לֵיהּ. אִי דְּלֵית לֵיהּ, פְּשִׁיטָא! מַהוּ דְּתֵימָא, אָמְרִינַן לֵיהּ: זִיל טְרַח זַבֵּין וְאַיְיתֵי לֵיהּ כֶּסֶף, קמ"ל. אָמַר רַב אַסִּי: כְּסָפִים הֲרֵי הֵן כְּקַרְקַע. לְמַאי הִלְכְתָא? אִילֵימָא לְעִנְיַן מֵיטָב, הַיְינוּ דְּרַב הוּנָא! אֶלָּא, לִשְׁנֵי אַחִים שֶׁחָלְקוּ, וְנָטַל אֶחָד קַרְקַע וְאֶחָד כְּסָפִים, וּבָא בַּעַל חוֹב וְנָטַל קַרְקַע, דדְּאָזֵיל הַאי וְשָׁקֵיל פַּלְגָא בִּכְסָפִים בַּהֲדֵיהּ. פְּשִׁיטָא! הַאי בְּרָא וְהַאי לָאו בְּרָא?! אִיכָּא דְּאָמְרִי: אַדְּרַבָּה, לְאִידָּךְ גִּיסָא, דְּא"ל: לְהָכִי שְׁקַלִי כְּסָפִים — דְּאִי מִגַּנְבֵי לָא מִשְׁתַּלְּמָנָא מִינָּךְ, וּלְהָכִי שָׁקְלַתְּ אַרְעָא — דְּאִי מִטַּרְפָא לָא מִשְׁתַּלְּמָא לָךְ מִידֵּי מִינַּאי! אֶלָּא, לִשְׁנֵי אַחִים שֶׁחָלְקוּ, וּבָא בַּעַל חוֹב וְנָטַל חֶלְקוֹ שֶׁל אֶחָד מֵהֶן. וְהָא אֲמָרָהּ רַב אַסִּי חֲדָא זִימְנָא! דְּאִיתְּמַר: *הָאַחִים שֶׁחָלְקוּ, וּבָא בַּעַל חוֹב וְנָטַל חֶלְקוֹ שֶׁל אֶחָד מֵהֶן, רַב אָמַר: הבָּטְלָה מַחֲלוֹקֶת, וּשְׁמוּאֵל אָמַר: וִיתֵּר, *וְרַב אַסִּי אָמַר: נוֹטֵל רְבִיעַ בְּקַרְקַע וּרְבִיעַ בְּמָעוֹת; רַב אָמַר בָּטְלָה מַחֲלוֹקֶת, קָסָבַר: הָאַחִים שֶׁחָלְקוּ — כְּיוֹרְשִׁים הָווּ; וּשְׁמוּאֵל אָמַר וִיתֵּר, קָסָבַר: הָאַחִים שֶׁחָלְקוּ — ולָקוֹחוֹת, וּכְלוֹקֵחַ שֶׁלֹּא בְּאַחֲרָיוּת דָּמֵי; וְרַב אַסִּי אָמַר נוֹטֵל רְבִיעַ בְּקַרְקַע וּרְבִיעַ בְּמָעוֹת, מְסַפְּקָא לֵיהּ אִי כְּיוֹרְשִׁין דָּמוּ אִי כְּלָקוֹחוֹת דָּמוּ, הִלְכָּךְ נוֹטֵל רְבִיעַ בְּקַרְקַע וּרְבִיעַ בְּמָעוֹת! אֶלָּא מַאי הֲרֵי הֵן כְּקַרְקַע — לְעִנְיַן מֵיטָב. אִי הָכִי, הַיְינוּ דְּרַב הוּנָא! אֵימָא: וְכֵן אָמַר רַב אַסִּי. א"ר זֵירָא אָמַר רַב הוּנָא: זבְּמִצְוָה — עַד שְׁלִישׁ? מַאי שְׁלִישׁ?

אִילֵימָא

שמות כא

רש"י

עֲסִיקִין. עוֹרְרִין, לוֹמַר שֶׁלָּנוּ הִיא. חַיְיתָא דְּקִיטְרֵי. שַׂק קְשׁוּרָה *מָלֵא רוּחַ. וְאִיכָּא דְּאָמְרִי אֲפִילּוּ בְּאַחֲרָיוּת נַמִי. אֲפִי' קִבֵּל אַחֲרָיוּת עָלָיו, דְּיֵשׁ לוֹמַר הוֹאִיל וְסוֹפוֹ לַחֲזוֹר עָלָיו, עַכְשָׁיו נַמִי יַחֲזוֹר וְיִטְּלֶנָּה — אפ"ה אֵינוֹ יָכוֹל לַחֲזוֹר בּוֹ. דְּאָמַר לֵיהּ. מוֹכֵר. אַחְוֵי טִרְפָּךְ. שֶׁכָּתְבוּ לְךָ ב"ד שְׁטַר טִירְפָּא, שֶׁבַּדִּין נְטָלוּהָ מִמְּךָ, וַאֲשַׁלֵּם לָךְ. רַב הוּנָא אָמַר. לָא קַשְׁיָא קְרָאֵי דִּלְעֵיל, "כֶּסֶף" וּ"מֵיטַב". דְּהָכִי קָאָמַר רַחֲמָנָא: אוֹ כֶּסֶף יִתֵּן לוֹ, אוֹ מֵיטַב שְׂדוֹתָיו. וְהָא דְּלָא אַיְירֵי רַב הוּנָא עַד הָכָא — מִשּׁוּם דְּבָעֵי לְאַפּוֹקֵי לְמִילְּתָא דְּרַבִּי יִשְׁמָעֵאל וְר"ע, דְּבָעוּ לְעֵיל: כְּשֶׁהֵן שָׁמִין אוֹתוֹ (*בֵּינוֹנִית) בְּשֶׁלּוֹ הֵן שָׁמִין כו', וְעַד הָכָא קָמַיְירֵי וְאָזֵיל. שָׁוֶה כֶּסֶף. וְאַתְּ אָמְרַתְּ כֶּסֶף! בִּדְלֵית לֵיהּ. לֹא כֶּסֶף וְלֹא שָׂדוֹת. מַהוּ דְּתֵימָא אָמְרִינַן לֵיהּ. לַמַּזִּיק. זִיל טְרַח וְזַבֵּין. סוּבִּין בְּכֶסֶף, וְאַיְיתֵי לֵיהּ כֶּסֶף, קמ"ל. לְעִנְיַן מֵיטַב. דַּאֲפִי' יֵשׁ לוֹ עִידִּית מְסַלֵּק בְּכֶסֶף, אִי בָּעֵי. הַיְינוּ דְּרַב הוּנָא. וַהֲוָה לֵיהּ לְמֵימַר: וְכֵן אָמַר רַב אַסִּי. וְנָטַל קַרְקַע. בִּשְׁבִיל חוֹבוֹת אֲבִיהֶם. דְּאָזֵיל הַאי. אָח. וְשָׁקֵיל פַּלְגָא בִּכְסָפִים. עִם אָחִיו. וְהַיְינוּ דְּקָאָמַר "הֲרֵי הֵן כְּקַרְקַע", דְּבַעַל כְּסָפִים נַמִי יִפְרַע חֲצִי חוֹבוֹ שֶׁל אָבִיו. הַאי בְּרָא וְהַאי לָאו בְּרָא. בִּתְמִיָּה. כְּלוֹמַר: בַּעַל כְּסָפִים לָא הָוֵי בְּרָא לִפְרוֹעַ חוֹב אָבִיו, אֲבָל בַּעַל קַרְקַע הָוֵי בְּרָא? אִיכָּא דְּאָמְרִי. דִּלְאִידָּךְ גִּיסָא פָּרְכִינַן: דְּבַעַל כְּסָפִים לָא לִיחַיַּיב, דְּאָמַר לֵיהּ לְבַעַל קַרְקַע: לְהָכִי שְׁקַלִי כו'. לִשְׁנֵי אַחִין שֶׁחָלְקוּ. קַרְקַע. וּבָא ב"ח וְנָטַל חֵלֶק הָאֶחָד. דִּמְשַׁלֵּם לוֹ הָאַחֵר חֲצִי חֶלְקוֹ, אוֹ קַרְקַע אוֹ מְסַלֵּק לֵיהּ בְּזוּזֵי. וְהַיְינוּ "הֲרֵי הֵן כְּקַרְקַע", דְּמָצֵי מְסַלֵּק לֵיהּ בְּזוּזֵי כְּבְקַרְקַע. בָּטְלָה מַחֲלוֹקֶת. אוֹתָהּ חֲלוּקָה בְּטֵילָה, וְחוֹזְרִים וְחוֹלְקִים בְּשָׁוֶה הַחֵלֶק הַנִּשְׁאָר. וִיתֵּר. אִבֵּד. רְבִיעַ בְּקַרְקַע. יַחֲזִיר לוֹ רְבִיעַ חֶלְקוֹ, אוֹ קַרְקַע אוֹ מָעוֹת. וּרְבִיעַ בְּמָעוֹת. אוֹ רְבִיעִית בְּמָעוֹת. כְּמוֹ דִּתְנַן בִּיבָמוֹת (דף נ:): חָלַץ וְעָשָׂה בָּהּ מַאֲמָר וְנָתַן גֵּט וּבָעַל. כְּיוֹרְשִׁים דָּמוּ. וְעַל שְׁנֵיהֶם לִפְרוֹעַ. הִלְכָּךְ, מַחֲצִית חֶלְקוֹ יַחֲזִיר לוֹ. אִי כְּלָקוֹחוֹת דָּמוּ. וְאֵין לוֹ עָלָיו כְּלוּם. הִלְכָּךְ רְבִיעַ מֵאוֹתוֹ חֵלֶק הַמַּגִּיעוֹ יִפְרַע, דְּה"ל סְפֵק מָמוֹן וְכָל מָמוֹן הַמּוּטָּל בִּסְפֵק חוֹלְקִים, וְאֵין נוֹטֵל עִמּוֹ אֶלָּא רְבִיעַ, וְהַלָּה יָכוֹל לְסַלְּקוֹ אוֹ בְּקַרְקַע אוֹ בְּמָעוֹת. ל"א: וּרְבִיעַ בְּמָעוֹת — מַמָּשׁ, לְבַד רְבִיעַ בְּקַרְקַע. וְהַיְינוּ "הֲרֵי הֵן כְּקַרְקַע". מְסַפְּקָא לֵיהּ אִי כְּיוֹרְשִׁין דָּמוּ, וְחַיָּיב לְהַחֲזִיר לוֹ מַחֲצִית חֶלְקוֹ קַרְקַע, וְלֹא יָכוֹל לְסַלְּקוֹ בְּמָעוֹת. אוֹ כְּלָקוֹחוֹת דָּמוּ, וּמִיהוּ כְּלוֹקֵחַ בְּאַחֲרָיוּת דָּמֵי, וְחַיָּיב לְהַחֲזִיר לוֹ מַחֲצִית מַה שֶּׁאִיבֵּד, אֲבָל בְּמָעוֹת יָכוֹל לְסַלְּקוֹ. הִלְכָּךְ, יַחֲזִיר רְבִיעַ בְּקַרְקַע כְּיוֹרְשִׁים, וּרְבִיעַ בְּמָעוֹת כְּמוֹכֵר בְּאַחֲרָיוּת. וְלָשׁוֹן רִאשׁוֹן שָׁמַעְתִּי.

שְׁלִישׁ

תוספות

ויצאו עליה עסיקין. פירוש: עוררים. אבל אין לפרש אנסים, דא"כ אפי' באחריות משהחזיק בה אמאי יכול לחזור? לימא ליה: מזלך גרם. **משהחזיק** בה אין יכול לחזור. בפ"ק דב"מ (דף יד:) פרש"י: אע"ג שלא נתן מעות, דקרקע נקנית בחזקה. וקשה: אמאי נקט חזקה יותר מכסף ושטר? ועוד: מאי קבעי מאימת הוה חזקה? מתניתין היא, בפרק "חזקת הבתים" (ב"ב דף מב.): נעל פרץ וגדר! ועוד: מאי קבעי הכא טפי מבשאר דוכתין? ועוד: ד"דייש אמצריה" משמע דריסה בעלמא, שהולך סביב המצרים. ונראה לפרש: דמיירי שקנאו בקנין גמור — בחליפין או בשטר או בחזקה, או רפק בה פורתא. ודעתו של אדם, אע"פ שקנאו בקנין גמור אם יצאו עוררין — יכול לחזור בו [א] כל זמן שלא הלך אמצרי השדה לארכה ולרחבה לראות ענייני השדה, והיינו דדייש אמצרי. [ב] ובלא נתן מעות איירי. דאי בנתן מעות איירי — אפי' באחריות נמי, אמאי יכול לחזור בו משהחזיק בה, וכי לעולם יכול לחזור בו? [ג] וא"ת: ולימא ליה "שקול ארעא בזוזך"! וי"ל: כגון שהוזלו. אי נמי: כיון שיצאו עליה עוררין, אין שוה כמו שהיתה שוה בשעה שקנאה.

רב הונא אמר או כסף או מיטב. פ"ה: שבא לתרץ קראי דלעיל. ונ"ל שלא הספיק לסיים דבריו עד שהקשה לו. ואית דגרסי: אמר רב הונא. וקאי אמתניתין דתניא "במיטב הארץ", ואמר רב הונא דלאו דוקא מיטב, אלא או כסף או מיטב. ובספר רב אלפס פירש דרב הונא בריה דרב יהושע ורב פפא דלעיל [ז,] פליגי אדרב הונא דהכא, דאינהו סברי כל מילי מיטב הוא ואפי' סובין, ורב הונא סבר דלא הוי מיטב אלא או כסף או קרקע. ופסק כרב פפא וכרב הונא בריה דרב יהושע שהם בתראי. ור"ת אין סובר כן, דמפרש שיש ג' דינין: בנזקין — או כסף או מיטב, ואי לית ליה — אפי' סובין. ובב"ח, אי אית ליה זוזי — לא מצי לסלקו אלא בזוזי, כדמוכח ב"הכותב" (כתובות דף פו.) גבי ההוא תולה מעותיו בגוי הוה. ואי לית ליה זוזי לא יאמר ליה: זיל טרח וזבין ואייתי זוזי, כדאמר התם. ולוקח שנמצא מקחו מקח טעות כמו כן דינו, כדאמרינן לקמן בפרק "הפרה" (דף מו: ושם). ופועל, אי לית ליה לבעל הבית זוזי — אמר ליה: זיל טרח וזבין ואייתי זוזי, כדמוכח ב"הבית והעלייה" (ב"מ דף קיח.) דאין יכול לומר לו: טול מה שעשית בשכרך). **פשיטא** האי ברא והאי לאו ברא. וא"ת: ואמאי פשיטא ליה? והא שמואל אמר בסמוך: בא ב"ח ונטל חלקו של אחד מהם — ויתר! וי"ל: כשחלקו קרקע דוקא אית ליה דויתר, דשניהם עומדים בספק זה כמו זה, ועל דעת כן חלקו, דמי שיפסיד — יפסיד. אבל הכא, דבעל הקרקע בספק ולא בעל הכספים, דמטלטלי דיתמי לא משתעבדי לב"ח — פשיטא דעל דעת כן חלקו, שאם יפסיד בעל הקרקע — שיחזור על בעל כספים.

וטרף חלקו של אחד מהם. ואם תאמר: והא כל אחד חייב לפרוע חוב אביהן, ואין יכול ליטול חלק האחד, כדקתני בפרק "יש נוחלין" (ב"ב דף קכד.): ילא עליהם שטר חוב — בכור נותן פי שנים! ויש לומר: דמיירי הכא שעשאו אפותיקי.

ורב אמר בטלה מחלוקת. משמע דלא מצי לסלוקי בזוזי, מדקאמר בטלה מחלוקת. ותימה: מ"ש מדרב אסי, דאית ליה שיכול לסלקו בזוזי באותו רביע שנטל מכח ירושה? ויש לומר: דרב אסי סבירא ליה דאפילו הוו יורשים — מצי לסלוקי בזוזי, משום דאמר ליה: אנא לבעל חוב נמי מסלקנא בזוזי. ורב אין חושש לאותה סברא. ואע"ג דמיירי בשעשאו אפותיקי, לא מיירי כעין אפותיקי ד"המקבל" (ב"מ דף קי:) דמשמע התם דלא מצי מסלק ליה בזוזי. ואם תאמר: מכל מקום יתן מעות ויפדה הקרקע מבעל חוב, דקיימא לן פרק "המפקיד" (שם דף לה:) דשומא הדרא לעולם! ויש לומר: דנפקא מינה היכא דזבנה או אורתא, דאמר התם דלא הדרא.

כיורשים הוו. דאי כלקוחות באחריות הוו — אמאי בטלה מחלוקת? ישלם לו מעות. **רב** אסי מספקא ליה כו'. בלשון ראשון פ"ה: שנוטל חלקו בקרקע או במעות, משום דמספקא ליה אי כיורשין הוו אי כלקוחות שלא באחריות הוו. וקשה: מנ"ל לגמרא שמספקא ליה לרב אסי כלל ביורשים? דלמא פשיטא ליה דלאו כיורשים נינהו, אלא מספקא ליה אי הוו כלקוחות באחריות או כלקוחות שלא באחריות! לכך נראה כלשון אחרון. **הלכך** נוטל רביע בקרקע ורביע במעות. דלא שייך בזה המוציא מחבירו עליו הראיה.

*) [ועי' תוספות ב"ב לב: ד"ה אי לליכא ותוס' לקמן מו: ד"ה ה"ג]

אילימא

עין משפט נר מצוה

עז א ב ג מיי' פי"ט מהלכות מכירה הל' ב סמג עשין פב טוש"ע ח"מ סימן רכו סעיף ה:

עח ד ה מיי' פ"י מהל' נחלות הלכה א סמג עשין צו טוש"ע ח"מ סימן קעה סעיף ז:

עט ו מיי' פ"ב מהלכות שכנים הלכה יב ופ' יא מהלכות שחיטה ויובל הלכה כ סמג עשין פ"ב טוש"ע ח"מ סימן קעג סעיף ג:

עט ז [רב אלפס פ"ג דסוכה דף רמז]:

רבינו חננאל

פי' חייתא דקטירי נוד קשור מלא ולא ידוע אי מים או יין או שמן יש בו וקנית אותו במה שיש בו ונמצא מים כך זה. ורב הונא אמר [הא דאמרו ר"פ ור"ה בריה דר"י] כל מילי מיטב הוא לאו א) דוקא אלא או כסף או מיטב. ואותיב עליה רב נחמן ישיב לרבות שוה כסף ופריק ליה הכא במאי עסקינן בדלית ליה. ואמר ליה רב נחמן בדלית ליה פשיטא דאמרי אינשי ממרי רשוותך [פארי] אפרע [לקמן דף מו:]. ואמר ליה רב הונא מהו דתימא אמרינן ליה זיל טרח זבין ואייתי ליה [כסף] קמ"ל דלא. מהא שמעינן דלא מסלקינן לבעל חוב בארעא בשומא אלא היכא דקים לן דלית ליה ללוה מעות למיפרעיה אבל אי אית ליה מעות מחייבינן ליה למיפרעיה או לזבוני הוא ולאייתויי ליה מעותיו יש מי שאומר הני מילי בניזקין דכתיב בהו מיטב והאי דגרסי' בפרק הכותב לאשתו (דף פו.) אמר ליה ר"פ לרב חמא ודאי אמריתו משמיה דרבא מאן דמסיק זוזי בחבריה ואמר ליה שקול מן ארעתא אמרי' ליה זיל זבין ואייתי ליה ואמר ליה לא התם נמי בדקים לן ביה דלית ליה זוזי וכבר פירשנוהו בתחלת פרק המוכר פירות פי' יפה ומבואר. אמר רב אסי כספים הרי הן כקרקע למאי הלכתא לענין מיטב היינו דרב הונא אימא וכן אמר רב אסי. איתמר ב) ג' אחין שחלקו ובא בעל חוב ונטל חלקו של אחד מהן רב אמר בטלה מחלוקת וחוזרין וחולקין ב' החלקים הנשארים לג' חלקים. ושמואל אמר ויתר. רב אסי אמר נוטל האחד שנוטל חלקו רביע בקרקע ורביע במעות. ר' אסי מספקא ליה אי כרב ונוטל חלק כאחד מן השנים אי כשמואל ואינו נוטל כלום. וכיון דמספקא ליה קיימא לן ממון המוטל בספק חולקין הלכך נוטל חצי חלקו המגיעו וזה החצי עוד מספקא ליה אי יורש הוי כרב וקרקע נוטל אי לוקח הוי כשמואל ומעות יש לו. הלכך זה החצי שנוטל מקבל רביע של חלקו מעות ורביע קרקע נמצא שני רביעים חצי ורב אסי תרתי מספקא ליה אי לוקח באחריות ואית ליה מעותיו אי לוקח שלא באחריות ולית ליה ולא מידי. טרינן כולי האי לפרושי טעמא דרב אסי אבל בהדיא פסקינן באחרית פרק האומר לחבירו בית כור עפר אני מוכר לך והלכתא בטלה מחלוקת. אמר ר' זירא להידור מצוה עד שליש במצוה פי' אם נזדמן לו לולב בכסף ולולב אחר מהודר בכסף וחצי יש עליך להוסיף שליש בדמיו ולהתנאות במצות בלולב נאה. בעי רב אשי שליש מלבר שיהא הוא והשליש שלשה

א) עי' תוספות כאן ד"ה רב הונא. ב) כן הגי' בריי"ף:

מסורת הש"ס

[עי' פירש"י בזה ב"מ יד: כתובות צג.]

מהרש"ל מ"ז

לעיל ז. וש"נ

ב"מ קז.

[בכורות מח.]

הגהות הגר"א

[א] תוס' ד"ה משהחזיק כו' כ"ז שלא הלך כו'. נ"ב ורי"ף מפרש שעירבו עם קדושיו ע"ש: [ב] שם בא"ד ובלא נתן מעות איירי. נ"ב ורמב"ם מפרש אפילו בנתן מעות: [ג] בא"ד וא"ת ולימא. נ"ב לפי מ"ש התוס' לקמה ד"ה רב הונא כו' לא קשה מידי ועי' תוספות דב"מ יד א ד"ה עד:

גליון הש"ס

גמ' מספקא לי' אי כיורשים. עי' ב"ב קכ ע"ב תוספות ד"ה תאמר:

אִילֵימָא שְׁלִישׁ בֵּיתוֹ, אֶלָּא מֵעַתָּה אִי אִיתְרַמִי לֵיהּ תְּלָתָא מִצְוָתָא, לֵיתִיב לְכוּלֵּיהּ בֵּיתֵיהּ?! אֶלָּא אָמַר ר' זֵירָא: [א]בְּהִידּוּר מִצְוָה — עַד שְׁלִישׁ בַּמִּצְוָה. בָּעֵי רַב אַשִׁי: [ב]שְׁלִישׁ מִלְּגָיו אוֹ שְׁלִישׁ מִלְּבַר? תֵּיקוּ. בְּמַעַרְבָא אָמְרִי מִשְּׁמֵיהּ דְּרַבִּי זֵירָא: עַד שְׁלִישׁ מִשֶּׁלּוֹ, מִכָּאן וְאֵילָךְ מִשֶּׁל הקב"ה.§ **מתני'** כָּל שֶׁחַבְתִּי בִּשְׁמִירָתוֹ הִכְשַׁרְתִּי אֶת נִזְקוֹ. הִכְשַׁרְתִּי בְּמִקְצָת נִזְקוֹ — חַבְתִּי בְּתַשְׁלוּמֵי נִזְקוֹ כְּהֶכְשֵׁר כָּל נִזְקוֹ. נְכָסִים שֶׁאֵין בָּהֶן מְעִילָה, נְכָסִים שֶׁהֵן שֶׁל בְּנֵי בְרִית, נְכָסִים הַמְיוּחָדִים. וּבְכָל מָקוֹם, חוּץ מֵרְשׁוּת הַמְיוּחֶדֶת לַמַּזִּיק, וּרְשׁוּת הַנִּיזָּק וְהַמַּזִּיק. כְּשֶׁהִזִּיק, חָב הַמַּזִּיק לְשַׁלֵּם תַּשְׁלוּמֵי נֶזֶק בְּמֵיטַב הָאָרֶץ.§ **גמ'** ת"ר: כָּל שֶׁחַבְתִּי בִּשְׁמִירָתוֹ הִכְשַׁרְתִּי אֶת נִזְקוֹ, כֵּיצַד? [ג]שׁוֹר [ד]וּבוֹר שֶׁמְּסָרָן לְחֵרֵשׁ שׁוֹטֶה וְקָטָן וְהִזִּיקוּ — חַיָּיב לְשַׁלֵּם, [ה]מַה שֶּׁאֵין כֵּן בָּאֵשׁ. בְּמַאי עָסְקִינַן? אִילֵימָא בְּשׁוֹר קָשׁוּר וּבוֹר מְכוּסֶּה, דִּכְוָותָהּ גַּבֵּי אֵשׁ — גַּחֶלֶת, מַאי שְׁנָא הָכָא וּמַאי שְׁנָא הָכָא? אֶלָּא בְּשׁוֹר מוּתָּר וּבוֹר מְגוּלֶּה, דִּכְוָותָהּ גַּבֵּי אֵשׁ — שַׁלְהֶבֶת, מַה שֶּׁאֵין כֵּן בָּאֵשׁ דְּפָטוּר?! *וְהָא אָמַר רֵישׁ לָקִישׁ מִשְּׁמֵיהּ דְּחִזְקִיָּה: [ו]לֹא שָׁנוּ אֶלָּא שֶׁמָּסַר לוֹ גַּחֶלֶת וְלִיבָּהּ, אֲבָל שַׁלְהֶבֶת — חַיָּיב, מ"ט — דְּהָא בָּרֵי הֶיזֵּיקָא! לְעוֹלָם [ז]בְּשׁוֹר קָשׁוּר [ח]וּבוֹר מְכוּסֶּה, וְדִכְוָותָהּ גַּבֵּי אֵשׁ — גַּחֶלֶת, וּדְקָא אָמְרַתְּ: מַאי שְׁנָא הָכָא וּמ"ש הָכָא? שׁוֹר דַּרְכֵּיהּ לְנַתּוֹקֵי, בּוֹר דַּרְכֵּיהּ לְנַתּוּרֵי, גַּחֶלֶת כַּמָּה דְּשָׁבֵיק לָהּ מְעַמְיָא עַמְיָא וְאָזְלָא. וּלְר' יוֹחָנָן דְּאָמַר: אֲפִילּוּ מָסַר לוֹ שַׁלְהֶבֶת נַמִי פָּטוּר, דִּכְוָותָהּ הָכָא בְּשׁוֹר מוּתָּר וּבוֹר מְגוּלֶּה, מ"ש הָכָא וּמ"ש הָכָא? הָתָם צִבְתָּא דְּחֵרֵשׁ קָא גָּרֵים, הָכָא לָא צִבְתָּא דְּחֵרֵשׁ קָא גָּרֵים. ת"ר: חוֹמֶר בְּשׁוֹר מִבְּבוֹר, חוֹמֶר בְּבוֹר מִבְּשׁוֹר; חוֹמֶר בְּשׁוֹר מִבְּבוֹר, [ט]שֶׁהַשּׁוֹר מְשַׁלֵּם אֶת הַכּוֹפֶר, [י]וְחַיָּיב בִּשְׁלֹשִׁים שֶׁל עֶבֶד, [כ]נִגְמַר דִּינוֹ אָסוּר בַּהֲנָאָה, וְדַרְכּוֹ לֵילֵךְ וּלְהַזִּיק, מַה שֶּׁאֵין כֵּן בְּבוֹר. חוֹמֶר בְּבוֹר מִבְּשׁוֹר, שֶׁהַבּוֹר תְּחִילַּת עֲשִׂיָּיתוֹ לְנֶזֶק, וּמוּעָד מִתְּחִילָּתוֹ, מַה שֶּׁאֵין כֵּן בְּשׁוֹר.

חוֹמֶר

שְׁלִישׁ בֵּיתוֹ. שֶׁחַיָּיב אָדָם לְבַזְבֵּז בְּמִצְוֹת לוּלָב אוֹ צִיצִית אוֹ סֵפֶר תּוֹרָה שְׁלִישׁ מַה שֶּׁיֵּשׁ לוֹ. בְּהִידּוּר מִצְוָה עַד שְׁלִישׁ בַּמִּצְוָה. שֶׁאִם מוֹצֵא ב' סִפְרֵי תוֹרוֹת לִקְנוֹת, וְאֶחָד הָדוּר מֵחֲבֵירוֹ — יוֹסִיף שְׁלִישׁ הַדָּמִים וְיִקַּח אֶת הֶהָדוּר, דְּתַנְיָא (שבת דף קלג:): "זֶה אֵלִי וְאַנְוֵהוּ" — הִתְנָאֶה לְפָנָיו בְּמִצְוֹת, עֲשֵׂה לְךָ סֵפֶר תּוֹרָה נָאֶה, לוּלָב נָאֶה, טַלִּית נָאָה, צִיצִית נָאָה. שְׁלִישׁ מִלְּגָיו. וּכְגוֹן אִם הַקָּטָן נִמְכָּר בְּשִׁשָּׁה יוֹסִיף שְׁנֵי דִינָרֵי, דְּהַיְינוּ שְׁלִישׁ מִלְּגָיו, שְׁלִישׁ שֶׁבְּתוֹךְ הַדָּמִים, וְיִקַּח אֶת הֶהָדוּר. אוֹ שְׁלִישׁ מִלְּבַר. הַדָּמִים יַחֲלוֹק לִשְׁנַיִם, וְיוֹסִיף חֵלֶק שְׁלִישִׁי מִשֶּׁלּוֹ. דְּהַיְינוּ אִם קָטָן נִמְכָּר בְּשִׁשָּׁה — יוֹסִיף שְׁלֹשָׁה דִינָרִין וְיִקַּח אֶת הַגָּדוֹל בְּתִשְׁעָה. עַד שְׁלִישׁ מִשֶּׁלּוֹ. דְּהַיְינוּ אוֹתוֹ שְׁלִישׁ שֶׁיּוֹסִיף בְּהִידּוּר מִצְוָה מִשֶּׁלּוֹ הוּא, שֶׁאֵינוֹ נִפְרָע לוֹ בְּחַיָּיו. כִּדְאָמְרִינַן: "הַיּוֹם לַעֲשׂוֹתָם" וְלֹא הַיּוֹם לִיטּוֹל שְׂכָרָם (ע"ז דף ג.). מִכָּאן וְאֵילָךְ. מַה שֶּׁיּוֹסִיף בְּהִידּוּר יוֹתֵר עַל שְׁלִישׁ, יִפְרַע לוֹ הקב"ה בְּחַיָּיו. **מתני'** שֶׁחַבְתִּי בִּשְׁמִירָתוֹ. שֶׁנִּתְחַיַּיבְתִּי לְשׁוֹמְרוֹ. הִכְשַׁרְתִּי **אֶת** נִזְקוֹ. כְּלוֹמַר: אִם הִזִּיק — הִכְשַׁרְתִּי וְזִימַּנְתִּי אוֹתוֹ הֶיזֵּק, שֶׁלֹּא שְׁמַרְתִּיו יָפֶה, כָּךְ מָצָאתִי. לִישָּׁנָא אַחֲרִינָא: "הִכְשַׁרְתִּי אֶת נִזְקוֹ" — עָלַי לְהַכְשִׁיר וּלְתַקֵּן אֶת נִזְקוֹ, כְּלוֹמַר: אֲנִי חַיָּיב לְשַׁלֵּם. מִפִּי מוֹרִי. הִכְשַׁרְתִּי בְּמִקְצָת נִזְקוֹ חַבְתִּי בְּתַשְׁלוּמֵי כו'. הַאי "הִכְשַׁרְתִּי" לָא דָּמְיָא לְ"הִכְשַׁרְתִּי" קַמָּא, דְּהָא וַדַּאי זִימַּנְתִּי הוּא. כְּלוֹמַר: אִם זִימַּנְתִּי אֶת מִקְצָת נִזְקוֹ, אע"פ שֶׁלֹּא זִימַּנְתִּיו כּוּלּוֹ — חַבְתִּי לְשַׁלֵּם אֶת נִזְקוֹ כְּהֶכְשֵׁר כָּל נִזְקוֹ, כְּאִילּוּ זִימַּנְתִּיו כּוּלּוֹ. וּבַגְּמָרָא מְפָרֵשׁ הֵיכִי דָּמֵי. נְכָסִים שֶׁאֵין בָּהֶם מְעִילָה. כְּלוֹמַר: אִם הִזַּקְתִּי נְכָסִים שֶׁאֵין בָּהֶן מְעִילָה — אֲנִי חַיָּיב לְשַׁלֵּם. אֲבָל אִם הִזַּקְתִּי נִכְסֵי הֶקְדֵּשׁ — אֵינִי חַיָּיב, דְּנָפְקָא לָן כּוּלְּהוּ נְזָקִין מִ"שּׁוֹר רֵעֵהוּ". שֶׁל בְּנֵי בְרִית. לְאַפּוּקֵי נָכְרִי דְּאֵינוֹ חַיָּיב בִּנְזָקָיו. וּנְכָסִים הַמְיוּחָדִים. שֶׁיֵּשׁ לָהֶם בְּעָלִים. לְאַפּוּקֵי דְּהֶפְקֵר, שֶׁאִם הִזַּקְתִּי נְכָסִים דְּהֶפְקֵר — פָּטוּר, וּבַגְּמָרָא מְפָרֵשׁ לָהּ. וּבְכָל מָקוֹם. חָב הַמַּזִּיק, כְּמוֹ שֶׁהִזִּיקוּ נְכָסָיו אֶת נִכְסֵי בְּנֵי הַבְּרִית וְאֶת נְכָסָיו הַמְיוּחָדִין. חוּץ מֵרְשׁוּת הַמְיוּחֶדֶת לַמַּזִּיק. שֶׁאִם נִכְנַס שׁוֹרוֹ שֶׁל נִיזָּק בִּרְשׁוּת הַמַּזִּיק וְהִזִּיקוֹ שׁוֹר שֶׁל מַזִּיק — פָּטוּר, דְּאָמַר לֵיהּ: תּוֹרָךְ בִּרְשׁוּתִי מַאי בָּעֵי? וּרְשׁוּת הַנִּיזָּק וְהַמַּזִּיק. מְפָרֵשׁ בַּגְּמָרָא. כְּשֶׁהִזִּיק חָב הַמַּזִּיק. הָא דָּרְשִׁינַן לֵיהּ בְּרֵישׁ פִּירְקִין לְאֵתוּיֵי קֶרֶן. וּ"כְשֶׁהִזִּיק חָב הַמַּזִּיק" דְּרֵישָׁא לָא דָּרְשִׁינַן לֵיהּ, דְּלָאו יְתֵירָה הִיא. **גמ'** מַה שֶּׁאֵין כֵּן בָּאֵשׁ. כִּדְמְפָרֵשׁ לְקַמָּן. גַּחֶלֶת. שֶׁאֵינָהּ בּוֹעֶרֶת אֶלָּא אִם כֵּן לִיבָּה אוֹתָהּ. שַׁלְהֶבֶת. שֶׁמָּסַר *אוּר מְלוּבֶּה לְחֵרֵשׁ דְּפָטוּר?! בִּתְמִיָּה. וְהָאָמַר רֵישׁ לָקִישׁ. בְּ"הַכּוֹנֵס צֹאן לַדִּיר" (לקמן נט:). **לֹא** שָׁנוּ. דְּהַשּׁוֹלֵחַ הַבְּעֵירָה בְּיַד חֵרֵשׁ שׁוֹטֶה וְקָטָן דְּפָטוּר מִדִּינֵי אָדָם. **אֶלָּא** כְּשֶׁמָּסַר לוֹ הַגַּחֶלֶת וְלִיבָּה. אוֹתָהּ הַחֵרֵשׁ. בָּרֵי הֶיזֵּיקָא. מְבוֹרָר הֶיזֵּיקוֹ לַכֹּל, שֶׁהִיא מְזוּמֶּנֶת לְהַזִּיק. בָּרֵי. מְזוּמָּן. שׁוֹר דַּרְכֵּיהּ לְנַתּוֹקֵי. וַהֲוָה לֵיהּ לְאַסּוּקֵי אַדַּעְתֵּיהּ, שֶׁאֲפִילּוּ אֵין הַחֵרֵשׁ מַתִּירוֹ — סוֹפוֹ לְהַתִּיר אֶת עַצְמוֹ. הִלְכָּךְ שְׁמִירָה רְעוּעָה הִיא, וַאֲפִילּוּ הִתִּירוֹ חֵרֵשׁ — חַיָּיב בַּעַל הַשּׁוֹר. לְנַתּוּרֵי. לִנְפּוֹל. הִלְכָּךְ שְׁמִירָה רָעָה הִיא, אֲפִילּוּ גִּילָּהוּ חֵרֵשׁ — בַּעַל הַבּוֹר חַיָּיב לְשַׁלֵּם, שֶׁלֹּא שְׁמָרוֹ כָּרָאוּי. **מְעַמְיָא עַמְיָא וְאָזְלָא**. וּמַאי דְּלִיבָּה חֵרֵשׁ לָא רָמְיָא עֲלֵיהּ דְּבַעַל גַּחֶלֶת לְאַסּוּקֵי אַדַּעְתֵּיהּ. וּלְרַבִּי יוֹחָנָן דְּאָמַר. בְּ"הַכּוֹנֵס": אֲפִילּוּ מָסַר לוֹ שַׁלְהֶבֶת — פָּטוּר, דְּהַשְׁתָּא מוֹקֵי לְהָא דְּקָתָנֵי "מַה שֶּׁאֵין כֵּן בָּאֵשׁ" בְּשַׁלְהֶבֶת, וְדִכְוָותֵיהּ דִּמְחַיֵּיב גַּבֵּי שׁוֹר וּבוֹר בְּשׁוֹר מוּתָּר וּבוֹר מְגוּלֶּה, מַאי שְׁנָא כו'. הָתָם. גַּבֵּי "בְּעֵירָה". **צִבְתָּא** דְּחֵרֵשׁ קָגָרֵים. אֲחִיזָתוֹ שֶׁל חֵרֵשׁ גָּרְמָה הַהֶבְעֵר, שֶׁהוּא נְטָלָהּ וְהוֹלִיכָהּ לְגָדִישׁ. הָכָא לָא נָגְעָה דְּחֵרֵשׁ קָגָרֵים, שֶׁהַשּׁוֹר הָלַךְ וְהִזִּיק, וְכֵן הַבּוֹר, וְלֹא עַל יְדֵי חֵרֵשׁ הִזִּיק. **צִבְתָּא**. אֲחִיזָתוֹ וְכֹחוֹ, מִלְּשׁוֹן נְבָתָא שֶׁקּוֹרִין טנייל"ש. ל"א גָּרְסִ': צַוְותָא, יִחוּדוֹ שֶׁל חֵרֵשׁ, שֶׁנִּתְיַיחֵד עִם הַשַּׁלְהֶבֶת וּנְטָלָהּ. וּלְשׁוֹן צַוְותָא = שׁוּלא"ש, כִּדְאָמְרִינַן: לֶיהֱוֵי צַוְותָא לַחֲבֵרוֹ (ב"ב דף כא.). כּוֹפֶר. בְּמוּעָד, שֶׁהֵמִית בֶּן חוֹרִין. **אָסוּר** בַּהֲנָאָה. אִם הֵמִית אָדָם, כִּדְכְתִיב: "וּבַעַל הַשּׁוֹר נָקִי" כְּאָדָם שֶׁאוֹמֵר לַחֲבֵירוֹ: פְּלוֹנִי יָצָא נָקִי מִנְּכָסָיו וְאֵין לוֹ בָּהֶן הֲנָאָה. מַה שֶּׁאֵין כֵּן בְּבוֹר. שֶׁאֵין בַּעַל הַבּוֹר חַיָּיב בְּתַשְׁלוּמֵי מִיתַת אָדָם, כִּדְאָמְרִינַן: שׁוֹר וְלֹא אָדָם.

מַה

אילימא שליש ביתו. משמע דאין צריך לבזבז כל ממונו לקנות אתרוג, אפילו לא ימצא בפחות, והויא מצוה עוברת. ואפילו שליש ביתו משמע דלא מחייב, ואמרינן נמי (כתובות דף נ.): המבזבז אל יבזבז יותר מחומש, ובסוכה (דף מא:) חשיב ליה רבותא דר"ג שקנה אתרוג באלף זוז.

אילו איתרמיא ליה. אפילו מיירי בעשורייתא דרבי, כדאשכחן בפרק "מציאת האשה" (כתובות דף סח.) — מ"מ ידוע שלא היה חייב לבזבז כל כך.

עד שליש במצוה. פירוש: [א] שאם מצא אתרוג כאגוז כמו שיערו חכמים, ואחד גדול ממנו שליש — יקנהו.

משל הקב"ה. אוכל פירות בעוה"ז, והקרן קיימת לו לעוה"ב. **בשור** קשור ובור מכוסה. פי': כראוי. דאי בשלא כראוי — לאו כלום היא. ועוד: מדפריך מ"ש הכא, כלומר ובשניהם היה להם ליפטור, מדהדר מוקי לה בשור מותר ובור מגולה.

שור עביד לנתוקי. פרש"י: אפי' בלא חרש, דרכו לנתוקי מאליו, וכן בור דרכו לנתורי מאליו. וקשה: דע"כ בקשרו ובכסהו כראוי מיירי, כדפירש. ולקמן (דף נב.) תנן: כסהו כראוי — פטור! ונראה לפרש: דדרכו לנתוקי ע"י חרש קאמר, דגרע משום דמסר לחרש. אבל גחלת לא גרע כ"כ, דאין דרכו ללבות גחלת כמו שדרכו לנתוקי שור ולנתורי בור, דכמה דשביק לה חרש מעמיא עמיא ואזיל.

ולרבי יוחנן דאמר אפי' מסר לו שלהבת פטור כו'. תימה: מאי קשה ליה? הא שלהבת לרבי יוחנן כמו גחלת לר"ל, ובשור קשור ובור מכוסה יכול להעמידו, ומשום דחרש עביד לנתוקי ולנתורי כמו שאמר לר"ל! וי"ל: דמשמע ליה דטעמא דרבי יוחנן דפטר משום שהקטן שומרו ואין הקטן עושה היזק, אלא אדרבה עושה שמירה. והשתא ניחא, דלא תיקשי לרבי יוחנן דמוקי לה בשור מותר ובור מגולה, אמאי נקט שמסרו לחש"ו? והא בלא מסרו נמי חייב! דנקט מסרו לרבותא, אע"פ שעשה שמירה קלת. ובהאי סברא פליג אריש לקיש.

חומר בשור. האי שור היינו קרן, כדמוכח בכולה שמעתין. **ודרכו** לילך ולהזיק. הא דלא חשיב שהוא בעלי חיים מה שאין כן בבור, משום דהוי בכלל ודרכו לילך ולהזיק, וכוונתו להזיק לא שייך למתני גבי בור, שאין בעלי חיים.

מה שאין כן בבור. שאין משלם כופר. וכן אש, דקתני בסמוך: משא"כ באש. וא"ת: ונילף משור ונחייבו בכופר, ואף על גב דאיכא למימר שכן ב"ח. דהא מסקינן לקמן בפרק "כיצד" (דף כו.) דאיכא כופר ברגל, שמע מינה דילפינן רגל מקרן, ולא פרכינן: מה לקרן שכן כוונתו להזיק וחייב ברה"ר, ויש לומר: דאש ובור פטורין, דדרשינן: "עליו" ולא על בור, "עליו" ולא על האש. כדדרשינן לקמן בסוף "כיצד" (שם) "עליו" ולא על האדם. וא"ת: שור ולא אדם, דכתיב בבור למ"ל? ת"ל מ"עליו"! ויש לומר: דאיצטריך שור ולא אדם לפטור עבד שנפל בתוכו, או גוי הקנוי לישראל.

חומר

פ א ב סמג עשין מח טוש"ע א"ח סימן תרנו סעיף א ובהג"ה:

פא ג מיי' פ"ד מהלכות נזקי ממון הלכה ו סמג עשין סז סח טוש"ע ח"מ סימן שצו סעיף ו:

פב ד מיי' שם פי"ב הל' א ועיין בהשגות ובמ"מ סמג שם טוש"ע ח"מ סי' תי סעיף ל:

פג ה ו מיי' שם פי"ד הל' ה סמג עשין סט טוש"ע ח"מ סימן תיח סעיף ז:

פד ז מיי' שם פ"ד הל' ו סמג עשין סח טוש"ע ח"מ סימן שצו סעיף ו:

פה ח מיי' שם פי"ב הלכה א סמג שם טוש"ע ח"מ סימן תי סעיף ל:

פו ט מיי' שם פ"י הלכה ב סמג עשין סז:

פז י מיי' שם פי"א הל' א סמג שם:

פח כ מיי' שם הל' ט:

רבינו חננאל

שלשה כגון שהוספתה על הכסף חצי נמצאו דמי לולב ג' חצאי כסף שהוא כסף וחצי. או שליש מלגיו שהוא כסף ושליש כסף ועלתה בתיקו. ועבדינן לחומרא *) מלבר. במערבא אמרי עד שליש משלו כלומר מוחזר הוא להתנאות במצוה עד שליש מכאן ואילך אם מוסיף יתר על שליש מדה יתירה עושה כגון המפרנס עני ומוסיף לו יתר שנמצא חיננו ואין הקב"ה מקפח שכרו אלא משלם לו גמולו. משל הקב"ה שנאמר מלוה ה' חונן דל ופשוט הוא. ד"א מכאן ואילך משל הקב"ה שאם בא להדר המצוה ביתר משליש בדמיה [אינו חייב] כל זה מגיעו שחייו **) קודמין להידור מצוה אבל אם זימן לו הקב"ה ממון שלא מגיעו ובקש להדר המצוה ביותר משליש הרשות בידו. והמהדר המצוה משובח כדתנינן בנר חנוכה [שבת כא:] והמהדרין נר לכל אחד ואחד והמהדרין מן המהדרין וכו': פירוש כל שחבתי בשמירתו הכשרתי וכו': ת"ר כל שחבתי בשמירתו הכשרתי נזקו כיצד שור ובור שמסרן לחרש שוטה וקטן והזיקו חייב מה שאין כן באש. ולר' יוחנן אפי' מסר לחרש שוטה וקטן שלהבת והזיקו פטור המוסר מאי טעמא צבתא דידהו גרים: פי' לנתורי. יסר העפר והקירוי ויפתח פי הבור: ת"ר חומר בשור [מבבור] שהשור משלם הכופר ול' של עבד נגמר דינו אסור בהנאה ודרכו לילך ולהזיק מה שאין כן בבור. חומר בבור [מבשור] שהבור תחילת עשייתו לנזק ומועד מתחילתו מה שאין כן בשור.

*) עי' ברא"ש וש"ע או"ח סי' תרנ"ו שפסקו לקולא.

**) עי' בנמוקי יוסף שפירש כן.

לקמן כב: נט: [ע"ש]

יעב"ץ גרס אוד

הגהות הגר"א

[א] תוס' ד"ה עד. פי' כו. כ"ב ולעת ש"פ כפירש"י:

חוֹמֶר בְּשׁוֹר מִבְּאֵשׁ, חוֹמֶר בְּאֵשׁ מִבְּשׁוֹר; חוֹמֶר בְּשׁוֹר מִבְּאֵשׁ, שֶׁהַשּׁוֹר מְשַׁלֵּם כּוֹפֶר, וְחַיָּיב בִּשְׁלֹשִׁים שֶׁל עֶבֶד, נִגְמַר דִּינוֹ אָסוּר בַּהֲנָאָה, מְסָרוֹ לְחֵרֵשׁ שׁוֹטֶה וְקָטָן — חַיָּיב, מַה שֶּׁאֵין כֵּן בְּאֵשׁ. חוֹמֶר בְּאֵשׁ מִבְּשׁוֹר, שֶׁהָאֵשׁ מוּעֶדֶת מִתְּחִילָּתָהּ, מַה שֶּׁאֵין כֵּן בְּשׁוֹר. חוֹמֶר בְּאֵשׁ מִבְּבוֹר, וְחוֹמֶר בְּבוֹר מִבְּאֵשׁ; חוֹמֶר בְּבוֹר מִבְּאֵשׁ, שֶׁתְּחִילַּת עֲשִׂיָּיתוֹ לְנֶזֶק, מְסָרוֹ לְחֵרֵשׁ שׁוֹטֶה וְקָטָן — חַיָּיב, משא"כ בְּאֵשׁ. *חוֹמֶר בְּאֵשׁ מִבְּבוֹר, שֶׁהָאֵשׁ דַּרְכָּהּ לֵילֵךְ וּלְהַזִּיק, וּמוּעֶדֶת לֶאֱכוֹל בֵּין דָּבָר הָרָאוּי לָהּ וּבֵין דָּבָר שֶׁאֵינוֹ רָאוּי לָהּ, מַה שֶּׁאֵין כֵּן בְּבוֹר. וְלִיתְנֵי: חוֹמֶר בְּשׁוֹר מִבְּבוֹר, שֶׁהַשּׁוֹר חַיָּיב בּוֹ אֶת הַכֵּלִים, מַה שֶּׁאֵין כֵּן בְּבוֹר! הָא מַנִּי — ר' יְהוּדָה הִיא, *דִּמְחַיֵּיב עַל נִזְקֵי כֵלִים בְּבוֹר. אִי רַבִּי יְהוּדָה, אֵימָא סֵיפָא: חוֹמֶר בְּאֵשׁ מִבְּבוֹר, שֶׁהָאֵשׁ דַּרְכָּהּ לֵילֵךְ וּלְהַזִּיק, וּמוּעָד לֶאֱכוֹל בֵּין דָּבָר הָרָאוּי לָהּ וּבֵין דָּבָר שֶׁאֵינוֹ רָאוּי לָהּ, מַה שֶּׁאֵין כֵּן בְּבוֹר; דָּבָר הָרָאוּי לָהּ מַאי נִינְהוּ — עֵצִים, דָּבָר שֶׁאֵין רָאוּי לָהּ מַאי נִינְהוּ — כֵּלִים, מַה שֶּׁאֵין כֵּן בְּבוֹר; אִי ר' יְהוּדָה, הָא אָמַרְתְּ: מְחַיֵּיב הָיָה ר' יְהוּדָה עַל נִזְקֵי כֵלִים בְּבוֹר! אֶלָּא, לְעוֹלָם רַבָּנַן הִיא, *וּתְנָא וְשִׁיֵּיר. מַאי שִׁיֵּיר דְּהַאי שִׁיֵּיר? שִׁיֵּיר טָמוּן. אִיבָּעֵית אֵימָא: לְעוֹלָם ר' יְהוּדָה, וְדָבָר שֶׁאֵין רָאוּי לָהּ — לָאו *לְאַתּוּיֵי כֵּלִים, אֶלָּא לְאַתּוּיֵי לִיחֲכָה נִירוֹ וְסִכְסְכָה אֲבָנָיו. מַתְקִיף לָהּ רַב אַשִׁי, לִיתְנֵי: חוֹמֶר בְּשׁוֹר מִבְּבוֹר, שֶׁהַשּׁוֹר [א]חַיָּיב בּוֹ שׁוֹר פְּסוּלֵי הַמּוּקְדָּשִׁין, [ב]מַה שֶּׁאֵין כֵּן בְּבוֹר! אִי אָמְרַתְּ בִּשְׁלָמָא רַבָּנַן הִיא — אַיְּידֵי דְּשִׁיֵּיר הַךְ שִׁיֵּיר נַמִי הַךְ, אֶלָּא אִי אָמְרַתְּ ר' יְהוּדָה, מַאי שִׁיֵּיר דְּהַאי שִׁיֵּיר? שִׁיֵּיר דָּשׁ בְּנִירוֹ. אִי מִשּׁוּם דָּשׁ בְּנִירוֹ — לָאו שִׁיּוּרָא הוּא, דְּהָתְנָא: שֶׁכֵּן דַּרְכּוֹ לֵילֵךְ וּלְהַזִּיק.§ "הִכְשַׁרְתִּי בְּמִקְצָת נִזְקוֹ".§ תָּנוּ רַבָּנַן: הִכְשַׁרְתִּי מִקְצָת נִזְקוֹ — חַבְתִּי בְּתַשְׁלוּמֵי נִזְקוֹ כְּהֶכְשֵׁר כָּל נִזְקוֹ, כֵּיצַד? [ג]הַחוֹפֵר בּוֹר תִּשְׁעָה, וּבָא אַחֵר וְהִשְׁלִימוֹ לַעֲשָׂרָה — הָאַחֲרוֹן חַיָּיב. [ד]וּדְלָא כְּרַבִּי, דְּתַנְיָא:* הַחוֹפֵר בּוֹר תִּשְׁעָה, וּבָא אַחֵר וְהִשְׁלִימוֹ לַעֲשָׂרָה — אַחֲרוֹן חַיָּיב; רַבִּי אוֹמֵר: אַחַר אַחֲרוֹן לְמִיתָה, אַחַר שְׁנֵיהֶם לִנְזָקִין. רַב פַּפָּא אָמַר: לְמִיתָה, וְדִבְרֵי הַכֹּל. אִיכָּא דְּאָמְרִי: לֵימָא דְּלָא כְּרַבִּי? אָמַר רַב פַּפָּא: לְמִיתָה, וְדִבְרֵי הַכֹּל. מַתְקִיף לָהּ רַבִּי זֵירָא: וְתוּ לֵיכָּא? וְהָא אִיכָּא: [ה]מָסַר שׁוֹרוֹ לַחֲמִשָּׁה בְּנֵי אָדָם, וּפָשַׁע בּוֹ אֶחָד מֵהֶן וְהִזִּיק — חַיָּיב! הֵיכִי דָּמֵי? אִילֵימָא דִּבְלָאו אִיהוּ לָא הֲוָה מִינְטַר, פְּשִׁיטָא דְּאִיהוּ קָעָבֵיד! אֶלָּא דִּבְלָאו אִיהוּ נַמִי מִינְטַר, מַאי קָעָבֵיד? מַתְקִיף לָהּ רַב שֵׁשֶׁת, וְהָא אִיכָּא: [ו]מַרְבֶּה בַּחֲבִילָה! הֵיכִי דָּמֵי?

אִי

רש"י

מַה שֶּׁאֵין כֵּן בְּאֵשׁ. אֵשׁ לֹא חַיָּיב בָּהּ שְׂרֵיפַת אָדָם — שֶׁהָיָה לוֹ לִבְרוֹחַ, וְאִם כָּפוּת הוּא — הַמַּבְעִיר חַיָּיב מִיתָה וְקָם לֵיהּ בִּדְרַבָּה מִינֵּיהּ, כִּדְמְפָרֵשׁ לְקַמָּן בְּפֶרֶק "הַכּוֹנֵס צֹאן לַדִּיר" (דף סא:). וּבֵין שֶׁאֵין רָאוּי. לְקַמָּן מְפָרֵשׁ לָהּ. כָּל "שׁוֹר" דְּקָתָנֵי הָכָא בְּקֶרֶן קָמַיְירֵי, וְלֹא בְּשֵׁן וְרֶגֶל. חַיָּיב בּוֹ אֶת הַכֵּלִים. אִם שִׁיבְּרָן בִּנְגִיחָה אוֹ בִּבְעִיטָה, שֶׁהִיא תּוֹלָדָה דְּקֶרֶן. כֵּלִים אֵין רְאוּיִין לָאֵשׁ, שֶׁאֵין דֶּרֶךְ לְהַסִּיק בְּכֵלִים. פְּלוּגְתָּא דְּרַבִּי יְהוּדָה וְרַבָּנַן בְּפֶרֶק "שׁוֹר שֶׁנָּגַח אֶת הַפָּרָה" (לקמן דף נג:). אֶלָּא לְעוֹלָם רַבָּנַן הִיא. וּדְקַשְׁיָא לָךְ, לִיתְנֵי: חוֹמֶר בְּשׁוֹר שֶׁחַיָּיב בּוֹ אֶת הַכֵּלִים כו' — תָּנָא וְשִׁיֵּיר. שִׁיֵּיר טָמוּן. דַּהֲוָה לֵיהּ לְמִתְנֵי: חוֹמֶר בְּשׁוֹר וּבוֹר מִבְּאֵשׁ, שֶׁאִם בָּעַט שׁוֹר בְּשַׂק מָלֵא כֵּלִים וּשְׁבָרָן — חַיָּיב. אוֹ אִם נָפַל חֲמוֹר בְּבוֹר וְעָלָיו שַׂק מָלֵא תְּבוּאָה — חַיָּיב, וְאַע"ג דְּטָמוּן בְּשַׂק. מַה שֶּׁאֵין כֵּן בְּאֵשׁ, דְּנָפְקָא לָן (לקמן דף ס.) מֵ"אוֹ הַקָּמָה" דְּאֵינוֹ חַיָּיב אֶלָּא בְּגָלוּי. שׁוֹר פְּסוּלֵי הַמּוּקְדָּשִׁין. שֶׁנִּפְדָּה וְנָפַל בְּבוֹר — פָּטוּר בַּעַל הַבּוֹר, דִּכְתִיב (שמות כא): "בַּעַל הַבּוֹר יְשַׁלֵּם וְהַמֵּת יִהְיֶה לּוֹ" — יָצָא זֶה שֶׁאֵין הַמֵּת שֶׁלּוֹ. דְּאַע"ג דְּנִפְדָּה, אִם מֵת — אָסוּר לְהַאֲכִילוֹ לִכְלָבִים, כִּדְאָמְרִינַן בִּבְכוֹרוֹת (דף טו.): "תִּזְבַּח" — וְלֹא גִּיזָּה, "בָּשָׂר" — וְלֹא חָלָב, "וְאָכַלְתָּ" — וְלֹא לִכְלָבִים. וּבִפְסוּלֵי הַמּוּקְדָּשִׁין הַכָּתוּב מְדַבֵּר. וְאִם נְגָחוֹ שׁוֹר חַיָּיב, דְּהָא כְּתִיב "שׁוֹר רֵעֵהוּ", וְכֵיוָן דְּנִפְדָּה — "שׁוֹר רֵעֵהוּ" קָרֵינָא בֵּיהּ. וְאַע"ג דְּבְשׁוֹר נַמִי כְּתִיב "וְהַמֵּת יִהְיֶה לוֹ" — מוּקְמִי' לֵיהּ לְקַמָּן לִבְעָלִים מִטַּפְּלִים בִּנְבֵלָה. הָכִי מַאי לָא גָּרְסִינַן. אִי אָמְרַתְּ בִּשְׁלָמָא רַבָּנַן אַיְּידֵי דְּשִׁיֵּיר. טָמוּן וְכֵלִים, שִׁיֵּיר נַמִי הַאי. אֶלָּא אִי אָמְרַתְּ ר' יְהוּדָה. וְאֵין כָּאן שִׁיּוּר, דְּהָא כֵּלִים בְּבוֹר וְטָמוּן בְּאֵשׁ רַבִּי יְהוּדָה מְחַיֵּיב, מַאי שִׁיֵּיר דְּהַאי שִׁיֵּיר? דָּשׁ בְּנִירוֹ. שֶׁאִם דָּשׁ הַשּׁוֹר בְּנִירוֹ וְנִתְכַּוֵּין לְכָךְ, שֶׁהֲרֵי הַשְּׁוָורִין מְלוּמָּדִין בְּדִישָׁה — תּוֹלָדָה דְּקֶרֶן הִיא, שֶׁכַּוָּונָתוֹ לְהַזִּיק, וְחַיָּיב לְשַׁלֵּם דְּמֵי נִירוֹ שֶׁקִּילְקֵל. מַה שֶּׁאֵין כֵּן בְּבוֹר, דְּלֹא שַׁיָּיךְ בֵּיהּ הֶיזֵּק קַרְקַע. דְּהָא קָתָנֵי. לְעֵיל בְּשׁוֹר: שֶׁדַּרְכּוֹ לֵילֵךְ וּלְהַזִּיק, וְכָל נְזָקִין בִּכְלָל. הָאַחֲרוֹן חַיָּיב. בֵּין מֵת בּוֹ הַשּׁוֹר בֵּין הוּזַּק. וְטַעֲמָא מְפָרֵשׁ לְקַמָּן מִקְּרָאֵי בְּפֶרֶק "שׁוֹר שֶׁנָּגַח אֶת הַפָּרָה". אַחַר אַחֲרוֹן לְמִיתָה. אִם מֵת הַשּׁוֹר — לֹא יְשַׁלֵּם הָרִאשׁוֹן כְּלוּם, דְּט' טְפָחִים אֵין בָּהֶם כְּדֵי לְהָמִית. אַחַר שְׁנֵיהֶם לִנְזָקִין. דְּאִם הוּזַּק הַשּׁוֹר וְלֹא מֵת, יְשַׁלְּמוּ בֵּין שְׁנֵיהֶם. רַב פַּפָּא אָמַר. מַתְנִיתִין דְּקָתָנֵי "כְּהֶכְשֵׁר כָּל נִזְקוֹ" דְּאֵין חַיָּיב אֶלָּא אַחֲרוֹן — בְּמִיתָה, שֶׁמֵּת הַשּׁוֹר קָמַיְירֵי. וְדִבְרֵי הַכֹּל. דַּאֲפִי' רַבִּי קָאָמַר: אַחַר אַחֲרוֹן לְמִיתָה. וְתוּ לֵיכָּא. לְמֵימַר "כְּהֶכְשֵׁר כָּל נִזְקוֹ"? וְהָא אִיכָּא. לְמֵימַר תּוּ, כְּגוֹן אִי אִתְרְמִי דְּמָסַר שׁוֹרוֹ כו'. וּמִסְּבָרָא קָמַקְשֵׁי לֵיהּ רַבִּי זֵירָא, וְאֵינָהּ מִשְׁנָה. וּפָשַׁע בּוֹ. שֶׁהָלַךְ לוֹ וְלֹא שְׁמָרוֹ.

אִי

תוספות

חומר בשור מבאש. הא דלא תני שהשור ב"ח, משום דהוי בכלל מסרו לחש"ו, דבהכי תלי טעמא דפטור באש.

שייר טמון. דפטור באש, ושור ובור חייב. ופ"ה: כגון בעט שור בשק מלא כלים ושברן, וכן אם נפל בבור שק מלא תבואה — חייב. ולא דק, דכל מילי דלאו בעלי חיים ממעטים מ"חמור" דבור, כמו כלים, כדאמר *בסוף "הפרה" (דף מח:) גבי נפל לבור והבאיש מימיו לאחר נפילה שהוא פטור, משום דהוי שור בור, ומים כלים.

ליחכה נירו וסכסכה אבניו. גבי דש בנירו פרש"י: משא"כ בבור, דלא שייך ביה היזק קרקע. משמע דה"נ רוצה לפרש כן משא"כ בבור, דלא שייך ביה היזק ניר ואבנים. וקשה לפי': דאם כן היה יכול להזכיר כמה הזיקות שהאש עושה בדבר הקבוע, ששורף ביתו ושאר דברים הקבועין! אלא י"ל: ליחכה נירו דחייב — אף על פי שאין רגילות שתזיק אש ניר ואבנים כלל. מה שאין כן בבור, דפחות מי' פטור ממיתה, כיון דאין רגילות להמית בפחות מי'.

שהשור חייב בו פסולי המוקדשין מה שאין כן בבור. כדדרשינן מ"והמת יהיה לו" — מי שהמת שלו. ☉וא"ת: למה לי "שור ולא אדם"? תיפוק ליה מ"והמת יהיה לו" מי שהמת שלו, כדפטרינן שור פסולי המוקדשין! *דמת אסור בהנאה, דדרשינן גזירה שוה "שם שם" מעגלה ערופה בפרק "אין מעמידין" (ע"ז כט.). ☉ואי משום שהשער מותר, כדאמרינן בפ"ק דערכין (דף ז.) — ה"נ שער שור פסולי המוקדשין מותר, כדאמרינן בבכורות פ"ג (דף כה.), ואפילו הכי כיון שעיקרו אסור — חשיב אין המת שלו. וי"ל: ד"והמת יהיה לו" משתעי בשור, ולא ממעטי מיניה אדם. תדע, מדפריך בפ' "הפרה" (לקמן נג:): ואיפוך אנא. פירוש: "והמת יהיה לו" דשור נדרוש למי שהמת שלו. והיכי מצי למימר הכי? והא בשור משלם כופר ואע"פ שאין המת שלו! אלא על כרחך לא חיישינן בהכי, כדפרישית דאשור קאי. ובלאו הכי לא קשיא מידי למאי דפרישית לעיל ד"שור ולא אדם" איצטריך לעבד ולגוי הקנוי לישראל שנפל לבור, דההוא שרי בהנאה.

אחרון חייב. גם אנזקין, וראשון פטור מכולם. ובפ' "הפרה" (לקמן נא.) מפרש טעם, דכתיב "כי יכרה" — אחד ולא שנים, לחיובי בתרא אתי, ולא קמא, דאמר קרא "והמת יהיה לו" — ההוא דקא עביד שיעור מיתה.

ותו ליכא. וא"ת: נהי נמי דאיכא טובא, אטו כי רוכלא ליחשיב וליזיל? וי"ל: משום דדחיק לאוקמי מתני' דלא כרבי או כרב פפא ולמיתה, והיה יכול להעמיד בניזקין. וא"ת: ולוקמא כגון שלא היה בו הבל למיתה ולא הבל לניזקין, שהיה רוחבו יתר על עומקו, ובא אחר וסייד וכייד, דמודה רבי דהאחרון חייב בין למיתה בין לניזקין כדאמר רב פפא בפרק "הפרה" (לקמן דף נא.)! וי"ל: דאין זה מקצת נזקו, דאחרון עבד הכל.

***כגון** פפא בר אבא. מפרש רשב"ס דנקט פפא בר אבא לפי שלפעמים בני אדם הוא שאול לכל הבא מאיליו לישב עליה, כי סתם ספסל עשוי לכך, והוי כמתה מחמת מלאכה. אבל פפא בר אבא, שהוא משונה וכבד משאר בני אדם — סתמא אין שאול לו. ולפי' נ"ל כגון פפא בר אבא — אכולהו קאי, מדקאמר בסמוך דא"ל: אי לאו את — הוה יתבינן פורתא וקיימין. משמע דאם היה נשבר — היו חייבין. ומיהו, לפי המסקנא דמשני דבהדי דקסמך עלייהו — אין צריך לפרש *דחייב אלא אחרון בלבד, ומתוך כך פטר ארבעה בני אדם שישבו על ספסל אחד של אלמנה ושברוהו. והר"ר עזריאל חייב לשלם. ור"ת מפרש: דנקט פפא בר אבא משום דקאמר במסקנא דכמו כגופו דמי, ודוקא פפא בר אבא שהוא אדם כבד, ומתוך כבדו מונען לעמוד. אבל שאר בני אדם, שאין כבידין כל כך, ואין סמיכתן מעכב מלעמוד — אינהו נמי פשעו שלא עמדו, וכולן חייבין. ולפי זה צריך לומר דרב פפא עצמו בא לתרץ מה שהקשה "ותו ליכא".

מאי

רבינו חננאל

חומר בשור מבאש כו' עד מסר לחרש שוטה וקטן חייב מה שאין כן באש. חומר באש [מבשור] שהאש מועדת מתחילתה מה שאין כן בשור. חומר בבור מבאש שהבור תחלת עשייתו לנזק ומסרו לחרש שוטה וקטן חייב מה שאין כן באש. חומר באש [מבבור] שדרכה לילך ולהזיק ומועד לאכול בין דבר הראוי לה כגון עצים וכיוצא בהן ובין דבר שאין ראוי לה כגון כלים וכיוצא בהן מה שאין כן בבור וסתמא כרבנן דפטרי בנזקי כלים בבור והאי דלא תני שהשור חייב בו את הכלים מה שאין כן בבור שיירה כמו ששייר הטמון שחייב כן השור מה שאין כן באש. וזה מפורש בפרק הכונס צאן לדיר (דף סא:) משנה המדליק את הגדיש והיו בו כלים ר' יהודה אומר ישלם כל מה שבתוכו וחכמים אומרים אינו משלם אלא גדיש של חטין כו' ושייר נמי חומר בשור שחייב בו שור פסולי המוקדשין מה שאין כן בבור עיקרו בפ' שור שנגח את הפרה (דף נג:) דגרסי' התם פסולי המוקדשין אדם ושור חייבין ובור פטור מאי טעמא אמר קרא והמת יהיה לו במי שהמת שלו יצא זה שאין המת שלו. הני הוו שיורא אבל דש בנירו לא הוי שיורא דשמעינן ליה מדקתני ודרכו לילך ולהזיק ודבריו פשוטין הן ולא הוצרכנו לכתבם בלשון קצרה אלא להיותם נוחים לעמוד בהן המפרש להיותם בידו כללות: **פיסקא** הכשרתי במקצת נזקו חבתי בתשלומי נזקו כו': ת"ר הכשרתי מקצת נזקו חבתי בתשלומי נזקו כהכשר כל נזקו. פי' היה הבור חפור ט' טפחים והוספתי לו טפח נתחייבתי לשלם נזק כאלו אני חפרתי הבור כולו. וזהו כיצד זה החופר בור ט' כו' ודלא כרבי דתניא [החופר בור ט' טפחים ובא אחר והשלימו לי' טפחים האחרון חייב] רבי אומר אחר אחרון למיתה אחר שניהן לנזקין. ואוקמה ר' פפא למיתה ודברי הכל: פי' מרבה בחבילות מרבה חבילי עצים לחוק הדליקה ואקשי' וכי

עין משפט נר מצוה

פט א מיי' פ"ח מהל' נזקי ממון הלכה א סמג עשין עו:

צ ב מיי' פי"ב שם הלכה יז:

צא ג ד מיי' שם הלכה יב סמג עשין סח טור ש"ע ח"מ סי' תי סעיף טו:

[ל"ל בפרק]

צב ה מיי' פ"ו שם הלכה ז סמג עשין שם טוש"ע ח"מ סי' שצו סעיף ז:

צג ו מיי' פ"ז מהלכות חובל ומזיק הל' יד ועיין במ"מ ש"ם בזה סמג עשין ע טור ש"ע ח"מ סי' שפג סעיף ד:

[עי' תוס' זבחים עא: ד"ה ובטריפה ותוס' נדה נה. ד"ה שמא ותוספות ערכין ז. ד"ה נפשות]

מסורת הש"ס

לקמן סג. וש"נ

[לעיל ה. וש"נ]

[סוכה נג. וש"נ]

לקמן נג. [תוספתא פ"ו ע"ש]

שייך לע"ב

עי' מהרש"א

גליון הש"ס

גמ' לאתויי כלים. עי' לעיל ה ע"ב תוס' ד"ה כי שדיה: תוס' ד"ה שהשור כו' וא"ת ל"ל. עי' תשובת ח"צ סי' קנז: בא"ד ואי משום וכו'. עי' זבחים דף עא ע"ב תוס' ד"ה ובטריפה:

תורה אור

אי דבלאו איהו לא אזלא – פשיטא! אלא דבלאו איהו אזלא, מאי קא עביד? מתקיף לה רב פפא, והא איכא הא דתניא: א ה' שישבו על ספסל אחד ולא שברוהו, ובא אחד וישב עליו ושברו – האחרון חייב, ואמר רב פפא: כגון פפא בר אבא! היכי דמי? אילימא דבלאו איהו לא איתבר, פשיטא! אלא דבלאו איהו נמי איתבר, מאי קעביד? סוף מתניתא היכא מתרצא? לא צריכא, דבלאו איהו הוי מיתבר בתרי שעי, והשתא איתבר בחדא שעה, ב דאמרי ליה: אי לאו את, הוי יתבינן טפי פורתא וקיימין. [א] ולימא להו: אי לאו אתון, בדידי לא הוה מיתבר! לא צריכא, ג דבהדי דסמיך בהו תבר. [ב] פשיטא! מהו דתימא: כחו לאו כגופו דמי, °קמ"ל דכחו כגופו דמי, דכל היכא דגופו תבר, כחו נמי תבר. ותו ליכא? והא איכא הא דתניא:* ד הכוהו עשרה בני אדם בעשר מקלות, בין בבת אחת בין בזה אחר זה, ומת – כולן פטורין; רבי יהודה בן בתירא אומר: בזה אחר זה – האחרון חייב, מפני שקירב את מיתתו! בקטלא לא קמיירי. ואיבעית אימא: בפלוגתא לא קמיירי. ולא? והא אוקימנן דלא כרבי! דלא כר' וכרבנן מוקמינן, כר' יהודה בן בתירא ולא כרבנן לא מוקמינן.§ "חבתי בתשלומי נזקו".§ "חבתי בנזקו" לא קתני, אלא "בתשלומי נזקו". תנינא להא, דתנו רבנן: *תשלומי נזק – ה מלמד, *שהבעלים מטפלין בנבילה. מנא הני מילי? אמר ר' אמי: דאמר קרא: °"מכה נפש בהמה ישלמנה", אל תקרי "ישלמנה" אלא "ישלימנה". רב כהנא אמר, מהכא: °"אם טרף יטרף יביאהו עד הטרפה לא ישלם", עד טרפה ישלם, טרפה עצמה לא ישלם. חזקיה אמר מהכא: °"והמת יהיה לו" – לניזק. וכן תנא דבי חזקיה: "והמת יהיה לו" – לניזק; אתה אומר: לניזק, או אינו אלא למזיק? אמרת: לא כך היה. מאי "לא כך היה"? אמר אביי: אי ס"ד נבילה דמזיק הויא, ליכתוב רחמנא "שור תחת השור" ולישתוק, "והמת יהיה לו" למה לי? ש"מ לניזק. וצריכא; דאי כתב רחמנא "מכה בהמה ישלמנה" – משום דלא שכיחא, אבל טרפה דשכיחא – אימא לא, צריכא; ואי אשמועינן טרפה – משום דממילא, אבל מכה בהמה, דבידים – אימא לא; ואי אשמועינן הני תרתי, הא משום דלא שכיחא והא משום דממילא, אבל "והמת יהיה לו", דשכיחא ובידים – אימא לא; ואי אשמועינן "המת יהיה לו" – משום דממונא קא מזיק, אבל הכא דבגופא מזיק – אימא לא, צריכא. א"ל רב כהנא *לרב: אלא טעמא דכתב רחמנא "והמת יהיה לו", הא לאו הכי, הוה אמינא נבילה דמזיק הויא; השתא אי אית ליה לדידיה כמה טריפות יהיב ליה, דאמר מר: °"ישיב" – *לרבות שוה כסף, ואפילו סובין, דידיה מבעיא? לא נצרכא, אלא ו לפחת נבילה. לימא, פחת נבילה תנאי היא? דתניא: "אם טרף יטרף יביאהו עד" –

יביא

תוספות

מאי קעביד. בכולה שמעתין נ"ל: מאי קעביד טפי מאחריני, וישלם כל אחד חלקו. ואין לומר דליפטר, דתניא פרק "הפרה" (לקמן נא.): אחד החופק בור לי', ובא אחר והשלימו לעשרים, ובא אחר והשלימו לשלשים – כולם חייבין, אע"ג דבלאו איהו הוה מתה. מיהו, בזה צריך לדקדק: וכי בשביל שהשליך איש עץ בתוך אש גדולה יתחייב? הא לא דמי אלא לאחד שחופר בור י', ובא אחר והשלימו לי"א.

כולן פטורין. ויש לראשון כדי להמית. דבשאין בו כדי להמית – אפילו לרבנן אחרון חייב, כדמוכח בפ' "כל הנשרפין" (סנהדרין דף עח.).

ישלימנה. "בעל הבור ישלם" אין לדרוש "ישלם" – ישלים. אבל "ישלמנה" משמע שהבהמה עצמה ישלם, וזה אי אפשר שכבר מתה, לפיכך יש לדרוש "ישלימנה".

לא ישלם. אע"ג דקרא בשומר שכר כתיב, דפטור מאונסין – מ"מ, מדכתיב "עד הטרפה לא ישלם", יש ללמוד דהיכא דישלם – לא ישלם כלום בשביל הטרפה עצמה.

הא משום דממילא כו'. כלומר מחד מינייהו לא אתיא, אבל מתרווייהו אתיא ב"מה הצד", ולא חש להאריך ולדקדק בזה.

לא נצרכא אלא לפחת נבילה. אע"ג דבפ' "המניח" (לקמן לד.) אמרינן: כיחשה – כשעת העמדה בדין משום דקרנא דתורא קבירא בי' – התם משום דלא מתה, ויש לו להמתין עד שתתרפא. אבל הכא – מיד היה לו למוכרה.

יביא

רש"י

*אי דבלאו איהו לא מינטר. כגון שהיו עסקיו רעים. **פשיטא**. אין זו "הכשרתי במקצת נזקו", אלא כל נזקו. ולא דמי להשלים בור לעשרה, דאע"ג דקי"ל בור ט' דלא עבדי מיתה – נזקין מיהא עבדי, וסייע הראשון בהגרמת מיתתו. ואיצטריכא למיתני דאחרון חייב. **מאי קעביד**. ואינו חייב כלום. **מרבה בחבילות**. שריבה חבילות וזמורות בהדלקה של חבירו, וקירבה ע"י החבילות לגדיש אחרים. שהיה בדין שיהא הוא חייב ולא הראשון*. **פשיטא**. ולמה הוה לן למיתנייה? הרי הראשון לא סייע כלום, דכל מה דשביק ליה מעמיא ואזיל. אבל חופר בור תשעה – רוב מיתתו הוא עושה, אלא האחרון מקרבה. **כגון פפא בר אבא**. שהיה בעל בשר. **פשיטא**. דלא דמי לבור, שהראשון גרם נזקין והרג אליו או רובו, אלא משום הכי הוא דמפטר – דאמר ליה: אי לאו אתה – הוה מתזיק ולא הוה מיית. אבל אלו לא שברו כלום כל זמן שלא בא זה. **מתניתא**. דספסל. **היכא מיתרצא**. הואיל ומותבת הכי. אבל מוסר שורו ומרבה בחבילות לא מתנייתא נינהו, אלא מסברא הוו מקשי להו. **דבלאו איהו** הוה מיתבר בתרי שעי. ולהכי אצטריך למיתנייה, לאשמועינן דאפי' הכי חייב. ומיהו, בהדי הכא דחופר בור לא מצי למיתנייה דתהוי הך כהכשר במקצת נזקו דמתני', דהאי לא מקצת נזק הוא אלא כל נזק, שהראשונים לא התחילו לשברן. כי היכי דחופר בור ט' – הזיקתו הבל חום של ט', והבל חום של י' הרגו. **ולימא להו אי לאו אתון בדידי**. לחוד – לא הוה מיתבר. ואתם כשישבתי היה לכם לעמוד, ומדלא עמדתם – אתם כמוני שברתם. וגבי משלים בור לעשרה ליכא לאקשויי הכי, דמאי הוה ליה לקמא למיעבד? **לא צריכא** דבהדי דסמיך עלייהו. [ג] לעולם דבלאו איהו לא הוה מיתבר כלל, ודקאמרת: פשיטא – לא צריכא דלא ישב עליו, אלא עמד על רגליו ונסמך עליהם. ואתא לאשמועינן דכחו כגופו דמי. סמך בהו. נסמך עליהם, ולא יכלו לעמוד. לישנא אחרינא: דזגא מזוגא גרסינן, כדאמרינן בעלמא: חזי למיזגא עליה (שבת דף מח.). **פטורין**. שאין ידוע על ידי מי נהרג. שקירב מיתתו. ופלוגתייהו דרבי יהודה בן בתירא ורבנן מפ' בסנהדרין בפרק "אלו הן הנשרפין" (דף עח.). ר' יהודה סבר: "כי יכה כל נפש אדם" כתיב – דמשמע כל דהו נפש. ורבנן סברי: כולה נפש משמע. והיינו "הכשרתי במקצת נזקו" דומיא דחופר בור, שהראשון הזיק והאחרון הרג. דלא כרבי וכרבנן מוקמינן. דהלכה כרבים. **בנזקו לא קתני**. דליהוי משמע שישלם שור גמור חי, והוא יטול את הנבילה. **אלא בתשלומי נזקו**. דמשמע השלמה, שיטול ניזק את הנבילה, וזה משלים לו מה שפחתתו מיתה. **תשלומי נזקו מלמד כו'**. לשון השלמה, משלים לו לניזק. **הבעלים מטפלין בנבילה**. כלומר: נוטלין את הנבילה. **ישלימנה**. משמע שישלם המותר. **יביאהו עד**. דריש הכתא הכי: "אם טרוף יטרף" השור בפשיעתו של שומר שכר. דהאי קרא בשומר שכר כתיב, כדאמרינן ב"השואל" (ב"מ דף לד:): פרשה שנייה נאמרה בשומר שכר. "יביאהו עד הטרפה" – ישלם כל ההיזק עד דמי הטרפה, אבל דמי הטריפה עצמה לא ישלם, דניזק מטפל וטורח בנבילה למוכרה. **אי ס"ד נבילה דמזיק**. והאי "והמת יהיה לו" – למזיק קאמר. **ולשתוק**. קרא מיניה, דלא אצטריך להכי. דפשיטא לן, כיון דשלם שור תחת השור – נבילה שלו היא. **לניזק**. שיטלנו בדמים, ועליו ישלים המזיק. **מכה בהמה לא שכיחא**. שיהא אדם מזיק בהמה של חבירו, לפיכך לא החמיר עליו הכתוב לטרוח במכירת הנבילה. **טריפה דממילא**. שהזאב טרפה, והשומר לא נתכוון. אמטו להכי אם רחמנא עליה דלא למיטרח בנבילה. **דבידים**. קא מזיק, אימא על המזיק לטרוח בנבילה ומשלם הדמים, קמ"ל. **והמת יהיה לו**. משתעי בשור נגח, דשכיח ובידים הוא ממש (*שהשור) שהוא (*ממונו של מזיק) נתכוין להזיק. **שומר שכר**. שפשע ונטרפה על ידי זאב, כנזקי גופו חשיב ליה, שהרי היה עליו לשומרה. **השתא אי הוו ליה טריפות**. למזיק כשיעור כל דמי נזקו – הוה יהיב ליה בעל כרחיה דניזק, דאמר מר: ישיב לרבות כו', דידיה מיבעיא? **לא נצרכא**. הא דכתב קרא דניזק מטפל בנבילה. **אלא לפחת נבילה**. דהכי אמר רחמנא, דמשעת מיתה קאי ברשותיה דניזק, ואם הסריח ופחתה דמים משעת מיתה ועד שעת העמדה בדין – פסידא דניזק הוא, ומשלם ליה מזיק מה שהזק הוי יתר על הדמים שהיתה נבילה שוה בשעת מיתה.

ופטור

עין משפט נר מצוה

צד א ב ג מיי' פ"ו מהל' חובל ומזיק הלכה טו סמג עשין ע טוש"ע ח"מ סי' שפא:

צה ד מיי' פ"ד מהל' רוצח ושמירת נפש הלכה ו סמג לאוין קסג:

צו ה מיי' פ"ז מהל' נזקי ממון הלכה יג סמג עשין סח טור ש"ע ח"מ סי' תג סעיף א:

צז ו מיי' שם טוש"ע שם סעיף ב:

רבינו חננאל

וכי אין מכשיר מקצת נזק וחייב בכל אלא זה והתניא חמשה שישבו על ספסל אחד ולא שברוהו ובא אחר וישב עמהן ושברו אחרון חייב. ואתינן לדחויה כדדחינן מסר שורו לה' בני אדם ומרבה בחבילות ואוקימנא דזגא מיזגא ובלא איהו לא מיתבר מהו דתימא כחו לאו כגופו דמי קמ"ל. אוקימנא להא דת"ר הכשרתי מקצת נזקו כו' כרבנן ודלא כרבי ואקשי' והתניא הכוהו עשרה בני אדם בעשרה מקלות בין בבת אחת בין בזה אחר זה [ומת] פטורין ר' יהודה בן בתירא אומר אחרון שקירב מיתתו [חייב] הנה ר"י בן בתירא סבר המכשיר במקצת נזק חייב בכולו נוקמיה לדידיה ומפרקינן דחינן לה מיחידאה ומוקמינן לה כרבים שפיר אבל לדחויה מרבנן ולוקמה כר' יהודה בן בתירא דהוא יחיד לא: פיס' חבתי בתשלומי נזקו. דייקינן ממתני' שאינו חייב בכל הנזק אלא בתשלומו כגון הא דתניא תשלומי נזק מלמד שהבעלין מטפלין בנבילה ואפקה ר' אמי ממכה [נפש] בהמה ישלמנה. דריש ביה ישלימנה. רב כהנא מפיק לה מהא הטרפה לא ישלם כלומר מה שהיתה שוה עד שנעשית טרפה לא ישלם *) רב חזקיה אמר והמת יהיה לו לניזק. וכן תנא דבי חזקיה. ואסיקנא אי סלקא דעתך נבילה דמזיק הוי ליכתוב רחמנא שלם ישלם שור תחת השור ולישתוק והמת יהיה לו למה לי ש"מ לניזק. נימא פחת נבילה תנאי היא דתניא אם טרף יטרף

*) אולי צ"ל עד שנעשית טרפה ישלם טרפה עצמה לא ישלם.

הגהות הגר"א

[א] גמ' (ולימא להו אי לאו אתון בדידי לא הוה מיתבר). תא"מ וכ"כ הרמב"ם ל"ג ולימא עד ל"צ: [ב] שם פשיטא. כ"כ הרמב"ם ל"ג כאן אלא קודם ל"צ. (ועי' בהגר"א סימן שפא): [ג] רש"י ד"ה לא צריכא כו' לעולם כו' כ"ב רש"י מפרש לקושיא ולימא כו' קאי גם אריישא דלאף דבלאו איהו לא מיתבר כלל דאי אדסמיך ליה מאי קאמר דבהדי כו' תבר כו' קמ"ל כו' ל"ל כלל אף שנשבר על ידם לבד ובתרתי שעי. אבל אי קאי אריישא ע"כ צריך שבירתו גם כן וקמ"ל דאף שניבר בסמיכה וז"ש פשיטא מהו דתימא כו' וז"ש רש"י לעולם כו' ודקאמרת כו' והוא תירוץ על קושיא שניה פשיטא ועל קושיא הראשונה ולימא תירץ רש"י בד"ה סמך כו'. אבל הטור פי' דקאי רק אדסמיך לא צריכא דבלאו כו':

גליון הש"ס

גמרא קמ"ל דכחו כגופו. לקמן דף יז ע"ב:

מסורת הש"ס

שייך לע"א

ע"כ

לקמן כו: סנהדרין עח.

[תוספת' פ"א]

[[לקמן טו. נג:]

ויקרא כד

שמות כב

שם כא

נ"א לרבא וכן הוא בא"שר"י ועי' ר"מ

[לעיל ז. וש"נ]

שם

רש"ל מ"ז

יָבִיא עֵדִים שֶׁנִּטְרְפָה בְּאוֹנֶס, וּפָטוּר. אַבָּא שָׁאוּל אוֹמֵר: יָבִיא עֲדוּדָה לְב"ד; מַאי לָאו בְּהָא קָמִיפַּלְגִי, דְּמָר סָבַר: פְּחַת נְבֵילָה דְּנִיזָּק הָוֵי, וּמָר סָבַר: דְּמַזִּיק הָוֵי? לָא, דְּכ"ע דְּנִיזָּק, וְהָכָא בְּטוֹרַח נְבֵילָה קָמִיפַּלְגִי; וְהָתַנְיָא, אֲחֵרִים אוֹמְרִים: [א]מִנַּיִין שֶׁעַל בַּעַל הַבּוֹר לְהַעֲלוֹת שׁוֹר מִבּוֹרוֹ? ת"ל: °"כֶּסֶף יָשִׁיב לִבְעָלָיו וְהַמֵּת". (שמות כא) אָמַר לֵיהּ אַבַּיֵי לְרָבָא: הַאי טוֹרַח נְבֵילָה ה"ד? אִילֵימָא דִּבְבֵירָא שַׁוְיָא זוּזָא וְאַגּוּדָא שַׁוְיָא אַרְבַּע, כִּי טָרַח בְּדִנְפְשֵׁיהּ טָרַח! א"ל: לָא צְרִיכָא, דִּבְבֵירָא שַׁוְיָא זוּזָא וְאַגּוּדָא נַמִי שַׁוְיָא זוּזָא. וּמִי אִיכָּא כה"ג? אִין, דְּהָא אָמְרִי אֱינָשֵׁי: כְּשׁוּרָא בְּמָתָא בְּזוּזָא, כְּשׁוּרָא בְּדַבְרָא בְּזוּזָא. *אָמַר שְׁמוּאֵל: אֵין שָׁמִין [ב]לֹא לַגַּנָּב [ג]וְלֹא לַגַּזְלָן אֶלָּא לַנִּזָּקִין, וַאֲנִי אוֹמֵר: אַף לַשּׁוֹאֵל, וְאַבָּא מוֹדֶה לִי. אִיבַּעְיָא לְהוּ, ה"ק: אַף לַשּׁוֹאֵל שָׁמִין וְאַבָּא מוֹדֶה לִי, אוֹ דִלְמָא ה"ק: וַאֲנִי אוֹמֵר אַף לַשּׁוֹאֵל אֵין שָׁמִין וְאַבָּא מוֹדֶה לִי? ת"ש: *דְּהַהוּא גַּבְרָא דְּשָׁאֵיל נַרְגָּא מֵחַבְרֵיהּ, תְּבַרָהּ, אֲתָא לְקַמֵּיהּ דְּרַב, א"ל: זִיל שַׁלֵּים לֵיהּ נַרְגָּא מְעַלְיָא, ש"מ: אֵין שָׁמִין. אַדְּרַבָּה, מִדְּאָמְרִי לֵיהּ רַב כָּהֲנָא וְרַב אַסִּי לְרַב: דִּינָא הָכִי? *וְשָׁתֵיק, ש"מ: שָׁמִין. אִיתְּמַר, אָמַר עוּלָּא א"ר אֶלְעָזָר: *שָׁמִין לַגַּנָּב וְלַגַּזְלָן, רַב פַּפִּי אָמַר: אֵין שָׁמִין. וְהִלְכְתָא: אֵין שָׁמִין לֹא לַגַּנָּב וְלֹא לַגַּזְלָן, [ד]אֲבָל לַשּׁוֹאֵל שָׁמִין, כִּדְרַב כָּהֲנָא וְרַב אַסִּי. וְאָמַר עוּלָּא א"ר אֶלְעָזָר: שִׁלְיָא שֶׁיָּצְתָה מִקְצָתָהּ בְּיוֹם רִאשׁוֹן וּמִקְצָתָהּ בְּיוֹם שֵׁנִי – [ה]מוֹנִין לָהּ מִן הָרִאשׁוֹן. א"ל רָבָא: מַה דַּעְתָּךְ – לְחוּמְרָא? חוּמְרָא דְּאָתֵי לִידֵי קוּלָּא הוּא, דְּקָא מְטַהֲרַתְּ לָהּ מֵרִאשׁוֹן! אֶלָּא אָמַר רָבָא: [ו]לָחוּשׁ חוֹשֶׁשֶׁת, מִימְנָא לָא מִמְנְיָא אֶלָּא לַשֵּׁנִי. מַאי קמ"ל, ⊕דְּאֵין מִקְצָת שִׁלְיָא בְּלֹא וָלָד? תְּנֵינָא: *שִׁלְיָא שֶׁיָּצְתָה מִקְצָתָהּ [ז]אֲסוּרָה בַּאֲכִילָה, סִימָן וָלָד בְּאִשָּׁה, סִימָן וָלָד בִּבְהֵמָה! אִי מִמַּתְנִי', הֲוָה אָמִינָא

דְּיֵשׁ

ופטור. דשומר שכר פטור באונסין, כדכתיב ביה: "ומת או נשבר או נשבה אין רואה שבועת ה' תהיה בין שניהם" (שמות כב). יביא עדודה. נבילה. לב"ד. לשומה כמה היא שוה. והכי משמע קרא: "יביאהו עד" – יביא העדודה, כדכתיב (בראשית מט): "בבקר יאכל עד" דהיינו שלל, כדמתרגמינן עדאה. מפי מורי. מאי לאו בהא קמיפלגי. דבאונסין הא ודאי לא פליג אבא שאול למימר דאפי' נטרפה באונס יהא חייב, דאין שומר שכר חייב באונסין. אלא ה"ק: אם נטרפה בפשיעה, שיהא בר תשלומין – יביא עדודה, ויוסיף מביתו על הדמים שהיא שוה בשעת מיתה. דאי משום דמים דהשתא – לא איצטריך, דהשתא אי אית ליה נבילות אחרנייתא יהיב ליה, כל שכן הא. אלא לפחת נבילה אתא. ות"ק דלא מפיק ליה להך דרשה, סבר: פחת נבילה דמזיק הוי, הלכך לא מצי לאוקמי לקרא להך דרשה. דאי משום דמים דהשתא – לא איצטריך, דהא תניא: "ישיב" – לרבות שוה כסף. בטורח נבילה. להביאה ממקום שמתה שם למקום שהיתה שם. אבא שאול סבר על המזיק הוא. והתניא. כניחותא. כסף ישיב לבעליו והמת. משמע שאף המת ישיב לבעליו. ואגודא. שפת הבור. בדנפשיה קא טרח. וריוח דנפשיה קא עביד, דשיים ליה לניזק בדמי יתירי, ולמה לי קרא ד"והמת"? כשורא. קורה. בדברא. בשדה, ואע"ג שמחוסר הבאה לעיר נמכר בזוז. אמר שמואל. מנהג דיינין הוא שאין שמין לא לגנב ולא לגזלן. שאם גנב וגזל בהמה או כלים ונפחתו אצלו – אין שמין הנבילה והשברים לבעלים שיחזיר גנב הפחת, אלא ישלם בהמה וכלים מעולים והשברים שלו. אלא לנזקין. שמין, כדכתיב: "והמת יהיה לו". ואני אומר אף לשואל ואבא מודה לי. רבי. אף לשואל שמין. ולניזקין קאי. או דלמא אף לשואל אין שמין. והאי "אף" – אגנב וגזלן קאי. מדאמרי ליה רב כהנא ורב אסי. בבבא מציעא בפ' "השואל" (דף צו:). שליא שיצתה כו'. דקי"ל: המפלת שליא יושבת עליה ימי טומאה וימי טהרה, שאין שליא בלא ולד אלא שנימוח בתוכה. מונין לה מן הראשון. דמיום ראשון טמאה, ואפי' הואי לידה יבישתא. לחומרא. דמטמאין טהרות שנגעה בראשון משעת יציאת שליא. דקא מטהרת לה מראשון. שתהא סופרת י"ד של נקבה עם יום הראשון, ודמים שתראה ביום ט"ו טהורין. דהיינו קולא, דאי הויא מניא משני לא הוילא ימי טהרה עד למחר. חוששת. לטמא טהרות שתגע בראשון. מימנא לא ממניא. שבועיים דנקבה אלא משני. מאי קמ"ל. עולא דאמר: חוששת. דאין מקצת שליא בלא ולד. ומש"ה חוששת, שמא רוב מיחוי הולד יצא באותו מקצת. ומכי נפק רוב הוי ליה כילוד, כדאמרינן במסכת נדה (דף כח.): יצא מחותך או מסורס עד שיצא רובו. ומימנא ודאי לא מניא מראשון, דשמא לא נפק רובא עד שני. דאי יש מקצת שליא בלא ולד – לא הוה חיישינן לטמא טהרות, דכולי האי לא חיישינן דנימא תרי חומרי, דלמא נפקא ורוב נפקא. שליא. של בהמה. שיצאת מקצתה. קודם שחיטת הבהמה. אסורה. כולה, ואע"פ שאין בה ולד. ה"ג סימן ולד באשה וסימן ולד בבהמה. כלומר: מפני שהשליא סימן ולד, בין באשה בין בבהמה, שאין שליא בלא ולד אלא שנימוח, וחיישינן שמא באותו מקצת שיצא קודם שחיטה היה רובו של עובר, וקיימא לן: יצא רובו ה"ז כילוד, ואינו ניתר בשחיטת האם.

יביא עדים שנטרפה באונס. ואיסי דורש בפרק "האומנין" (ב"מ פג.): "אין רואה" הא יש *רואה — יביא עדים שנטרפה ופטור. דמשמעות דורשין איכא בינייהו. יביא ארורה לב"ד. פי': שמתה בלא ברכה. ואית דגרס: עדורה, כמו "אחת מהנה לא נעדרה" (ישעיה לד) ובקונטרס גריס: עדודה, כמו "יאכל עד".

בשאלתות דרב אחאי* גרי': אמר שמואל אמר לי אבא. ולא כפ"ה דפירש דמנהג דיינין כך הוא.

אין שמין לא לגנב ולא לגזלן. פ"ה: אין שמין הנבילה והשברים לבעלים, שיחזיר הגנב הפחת, אלא ישלם בהמה שלימה וכלים מעולים, והשברים שלו. ואע"ג דקיימא לן "ישיב" לרבות שוה כסף ככסף ואפי' סובין — גנב וגזלן שאני, משום דכתיב "אשר גזל" — כעין שגזל. הלכך צריך להחזיר הגזילה או דמיה, ולא סובין. וכן משמע בירושלמי: מנין שאין שמין לא לגנב ולא לגזלן? א"ר אבא בר ממל: "חיים שנים ישלם" ולא מתים. עד כדון גניבה, גזילה מנין? א"ר אבא בר ממל: "והשיב הגזלה אשר גזל" — כאשר גזל. והיינו טעמא, דגנב וגזלן קנו מיד כשהוציאו מרשות בעלים, אבל מזיק לא נתחייב אלא כמו שהזיק. וה"ט דמ"ד אף לשואל, כיון דחייב באונסין נמצא שקנאו משעה שהוציא מיד הבעלים, והדמים הוא דנתחייב כמו גנב וגזלן*.

דקא מטהרת לה מראשון. פירוש: שסופרת י"ד של נקבה מראשון, והדמים שתראה בט"ו יהיו טהורין. וא"ת: ואמאי לא יהיו טהורים? דלמא ביום ראשון יצא ראשו או רובו, ואפי' לא יצא — דלמא הוא זכר! וי"ל: דלא מצי למישרי מספק ספיקא, דהוו תרי קולי דסתרי אהדדי. שאם תראה יום מ"א תשתרי נמי מספק ספיקא, דשמא לא יצא רובו ביום ראשון, ואפי' יצא רוב — דלמא נקבה היא. והשתא בתחילה התרנו משום דשמא זכר, השתא נתירנו משום שמא נקבה — הרי ממה נפשך נעשה איסור. וכה"ג תנן ב"המפלת" (נדה כט.): תשב לזכר ולנקבה ולנדה, אע"ג דכל איסור באפי נפשיה הוי ספק ספיקא.

דאין מקצת שליא בלא ולד. וא"ת: לר"א דאמר חוששין משום דאין מקצת שליא בלא ולד, אבל אם היה מקצת שליא בלא ולד לא היתה חוששת, ה"ד? אי ברה"ר — אפי' בחד ספיקא מטהרי', ואי ברה"י, אפי' בספק ספיקא נמי טמא, דהא תנן (טהרות פ"ו מ"ד): כל ספיקות שאתה יכול להרבות ברה"י, אפי' ספק ספיקא טמא! וי"ל: דשמעתין איירי לענין לאוסרה לבעלה.

שליא שיצתה מקצתה אסורה באכילה. פי': אסורה אפי' מה שבפנים, דשמא באותו מקצת שיצא יצא ראשו של ולד והוי כולו כילוד, ולא קרינן ביה "כל בבהמה תאכלו". דאם יש מקצת שליא בלא ולד — היה לנו להתיר מטעם ס"ס. תימה: דסוגיא דהכא מוכח דשרי ר' אלעזר בשליא שיצתה מקצתה אי הוי ס"ס באכילה, ובסוף "בהמה המקשה" (חולין עז:) משמע דאפילו בס"ס אסר רבי אלעזר. דעל הך משנה דשליא שיצתה מקצתה קאמר ר' אלעזר: לא שנו אלא בשאינו קשורה בולד, אבל קשורה בולד — אין חוששין לולד אחר. ובשאין קשורה ע"כ לא הוי אלא ס"ס, כדקתני בברייתא דקתני התם: שמא נימוח שפיר של שליא כו'. וא"כ, כשאין קשורה — תשתרי, דשמא אין שם ולד אחר. ואפי' יש שם ולד אחר — שמא לא יצא רובו! וי"ל: ברייתא דקתני התם שמא כו' — מיירי בשליא של אחר הולד, ור' אלעזר איירי בשליא שקודם הולד, דודאי יש שם ולד אחר כשאין קשורה בה, כדאמרינן ב"המפלת" (נדה דף כו:) דלא אמרינן תולין את השליא בולד אלא בשליא הבאה אחר הולד. ועוד י"ל: דהתם אסרי בס"ס גזירה מקצת אטו כולה, כדאמרינן בשמעתין.

כסימן ולד באשה [כך] סימן ולד בבהמה. וא"ת: ואמאי תולה בהמה באשה? ומתני' לא מיירי אלא בבהמה! ויש לומר: משום דבאשה פשוט לו יותר מבבהמה. דהרי שפיר שהוא סימן ולד באשה ולא בבהמה, כדתנן ב"הלוקח" (בכורות דף יט:): סימן ולד בבהמה שליא, ובאשה שפיר ושליא.

צח א מיי' פ"ז מהל' נזקי ממון הל' יג סמג עשין סח טור ש"ע ח"מ סימן תג סעיף ג:

צט ב מיי' פ"א מהל' גניבה הל' טו ועיין בהשגות ובמ"מ סמג עשין עא טור ש"ע ח"מ סי' שנד סעיף ה:

ק ג מיי' פ"ב מהלכות גזילה ואבידה הלכה טו סמג עשין סט טוש"ע ח"מ סי' שסב סעיף יג:

קא ד מיי' פ"א מהל' שאלה ופקדון הלכה ג סמג עשין פב טוש"ע ח"מ סי' שמ סעיף ב:

קב ה ו מיי' פ"ג מהל' איסורי ביאה הלכה טו סמג לאוין קיא ועשין רמג טור ש"ע י"ד סי' קצד סעיף ו:

קג ז מיי' פ"ה מהלכות מאכלות אסורות הל' יג סמג לאוין קלו:

ס"א רואה | [פ' אמור סי' קיא] | [ועי' תוס' ב"מ נו: ד"ה זול שלים]

לקמן לג. | ב"מ צו. | [עי' תוס' ב"ב כג. ד"ה ומודה] | [עי' תוספות לקמן מח. ד"ה מה. ותוס' ב"מ נז. ד"ה זול] | חולין סח. עז.

רבינו חננאל

יביאהו עד יביא עדים שנטרפה באונס ופטור אבא שאול אומר יביאהו עד יביא עדורה לבית דין פי' יביא הנבילה בב"ד לשומה לניזק בתשלומין ש"מ דכל מה שפחתה הנבלה בין מיתה לתשלומין על המזיק. ות"ק חולק ואמר פחת הנבילה לניזק ונדחת האי סברא ואוקמוה כולי עלמא פחת נבילה דניזק הוי ובטורח נבילה פליגי. ת"ק סבר טורח נבילה דניזק ואבא שאול סבר על המזיק להיטרח ולהביאו. והתניא אחרים אומרים מניין שעל בעל הבור להעלות שור מבורו כו' וקיימא הא דאחרים כאבא שאול. ואוקימנא דבבירא שויא זוזא [ואגודא נמי שויא זוזא] וכדאמרי אינשי כשורא במתא בזוזא ובדברא בזוזא. אמר [שמואל] אין שמין לא לגנב כו' פי' כגון שגנב ראובן משמעון כלי או גזל ושברו או בעלי חיים ומתו או נשברו אין שמין השבר וממלא לו הדמים שהיה שוה מקודם שבירתו אלא משלם לו כלי כעין הכלי שגנב או גזל וכן בהמה והשבורה נוטלו הגנב או הגזלן ואסיקנא כי הא דגרסי' בפרק השואל פרה מחבירו דההוא דשאיל נרגא מחבריה תבריה אתא לקמיה דרב אמר ליה שלים ליה נרגא מעליא אמר ליה רב כהנא ורב אסי לרב דינא הכי ושתיק ש"מ שמין.

והלכתא אין שמין לא לגנב ולא לגזלן אלא לשואל. כיון שהזכיר שמועות דעולא משלימם. אמר עולא אמר ר' אלעזר שליא שיצאת מקצתה ביום ראשון ומקצתה ביום שני מונין לה מן הראשון פי' ז' ימי טומאה לזכר וי"ד לנקבה מונין מן היום הראשון ואקשי עליה האי חומרא קולא הוא דקא חשבת [לה] ליולדת מיום ראשון והיא לא ילדה אלא בשני ותטהרנה בח' שהוא ז' ליום ב' ועדיין טמאה היא היום כולו. ופריק רבא לחוש לטומאה חוששת אבל למנות ז' לזכר וי"ד לנקבה משני מונין. ומה בא עולא להודיענו דאין מקצת שליא בלא ולד תנינא בפ' בהמה שהיא מקשה לילד שליא שיצאת מקצתה אסורה

גזירה

גליון הש"ס

גמ' דאין מקצת שליא בלא ולד. עיין נדה יח ע"א תוס' ד"ה שליא בבית:

קד א מיי' פ"ד מהל' בכורים הלכה יז ובפירוש התוס' סמג עשין קמד טוש"ע י"ד סי' שה סעיף יב:

קה ב מיי' פ"ב מהל' מכירה הל' ה סמג עשין פב טוש"ע ח"מ סי' קצז סעיף א:

קו ג מיי' פ"י מהלכות נחלות הלכה ג סמג עשין צו טוש"ע ח"מ סי' רפח סעיף יב:

קז ד מיי' שם פ"ט הלכה טו סמג שם טוש"ע שם סעיף ה:

קח ה ו מיי' פ"א מהל' שכירות הלכה ד ופ"ד מהל' נזקי ממון הלכה יא ועיין בהשגות ובמ"מ ובל"מ ובטור סי' שא ובכ"מ סמג עשין פח פט טוש"ע ח"מ סי' רצא סעיף כו וסי' שה סעיף ד וסי' שג סעיף ט:

קט ז מיי' פי"ח מהל' מלוה ולוה הלכה ה סמג עשין צד טור ש"ע ח"מ סי' קיז סעיף ה:

קי ח מיי' שם טור ש"ע שם סעיף ג:

תורה אור

דְּיֵשׁ מִקְצָת שִׁלְיָא בְּלֹא וָלָד, וּגְזֵירָה מִקְצָתָהּ אַטּוּ כּוּלָּהּ, קמ"ל. וְאָמַר עוּלָּא אָמַר רַבִּי אֶלְעָזָר: א בְּכוֹר שֶׁנִּטְרַף בְּתוֹךְ ל' יוֹם — אֵין פּוֹדִין אוֹתוֹ. וְכֵן *תָּנֵי רָמִי בַּר חָמָא, מִתּוֹךְ שֶׁנֶּאֱמַר: °"פָּדֹה תִפְדֶּה" (במדבר יח), יָכוֹל אֲפִי' נִטְרַף בְּתוֹךְ ל' יוֹם? ת"ל: *"אַךְ" חִלֵּק. וְאָמַר עוּלָּא א"ר אֶלְעָזָר: *בְּהֵמָה גַּסָּה נִקְנֵית בִּמְשִׁיכָה. וְהָא אֲנַן תְּנַן: בִּמְסִירָה! הוּא דְּאָמַר כִּי הַאי תַּנָּא; דְּתַנְיָא, וַחכ"א: ב זוֹ וָזוֹ בִּמְשִׁיכָה, ר"ש אוֹמֵר: זוֹ וָזוֹ בְּהַגְבָּהָה. וְאָמַר עוּלָּא אָמַר ר' אֶלְעָזָר: ג הָאַחִין שֶׁחָלְקוּ, מַה שֶּׁעֲלֵיהֶן — שָׁמִין, וּמַה שֶּׁעַל בְּנֵיהֶן וּבְנוֹתֵיהֶן — אֵין שָׁמִין. אָמַר רַב פַּפָּא: פְּעָמִים אַף מַה שֶּׁעֲלֵיהֶן אֵין שָׁמִין, ד מַשְׁכַּחַתְּ לָהּ בְּגָדוֹל אַחֵי, דְּנִיחָא לְהוּ דְּלִשְׁתַּמְעוּן מִילֵּיהּ. וְאָמַר עוּלָּא א"ר אֶלְעָזָר: *שׁוֹמֵר שֶׁמָּסַר לְשׁוֹמֵר — פָּטוּר. וְלָא מִבָּעֲיָא שׁוֹמֵר חִנָּם שֶׁמָּסַר לְשׁוֹמֵר שָׂכָר, דְּעַלּוּיֵי עַלְּיֵיהּ לִשְׁמִירָתוֹ, אֶלָּא אֲפִילּוּ שׁוֹמֵר שָׂכָר שֶׁמָּסַר לְשׁוֹמֵר חִנָּם, דְּהַשְׁתָּא גָּרוּעֵי גָּרְעֵיהּ לִשְׁמִירָתוֹ — נַמִּי פָּטוּר, שֶׁהֲרֵי מָסַר לְבֶן דַּעַת. *רָבָא אָמַר: ה שׁוֹמֵר שֶׁמָּסַר לְשׁוֹמֵר — חַיָּיב; וְלָא מִבָּעֲיָא שׁוֹמֵר שָׂכָר שֶׁמָּסַר לְשׁוֹמֵר חִנָּם, דְּגָרוּעֵי גָּרְעֵיהּ לִשְׁמִירָתוֹ, אֶלָּא ו אֲפִילּוּ שׁוֹמֵר חִנָּם שֶׁמָּסַר לְשׁוֹמֵר שָׂכָר — חַיָּיב, דְּאָמַר לֵיהּ: אַתְּ מְהֵימַנְתְּ לִי בִּשְׁבוּעָה, הַאי לָא מְהֵימַן לִי בִּשְׁבוּעָה. וְאָמַר עוּלָּא א"ר אֶלְעָזָר, *הִלְכְתָא: גּוֹבִין מִן הָעֲבָדִים. אֲמַר לֵיהּ ר"נ לְעוּלָּא: אָמַר רַבִּי אֶלְעָזָר אֲפִי' מִיַּתְמֵי? לָא, מִינֵּיהּ. *מִינֵּיהּ, אֲפִי' מִגְּלִימָא דְּעַל כַּתְפֵּיהּ! הָכָא בְּמַאי עָסְקִינַן — שֶׁעֲשָׂאוֹ אַפּוֹתֵיקִי; כִּדְרָבָא, *דְּאָמַר רָבָא: ז עָשָׂה עַבְדּוֹ אַפּוֹתֵיקִי וּמְכָרוֹ — בַּעַל חוֹב גּוֹבֶה הֵימֶנּוּ, ח שׁוֹרוֹ אַפּוֹתֵיקִי *וּמְכָרוֹ — אֵין ב"ח גּוֹבֶה הֵימֶנּוּ, מ"ט? הָא אִית לֵיהּ קָלָא, וְהָא לֵית לֵיהּ קָלָא.

לְבָתַר

רש"י

דְּיֵשׁ מִקְצָת שִׁלְיָא בְּלֹא וָלָד. וּדְקָאָסְרִי לָהּ בַּאֲכִילָה גְּזֵירָה מִקְצָתָהּ אַטּוּ כּוּלָּהּ. וְהַאי דְּקָתָנֵי "סִימָן וָלָד" — לָאו אַמִּקְצָתָהּ קָאֵי. אֶלָּא ה"ק: אֲסוּרָה בַּאֲכִילָה גְּזֵירָה אַטּוּ הֵיכָא דְּנָפְקָא כּוּלָּהּ, וְאָתוּ לְמֵימַר אֵין כָּאן וָלָד, וְאִם חָזְרָה לִפְנִים מִתַּכְשְׁרִי בִּשְׁחִיטַת הָאֵם, וְקָאָכְלֵי נְבֵילָה. דְּהַהִיא וַדַּאי סִימָן וָלָד בָּאִשָּׁה כו'. אֲבָל גַּבֵּי אִשָּׁה — לָא נֵיחוּשׁ לְמִקְצָת לְטַמֵּא טְהָרוֹת דְּרִאשׁוֹן, דְּהָתָם לֵיכָּא לְמִיגְזַר אַטּוּ כּוּלָּהּ, דְּהָא קָחָזֵי דְּמִכִּי נְפַק וָלָד בַּשֵּׁנִי — מְטַמִּינָא לָהּ, קמ"ל. בְּכוֹר שֶׁנִּטְרַף. בְּכוֹר אָדָם שֶׁנֶּהֱרַג בְּתוֹךְ ל' יוֹם. אֵין פּוֹדִין אוֹתוֹ. אֵין צָרִיךְ לִפְדּוֹתוֹ. וְאִם מֵת מֵעַצְמוֹ לָא אִיצְטְרִיךְ לָן לְמֵימַר, דְּהָא כְּתִיב (במדבר יח): "וּפְדוּיָו מִבֶּן חֹדֶשׁ תִּפְדֶּה". אֲבָל הַשְׁתָּא אִיצְטְרִיךְ לְאַשְׁמוּעִי' דְּלָא אָמְרִינַן: אִי לָא אִיקְטִיל הֲוָה חַי, וְלָא נֵפֶל הֲוָה, וְלִיפְרְקֵיהּ. פָּדֹה תִפְדֶּה. "אַךְ פָּדֹה תִפְדֶּה אֵת בְּכוֹר הָאָדָם". בִּמְסִירָה תְּנַן. בְּפ"ק דְּקִדּוּשִׁין. דְּכֵיוָן דְּמָסַר לוֹ בְּאַפְסָר קְנָאָהּ, אע"פ שֶׁלֹּא מְשָׁכָהּ מֵרְשׁוּת מוֹכֵר. זוֹ וָזוֹ. גַּסָּה וְדַקָּה בְּהַגְבָּהָה. וְגַסָּה מְתַרְצִינַן בְּקִדּוּשִׁין שֶׁנּוֹתֵן חֲבִילֵי זְמוֹרוֹת תַּחַת רַגְלֶיהָ וְהִיא עוֹלָה עֲלֵיהֶן. מַה שֶּׁעַל בְּנֵיהֶן וּבְנוֹתֵיהֶן אֵין שָׁמִין. דְּכֵיוָן דְּבָנִים וּבָנוֹת לָא אָתוּ לְבֵי דִינָא, לָא מְבַזִּינַן לְהוּ לְמֵיתֵי. בְּגָדוֹל אַחֵי. גְּדוֹל הָאַחִין הָעוֹסֵק בַּנְּכָסִים לְהַכְנִיס וּלְהוֹצִיא. דְּעַד הַשְׁתָּא נִיחָא לְהוּ לָאַחִין דְּלִיכְסֵי מִדִּידְהוּ בְּמַלְבּוּשִׁים נָאִים, כִּי הֵיכִי דְּלִשְׁתַּמְעוּן מִילֵּיהּ. שׁוֹמֵר שֶׁמָּסַר לְשׁוֹמֵר פָּטוּר. הָרִאשׁוֹן. בְּכָל אוֹתָן דִּינִים שֶׁהָיָה פָּטוּר אִם הָיְתָה אֶצְלוֹ — פָּטוּר נַמִּי הַשְׁתָּא, וְלָא אָמְרִי': פְּשִׁיעָה הִיא זוֹ שֶׁמְּסָרָהּ לְאִישׁ אַחֵר. וְלָא מִבָּעֲיָא שׁוֹמֵר חִנָּם שֶׁמָּסַר לְשׁוֹמֵר שָׂכָר. וְנִגְנְבָה אוֹ שֶׁאָבְדָה, דְּפָטוּר שׁוֹמֵר חִנָּם כִּי הֵיכִי דְּמִיפְּטַר אִילּוּ הֲוָאי גַּבֵּיהּ דְּלָא פָּשַׁע. דְּעַלּוּיֵי עַלְּיֵיהּ לִשְׁמִירָתוֹ. דְּשׁוֹמֵר שָׂכָר מָסַר נַפְשֵׁיהּ לְנָטוּרֵי טְפֵי מִשּׁוֹמֵר חִנָּם, שֶׁהֲרֵי שׁוֹמֵר שָׂכָר חַיָּיב בִּגְנֵיבָה וַאֲבֵידָה. אֶלָּא אֲפִי' שׁוֹמֵר שָׂכָר שֶׁמָּסַר לְשׁוֹמֵר חִנָּם דְּהַשְׁתָּא גָּרְעָהּ לִשְׁמִירָתוֹ פָּטוּר. שׁוֹמֵר שָׂכָר אֵינוֹ בְּאוֹנָסִין, וְלָא מָצֵי א"ל בַּעַל הַבַּיִת: פָּשַׁעְתָּ שֶׁמְּסַרְתָּ לְאַחֵר, שֶׁהֲרֵי מְסָרָהּ לְבֶן דַּעַת. חַיָּיב. אֲפִי' בְּאוֹנָסִין. בִּשְׁבוּעָה. דְּשׁוֹמֵר חִנָּם נִשְׁבָּע שֶׁלֹּא פָּשַׁע. גּוֹבִין. חוֹב מִן הָעֲבָדִים. אֲפִי' מִיַּתְמֵי. אִם מֵת לֹוֶה וְנָפְלוּ קַמֵּי יַתְמֵי, מִי א"ר אֶלְעָזָר דְּבַעַל חוֹב גּוֹבֶה מִן הָעֲבָדִים, דִּכְמְקַרְקְעֵי דָּמוּ. מִינֵּיהּ. מִן הַלֹּוֶה עַצְמוֹ א"ר אֶלְעָזָר דְּב"ח גּוֹבֶה מִן הָעֲבָדִים. וְקָפָרֵיךְ: מִינֵּיהּ. אֲפִי' מִן גְּלִימָא דְּעַל כַּתְפֵּיהּ. אַפּוֹתֵיקִי. אַפֹּה תְּהֵא קָאֵי. כְּלוֹמַר: מִזֶּה יְהֵא לְךָ פֵּרָעוֹן. וְאַשְׁמְעִינַן רַבִּי אֶלְעָזָר דְּאִם מְכָרוֹ — גּוֹבֶה בַּעַל חוֹב מִמֶּנּוּ.

לְבָתַר

תוספות

גזירה מקצתה אטו כולה. לאו דוקא. דאיך נוכל לטעות להתיר כולה, שגם ביציאת מקצתה היוצא אסור מדאורייתא ולא קאמרינן גזירה מה שבפנים אטו מה שבחוץ. ועוד: אי גזרינן אטו כולה — באשה נמי לגזור! אלא י"ל: דאטו רובא קאמרינן, דאי שרית ביציאת מקצת מה שבפנים משום "כל אשר בבהמה", אע"פ שיש לחוש שמא יצא ראשו באותו מקצת — יבא להתיר ביציאת רובו אותו מיעוט שבפנים מהאי טעמא. ולא ידעו שבמקצת הוי ספק ספיקא. אבל גבי אשה לא שייך למגזר, דלא אתי למיטעי, דליכא טעמא במה יטעו להשוות רוב למקצת. אבל בבהמה יטעו לומר שמה שבפנים לעולם אינו כילוד, כל זמן שלא יצא. א"נ: באשה לא גזרי' למנות מיום ראשון, דחומרא דאתי לידי קולא היא, דדלמא לא ימנו מיום ב' למיהב לה ימי טומאה. א"נ: באשה לא גזרינן, דאפושי טומאה לא מפשינן, כדאמרינן בבילה (דף ז.). מיהו, לעיל פירשנו דלא איירי לענין טומאה אלא לאוסרה לבעלה. ופי' הקונט' דבאשה לא שייך למגזר דלא אתי למטעי, דכיון דחזו דמכי ילדה בשני מטמינא לה. וקשה, דהא דחזינן דמטמאינן לה בשני אמרי משום דנפקא כולה.

בכור שנטרף בתוך ל' יום. פ"ה: שנהרג. ובמת מעצמו לא איצטריך קרא לאשמועינן דאין פודין, דהא כתיב "ופדויו מבן חדש תפדה", אבל נהרג איצטריך לאשמועינן דלא אמרי': אי לאו דאקטיל — הוי חי, ולא נפל הוי, ולפרקיה. משמע קצת דאם קים לן בגויה דכלו לו חדשיו וחי — היה חייב לפדותו. וקשה: דבפרק "יש בכור" (בכורות דף מט.) אמר גבי פודה בנו תוך ל' יום ונתאכלו המעות לאחר זמן — אין בנו פדוי. ואמאי? והא אגלאי מילתא למפרע דלא נפל הוא! אלא ודאי גזירת הכתוב היא מ"ופדויו מבן חדש תפדה" דאפי' קים לן שכלו חדשיו — צריך ל' יום. ואע"ג דמהאי קרא נפקא לן (שבת דף קלה:): כל ששהה ל' יום באדם אינו נפל — ה"נ דרשינן (שם) ח' ימים בבהמה אינו נפל, מדכתיב "מיום השמיני והלאה ירצה לקרבן" ואפ"ה כי קים לן דכלו חדשיו — הוי מחוסר זמן תוך שמנה, כדמוכח בפ"ק דר"ה (דף ו:) דאמר: [בכור] מאימתי מונין לו שנה? חד אמר משעה [שנראה] להרצאה, וחד אמר: משעה שנולד. ולא פליגי, הא — בתם, הא — בבעל מום. ומוקמינן לה התם דקים ליה בגויה דכלו לו חדשיו, ואפ"ה לא חזי להרצאה עד ח'. ועוד: דבסוף "הקומץ רבה" (מנחות דף לז.) מחייב גבי בכור שיש לו ב' ראשים ליתן לו י' סלעים לכהן. ופריך עלה מבכור שנטרף דפטור. ואי נטרף היינו נהרג — היכי מדמי ליה להכי? ועוד: דלא הוה ליה למימר נטרף אלא נהרג. ועוד: דאסיק גמרא "אך" חלק, הא כיון שנהרג תוך ל' יום — מ"ופדויו מבן חדש" נפקא! ומפ' ר"ת: שנטרף — היינו שנעשה טרפה. והשתא מדמי ליה שפיר ב"הקומץ" לבכור שיש לו ב' ראשים דהוי נמי טרפה*.

בהמה גסה. אין עיקר הדבר כאן. ובפ"ק דקדושין (דף כה:) הארכתי. **מה** שעל בניהן ובנותיהן אין שמין. שמתביישין להביאם לב"ד, ותלי אהדדי. ופסק רב אלפס: דוקא בגדי חול, אבל בגדי שבת — שמין. והכי איתא בירושלמי*. **בגדול** אחי. אם מוחין הרשות בידם, אבל כל זמן שלא מיחו — מסתמא ניחא להו, כי היכי דלשתמעי מיליה. כדאמרינן ב"הניזקין" (גיטין נב:) גבי עמרם צבעא.

לא מבעיא שומר חנם שמסר כו'. פי': דפטור אם נגנבה או נאבדה. ומיהו, שומר שכר כי משלם — משלם לבעלים, כדאמרי' ב"המפקיד" (ב"מ לו:) דהלכה כר' יוסי, דאמר: אין הלה עושה סחורה בפרתו של חבירו. **דעלויי** עלייה לשמירתו. אין לפרש "עלייה" — שאם נגנב תחזור לבעלים, דהא "גרועי גרעיה" לא אפשר לפרש בענין זה. אלא העילוי והגרעון הוי דשומר שכר מסר נפשו טפי לשומרו משומר חנם. **את** מהימנת לי בשבועה. לפי טעם זה, אם השני נאמן יותר מן הראשון נראה דפטור. אבל ב"המפקיד" (שם) איכא טעמא אחרינא: דאין רצוני שיהא פקדוני ביד אחר. ואין שני טעמים הללו שוין, כדמוכח התם. ואין להקשות לעולא, דהכא היכי פליג אההוא טעמא? הא מתניתין היא בפ' "כל הגט" (גיטין כט.): אם אמר: טול ממנה חפץ פלוני — לא ישלחנו ביד אחר, שאין רצוני שיהא פקדוני ביד אחר! וי"ל: דההוא לכתחילה, אבל לא מלינו שיתחייב בדיעבד על כך. **אפילו** מן גלימא דעל כתפיה. אם יש לו שנים. דאם אין לו אלא אחד — הא אמר בפ' "המקבל" (ב"מ קיד.) דמסדרים לב"ח. א"נ בטלית ששוה מאה מנה, שמלבישין אותו בטלית הראוי לו. ולא כר"ע דאמר בפ' "המקבל" (שם קיג:): כל ישראל ראויין לאותו איצטלא. ור"ת פוסק הלכה דאין מסדרין.

כגון שעשאו אפותיקי. והשתא גבי מיתמי כמו מלוקח. ואע"ג דמיתמי לא שייך טעמא משום קלא כמו בלוקח, דלגבי דידהו אפותיקי ולא אפותיקי שוה, מכל מקום היכא דגבי מלקוחות גבי נמי מיתמי, מידי דהוה אמלוה בשטר דגבי מיתמי ומלקוחות, אפילו למ"ד שיעבודא לאו דאורייתא, ומלוה על פה לא גבי ממשעבדי ולא מיתמי. ובשלמא בלקוחות איכא לפלוגי

בין

רבינו חננאל

אסורה באכילה כסימן הולד באשה כך סימן הולד בבהמה. פי' השליא סימן ולד היא בין בזו בין בזו. ודחי' אי ממתני' הוה אמינא דיש מקצת שליא בלא ולד וגזירה מקצת אטו כולה וכולה כסימן הולד באשה כך סימן הולד בבהמה. והני מילי לענין אבר מן החי. פי' שליא שיצאת מקצתה ונשחטה הבהמה אותה שליא כולה אסורה באכילה דחיישינן לולד עמה והילוד אסור ואין אני קורא בה כל שבבהמה תאכלו שזה כבר נולד והמקצת חשוב ככולו וכאילו פירש ואבר מן החי הוא אבל לענין טומאה לא חיישינן לולד קמ"ל. אמר ר' אלעזר בכור אדם שנטרף בתוך ל' יום אין פודין אותו כי כמת הוא חשוב ותניא כל מי שלא שהה ל' יום באדם הרי זה נפל שנאמר ופדויו מבן חדש תפדה גרסי' במנחות סוף פ' הקומץ השני [דף לז.] איני והתני רמי בר חמא מתוך שנאמר אך פדה תפדה את בכור האדם שומע אני אפי' נטרף בתוך ל' ת"ל אך חלק וכו'. אמר עולא אמר ר' אלעזר בהמה גסה נקנית במשיכה כמאן כי האי תנא דתניא וחכמים אומרים זה וזה במשיכה ותוב אמרינן האחין שחלקו מה שעליהן שמין ועל בניהן אין שמין פי' שבגד וכו' בהן דתנן בפ' שום היתומין [דף כז.] אחד המקדיש נכסיו ואחד המעריך את עצמו אין לו בכסות אשתו ולא בכסות בניו כו' וכיון דחזא דשקל אחוה מתפוסת הבית ומלביש לאשתו ולבניו מחל לפיכך כשבאין לחלוק אין לו לחזור ואם הוא גדול אחי דניחא ליה להתלבש במלבושין יקירין להיותו נשוא פנים במושב השרים שישמעו דבריו ויאמרו עליו אדם חשוב ויש גם לאחיו בדבריו הנאה זכה ואין עליו להחזיר ואשכחן בתלמוד ארץ ישראל בהאשה נקנית ר' בון פשט כלי רגל וכלי שבת מביאן באמצע וחולקין. אמר עולא שומר שמסר לשומר פטור כו' רבא אמר אפילו שומר חנם שמסר לשומר שכר חייב דאמר ליה את מהימנת לי בשבועה איהו לא מהימן לי בשבועה. וקי"ל

מסורת הש"ס

מנחות לז.

[פסחים ה. וש"נ]

קדושין כה: ב"ב פו:

ב"מ לו.

[לקמן טו: ב"מ לו:]

[ב"ב קכת.]

[שם קנז:]

לקמן לג: ב"ב מד: (גיטין מא.)

(עי' תוס' כתובות מט. בד"ה הוה ותוס' לקמן קט. ד"ה לוה)

[ועי' תוס' מנחות לז. ד"ה שומטן]

[פ"א דקדושין סוף ה"ד]

תורה אור

לבתר דנפק אמר להו עולא: הכי אמר רבי אלעזר: אפי' מיתמי. אמר ר"נ: אשתמטין עולא. הוה עובדא בנהרדעא, ואגבו דייני דנהרדעא. הוה עובדא בפומבדיתא, ואגביה רב חנא בר ביזנא. אמר להו ר"נ: זילו אהדורו, ואי לא — מגבינן לכו לאפדנייכו. א"ל רבא לר"נ: הא עולא, הא רבי אלעזר, הא דייני דנהרדעא, והא רב חנא בר ביזנא, מר כמאן סבירא ליה? א"ל: אנא מתניתא ידענא, דתני אבימי: [א]פרוזבול חל על הקרקע, ואינו חל על העבדים; [ב]מטלטלין נקנין עם הקרקע, [ג]ואינן נקנין עם העבדים. לימא כתנאי: [ד]מכר לו עבדים וקרקעות, החזיק בעבדים — לא קנה קרקעות, בקרקעות — לא קנה עבדים; [ה]קרקעות ומטלטלין, החזיק בקרקע — קנה מטלטלין, במטלטלין — לא קנה קרקע; עבדים ומטלטלין, החזיק בעבדים — לא קנה מטלטלין, במטלטלין לא קנה עבדים. והתניא: החזיק בעבדים — קנה מטלטלין. מאי לאו בהא קמפלגי, דמר סבר: *עבדים כמקרקעי דמי, ומר סבר: עבדים כמטלטלין דמי? אמר רב איקא בריה דרב אמי: דכ"ע — עבדים כמקרקעי דמי, והדתניא קנה — שפיר, והדתניא לא קנה — בעינן קרקע דומיא ד"ערים מצורות ביהודה" דלא ניידי. דתנן: *נכסים שאין להם אחריות נקנין עם נכסים שיש להם אחריות — בכסף, בשטר, ובחזקה; מנהני מילי? אמר חזקיה, דאמר קרא: (דה"ב כא) °"ויתן להם אביהם מתנות רבות לכסף ולזהב ולמגדנות עם ערי מצורות ביהודה". איכא דאמרי, אמר רב איקא בריה דרב *אידי: [ו]דכ"ע — עבדי כמטלטלין דמי, והדתניא לא קנה — שפיר, הא דתניא קנה — [ז]בעודן עליו. וכי עודן עליו מאי הוי? חצר מהלכת היא, וחצר מהלכת לא קנה! וכי תימא בעומד, והא *אמר רבא: כל שאילו מהלך לא קנה, עומד ויושב לא קנה! [ח]והלכתא: בכפות. והתניא: החזיק בקרקע — קנה עבדים! התם [ט]בעומדין בתוכה. מכלל דהאי לא קנה — כשאין עומדין בתוכה? הניחא להך לישנא דאמר רב איקא בריה דרב אמי עבדי כמטלטלי דמי, היינו דאי עומדין בתוכה — אין, אי לא — לא; אלא להך לישנא דאמר עבדי כמקרקעי דמי, למה לי עומדין בתוכה? הא אמר שמואל: *[י]מכר לו עשר שדות בעשר מדינות, כיון שהחזיק באחת מהן — קנה כולן! וליטעמיך, להך לישנא דאמר עבדי כמטלטלין דמי, למה לי עומד בתוכה?

הא

(יבמות לט. גיטין לט. ב"ב סח. קנ.) (קדושין כו.) [נ"ל אמי] (גיטין כא. עח. ב"מ ט:) (קדושין כז. ב"ב סז.)

רש"י

לבתר דנפק. ר"נ. אמר להו עולא. ליושבין לפניו. הכי אמר ר' אלעזר אפילו מיתמי. דעבדא כמקרקעי דמי. אשתמטין עולא. נשמט ממני וירא, *משום דס"ל עבדא כמטלטלי דמי, ומתיירא הוא שמא אקפחנו בהלכות ובקושיות. (ס"א לומר בפני) הוה עובדא ואגבו דייני דנהרדעא. אפי' מיתמי. הא עולא והא ר' אלעזר כו'. דכולהו סבירי להו כמקרקעי דמו. מר. דאמר כמטלטלי, כמאן ס"ל? פרוזבול. מפרש בגיטין (דף לו.) שתיקן הלל הזקן פרוזבול כדי שלא תשמט שביעית המלוה. חל על הקרקע. דכיון דלא מחוסרי גוביינא, וזה כתב לו עליהן שכל חוב שיש לו עליו שיגבנו כל זמן שירצה, קיימי ברשותיה דמלוה. נקנין עם הקרקע. אם מכר לו קרקע ומטלטלין, והחזיק בקרקע – קנה מטלטלין, אע"פ שלא משך. ואין נקנין עם העבדים. שאם החזיק בעבדים – לא קנה מטלטלין, ויכול מוכר לחזור במטלטלין. אלמא: עבדא כמטלטלי. ה"ג בקרקע לא קנה עבדים. ואע"ג דס"ל להאי תנא עבדים כמטלטלין דמי – אפ"ה לא קנה אלא א"כ עומד העבד בתוכה בשעה שהחזיק בה, כדמתרץ לקמן: שאני מטלטלי דניידי ממטלטלי דלא ניידי. דומיא דערים מצורות. דמהאי קרא נפקא לן במס' קדושין דמטלטלין נקנין בחזקת קרקעות, דכתיב: "ויתן להם אביהם מתנות עם ערי מצורות" הלכך בעינן מקרקעי דלא ניידי כי התם. חצר מהלכת היא. אינה קונה לבעליה כלום, דלאו חצר היא במהלכת. והלכתא. הא דמתרצינן דקנה ליה עבד – בעודן עליו, כגון שהעבד כפות, שאינו ראוי לילך, דדמי לחצר. והתניא החזיק בקרקע קנה עבדים. ולעיל קתני דלא קנה. בעומדין בתוכה. וההיא דלעיל – כשאין עומדין בתוכה. הניחא להך לישנא. דאוקי רב איקא לעיל להאי מתני' דעבדי כמטלטלי דמי כו'.

הא

תוספות

בין ע"פ לבשטר, דבמלוה בשטר גובה משום נעילת דלת, ובמלוה על פה לא גבי משום דליכא קלא, ובשטר אית ליה קלא. אבל מיתמי — מה לי מלוה ע"פ מה לי מלוה בשטר? אלא ודאי כל היכא דגבי מלקוחות משום נעילת דלת — גבי נמי מיתמי, כמו מלוה בשטר, או מלוה הכתובה בתורה למ"ד *ככתובה בשטר דמי, או כשעמד בדין גבי נמי מיתמי. אבל במלוה על פה, כיון דלא חש לעשות שטר לגבות מלקוחות, כי לא גבי נמי מיתמי — ליכא נעילת דלת. וה"פ: א"ר אלעזר אפי' מיתמי בלא אפותיקי, משום דהוי כקרקע. לא מיניה. פי': בלא אפותיקי לא גבי, אלא מיניה. ופריך: מיניה *לכול'. ומשני: באפותיקי, וגבי נמי מיתמי ומלקוחות. א"נ: דקרי מיניה, אע"ג דגבי נמי מיתמי, כיון דמכח הלוה שעשאו אפותיקי קא גבי*. [קידושין כט:] [נ"ל וכו'] [ועי' תוס' ב"ב קעה: ד"ה לא]

זילן אהדורו. חשיב להו כטועה בדבר משנה.

אנא מתניתא ידענא. אע"ג דבכמה דוכתין אשכחן דכמקרקעי דמי לענין אונאה ושבועה, אור"י: דהכא לא איירי אלא במילי דרבנן, ולגבות מיתמי ומלקוחות, וסבר שעבודא לאו דאורייתא ולא גבי אלא מדרבנן, ולענין פרוזבול °וקנין אגב דהוי נמי מדרבנן, וקרא ד"ערים מצורות" — אסמכתא בעלמא היא. ולקמן דקאמר: להך לישנא דאמר עבדא כמקרקעי דמי למה לי עומדים בתוכה — למ"ד נמי כמטלטלי דמי °הוה מצי למיפרך, דהא לא חשיב כמטלטלי אלא לענין מילי דרבנן. אלא דבלאו הכי פריך שפיר. והא דבעי למידק בפ' "המוכר את הבית" (ב"ב סח.) אי עבדא כמטלטלי דמי או כמקרקעי דמי ממתני' דהיו בה עבדים ובהמה כולן מכורין, ומייתי לה נמי בפרק "מי שמת" (שם קנ.) גבי מטלטלין *של פלוני — לא שייכא הכא כלל, דהתם בלשון בני אדם תלינן.

פרוזבול חל על הקרקע. אין כותבין פרוזבול אלא על דבר שאי אפשר לכלותו. ואע"ג שכותבין על עליך נקוב (גיטין לז.) — כיון דחשיב קרקע לא פלוג רבנן.

מכר לו עבדים וקרקעות. בקנין אגב איירי. דאי מטעם חצר — אמאי מפליג בהחזיק בקרקע בין עבדים למטלטין? דאי משתמרת לדעתו — בתרוייהו קני, ואי באין משתמרת לדעתו — בתרוייהו לא קנה.

בעינן דומיא דערים מצורות. והחזיק בקרקע לא קנה עבדים, משום דאין קרקע נקני' באגב.

והלכתא בכפות.[א] וי"ל נמי דמיירי בישן. דכפות מהני דלא הוי חצר מהלכת, וישן מהני דהוי משתמרת לדעתו. כדאמרינן בגיטין פרק "הזורק" (דף עח.) גבי כתב גט לאשתו ונתנו ביד *עבדו, ישן ומשמרתו — ה"ז גט, ניעור — אין גט, משום דהוי חצר המשתמרת שלא מדעתה. ופריך: ישן אמאי הוי גט? חצר מהלכת הוא! וכ"ת ישן שאני — והאמר רבא: כל שאילו מהלך לא קנה — עומד ויושב לא קנה! והלכתא בכפות. אלמא: אע"ג דמוקי לה בכפות — אפ"ה ניעור אינו גט. ואין לפרש הלכתא בכפות, כלומר לא חשיב מהלכת ולא דמי לעומד ויושב, וכיון דכפות מועיל — ישן נמי מועיל. דא"כ, דבשאין כפות איירי רבא — אמאי קאמר רבא ניעור אין גט משום דהוי חצר המשתמרת שלא לדעתה? תיפוק ליה דהוי חצר מהלכת! וכן פ"ה פרק "הזורק" והלכתא בכפות, ובההוא קאמר רבא דניעור אין גט. וכן פסקו הלכות גדולות דכפות וישן בעינן. [נ"ל עבדה]

בעומדין לתוכה. והא דקאמר לא קנה באין עומדין לתוכה. ואפ"ה במטלטלין קנה, דלא בעינן צבורין במטלטלין דלא ניידי. ולקמן דדייקינן והא קי"ל דלא בעינן צבורין מגופה הוה מצי למידק.

למה לי עומדין בתוכה. פי': על כרחך לא מטעם חצר קנה, דסתם עבדים אין משתמרין לדעתו, ואפי' עומד בצד שדהו, דהוי עבד כלבי רץ כדרכו, ומטעם אגב נמי לא קנה, דקרקע אין נקנית אגב קרקע. ואפי' אמר: קני קרקע הסמוכה לתחום ואגבה תקנה העליונה, דהשתא הוי זו על גב זו — לא קני באגב. אלא ע"כ הא דקני היינו מחמת דחשיב כמחובר. וא"כ, אפי' אין עומדין בתוכה נמי, דהוי כעשר שדות בעשר מדינות כיון שהחזיק באחת מהן קנה כולן! והא דקאמר שמואל בפרק "חזקת הבתים" (ב"ב דף נד.): לא קנה אלא מקום מכושו בלבד — היינו בנכסי הגר, דהפקר. אבל אם דעת אחרת מקנה אותו — קנה הכל. והא דקאמר התם דמצר מפסיק — היינו נמי בנכסי הגר, או במכר ולא נתן להם דמי כולם, דדמי כולם בעינן, כדמוכח בפ"ק דקדושין (דף כז:).

שאני

עין משפט נר מצוה

קיא א מיי' פ"ט מהל' שמטה ויובל הלכה יט סמג לאוין רעא טור ש"ע ח"מ סימן סז סעיף כב:

קיב ב מיי' פ"ג מהל' מכירה הל' ח סמג עשין פב טוש"ע ח"מ סי' רב סעיף א:

קיג ג מיי' שם הלכה יב טוש"ע שם סעיף ט:

קיד ד מיי' שם הל' יא ועי' בהשגות ובמ"מ טור ש"ע שם סעיף א:

קטו ה מיי' שם הל' ח טוש"ע שם סעיף א:

קטז ו ז ח מיי' שם הל' יב טוש"ע שם סעיף ט:

קיז ט מיי' שם הלכה יא ועיין שם טור ש"ע שם סעיף א:

קיח י מיי' שם פ"א הלכה יט סמג עשין עג טוש"ע ח"מ סי' קלב סעיף יב:

רבינו חננאל

וקיימא לן כרבא. אמר עולא הלכה גובין מן העבדים אפי' מן היתומים כו' אמר ליה רבא לרב נחמן הא עולא והא ר' אלעזר והא דייני דנהרדעא והא רב אחא בר ביזנא כולהו סבירא להו גובין מן העבדים מר כמאן סבירא ליה. אמר ליה אנא מתניתא ידענא דתני אבימי פרוזבול חל על הקרקע ואינו חל על העבדים מטלטלין נקנין עם הקרקע ואין נקנין עם העבדים וקי"ל כרב נחמן. ואמר לימא כתנאי מכר לו עבדים וקרקעות החזיק בעבדים לא קנה קרקעות בקרקעות לא קנה עבדים כו'. ותניא אידך החזיק בעבדים קנה מטלטלין כו' והלכתא בכפות קשורות ידיו ורגליו שאינו יכול לזוז ממקומו ומכר לו העבד והכלים שעליו החזיק בזה העבד הכפות קנה מטלטלין שעליו וכו'. והא דתניא החזיק בקרקעות קנה העבדים בעומדים

הגהות הגר"א

[א] תוס' ד"ה והלכתא בכפות וי"ל כו'. נ"ב ורמב"ם חולק (ועי' בהגר"א ח"מ סי' רב ס"ק טו ובאה"ע סימן קלט ס"ק יט):

גליון הש"ס

תוס' ד"ה אנא כו' וקנין אגב דהוי נמי מדרבנן. עי' קדושין דף ה ע"א תוס' ד"ה ומנין שאף בשטר ולקמן דף קד ע"ב ד"ה אגב: בא"ד הוה מצי למפרך. קשה לי על קושייתם הא

...בו בסמוך ד"ה למה לי כו' פי' על כרחך כו'. ביאור דבריהם בהא דאמרי' מכלל דאי אין עומדין בתוכה ל"ק דמשמע בזה מדקתני עומדין בתוכה דקנה הוא דקשיא דגם באין עומדין בתוכה לקני. והיינו דבלא"ה ל"ק די"ל דעבד לא הוי כמחובר לקרקע ולא מקני בו חזקה דקרקע אלא מדקני בעומדין בתוכו ע"כ דהוי כמחובר ממילא גם באין עומדין לקני מדין י' שדות. וא"כ ממילא ניחא דאי עבדי כמטלטלין ניחא די"ל דלא הוי כמחובר ועומדין דקנה מדין אגב ובאין עומדין לא קני מדין חזקה. אף דבדאורייתא הוי כקרקע מ"מ לא הוי כמחובר. אבל למ"ד דכמקרקעי א"כ מקני בעומדים בתוכה ע"כ מדין חזקה ומוכח דהוי כמחובר בה קשה דגם באין עומדין לקני מדין י' שדות ודו"ק:

עין משפט נר מצוה

קיט א מיי' פ"ג מהל' מכירה הלכה ט ועיין בהשגות ובמ"מ סמג עשין פב טור ש"ע ח"מ סי' רב ס"ב וע"ש:

נ"ל ואפילו בחולסית ומגולה כו'. רש"ל

קכ ב מיי' פ"ח מהל' נזקי ממון הל' א סמג עשין סו:

קכא ג מיי' פ"ה מהל' אישות הל' ה ופ"ג מהל' מע"ש הל' יז:

קכב ד מיי' פ"א מהל' בכורות הל' יח סמג עשין ריא ולאוין שמב טור ש"ע י"ד סי' שו סעיף ו וסי' שז ס"ג:

קכג ה טור ש"ע שם סי' שו סעיף ו:

קכד ו מיי' שם הל' יז סמג שם טוש"ע שם:

קדושין נב:

תורה אור

הָא קַיְימָא לָן [א]דְּלָא *בָּעֵינַן צְבוּרִין! °אֶלָּא, מַאי אִית לָךְ לְמֵימַר – שָׁאנֵי מִטַּלְטְלֵי דְּנָיְידִי מִמִּטַּלְטְלֵי דְּלָא נָיְידִי, ה"נ – שָׁאנֵי מְקַרְקְעֵי דְּנָיְידִי מִמְּקַרְקְעֵי דְּלָא נָיְידִי; עַבְדָּא מְקַרְקְעֵי דְּנָיְידִי הוּא, הָתָם סַדְנָא דְּאַרְעָא חַד הוּא.§ [ב]"נְכָסִים שֶׁאֵין בָּהֶן מְעִילָה" וכו'.§ מְעִילָה הוּא דְּלֵית בְּהוּ, הָא מִקְדַּשׁ קָדְשִׁי, מַאן תַּנָּא? א"ר יוֹחָנָן: בְּקָדָשִׁים קַלִּים, *וְאַלִּיבָּא דְּר' יוֹסֵי הַגְּלִילִי, דְּאָמַר מָמוֹן בְּעָלִים הוּא; דְּתַנְיָא:* °"וּמָעֲלָה מַעַל בַּה'" (ויקרא ה) – לְרַבּוֹת קָדָשִׁים קַלִּים, שֶׁהֵן מָמוֹנוֹ, דִּבְרֵי ר' יוֹסֵי הַגְּלִילִי. וְהָתְנַן: *[ג]הַמְקַדֵּשׁ בְּחֶלְקוֹ, בֵּין בְּקָדְשֵׁי קָדָשִׁים בֵּין בְּקָדָשִׁים קַלִּים – אֵינָהּ מְקוּדֶּשֶׁת; לֵימָא, דְּלָא כְּרַבִּי יוֹסֵי הַגְּלִילִי? אֲפִי' תֵּימָא ר' יוֹסֵי הַגְּלִילִי, כִּי אָמַר ר' יוֹסֵי הַגְּלִילִי – מֵחַיִּים, אֲבָל לְאַחַר שְׁחִיטָה, אֲפִילּוּ רַבִּי יוֹסֵי הַגְּלִילִי מוֹדֶה, *דְּכִי קָא זָכוּ – מִשֻּׁלְחַן גָּבוֹהַּ קָא זָכוּ. וּמֵחַיִּים מִי אָמַר? וְהָתְנַן: *[ד]בְּכוֹר מוֹכְרִין אוֹתוֹ תָּם חַי (וְלֹא שָׁחוּט) וּבַעַל מוּם חַי וְשָׁחוּט, [ה]וּמְקַדְּשִׁין בּוֹ אֶת הָאִשָּׁה; וְאָמַר ר"נ אָמַר רַבָּה בַּר אֲבוּהּ: לֹא שָׁנוּ [ו]אֶלָּא בְּכוֹר בַּזְּמַן הַזֶּה, דְּכֵיוָן דְּלָא חֲזֵי לְהַקְרָבָה – אִית לְהוּ לַכֹּהֲנִים זְכִיָּה בְּגַוַּיְיהוּ, אֲבָל בִּזְמַן שֶׁבֵּית הַמִּקְדָּשׁ קַיָּים דַּחֲזֵי לְהַקְרָבָה – לָא; וְאֵיתִיבֵיהּ רָבָא לְר"נ: "וּמָעֲלָה מַעַל בַּה'" – לְרַבּוֹת קָדָשִׁים קַלִּים, שֶׁהֵן מָמוֹנוֹ, דִּבְרֵי ר' יוֹסֵי הַגְּלִילִי! וּמְשַׁנֵּי רָבִינָא: בִּבְכוֹר בְּחוּ"ל, וְאַלִּיבָּא דְּר"שׁ, דְּאָמַר: *אִם בָּאוּ תְּמִימִים – יִקְרְבוּ. אִם בָּאוּ – אִין, לְכַתְּחִלָּה – לָא; וְאִם אִיתָא דְּכִי א"ר יוֹסֵי הַגְּלִילִי מָמוֹנוֹ הוּא – מֵחַיִּים, לִישְׁנֵי

רש"י

הָא קַיְימָא לָן. בפ"ק דְּקִדּוּשִׁין (דף כו.) דְּמִטַּלְטְלִין נִקְנִין עִם הַקַּרְקַע, וְלָא בָּעֵינַן שֶׁיִּהְיוּ עוֹמְדִין לְתוֹכָהּ. אֶלָּא מַאי אִית לָךְ לְמֵימַר כו'. וְהַשְׁתָּא דִּבְעַל כָּרְחָךְ אָתֵית לְהָכִי, אֲפִי' תֵּימָא לְאִידָךְ לִישָּׁנָא דְּעַבְדָּא כִּמְקַרְקְעֵי דָּמֵי, וּדְקַשְׁיָא לָךְ דִּשְׁמוּאֵל – שָׁאנֵי מְקַרְקְעֵי דְּנָיְידִי מִמְּקַרְקְעֵי דְּלָא נָיְידִי. מְעִילָה הוּא. דְּבָעֵינַן דְּלָא לֶהֱוֵי בְּהוּ בַּנְּכָסִים שֶׁאֲנִי חַיָּיב בִּנְזָקִין, הָא אִי לֵית בְּהוּ מְעִילָה, אע"ג דְּמִקְדַּשׁ קָדְשֵׁי – [אֲנִי] חַיָּיב בִּנְזָקִין. כְּגוֹן קָדָשִׁים קַלִּים שֶׁאֵין בָּהֶן מְעִילָה מֵחַיִּים, אֶלָּא בָּאֵימוּרִין לְאַחַר זְרִיקַת דָּם, כִּדְגָרְסִינַן בְּמַסֶּכֶת מְעִילָה (דף ז:). מַאן תַּנָּא. דִּמְחַיֵּיב בִּנְזָקִין אִם הִזִּיק שׁוֹרוֹ שׁוֹר שְׁלָמִים שֶׁל חֲבֵירוֹ. מָמוֹן בְּעָלִים הֵן. וְ"שׁוֹר רֵעֵהוּ" קָרֵינַן בֵּיהּ. וּמָעֲלָה מַעַל בַּה'. "וְכִחֵשׁ בַּעֲמִיתוֹ" וגו' גַּבֵּי שְׁבוּעַת הַפִּקָּדוֹן כְּתִיב. לְרַבּוֹת קָדָשִׁים קַלִּים. הָא דִּכְתִיב "בַּה'" – לְרַבּוֹת קָדָשִׁים קַלִּים, שֶׁאִם הִפְקִיד בֶּהֱמַת שְׁלָמִים אֵצֶל חֲבֵירוֹ וְכָפַר וְנִשְׁבַּע וְהוֹדָה – מְשַׁלֵּם קֶרֶן וְחוֹמֶשׁ וְאָשָׁם. וְאע"ג דְּקָדְשֵׁי שָׁמַיִם אֵין נִשְׁבָּעִין עֲלֵיהֶן, כִּדְגָרְסִינַן בְּפֶרֶק "הַזָּהָב" (ב"מ דף נו.), בְּקָדָשִׁים קַלִּים נִשְׁבָּעִין. שֶׁהֵן מָמוֹנוֹ. שֶׁל חֲבֵירוֹ, וְקָרֵינַן בְּהוּ "בַּה'" וְכִחֵשׁ, בַּעֲמִיתוֹ וְכִחֵשׁ". הַמְקַדֵּשׁ. אִשָּׁה בְּחֶלְקוֹ. כִּי אָמַר ר' יוֹסֵי הַגְּלִילִי. מָמוֹן בְּעָלִים הָוֵי. מֵחַיִּים. שֶׁאַחֲרָיוּת הוּא עָלָיו. אֲבָל לְאַחַר שְׁחִיטָה. כִּי זָכוּ, בֵּין כֹּהֲנִים בְּחָזֶה וְשׁוֹק, בֵּין בְּעָלִים בִּשְׁאָר הַבָּשָׂר – מִשֻּׁלְחַן גָּבוֹהַּ זָכוּ. בְּכוֹר מוֹכְרִין אוֹתוֹ. בַּזְּמַן הַזֶּה, כִּדְמוֹקֵי לָהּ לְקַמָּן, [וְהַכֹּהֲנִים] מוֹכְרִין אוֹתוֹ לַכֹּהֵן. תָּם חַי. וְלוֹקֵחַ יַמְתִּין עַד שֶׁיִּפּוֹל בּוֹ מוּם וְיִשְׁחָטֶנּוּ. אֲבָל תָּמִים שָׁחוּט – לֹא, דְּאֵין לוֹ תַּקָּנָה אֶלָּא קְבוּרָה. דְּאָסוּר בַּהֲנָאָה, דְּקָדָשִׁים הַשְּׁחוּטִין בַּחוּץ הוּא. וּמְקַדְּשִׁין בּוֹ. כֹּהֲנִים. אֶת הָאִשָּׁה. דְּמָמוֹנָן הוּא. דִּבְעָלָיו שֶׁל בְּכוֹר הַיְינוּ כֹּהֵן, דְּמִשֶּׁנּוֹלַד הַבְּכוֹר שֶׁלּוֹ הוּא. לֹא שָׁנוּ. דִּבְכוֹר חַי הָוֵי מָמוֹן בְּעָלִים כְּשֶׁהוּא תָּם, אֶלָּא בַּזְּמַן הַזֶּה. וּזְכִיָּה בְּגַוַּיְיהוּ. מֵחַיִּים. וְאֵיתִיבֵיהּ גָּרְסִי'. שֶׁהֵן מָמוֹנוֹ. אֲפִי' בִּזְמַן שֶׁבֵּית הַמִּקְדָּשׁ קַיָּים. דְּהָא קְרָא דִּשְׁבוּעַת הַפִּקָּדוֹן בִּזְמַן שֶׁבֵּית הַמִּקְדָּשׁ הוּא דִּמְחַיֵּיב לֵיהּ אָשָׁם. וּמְשַׁנֵּי רָבִינָא. הָכָא דְּקָתָנֵי דְּמָמוֹן בְּעָלִים הֵם – בִּבְכוֹר הַנּוֹלָד בְּחוּ"ל בִּזְמַן הַמִּקְדָּשׁ עָסְקִינַן, דְּלָא קָאֵי לְהַקְרָבָה. וְאַלִּיבָּא דר"ש דְּאָמַר. בְּמַסֶּכֶת תְּמוּרָה (דף כא.). אִם בָּאוּ. בְּכוֹרוֹת מֵחוּ"ל לא"י תְּמִימִים יִקְרְבוּ. בָּאוּ אִין לְכַתְּחִילָּה לָא. אֶלָּא יִרְעוּ עַד שֶׁיִּסְתָּאֲבוּ. וְהִלְכָּךְ, כֵּיוָן דְּלָאו לְהַקְרָבָה קָאֵי – הָוֵי מָמוֹן כֹּהֵן. וְאִם אִיתָא. דְּמֵחַיִּים אָמַר רַבִּי יוֹסֵי הַגְּלִילִי דְּמָמוֹן בְּעָלִים הֵן, כִּדְקָתָנֵי מַתְנִי' דְּחַיָּיבִין עַל נִזְקָן, וְאוֹקִימְנָא כְּר' יוֹסֵי הַגְּלִילִי. וְלִישְׁנֵי

תוספות

שאני מטלטלי. פי': שיש להם דעת. אבל בהמות לא חשיבי מטלטלי דניידי, ונקנין באגב אפי' אין צבורים, כדאמרינן בפ"ק דקדושין (דף כו:): טפח על טפח לפלוני ועמו מאה צאן.

שאני מקרקעי דניידי. וא"ת: אפילו לא ניידי, הא תרי תשמישי נינהו *והוי כחולסית ומגולה, דמחזיק באחד מהן לא קנה האחר, כדאמרינן בפ' "המוכר [את] הבית" (ב"ב סז.) לחד לישנא! וי"ל: דעבד וקרקע חשיב חד תשמיש, לפי שהעבד ראוי לעבודת קרקע.

מאן תנא. כלומר: פשיטא ליה דלא בא למעט ההקדשות דלית בהו מעילה, כגון קרקע, דכיון דהם נכסי גבוה – מעילה לא מעלה ולא מורדת.

ומחיים מי אמר. תימה: מאי קס"ד, אי מחיים לא אמר – כ"ש לאחר שחיטה! ואין לומר דה"פ: ומחיים מי אמר אפילו היכא דחזיא להקרבה, מדקמפלגת בין מחיים לאחר שחיטה – מכלל דמחיים אפילו בחזי להקרבה חשבת ליה ממונו, דומיא דלאחר שחיטה. דאם כן כי פריך מבכור – לסייעיה משלמים, דקאמר בן עזאי: לא בא הכתוב אלא לרבות שלמים, ובן עזאי ואבא יוסי אתו לפרושי מילתיה דר"י הגלילי, כדפ"ה. ושלמים חזו להקרבה, ואפילו לכתחילה יקרבו! וי"ל, דה"פ: ומחיים מי אמר – במתנות כהונה, בחלק שיש לכהנים בשלמים. מדלא קאמר: מתנות כהונה שאני, דהמקדש בחלקו היינו מתנות כהונה, חלק שיש לכהנים בשלמים, אלא קאמר: משום דלאחר שחיטה משלחן גבוה זכו, משמע: אבל מחיים – הוי ממון בעלים, אע"ג דהוי מתנות כהונה. וא"ת: אי הוה משני "מתנות כהונה שאני" הוה משמע דחלק בעלים אפי' לאחר שחיטה הוי ממון בעלים, ובפ"ב דיו"ט (ביצה כא.) נמי אמר דבעלים משלחן גבוה זכו! וי"ל: דה"מ – לענין נדרים ונדבות, דאינן קרידים בי"ט, משום דעיקר שחיטה הוי בשביל גבוה, ולא משום אכילת בעלים, והוי "לכם ולא לגבוה". אבל פשיטא דחלק בעלים אפי' לאחר שחיטה הוי ממון בעלים לקדש בו אשה ולכל דבר. וכן משמע דהמקדש בחלקו – בחלק כהנים איירי, דלשון "המקדש בחלקו" לא שייך אלא בחלק כהנים. דבבעלים לא שייך בהן לשון חלק, דעיקר הקרבן שלהן. וקראי נמי דמייתי בפ' "האיש מקדש" (קדושין דף נב:) אמתני' דהמקדש בחלקו, "וזה יהיה לך מקדש הקדשים מן האש", לא כתיב אלא בכהנים. והא דקאמר התם: לימא מתני' דלא כר' יוסי, ומסיק: כי קאמר ר' יוסי – מחיים, דיקא נמי דקתני המקדש בחלקו, דמשמע לאחר שחיטה – לא הוי לפי המסקנא דהכא, אלא לפי מה דסלקא דעתיה מעיקרא. דלפי המסקנא במתנות כהונה – אפי' מחיים הוי ממון גבוה.

תם חי אבל לא שחוט. הא לא איצטריך לאשמועינן, דבבכור בזמן הזה מוקמינן לה, דאין שייך בו מכירה לאחר שחיטה, דמיתסר בהנאה. אבל קמ"ל דמוכרין אותו חי, אע"ג דמעשר אין נמכר, דנאמר בו "לא ימכר ולא יגאל". וכן איתא בפ"ק דתמורה (דף ה:).

ואיתיביה רבא לר"נ. ובזמן שבית המקדש קיים מיירי, דומיא דשלמים, כדאמרינן בפ"ק דתמורה (דף ח.). א"נ כדפ"ה, דלענין לאתויי קרבן מעילה קדריש קרא, דלא שייך אלא בזמן שבית המקדש קיים.

בבכור בחו"ל. הא דלא תירץ בבכור בזמן הזה – משום דדומיא דשלמים קתני כדפי' לעיל. אבל ר"נ דלעיל המ"ל בבכור בחו"ל, אבל זה הוא דוחק, וניחא ליה להעמיד בבכור בזמן הזה.

ואליבא דר"ש דאמר אם באו תמימים יקרבו. ור"ע פליג עליה בפ' "אלו קדשים" בתמורה (דף כא.) ואמר: לא יקרבו, דדריש מהקישא: מקום שאי אתה מביא מעשר שני אי אתה מביא בכור. וא"ת: ואמאי קאמר ואליבא דר"ש? כ"ש אליבא דר"ע דאמר לא יקרבו, דהוי ממונו! וי"ל: דמוקי לה כר"ש משום דדומיא דשלמים קתני, דקריבים. ועוד י"ל: דע"כ לא מתוקמא כר"ע, מדמצריך קרא לרבויי שהוא ממון בעלים.

לכתחילה לא. פי': אין צריך להביאם, כדמפרש בפ' "אלו קדשים" (שם), אמר ר"ש: מה טעם – לפי שכל הקדשים אין להם פרנסה במקומן. פי': אין להם התרה אלא במקדש. חוץ מן הבכור ומעשר שיש להם פרנסה במקומן. פי': שנאכלין במומן. ולהכי תלי לה בר"ש, דכולה ר"ש היא. וקצת היה נראה לגרוס "ר' ישמעאל", דהתם פריך אמתני' שאמר יקרבו מבן אנטונינוס שהביא בכורות מבבל ולא קבלם, ומשני: הא כר' ישמעאל הא כר"ע, *ובריית' דבן אנטונינוס כר"ע. ומוכח התם שהמשנה כר' ישמעאל.

ואם איתא לישני ליה. פי': ואם איתא דמחיים הוי ממונו לר' יוסי הגלילי, אפי' במתנות כהונה דחזו להקרבה – לישני ליה: הא דר"נ אמר רבה בר אבוה כרבנן, דממה נפשך לא הוי כר"י הגלילי. ולפי סברא זו לא יהיה אמת הא דמשמע לקמן בסוף "הפרה" (דף נג: ושם) דבכור לא הוי בכלל "רעהו" אפי' בזמן הזה. דפליגי אביי ורבא בשור ושור של פסולי המוקדשין שנגחו, ופי' רבינו יהודאי גאון: בבכור שור דלא פריק ליה, וכפי' נ"ל כמו שאפרש שם בע"ה. ומסתמא בימיהם פליגי, *דבזמן הזה לכ"ע הוי ממון הדיוט. ומשני: אלא מתנות כהונה שאני. וה"ג ר"ח, ורש"י נ"ג כן. והשתא מלתיה דר"נ לא מיתוקמא אלא כר' יוסי הגלילי, ופלוגתא דאביי ורבא לקמן כרבנן, נראה דדוקא מחיים הוי לרבנן ממון גבוה אפי' בעל מום, דאסור בגיזה ועבודה, אבל לאחר שחיטה למה יחשב ממון גבוה אפילו בזמן שבית המקדש קיים? דהא אפילו לגוי שרי להאכיל, כדתני' בפרק "כל פסולי המוקדשין" (בכורות דף לג.) דאתקש לצבי ואיל.

אי

רבינו חננאל

בתוכה ואע"ג דקי"ל צבורין לא בעינן הני מילי במטלטלי דלא ניידי אבל במטלטלי דניידי בעינן צבורין. והא דתניא החזיק בקרקעות לא קנה עבדים בדלא קיימי בגוה. הא דאמר שמואל מכר לו י' שדות בי' מדינות כיון שהחזיק באחד זכה בכולן דסדנא דארעא [חד] הוא קי"ל כוותיה דהא מותבינן מינה וליכא דפליג עליה: (מתני') נכסין שאין בהן מעילה כו' פי' המזיק אותם חייב לשלם ודייקי' מינה קדשין הן ואין בהן מעילה כלומר הנהנה מהם אינו חייב קרבן מעילה מאן תנא אמר ר' יוחנן ר' יוסי הגלילי היא דתניא ומעלה מעל בה' וכחש בעמיתו בפקדון לרבות קדשים קלים שהן ממונו דברי ר' יוסי הגלילי פי' אם יפקיד אדם קדשים קלים שלו אצל אדם ויכפור בהן וישבע חייב קרן וחומש ואשם וכן הגוזל שנאמר בה' וכחש בעמיתו וגו' כלומר הן לה' ונקראין ממון עמיתך לדברי ר' יוסי הגלילי ואין זה ומעלה מעל שחייב קרבן מעילה אלא פירושו נפש כי תחטא וחטאה חטא בדבר שיש בו לה' והוא ממון בעלים כגון קדשים קלים. ואקשי' עליה מהא דתנן בקידושין פ"ב המקדש בחלקו בין בקדשי קדשים בין בקדשים קלים אינה מקודשת ואי קדשים קלים ממון בעלין הן אמאי אינה מקודשת לימא מתניתין דלא כר' יוסי הגלילי. ופרקינן כי אמר ר' יוסי ממון בעלים הם מחיים אבל לאחר שחיטה לא אמר ומתני' אחר שחיטה היא ואקשי' ומחיים מי אמר והתנן בתחילת מעשר שני בכור מוכרין אותו תמים חי ובעל מום חי ושחוט ומקדשין בו את האשה ומייתינן לה בשמעתא דרך גרירה בתמורה פ"א ואוקמה רב נחמן התם בבכור בזמן הזה דכיון דלא חזי להקרבה אית לכהנים זכייה בגויה אבל בזמן שבית המקדש קיים דחזי להקרבה דלית לכהנים זכייה בגויה אין מוכרין הבכור ומותיב רבא עליה דרב נחמן ומעלה מעל בה' לרבות קדשים קלים שהן ממונו דברי ר' יוסי הגלילי ותנן הבכור והמעשר והפסח קדשים קלים הנה הבכור ממון כהן הוא אפי' בזמן שבהמ"ק קיים וכיון דממונו הוא מצי מזבין ליה. ושני רבינא בבכור הבא מחוץ לארץ כלומר הא דאמרי' לרבות קדשים קלים שהן ממונו ואוקימנה בבכור ואפי' בזמן שבית המקדש קיים בבכור הבא מחוץ לארץ ואליבא דר' שמעון דאמר בתמורה פ"ג באו תמימין יקרבו ואם בעלי מומין יאכלו במומן לבעלים אמר ר' שמעון מה טעם שהבכור והמעשר יש להן פרנסה במקומן ושאר כל הקדשים אע"פ שנולד בהן מום הרי אלו בקדושתו ש"מ ואפי' ר' שמעון לא אמר אלא אם באו דיעבד אבל לכתחילה לא אמר דקלישא קדושה דידהו ומשום הכי קרי להן ממונו ומצי מזבין להו ואם איתא הא דאמרת דסבר ר' יוסי הגלילי כי אמינא ממונו הוא מחיים לישני רבינא הא ר' יוסי הגלילי כטעמיה. והא דתנן בכור מוכרין אותו תמים חי כו' ואוקמה רב נחמן בזמן הזה אבל בזמן שבית המקדש קיים לית להו לכהנים זכייה בהו לרבנן ופרקי' הכי לא תימא כי אמר ר' יוסי מחיים אלא

מסורת הש"ס

[קדושין כז.]

[לקמן סו. וש"נ]

קדושין נב: ב"ב קכג: זבחים נג: תמורה ח.

[ביצה כא. וש"נ]

מעשר שני פ"א מ"ב תמורה ז:

רש"ל

[תמורה כא. וש"נ]

גליון הש"ס

גמ' אלא מאי איש לך למימר. בבא בתרא דף קנ ע"א:

[נ"ל ומטנה]

נ"ל ובזמן

לישני: הא רבי יוסי הגלילי, הא רבנן! (*אמר ליה) מתנות כהונה קאמרת? שאני מתנות כהונה, דכי קא זכו — משלחן גבוה קא זכו.§ גופא: (ויקרא ה) °"ומעלה מעל בה'" — לרבות קדשים קלים, שהם ממונו, דברי רבי יוסי הגלילי; בן עזאי אומר: לרבות את השלמים; אבא יוסי בן דוסתאי אומר: לא אמר בן עזאי אלא בבכור בלבד. אמר מר, בן עזאי אומר: לרבות את השלמים. למעוטי מאי? אילימא למעוטי בכור, השתא ומה שלמים שטעונים [א]סמיכה [ב]ונסכים [ג]ותנופת חזה ושוק, אמרת ממון בעלים הוא, בכור מבעיא? אלא אמר רבי יוחנן: למעוטי מעשר; כדתניא:* בבכור נאמר: (במדבר יח) °"לא תפדה", ונמכר תם חי, ובעל מום חי ושחוט. במעשר נאמר: (ויקרא כז) °"לא יגאל", [ד]ואינו נמכר לא חי ולא שחוט, לא תם ולא בעל מום. רבינא מתני לה אסיפא, אבא יוסי בן דוסתאי אומר: לא אמר בן עזאי אלא בבכור בלבד. למעוטי מאי? אילימא למעוטי שלמים, השתא ומה בכור שקדוש מרחם — ממונו הוא, שלמים מבעיא? אמר רבי יוחנן: למעוטי מעשר; כדתניא: בבכור נאמר: "לא תפדה", ונמכר תם חי, ובעל מום חי ושחוט. במעשר נאמר: "לא יגאל", ואינו נמכר לא חי ולא שחוט, לא תם ולא בעל מום. הא "בבכור בלבד" קאמר! קשיא. רבא אמר: מאי "נכסים שאין בהן מעילה"? נכסים שאין בהן דין מעילה, ומאי נינהו? דהדיוט. וליתני: דהדיוט! קשיא. אמר רבי אבא: [ה]שלמים שהזיקו — גובה מבשרן ואינו גובה מאימוריהן. פשיטא, אימורין לגבוה סלקי! לא צריכא, [ו]*לגובה מבשרן כנגד אימורים. אליבא דמאן? אי *אליבא דרבנן — פשיטא, הא אמרי: כי ליכא לאשתלומי מהאי לא משתלמא מהאי! ואי אליבא דרבי נתן — *הא אמר: כי ליכא לאשתלומי מהאי משתלם מהאי! אי בעית אימא: רבי נתן, איבעית אימא: רבנן; איבעית אימא רבנן, ה"מ בתרי גופי, אבל בחד גופא, מצי אמר ליה: מכל היכא דבעינן משתלמנא; איבעית אימא רבי נתן, התם הוא *דאמר ליה בעל שור לבעל הבור: אנא תוראי בבירך אשכחתיה, מאי דלית לי לאשתלומי מהיאך משתלימנא מינך, אבל

רש"י

לישני. רבינא. הא רבי יוסי הגלילי. ורב נחמן דאמר כרבנן. מתנות כהונה קאמרת. בכור מעשרים וארבע מתנות כהונה, והלכך אוקמה רבינא להא דרב נחמן כר"י הגלילי, דאיהו נמי מודה בהא, דכל זמן שהבית קיים משולחן גבוה זכו להו כהנים ואפילו מחיים. וכי קאמר רבי יוסי הגלילי: ממון בעלים הן — בשלמים קאמר, דבעלים ישראל לא זכו להו מחיים משלחן גבוה. והא דתירץ רבינא לרבי יוסי הגלילי בבכור בחוצה לארץ ולא תירץ בשלמים — משום דסיפא דברייתא מוכח דבבכור קמיירי. דקתני: לא אמר בן עזאי אלא בבכור, ובן עזאי מילתיה דרבי יוסי קמפרש. ולקמיה מפרש מילתיה. שלמים. שטעונין סמיכה ונסכים. מנחת נסכים — שלשה עשרונים לפר, ושני עשרונים לאיל, ועשרון לכבש, כדמפרש במנחות בפ' *"כל [המנחות]" (דף סא). אבל בכור לא. בכור מבעיא. ובבכור בחוצה לארץ קאמר, דכיון דלאו להקרבה קאי — לא זכו ליה משלחן גבוה, דלא חזי לגבוה. למעוטי מעשר בהמה. שאע"פ שהוא קרב שלמים, כדאמרינן בפ' בתרא דבכורות (דף ס.), אפי' הכי לא הוי מחיים ממון בעלים כשלמים. בבכור. הם נאמר: "אך בכור שור וגו' לא תפדה" — פדיון הוא דלית ליה, דליפוק מקדושת בכור למכור באיטליז ולישקול בליטרא. אבל נמכר הוא חי, ולוקח יאכלנו בקדושתו כשיומם. או אם הבית קיים — יקריבנו. במעשר נאמר לא יגאל. וגמרינן בבכורות בפ' [חמישי] (דף לב.) האי "לא יגאל" מ"לא יגאל" דחרמים, דכתיב בהן: "לא ימכר ולא יגאל"; מה להלן מכירה עמו — אף כאן מכירה עמו. הלכך, אינו נמכר לא חי ולא שחוט כו'. אלמא: לאו ממון בעלים הוא. רבא אמר. מעילה דמתניתין לא תידוק מיניה: הא מקדש קדשי, אלא ה"ק: שאין בהן דין מעילה — שאין בהם שום קדושה לשמים, דבקדושת שמים שייכא דין מעילה כגון קדשי קדשים. ומאי נינהו. כגון נכסים דהדיוט. גובה. חצי נזקו מבשרו, דנזק שור תם משתלם מגופו. לא צריכא. הא דקתני "אינו גובה מאימורין" — הא קמ"ל: דאין גובה מבשרו כנגד אימורין. כגון, שור שוה מאתים שנגח שור שוה מאתים — אינו גובה אלא חציו דמי בשרו, אף על גב דלא הוי מנה שלם. ודמי חצי אימורין לא ישתלם מדמי חצי האחר של בשר. אי אליבא דרבנן. דפליגי עליה דרבי נתן בפרק "שור שנגח את הפרה" (דף נג.) גבי שור שדחף את חבירו לבור, [*ואמרינן]: בתם — בעל השור משלם רביע ובעל הבור פטור, מפני שזה הפילו. ובמועד — בעל השור משלם חצי ובעל הבור פטור. אלמא: כי ליכא לאשתלומי מבעל השור — לא משתלם מבעל הבור, ואע"פ שבו נמלא הנזק. ופשיטא דאינו גובה מבשרן כנגד אימוריהן. ואי אליבא דרבי נתן הא אמר כי ליכא לאשתלומי. מבעל השור, משתלם מבעל הבור. דאמר: בתם — בעל השור משלם רביע ובעל הבור שלשה חלקים, ובמועד — בעל השור משלם מחצה ובעל הבור מחצה. והכא נמי, אמאי אינו גובה מבשרן כנגד אימוריהן? הא הכא נמי תרווייהו הזיק, חלק גבוה וחלק הדיוט. וספרים דכתיב בהן "אע"ג דאיכא לאשתלומי מהאי משתלם מהאי" — שבשתא היא, דהתם לא מצינו לאוקמי הכי. הני מילי. בתרי גופי. כגון שור ובור. אבל בחד גופא. אי לא אשמעינן ר' אבא דאינו גובה מאימוריהן הוה אמינא דמצי א"ל: מכל היכא דבעינא משתלמנא. התם הוא דאמר ליה בעל השור. ההרוג לבעל הבור. אנא תוראי בבירך אשכחתיה. מת. הלכך כל הנזק עליו, מה דאית לי לאשתלומי מבעל השור — משתלימנא. אם תם הוא משלם רביע, דאפילו הזיקו הוא לבדו לא היה משלם אלא חצי נזק, ועכשיו שיש אחר עמו — ישלם רביע, והשאר משתלימנא מינך.

תוספות

אי אליבא דרבנן. פי' בקונטר': אי אליבא דרבנן דפליגי עליה דרבי נתן בפ' "הפרה" (לקמן נג. ושם) גבי שור שדחף חבירו לבור, ואמר [בתם] דבעל השור משלם מחצה ובעל הבור פטור. אלמא: כי ליכא לאשתלומי מבעל השור — לא משתלם מבעל הבור, ואע"ג שבו נמלא ההיזק. ופשיטא דאין גובה מבשרו כנגד אימורין, עכ"ל. משמע מפירושו שהשור עושה כל ההיזק, ובעל הבור אין עושה כלום, הלכך שור מועד משלם נזק שלם ותם חצי נזק, ולכך לא מצי למידק אלא מתם ולא ממועד. וכן פי' בהדיא לקמן בפ' "הפרה" (שם ד"ה מאי), וז"ל: אבל רבנן בתר מעיקרא אזלי, וסברי דבעל השור כוליה היזקא קעביד. הלכך, במועד בעל השור משלם כ"ש, ובתם משלם חצי נזק, (ובעל השור) ופלגא מפסיד. וקשה לר"י: היכי דייק דאין גובה מבשרם כנגד אימוריהן מדלא משתלם מבעל הבור כלום בתם שמפסיד פלגא? דהתם משום שהבור לא עשה היזק כלל, אבל בשלמים שהבשר עשה כמו כן היזק, כיון דליכא לאשתלומי מאימורין — משתלם מן הבשר! דעל כרחך ס"ל השתא שנים שהזיקו, האי כוליה הזיקא עבד והאי כוליה הזיקא עבד, כיון דלא אסיק אדעתיה טעמא ד"תורא בבירך אשכחתיה". דאי כל חד וחד פלגא הזיקא עבד — למה ישלם בתם לרבי נתן בעל הבור שלשה חלקים, דהיינו יותר ממה שהזיקו? ובלא טעם אין לנו לומר, כדמוכח ב"הפרה". ועוד: מנא ליה לגמרא דלרבנן בתם משלם בעל השור מחצה ובעל הבור פטור? דלמא בתם בעל השור משלם מחצה, ובעל הבור משלם מחצה. ורבנן דאמרי ובעל הבור פטור — איירי במועד! ונראה לר"י: דרבנן דאמרי בעל השור חייב ובעל הבור פטור — היינו דבעל השור משלם מחצה במועד, ובתם רביע, ובעל הבור פטור לגמרי. שלא חייב הכתוב בור אלא היכא דנפל ממילא, דכתיב "ונפל שמה שור". אבל אם אחרים מפילים אותו בבור — פטור בעל הבור. והכא ה"פ: הא אמרי כי ליכא לאשתלומי מבעל הבור לא משתלם מבעל השור, אע"ג דס"ל האי כולא הזיקא עבד והאי כו', ופשיטא דאין גובה מבשרן כנגד אימוריהן, ומאי קמ"ל רבי אבא? וא"ת: מנליה דהא דקאמרי רבנן ובעל השור חייב לאו היינו דחייב הכל? וי"ל: דאי הוו פליגי רבי נתן ורבנן בתשלומי השור הוה להו לפרש, ומדלא פירשו — ש"מ מודו לרבי נתן בהא. ועוד: דאם איתא דמחייבי רבנן הכל לבעל השור — ה"ל לר' נתן למימר דאין משלם אלא מחצה. **אנא** תוראי בבירך אשכחתיה. ודוקא גבי בור קאמר דמשלם, אע"ג דכל חד וחד כולא הזיקא עבד שייך לחלק בין שור לבור מהאי טעמא. ומיהו, כיון דידע טעם ד"תוראי בבירך אשכחתיה" — אתי למסבר נמי דכל חד וחד פלגא דהזיקא עבד, כדאמרינן ב"הפרה" (שם). ושם אפרש בע"ה.

אמר

עין משפט נר מצוה

קכה א מיי' פ"ג מהל' מעשה קרבנות הל' ו סמג עשין קפג:
קכו ב מיי' שם פ"ב הל' ב סמג שם:
קכז ג מיי' פ"ט שם הלכה ו:
קכח ד מיי' פ"ו מהל' בכורות הל' ה ו סמג עשין ריב ולאוין שדמ:
קכט ה ו מיי' פ"ח מהל' נזקי ממון הלכה ב ג:

מסורת הש"ס

[צריך תיקון ועי' במהר"מ הגי' אמר לך]
[נ"ל שתי מדות לג:]
תוספתא מנחות ... בכורות לח: לב.]
[לקמן נג.]
[שם]
עיין מהר"מ

גליון הש"ס

גמרא אליבא דרבנן. עי' לקמן נג ע"ב תוס' ד"ה כרבנן וצ"ע ה"א:
נ"ל לגבות יעב"ץ

רבינו חננאל

אלא הכי קאמר אפילו תימא ר' יוסי הגלילי ושאני מתנות כהונה דמשלחן גבוה קא זכו. לפיכך אינו ממונם וכי קאמר ר' יוסי הגלילי בקדשים קלים שלו כגון זבחי שלמים שלו. גופה ומעלה מעל בה' לרבות קדשים קלים שהן ממונו דברי ר' יוסי הגלילי פי' לרבות כל קדשים קלים בן עזאי אומר לרבות שלמים. ואמרי' בן עזאי למעוטי מאי אילימא למעוטי בכור שאינו ממונו השתא שלמים שטעונין סמיכה ונסכין ותנופת חזה ושוק אמרת ממוניה הוא בכור מיבעיא. אמר ר' יוחנן למעוטי מעשר וכדתניא בבכור נאמר לא תפדה ונמכר הוא אוקמוה בתחלת תמורה בבעל מום. במעשר נאמר לא יגאל ואינו נמכר כלל כו' רבינא מתני אסיפא אבא יוסי בן דוסתאי אמר לא אמר בן עזאי אלא בבכור בלבד למעוטי מאי אילימא למעוטי שלמים כו' ואוקמ' ר' יוחנן למעוטי מעשר וכדתניא וכו' ועלתה בקשיא. רבא אמר מאי שאין בהן מעילה שאין בהם דין מעילה ומאי [נינהו] נכסי הדיוט. ואקשי' עליה וליתני נכסין של הדיוט קשיא. אמר רבא שלמים שהזיקו לדברי ר' יוסי הגלילי גובה מבשרן ולא מאימוריהן כו' כיון שאמר קדשים קלים ממון בעלים הן והמזיק חייב לשלם הוצרך לומר כך אם הזיקו הן חייבין פי' שור של שלמים שחבל בשור של חולין בק' כספים חצי הנזק נ' כספים יכול למימר ליה המזיק תרי שותפי אנן בהא תורא בשרא דידי ותרבא דהקדש אנא משלימנא לך מן הבשר מנתא דמטו לי לפום חושבנא והקדש מטו לך או דלמא מצי אמר ליה נ' זוזי כולהו מבשרא משתלמנא דהא לא יכילנא לאשתלומי מן האימורין דלגבוה סלקי שקילנא כל קבל מנתא דמטו להו לאימורין לשלומי מבשרא ואי לא שוה הב לי בשרא אחרינא דהא את מתכפר באימורין. ואמרי אליבא דמאן אמר רבא להא שמעתא דשלמים שהזיקו כו' אי אליבא דרבנן פשוטה היא. אי אליבא דר' נתן היא וחלוקתם בפ' שור שנגח את הפרה בסופו ואני עתיד לפרשו שם באר היטב.

אמר

אֲבָל הָכָא מִי מָצֵי אָמַר: בָּשָׂר אַזֵּיק, אֵימוּרִין לֹא אַזֵּיק? אָמַר רָבָא: אתּוֹדָה שֶׁהִזִּיקָה — גּוֹבֶה מִבְּשָׂרָהּ וְאֵינוֹ גּוֹבֶה מִלַּחְמָהּ. לֶחֶם, פְּשִׁיטָא! סֵיפָא אִצְטְרִיךְ לֵיהּ: נִיזָּק אוֹכֵל בָּשָׂר, וּמִתְכַּפֵּר מֵבִיא לֶחֶם. הָא נַמִי פְּשִׁיטָא! מַהוּ דְּתֵימָא, כֵּיוָן דְּלֶחֶם הֶכְשֵׁירָא דְּזֶבַח הוּא, לֵימָא לֵיהּ: אַתְּ אָכְלַתְּ בָּשָׂר וַאֲנָא אַיְיתֵי לֶחֶם? קמ"ל דְּלֶחֶם חִיּוּבָא דִּבְעָלִים הוּא.§ ב"נְכָסִים שֶׁהֵן שֶׁל בְּנֵי בְרִית".§ לְמַעוּטֵי מַאי? אִי לְמַעוּטֵי דְּגוֹי, הָא קָתָנֵי לָהּ לְקַמָּן: *"שׁוֹר שֶׁל יִשְׂרָאֵל שֶׁנָּגַח שׁוֹר שֶׁל גּוֹי — פָּטוּר! תְּנָא וַהֲדַר מְפָרֵשׁ.§ "נְכָסִים הַמְיוּחָדִין".§ לְמַעוּטֵי מַאי? אָמַר רַב יְהוּדָה: לְמַעוּטֵי זֶה אוֹמֵר: שׁוֹרְךָ הִזִּיק, וְזֶה אוֹמֵר: שׁוֹרְךָ הִזִּיק. הָא תָּנֵי לְקַמָּן: *"הָיוּ שְׁנַיִם רוֹדְפִין אַחַר אֶחָד, זֶה אוֹמֵר: שׁוֹרְךָ הִזִּיק, וְזֶה אוֹמֵר: שׁוֹרְךָ הִזִּיק — שְׁנֵיהֶם פְּטוּרִין! תָּנֵי וַהֲדַר מְפָרֵשׁ. בְּמַתְנִיתָא תָּנָא: גפְּרָט *לְנִכְסֵי הֶפְקֵר. ה"ד? אִילֵימָא דְּנָגַח תּוֹרָא דִידָן לְתוֹרָא דְּהֶפְקֵר, מַאן תָּבַע לֵיהּ? אֶלָּא דְּנָגַח תּוֹרָא דְּהֶפְקֵר לְתוֹרָא דִּידָן, לֵיזִיל וְלֵיתֵיהּ! דבְּשֶׁקָּדַם וְזָכָה בּוֹ אַחֵר. רָבִינָא אָמַר: לְמַעוּטֵי הנָגַח וְאח"כ הִקְדִּישׁ, ונָגַח וְאח"כ הִפְקִיר. תַּנְיָא נַמִי הָכִי, *יָתֵר עַל כֵּן אָמַר ר' יְהוּדָה: אֲפִי' נָגַח וְאח"כ הִקְדִּישׁ, נָגַח וְאח"כ הִפְקִיר — פָּטוּר, שֶׁנֶּאֱמַר: °"וְהוּעַד בִּבְעָלָיו וְהֵמִית אִישׁ" וגו', עַד שֶׁתְּהֵא מִיתָה וְהַעֲמָדָה בְּדִין שָׁוִין כְּאֶחָד. וּגְמַר הַדִּין לָא בָּעֵינַן? הָא "הַשּׁוֹר יִסָּקֵל" בִּגְמַר דִּין הוּא דִּכְתִיב! אֶלָּא אֵימָא: עַד שֶׁתְּהֵא מִיתָה וְהַעֲמָדָה בְּדִין וּגְמַר דִּין שָׁוִין כְּאֶחָד.§ ז"חוּץ מֵרְשׁוּת הַמְיוּחֶדֶת לַמַּזִּיק".§ חדְּאָמַר לֵיהּ: תּוֹרָךְ בִּרְשׁוּתִי מַאי בָּעֵי?§ "וּרְשׁוּת הַנִּיזָּק וְהַמַּזִּיק".§ אָמַר רַב חִסְדָּא אָמַר אֲבִימִי: חֲצַר הַשּׁוּתָּפִין — חַיָּיב בָּהּ עַל הַשֵּׁן וְעַל הָרֶגֶל, וְהָכִי קָאָמַר: חוּץ מֵרְשׁוּת הַמְיוּחֶדֶת לַמַּזִּיק — דְּפָטוּר, וּרְשׁוּת הַנִּיזָּק וְהַמַּזִּיק — כְּשֶׁהִזִּיק חָב הַמַּזִּיק; וְר' אֶלְעָזָר אָמַר: פָּטוּר עַל הַשֵּׁן וְעַל הָרֶגֶל, וְהָכִי קָאָמַר: חוּץ מֵרְשׁוּת הַמְיוּחֶדֶת לַמַּזִּיק, וּרְשׁוּת הַנִּיזָּק וְהַמַּזִּיק נַמִי פָּטוּר. "וּכְשֶׁהִזִּיק חָב הַמַּזִּיק" — לְאַתּוּיֵי קֶרֶן. הָנִיחָא לִשְׁמוּאֵל, אֶלָּא לְרַב דְּאָמַר: *תְּנָא שׁוֹר וְכָל מִילֵּי דְּשׁוֹר, "חָב הַמַּזִּיק" לְאַתּוּיֵי מַאי? לְאַתּוּיֵי הָא דְּת"ר: "כְּשֶׁהִזִּיק חָב הַמַּזִּיק" — טלְהָבִיא שׁוֹמֵר חִנָּם וְהַשּׁוֹאֵל, נוֹשֵׂא שָׂכָר וְהַשּׂוֹכֵר, שֶׁהִזִּיקָה בְהֵמָה בִּרְשׁוּתָן, תָּם — מְשַׁלֵּם חֲצִי נֶזֶק, וּמוּעָד — מְשַׁלֵּם נֶזֶק שָׁלֵם; ינִפְרְצָה בַּלַּיְלָה אוֹ שֶׁפְּרָצוּהָ לִסְטִין, וְיָצְתָה וְהִזִּיקָה — פָּטוּר. אָמַר מָר: כְּשֶׁהִזִּיק חָב הַמַּזִּיק — לְהָבִיא שׁוֹמֵר חִנָּם וְהַשּׁוֹאֵל, נוֹשֵׂא שָׂכָר וְהַשּׂוֹכֵר. הֵיכִי דָּמֵי? אִילֵימָא דְּאַזְּקֵיהּ תּוֹרָא דְּמַשְׁאִיל לְתוֹרָא דְּשׁוֹאֵל — כלֵימָא לֵיהּ: אִילּוּ אַזֵּיק בְּעָלְמָא בָּעֵית לְשַׁלּוּמֵי אַתְּ, הַשְׁתָּא דְּאַזְּקֵיהּ לְתוֹרָא דִּידָךְ בָּעֵינָא לְשַׁלּוּמֵי?! אֶלָּא דְּאַזְּקֵיהּ תּוֹרָא דְּשׁוֹאֵל לְתוֹרָא דְּמַשְׁאִיל — ללֵימָא לֵיהּ: אִילּוּ אִיתַּזַּק מֵעָלְמָא בָּעֵית לְשַׁלּוּמֵי כּוּלֵּיהּ תּוֹרָא, הַשְׁתָּא דְּאַזְּקֵיהּ תּוֹרָא דִּידָךְ, פַּלְגָא נִיזְקָא הוּא דִּמְשַׁלְּמַתְּ לִי? לְעוֹלָם, דְּאַזְּקֵיהּ תּוֹרָא דְּמַשְׁאִיל לְתוֹרָא דְּשׁוֹאֵל, וְהָכָא בְּמַאי עָסְקִינַן — משֶׁקִּבֵּל עָלָיו שְׁמִירַת גּוּפוֹ,

וְלֹא

שמות כא

תוספות

אמר רבא תודה שהזיקה. אע"ג דרבא מפרש מתניתין דין מעילה, ולא אוקי מתניתין כרבי יוסי הגלילי — על כרחך הכא איירי לר' יוסי הגלילי. **שנאמר** והועד בבעליו והמית. נראה דלאו מ"והועד" קדריש, דהאי "והועד" לא איירי בעדות שעושין לסקלו כ"א לייעדו. אלא מסיפא דקרא קדריש, דכתיב "והשור יסקל". וכן משמע לישנא דפריך: והא "השור יסקל" בגמר דין הוא דכתיב. **חצר** השותפין חייב בה על השן ועל הרגל. במיוחד לפירות ולא לשוורים פליגי, כדמוכח בסוף הסוגיא, דפליגי בקושיא דרבי זירא ובפירוקא דאביי. ולפי זה היה יכול רב חסדא לפרש המשנה כמו שמפרש ר' אלעזר, ויפרש רשות הניזק והמזיק במיוחדת לפירות ולשוורים, דמודה רב חסדא דפטור. וגרסינן לקמן: אמר לך רבי אלעזר: ותסברא מתניתין מי לא פליגי? ומיהו, לספרים דגרסי לקמן: ותסברא מתניתין מי פליגי, ובסוף גרסי: אלא כי תניא ההיא, וכל זה מדברי רבי אלעזר. וצ"ל דפליגי במיוחדת לפירות ולשוורים. וה"פ: ותסברא מי פליגי והתניא כו' אלא ודאי לא פליגי, וכי קתני כו'. ולפי גירסא זו לא יהיה תחילת הסוגיא כמו במסקנא, דפליגי בקושיא דרבי זירא ובפירוקא דאביי.

כשהזיק חב המזיק לאתויי קרן. וא"ת: ולרב חסדא מנא ליה לאתויי קרן לשמואל, וכל הני לרב? ועוד: דברייתא דקתני כשהזיק חב המזיק מייתר לאתויי כל הני, קשיא לרב חסדא! וי"ל: דלדידיה נמי איכא יתורא, דהוי מצי למיתני: ורשות הניזק והמזיק חייב, ולא ליתני "כשהזיק חב המזיק". אך קשה: לשמואל תיקשי הברייתא.

כגון שקבל עליו שמירת גופו כו'. איפכא לא מצי למימר, כגון דאזקיה תורא דשואל לתורא דמשאיל, וכגון שקבל עליו שמירת נזקיו ולא קבל עליו שמירת גופו — דמילתא דלא שכיח הוא. ואע"ג דשהכיר בו שהוא נגחן אמרינן סוף [פרק "שור] שנגח ד' וה'" (לקמן מה:): סתמא דמילתא, דלא אזיל איהו ומזיק אחריני קביל עליה, דאתו אחרים ומזקי ליה לדידיה לא קביל עליה — בשואל לא שייך למימר הכי, דמסתמא שואל קבל עליה שמירה מעולה.

ולא

רש"י

אֲבָל הָכָא מִי מָצֵי א"ל. עַל הַבָּשָׂר נִמְצָא הַנֵּזֶק יוֹתֵר מִן הָאֵימוּרִין? הִלְכָּךְ שָׁוֶה חֲצִי הָאֵימוּרִין יַפְסִיד. לָשׁוֹן אַחֵר: לֹא צְרִיכָא לִגְבּוֹת מִבְּשָׂרָן כְּנֶגֶד אֵימוּרֵיהֶן, דְּוַדַּאי גּוֹבֶה מִבְּשָׂרָן כְּנֶגֶד אֵימוּרֵיהֶן, דְּהַאי "גּוֹבֶה מִבְּשָׂרָן" דְּקָאָמַר רַבִּי אַבָּא — אֲפִי' חֵלֶק הָאֵימוּרִין קָאָמַר. וְקָא פָּרֵיךְ:

תורה אור

אִי אַלִּיבָּא דְּרַבָּנַן אַמַּאי הָא אָמְרִינַן כו', אִי אַלִּיבָּא דְּר' נָתָן – פְּשִׁיטָא. וְלָא שְׁמַעְתִּיהָ. וְרִאשׁוֹן עִיקָּר, דְּמִסְתַּבְּרָא דְּהַאי דְּאוֹתְבֵיהּ קָא מְשַׁנֵּי לֵיהּ. דְּהָא גְּמָרָא מְסַיְּפָא דְּמִילְּתֵיהּ, דְּקָאָמַר "אֵינוֹ גּוֹבֶה מֵאֵימוּרֵיהֶן", פָּרֵיךְ: פְּשִׁיטָא, אֵימוּרִין לַגָּבוֹהַּ סָלְקִי. וְעָלָהּ בָּעֵי לְשַׁנּוּיֵי: מָה "אֵינוֹ גּוֹבֶה מֵאֵימוּרֵיהֶן" דְּקָאָמַר – אֵינוֹ גּוֹבֶה מִבְּשָׂרָן כְּנֶגֶד אֵימוּרֵיהֶן. לֶחֶם פְּשִׁיטָא. הָא לָא אַזֵּיק. נִיזָּק אוֹכֵל בָּשָׂר. לְאַחַר הַקְרָבַת אֵימוּרִין. לְמַעוּטֵי זֶה אוֹמֵר שׁוֹרְךָ הִזִּיק. שֶׁאֵינוֹ יוֹדֵעַ שׁוֹר שֶׁל מִי הִזִּיקוֹ, שֶׁהָיוּ עִמּוֹ שְׁוָורִים שֶׁל אֲנָשִׁים הַרְבֵּה. וּ"מְיוּחָדִין" דְּמַתְנִיתִין הָכִי מַשְׁמַע: שֶׁיְּהוּ כָּל נְכָסִים שֶׁהִזִּיקוּ מְיוּחָדִים לְאָדָם אֶחָד, שֶׁאֵין בָּהֶם סָפֵק. שְׁנַיִם שֶׁהָיוּ רוֹדְפִין. שְׁנֵי שְׁוָורִים שֶׁל שְׁנֵי בְּנֵי אָדָם, שֶׁהָיוּ רוֹדְפִין אַחַר שׁוֹר שֶׁל אָדָם אֶחָד. בְּשֶׁקָּדַם וְזָכָה בּוֹ אַחֵר. לְאַחַר שֶׁהִזִּיק. לְמַעוּטֵי נָגַח וְאח"כ הִקְדִּישׁ. דְּהָכִי מַשְׁמַע: שֶׁיִּהְיוּ מְיוּחָדִים לְאָדָם אֶחָד לְעוֹלָם, מִשְּׁעַת נְגִיחָה עַד שְׁעַת הַעֲמָדָה בַּדִּין. וְהוּעַד בִּבְעָלָיו וְהֵמִית אִישׁ הַשּׁוֹר יִסָּקֵל וְגַם בְּעָלָיו יוּמָת. דְּמַשְׁמַע: שֶׁיְּהֵא לוֹ בַּעַל אֶחָד מִשְּׁעַת הַעֲדָאָה וְעַד שְׁעַת הַעֲמָדָה בַּדִּין. שָׁוִין כְּאֶחָד. בְּבַעַל אֶחָד. חוּץ מֵרְשׁוּת הַמְיוּחֶדֶת לַמַּזִּיק. שֶׁאִם נִכְנַס שׁוֹר נִיזָּק בַּחֲצַר הַמַּזִּיק, וְהִזִּיקוֹ שׁוֹר הַמַּזִּיק – פָּטוּר. חֲצַר הַשּׁוּתָּפִין חַיָּיב בָּהּ. הַכָּתוּב עַל הַשֵּׁן וְעַל הָרֶגֶל. אִם אָכְלָה בְּהֶמְתּוֹ שֶׁל זֶה פֵּירוֹתָיו שֶׁל זֶה, אוֹ דָּרְסָה עַל כֵּלָיו – חַיָּיב, דְּ"בִשְׂדֵה אַחֵר" קָרֵינַן בֵּיהּ, וְלָאו הָוֵי כִּרְשׁוּת הָרַבִּים. וְכ"ש עַל הַקֶּרֶן וְתוֹלְדוֹתָיו, דְּהָא אֲפִי' בִּרה"ר נַמִי חַיָּיב. וּדְקָתָנֵי מַתְנִיתִין "רְשׁוּת הַנִּיזָּק וְהַמַּזִּיק" – אַדִּלְבַתְרֵיהּ קָאֵי, וְה"ק: רְשׁוּת הַנִּיזָּק וְהַמַּזִּיק, כְּגוֹן חֲצַר הַשּׁוּתָּפִין – כְּשֶׁהִזִּיק חָב הַמַּזִּיק. וּבְשֵׁן וּבְרֶגֶל קָאָמַר, דִּבְקֶרֶן לָא אִצְטְרִיךְ לְמֵימַר, דְּהָא בִּרה"ר דְּיֵשׁ לִשְׁנֵיהֶם רְשׁוּת בָּהּ נַמִי חַיָּיב. אֶלָּא בְּשֵׁן וְרֶגֶל קָאָמַר, וְקמ"ל דְּלָאו כִּרה"ר דָּמְיָא. וּרְשׁוּת הַנִּיזָּק וְהַמַּזִּיק נַמִי פָּטוּר. בְּשֵׁן וּבְרֶגֶל קָאָמַר, דְּבָעֵינַן "וּבִעֵר בִּשְׂדֵה אַחֵר". אֲבָל קֶרֶן חַיָּיב, דְּלָא גָּרַע מֵרה"ר. כְּשֶׁהִזִּיק חָב הַמַּזִּיק לְאַתּוּיֵי קֶרֶן. לְר' אֶלְעָזָר. דְּאִי מִשּׁוּם מֵיטַב – הָא תָּנָא לֵיהּ רֵישָׁא. אֶלָּא לְאַתּוּיֵי קֶרֶן דְּחַיָּיב עָלָיו, דְּלָא תָּנְיֵיהּ לְעֵיל בַּהֲדֵי אַרְבָּעָה אָבוֹת. הָנִיחָא לִשְׁמוּאֵל. דְּאָמַר בְּרֵישׁ פִּירְקִין: מַבְעֶה זֶה הַשֵּׁן, וְתָנָא שׁוֹר לְרַגְלוֹ וּמַבְעֶה לְשִׁינּוֹ – אִצְטְרִיךְ הָא לְאַתּוּיֵי קֶרֶן. אֶלָּא לְרַב דְּאָמַר. מַבְעֶה זֶה אָדָם, וְשׁוֹר דְּתָנָא בַּהֲדֵי אַרְבָּעָה אָבוֹת – לְכָל מִילֵּי תָּנְיֵיהּ, לְאַתּוּיֵי מַאי? תָּם מְשַׁלֵּם חֲצִי נֶזֶק וּמוּעָד נֶזֶק שָׁלֵם. מְפָרֵשׁ לְקַמֵּיהּ. נִפְרְצָה. כּוֹתֶל בַּלַּיְלָה מֵאֵלֶיהָ. וּבְכוֹתֶל שֶׁאֵינוֹ רָעוּעַ קָאָמַר, דַּהֲוָה לֵיהּ אוֹנֶס. לֵימָא לֵיהּ. מַשְׁאִיל לַשּׁוֹאֵל. אִילּוּ אַזֵּיק. *שׁוֹרוֹ שׁוֹר שֶׁל אָדָם אַחֵר. בָּעֵית לְשַׁלּוּמֵי לֵיהּ. שֶׁהֲרֵי שְׁמִירָתוֹ עָלֶיךָ. הַשְׁתָּא כו'. אֶלָּא דְּאַזְּקֵיהּ תּוֹרָא דְּשׁוֹאֵל לְתוֹרָא דְּמַשְׁאִיל. וְקָתָנֵי: חֲצִי נֶזֶק. לֵימָא לֵיהּ. בְּעָלִים. אִילּוּ אִיתַּזַּק מֵעָלְמָא. אִם הִזִּיקוֹ שׁוֹר שֶׁל אָדָם אַחֵר. בָּעֵית לְשַׁלּוּמֵי לִי כּוּלָּא נִיזְקָא. דְּהָא שׁוֹאֵל חַיָּיב בְּאוֹנָסִין. הַשְׁתָּא דְּאַזְּקֵיהּ כו'. לְעוֹלָם דְּאַזְּקֵיהּ תּוֹרָא דְּמַשְׁאִיל לְתוֹרָא דְּשׁוֹאֵל. וְקָאָמַר: חַיָּיב מַשְׁאִיל לְשַׁלֵּם. וּדְקַשְׁיָא לָךְ: הֲרֵי הַשּׁוֹאֵל מוּטָּל לְשׁוֹמְרוֹ שֶׁלֹּא יַזִּיק. כְּשֶׁקִּבֵּל עָלָיו. הַשּׁוֹאֵל. שְׁמִירַת גּוּפוֹ. שֶׁלֹּא יַזִּיקֶנּוּ אַחֵר.

וְלֹא

[דף לז:] [דף לה.] [תוספתא פ"א] לקמן מד: [לעיל ג:] [נ"ל שורך יעב"ץ]

עין משפט נר מצוה

קל א מיי' פ"ח מהל' נזקי ממון הל' ב ג:

קלא ב מיי' שם הל' ה ועיין בהגהות וכמ"מ סמג עשין סו טוש"ע ח"מ סי' תו סעיף א:

קלב ג ד מיי' שם הל' ד טוש"ע שם סעיף ב:

קלג ה מיי' שם:

קלד ו מיי' שם סמג שם טוש"ע שם סעיף ג:

קלה ז ח מיי' פ"א שם הלכה ז סמג עשין סז טוש"ע ח"מ סי' שפט סעיף י:

קלו ט י מיי' שם פ"ד הלכה א ד סמג שם טוש"ע ח"מ סי' שנו סעיף ח:

קלז כ ל מ טוש"ע ח"מ סי' שמז:

רבינו חננאל

אמר רבא תודה שהזיקה ובא הניזק להשתלם מבשרה מי יביא הלחם המתנדב חייב להביא לחמה דחיובא עליה רמיא או דלמא לחמה הכשירה דזיבחא הוא והרוצה להכשיר הזבח לאכול הבשר והוא הניזק עליו להביא לחמה ואסיקנא המתנדב חייב דלחם חיוב בעלים הוא. כתב גאון זצ"ל אשכחן נוסחא עתיקתא בהאי לישנא אמר רבא תודה שהזיקה לר' יוסי הגלילי משתלם חצי נזק מבשרה אבל לא מאימוריה והניזק אוכל בשר ומתכפר מביא לחמה היינו קמייתא דרבא סיפא איצטריכא ליה מאי דתימא לימא ליה מזיק את אכלתא בישרא אנא אייתי לחמא קמ"ל דאמר ליה הניזק לחם למאי אתי ליה לכפרה אני מי אית לי כפרה בגווה. נכסין של בני ברית למעוטי דגוי כו' נכסים המיוחדין למעוטי זה אומר שורך הזיק וזה אומר שורך הזיק. במתניתא תנא למעוטי דהפקר וכגון שקדם אחד וזכה בו. רבינא אמר למעוטי נגח ואחר כך הקדיש או הפקיר. ואסיקנא בעינן עד שתהא מיתה והעמדה בדין וגמר דין שוין כאחד. חוץ מרשות המיוחדת למזיק דיכיל למימר ליה תורך ברשותי מאי בעי. ורשות הניזק והמזיק. אמר רב חסדא אמר אבימי חצר השותפין חייב בה על השן ועל הרגל והכי קאמר כו' ר' אלעזר אמר פטור בה על השן ועל הרגל והכי קאמר כו' כשהזיק חב המזיק לאתויי קרן אלא לרב לאתויי מאי לאתויי הא דת"ר כשהזיק חב המזיק להביא שומר חנם והשואל שומר שכר והשוכר דאזיק תורא דמשאיל לתורא דהני וכגון דקבילו עלייהו נטירותא דגופיה ולא קבילו עלייהו נטירותא דנזקין דמרי תורא משלם לשומרין תם חצי נזק ומועד נזק

ואב

וְלֹא קִבֵּל עָלָיו שְׁמִירַת נְזָקָיו. אִי הָכִי, אֵימָא סֵיפָא: נִפְרְצָה בַּלַּיְלָה אוֹ שֶׁפְּרָצוּהָ לִסְטִים, וְיָצְתָה וְהִזִּיקָה — פָּטוּר; הָא בַּיּוֹם — חַיָּיב? הָא לֹא קִבֵּל עָלָיו שְׁמִירַת נְזָקָיו! הָכִי קָאָמַר: [א]אִם קִבֵּל עָלָיו שְׁמִירַת נְזָקָיו — חַיָּיב. נִפְרְצָה בַּלַּיְלָה אוֹ שֶׁפְּרָצוּהָ לִסְטִים, וְיָצְתָה וְהִזִּיקָה — פָּטוּר. אִינִי? וְהָא תָּנֵי רַב יוֹסֵף: חֲצַר הַשּׁוּתָּפִים, וְהַפּוּנְדָּק — חַיָּיב בָּהֶן עַל הַשֵּׁן וְעַל הָרֶגֶל, תְּיוּבְתָּא דְּרַבִּי אֶלְעָזָר! אָמַר לָךְ רַבִּי אֶלְעָזָר: וְתִסְבְּרָא, מַתְנִיתָא מִי לָא פְּלִיגִי? וְהָתַנְיָא, *אַרְבָּעָה כְּלָלוֹת הָיָה ר' שִׁמְעוֹן בֶּן אֶלְעָזָר אוֹמֵר בִּנְזָקִין: [ב]כָּל שֶׁהוּא רְשׁוּת לַנִּיזָּק וְלֹא לַמַּזִּיק — חַיָּיב בַּכֹּל; [ג]דְּמַזִּיק וְלֹא לַנִּיזָּק — פָּטוּר מִכֹּל; [ד]לָזֶה וְלָזֶה, כְּגוֹן חֲצַר הַשּׁוּתָּפִים וְהַבִּקְעָה — פָּטוּר בָּהּ עַל הַשֵּׁן וְעַל הָרֶגֶל. עַל הַנְּגִיחָה וְעַל הַנְּגִיפָה וְעַל הַנְּשִׁיכָה וְעַל הָרְבִיצָה וְעַל הַבְּעִיטָה, תָּם — מְשַׁלֵּם חֲצִי נֶזֶק, מוּעָד — מְשַׁלֵּם נֶזֶק שָׁלֵם; לֹא לָזֶה וְלֹא לָזֶה, כְּגוֹן חָצֵר שֶׁאֵינוֹ שֶׁל שְׁנֵיהֶם — חַיָּיב בּוֹ עַל הַשֵּׁן וְעַל הָרֶגֶל. עַל הַנְּגִיחָה וְעַל הַנְּשִׁיכָה וְעַל הַנְּגִיפָה וְעַל הָרְבִיצָה וְעַל הַבְּעִיטָה, תָּם — מְשַׁלֵּם חֲצִי נֶזֶק, מוּעָד — מְשַׁלֵּם נֶזֶק שָׁלֵם. קָתָנֵי מִיהַת: חֲצַר הַשּׁוּתָּפִין וְהַבִּקְעָה — פָּטוּר בָּהּ עַל הַשֵּׁן וְעַל הָרֶגֶל. קַשְׁיָא אַהֲדָדֵי! כִּי תַּנְיָא הַהִיא — [ה]בְּחָצֵר מְיוּחֶדֶת לָזֶה וְלָזֶה בֵּין לְפֵירוֹת בֵּין לִשְׁוָורִים, הַהִיא דְּרַב יוֹסֵף — [ו]בְּחָצֵר מְיוּחֶדֶת לְפֵירוֹת וְאֵינָהּ מְיוּחֶדֶת לִשְׁוָורִים, דִּלְגַבֵּי שֵׁן הָוְיָא לָהּ חֲצַר הַנִּיזָּק. דַּיְקָא נַמִי, דְּקָתָנֵי הָכָא דּוּמְיָא דְּפוּנְדָּק, וְקָתָנֵי הָתָם דּוּמְיָא דְּבִקְעָה, שְׁמַע מִינָּהּ. מַתְקִיף לָהּ רַבִּי זֵירָא: כֵּיוָן דִּמְיוּחֶדֶת לְפֵירוֹת, הָא בָּעֵינַן °"וּבִעֵר בִּשְׂדֵה אַחֵר" וְלֵיכָּא! א"ל אַבַּיֵי: כֵּיוָן דְּאֵינָהּ מְיוּחֶדֶת לִשְׁוָורִים — "שְׂדֵה אַחֵר" קָרֵינָא בֵּיהּ. א"ל רַב אַחָא מִדִּיפְתִּי לְרָבִינָא: לֵימָא, מִדְּמַתְנִיָּתָא לָא פְּלִיגִי, אֲמוֹרָאֵי נַמִי לָא פְּלִיגִי? אֲמַר לֵיהּ: אִין, וְאִם תִּמְצָא לוֹמַר פְּלִיגִי — בְּקוּשְׁיָא דְּרַבִּי זֵירָא וּבְפֵירוּקָא דְּאַבַּיֵי פְּלִיגִי.§ גּוּפָא, אַרְבָּעָה כְּלָלוֹת הָיָה רַבִּי שִׁמְעוֹן בֶּן אֶלְעָזָר אוֹמֵר בִּנְזָקִין: כָּל שֶׁהוּא רְשׁוּת לַנִּיזָּק וְלֹא לַמַּזִּיק — חַיָּיב בַּכֹּל. "עַל הַכֹּל" לֹא קָתָנֵי, אֶלָּא: "חַיָּיב בַּכֹּל", בְּכוּלֵּי נֶזֶק, מַנִּי? *רַבִּי טַרְפוֹן הִיא, דְּאָמַר: מְשׁוּנֶּה קֶרֶן בַּחֲצַר הַנִּיזָּק — נֶזֶק שָׁלֵם מְשַׁלֵּם. אֵימָא סֵיפָא: לֹא לָזֶה וְלֹא לָזֶה, כְּגוֹן חָצֵר שֶׁאֵינוֹ שֶׁל שְׁנֵיהֶם — חַיָּיב בָּהּ עַל הַשֵּׁן וְעַל הָרֶגֶל; מַאי "לֹא לָזֶה וְלֹא לָזֶה"? אִילֵימָא לֹא לָזֶה וְלֹא לָזֶה כְּלָל אֶלָּא דְּאַחֵר — וְהָא בָּעֵינָא "וּבִעֵר בִּשְׂדֵה אַחֵר" [ז]וְלֵיכָּא! אֶלָּא פְּשִׁיטָא לֹא לָזֶה וְלֹא לָזֶה אֶלָּא דְּחַד, וְקָתָנֵי סֵיפָא: תָּם — מְשַׁלֵּם חֲצִי נֶזֶק, וּמוּעָד — מְשַׁלֵּם נֶזֶק שָׁלֵם, אֲתָאן לְרַבָּנַן, דְּאָמְרִי: [ח]מְשׁוּנֶּה קֶרֶן בַּחֲצַר הַנִּיזָּק — חֲצִי נֶזֶק הוּא דִּמְשַׁלֵּם; רֵישָׁא רַבִּי טַרְפוֹן וְסֵיפָא רַבָּנַן? אִין, דְּהָא אֲמַר לֵיהּ שְׁמוּאֵל לְרַב יְהוּדָה: *שִׁינָּנָא, שְׁבוֹק מַתְנִיתִין וְתָא אַבַּתְרַאי, רֵישָׁא רַבִּי טַרְפוֹן וְסֵיפָא רַבָּנַן. רָבִינָא מִשְּׁמֵיהּ דְּרָבָא אָמַר: כּוּלָּהּ רַבִּי טַרְפוֹן הִיא, וּמַאי "לֹא לָזֶה וְלֹא לָזֶה"? לֹא לָזֶה וְלֹא לָזֶה לְפֵירוֹת אֶלָּא דְּחַד, לָזֶה וְלָזֶה לִשְׁוָורִים; [ט]דִּלְגַבֵּי שֵׁן הָוְיָא לָהּ חֲצַר הַנִּיזָּק, לְגַבֵּי קֶרֶן הָוְיָא לָהּ רְשׁוּת הָרַבִּים. א"ה, אַרְבָּעָה? שְׁלֹשָׁה הָווּ! אָמַר רַב נַחְמָן בַּר יִצְחָק:

שְׁלֹשָׁה

רש"י

ולא קבל עליו שמירת נזקיו. אם יזיק הוא את אחרים. איני והא תני רב יוסף. אדרבי אלעזר פריך. והפונדק. בית גדול שרגילין אורחים ואכסנאין ללון בו. ואם הזיק זה את זה – חייב אשן ורגל, ולא הוי כרה"ר, דהואיל ואינו מיוחד לבני רשות הרבים אלא לאותן הדרין בו, כ"שדה אחר" קרינן ביה, שהרי ע"י שכירות הם דרים שם. ותסברא דמתניתא לא פליגי. דליכא ברייתא דקאי כוותיה? והתניא ד' כללות כו'. חייב בכל. לקמן מפרש שאפילו קרן תמה משלם נזק שלם, הואיל ונכנס לרשותו והזיקה. פטור מכל. דאמר ליה: תורך ברשותי מאי בעי. על השן ורגל. דלא קרינן ביה "בשדה אחר", דמשמע שיהא מיוחד לניזק. אבל על הנגיחה ועל הנגיפה והנשיכה והרביצה והבעיטה, שהן תולדותיו של קרן – תם משלם חצי נזק, דכרה"ר הוא, שהרי לשניהן רשות בו. לא לזה ולא לזה. מפרש לקמיה: דאינו של שניהן אלא של אחד מהן, של ניזק. חייב בה על השן ועל הרגל. נ"ש. ועל הנגיחה כו'. ולקמן פריך: הא תנא רישא דבחצר הניזק אפילו קרן תמה משלם נ"ש. פטור בה על השן ועל הרגל. והיינו כר' אלעזר. וקפריך גמרא: קשיא אהדדי. כי תניא ההיא. דפטור. בחצר המיוחדת לזה ולזה. לפירות ולשוורים, דהויא ליה חצר השותפין לגבי שן ולגבי קרן. הלכך, בשן – פטור ברה"ר, ובקרן תמה – ח"נ ברה"ר משלם. ודרב יוסף בחצר המיוחדת כו'. דהויא חצר הניזק, שלא היה לו להכניס שם שוורים, ולא דמי לרה"ר. פונדק אינו מיוחד לשוורים, לפי שהם מונחת פרגמטיא של סוחרים, ואין מניחין ליכנס שם שוורים שלא ידחפו ויטנפו כליהם. התם בקעה רועים שם שוורים. בעינן שדה אחר וליכא. שהרי יש למזיק רשות בה להכניס פירותיו. שדה אחר קרינן ביה. שהרי נכנס שלא ברשות, שלא היה לו רשות לשוורים. אמוראי נמי לא פליגי. דהא דרב חסדא בשאינה מיוחדת לשוורים, ודרבי אלעזר במיוחדת אף לשוורים. בקושיא דר' זירא ופירוקא דאביי. ובחצר המיוחדת לפירות ולא לשוורים. רב חסדא כאביי, דכיון דאינה מיוחדת לשוורים – "שדה אחר" קרינא ביה. ורבי אלעזר כרבי זירא, כיון דיש למזיק רשות בה לפירות – לא קרינא ביה "שדה אחר". חייב על הכל לא קתני. דליהוי משמע על השן והרגל ועל הקרן. אלא "חייב בכל", דמשמע: על הקרן, אע"ג שהוא תם, אתא לאשמועינן דחייב נ"ש. רבי טרפון היא דאמר. לקמן בפרק "כיצד" (דף כד:). משונה קרן בחצר הניזק נ"ש משלם. קרן תמה וכל תולדותיה קרי משונה, הואיל ושינו את וסתן, שלא היו דרכן לכך. אלא דאחר. שאינו לא ניזק ולא מזיק, וקתני "חייב על השן"? והא בעינן "שדה אחר"! אלא דחד מינייהו. כלומר דניזק. הא א"ל שמואל לרב יהודה כו'. לקמן גבי חמשה תמין. שבוק מתניתין. לא תטרח לשנויי כחד תנא. ותא אבתראי. ואימא כוותי, דאוקי תנא רישא רבי טרפון וסיפא רבנן. וד' כללות דקאמר ר"ש – תרי מינייהו בחד דוכתא, חד כר' טרפון וחד כרבנן. אלא דחד. דניזק. דלגבי שן הויא חצר הניזק. וחייב המזיק בנזקי שן, שהרי לגבי פירות אינה אלא דניזק. ולגבי קרן הויא רה"ר. שהרי ברשות הכניס שם שורו, ומשום הכי הוא משלם חצי נזק ותו לא. ג' כללות הוו. דהאי כללא בתרא שמעינן ליה מקמאי, דכיון דלגבי שן הויא חצר הניזק, למה ליה למתני: חייב על השן? הא תנא ליה רישא: כל שהוא רשות לניזק ולא למזיק – חייב בכל. וקרן בחצר השותפין – הא תנא ליה רישא: כגון חצר השותפין והבקעה, על הנגיפה ועל הנגיחה תם משלם חצי נזק.

תוספות

ולא קבל עליה שמירת נזקיו. ואם תאמר: כיון דלא קביל עליה – פשיטא דתם משלם חצי נזק ומועד משלם נזק שלם! ויש לומר: דסלקא דעתך דשמירת נזקין דעלמא לא קביל, אבל אנזקין לתורא דשואל גופיה – סלקא דעתך שקבל, וליפטר משאיל.

מי לא פליגי. הוי מצי לאוקמי ההיא דרב יוסף לא לזה ולא לזה – לשוורים ולפירות לחד.

לא לזה ולא לזה לפירות אלא לחד. ר"ת גרים: לא לזה ולא לזה לשוורים. דגבי שן הויא חצר הניזק שהזיק פירות, אבל גבי שוורים ה"ל קרן ברה"ר, כיון שלא היה להם רשות ליכנס. ול"ג כמו שכתוב בספרים "ולזה ולזה לשוורים" – דא"כ גבי שן לא היה לו ליחשב חצר הניזק, כיון שיש רשות לכל חד וחד להכניס שם שורו, כדמוכח לעיל. ולא בעי לאוקמא לזה ולזה לפירות ולא לשוורים דלא כר' זירא. ועוד: דלישנא לא משמע הכי*.

אי הכי ארבעה שלשה הוו. בשלמא לשמואל דמוקי רישא רבי טרפון וסיפא רבנן, אצטריך סיפא לאשמועינן – לאפוקי מדרבי טרפון. אלא לרבינא לא צריכא כלל, דלגבי שן הוי חצר הניזק – שמעינן מ"כל שהוא רשות לניזק". וקרן ברה"ר שמעינן מחצר השותפין והבקעה.

[ועיין תוספות לקמן טז. ד"ה כולה]

עין משפט נר מצוה

קלח א מיי' פ"ד מהל' נזקי ממון הלכה י סמג עשין סז סח טוש"ע ח"מ סימן שצ סעיף ח וסימן שמז:

קלט ב ג מיי' פ"א שם הלכה ז סמג שם טוש"ע ח"מ סימן שפט סעיף י:

קמ ד ה מיי' שם הל' ח טוש"ע שם סעיף יא:

קמא ו מיי' שם הלכה ט טוש"ע שם סעיף יב:

קמב ז מיי' שם הלכה ח ועיין בכ"מ טוש"ע שם סעיף יא:

קמג ח מיי' שם סעיף יט:

קמד ט מיי' שם הלכה ט טוש"ע שם סעיף יג יד:

מסורת הש"ס

[תוספתא פ"א]

שמות כב, תורה אור

[לקמן טו: טז. יח. כד: מח.]

[ברכות לו. וש"נ]

גליון הש"ס

גמ' ובפירוקא דאביי. עי' לקמן דף טז ע"א תוס' ד"ה כולה ר"ט: שם דהא א"ל שמואל כו'. עיין לקמן דף טו ע"ב ודף לו ע"ב:

רבינו חננאל

ואם קיבלו עליהן גם שמירת ניזקין בעל השור פטור דיכול למימר להו אילו אזיק לאחריני אתון בעיתו לשלומי השתא דאזיק לתורא דידכו בעינא לשלומי לכו. וכיון שקיבלו השומרים שמירת ניזקין נפרץ ביום ויצתה חייבין השומרים נפרצה בלילה או שפרצוה לסטים ויצתה והזיקה פטור. ואקשינן על ר' אלעזר הא דתני ר' יוסף חצר השותפין והפונדק חייב בה על השן ועל הרגל ופריק במיוחדת לזה ולזה לפירות ולא לשוורים דאי לא תימא הכי הא דתניא ד' כללות היה ר' שמעון בן אלעזר אומר בנזקין כל שהוא רשות לניזק ולא למזיק חייב בכל. למזיק ולא לניזק פטור בכל. לזה ולזה כגון חצר השותפין והבקעה פטור בה על השן ועל הרגל. קתני מיהא פטור בה על השן ועל הרגל קשיין אהדדי. אלא הא דתני ר' שמעון בחצר המיוחדת לשניהן בין לפירות בין לשוורים והא דתני ר' יוסף בחצר המיוחדת לשניהם לפירות ולא לשוורים ופשוטה היא. ואמרינן כיון דשנית להו למתניתא שני נמי לאמוראי ואימא ר' חסדא דחייב על השן ועל הרגל בחצר המיוחדת לפירות ולא לשוורים ור' אלעזר דפטר בחצר המיוחדת לשתיהן לפירות ולשוורים. ואם תמצא לומר פליגי בקשיא דר' זירא דאמר כיון דמיוחדת לפירות הא בעינא ובער בשדה אחר וליכא. ופריק אביי כיון דאינה שדה אחר קרינא ביה. ר' אלעזר כר' זירא ורב חסדא כאביי. גופא ד' כללות היה ר"ש בן ר' אלעזר אומר כל שהוא רשות לניזק ולא למזיק חייב בכל דייקינן מדלא קתני חייב על ל דמשמע על קרן ועל השן ועל הרגל אלא קתני חייב (על) בכל דמשמע בכל הנזק שמעינן מינה דלר' טרפון קאמר קרן בחצר הניזק נזק שלם משלם וקא ר' טרפון בפרק כיצד. ודייקינן תוב יפא דקתני לא לזה ולא לזה אלא לאחד מניהו והוא הניזק וקתני תם משלם חצי נזק רישא ר' טרפון וסיפא רבנן אין דאמר ליה שמואל לר' יהודה שיננא שבוק מתני' ותא בתראי פירושו בשמועה אחרי זאת כו' ובא רבינא ותירצה הכי כגון חצר המיוחדת לפירות לאחד ולשניהן לשוורים דלגבי שן הויא לה חצר הניזק לבדו ולגבי קרן הויא רשות הרבים. ואקשי' עליה אי הכי ד' כללות ג' הוו

עין משפט
נר מצוה

קמה א טוש"ע ח"מ סי' שפט סעי' יז:
קמו ב מיי' פ"ח מהל' נזקי ממון הל' י סמג עשין סז טוש"ע ח"מ סימן תיט סעיף א [וכל סוגיא זו איתא ברב אלפס במסכת זו וגם בב"מ פ"ד דף לד]:
קמז ג מיי' פי"ג מהל' מכירה הלכה ח סמג לאוין קיג וש"ע ח"מ סימן רכז סעיף כט:
קמח ד מיי' שם פ"ב הלכה א סמג עשין פב טוש"ע ח"מ סימן קט סעיף א וסימן קלח סעיף א:
קמט ה ו מיי' פ"ח מהלכות נזקי ממון הלכה יא סמג עשין סז טוש"ע ח"מ סימן תיט סעיף ג:
קנ ז מיי' פ"ה מהלכות סנהדרין הלכה ח סמג עשין צז טוש"ע ח"מ סימן א סעיף א:
קנא ח מיי' פ"ג מהל' גניבה הלכה ח סמג עשין עא:

מתני' שְׁלֹשָׁה כְּלָלוֹת בְּאַרְבַּע מְקוֹמוֹת.§ שׁוּם כֶּסֶף. שָׁוֶה כֶסֶף. בִּפְנֵי ב"ד. וְעַל פִּי עֵדִים בְּנֵי חוֹרִין בְּנֵי בְרִית. וְהַנָּשִׁים בִּכְלַל הַנֵּזֶק. וְהַנִּיזָּק וְהַמַּזִּיק בְּתַשְׁלוּמִין.§ גמ' מַאי "שׁוּם כֶּסֶף"? אָמַר רַב יְהוּדָה: שׁוּם זֶה לֹא יְהֵא אֶלָּא בְּכֶסֶף. תְּנֵינָא לְהָא *דְּתָנוּ רַבָּנַן: אפָּרָה שֶׁהִזִּיקָה טַלִּית, וְטַלִּית שֶׁהִזִּיקָה פָּרָה, אֵין אוֹמְרִים תֵּצֵא פָּרָה בְּטַלִּית וְטַלִּית בְּפָרָה, אֶלָּא שָׁמִין אוֹתָהּ בְּדָמִים.§ "שָׁוֶה כֶּסֶף".§ דְּתָנוּ רַבָּנַן: שָׁוֶה כֶסֶף – מְלַמֵּד בשֶׁאֵין בֵּית דִּין נִזְקָקִין אֶלָּא לִנְכָסִים שֶׁיֵּשׁ לָהֶן אַחֲרָיוּת, אֲבָל אִם קָדַם נִיזָּק וְתָפַס מִטַּלְטְלִין – בֵּית דִּין גּוֹבִין לוֹ מֵהֶן. אָמַר מָר: שָׁוֶה כֶסֶף – מְלַמֵּד שֶׁאֵין בֵּית דִּין נִזְקָקִין אֶלָּא לִנְכָסִים שֶׁיֵּשׁ לָהֶן אַחֲרָיוּת. מַאי מַשְׁמַע? אָמַר רַבָּה בַּר עוּלָּא: דָּבָר הַשָּׁוֶה כָּל כֶּסֶף. מַאי נִיהוּ? דָּבָר שֶׁאֵין לוֹ אוֹנָאָה. געֲבָדִים וּשְׁטָרוֹת נַמִי אֵין לָהֶן אוֹנָאָה! אֶלָּא אָמַר רַבָּה בַּר עוּלָּא: דָּבָר הַנִּקְנֶה בְּכֶסֶף. דעֲבָדִים וּשְׁטָרוֹת נַמִי נִקְנִין בְּכֶסֶף! אֶלָּא אָמַר רַב אַשִׁי: "שָׁוֶה כֶסֶף" – וְלֹא כֶּסֶף, וְהָנֵי כּוּלְּהוּ כֶּסֶף נִינְהוּ. רָמֵי לֵיהּ רַב יְהוּדָה בַּר חִינָּנָא לְרַב הוּנָא בְּרֵיהּ דְּרַב יְהוֹשֻׁעַ, תָּנָא: "שָׁוֶה כֶסֶף" – מְלַמֵּד שֶׁאֵין בֵּית דִּין נִזְקָקִין אֶלָּא לִנְכָסִים שֶׁיֵּשׁ לָהֶן אַחֲרָיוּת. וְהָתַנְיָא: *°"יָשִׁיב" – לְרַבּוֹת שָׁוֶה כֶסֶף, וַאֲפִילּוּ סוּבִּין! הָכָא בְּמַאי עָסְקִינַן – הבְּיַתְמֵי. אִי בְּיַתְמֵי, אֵימָא סֵיפָא: אִם קָדַם נִיזָּק וְתָפַס מִטַּלְטְלִין – בֵּית דִּין גּוֹבִין לוֹ מֵהֶן; אִי בְּיַתְמֵי, אַמַּאי בֵּית דִּין גּוֹבִין לוֹ מֵהֶן? *כִּדְאָמַר רָבָא אָמַר רַב נַחְמָן: שֶׁתָּפַס מֵחַיִּים, הָכָא נַמִי ושֶׁתָּפַס מֵחַיִּים.§ "בִּפְנֵי בֵּית דִּין".§ פְּרָט לְמוֹכֵר נְכָסָיו וְאַחַר כָּךְ הוֹלֵךְ לְבֵית דִּין. שְׁמַע מִינַּהּ: לָוָה וּמָכַר נְכָסָיו וְאַחַר כָּךְ בָּא לְבֵית דִּין, אֵין בֵּית דִּין גּוֹבִין לוֹ מֵהֶן? אֶלָּא, זפְּרָט לְב"ד הֶדְיוֹטוֹת.§ "עַל פִּי עֵדִים".§ חפְּרָט *לְמוֹדֶה בִּקְנָס וְאַחַר כָּךְ בָּאוּ עֵדִים, שֶׁהוּא פָּטוּר. הָנִיחָא לְמַאן דְּאָמַר: מוֹדֶה בִּקְנָס וְאַחַר כָּךְ בָּאוּ עֵדִים – פָּטוּר, אֶלָּא לְמַאן דְּאָמַר: מוֹדֶה בִּקְנָס וְאַחַר כָּךְ בָּאוּ עֵדִים – חַיָּיב, מַאי אִיכָּא לְמֵימַר? סֵיפָא אִצְטְרִיךְ לֵיהּ:
בְּנֵי

שמות כב

תוספות:

פרה שהזיקה טלית וטלית שהזיקה פרה. פי' הקונטרס: שהזיקו זה את זה, ושמין הנזק בכסף, ומי שהזיק חבירו יותר — ישלם העודף. וקשה: דע"כ פרה שהזיקה טלית היינו בחצר הניזק, או בכוונתו להזיק — והוי קרן, או דרך הלוכו — והוי רגל. וטלית שהזיקה פרה היינו ברה"ר, דהוי מטעם בור. דאי אפשר לאוקמי פרה שהזיקה טלית נמי ברה"ר ומטעם קרן — דאם כן היה פטור בעל פרה, כדאמר לקמן בפרק ב' (דף כ.): דכל המשנה, ובא אחר ושינה בו — פטור. ואפילו אם נפרש שכן אירע, שפרה הזיקה טלית בחצר ברשות הניזק וטלית שהזיקה פרה ברה"ר, אכתי מתניתין היא לקמן בפרק "המניח" (דף לג.): ב' שוורין תמים שחבלו זה בזה — משלמים במותר ח"נ, מועדים — משלמים במותר נ"ש! וי"ל: דתני והדר מפרש. ור"ת מפרש: ד"או" קתני, כמו "הלך ועשה מאמר ונתן גט" ביבמות (דף נ.), ולא בא לאשמועינן שאין אומרים שיקח כל הטלית בשביל מה שהזיקו — דהא טלית בור הוא, ולא משלם מגופו. ועוד נמי שמעינן הא ממתניתין ד"המניח". אלא אומר ר"ת: ד"אין אומרין תצא פרה בטלית" בא לאשמועינן דלא כר"ע, דאמר לקמן ב"המניח" (שם): יוחלט שור לניזק, אלא יושם כרבי ישמעאל, ובקרן מיירי. וטלית בפרה אתא לאשמועינן דלא גבי מיתמי, דלא ס"ד דליגבי אף ע"ג דמטלטלי דיתמי לא משתעבדי. דמה שאמרה תורה מן העלייה — זהו ליפות כחו של ניזק, דאם אין המזיק שוה נזקו ישלם מן העלייה, אבל ביתמי, דאי משתלמי מן העלייה — הוא פסידא דניזק, דמטלטלי דיתמי לא משתעבדי. ואי משתלם מגופו — יגבה אפי' מיתמי, דהוי כאלו תפס מחיים, וה"א דמשלם מגופו. ול"ג "פרה שהזיקה טלה", דא"כ ליתני שוורים שחבלו זה בזה, כדלקמן ב"המניח" (שם). ודרך התלמוד להזכיר פרה וטלית, כדאמרינן (לקמן דף לד:): הניח להם אביהם פרה וטלית.

דבר השוה כל כסף. [א] לאו דוקא, דיתר מפלגא *יש להם אונאה, כדמשמע בפרק "הזהב" (ב"מ דף נז:) אלא: שוה כל כסף יותר ממטלטלי.

עבדים ושטרות נמי ניקנין בכסף. ול"ג שטרות, דאין נקנין בכסף אלא במסירה ובשטר. ואפילו בחליפין נמי צ"ע. ובקונטרס פירש דלא אתפרש היכא שטרות נקנין בכסף.

ביתמי . וא"ת: לרב ושמואל דאית להו בפרק "גט פשוט" (ב"ב דף קעה.) דשיעבודא לאו דאורייתא, ומלוה על פה לא גבי מיורשין, אפי' נכסים שיש להם אחריות אין נזקקין! ויש לומר: דאיירי בשעמד בדין*.

שמע מינה לוה ומכר נכסיו כו'. פי' הקונטרס: והא קיימא לן דאתי מלוה וטריף. ותימה: אי נזקין כמלוה בשטר הוא — לא הוה ליה למימר: ש"מ כו', אלא ה"ל למיפרך: והתנן* המלוה חבירו בשטר גובה מנכסים משועבדים. ואי חשיב מלוה ע"פ — א"כ מאי קאמר: ש"מ אין ב"ד גובין לו מהן? הא פשיטא דאין גובין, דהתנן: המלוה חבירו בעדים — גובה מנכסים בני חורין. ואי היא גופה קדייק: ש"מ דאין גובין לו מהן והוי כמלוה על פה, ואף על גב דנזקין מלוה הכתובה בתורה היא, וקשה למ"ד בפ"ק דערכין (דף ו:) דמלוה הכתובה בתורה ככתובה בשטר דמיא — א"כ אמאי אמר: לוה ומכר נכסיו? הוה ליה למימר: ש"מ מלוה הכתובה בתורה לאו כשטר דמיא! ומפרש ר"ת: ש"מ לוה ומכר נכסיו אין ב"ד גובין לו מהם מן התורה, דשיעבודא לאו דאורייתא, א] ולהכי בנזקין נמי לא גבי. דבמלוה בשטר דוקא תקון רבנן דליגבי ממשעבדי, משום נעילת דלת. דאי שיעבודא דאורייתא, ובמלוה ע"פ מדרבנן הוא דלא גבי משום תקנת לקוחות, א"כ תיקשי הכא: אמאי לא גבי בנזקין? דהכא ליכא תקנה דלקוחות! ולא דמי למלוה על פה, דהתם מאן דזיזף — בצנעא יזיף, אבל מזיק לא דייק, ואית ליה קלא. וקשה למ"ד שיעבודא דאורייתא פרק "גט פשוט" (ב"ב דף קעה:).

פרט לבית דין הדיוטות. פ"ה: לענין דיני קנסות. ואע"ג דמתניתין לא איירי בקנסות למ"ד תנא שור לרגלו ומבעה לשינו — מ"מ מרמז לנו התנא במתני' אפי' במילי דלא איירי ברישא. דה"נ מפרש בסמוך "ע"פ עדים" — פרט למודה בקנס ואח"כ באו עדים.

אלא למ"ד מודה בקנס ואח"כ באו עדים דחייב מאי איכא למימר. למודה בקנס ולא באו עדים כלל לא אצטריך, דמתניתין היא ב"מרובה" (לקמן דף עד:) דע"פ עצמו פטור. דלא שייך תני והדר מפרש, דאין מאריך שם יותר מבכאן.

השוה

רש"י:

שְׁלֹשָׁה כְּלָלוֹת בְּד' מְקוֹמוֹת. דְּאֵין כָּאן אֶלָּא ג' דִּינִין: בִּרְשׁוּת הַנִּיזָּק – חַיָּיב בַּכֹּל, בִּרְשׁוּת הַמַּזִּיק – פָּטוּר מִכֹּל, בַּחֲצַר הַשּׁוּתָּפִים – חַיָּיב בַּח"נ בְּקֶרֶן, וּפָטוּר עַל הַשֵּׁן וְהָרֶגֶל. אֲבָל אַרְבָּעָה מְקוֹמוֹת הֵן שֶׁאֵינָן דִּינָן שָׁוֶה, דְּיֵשׁ חֲצַר הַשּׁוּתָּפִין שֶׁהוּא חַיָּיב בָּהּ עַל הַשֵּׁן, כְּגוֹן דִּמְיוּחֶדֶת לְחַד לְפֵירוֹת וְלִשְׁנֵיהֶן לְשְׁוָורִין. מתני' שׁוּם כֶּסֶף. כּוּלָּהּ מַתְנִיתִין מְפָרֵשׁ בַּגְּמָרָא. גמ' שׁוּם זֶה. שֶׁל נְזָקִין. לֹא יְהֵא אֶלָּא בְּכֶסֶף. שֶׁיְּהוּ ב"ד שָׁמִין כַּמָּה שָׁוֶה הַנֵּזֶק מָנֶה אוֹ מָאתַיִם, וְכָךְ יְשַׁלֵּם לוֹ. תְּנֵינָא. בְּמַתְנִיתִין לְהָא דְּת"ר בַּבָּרַיְיתָא, וש"מ דְּהָא בָּרַיְיתָא עִיקָּר הִיא. פָּרָה שֶׁהִזִּיקָה טַלִּית. שֶׁדָּרְסָה עָלֶיהָ בַּחֲצַר הַנִּיזָּק. (א) וְטַלִּית שֶׁהִזִּיקָה פָּרָה בִּרה"ר – כְּגוֹן שֶׁנִּתְקְלָה בְּהֵמָה בְּטַלִּית, וְנִשְׁבַּר רֶגֶל פָּרָה. אֵין אוֹמְרִין תֵּצֵא פָּרָה בְּטַלִּית. יִטּוֹל אֶת הַפָּרָה שֶׁהִזִּיקָה טַלִּיתוֹ וְלֹא תְּהֵא נִשּׁוּמֵית, אֶלָּא הֵן חָסֵר וְהֵן יוֹתֵר יִטְלֶנָּהּ. אֶלָּא שָׁמִין אוֹתָהּ בְּדָמִים. שָׁמִין הַנִּיזָּקִין בְּכֶסֶף, וּלְפִי מַה שֶּׁהִזִּיק אֶת חֲבֵירוֹ יְשַׁלֵּם (וּמִי שֶׁהִזִּיק אֶת חֲבֵירוֹ יוֹתֵר יְשַׁלֵּם). שָׁוֶה כֶּסֶף. כְּלוֹמַר שָׁוֶה כֶסֶף יִפָּרַע לוֹ. מְלַמֵּד שֶׁאֵין ב"ד נִזְקָקִין. לִיפָּרַע מִן הַמַּזִּיק אא"כ יֵשׁ לוֹ קַרְקַע, דְּהַיְינוּ "שָׁוֶה כֶּסֶף" דְּמַתְנִיתִין. וּלְקַמָּן מְפָרֵשׁ מַאי מַשְׁמַע. דָּבָר הַשָּׁוֶה כָּל כֶּסֶף. שֶׁשּׁוּמְתִין עָלָיו. וְקָפָרֵיךְ: מַאי נִיהוּ דְּאֵין לָהֶן אוֹנָאָה? מַאי "כָּל כֶּסֶף" דְּקָאָמְרַתְּ – דְּאֵין לָהֶן אוֹנָאָה, שֶׁאֲפִילּוּ קְנָאָן בְּיוֹתֵר מִדְּמֵיהֶן שְׁתוּת אֵין מוֹכֵר חַיָּיב לְהַחֲזִיר לוֹ, כִּדְקָאָמְרִינַן בְּפֶרֶק "הַזָּהָב" (ב"מ דף נו.): הָעֲבָדִים וְהַשְּׁטָרוֹת וְהַקַּרְקָעוֹת אֵין לָהֶן אוֹנָאָה, אֲפִילּוּ קְנָאָן בְּיוֹתֵר מִדְּמֵיהֶן. שְׁטָרוֹת. אִם מָכַר שְׁטָרוֹת לַחֲבֵירוֹ, אֵין יָכוֹל לוֹקֵחַ לִתְבּוֹעַ מִמֶּנּוּ אוֹנָאָה. דָּבָר הַנִּקְנֶה בְּכֶסֶף. בְּלֹא מְשִׁיכָה, דְּקַרְקַע נִקְנֶה בְּכֶסֶף, בְּפ"ק דְּקִדּוּשִׁין (דף כו.). עֶבֶד נַמִי נִקְנֶה בְּכֶסֶף. כִּדְקָתָנֵי בְּקִדּוּשִׁין (דף יד.). שְׁטָרוֹת דְּנִקְנוֹת בְּכֶסֶף לָא אִיתְפַּרַשׁ הֵיכָא. אֶלָּא אָמַר רַב אַשִׁי שָׁוֶה כֶּסֶף. דְּהַיְינוּ קַרְקָעוֹת. וְהָכִי מַשְׁמַע: שָׁוֶה כֶסֶף יְשַׁלֵּם וְלֹא כֶּסֶף עַצְמוֹ. וְהָנֵי כּוּלְּהוּ – מִטַּלְטְלִים וַעֲבָדִים וּשְׁטָרוֹת – כֶּסֶף נִינְהוּ, דְּמָלֵי לְאַמְטוּיֵינְהוּ מִמָּתָא לְמָתָא, וּמִזְדַּבְּנֵי. שָׁוֶה כֶסֶף אֲפִי' סוּבִּין. אַלְמָא: דְּמִטַּלְטְלִין נַמִי גָּבִינַן לְנִיזָּקִין. בְּיַתְמֵי. קָאָמְרִינַן, דְּאִי שָׁבַק לְהוּ אֲבוּהוֹן הַמַּזִּיק מְקַרְקְעֵי – גָּבֵי מִינַּיְיהוּ. אֲבָל מִמִּטַּלְטְלֵי לָא, דְּמִטַּלְטְלֵי דְּיַתְמֵי לָא מִשְׁתַּעְבְּדֵי לְבַעַל חוֹב, דְּאִיכָּא לְמֵימַר: לְאַחַר מִיתַת אֲבִיהֶן קְנָאוּם. כִּדְאָמַר רָבָא אָמַר רַב נַחְמָן. בְּמַסֶּכֶתָּא כְּתוּבּוֹת בְּפֶרֶק "הַכּוֹתֵב". שֶׁתָּפַס מֵחַיִּים. דַּאֲבוּהוֹן. בִּפְנֵי ב"ד. הָכִי מַשְׁמַע מַתְנִיתִין: שָׁוֶה כֶסֶף בִּפְנֵי ב"ד, שֶׁיְּהוּ קַרְקְעוֹתָיו בִּפְנֵי ב"ד. פְּרָט לְמוֹכֵר נְכָסָיו. וְכִילָּה הַמָּעוֹת וּבָא לְבֵית דִּין, שֶׁאֵין בֵּית דִּין נִפְרָעִין מִן הַלָּקוֹחוֹת. ש"מ. בִּתְמִיָּה: וְהָא קי"ל דְּאָתֵי מַלְוֶה וְטָרֵיף! אֶלָּא. לְהָכִי אֲתָא מַתְנִיתִין, דְּב"ד מוּמְחִין דָּנִין דִּינֵי קְנָסוֹת, וְלֹא בֵּית דִּין הֶדְיוֹטוֹת. ע"פ עֵדִים. שֶׁיָּעִידוּ עַל הַנֵּזֶק בְּב"ד שֶׁזֶּה הִזִּיקוֹ. הָנִיחָא לְמ"ד כו'. פְּלוּגְתָּא הוּא לְקַמָּן בְּפֶרֶק "מְרוּבֶּה" (דף עה.).
בְּנֵי

מסורת הש"ס

[תוספתא פ"א]
ס"א איט
לעיל ז. [וש"נ]
כתובות פד:
[לקמן עד:]
[עי' תוספות קדושין מב: ד"ה ה"ג וכתובות לח. ד"ה אלמנה. ועוד שם ק. ד"ה א"ר נחמן]
[ועי' תוספות לעיל יח: ד"ה כגון]
[ב"ב קעה.]

הגהות הב"ח
(א) רש"י ד"ה פרה וכו' בחצר הניזק (וטלית). תז"מ ונ"ב ס"א או טלית:

הגהות הגר"א
[א] תום' ד"ה דבר כו' לאו דוקא כו'. נ"ב ורי"ף ורמב"ם חולקין על זה:

הגהות מהר"ב רנשבורג
א] תום' ד"ה ש"מ וכו' ולהכי בנזקין נמי לא גבי. עי' בלוח לבריאים היטב בשער המלך פי"ט מהל' מלוה ולוה הלכה ה ודוק היטב:

גליון הש"ס
רש"י ד"ה שטרות כו' לא איתפרש. עי' ברכות דף כה ע"ב ברש"י ד"ה מאן שמעת ליה וסם נסמן:

רבינו חננאל
הוו לניזק ולא למזיק חייב בכל למזיק ולא לניזק פטור בכל. לזה לפירות *) חייב בכל ולשניהן לשוורים תם משלם חצי נזק ומועד משלם נזק שלם הנה ג' דינים. ופריק ג' כללות בד' מקומות כלומר **) לזה לפירות ולזה לשוורים שני מקומות הן: מתני' שום כסף כו' אמר ר' יהודה שום כסף זה לא יהא אלא בכסף תנינא להא דתנו רבנן פרה שהזיקה טלית וטלית שהזיקה פרה אין אומרים תצא זו בזו אלא שמין אותן בדמים ש"מ דכל בלא שומא לא גמר ומקני וכן הדין המחליף פרה בחמור וכיוצא בו וכן הדין במקח וממכר לא קנה אלא אם עשאן דמים. שוה כסף כדתניא שוה כסף מלמד שאין ב"ד נזקקין אלא לנכסים שיש להם אחריות ואם קדם ותפס מטלטלין ב"ד גובין לו מהן. אוקימ' ביתמי ואם קדם ותפס מטלטלי מחיים ב"ד גובין לו מהן והא דרב אשי דאמר שוה כסף ולא כסף פירוש איזהו דבר שהוא שוה כסף והוא עצמו אינו כסף זה קרקע אבל עבדים ושפחות ***) וכיוצא בהן כולן כסף הן ולא

*) נראה דצ"ל לא לזה ולא לזה לפירות אלא לחד חייב על השן ועל הרגל ולשניהן לשוורים וכו'. **) אולי צ"ל לא לזה ולא לזה לפירות ולזה ולזה לשוורים וכו'. ***) עי' בתוספות ד"ה עבדים

בני חורין ובני ברית. בני חורין — למעוטי עבדים, בני ברית — למעוטי גוים. וצריכא; דאי אשמעינן עבד, משום דאין לו יחס, אבל גוי דיש לו יחס — אימא לא; ואי אשמעינן גוי, משום דלא שייך במצות, אבל עבד דשייך במצות — אימא לא, צריכא. § "והנשים בכלל הנזק". § מנהני מילי? *אמר רב יהודה אמר רב, וכן תנא דבי ר' ישמעאל, אמר קרא: "איש או אשה כי יעשו מכל חטאת", (א) השוה הכתוב אשה לאיש לכל עונשין שבתורה. דבי רבי אלעזר תנא: "ואלה המשפטים אשר תשים לפניהם", השוה הכתוב אשה לאיש לכל דינין שבתורה. דבי חזקיה ורבי יוסי הגלילי תנא, אמר קרא: "והמית איש או אשה", השוה הכתוב אשה לאיש לכל מיתות שבתורה. וצריכי; דאי אשמעינן קמייתא — התם הוא דחס רחמנא עלה, כי היכי דתהוי לה כפרה, אבל דינין — איש דבר משא ומתן אין, אשה לא; ואי אשמעינן דינין — כי היכי דתיהוי לה חיותא, אבל כפרה — איש דבר מצוה אין, אשה דלאו בת מצוה לא; ואי אשמעינן הני תרתי — הכא משום כפרה והכא משום חיותא, אבל לענין קטלא — איש דבר מצוה (ב) לשלם כופר, אשה לא; ואי אשמעינן כופר — משום דאיכא איבוד נשמה, אבל הני תרתי דליכא איבוד נשמה — אימא לא, צריכא. § "הניזק והמזיק בתשלומין". § *איתמר: פלגא נזקא — רב פפא אמר: ממונא, רב הונא בריה דרב יהושע אמר: קנסא. רב פפא אמר ממונא, קסבר: *סתם שוורים לאו בחזקת שימור קיימן, ובדין הוא דבעי לשלומי כוליה, ורחמנא הוא דחס עליה דאכתי לא אייעד תוריה; רב הונא בריה דרב יהושע אמר קנסא, קסבר: סתם שוורים בחזקת שימור קיימי, ובדין הוא דלא לשלם כלל, ורחמנא הוא דקנסיה כי היכי דלנטריה לתוריה. תנן: הניזק והמזיק בתשלומין; בשלמא למאן דאמר פלגא נזקא ממונא, היינו דשייך ניזק בתשלומין. אלא למ"ד פלגא נזקא קנסא, השתא דלאו דידיה שקיל, בתשלומין איתיה?! לא נצרכא אלא *לפחת נבילה. פחת נבילה, הא תנא ליה רישא: *"תשלומי נזק" — מלמד שהבעלים מטפלין בנבילה! חדא בתם, וחדא במועד. וצריכא; דאי אשמעינן תם, משום דאכתי לא אייעד, אבל מועד — אימא לא; ואי אשמעינן מועד, משום דקא משלם כוליה, אבל תם — אימא לא, צריכא. ת"ש: מה בין תם למועד? *שהתם משלם חצי נזק מגופו, ומועד משלם נזק שלם מן העלייה; ואם איתא, ליתני נמי הא: תם אינו משלם ע"פ עצמו, מועד משלם ע"פ עצמו! *תנא ושייר. מאי שייר דהאי שייר? שייר חצי כופר. אי משום חצי כופר לאו שיורא הוא, הא מני? *רבי יוסי הגלילי היא, דאמר: תם — משלם חצי כופר. ת"ש: המית

במדבר ה | שמות כא | שם

תורה אור

רש"י

בני חורין. שיהו העדים בני חורין ובני ברית. עבד אין לו יחס. דאמרינן בפרק "הבא על יבמתו" (יבמות דף סב.): הכל מודים בעבד שאין לו יחס, כדכתיב: "עם החמור" עם הדומין לחמור. גוי יש לו יחס. כדמפרש התם, דכתיב: הדרימון בן טברימון בן *חזאל. עבד כנעני שייך במצות שהנשים חייבות בהן, דגמר "לה" "לה" מאשה. לפניהם. כולן בכלל. קמייתא. "איש או אשה כי יעשו" דמשתעי בקרבן. התם הוא דחס רחמנא עלה. דתיהוי כאיש לענין כפרה. כי היכי דתיהוי לה חיותא. דאי לא הואי בכלל דינין, הוי פרשי תגרי מינה. איש דבר מצות. משלם בעל השור כופר ליורשים, משום דבטליה ממצות. ממונא. דין הוא שישלמנו, ואינו קנס. ונפקא מינה דאי מודה מקמי דאתו סהדי — לא מיפטר. לאו בחזקת שימור קיימי. שרגילין בנגיחה וצריכין שמירה. בתשלומין. משמע דשניהן מפסידי ממון בתשלומין, שזה משלם מחצה וזה מפסיד מחצה. דשייך ניזק בתשלומין. כלומר: מפסיד ממה שהיה ראוי לו. דבעי למשקל כוליה, שזה פשע בשורו שלא שמרו. בתשלומין איתיה. בתמיה, דמשמע שמפסיד מדידו. לפחת נבילה. דכל פחת נבילה דניזק הוא. והיינו דשייך ניזק בתשלומין, שאפילו אותו קנס שזיכתה לו תורה — אינו נוטל כולו. הא תנא ליה רישא. "חבתי בתשלומי נזקו", וקתני עלה: "תשלומי נזק", מלמד שהבעלים מטפלים בנבילה. ואמרינן: לא נצרכא אלא לפחת נבילה. מגופו. ואם אינו שוה חצי נזק מפסיד הניזק, כדכתיב (שמות כא): "וחצו את כספו". מן העלייה. אם אינו שוה כנגד כל הנזק — נוטל נכסים מביתו. ואם איתא. דקנסא. ליתני נמי הא. שחצי נזקו של תם קנס, ואינו משלם ע"פ עצמו. ומועד הוי ממון, ומשלם ע"פ עצמו. חצי כופר. מועד שהמית את האדם משלם כופר ליורשים, ותם — אפילו חצי כופר לא משלם. רבי יוסי הגלילי היא דאמר. בפרק "שור שנגח את הפרה" (לקמן דף מב.): תם* משלם חצי כופר. וליכא שיורא, דאי משום דהאי משלם כופר שלם והאי לא משלם אלא פלגא — כופר לאו שיורא הוא, דהא תני לה: תם משלם חצי נזק ומועד נזק שלם, וכופר בכלל.

תוספות

השוה הכתוב אשה לאיש. היינו דוקא היכא דהפרשה נאמרה בלשון זכר. כי ההיא דריש תמורה (דף ב:) דפריך אמאי איצטריך רבוי לענין תמורה — לפי שהפרשה נאמרה בלשון זכר, והא השוה הכתוב אשה לאיש. אבל היכא דכתיב "איש" בהדיא, ודאי התם צריך רבוי, כההיא דפרק "ארבע מיתות" (סנהדרין סו.): "איש כי יקלל" אין לי אלא איש, אשה מניין? וא"ת: לקמן ב"שור שנגח ארבעה וחמשה" (דף מד: ושם ד"ה שור האשה) דאמר: שור שור שבעה — להביא שור האשה, גבי שור שהמית — אמאי איצטריך רבוי? הא התם לא כתיב "איש"! ואע"ג דכתיב "גם בעליו יומת" — אינו אלא לשון זכר בעלמא! ואומר ר"ת: [*דמקשינן] התם נגיחה למיתה, ונגיחה לנזקין, והוה ילפינן מנזקין דכתיב בהו (שמות כא) "איש כי יגוף שור איש" למעוטי אשה, אי לאו רבוי דקרא.

אשר תשים לפניהם השוה הכתוב אשה לאיש. תימה: הא "לפניהם" לא איירי אלא בכשרים לדון, דכן דרשינן בפרק בתרא דגיטין (דף פח: ושם): "לפניהם" — ולא לפני הדיוטות. ואשה פסולה לדון, דתנן בפרק "בא סימן" (נדה דף מט: ושם): כל הכשר לדון כשר להעיד, ואשה פסולה להעיד, כדאמרינן ב"החובל" (לקמן דף פח.) ובפרק "שבועת העדות" (שבועות דף ל.)! וי"ל דההיא דפרק "בא סימן" (נדה ד' מט:) באיש איירי, כלומר: כל איש הכשר לדון כשר להעיד. ומדכתיב (שופטים ד) "והיא שפטה את ישראל" בדבורה אין להביא ראיה דאשה כשירה לדון, דשמא היו מקבלין אותה עליהם משום שכינה. וא"ת: בגיטין (ד' פח:) דרשינן "לפניהם" למעוטי הדיוטות, והכא דרשינן לרבות אשה! וי"ל: דהתם ממעט משום ד"לפניהם" קאי א"אלהים" דכתיב בפרשה. וא"ת: בלא "לפניהם" תיפוק ליה דבעינן מומחים מ"אלהים"! ויש לומר: ד"לפניהם" איצטריך לכל דבר עישוי וכפייה, אף על פי שאינו דין, דבעי מומחין. וכן מוכח בפ"ק דסנהדרין (דף ז:) דדריש מ"אשר תשים" — אלו כלי הדיינין*.

והמית איש או אשה. תימה: דקרא קמא "כי יגח שור את איש או את אשה" ה"ל הכא לאתויי, דמקרא ד"והמית איש" דרשינן ב"שור שנגח ארבעה וחמשה" (לקמן דף מג:): מה איש נזקיו ליורשיו כו'. והכי איתא התם: "והמית איש או אשה", אמר ר' עקיבא: וכי מה בא זה ללמדנו — לחייב על אשה כאיש הרי הוא אומר "כי יגח שור" וכו', אלא להקיש אשה לאיש, מה איש נזקיו ליורשיו כו'.

לכל מיתות. כלומר: שחייבין עליהם מיתה או כופר כמו על האיש, דבהכי איירי קרא ד"והמית איש או אשה". ובסמוך נמי קאמר משום איבוד נשמה חס רחמנא עלה. ולא איירי באשה שהמיתה, שתתחייב כמו איש. משום כפרה חס רחמנא עליה. וא"ת: אם לא הוקשו לענין עונשין כלל — כ"ש דהוה חס עלה טפי, שלא היה בה עונש ולא היתה צריכה כפרה כלל! וי"ל: דאצטריך קרא לעונשים הכתובים בהדיא בנשים, כגון עריות, שיש להן כפרה.

לא נצרכא אלא לפחת נבילה. אע"ג דשקיל דלאו דידיה, מ"מ כיון דזכייה ליה רחמנא חצי נזק, חשבינן ליה דאיתיה בתשלומין מה שפחת נבילה עליו, ולא מצי א"ל למזיק קרנא דתורך קבירא ביה, כדפי' לעיל [י: ד"ה לא נצרכא]. אי משום חצי כופר לאו שיורא הוא. פי': דליקשי למ"ד פלגא נזקא ממונא מאי שייר דהאי שייר, דלא שייר אלא חצי כופר. דהא מני ר' יוסי הגלילי היא, ולא שייר כלום. דכה"ג איכא פרק "שלשה מינין" (נזיר דף לח:) ובפרק "החליל" (סוכה דף נד:). הא מני רבי יוסי הגלילי היא דאמר תם משלם חצי כופר. והא דמועד משלם כופר שלם ותם חצי כופר — לאו שיורא הוא, דהא תנא תם משלם חצי נזק ומועד משלם נ"ש, וכופר בכלל. וא"ת: אכתי ליתני דמועד משלם כופר אף כשהשור בסקילה, ותם כשהוא בסקילה — פטור אפילו לרבי יוסי הגלילי, דהביאהו לבית דין וישלם לך

עין משפט נר מצוה

קנב א ב מיי' פ"ח מהלכות נזקי ממון הלכה יג ועיין בהשגות ובמ"מ סמג עשין סז טוש"ע ח"מ סימן תח סעיף א:

קנג ג מיי' פ"ב מהל' שכירות הלכה ו ומיי' פ"א מהלכות גניבה הל"ז ופ' יז מהל' איסורי ביאה הלכה ה סמג לאוין קכה טור ש"ע ח"מ סי' שמט סעיף א וסימן שב סעיף א:

נ"א דדרשינן. ר"מ

קנד ד מיי' פ"ב מהל' נזקי ממון הל' ז ופ"ה מהלכות סנהדרין הלכה ט סמג עשין סז לז טוש"ע ח"מ סימן א סעיף א:

קנה ה מיי' פ"ז מהל' נזקי ממון הלכה ח סמג עשין סז סח טוש"ע ח"מ סימן תג סעיף ב:

קנו ו מיי' שם פ"א הלכה ז סמג שם טוש"ע ח"מ סימן שפט סעיף ט:

קנז ז מיי' שם פ"ב הלכה ח ופ"ג מהלכות גניבה הלכה ז:

קנח ח מיי' פ"י מהל' נזקי ממון הלכה ב סמג עשין סז:

מסורת הש"ס

[נ"ל חזאל]

פסחים מג. סוכה כח. יבמות פד: קדושין לה. תמורה ב: נדה מח:

כתובות מח. [סנהדרין ג. שבועות לג.]

[לקמן מה.]

[ועי' תוספות שבועות כט: ד"ה שבועת. ותוספת יבמות מה: ד"ה מי וגיטין פח: ד"ה ולא ונדה נ. ד"ה כל הכשר]

כוונתו מדרדק התם נקי מדמי וולדות

[לקמן לד.]

[לעיל י: לקמן נג:]

[לקמן טז:]

[סוכה נד. וש"נ]

[לקמן כו. מח:]

הגהות הב"ח

(א) גמ' הכל חטאות האדם השוה: (ב) שם דבר מצוה משלם כופר:

גליון הש"ס

גמ' וצריכי. עי' תשובת מהרי"ב ח"א סימן כד ד"ה ... שם סתם שוורים לאו בחזקת שימור. עי' לקמן דף מה ע"ב תוד"ה בחזקת שימור: שם קנסא קסבר סתם. עי' לקמן דף ... תום' ד"ה אי וכו' ובפרק החליל. ועי' ... לא משום ...

רבינו חננאל

ולא מיתוקמא בפני ב"ד [אלא] פרט לב"ד הדיוטות. על פי עדים פרט למודה בקנס ואח"כ באו עדים דפטור ולמאן דאמר חייב משני סיפא איצטריכא ותני רישא אטו סיפא. בני חורין למעוטי עבדים. בני ברית למעוטי נכרים. וצריכא כו'. והנשים בכלל הנזק. מנהני מילי ופשטינן דמאוריי' השוה הכתוב אשה לאיש לכל עונשין שבתורה ולכל דינין שבתורה ולכל מיתות שבתורה וצריכין כו'. והניזק והמזיק בתשלומין. איתמר רב פפא אמר פלגי ניזקא ממונא סתם שוורים לאו בחזקת שימור קיימי פי' לאו בחזקת שמורין אלא צריכין שומר לשומרם וכיון שלא שמרם יש מן הדין לשלם מה שהזיק ורחמנא חס עליה דאכתי לא אייעד תוריה. רב הונא בריה דרב יהושע אמר פלגי נזקא קנסא סתם שוורים בחזקת שימור קיימי כלומר כשמורין הן אינם צריכים שומר לשמרם כי [הן בני] תרבות ולא הזהירה התורה לשמור אלא המועד שנאמר בו ולא ישמרנו בעליו ובדין דלא לישלם כלל ורחמנא קנסיה כי היכי דנינטריה לתוריה. תנן הניזק והמזיק בתשלומין קשיא למ"ד קנסא הלא הוא אמר קנסא קנס רחמנא המזיק למיהב פלגי ניזקא לניזק דמדינא לא מיחייב מידי והיאך תנן כי המזיק גם הניזק משלם השתא דלאו דידיה שקיל בתשלומין איתא. ופריק כי קתני דניזק איתיה בתשלומין בפחת נבילה. פי' כגון שנגח שור ששוה מאתים לשור שוה מאתים והנבילה יפה ק' זוז נמצא הנזק ק' זוז שחייב המזיק לשלם לניזק נ' זוז וזהו האמור ומכרו את השור החי וחצו את כספו של מת *) כלומר הנזק החי במת. ואם היתה הנבילה שוה בשעת נגיחתו (לה) ק' זוז ועכשיו בשעת התשלומין שוה פ' זוז הנה פחתה הנבילה כ' זוז זו הפחיתה על הניזק היא וזהו ששנינו הניזק איתיה בתשלומין. ואקשי' פחת נבילה תנינא תשלומי נזק מלמד שבעלים מטפלין בנבילה. ופרק' חדא בתם וחדא במועד וצריכא כו'. ת"ש מה בין תם למועד אלא שתם משלם חצי נזק מגופו ומועד משלם נזק שלם מן העלייה ואם איתא דפלגי נזקא קנסא ליתני נמי הא. תם אינו משלם על פי עצמו דהא לדברי הכל היכא דליכא סהדי מודה בקנס פטור. ופרקי' תנא ושייר ומאי שייר דהאי שייר. שייר חצי כופר דתנן שור שנגח את האדם ומת מועד משלם כופר ותם פטור מן הכופר. אי משום הא לאו שיורא היא הא דתנינן לקמן מה בין תם למועד כו' ר' יוסי הגלילי היא

*) אינו מובן ואולי צ"ל וחצו את כספו של מת כלומר טול חצי הנזק שעשה החי במת.

קנט א מיי' פ"ח מהל' שבועות הלכה ד ופ"ה מהל' סנהדרין הל' יד:
קס ב מיי' פ"ח מהל' שבועות הלכה ב:
קסא ג ד מיי' פ"ב מהלכות נזקי ממון הלכה ח סמג עשין סז:
קסב ה מיי' שם הלכה ז ופ"ה מהלכות סנהדרין הל' ט סמג עשין סז נו טוש"ע ח"מ סימן א סעיף א:
קסג ו מיי' פ"ג מהל' נזקי ממון הלכה ז סמג שם טוש"ע ח"מ סימן שנא סעיף ו:
קסד ז מיי' פ"ה מהל' סנהדרין הלכה ט סמג עשין נו טוש"ע ח"מ סימן א סעיף א:
קסה ח מיי' פרק ג מהלכות נזקי ממון הלכה ז סמג עשין עז טוש"ע ח"מ סימן שנא סעיף ו:
קסו ט מיי' פ"ה מהל' סנהדרין הלכה יז ופ"ב מהל' נזקי ממון ה"ו סמג עשין סז טור ש"ע ח"מ סימן א סעיף ה:
קסז י מיי' שם פ"ו הל' ז סמג עשין עד טוש"ע ח"מ סימן יד סעיף א:
קסח כ מיי' שם ופכ"ה שם הלכה ח ופ"ו מהלכות ת"ת הי"ד סמג שם טור ש"ע ח"מ סי' יא סעיף א וטוש"ע י"ד סי' שלד סעיף מג:
קסט ל מיי' פי"ג מהל' ח"מ הל"ד סמג עשין כז טוש"ע ח"מ סי' שלב סעיף מג:
קע מ מיי' פ"ב מהל' נזקי ממון הל"ט סמג עשין סח ומיי' פי"א מהל' רוצח ושמירת נפש הלכה ד טור ש"ע ח"מ סימן תט סעיף ג וסימן תכז סעיף ח:
קעא נ מיי' פ"א מהל' נזקי ממון הל"ה סמג שם טוש"ע ח"מ סי' שפט סעיף ו:
קעב ס מיי' שם הל"ו טוש"ע שם סעי' ח:

*[א]"הֵמִית שׁוֹרִי אֶת פְּלוֹנִי" אוֹ "שׁוֹרוֹ שֶׁל פְּלוֹנִי" – הֲרֵי זֶה מְשַׁלֵּם עַל פִּי עַצְמוֹ; מַאי לָאו בְּתָם? לָא, בְּמוּעָד. אֲבָל תָּם מַאי, הָכִי נַמִּי דְּאֵין מְשַׁלֵּם עַל פִּי עַצְמוֹ? אִי הָכִי, אַדְּתָנֵי סֵיפָא: [ב]"הֵמִית שׁוֹרִי אֶת עַבְדּוֹ שֶׁל פְּלוֹנִי" – אֵין מְשַׁלֵּם עַל פִּי עַצְמוֹ, לִפְלוֹג וְלִיתְנֵי בְּדִידֵיהּ: בד"א – בְּמוּעָד, אֲבָל בְּתָם – אֵינוֹ מְשַׁלֵּם עַל פִּי עַצְמוֹ! כּוּלָּהּ בְּמוּעָד קָמַיְירֵי. תָּא שְׁמַע: [ג]זֶה הַכְּלָל, כָּל הַמְשַׁלֵּם יוֹתֵר עַל מַה שֶּׁהִזִּיק – אֵינוֹ מְשַׁלֵּם עַל פִּי עַצְמוֹ; מַאי לָאו, הָא פָּחוֹת מִמַּה שֶּׁהִזִּיק מְשַׁלֵּם? לָא, הָא כְּמָה שֶּׁהִזִּיק מְשַׁלֵּם. אֲבָל פָּחוֹת, מַאי, הָכִי נַמִּי [ד]דְּלָא מְשַׁלֵּם? אִי הָכִי, אַדְּתָנֵי: זֶה הַכְּלָל, כָּל הַמְשַׁלֵּם יוֹתֵר עַל מַה שֶּׁהִזִּיק – אֵינוֹ מְשַׁלֵּם עַל פִּי עַצְמוֹ, לִיתְנֵי: זֶה הַכְּלָל, כָּל שֶׁאֵינוֹ מְשַׁלֵּם כְּמָה שֶׁהִזִּיק, דְּמַשְׁמַע פָּחוֹת וּמַשְׁמַע יוֹתֵר! תְּיוּבְתָּא. וְהִלְכְתָא: פַּלְגָא נִזְקָא – קְנָסָא. *תְּיוּבְתָּא וְהִלְכְתָא?! אִין, טַעְמָא מַאי הָוְיָא תְּיוּבְתָּא – מִשּׁוּם דְּלָא קָתָנֵי "כְּמוֹ שֶׁהִזִּיק". לָא פְּסִיקָא לֵיהּ, כֵּיוָן דְּאִיכָּא חֲצִי נֶזֶק צְרוֹרוֹת, [ה]דְּהִלְכְתָא גְּמִירָא לָהּ דְּמָמוֹנָא הוּא, מִשּׁוּם הָכִי לָא קָתָנֵי. וְהָשְׁתָּא דְּאָמְרַתְּ פַּלְגָא נִזְקָא קְנָסָא, [ו]הַאי כַּלְבָּא דַּאֲכַל אִימְּרֵי, וְשׁוּנְרָא דַּאֲכָלָה תַּרְנְגוֹלָא – מְשׁוּנֶּה הוּא, [ז]וְלָא מַגְבִּינַן בְּבָבֶל. [ח]וְהָנֵי מִילֵּי בְּרַבְרְבֵי, אֲבָל בְּזוּטְרֵי – אוֹרְחֵיהּ הוּא. [ט]וְאִי תָּפַס – לָא מַפְּקִינַן מִינֵּיהּ. וְאִי אָמַר: [י]קִבְעוּ לִי זִימְנָא דְּאָזְלִינָא לְאַרְעָא דְּיִשְׂרָאֵל – קָבְעִינַן לֵיהּ. [כ]וְאִי לָא אָזֵיל – מְשַׁמְּתִינַן לֵיהּ. וּבֵין כָּךְ וּבֵין כָּךְ [ל]מְשַׁמְּתִינַן לֵיהּ עַד דְּמְסַלֵּק הֶיזֵּקָא, מִדְּרַבִּי נָתָן; דְּתַנְיָא, *רַבִּי נָתָן אוֹמֵר: [מ]מִנַּיִין שֶׁלֹּא יְגַדֵּל אָדָם כֶּלֶב רַע בְּתוֹךְ בֵּיתוֹ, וְאַל יַעֲמִיד סוּלָּם רָעוּעַ בְּתוֹךְ בֵּיתוֹ? ת"ל: °"לֹא תָשִׂים דָּמִים בְּבֵיתֶךָ". (דברים כב) §

מתני' [נ]חֲמִשָּׁה תַּמִּין, וַחֲמִשָּׁה מוּעָדִין. הַבְּהֵמָה אֵינָהּ מוּעֶדֶת לֹא לִיגַּח, וְלֹא לִיגּוֹף, וְלֹא לִשּׁוֹךְ, וְלֹא לִרְבּוֹץ, וְלֹא לִבְעוֹט. °הַשֵּׁן מוּעֶדֶת לֶאֱכוֹל אֶת הָרָאוּי לָהּ, הָרֶגֶל מוּעֶדֶת לִשְׁבּוֹר בְּדֶרֶךְ הִילּוּכָהּ, וְשׁוֹר הַמּוּעָד, וְשׁוֹר הַמַּזִּיק בִּרְשׁוּת הַנִּיזָּק, וְהָאָדָם. [ס]הַזְּאֵב, וְהָאֲרִי, וְהַדּוֹב, וְהַנָּמֵר, וְהַבַּרְדְּלֵס, וְהַנָּחָשׁ – הֲרֵי אֵלּוּ מוּעָדִין; רַבִּי אֱלִיעֶזֶר אוֹמֵר: בִּזְמַן שֶׁהֵן בְּנֵי תַּרְבּוּת אֵינָן מוּעָדִין, וְהַנָּחָשׁ מוּעָד לְעוֹלָם.§

גמ' מִדְּקָתָנֵי: הַשֵּׁן מוּעֶדֶת לֶאֱכוֹל – מִכְּלָל דְּבַחֲצַר הַנִּיזָּק עָסְקִינַן, וְקָתָנֵי: בְּהֵמָה אֵינָהּ מוּעֶדֶת – לְשַׁלֵּם כּוּלֵּיהּ, אֲבָל חֲצִי נֶזֶק מְשַׁלֶּמֶת, מַנִּי? רַבָּנַן הִיא, *דְּאָמְרִי: מְשׁוּנֶּה קֶרֶן בַּחֲצַר הַנִּיזָּק – חֲצִי נֶזֶק הוּא דִּמְשַׁלֵּם. אֵימָא סֵיפָא: שׁוֹר הַמּוּעָד, וְשׁוֹר הַמַּזִּיק בִּרְשׁוּת הַנִּיזָּק, וְהָאָדָם; אֲתָאן לְרַבִּי טַרְפוֹן, *דְּאָמַר: מְשׁוּנֶּה קֶרֶן בַּחֲצַר הַנִּיזָּק – נֶזֶק שָׁלֵם הוּא דִּמְשַׁלֵּם. רֵישָׁא רַבָּנַן וְסֵיפָא רַבִּי טַרְפוֹן? °אִין, דְּהָאָמַר לֵיהּ שְׁמוּאֵל לְרַב יְהוּדָה: *שִׁינָּנָא, שְׁבוֹק מַתְנִי' וְתָא אַבַּתְרַאי, רֵישָׁא רַבָּנַן וְסֵיפָא רַבִּי טַרְפוֹן. רַבִּי אֶלְעָזָר מִשְּׁמֵיהּ דְּרַב אָמַר:
כולה

רש"י

הֵמִית שׁוֹרִי כו' מַאי לָאו בְּתָם. וְה"ק: הֵמִית שׁוֹרִי אֶת פְּלוֹנִי – מְשַׁלֵּם חֲצִי כוֹפֶר ע"פ עַצְמוֹ, וְרַבִּי יוֹסֵי הַגְּלִילִי הִיא, אוֹ שׁוֹרוֹ שֶׁל פְּלוֹנִי הֵמִית – מְשַׁלֵּם ע"פ עַצְמוֹ חֲצִי נֶזֶק. אַלְמָא מָמוֹנָא הוּא. עַבְדּוֹ שֶׁל פְּלוֹנִי. הָא קְנָסָא הוּא, דִּמְשַׁלֵּם ל' סְלָעִים וַאֲפִילּוּ אֵינוֹ שָׁוֶה אֶלָּא דִּינָר. (תורה אור) לִפְלוֹג וְלִיתְנֵי בְּדִידֵיהּ. בְּקַמַּיְיתָא גּוּפֵיהּ, דְּ"הֵמִית שׁוֹרִי שׁוֹרוֹ שֶׁל פְּלוֹנִי" מָצֵי לְפְלוּגֵי. כּוּלָּהּ בְּמוּעָד קָמַיְירֵי. וְחִילּוּקִים דְּמוּעָד בָּעֵי לְאַשְׁמוּעִינַן. יוֹתֵר עַל מַה שֶּׁהִזִּיק. כְּגוֹן ל' שֶׁל עֶבֶד. הָא פָּחוֹת. כְּגוֹן חֲצִי נֶזֶק דְּתָם – מְשַׁלֵּם ע"פ עַצְמוֹ. כַּמָּה שֶׁהִזִּיק. נֶזֶק שָׁלֵם דְּמוּעָד. מִשּׁוּם דְּלָא קָתָנֵי כַּמָּה שֶׁהִזִּיק. הָא לָאו תְּיוּבְתָּא הִיא. דְּלָא פְּסִיקָא לֵיהּ לְמִיתְנֵי "כַּמָּה שֶׁהִזִּיק", דְּלֶיהֱוֵי מַשְׁמַע דְּפָחוֹת אֵינוֹ מְשַׁלֵּם ע"פ עַצְמוֹ, כֵּיוָן דְּאִיכָּא חֲצִי נֶזֶק צְרוֹרוֹת, דְּאֵינוֹ מְשַׁלֵּם כַּמָּה שֶׁהִזִּיק, וַאֲפִילּוּ הָכִי מְשַׁלֵּם ע"פ עַצְמוֹ. דְּהִלְכְתָא גְּמִירֵי לָהּ דְּמָמוֹנָא הוּא. אִימְּרֵי. כְּבָשִׂים. מְשׁוּנֶּה הוּא. דְּאֵין דַּרְכָּן בְּכָךְ, וְהָוֵי תּוֹלָדָה דְּקֶרֶן לְשַׁלֵּם חֲצִי נֶזֶק. וְלָא מַגְבִּינַן לָהּ בְּבָבֶל. דְּאֵין דָּנִין דִּינֵי קְנָסוֹת אֶלָּא בִּסְמוּכִין, וּבְבָבֶל אֵין סְמִיכָה. בְּרַבְרְבֵי. תַּרְנְגוֹלִים וּכְבָשִׂים גְּדוֹלִים, דְּאֵין דֶּרֶךְ כֶּלֶב וְחָתוּל לְהוֹרְגָן. וְאִי תָּפֵיס. נִיזָּק בְּבָבֶל – לָא מַפְּקִינַן מִינֵּיהּ. וְאִי לָא תָּפֵיס נִיזָּק וְאָמַר: קִבְעוּ לִי זְמַן דְּלֵיתֵי בַּהֲדֵי לְאַרְעָא דְּיִשְׂרָאֵל – קָבְעִינַן לֵיהּ. וּבֵין כָּךְ וּבֵין כָּךְ מְשַׁמְּתִינַן לֵיהּ. לַהֲרוֹג אֶת הַכֶּלֶב וְאֶת הֶחָתוּל. עַד דִּמְסַלֵּק הֶיזֵּקָא. שֶׁיְּסָרְגֵס. **מתני'** לֹא לִיגַּח. בְּקֶרֶן. וְלֹא לִיגּוֹף. דְּחִיפַת גּוּף. וְכוּלְּהוּ הָוֵי תּוֹלָדָה דְּקֶרֶן, וּמְשַׁלְּמִין חֲצִי נֶזֶק. הֲרֵי חֲמִשָּׁה תַּמִּין. וְשׁוֹר הַמּוּעָד. ג' פְּעָמִים לִיגַּח אוֹ לִגּוֹף אוֹ לִרְבּוֹץ אוֹ לִבְעוֹט אוֹ לִשּׁוֹךְ – הֲרֵי הֵן חֲמִשָּׁה מוּעָדִין לְשַׁלֵּם נֶזֶק שָׁלֵם. וּלְגַבֵּי מוּעָד חָשֵׁיב לְהוּ חַד, דְּע"י הַעֲדָאָה דְּעֵדִים אָתֵי בְּהוּ חִיּוּב נ"ש, הִלְכָּךְ חֲדָא מִילְּתָא הוּא. וְשׁוֹר הַמַּזִּיק בִּרְשׁוּת הַנִּיזָּק. וַאֲפִי' קֶרֶן תַּמָּה הָוֵי כְּמוּעָד לְשַׁלֵּם נֶזֶק שָׁלֵם. וְהָאָדָם. הֲרֵי חֲמִשָּׁה. וּבְבַעֲלֵי חַיִּים קָמַיְירֵי, לְהָכִי לָא חָשֵׁיב בּוֹר וָאֵשׁ. וּלְקַמָּן פָּרֵיךְ: אַמַּאי לָא חָשֵׁיב הָאֲרִי וְהַדּוֹב כו'. הֲרֵי אֵלּוּ מוּעָדִים. אֲפִילּוּ בִּנְשִׁיכָה וּבְכָל נְזָקִין, וּמְשַׁלְּמִין בְּעָלִים שֶׁלָּהֶן נֶזֶק שָׁלֵם. שֶׁהֵן בְּנֵי תַּרְבּוּת. שֶׁגִּידְּלָן אָדָם בְּבֵיתוֹ. **גמ'** וְקָתָנֵי הַבְּהֵמָה אֵינָהּ מוּעֶדֶת. לֹא לִיגַּח וְלֹא לִגּוֹף. אַלְמָא: קֶרֶן בַּחֲצַר הַנִּיזָּק חֲצִי נֶזֶק הוּא דִּמְשַׁלֵּם.
כולה

תוספות

לך! וי"ל: שהוא בכלל "שהתם משלם חצי נזק מגופו". וא"ת: א"כ מהאי טעמא אמאי לא מוקי אפילו כר"ע דפוטר בתם מחצי כופר? דכשהשור בסקילה לא איצטריך למיתני שפטור מחצי כופר, דהתנן: שהתם משלם מגופו. וכיון דמשלם מגופו — הביאהו לב"ד וישלם לך. וכשאין השור בסקילה, כגון ע"פ עד אחד וע"פ בעלים — בין תם בין מועד שניהם פטורין מכופר, מדרבה, דאמר פרק "שור שנגח ארבעה וחמשה" (לקמן דף מג.): שור שהמית בן חורין שלא בכוונה — פטור, שנאמר "השור יסקל וגם בעליו יומת" — כל זמן שהשור בסקילה בעלים משלמים כופר! וי"ל: דאין ה"נ, דלר"ע נמי, כופר לא הוי שיור. והא דלא קאמר: הא מני רבי עקיבא היא, משום דדריש ב"שור שנגח ארבעה וחמשה" (לקמן מב.): נקי מדמי עבד, ואי ר"ע — ליתני: שהתם פטור מדמי עבד, ומאי שייר דהאי שייר למ"ד פלגא נזקא ממונא? דאי משום חצי כופר — לאו שיורא הוא, דהתנן: שהתם משלם ח"נ מגופו. וא"ת: ומנא ליה דאית ליה לרבי יוסי הגלילי תם משלם חצי כופר? אי משום דדריש לקמן: נקי מדמי ולדות, ולא דריש נקי מחצי כופר, דלמא לעולם ס"ל דפטור, דכשהשור בסקילה — הביאהו לב"ד וישלם לך, וכשאין השור בסקילה פטור מדרבה! וי"ל: דהא דקאמר דתם משלם *חצי כופר — לאו משום דשמעינן ליה הכי, אלא כלומר דמאי סבר דמשלם חצי כופר. ולא יסבור דרבה כר' טרפון, דאית ליה נמי לקמן שלהי "כילד הרגל" (דף כו.) דתם משלם כופר. ואי נמי ס"ל רבי יוסי הגלילי דתם לא משלם חצי כופר משום דרבה — לאו שיורא היא, כדפרישית. וה"ה דהוה מצי למימר: הא מני ר"ש בן זומא היא, דדריש התם: נקי — מדמי עורו. ולדידיה נמי כופר לאו שיורא הוא*.

לפלוג וליתני בדידיה בד"א במועד אבל בתם כו'. תימה: היכי הוה מצי למימר הכי: אבל בתם אין משלם ע"פ עצמו, דמשמע — דע"פ עדים משלם כשהמית שורו את פלוני? דלמא לא סבר כרבי יוסי הגלילי, דאמר: תם משלם חצי כופר!

והשתא דאמרת פלגא נזקא קנסא. נראה דדוקא למ"ד פלגא דנזקא קנסא. אבל למ"ד פלגא דנזקא ממונא — לא מיחייב כלל. דמהי תיתי? דמקרן לא אתיא — דקרן אורחיה הוא, דסתם שוורים לאו בחזקת שימור קיימי, והאי משונה הוא, דלאו אורחיה דכלבא למיכל אימרי רברבי. אבל למ"ד פלגא נזקא קנסא הוי תולדה דקרן, דתרוייהו משונים הם, אע"ג דקרן כוונתו להזיק.

ואי תפס לא מפקינן מיניה. [א] אור"ת: דוקא אי °תפס [המזיק עצמו כגון] כלב או השונרא, קאמר דלא מפקינן, דכמזיק הקילו חכמים שיוכל להחזיק בו אם לקחו בשעת היזק. אבל מידי אחרינא — לא, דאי בכל דבר שיתפוס לא מפקינן יבא לידי תקלה, דהיום או למחר יגזול כל אשר לו ולא נוציא ממנו, דאין אנו דנין דיני קנסות, וזה יפסיד יותר ממה שהזיק. והא דאמר ב"כילד הרגל" (לקמן דף יט:): ההוא חמרא דאכל נהמא ופלסיה לסלא וחייביה רב יהודה אנהמא נזק שלם ואסלא חצי נזק — מיירי בתפס, או היה דוחקו ע"י שמתא דקבעיה זימנא לא"י.
כולה

רבינו חננאל

היא דסבר תם משלם חצי כופר. ת"ש זה הכלל כל המשלם יותר על מה שהזיק אין משלם על פי עצמו. פי' כגון תשלומי כפל ותשלומי ד' וה' שהן קנס אינו משלם על פי עצמו מאי לאו הא פחות ממה שהזיק משלם מפי עצמו וש"מ חצי נזק ממון הוא. ופריק לא כמה שהזיק כגון המועד שמשלם נזק שלם ודאי זה ממון הוא ומשלם על פי עצמו אבל פחות לא. ואקשי' אי הכי היה לו לתנא לשנות כל שאינו משלם כמה שהזיק אינו משלם על פי עצמו דמשמע יתר כעין כפל וכיוצא בו ומשמע פחות והוא חצי נזק וכיון דלא קתני הכי שמעינן מינה דפחות ממה שהזיק ממונא הוא ומשלם על פי עצמו. ועלתה בתיובתא לרב הונא והלכתא פלגי נזקא קנסא. ומתמהינן תיובתא והלכתא כלומר מאן דאיתותב הלכתא כוותיה. ופרק בלא עיונא הוא דכיון דאיכא חצי נזק צרורות דהלכתא גמירי לה דממונא הוא ומשלם על פי עצמו לפיכך לא מיתני בה כמה שהזיק. השתא דאמר פלגי נזקא קנסא כלבא דאכל אימרא ושונרא דאכל תרנגולא משונה היא ולא מגבינן בבבל דקיימא לן אין גובין קנס בבבל ואם תפס ניזק לא מפקינן ואם אמר אזמנוה לדינא בארעא דישראל מזמנין ליה ואי לא אזיל משמתינן ליה ובין כך ובין כך משמתינן

מסורת הש"ס

[לקמן מג. כתובות מא.]
עירובין ו. טז:] [כתובות מא:
לקמן מו. [כתובות מא:]
[עי' תוספות כתובות מא: ד"ה האי]
[לקמן כד:]
[לעיל יד. וש"נ]
[ברכות לו. וש"נ]

הגהות הגר"א

[א] תוס' ד"ה ואי תפס כו' אור"ת דוקא. נ"ב אבל הרא"ש וש"פ חולקין עליו:

גליון הש"ס

מתני' השן מועדת לאכול. עיין לעיל דף ד ע"א תוס' ד"ה למתבעיה: גמ' אין הא אמר ליה שמואל. לעיל יד ע"א ולקמן לו ע"ב: תוס' ד"ה ואי תפס המזיק עצמו. עי' לקמן דף לו ע"ב ברש"י ד"ה הכוה דתקעו:

כּוּלָּהּ רַבִּי טַרְפוֹן הִיא, רֵישָׁא בְּחָצֵר הַמְיוּחֶדֶת לְפֵירוֹת לְאֶחָד מֵהֶן וְלָזֶה וְלָזֶה לְשְׁוָרִים, דִּלְגַבֵּי שֵׁן הָוְיָא לָהּ חֲצַר הַנִּיזָּק, וּלְגַבֵּי קֶרֶן הָוְיָא רְשׁוּת הָרַבִּים. אָמַר רַב כָּהֲנָא: אֲמַרִיתָהּ לִשְׁמַעְתָּא קַמֵּיהּ דְּרַב זְבִיד מִנְּהַרְדְּעָא, וַאֲמַר לִי: מִי מָצֵית מוֹקְמַתְּ לָהּ כּוּלָּהּ כְּרַבִּי טַרְפוֹן? הָקָתָנֵי: הַשֵּׁן מוּעֶדֶת לֶאֱכוֹל אֶת הָרָאוּי לָהּ, רָאוּי לָהּ — אִין, שֶׁאֵין רָאוּי לָהּ — לָא. וְאִי ר' טַרְפוֹן, הָאָמַר: מְשׁוּנֶּה קֶרֶן בַּחֲצַר הַנִּיזָּק — נֶזֶק שָׁלֵם מְשַׁלֵּם! אֶלָּא לְעוֹלָם רַבָּנַן הִיא, וְחַסּוּרֵי מִחַסְּרָא וְהָכִי קָתָנֵי: חֲמִשָּׁה תַּמִּים הֵן, וְאִם הוּעֲדוּ חֲמִשְׁתָּן מוּעָדִין. וְשֵׁן וָרֶגֶל מוּעָדִין מִתְּחִילָּתָן, וְהֵיכָן הַעֲדָתָן? בַּחֲצַר הַנִּיזָּק. מַתְקִיף לָהּ רָבִינָא, הָא קָתָנֵי לְקַמָּן: *שׁוֹר הַמַּזִּיק בִּרְשׁוּת הַנִּיזָּק כֵּיצַד; אִי אָמְרַתְּ בִּשְׁלָמָא אַיְּירֵי בָּהּ, מִשּׁוּם הָכִי קָתָנֵי "כֵּיצַד", אֶלָּא אִי אָמְרַתְּ לָא אַיְּירֵי בָּהּ, מַאי "כֵּיצַד"? אֶלָּא אָמַר רָבִינָא, חַסּוּרֵי מִחַסְּרָא וְהָכִי קָתָנֵי: חֲמִשָּׁה תַּמִּים הֵן, וְאִם הוּעֲדוּ חֲמִשְׁתָּן מוּעָדִין. וְשֵׁן וָרֶגֶל מוּעָדִין מִתְּחִילָּתָן, וְזֶהוּ שׁוֹר הַמּוּעָד. וְשׁוֹר הַמַּזִּיק בִּרְשׁוּת הַנִּיזָּק — מַחֲלוֹקֶת ר' טַרְפוֹן וְרַבָּנַן. וְיֵשׁ מוּעָדִים אֲחֵרִים כַּיּוֹצֵא בָּאֵלּוּ: הַזְּאֵב, וְהָאֲרִי, וְהַדּוֹב, וְהַבַּרְדְּלֵס, וְהַנָּמֵר, וְהַנָּחָשׁ. תַּנְיָא נַמִּי הָכִי: [א]חֲמִשָּׁה תַּמִּים הֵן, וְאִם הוּעֲדוּ חֲמִשְׁתָּן מוּעָדִין, וְשֵׁן וָרֶגֶל מוּעָדִין מִתְּחִילָּתָן, וְזֶהוּ שׁוֹר הַמּוּעָד. וְשׁוֹר הַמַּזִּיק בִּרְשׁוּת הַנִּיזָּק — מַחֲלוֹקֶת רַבִּי טַרְפוֹן וְרַבָּנַן. [ב]וְיֵשׁ מוּעָדִין אֲחֵרִים כַּיּוֹצֵא בָּאֵלּוּ: הַזְּאֵב, וְהָאֲרִי, הַדּוֹב, וְהַנָּמֵר, וְהַבַּרְדְּלֵס, וְהַנָּחָשׁ. אִיכָּא דְּרָמוּ לָהּ מִירְמָא; תְּנַן: חֲמִשָּׁה תַּמִּים וַחֲמִשָּׁה מוּעָדִים; וְתוּ לֵיכָּא? וְהָאִיכָּא: הַזְּאֵב, הָאֲרִי, וְהַדּוֹב, וְהַנָּמֵר, וְהַבַּרְדְּלֵס, וְהַנָּחָשׁ! וּמְשַׁנֵּי, אָמַר רָבִינָא, חַסּוּרֵי מִחַסְּרָא וְהָכִי קָתָנֵי: חֲמִשָּׁה תַּמִּים הֵן, וְאִם הוּעֲדוּ חֲמִשְׁתָּן מוּעָדִין. וְשֵׁן וָרֶגֶל מוּעָדִין מִתְּחִילָּתָן, וְזֶהוּ שׁוֹר הַמּוּעָד. וְשׁוֹר הַמַּזִּיק בִּרְשׁוּת הַנִּיזָּק — מַחֲלוֹקֶת רַבִּי טַרְפוֹן וְרַבָּנַן. וְיֵשׁ מוּעָדִין אֲחֵרִים כַּיּוֹצֵא בָּאֵלּוּ: הַזְּאֵב, וְהָאֲרִי, הַדּוֹב, וְהַנָּמֵר, וְהַבַּרְדְּלֵס, וְהַנָּחָשׁ.§ "וְלֹא לִרְבּוֹץ".§ אָמַר רַבִּי אֶלְעָזָר: [ג]לֹא שָׁנוּ אֶלָּא פַּכִּין גְּדוֹלִים, אֲבָל פַּכִּין קְטַנִּים — אוֹרְחֵיהּ הוּא. לֵימָא מְסַיֵּיעַ לֵיהּ: הַבְּהֵמָה מוּעֶדֶת לְהַלֵּךְ כְּדַרְכָּהּ וּלְשַׁבֵּר וּלְמַעֵךְ אֶת הָאָדָם וְאֶת הַבְּהֵמָה וְאֶת הַכֵּלִים. דִּלְמָא מִן הַצַּד. אִיכָּא דְּאָמְרִי: א"ר אֶלְעָזָר, לָא תֵּימָא: פַּכִּין גְּדוֹלִים הוּא דְּלָאו אוֹרְחֵיהּ, אֲבָל פַּכִּין קְטַנִּים אוֹרְחֵיהּ הוּא, אֶלָּא אֲפִילּוּ פַּכִּין קְטַנִּים נַמִּי לָאו אוֹרְחֵיהּ הוּא. מֵיתִיבֵי: וּלְמַעֵךְ אֶת הָאָדָם וְאֶת הַבְּהֵמָה וְאֶת הַכֵּלִים! אָמַר רַבִּי אֶלְעָזָר: דִּלְמָא מִן הַצַּד. אִיכָּא דְּרָמֵי לָהּ מִירְמָא; תְּנַן: וְלֹא לִרְבּוֹץ, וְהָתַנְיָא: וּלְמַעֵךְ אֶת הָאָדָם וְאֶת הַבְּהֵמָה וְאֶת הַכֵּלִים! אָמַר רַבִּי אֶלְעָזָר, לָא קַשְׁיָא: כָּאן בְּפַכִּין גְּדוֹלִים, כָּאן בְּפַכִּין קְטַנִּים.§ "הַזְּאֵב וְהָאֲרִי" וכו'.§ מַאי בַּרְדְּלֵס? אָמַר רַב יְהוּדָה: נַפְרְזָא. מַאי נַפְרְזָא? אָמַר רַב יוֹסֵף: אַפָּא. מֵיתִיבֵי, רַבִּי מֵאִיר אוֹמֵר: אַף הַצָּבוּעַ, רַבִּי אֶלְעָזָר אוֹמֵר: אַף הַנָּחָשׁ; וְאָמַר רַב יוֹסֵף: °צָבוּעַ זוֹ אַפָּא! לָא קַשְׁיָא: כָּאן בְּצָבוּעַ זָכָר, כָּאן בְּצָבוּעַ נְקֵבָה; °דְּתַנְיָא: צָבוּעַ זָכָר לְאַחַר שֶׁבַע שָׁנִים נַעֲשֶׂה עֲטַלֵּף, עֲטַלֵּף לְאַחַר שֶׁבַע שָׁנִים נַעֲשֶׂה עַרְפָּד, עַרְפָּד לְאַחַר ז' שָׁנִים נַעֲשֶׂה קִימּוֹשׁ, קִימּוֹשׁ לְאַחַר שֶׁבַע שָׁנִים נַעֲשֶׂה חוֹחַ, חוֹחַ לְאַחַר שֶׁבַע שָׁנִים נַעֲשֶׂה שֵׁד, שִׁדְרוֹ שֶׁל אָדָם לְאַחַר שֶׁבַע שָׁנִים נַעֲשֶׂה נָחָשׁ; וְהָנֵי מִילֵּי דְּלָא כָּרַע בְּ"מוֹדִים". אָמַר מָר, ר"מ אוֹמֵר: אַף הַצָּבוּעַ, רַבִּי

רש"י

כּוּלָּהּ רַבִּי טַרְפוֹן הִיא. וְרֵישָׁא לָאו בַּחֲצַר הַנִּיזָּק גְּמוּרָה עָסְקִינַן, מִשּׁוּם הָכִי קָתָנֵי: אֵינָהּ מוּעֶדֶת. וּדְקָא מְחַיֵּיב לֵיהּ אַשֵּׁן וָרֶגֶל – בְּחָצֵר הַמְיוּחֶדֶת לַנִּיזָּק לְפֵירוֹת. וּבְקֶרֶן – חֲצִי נֶזֶק וְתוּ לָא, מִשּׁוּם דִּלְשְׁוָורִים הוּא רְשׁוּת לִשְׁנֵיהֶם, וְכִרְה"ר דָּמְיָא. רָאוּי לָהּ אִין. כְּגוֹן פֵּירוֹת וִירָקוֹת. שֶׁאֵין רָאוּי לָהּ. כְּסוּת וְכֵלִים. לָא. דִּמְשׁוּנֶּה הוּא, וַחֲצִי נֶזֶק הוּא דִּמְשַׁלֵּם. וְאִי רַבִּי טַרְפוֹן כו'. הָא וַדַּאי לְגַבֵּי שֵׁן רְשׁוּת הַנִּיזָּק הוּא, דְּהָא בִּמְיוּחֶדֶת לַנִּיזָּק לְפֵירוֹת אוֹקִימְתָּהּ. חֲמִשָּׁה תַּמִּין הֵן. נְגִיחָה נְגִיפָה נְשִׁיכָה רְבִיצָה בְּעִיטָה. וְאִם הוּעֲדוּ חֲמִשְׁתָּן מוּעָדִין. וְהַיְינוּ דְּקָתָנֵי "חֲמִשָּׁה מוּעָדִין". וְהָא דְּקָתָנֵי: הַשֵּׁן מוּעֶדֶת לֶאֱכוֹל כו' – לָאו אַמְּנְיָינָא קָאֵי, אֶלָּא הָכִי קָאָמַר: וְשֵׁן וָרֶגֶל מוּעָדִין מִתְּחִילָּתָן. וְהָא דְּקָתָנֵי: וְשׁוֹר הַמּוּעָד וְשׁוֹר הַמַּזִּיק בִּרְשׁוּת הַנִּיזָּק – הָכִי קָאָמַר: וְהֵיכָן הַעֲדָאָתָן דְּשֵׁן וָרֶגֶל – בִּרְשׁוּת הַנִּיזָּק. ה"ג מַתְקִיף לָהּ רָבִינָא הָא קָתָנֵי לְקַמָּן שׁוֹר הַמַּזִּיק בִּרְשׁוּת הַנִּיזָּק כֵּיצַד. וְלָא גָּרַס: חֲדָא דַּחֲמִשָּׁה תְּנַן. הָא קָתָנֵי לְקַמָּן. בְּפֶרֶק "כֵּיצַד" דְּקָמְפָרֵשׁ לְכוּלְּהוּ מוּעָדִין דְּפ"ק, וְקָמְפָרֵשׁ נַמִּי: שׁוֹר הַמַּזִּיק בִּרְשׁוּת הַנִּיזָּק כֵּיצַד. אִי אָמְרַתְּ בִּשְׁלָמָא אַיְּירֵי. בְּקֶרֶן תַּמָּה בִּרְשׁוּת הַנִּיזָּק בְּנֶזֶק שָׁלֵם בְּפ"ק – הַיְינוּ דְּתָנֵי פֵּירוּשָׁא בְּפ"ב: כֵּיצַד? וּמְפָרֵשׁ פְּלוּגְתָּא דְּרַבִּי טַרְפוֹן וְרַבָּנַן. אֶלָּא אִי אָמְרַתְּ לָא אַיְּירֵי בָּהּ. בְּהַאי פִּירְקָא. מַאי כֵּיצַד. אַהֵיכָא קָאֵי? וְאִם הוּעֲדוּ חֲמִשְׁתָּן מוּעָדִין. הַיְינוּ פֵּירוּשָׁא דַּ"חֲמִשָּׁה מוּעָדִים" דִּתְנַן בְּמַתְנִיתִין. וְשֵׁן וָרֶגֶל מוּעָדִין מִתְּחִילָּתָן. לָאו אַמִּנְיָינָא קָאֵי, אֶלָּא מוּעָדִין קָתָנֵי וְאָזֵיל. וְזֶהוּ שׁוֹר הַמּוּעָד. הָא דַּאֲמַרַן: וְאִם הוּעֲדוּ חֲמִשְׁתָּן מוּעָדִים – זֶהוּ שׁוֹר הַמּוּעָד הַכָּתוּב בַּפָּרָשָׁה. וְשׁוֹר הַמַּזִּיק כו' מַחֲלוֹקֶת רַבִּי טַרְפוֹן וְרַבָּנַן. בְּפֶרֶק שֵׁנִי. וְהָאָדָם. וְיֵשׁ מוּעָדִים כו'. סֵיפָא דְּמַתְנִיתִין קָא מְפָרֵשׁ. (וְהָא דְּלָא מָנוּ לְהוּ בַּהֲדֵי הָנֵי, מִשּׁוּם דְּלָא כְּתִיבָן כִּי הָנָךְ). אֲבָל פַּכִּים קְטַנִּים אוֹרְחֵיהּ. לִרְבּוֹץ, וְאִם רָבְצָה עֲלֵיהֶן בִּרה"ר – פָּטוּר, וּבִרְשׁוּת הַנִּיזָּק – חַיֶּיבֶת נֶזֶק שָׁלֵם, דְּתוֹלָדָה דְּרֶגֶל הוּא. לֵימָא מְסַיֵּיעַ לֵיהּ הַבְּהֵמָה מוּעֶדֶת לְמַעֵךְ כו'. וּמַתְנִיתִין קָתָנֵי דְּאֵינָהּ מוּעֶדֶת לִרְבּוֹץ. אֶלָּא וַדַּאי דְּמַתְנִיתִין בִּגְדוֹלִים, וּבָרַיְיתָא בְּכֵלִים קְטַנִּים, וּבִילָדִים קְטַנִּים, וּבִבְהֵמָה קְטַנָּה. דִּלְמָא מִן הַצַּד. הַאי דְּקָתָנֵי: מוּעֶדֶת לְמַעֵךְ – לָאו בִּרְבִיצָה, אֶלָּא מִן הַצַּד. כְּשֶׁהִיא מְהַלֶּכֶת וְיֵשׁ בְּצִידָּהּ כֵּלִים – מְמַעַכְתָּן בֵּינָהּ לַכּוֹתֶל. וְזוֹ הִיא שֶׁאָמַרְנוּ: הִזִּיקָה בְּגוּפָהּ דֶּרֶךְ הִלּוּכָהּ, דַּהֲוָיָא תּוֹלָדָה דְּרֶגֶל. נַפְרְזָא. אַפָּא. אַף הַצָּבוּעַ. אַהָנֵי דְּמַתְנִיתִין מוֹסִיף. וְאָמַר רַב יוֹסֵף. בְּדוּכְתָּא אַחֲרִיתִי. צָבוּעַ זוֹ אַפָּא. וּמִדְּמוֹסִיף ר"מ אַפָּא – מִכְּלָל דְּבַרְדְּלֵס לָאו אַפָּא הוּא. לָא קַשְׁיָא כו'. דְּבַרְדְּלֵס דְּמַתְנִיתִין הוּא צָבוּעַ זָכָר, וְעָלָיו קָאָמַר רַב יוֹסֵף צָבוּעַ זוֹ אַפָּא. וְר"מ מוֹסִיף אַף צָבוּעַ נְקֵבָה, דְּלָא שְׁמֵיהּ אַפָּא. וּדְרַב יוֹסֵף לָאו אַדְּר"מ אִיתְּמַר, אֶלָּא בְּעָלְמָא אִיתְּמַר, כִּדְתַנְיָא: צָבוּעַ זָכָר נַעֲשֶׂה כו'. אֲלָמָא: צָבוּעַ זָכָר מִשְׁתַּנֶּה לְכַמָּה מִינִין, הִלְכָּךְ קָרֵי לָהּ בַּרְדְּלֵס וְנַפְרְזָא וְאַפָּא. כָּךְ מָצָאתִי. לִישָּׁנָא אַחֲרִינָא וְעִיקָּר הוּא: מַתְנִי' בְּצָבוּעַ נְקֵבָה, וְר"מ מוֹסִיף צָבוּעַ זָכָר. וְתַרְוַיְיהוּ מִיקְרוּ אַפָּא, דְּתַנְיָא צָבוּעַ זָכָר וכו'. וּמִשּׁוּם דְּמִשְׁתַּנֶּה לִבְרִיָּה אַחֶרֶת אִצְטְרִיךְ לְאוֹסוֹפֵי בְּהֶדְיָא. מִפִּי מוֹרִי *) וְלֹא שְׁמַעְתִּי.

*) נ"ל ול"א והוא ר"מ ולישנא אחרינא.

תוספות

כולה רבי טרפון היא. הכא נמי גרסינן: במיוחדת לאחד מהן לפירות ולא לזה ולזה לשוורים. תימה: דמשמע הא לשניהם לפירות — פטור. וא"כ תיפשוט מהכא דפליגי בקושיא דר' זירא ובפירוקא דאביי, ולעיל (דף יד.) התלמוד מסופק. ולהספרים דגרסי: לזה ולזה לשוורים — קשיא איפכא, דתיפשוט דלא פליגי במיוחדת לשניהם לפירות, דחשיב ליה חצר הניזק אע"פ שיש רשות למזיק להניח שם שורו — כ"ש היכא דאין מיוחדת לשוורים כלל חשיב חצר הניזק, ואע"פ שמיוחדת לשניהם לפירות.

ראוי לה אין שאין ראוי לה לא. אין להקשות: דלמא הא דקאמר מועדת — היינו לשלם מן העלייה. ושאין ראוי לה, אע"פ שמשלם נ"ש כר' טרפון — אינו מועד לשלם מן העלייה, כדאמרינן בפ' ב' (דף יח:). ולשון מועד שייך על זה, כדאמרינן: הידוס אינו מועד, ויש אומרים מועד. ובהא קמיפלגי, דמר סבר: מגופו, ומר סבר: מן העלייה. דע"כ שאין ראוי לה לא משלם כי אם חצי נזק, דלקמן בפ' ב' (דף יט:) בהדיא קתני, גבי השן מועדת: אכלה כסות או כלים — משלמת חצי נזק. *והנחש הרי אלו מועדים. [א] לאו בכל עניני היזק חשיבי מועדים, אלא כל אחד במידי דאורחיה, כגון שבא זאב וטרף, ארי ודרס, או טרף להניח. אבל במידי דלאו אורחיה, כגון ארי שטרף ואכל וכן שאר הזיקות דלאו אורחייהו — לא הוו מועדים, אלא משלמי' ח"נ. ובמידי דאורחייהו דמשלם נ"ש — היינו דוקא בחצר הניזק, אבל ברה"ר פטור, דהוי שן ברה"ר, כדאמר שמואל בגמ': ארי ברה"ר, דרס ואכל — פטור. ואפי' נחש שאין נהנה מנשיכתו, כדאמרינן בפ"ק דתענית (דף ח.) שנתקבצו כל החיות אצל הנחש ואומרות לו מה הנאה יש לך — מ"מ, כיון דאורחיה בהכי הוי כמו רגל, ופטור ברה"ר. ולא הוי כמו קרן בתר דאייעד, אע"פ דמתכוין להזיק — מדחשיב ליה גבי אחריני.

רבי

עין משפט נר מצוה

קעג א מיי' פ"א מהל' נזקי ממון הל' ה סמג עשין סו טוש"ע ח"מ סי' שפט סעיף ו:

קעד ב מיי' שם הלכה ו טור ש"ע שם סעיף ח:

קעה ג מיי' שם הלכה ה סמג שם טור ש"ע שם סעיף ז ועיין שם בטור:

רבינו חננאל

משמתינן ליה לסלוקי הזיקא מדר' נתן דתניא ר' נתן אומר מנין שלא יגדל אדם כלב בתוך ביתו וכו': **מתני'** ה' תמים וחמשה כו' ושקלינן וטרינן בהא מתני' ולא מתוקמא שפיר ותירצה רבינא הכי חסורי מיחסרא והכי קתני ה' תמים הן ואין משלמין אלא חצי נזק ואלו הן נגיחה נגיפה נשיכה רביצה בעיטה. ואם הועדו חמשתן מועדין לשלם נזק שלם מן העליה ושן ורגל מתחילתן מועדין הן השן בראוי לה והרגל לשבר בדרך הילוכה ושור המועד ושור המזיק ברשות הניזק מחלוקת ר' טרפון ורבנן והאדם המזיק ויש מועדין כיוצא באלו הזאב והארי והדוב והנמר והברדלס. תניא נמי הכי חמשה תמים הן כו'. ולא לרבוץ אמר ר' אלעזר אינו מועד לרבוץ על פכין גדולים ומשונה הוא ומשלם חצי נזק אבל על פכים קטנים אורחיה הוא ונזק שלם משלם. ואמרינן נימא מסייעא ליה בהמה מועדת להלך כדרכה ולשבר ולמעך את האדם ואת הבהמה ואת הכלים. ודחי' דלמא מן הצד היא אורחיה דהוא חיכוך מתהפכת כעין חיכוך שדרך הבהמה להתחכך בצדדיה אבל לרבוץ על הכלים לא. ואסיק' איכא דרמי להו מירמא ופריק ר' אלעזר מתני' דתני תם בפכין גדולים מתניתא דתני מועדת בפכין קטנים: מפירוקיה דרב יוסף שמעינן דנפרזא וצבוע תרווייהו אפא נינהו מיהו נפרזא שם הנקבה וצבוע שם הזכר *). ירושלמי בשבת פ"א (הל"ג) ר' יוסי ב"ר בון בשם ר' זביד אחת לשבע הקב"ה מחליף עולמו **) ממוחו דרישא מתעבד עקרב ודמעיא סממא תולעתא דסוסיא מתעבדא אורעי. ודתורתא מתעבדא דברי עכברא דטורא מתעביד חזיר בר. שיזרתא דנונא מתעבדא נדל. דתניא צבוע זכר לאחר ז' שנים נעשה ערפד ערפד לאחר ז' שנים נעשה קימוש. קימוש לאחר ז' שנים נעשה חיה ויש אומרים חוח חוח לאחר ז' שנים נעשה שד שדרו של

*) פי' רבינו הוא כלישנא אחרינא שכ' רש"י ז"ל. **) לפנינו בירושלמי שם איתא מומיתא דריקא כו' ולמניא שממי.

מסורת הש"ם

לקמן כד:

ס"א ל"ג

הגהות הגר"א

[א] תוס' ד"ה והנחש כו' [לא] בכל כו'. נ"ב ורמב"ם חולק על זה:

גליון הש"ם

[גמ'] צבוע זו אפא. היינו [ט]עה תוס' סנהדרין טו [ע"]ב ד"ה והברדלס וכ"כ [ר]ד"ק שמואל א יג יח: [שם] דתניא צבוע. עיין [ירו]שלמי פ"ק דשבת הלכה [ג] עלה דמתני' דלא יצא החייט:

שייך לעיל במשנה

קעו א מיי' פ"ג מהל' נזקי ממון הלכה ז סמג עשין סו טוש"ע ח"מ סימן שצח סעיף ו:

קעז ב מיי' שם פ"א הלכה ז סמג שם טוש"ע ח"מ סימן שפט סעיף ט:

רבינו חננאל

אדם לאחר ז' שנים נעשה נחש והני מילי בההוא דלא כרע במודים. אמר מר רבי אלעזר אומר אף הנחש ומקשי' קיימא לן דלא קתני אף אלא דהוא מודה על קמייתא. והתנן ר' אלעזר אומר בזמן שהן תרבות אין מועדין הא אם אינן תרבות מועדין הן. ופרקי' תני הנחש כדתנן והנחש מועד לעולם. אמר שמואל ארי ברשות הרבים דרס ואכל פטור. טרף ואכל חייב. פי' אם הכה זה הארי הבהמה בידיו ומתה באידום שלו אכלה פטור שכן דרכו בעת שרוצה לאכול וקיימא לן שן ברשות הרבים פטור. אבל אם טרף בפיו ובשיניו והמית הבהמה חייב ואע"פ שאחרי כן אוכל ויושב ששינה ודינו כדין הקרן ברשות הרבים דבהדיא תנינן דרך הארי לדרוס ודרך הזאב לטרוף. דתניא (בבא מציעא צג ע"ב) רועה שהניח עדרו ובא זאב וטרף ארי ודרס כו' ואקשינן על שמואל והכתי' אריה טורף בדי גורותיו ופירק בשביל גורותיו כלומר אין רצונו לאכול אלא להמית ולהאכיל לבניו. וכן שאר הפסוק. והתניא וכן חיה שנכנסה לחצר הניזק וטרפה ואכלה משלם נזק שלם. ופירק ר' נחמן בר יצחק טרפה והניחה ונמלכה *) ודרסה ואכלה משלם נזק שלם. רבינא אמר כי אמר שמואל בארי תרבות ונדחת ואמר אלא מתניתא בארי תרבות ואליבא דר' אלעזר דאמר לאו אורחיה הוא ומשונה הוא. ואקשינן והא קיימא לן משונה בחצר הניזק לרבנן חצי נזק. ופריק דאייעד. ותוב אקשינן עליה אי הכי הא דקתני לה גבי תולדה דשן ותנינן בכיצד השן מועדת ת"ר כיצד השן מועדת לאכול את הראוי לה כו' גבי תולדה דקרן בעי למיתניה קשיא. (פיס') [מתני'] מה בין תם למועד שהתם משלם חצי נזק מגופו ומועד משלם נזק שלם ומן העלייה. מה עלייה אמר רבי אלעזר מעולה שבנכסיו. במעלה קברי בית דוד אמר ר' אלעזר אצל המעולין שבמשפחה ומאי נינהו דוד ושלמה.

*) לכאורה נראה דל"ל ונמלכה ואכלה או שדרסה ואכלה אך קשה דהא הך תירוצא דנמלכה ואכלה נדחה ואולי דגי' אחרת היה לו בסוגיא וצ"ע.

רַבִּי אֶלְעָזָר אוֹמֵר: אַף הַנָּחָשׁ. וְהָא אֲנַן תְּנַן: ר' אֶלְעָזָר אוֹמֵר: בִּזְמַן שֶׁהֵן בְּנֵי תַרְבּוּת אֵינָן מוּעָדִים, וְהַנָּחָשׁ מוּעָד לְעוֹלָם! תְּנֵי: נָחָשׁ. אָמַר שְׁמוּאֵל: אֲרִי בִּרה"ר, דָּרַס וְאָכַל – פָּטוּר, טָרַף וְאָכַל – חַיָּיב; דָּרַס וְאָכַל – פָּטוּר, כֵּיוָן דְּאוֹרְחֵיהּ לְמִידְרַס הֲוָה לֵיהּ כְּמוֹ שֶׁאָכְלָה פֵּירוֹת וִירָקוֹת, דַּהֲוָה לֵיהּ שֵׁן בִּרְשׁוּת הָרַבִּים וּפָטוּר. טָרַף – לָאו אוֹרְחֵיהּ הוּא. לְמֵימְרָא, דִּטְרֵיפָה לָאו אוֹרְחֵיהּ הוּא? וְהָכְתִיב: °"אַרְיֵה טוֹרֵף בְּדֵי גוֹרוֹתָיו"! בִּשְׁבִיל גּוֹרוֹתָיו. "וּמְחַנֵּק לְלִבְאוֹתָיו"! בִּשְׁבִיל לִבְאוֹתָיו. "וַיְמַלֵּא טֶרֶף חוֹרָיו"! בִּשְׁבִיל חוֹרָיו. "וּמְעוֹנוֹתָיו טְרֵיפָה"! בִּשְׁבִיל מְעוֹנוֹתָיו. וְהַתַנְיָא: *אוְכֵן חַיָּה שֶׁנִּכְנְסָה לַחֲצַר הַנִּיזָּק, טָרְפָה בְּהֵמָה וְאָכְלָה בָּשָׂר – מְשַׁלֵּם נֶזֶק שָׁלֵם! הָכָא בְּמַאי עָסְקִינַן – שֶׁטָּרְפָה לְהַנִּיחַ. הָא "אָכְלָה" קָתָנֵי! בְּשֶׁנִּמְלְכָה וְאָכְלָה. מְנָא יָדְעִינַן? וְעוֹד, דִּשְׁמוּאֵל נַמִי דִּלְמָא הָכִי הוּא! אָמַר רַב נַחְמָן בַּר יִצְחָק, לִצְדָדִין קָתָנֵי: שֶׁטָּרְפָה לְהַנִּיחַ, אוֹ דְּרָסָה וְאָכְלָה – מְשַׁלֶּמֶת נֶזֶק שָׁלֵם. רָבִינָא אָמַר: כִּי קָאָמַר שְׁמוּאֵל – בַּאֲרִי תַּרְבּוּת, וְאַלִּיבָּא דְּרַבִּי אֶלְעָזָר, דְּאָמַר: לָאו אוֹרְחֵיהּ. אִי הָכִי, אֲפִי' דְּרָסָה נַמִי לִיחַיַּיב! אֶלָּא, דְּרָבִינָא לָאו אַשְּׁמוּאֵל אִתְּמַר, אֶלָּא אַמַּתְנִיתָא; כִּי תָּנֵי מַתְנִיתָא – בַּאֲרִי תַרְבּוּת, וְאַלִּיבָּא דְּר' אֶלְעָזָר, דְּאָמַר: לָאו אוֹרְחֵיהּ. א"ה, ח"נ בָּעֵי לְשַׁלּוּמֵי! דְּאִיַּיעַד. א"ה, מַאי הַאי דְּקָתָנֵי לָהּ גַּבֵּי תוֹלָדָה דְּשֵׁן? גַּבֵּי תוֹלָדָה דְּקֶרֶן בָּעֵי לְמִיתְנְיֵיהּ! קַשְׁיָא.§

מתני' *במַה בֵּין תָּם לְמוּעָד? אֶלָּא שֶׁהַתָּם מְשַׁלֵּם חֲצִי נֶזֶק מִגּוּפוֹ, וּמוּעָד מְשַׁלֵּם נֶזֶק שָׁלֵם מִן הָעֲלִיָּיה.§

גמ' *מַאי "עֲלִיָּיה"? אָמַר רַבִּי אֶלְעָזָר: בִּמְעוּלֶּה שֶׁבִּנְכָסָיו; וְכֵן הוּא אוֹמֵר: °"וַיִּשְׁכַּב חִזְקִיָּהוּ עִם אֲבוֹתָיו וַיִּקְבְּרֻהוּ בְּמַעֲלֵה קִבְרֵי בְנֵי דָוִד", וְאָמַר ר' אֶלְעָזָר: "בְּמַעֲלֵה" – אֵצֶל מְעוּלִּים שֶׁבְּמִשְׁפָּחָה, וּמַאן נִינְהוּ? דָּוִד וּשְׁלֹמֹה. °"וַיִּקְבְּרֻהוּ בְקִבְרֹתָיו אֲשֶׁר כָּרָה לוֹ בְּעִיר דָּוִיד וַיַּשְׁכִּיבֻהוּ בַּמִּשְׁכָּב אֲשֶׁר מִלֵּא בְּשָׂמִים וּזְנִים" – מַאי "בְּשָׂמִים וּזְנִים"? רַבִּי אֶלְעָזָר אָמַר: זִינֵי זִינֵי, ר' שְׁמוּאֵל בַּר נַחְמָנִי אָמַר: בְּשָׂמִים שֶׁכָּל הַמֵּרִיחַ בָּהֶן בָּא לִידֵי זִימָּה.§ °"כִּי כָרוּ שׁוּחָה לְלָכְדֵנִי וּפַחִים טָמְנוּ לְרַגְלָי" – רַבִּי אֶלְעָזָר אָמַר: שֶׁחֲשָׁדוּהוּ מִזּוֹנָה, ר' שְׁמוּאֵל בַּר נַחְמָנִי אָמַר: שֶׁחֲשָׁדוּהוּ מֵאֵשֶׁת אִישׁ. בִּשְׁלָמָא לְמ"ד שֶׁחֲשָׁדוּהוּ מִזּוֹנָה, הַיְינוּ דִּכְתִיב: °"כִּי שׁוּחָה עֲמוּקָּה זוֹנָה", אֶלָּא לְמ"ד שֶׁחֲשָׁדוּהוּ מֵאֵשֶׁת אִישׁ, מַאי *"שׁוּחָה"? אַטּוּ אֵשֶׁת אִישׁ מִי נָפְקָא מִכְּלַל זוֹנָה? בִּשְׁלָמָא לְמ"ד שֶׁחֲשָׁדוּהוּ מֵאֵשֶׁת אִישׁ, הַיְינוּ דִּכְתִיב: °"וְאַתָּה ה' יָדַעְתָּ אֶת כָּל עֲצָתָם עָלַי לַמָּוֶת", אֶלָּא לְמַאן דְּאָמַר שֶׁחֲשָׁדוּהוּ מִזּוֹנָה, מַאי "לַמָּוֶת"? שֶׁהִשְׁלִיכוּהוּ לְבֵאר טִיט. *דָּרַשׁ רָבָא, מַאי דִּכְתִיב: °"יִהְיוּ מוּכְשָׁלִים לְפָנֶיךָ בְּעֵת אַפְּךָ עֲשֵׂה בָהֶם"? אָמַר יִרְמְיָה לִפְנֵי הַקָּדוֹשׁ בָּרוּךְ הוּא: רִבּוֹנוֹ שֶׁל עוֹלָם, אֲפִילּוּ בְּשָׁעָה שֶׁעוֹשִׂין צְדָקָה, הַכְשִׁילֵם בִּבְנֵי אָדָם שֶׁאֵינָן מְהוּגָּנִים, כְּדֵי שֶׁלֹּא יְקַבְּלוּ עֲלֵיהֶן שָׂכָר.§ °"וְכָבוֹד עָשׂוּ לוֹ בְמוֹתוֹ" – מְלַמֵּד שֶׁהוֹשִׁיבוּ יְשִׁיבָה עַל קִבְרוֹ. פְּלִיגִי בָּהּ ר' נָתָן וְרַבָּנַן, חַד אָמַר: שְׁלֹשָׁה, וְחַד

תורה אור: נחום ב · דה"ב לב · שם טז · ירמיה יח · משלי כג · ירמיה יח · שם ה · דה"ב לב

תוספות

*רבי **אלעזר** אומר בזמן שהן בני תרבות אינן מועדים. תימה: דבריש פ"ק דסנהדרין (דף ב. ושם) תנן: הארי והזאב והדוב כו'. ר"א אומר: כל הקודם להורגו זכה. ומפרש ר' יוחנן בגמ' (שם טו:) אע"פ שלא המיתו, דאין להם תרבות ואין להם בעלים! ואור"י: דהכא גרסינן "ר' אלעזר" שהוא אחר ר' מאיר, והתם גרסינן "ר' אליעזר" שהוא קודם ר' עקיבא, דקתני בתריה: ר' עקיבא אומר. מיהו, אכתי קשה, דהתנן: והנחש מועד לעולם – אליבא דכ"ע. והתם מפרש ריש לקיש: והוא שהמיתו, אבל לא המיתו – לא. קסבר: יש להם תרבות ויש להם בעלים, אפי' אנחש! ואומר ר"ת: דהתם בקשורים בשלשלאות, כגון ארי בגורדקי שלו – דבענין זה יש להם תרבות, [ואין להם להרגם אא"כ המיתו. ותרבות דהכא – היינו שגידלם בביתו]. ועוד יש לחלק: דוקא לענין זה יש להם תרבות – שאין להם להרגם כל הקודם אא"כ המיתו, אבל לענין אם הזיקו לשלם נזק שלם או לא – בהא לא איירי מידי אם חשיב תרבות שלהם תרבות.

***והוא** דלא כרע במודים. לפי שמלוה לכרוע, וכי זקיף זקיף כחויא, כדאשכחן ברב ששת במסכת ברכות (דף יב: ושם), מדה כנגד מדה. ונעשה נחש זהו עונשו, שגנאי הוא לו במה שנעשה נחש. גליון. ויש מפרשים: משום דאמרינן במדרש *שיש עצם בשדרו של אדם שממנו נוצר לעתיד לבא, ואותו עצם חזק וקשה כל כך שאין האש יכול לשורפו. והשתא כשאותו עצם נעשה נחש – אינו חי לעתיד לבא. ואין סברא לומר שיהא עונש גדול כל כך בשביל עון זה, דהא כל ישראל יש להם חלק לעולם הבא.

דרס ואכל. פירוש: שאוכל מחיים כדאמרינן בפרק "אלו עוברין" (פסחים דף מט: ושם): *)מה ארי דורס ואוכל ואינו ממתין עד שימות – אף עם הארץ כו'.

והתניא וכן חיה. תימה: ולוקמה בזאב, דאורחיה לטרוף! וי"ל: דחיה סתם קתני, בין בארי בין בזאב. ולא הוה מצי לשנויי דכרבי טרפון אתיא, דאמר (לעיל יח.): משונה קרן בחצר הניזק נזק שלם משלם – מדקתני לה גבי תולדה דשן, כדמסיק.

כי תניא מתניתא בארי תרבות ואליבא דר' **אלעזר**. לא נקט ר' אלעזר לאפוקי רבנן, אלא לרבותא נקטיה. וה"ק: דלא תימא משום דאורחיה לטרוף משלמת נ"ש. דאפילו בארי תרבות אליבא דר' אלעזר, דודאי לאו אורחיה הוא, איכא לאוקמי, דהיינו בדאייעד, כדמפרש ואזיל. ומאותו הטעם שיתחייב לר' אלעזר יתחייב לרבנן. ועוד י"ל: דדוקא מוקי לה כרבי אלעזר – משום דחיה סתם קתני, בין בארי בין בזאב. ולר' אלעזר, כיון דהוו בני תרבות – לא אורחייהו לטרוף, ומיירי תרוייהו בדאייעד. אבל לרבנן, דלאו בני תרבות נינהו, ואורחיה דזאב לטרוף – כי לא אייעד נמי משלם נ"ש, וזהו דוחק להעמיד הברייתא לצדדים, זאב בלא אייעד וארי באייעד. וא"ת: ולמאי דס"ד השתא דהוי תולדה דקרן, אמאי נקט בברייתא שנכנסו בחצר הניזק? וי"ל: משום זאב נקט, דכיון דאייעד חוזר לקדמותו, והוי שן דפטור ברה"ר.

שחשדוהו בזונה. דירמיה כהן הוה, וזונה אסורה לכהן. **אפילו** בשעה שעושין צדקה. ול"ג ישראל, דאאנשי (א) ענתות קאי.

לפניך זו צדקה. שנאמר "והלך לפניך לדקך" (ישעיה נח). **שהושיבו** ישיבה על קברו. לפי שהרבה תורה בישראל, כדאמרינן ב"חלק" (סנהדרין דף לד: ע"ש) שבדקו מדן עד באר שבע ולא מצאו איש ואשה תינוק ותינוקת שלא היו בקיאים בטומאה וטהרה. ולא על קברו ממש, אלא ברחוק ארבע אמות, דליכא "לועג לרש".

*) [לפנינו שם ליתא הכי אלא ר"ת מפרש כך דאינו ממתין עד שימות כמ"ש תוספות שם וע"ע תוספות חולין סח. ד"ה הדורס]

רש"י

אף הנחש. מדקתני "אף" – מכלל דלר' אלעזר הוו איכא מועדין. והא אנן תנן ר' אלעזר אומר. נחש הוא מועד, אבל הני לא. דרס. שלא הרגה, אלא מחיים אכלה – פטור, דאורחיה הוא, ושן ברה"ר פטור. טרף. שהרגה ואכלה. חייב. דלאו אורחיה היא, ותולדה דקרן הוא, ומשלם חצי נזק ברה"ר. בדי גורותיו. די מאכל גורותיו – ילדיו, אלמא: טורף הוא. ומשני בשביל גורותיו. אורחיה להרוג ולהניח ולהצניע. אבל לטרוף ולאכול הוא עצמו כי האי – לאו אורחיה. וקפריך והכתיב ומחנק ללבאותיו. אלמא אורחיה להרוג! ומשני: בשביל לבאותיו. והכתיב וימלא טרף חוריו ומשני בשביל חוריו. אורחיה להרוג ולהניח לחוריו ולהצניע. אבל לאכול מיד לאחר הריגה, כי הא דשמואל – לאו אורחיה הוא. טרפה בהמה. והרגתה, ואכלה הבשר. משלם נזק שלם. מדמשלמת בחצר הניזק נזק שלם – מכלל דאורחיה הוא, ותולדה דשן היא, וברה"ר ליפטר. להניח. להצניע, אורחיה להרוג. ועוד דשמואל נמי. דאמר: טרף ואכל חייב, אמאי חייב? דלמא הכי הוא – דטרף על מנת להצניע, ונמלך ואכל, וליפטר! ה"ג אמר רב נחמן לצדדין קתני טרפה והניחה או דרסה ואכלה משלמת נזק שלם. כלומר, הא דקתני ברייתא: טרפה בהמה ואכלה בשר – תרי מילי נינהו; טרפה בהמה והניחה, או אכלה בשר על ידי דריסה – משלם נזק שלם. רבינא אמר. לעולם אורחיה הוא לטרוף ולאכול. ושמואל דמחייב ליה ברה"ר – בארי תרבות כו' ואליבא דר' אלעזר. אי הכי. אפי' דרס נמי לחייבו! אלא ודאי דרבינא לא אדשמואל אתמר. אלא אי איכא לאוקמא לדרבינא – אמתניתא הוא דמוקמא ליה, והכי קאמר רבינא: הא דקתני מתניתא נזק שלם – לאו משום דאורחיה לטרוף, דאפי' בארי תרבות נמי מתוקמה. ופרכינן: מתניתא נמי, היכי איתא לדרבינא – חצי נזק בעי לשלומי! אי הכי. דתולדה דקרן היא, אדתני לה מתניתא (לקמן דף יט:) גבי תולדה דשן, גבי תולדה דקרן ליתני! **מתני'** מן העלייה. ואפי' אין הנוגח שוה שיעור הנזק. דבמועד כתיב: "ישלם שור תחת השור", ולא כתיב ביה דמגוף הנוגח יפרע. **גמ'** ויקברוהו במעלה וגו'. בחזקיה כתיב, בספר דברי הימים. וישכיבוהו במשכב. באסא מלך יהודה. זני זני. מיני מיני בשמים הרבה, כדמתרגמינן "למינהו" – לזנוהי (בראשית א). כי כרו שוחה ללכדני. בירמיה הנביא כתיב. עצתם עלי למות. דאשת איש אית ביה חיוב מיתה, אבל בזונה פנויה ליכא מיתה. וכבוד עשו לו במותו. בחזקיה כתיב. ישיבה. תלמידים לעסוק שם בתורה. שלשה. ימים, הושיבו שם ישיבה. וחד

מסורת הש"ס

לקמן יט: · לעיל טו. · [נדרים נ. מנחות קח:] · [בילקוט איתא מאי זונה] · ב"ב ט: [ושם איתא רבה]

הגהות הב"ח

(א) תוס' ד"ה אפילו וכו' ענתות קאי. נ"ב וכן פי' רש"י בב"ב דף ט ע"ב:

וְחַד אָמַר: שִׁבְעָה, וְאָמְרִי לָהּ: שְׁלֹשִׁים. ת"ר: "וְכָבוֹד עָשׂוּ לוֹ בְמוֹתוֹ" — זֶה חִזְקִיָּה מֶלֶךְ יְהוּדָה, שֶׁיָּצְאוּ לְפָנָיו שְׁלֹשִׁים וְשִׁשָּׁה אֶלֶף חֲלוּצֵי כָתֵף, דִּבְרֵי ר' יְהוּדָה; א"ל ר' נְחֶמְיָה: וַהֲלֹא לִפְנֵי אַחְאָב עָשׂוּ כֵּן! אֶלָּא, שֶׁהִנִּיחוּ ס"ת עַל מִטָּתוֹ, וְאָמְרוּ: קִיֵּים זֶה מַה שֶּׁכָּתוּב בָּזֶה. וְהָאִידָּנָא נַמִי עָבְדִינַן הָכִי! אַפּוּקֵי מַפְּקִינַן, אַנּוּחֵי לָא מַנְחִינַן. וְאִיבָּעֵית אֵימָא: אַנּוּחֵי נַמִי מַנְחִינַן, "קִיֵּים" לָא אָמְרִינַן. אָמַר רַבָּה בַּר בַּר חָנָה: הֲוָה אָזֵילְנָא בַּהֲדֵיהּ דְּר' יוֹחָנָן לְמִשְׁאַל שְׁמַעְתָּא, כִּי הֲוָה *עָיֵיל לְבֵית הַכִּסֵּא וַהֲוָה בָּעֵינָא מִינֵּיהּ מִלְּתָא, לָא פָּשֵׁיט לָן עַד דְּמָשֵׁי יְדֵיהּ וּמַנַּח תְּפִילִּין וּמְבָרֵךְ, וַהֲדַר אָמַר לָן: אֲפִילּוּ "קִיֵּים" אָמְרִינַן, "לִימֵּד" לָא אָמְרִינַן. *וְהָאָמַר מָר: [א]גָּדוֹל תַּלְמוּד תּוֹרָה, שֶׁהַתַּלְמוּד מֵבִיא לִידֵי מַעֲשֶׂה! ל"ק: הָא לְמִיגְמַר, הָא לְאַגְמוּרֵי. *א"ר יוֹחָנָן מִשּׁוּם ר"ש בֶּן יוֹחַאי, מַאי דִּכְתִיב: °"אַשְׁרֵיכֶם זוֹרְעֵי עַל כָּל מָיִם מְשַׁלְּחֵי רֶגֶל הַשּׁוֹר וְהַחֲמוֹר"? כָּל הָעוֹסֵק בַּתּוֹרָה וּבִגְמִילוּת חֲסָדִים — זוֹכֶה לְנַחֲלַת שְׁנֵי שְׁבָטִים. שֶׁנֶּאֱמַר: "אַשְׁרֵיכֶם זוֹרְעֵי", וְאֵין זְרִיעָה אֶלָּא צְדָקָה, שֶׁנֶּאֱמַר: °"זִרְעוּ לָכֶם לִצְדָקָה וְקִצְרוּ לְפִי חֶסֶד", *וְאֵין מַיִם אֶלָּא תוֹרָה, שֶׁנֶּאֱמַר: °"הוֹי כָּל צָמֵא לְכוּ לַמַּיִם". וְזוֹכֶה לְנַחֲלַת שְׁנֵי שְׁבָטִים; זוֹכֶה לְכִילָּה כְּיוֹסֵף, דִּכְתִיב: °"בֵּן פּוֹרָת יוֹסֵף בָּנוֹת צָעֲדָה עֲלֵי שׁוּר", וְזוֹכֶה לְנַחֲלַת יִשָּׂשכָר, דִּכְתִיב: °"יִשָּׂשכָר חֲמוֹר גָּרֶם". אִית דְּאָמְרִי: אוֹיְבָיו נוֹפְלִין לְפָנָיו כְּיוֹסֵף, דִּכְתִיב: °"בָּהֶם עַמִּים יְנַגַּח יַחְדָּו אַפְסֵי אָרֶץ", וְזוֹכֶה לְבִינָה כְּיִשָּׂשכָר, דִּכְתִיב: °"וּמִבְּנֵי יִשָּׂשכָר יוֹדְעֵי בִינָה לָעִתִּים לָדַעַת מַה יַּעֲשֶׂה יִשְׂרָאֵל".§

ישעיה לב / הושע י / ישעיה נה / בראשית מט / שם / דברים לג / דה"א יב

הדרן עלך ארבעה אבות

כֵּיצַד [ב]הָרֶגֶל מוּעֶדֶת? לְשַׁבֵּר בְּדֶרֶךְ הִלּוּכָהּ. [ג]הַבְּהֵמָה מוּעֶדֶת לְהַלֵּךְ כְּדַרְכָּהּ וְלִשְׁבּוֹר. [ד]הָיְתָה מְבַעֶטֶת, אוֹ שֶׁהָיוּ צְרוֹרוֹת מְנַתְּזִין מִתַּחַת רַגְלֶיהָ, וְשָׁבְרָה אֶת הַכֵּלִים — מְשַׁלֶּמֶת חֲצִי נֶזֶק. [ה]*דָּרְסָה עַל הַכְּלִי וּשְׁבָרַתּוּ, וְנָפַל עַל כְּלִי וּשְׁבָרוֹ — עַל הָרִאשׁוֹן מְשַׁלֵּם נֶזֶק שָׁלֵם, וְעַל הָאַחֲרוֹן מְשַׁלֵּם חֲצִי נֶזֶק. [ו]הַתַּרְנְגוֹלִין מוּעָדִין לְהַלֵּךְ כְּדַרְכָּן וְלִשְׁבּוֹר. הָיָה דְלִיל קָשׁוּר בְּרַגְלָיו, אוֹ שֶׁהָיָה מְהַדֵּס וּמְשַׁבֵּר אֶת הַכֵּלִים — מְשַׁלֵּם חֲצִי נֶזֶק.§ גמ'

רש"י

וְחַד אָמַר שִׁבְעָה. יָמִים. זֶה חִזְקִיָּה מֶלֶךְ יְהוּדָה. לִישָּׁנָא דְּתַלְמוּד הוּא, וְלָא לְאַשְׁמוּעִינַן דְּזֶהוּ חִזְקִיָּה — דְּהָא קְרָא בְּחִזְקִיָּה כְּתִיב, אֶלָּא אַגַּב אוֹרְחֵיהּ דִּמְפָרֵשׁ מַאי "כָבוֹד עָשׂוּ לוֹ בְמוֹתוֹ" נָקֵיט וְאָמַר הָכִי. חֲלוּצֵי כָתֵף. כְּמוֹ "וְחָלְצָה נַעֲלוֹ" (דברים כה). שֶׁקָּרְעוּ בִּגְדֵיהֶם עַד שֶׁנִּרְאוּ כִּתְפֵיהֶם. וְהָאִידָּנָא מַפְּקִינַן. סֵפֶר תּוֹרָה קַמֵּי גַּבְרָא רַבָּה. אַנּוּחֵי. עַל מִטָּתוֹ לָא מַנְחִינַן. כִּי הֲוָה עָיֵיל לְבֵית הַכִּסֵּא. כְּלוֹמַר: זִימְנָא חֲדָא כִּי הֲוָה עָיֵיל לְבֵית הַכִּסֵּא אָמַר לָן הָכִי: קִיֵּים – אָמְרִינַן, לִימֵּד – לָא אָמְרִינַן. וְ"לִימֵּד" אָמְרוּ לְחִזְקִיָּה וְהָאִידָּנָא לָא, מִשּׁוּם כְּבוֹדוֹ דְּחִזְקִיָּה, דְּ"לִימֵּד" עָדִיף מִ"קִיֵּים". מֵבִיא לִידֵי מַעֲשֶׂה. אַלְמָא מַעֲשֶׂה עָדִיף. לְמִיגְמַר. לְעַצְמוֹ – מַעֲשֶׂה עָדִיף, אֲבָל לְאַגְמוּרֵי לַאֲחֵרִינֵי – עָדִיף מִמַּעֲשֶׂה. הִלְכָּךְ, "לִימֵּד" לָא אָמְרִינַן. זוֹרְעֵי. הַיְינוּ צְדָקָה וָחֶסֶד, כִּדְמְפָרֵשׁ לְקַמֵּיהּ. לְנַחֲלַת שְׁנֵי שְׁבָטִים. דְּהָכִי מַשְׁמַע: רַגְלֵיכֶם יְשׁוּלְּחוּ בְּנַחֲלַת הַשּׁוֹר וְהַחֲמוֹר, יוֹסֵף וְיִשָּׂשכָר. בָּנוֹת צָעֲדָה עֲלֵי שׁוּר. הַיְינוּ כִּילָּה. חֲמוֹר גָּרֶם. מְתַרְגְּמִינַן "עַתִּיר בְּנִיכְסִין". יוֹסֵף אִיקְּרֵי שׁוֹר, "בְּכוֹר שׁוֹרוֹ הָדָר לוֹ" (דברים לג).

הדרן עלך ארבעה אבות

כֵּיצַד הָרֶגֶל מוּעֶדֶת. כְּלוֹמַר: בַּמֶּה הָרֶגֶל מוּעֶדֶת. לְשַׁבֵּר בְּדֶרֶךְ הִלּוּכָהּ. כְּלוֹמַר: בְּכָךְ הִיא מוּעֶדֶת — שֶׁמְּשַׁבֶּרֶת דֶּרֶךְ הִלּוּכָהּ. הַבְּהֵמָה מוּעֶדֶת כו'. קָפָרֵיךְ בַּגְּמָ': הַיְינוּ רֶגֶל הַיְינוּ בְּהֵמָה, הָא תְּנָא לֵיהּ: לְשַׁבֵּר דֶּרֶךְ הִלּוּכָהּ! הָיְתָה מְבַעֶטֶת. שִׁינּוּי הוּא זֶה וְתוֹלָדָה דְּקֶרֶן, (א) הִלְכָּךְ חֲצִי נֶזֶק וְתוּ לָא. אוֹ שֶׁהָיוּ צְרוֹרוֹת מְנַתְּזִין כו'. אַע"ג דְּלָאו שִׁינּוּי הוּא, אֶלָּא אוֹרְחֵיהּ הוּא — אפ"ה ח"נ וְתוּ לָא, דְּהִלְכְתָא גְּמִירִי לְהוּ. וּבִרְשׁוּת הַנִּיזָּק קָאָמַר, דִּבְרה"ר פָּטוּר, כִּדְאוֹקִימְנָא בְּרֵישׁ פ"ק (דף ג:) דִּצְרוֹרוֹת תּוֹלָדָה דְּרֶגֶל לְפוֹטְרוֹ בר"ה. וְנָפַל עַל כְּלִי אַחֵר. רִאשׁוֹן. נִזְקֵי רֶגֶל הֵן, וּמְשַׁלֶּמֶת כּוּלָּהּ. וְאַחֲרוֹן ע"י צְרוֹרוֹת נִשְׁבַּר — הִלְכָּךְ חֲצִי נֶזֶק. דְּלִיל קָשׁוּר בְּרַגְלוֹ. כָּל דָּבָר הַקָּשׁוּר בְּרֶגֶל הַתַּרְנְגוֹל קָרֵי דְּלִיל. וְאִית דְּגָרְסִי: דְּלִי. מְהַדֵּס. מְנַקֵּר. מְשַׁלֵּם חֲצִי נֶזֶק. דִּדְלִיל הַיְינוּ צְרוֹרוֹת, כִּדְמְפָרֵשׁ בַּגְּמָ' דְּקַדְיֵיהּ אַדְוָוֵי. הִידּוּס נַמִי — כְּגוֹן שֶׁהִפִּיחַ, וְהַצְּרוֹרוֹת שָׁבְרוּ אֶת הַכֵּלִים. גמ'

תוספות

שְׁלֹשִׁים וְשִׁשָּׁה אֶלֶף. "לו" בְּגִימַטְרִיָּא הָכִי הֲוֵי. **וַהֲלֹא** לִפְנֵי אַחְאָב עָשׂוּ כֵּן. שֶׁעָשׂוּ לוֹ הֶסְפֵּד גָּדוֹל, כִּדְאָמְרִינַן בִּמְגִילָּה (דף ג. ושם): "כְּמִסְפַּד הֲדַרִימּוֹן בְּן טַבְרִימּוֹן" כִּדְמְתַרְגְּמִינַן: כְּמִסְפַּד אַחְאָב בֶּן עָמְרִי דִּקְטִיל יָתֵיהּ הֲדַרִימּוֹן בֶּן טַבְרִימּוֹן. וּבְמִלְחָמָה הָיָה, שֶׁהָיוּ שָׁם עַם רַב וְכוּלָּן סָפְדוּ עָלָיו. וְאַע"ג דִּכְתִיב (מלכים א כב) "וַיַּעֲבוֹר הָרִנָּה בַּמַּחֲנֶה" וְאָמְרִינַן (סנהדרין דף לט:): "בַּאֲבוֹד רְשָׁעִים רִנָּה" בַּאֲבוֹד אַחְאָב בֶּן עָמְרִי רִנָּה — הַיְינוּ לַצַּדִּיקִים שֶׁבַּדּוֹר, אֲבָל עֲבָדָיו וְאוֹהֲבָיו הָיוּ מַסְפִּידִין אוֹתוֹ.

אֶלָּא שֶׁהִנִּיחוּ ס"ת עַל מִטָּתוֹ. וְאַע"ג דִּבְפ' בַּתְרָא דְּמ"ק (כה.) גַּבֵּי רַב הוּנָא מַשְׁמַע דְּאָסוּר לַעֲשׂוֹת כֵּן, מִשּׁוּם דְּאָסוּר לֵישֵׁב ע"ג מִטָּה שֶׁס"ת מוּנַּחַת עָלֶיהָ, וּבְ"הַקּוֹמֵץ רַבָּה" (מנחות דף לב:) אִיכָּא פְּלוּגְתָּא דְּאָמוֹרָאֵי — לֵיכָּא לְמִיפְרַךְ מִדְּר' נְחֶמְיָה דְּהָכָא, דְּשָׁאנֵי חִזְקִיָּה דַּהֲוָה גָּדוֹל בַּתּוֹרָה וּבְמַעֲשִׂים טוֹבִים בְּיוֹתֵר.

וְהָאָמַר מָר גָּדוֹל לִמּוּד תּוֹרָה שֶׁמֵּבִיא לִידֵי מַעֲשֶׂה. פֵּי' בְּקוּנְטְרֵס: אַלְמָא מַעֲשֶׂה עָדִיף. וְקָשֶׁה לר"ת: דְּאַדְּרַבָּה, מֵהָכָא דַּיֵּיק סְפ"ק דְּקִדּוּשִׁין (דף מ: ושם) לִמּוּד גָּדוֹל מִמַּעֲשֶׂה, גַּבֵּי זְקֵנִים שֶׁהָיוּ מְסוּבִּין בַּעֲלִיַּית בֵּית נִתְזָה בְּלוֹד, וְנִשְׁאֲלָה שְׁאֵלָה זוֹ בִּפְנֵיהֶם: לִמּוּד גָּדוֹל אוֹ מַעֲשֶׂה גָּדוֹל? וְנִמְנוּ כוּלָּם וְאָמְרוּ לִמּוּד גָּדוֹל שֶׁמֵּבִיא לִידֵי מַעֲשֶׂה! וְאוֹמֵר ר"ת דְּה"פ: וְהָאָמַר מָר שֶׁלִּמּוּד מֵבִיא לִידֵי מַעֲשֶׂה, וְכֵיוָן שֶׁאָנוּ אוֹמְרִים "קִיֵּים" — הֲרֵי אָנוּ אוֹמְרִים שֶׁלָּמַד, דְּאִי לָא שֶׁלָּמַד — הֵיאַךְ קִיֵּים? שֶׁהַלִּמּוּד מֵבִיא לִידֵי מַעֲשֶׂה. וְלָא מַסִּיק אַדַּעְתֵּיהּ הַשְׁתָּא לַחְלוֹק בֵּין לָמַד לְלִימֵּד. וּמְשַׁנֵּי: הָא לְאַגְמוּרֵי — [דְּלִימּוּד] וַדַּאי לָא אָמְרִינַן, דְּהָא וַדַּאי עָדִיף שֶׁמֵּבִיא אֶת הָרַבִּים לִידֵי מַעֲשֶׂה כְּשֶׁמְּלַמְּדָם. וּבִשְׁאִלְתּוֹת דְּרַב אַחַאי גָּאוֹן *ל"ג "קִיֵּים אָמְרִינַן לִימֵּד לָא אָמְרִינַן". אֶלָּא גָּרֵס: וּמַנַּח תְּפִילִּין, וַהֲדַר אָמַר לָן, וְתוּ לָא. וּפָרֵיךְ גְּמָרָא: וְהֵיאַךְ הֲוָה מַנַּח תְּפִילִּין תְּחִלָּה קוֹדֶם שֶׁהָיָה אוֹמֵר לָהֶם הַשְּׁמוּעָה? וַהֲלֹא לִמּוּד גָּדוֹל מִמַּעֲשֶׂה! וּמְשַׁנֵּי: הָא לְמִגְמַר, הָא לְאַגְמוּרֵי, דְּלִיגְמַר נַפְשֵׁיהּ — לִמּוּד גָּדוֹל שֶׁמֵּבִיא לִידֵי מַעֲשֶׂה. אֲבָל לְאַגְמוּרֵי לַאֲחֵרִים — לָא עָדִיף, וּלְפִיכָךְ הָיָה מַנִּיחַ תְּפִילִּין תְּחִלָּה*.

הדרן עלך ארבעה אבות

כֵּיצַד הָרֶגֶל מוּעֶדֶת. אַמַּתְנִיתִין דְּפ"ק (דף טו:) קָאֵי. וּתְמִיהָ: אִי אַדְּפָתַח — לִיתְנֵי "כֵּיצַד הַשֵּׁן" בְּרֵישָׁא. וְאִי אַדְּסָלֵיק — הָא תְּנַן: וְשׁוֹר הַמַּזִּיק בִּרְשׁוּת הַנִּיזָּק וְהָאָדָם, בַּסּוֹף! וְאוֹמֵר ר"י: וַדַּאי אַדְּפָתַח בֵּיהּ קָאֵי, וְשֵׁן וְרֶגֶל כְּחַד חֲשִׁיבֵי מִשּׁוּם דְּשָׁוִין בְּהִלְכוֹתֵיהֶן, וּמֵחַד קְרָא נָפְקֵי. וּמִשּׁוּם דִּתְנָא רֶגֶל בָּתַר שֵׁן — נָקֵט הָכָא רֶגֶל בְּרֵישָׁא, דְּסָלֵיק מִינֵּיהּ.

הַבְּהֵמָה מוּעֶדֶת. אִית דְּגָרֵס "וְהַבְּהֵמָה" בְּוי"ו, וה"פ: כֵּיצַד הָעֵדָאָה דְּרֶגֶל — לְשַׁבֵּר דֶּרֶךְ הִלּוּכָהּ, פֵּי': דֶּרֶךְ הִלּוּכָהּ הִיא הָעֵדָאָתָהּ. וְכֵן בְּסֵיפָא גַּבֵּי שֵׁן. אֲבָל קָשֶׁה לר"י: מָה חִידֵּשׁ כָּאן שֶׁלֹּא שְׁנָאָהּ בְּפֶרֶק קַמָּא? וְנִרְאֶה לר"י: דְּל"ג בְּוי"ו. וה"פ: כֵּיצַד הָרֶגֶל מוּעֶדֶת לְשַׁבֵּר דֶּרֶךְ הִלּוּכָהּ שֶׁאָמַר בְּפֶרֶק קַמָּא (דף טו:) — הַבְּהֵמָה מוּעֶדֶת כו'. וּמ"מ דַּיֵּיק בִּגְמָרָא שַׁפִּיר הַיְינוּ רֶגֶל הַיְינוּ בְּהֵמָה, דְּהָרֶגֶל מוּעֶדֶת וְהַבְּהֵמָה מוּעֶדֶת הַכֹּל אֶחָד. **הָיְתָה** מְבַעֶטֶת. אַגַּב דְּשָׁוֶה לִצְרוֹרוֹת נָקֵט לָהּ הָכָא. **דָּרְסָה** עַל הַכְּלִי. אוֹר"י: דְּאִיצְטְרִיךְ לְאַשְׁמוּעִינַן, דְּסָד"א דִּמְשׁוּנֶּה הוּא כֵּיוָן דְּדָרְסָה כ"כ בְּחוֹזֶק שֶׁנִּיתַּז הַשֶּׁבֶר עַל כְּלִי אַחֵר וּשְׁבָרוֹ, וּמִסְתַּמָּא לְהַזִּיק נִתְכַּוְּונָה.

סד"א

רבינו חננאל

וכבוד עשו לו במותו (אמר רב) זה חזקיה מלך יהודה שהושיבו ישיבה על קברו. *) ואינו דבר גדול להושיב ישיבה בקבר אדם גדול ותפילין בראשיהן ור' נחמיה אמר שהושיבו ספר תורה על מטתו ואמרו קיים זה מה שכתוב בזה. והאידנא מפקינן ומנחינן קיים לא אמרינן. פי' חלוצי כך שמענו שמוציא יד אחד מבית הצוואר שלא ממקום הקרע כדי שיהא הקרע ברור ונמצא הכתף חלוץ מן החלוק. ר' יוחנן קיים אמרינן לימד לא אמרינן. **) והא אמר מר גדול תלמוד תורה שהתלמוד מביא לידי מעשה. ופרקי' לא קשיא למיגמר הוא תלמוד גדול שהתלמוד מביאו לידי מעשה לאגמורי הוא לאחריני מעשה גדול. ש"מ דלמיגמר הוא ולאיעסוקי קמיה רביה טפי עדיף וקדים על לאגמורי הוא לאחריני. אמר ר' יוחנן כל העוסק בתורה ובגמילות חסדים זוכה לנחלת שני שבטים. והן יוסף ויששכר: **הדרן עלך ארבעה אבות**

[כיצד] הרגל מועדת לשבר בדרך הלוכה הבהמה מועדת להלך כדרכה כו' מקשי רבינא היינו רגל היינו בהמה. ופריק ליה רבא תנא הרגל שהיא אב וקתני הבהמה תולדות. אלא מעתה סיפא דקתני השן

*) אולי צ"ל ואינו כבוד גדול להושיב ישיבה וכו'. **) נראה ברור דלרבינו היה לו גי' השאלתות שהובאה בתוס' ד"ה והאמר ודו"ק.

מסורת הש"ס

הוה נפיק כ"ה גירסת השאלתות פר' לך לך]

מגילה כז. קדושין מ:

ה: ע"ש ספרי פ' עקב

[לקמן פב. ע"ז ה:]

[לקמן יט.]

[פ' לך לך סימן ז]

[עי' תוספות קדושין מ: ד"ה לימוד]

הגהות הב"ח

(א) רש"י ד"ה היתה וכו' דקרן הוא הכא:

עין משפט נר מצוה

קעח א מיי' פ"א מהל' ת"ת הלכה ג סמג עשין יב טוש"ע י"ד סימן רמו סעיף יח:

א ב ג מיי' פ"א מהל' נזקי ממון הלכה ה סמג עשין סז טוש"ע ח"מ סימן שצ סעיף א וסעיף ו וסימן שצ סעיף א:

ב ד מיי' שם פ"ב הלכה ג סמג שם טוש"ע ח"מ סימן שצ סעיף ג:

ג ה מיי' שם הלכה ד טוש"ע שם סעיף ה:

ד ו מיי' שם הלכה י טוש"ע שם סעיף י:

Koren Talmud Bavli
THE NOÉ EDITION

BAVA KAMMA

Steinsaltz
Center

KOREN

תלמוד בבלי

KOREN TALMUD BAVLI

THE NOÉ EDITION

בבא קמא

BAVA KAMMA

Daf 2a through Daf 17a

COMMENTARY BY

Rabbi Adin Even-Israel
Steinsaltz

EDITOR-IN-CHIEF

Rabbi Dr Tzvi Hersh Weinreb

SENIOR CONTENT EDITOR

Rabbi Dr Shalom Z Berger

EXECUTIVE EDITOR

Rabbi Joshua Schreier

STEINSALTZ CENTER
KOREN PUBLISHERS JERUSALEM

Supported by the Matanel Foundation

Koren Talmud Bavli, The Noe Edition
Vol. 21a: Tractate Bava Kamma, Daf 2a through Daf 17a
Paperback, ISBN, 978-965-7765-94-4

First Hebrew/English paperback edition, 2023

Koren Publishers Jerusalem Ltd.
PO Box 4044, Jerusalem 91040, ISRAEL
PO Box 8531, New Milford, CT 06776, USA
www.korenpub.com

Steinsaltz Center

Steinsaltz Center is the parent organization of institutions established by Rabbi Adin Even-Israel Steinsaltz

PO Box 45187, Jerusalem 91450 ISRAEL
Telephone: +972 2 646 0900, Fax +972 2 624 9454
www.steinsaltz-center.org

Printed in Turkey

הִנֵּה יָמִים בָּאִים, נְאֻם אֲדֹנָי יֱהוִה, וְהִשְׁלַחְתִּי רָעָב בָּאָרֶץ,
לֹא־רָעָב לַלֶּחֶם וְלֹא־צָמָא לַמַּיִם, כִּי אִם־לִשְׁמֹעַ אֵת דִּבְרֵי יהוה.

Behold, days are coming – says the Lord God – I will send a hunger to the land, not a hunger for bread nor a thirst for water, but to hear the words of the Lord. (AMOS 8:11)

The Noé edition of the Koren Talmud Bavli
with the commentary of Rabbi Adin Even-Israel Steinsaltz
is dedicated to all those who open its covers
to quench their thirst for Jewish Knowledge,
in our generation of Torah renaissance.

This beautiful edition is for the young, the aged,
the novice and the savant alike,
as it unites the depth of Torah knowledge
with the best of academic scholarship.

Within its exquisite and vibrant pages,
words become worlds.

It will claim its place in the library of classics,
in the bookcases of the Beit Midrash,
the classrooms of our schools,
and in the offices of professionals and business people
who carve out precious time to grapple with its timeless wisdom.

For the Student and the Scholar

DEDICATED BY LEO AND SUE NOÉ

Steinsaltz Center

Executive Director, Steinsaltz Center

Rabbi Meni Even-Israel

Managing Editor

Rabbi Jason Rappoport

Senior Content Editor

Rabbi Dr. Shalom Z. Berger

Editors

Rabbi Dr. Joshua Amaru, *Coordinating Editor*
Rabbi Avishai Magence, *Content Curator*
Tal Avrahami
Aryeh Bernstein
Menucha Chwat
Rabbi Yoel Domb
Rabbi Yehoshua Duker
Betzalel Philip Edwards
Rabbi Yonatan Shai Freedman
Raphael Friedman
Rabbi Uri Goldstein
Rabbi Alan Haber
Rabbi Tzvi Chaim Kaye
Stephen Lauber
Sholom Licht
Elisha Loewenstern
Rafi Miller
Rabbi Eli Ozarowski
Rabbi David Sedley
Shira Shmidman
Rabbi Michael Siev
Avi Steinhart

Copy Editors

Aliza Israel, *Coordinator*
Bracha Hermon
Ita Olesker
Debbie Ismailoff
Shira Finson
Ilana Sobel
Deena Nataf
Eliana Kurlantzick Yorav
Erica Hirsch Edvi
Nava Wieder
Sara Henna Dahan

Language Consultants

Dr. Stephanie E. Binder, *Greek & Latin*
Rabbi Yaakov Hoffman, *Arabic*
Dr. Shai Secunda, *Persian*
Shira Shmidman, *Aramaic*

KOREN

Design & Typesetting

Dena Landowne Bailey, *Typesetting*
Tani Bayer, *Jacket Design*
Raphaël Freeman, *Design & Typography*

Images

Eliahu Misgav, *Illustration & Image Acquisition*
Daniel Gdalevich, *Illustration & Image Acquisition*

Introduction by the Publisher

The Talmud has sustained and inspired Jews for thousands of years. Throughout Jewish history, an elite cadre of scholars has absorbed its learning and passed it on to succeeding generations. The Talmud has been the fundamental text of our people.

Beginning in the 1960s, Rabbi Adin Even-Israel Steinsaltz שליט״א created a revolution in the history of Talmud study. His translation of the Talmud, first into modern Hebrew and then into other languages, as well the practical learning aids he added to the text, have enabled millions of people around the world to access and master the complexity and context of the world of Talmud.

It is thus a privilege to present the *Koren Talmud Bavli*, an English translation of the talmudic text with the brilliant elucidation of Rabbi Steinsaltz. The depth and breadth of his knowledge are unique in our time. His rootedness in the tradition and his reach into the world beyond it are inspirational.

Working with Rabbi Steinsaltz on this remarkable project has been not only an honor, but a great pleasure. Never shy to express an opinion, with wisdom and humor, Rabbi Steinsaltz sparkles in conversation, demonstrating his knowledge (both sacred and worldly), sharing his wide-ranging interests, and, above all, radiating his passion. I am grateful for the unique opportunity to work closely with him, and I wish him many more years of writing and teaching.

Our intentions in publishing this new edition of the Talmud are threefold. First, we seek to fully clarify the talmudic page to the reader – textually, intellectually, and graphically. Second, we seek to utilize today's most sophisticated technologies, both in print and electronic formats, to provide the reader with a comprehensive set of study tools. And third, we seek to help readers advance in their process of Talmud study.

To achieve these goals, the *Koren Talmud Bavli* is unique in a number of ways:

- The classic *tzurat hadaf* of Vilna, used by scholars since the 1800s, has been reset for great clarity, and opens from the Hebrew "front" of the book. Full *nikkud* has been added to both the talmudic text and Rashi's commentary, allowing for a more fluent reading with the correct pronunciation; the commentaries of *Tosafot* have been punctuated. Upon the advice of many English-speaking teachers of Talmud, we have separated these core pages from the translation, thereby enabling the advanced student to approach the text without the distraction of the translation. This also reduces the number of volumes in the set. At the bottom of each *daf*, there is a reference to the corresponding English pages. In addition, the Vilna edition was read against other manuscripts and older print editions, so that texts which had been removed by non-Jewish censors have been restored to their rightful place.
- The English translation, which starts on the English "front" of the book, reproduces the *menukad* Talmud text alongside the English translation (in bold) and commentary and explanation (in a lighter font). The Hebrew and Aramaic text is presented in logical paragraphs. This allows for a fluent reading of the text for the non-Hebrew or non-Aramaic reader. It also allows for the Hebrew reader to refer easily to the text alongside. Where the original text features dialogue or poetry, the English text is laid out in a manner appropriate to the genre. Each page refers to the relevant *daf*.

- Critical contextual tools surround the text and translation: personality notes, providing short biographies of the Sages; language notes, explaining foreign terms borrowed from Greek, Latin, Persian, or Arabic; and background notes, giving information essential to the understanding of the text, including history, geography, botany, archaeology, zoology, astronomy, and aspects of daily life in the talmudic era.
- Halakhic summaries provide references to the authoritative legal decisions made over the centuries by the rabbis. They explain the reasons behind each halakhic decision as well as the ruling's close connection to the Talmud and its various interpreters.
- Photographs, drawings, and other illustrations have been added throughout the text – in full color in the Standard and Electronic editions, and in black and white in the Daf Yomi edition – to visually elucidate the text.

This is not an exhaustive list of features of this edition, it merely presents an overview for the English-speaking reader who may not be familiar with the "total approach" to Talmud pioneered by Rabbi Steinsaltz.

Several professionals have helped bring this vast collaborative project to fruition. My many colleagues are noted on the Acknowledgments page, and the leadership of this project has been exceptional.

RABBI MENACHEM EVEN-ISRAEL, DIRECTOR OF THE STEINSALTZ CENTER, was the driving force behind this enterprise. With enthusiasm and energy, he formed the happy alliance with Koren and established close relationships among all involved in the work.

RABBI DR. TZVI HERSH WEINREB שליט״א, EDITOR-IN-CHIEF, brought to this project his profound knowledge of Torah, intellectual literacy of Talmud, and erudition of Western literature. It is to him that the text owes its very high standard, both in form and content, and the logical manner in which the beauty of the Talmud is presented.

RABBI JOSHUA SCHREIER, EXECUTIVE EDITOR, assembled an outstanding group of scholars, translators, editors, and proofreaders, whose standards and discipline enabled this project to proceed in a timely and highly professional manner.

RABBI MEIR HANEGBI, EDITOR OF THE HEBREW EDITION OF THE STEINSALTZ TALMUD, lent his invaluable assistance throughout the work process, supervising the reproduction of the Vilna pages.

RAPHAËL FREEMAN, EXECUTIVE EDITOR OF KOREN, created this Talmud's unique typographic design which, true to the Koren approach, is both elegant and user friendly.

It has been an enriching experience for all of us at Koren Publishers Jerusalem to work with the Steinsaltz Center to develop and produce the *Koren Talmud Bavli*. We pray that this publication will be a source of great learning and, ultimately, greater *avodat Hashem* for all Jews.

Matthew Miller, Publisher
Koren Publishers Jerusalem
Jerusalem 5772

Contents

For the vocalized Vilna Shas layout, please open as a Hebrew book.

Introduction to **Bava Kamma**

Tractate *Bava Kamma* was originally the first section of a large tractate named Tractate *Nezikin*, which comprised what are now the first three tractates in the Order of *Nezikin*. From this placement it derived its name, *Bava Kamma*, the first gate. The remaining part of this super-tractate was divided into *Bava Metzia*, the middle gate, and *Bava Batra*, the last gate.[1]

These three tractates generally address monetary cases and incorporate within their chapters almost the entire range of Jewish civil law,[2] while punishments for criminal offenses and religious transgressions are addressed only tangentially.

Tractate *Bava Kamma* treats one specific area of law, the law of torts, in the narrowest meaning of the term. This means that it deals with the range of responsibility and compensation for which one is liable after causing damage to another's body or property, both when the damage was caused by an individual and when it was caused by his possessions, in a direct or indirect fashion.

The principles of these *halakhot* are founded on the passages of the Torah appearing in the portion of *Mishpatim* (Exodus 21:18–37, 22:1–14). The Torah does not present these *halakhot* in a dry exposition of abstract legal principles but in the form of lively examples drawn from everyday life.[3] In order to be able to apply these examples to other cases, it is necessary to first determine which facets of the cases provided by the Torah are essential elements that define the *halakha* and which facets are just incidental details of the provided example. This is done with the help of the authoritative traditions of the Oral Law and with the tools of legal exegesis.

Tractate *Bava Kamma* is subdivided into two sections. The first section (chapters 1–6) covers the topic of damage caused by one's property or by actions that he initiated. The second section (chapters 7–10) concerns damage caused by a person with his own body.[4]

The laws of torts also include a religious aspect. Many cases involve the transgression of the halakhic prohibitions against robbery, theft, and injury. Nevertheless, one's liability to pay damages is not limited to cases where there was a willful transgression of a prohibition. Rather, even when the damage was caused with no purposeful intent to harm or through neglect, one is liable to pay restitution to the injured party.[5]

In the first section of *Bava Kamma*, which concerns damage caused by one's property, the key issue is that of the owner's responsibility. It is clear that an owner is responsible for the damage caused by his possessions; what requires clarification are the exact limitations of his responsibility. Does this responsibility extend to include any

damage that results from his property or does it include only certain kinds of damage? Does taking the proper precautionary measures exempt one from liability for the damage that occurs despite one's efforts? Is there any difference between compensation payments made for actions performed with premeditation and purposeful intent and actions that were performed unintentionally, through neglect, or as a result of insufficient precautionary measures?

One's liability for damage depends on the nature and the form of the damage. For this reason, acts that cause damage are classified as being subcategories of various primary categories of damage.

From the verses in the Torah it is readily apparent that a distinction exists between damage to property caused by one's animals, since, in the words of the opening mishna, they have a living spirit, and damage caused by one's inanimate possessions. With regard to damage caused by one's animals, a difference exists between cases where the animal's objective was to cause damage and cases where the damage was a consequence of the animal's typical behavior. Damage of the former type is classified as being of the category of Goring. This includes damage caused by goring, kicking, or biting done for the purpose of damaging. Cases of such damage can be further subdivided into instances in which the belligerent animal was innocuous and cases where the animal had already repeatedly caused that form of damage, and the owner had been warned about it, in which case the animal is considered forewarned. Once an animal is forewarned, the level of the owner's responsibility for any damage caused by it is intensified in terms of the extent to which he is required to safeguard his animal to prevent it from causing damage, the amount of restitution he is liable to pay, and the form of payment. Furthermore, the owner incurs liability for such damage in almost every place, whether on private property or in the public domain.[6]

By contrast, in cases where the damage was a consequence of the animal's typical behavior, the animal's owner is liable only if the damage took place on the property of the injured party and only if such behavior is considered typical for that animal. One category of damage of this type is Eating, in which an animal's actions are motivated by the pleasure it receives in the course of the damage that is causes. Another category is Trampling, where the damage is caused by the animal's typical movements, such as by trampling on items while walking. As liability is incurred only when such behavior is considered typical for that animal, if an animal eats something it does not normally eat, or moves in an atypical manner, the owner is not liable to pay for the damage. Furthermore, in these cases, if the owner took the standard precautionary measures to prevent damage from occurring, he is also exempt from liability.

In cases of damage caused by one's movable property, a distinction exists between damage caused by one's property when it remains stationary, classified as damage in the category of Pit, and damage caused when a person initiates a hazardous situation that then moves to a different location by itself or due to an additional force such as the wind, classified as damage in the category of Fire. In cases classified as Pit, liability is incurred only where one placed his property in a domain not his own, whether in the public domain or someone else's private property. Furthermore, liability is limited to damage caused to animals and people but does not extend to damage caused to vessels. In cases classified as Fire, one is liable wherever damage is caused, although in some cases one is not liable for the full extent of the damage. Also, with

regard to these primary categories, one who took standard precautionary measures to prevent damage from occurring is exempt from liability.

An additional primary category of damage, Man, includes damage caused directly by a person.[7] One is liable for any damage that is a direct result of his actions or his force. One bears an extensive level of responsibility for his actions and therefore is liable for the full cost of the damage even if it was caused unwittingly and without awareness. The only exceptions to this are damage caused by those of limited intellectual capacity, who in general are not responsible for their actions, and damage caused by one's Canaanite slaves. In the latter case, the exemption applies to the master and is the result of an enactment for the betterment of the world, as it prevents a slave from maliciously causing damage in order to cause his owner great loss. The slave himself, if he is emancipated, will then be liable to pay for the damage he caused.

The second section of *Bava Kamma* deals with damage caused by one person to another and by one person to the property of another. This topic is generally subdivided into the laws of bodily injury and the laws of robbery and theft.

As the Gemara derives from verses in the Torah, one that injures another is liable for one or more of five types of indemnity payments. These are the payments:

- Cost of the damage: For all types of irreversible harm, such as severing an arm or a leg, which reduces the injured party's market value.
- Pain: For pain inflicted.
- Humiliation: For embarrassment caused by the injury that was inflicted, such as in the rape of a woman or by causing a blemish that humiliates the person.
- Medical expenses: For all medical expenses incurred as a consequence of the injury.
- Loss of livelihood: For missed work and loss of income due to the injury.

These indemnities are not automatically paid for every injury caused; rather, each case is judged individually. At times one may have to pay all five types of indemnity payments, and at other times one may have to pay only some of them. Here too, there is a distinction between one who injured another willfully and purposefully, who is liable to pay all five indemnity payments when they apply, and one who injured another unintentionally or because of neglect, who is liable to pay only for the cost of the damage but not the other four types.

Injuring another person is a violation of a Torah prohibition although one is rarely punished with lashes for doing so. Accordingly, one who injures another is required not only to compensate the injured party, but he must make amends by placating him as well.

Robbery and theft differ from cases of damage in that not only does the victim suffer a loss, but the perpetrator benefits from the property he took. The talmudic discussion about this concerns two central issues.

First, the fines imposed by the Torah on the thief, and to a lesser degree, on the robber, obligate him to make a double payment to the victim of his crime, and in cases where the crime of theft is followed by the slaughtering or sale of the stolen

ox or sheep, he is required to pay four or five times the value of the stolen animal. Because these payments are fines leveled by the Torah, only a court of ordained judges, an institution that lapsed over the course of time, is authorized to collect them. Even then, the fine is imposed only in limited circumstances. For example, guilt must be confirmed on the basis of testimony from two witnesses and not based on a confession of the guilty party, and in some cases a fine is imposed only after the guilty party has taken a false oath that he is not guilty.

The second issue involves the requirement for the thief and the robber to return the item that they stole or to pay restitution for its value. Should they not do so willingly, the court is authorized to coerce them. The Gemara enters into a detailed discussion as it attempts to define this obligation. When are a robber and a thief obligated to return the very item they stole and when are they required only to pay restitution? How is the amount one has to pay determined in cases where the value of the item changed over time? Is there a difference in this regard if the change was due to fluctuations in the item's market value or due to a physical change in the item itself?

How the stolen item should be returned is also the subject of much discussion. Can he just return the item to its owner or must he inform him that he has done so? To what lengths does he need to go to find the owner? The Sages enacted that in order to facilitate a thief's full repentance he does not always need to return the item itself. It needs to be clarified when that enactment applies and when it does not apply. Furthermore, is the requirement to return the item an obligation on the thief alone, or does the victim retain rights of ownership to the item so that even if the thief dies he may continue to claim it back from the thief's heirs?

These are the principal discussions contained in this tractate, although *Bava Kamma* also includes discussions about other types of payments and fines as well as false claims made with regard to instances of theft and robbery. Very little aggadic material appears in this tractate, and what does appear is mainly related to the tractate's primary subject, the responsibility one bears for the damage he caused.

Tractate *Bava Kamma* contains ten chapters, the first six of which appear in the present volume. Some chapters deal with a single subject, while others address several.

Chapter One focuses on defining the essential characteristics of each of the four primary categories of damage and the liability incurred for damage caused.

Chapter Two deals principally with details of the primary categories of damage caused by animals, namely Trampling, Eating, and Goring.

Chapter Three expands on damage in the category of Pit. It also addresses cases in which two people caused damage to each other, as well as cases where one cannot determine with certainty who is the one that caused the damage and who is the one that was damaged.

Chapter Four covers the subject of an ox that gored, including what defines whether an animal is considered to be innocuous or forewarned. It also contains a discussion of the forms of restitution payments and a case in which an ox kills a person.

Chapter Five concludes the discussion of a goring ox and in its latter half returns to a discussion of damage classified as Pit.

Chapter Six returns to a discussion of the categories of Trampling and Eating and presents a wide-ranging discussion of damage classified as Fire.

1 In the *Tosefta*, Tractate *Kelim*, owing to its great length, is similarly divided into three gates: *Bava Kamma*, *Bava Metzia*, and *Bava Batra*.

2 Not included in Tractate *Nezikin* are those monetary cases directly related to matters of matrimony that are expounded in the Order of *Nashim*, principally in Tractate *Ketubot*.

3 And as the Sages put it: What holds true for the ox holds true for any domesticated animal, as well as for wild animals and birds. If that is the case, why did the verse specifically mention ox or ass? Rather, the verse presents the common example (*Bava Kamma* 54b).

4 Rambam retains this division in his *Mishne Torah*. The section addressing these issues is divided as follows: *Hilkhot Nizkei Mamon*, addressing damage to property; *Hilkhot Geneiva*, addressing the laws of theft; *Hilkhot Gezeila VaAveda*, addressing robbery and lost articles; *Hilkhot Ḥovel UMazik*, addressing injury and damages; and finally *Hilkhot Rotze'aḥ UShmirat HaNefesh*, addressing capital crimes and other life-or-death matters.

5 With regard to damage caused by an individual's person, there exists an even stricter measure – at times one may be obligated to pay compensation even when an action was caused without one's knowledge and by accident. The early authorities discuss whether there are any circumstances under which an unavoidable accident would exempt the person from having to pay any form of compensation for the damage caused.

6 One exception to this is when the injured party entered the property of the owner of the belligerent animal without first gaining permission to do so.

7 According to the opinion of Rav, cited at the beginning of the tractate, this is one of the four primary categories of damage, the one known as *Maveh*.

Introduction to **Perek I**

And when an ox gores a man or a woman, and they die, the ox shall be stoned, and its flesh shall not be eaten; but the owner of the ox shall be absolved. But if the ox was a goring ox in time past, and warning has been given to its owner, and he has not secured it, and it killed a man or a woman; the ox shall be stoned, and its owner also shall be put to death. If a ransom is placed upon him, then he shall give for the redemption of his life whatsoever is placed upon him. Whether it has gored a son or has gored a daughter, according to this judgment shall it be done to him. If the ox gores a slave or a maidservant, he shall give to their master thirty shekels of silver, and the ox shall be stoned.

(Exodus 21:28–32)

And if a man shall open a pit, or if a man shall dig a pit and not cover it, and an ox or a donkey fall therein, the owner of the pit shall pay, he shall recompense money to its owners and the carcass shall be for him.

(Exodus 21:33–34)

And if one man's ox hurts the ox of another, and it dies; then they shall sell the live ox, and divide its monetary value, and the carcass they shall also divide. Or if it is known that the ox was a goring ox in time past, and its owner has not secured it, he shall pay an ox for an ox and the carcass shall be his.

(Exodus 21:35–36)

If a man causes a field or a vineyard to be eaten and he set his animal loose and it consumed in the field of another, the best of his field and the best of his vineyard he shall pay.

(Exodus 22:4)

If a fire breaks out and catches in thorns, so that a stack of grain, or standing grain, or the field is consumed, the one who kindled the fire shall pay compensation.

(Exodus 22:5)

The Torah teaches that one is responsible for damage caused by the animals in his possession – by goring, eating, or trampling – or for damage caused as a result of his actions – by digging a pit or igniting a fire.

This chapter, which serves as a general introduction to the principles of damage caused by one's property, addresses one's liability to pay restitution in cases of damage. The chapter delineates in which cases one is exempt and in which cases he is liable, and the extent of his liability; in some cases one is liable to pay the full cost of the damage and in others only half the cost of the damage. Included is a discussion of when the location of the damaged item is a factor in determining one's liability. Also considered is the form of payment, the way in which the cost of the damage is appraised, and how the payment is collected.

The opening discussion in this chapter concerns the four primary categories of damage. The cases presented in the Torah are paradigms from which the principles defining these primary categories are derived.

The Torah differentiates between two forms of payment that one can pay for damage caused. The first is a payment of restitution worth the full cost of the damage. The one liable for the damage makes the payment from the "best of his field" (Exodus 22:4). The other form is a payment of half the cost of the damage, which is made from the proceeds of the sale of the body of the belligerent animal. The chapter addresses

the precise meaning of paying restitution from the "best of his field": How is this accomplished, and what is done in cases where it is not possible to do so?

Another issue considered is in which cases one is liable to pay the full cost of the damage and in which cases one pays for only half the cost of the damage. Accompanying this is a discussion of whether the payment of half the cost of the damage is considered to be monetary restitution or a fine imposed by the Torah.

During all these discussions, the Gemara also discusses the basic halakhic exegesis of the verses that detail the cases of damage caused by one's property. The Gemara also tangentially covers the subject of the payment for damage caused by a person willfully or due to negligence on his part.

מתני׳ אַרְבָּעָה אֲבוֹת נְזִיקִין: הַשּׁוֹר, וְהַבּוֹר, וְהַמַּבְעֶה, וְהַהֶבְעֵר.

MISHNA There are **four primary categories of damage:**[N] **The category of Ox;**[NH] **and the** category of **Pit;**[H] **and the category of *Maveh*,** which, based on a discussion in the Gemara refers either to the tooth of an animal that causes damage or to a person who causes damage; **and the** category of **Fire.**[H]

לֹא הֲרֵי הַשּׁוֹר כַּהֲרֵי הַמַּבְעֶה, וְלֹא הֲרֵי הַמַּבְעֶה כַּהֲרֵי הַשּׁוֹר. וְלֹא זֶה וָזֶה שֶׁיֵּשׁ בָּהֶן רוּחַ חַיִּים, כַּהֲרֵי הָאֵשׁ שֶׁאֵין בּוֹ רוּחַ חַיִּים.

Each of these categories is unique; therefore, the *halakhot* of one cannot be derived from another. The defining characteristic of **the** primary category of **Ox is not similar to** the defining characteristic of **the** primary category of ***Maveh*, and** the defining characteristic of **the** primary category of ***Maveh* is not similar to** the defining characteristic of **the** primary category of **Ox. And** the defining characteristics of **this** category of Ox **and that** category of *Maveh*, **in which there is a living spirit** that causes damage, **are not similar to** the defining characteristic of **the** category of **Fire, in which there is no living spirit.**

וְלֹא זֶה וָזֶה שֶׁדַּרְכָּן לֵילֵךְ וּלְהַזִּיק, כַּהֲרֵי הַבּוֹר שֶׁאֵין דַּרְכּוֹ לֵילֵךְ וּלְהַזִּיק.

The mishna continues: **And** the defining characteristics of **this** primary category of Ox and *Maveh* **and that** primary category of Fire, **in which** the **typical manner** of their components **is to proceed** from one place to another **and** cause **damage, are not similar to** the defining characteristic of **the** primary category of **Pit, in which** the **typical manner** of its components **is not to proceed** from one place to another **and** cause **damage;** rather, it remains in place and the damage is caused by the injured party proceeding and encountering the obstacle.

הַצַּד הַשָּׁוֶה שֶׁבָּהֶן – שֶׁדַּרְכָּן לְהַזִּיק, וּשְׁמִירָתָן עָלֶיךָ, וּכְשֶׁהִזִּיק – חָב הַמַּזִּיק לְשַׁלֵּם תַּשְׁלוּמֵי נֶזֶק בְּמֵיטַב הָאָרֶץ.

The common denominator of the components in all of **these** primary categories is **that it is their typical manner to cause damage, and** the responsibility for **their safeguarding** to prevent them from causing damage is incumbent **upon you,** the owner of the animal or generator of the fire or the pit. **And when** a component of any of these categories **causes damage, the** owner or generator of the component that **caused** the **damage is obligated to pay** restitution[H] **for damage with best**-quality **land.**

גמ׳ מִדְּקָתָנֵי ״אָבוֹת״ – מִכְּלָל דְּאִיכָּא תּוֹלָדוֹת. תּוֹלְדוֹתֵיהֶן כַּיּוֹצֵא בָּהֶן, אוֹ לָאו כַּיּוֹצֵא בָּהֶן?

GEMARA From the fact **that** the mishna **teaches** its ruling employing the term: **Primary categories, by inference, there are subcategories**[H] of those primary categories. The Gemara asks: Are **their subcategories similar to them,** i.e., to their respective primary categories, so that the same *halakhot* apply to them, or are they **dissimilar to them?**

HALAKHA

The category of Ox – הַשּׁוֹר: The owner of an animal is liable to pay restitution for any damage caused by his animal. Such damage is classified as being in the primary category of Ox, which is further subdivided into three primary categories of damage: Goring, Eating, and Trampling (Rambam *Sefer Nezikin, Hilkhot Nizkei Mamon* 1:10; *Shulḥan Arukh, Ḥoshen Mishpat* 389:1, 18).

The category of Pit – הַבּוֹר: Pit is one of the primary categories of damage. By digging a pit in a public domain, one becomes responsible for any damage it causes (Rambam *Sefer Nezikin, Hilkhot Nizkei Mamon* 13:2; *Shulḥan Arukh, Ḥoshen Mishpat* 410:1).

The category of Fire – הַהֶבְעֵר: Fire is one of the primary categories of damage. This category includes any lit item that is carried by the wind from one place to another and causes damage there (Rambam *Sefer Nezikin, Hilkhot Nizkei Mamon* 14:1; *Shulḥan Arukh, Ḥoshen Mishpat* 418:1).

The one who caused the damage is obligated to pay restitution, etc. – חָב הַמַּזִּיק לְשַׁלֵּם וכו׳: If a privately owned animal causes damage while behaving in its typical manner, such as while eating or walking, its owner is liable to pay the full cost of the damage from his best-quality property. And so too, if one's animal repeatedly causes damage and he is warned to prevent it from doing so, so that the animal is considered forewarned, and then it causes damage again; or if one digs a pit in a public area and another's animal falls into it; or if one ignites a fire and it spreads and causes damage to another's property; in all these cases, he is liable to pay the injured party the full cost of the damage caused. Where possible, damages are collected from one's movable property. If there is insufficient movable property to cover the cost of the damage, the payment is collected from one's best-quality land (Rambam *Sefer Nezikin, Hilkhot Nizkei Mamon* 1:2, 8:10, 12:1, 14:1; *Shulḥan Arukh, Ḥoshen Mishpat* 389:2, 419:1).

By inference, there are subcategories – מִכְּלָל דְּאִיכָּא תּוֹלָדוֹת: The acts that cause damage that are explicitly mentioned in the Torah are referred to as primary categories, and any other acts that cause damage that are conceptually similar to the primary categories are deemed to be their subcategories (*Shulḥan Arukh, Ḥoshen Mishpat* 389:18).

NOTES

Damage – נְזִיקִין: It is set forth in the Torah that one is responsible for damage caused directly to another. This damage could be caused by the actions of animals in his possession, e.g., by goring, trampling, or eating, or caused as a result of his own actions, e.g., by digging a pit or igniting a fire. After the damage occurs, the court assesses the damages, i.e., the money awarded as compensation, which is measured by the decrease in value of the property that was damaged or of the person who was injured. Generally, one is obligated to pay the full amount of the damages. There are several exceptions to this, including cases where one is fully exempt from liability as well as cases where one is liable to pay only half of the damages, as will be explained in this chapter and the following chapters.

The category of Ox – הַשּׁוֹר: The primary category of Ox clearly is referring to an animal that does damage; but from the formulation of the mishna it is not clear whether the reference is limited to one specific type of damage or includes all possible types of damage that one's animal could cause. This issue is dependent on the dispute, cited by the Gemara, between Rav and Shmuel. According to the opinion of Rav, the reference in the mishna is to all types of damage caused by an animal, that subdivide into the categories of Goring, Trampling, and Eating, as explained by the Gemara. This is how the Meiri explains the mishna. According to the opinion of Shmuel, the reference in the mishna is specifically to damage of the primary category of Trampling, i.e., an ox that causes damage while walking. This is how the Rambam explains the mishna.

גַּבֵּי שַׁבָּת תְּנַן: אֲבוֹת מְלָאכוֹת אַרְבָּעִים חָסֵר אַחַת. אָבוֹת – מִכְּלָל דְּאִיכָּא תּוֹלָדוֹת,

The Gemara cites additional areas of *halakha* where there are primary categories and subcategories and considers the relationship between them: **With regard to Shabbat we learned** in a mishna (*Shabbat* 73a): **The primary categories of labor** prohibited on Shabbat[H] number **forty-less-one.**[B] There too, from the fact that the mishna teaches its ruling employing the term: **Primary categories, by inference, there are** also **subcategories.**

תּוֹלְדוֹתֵיהֶן כַּיּוֹצֵא בָּהֶן; לָא שְׁנָא אָב – חַטָּאת, וְלָא שְׁנָא תּוֹלָדָה – חַטָּאת. לָא שְׁנָא אָב – סְקִילָה, וְלָא שְׁנָא תּוֹלָדָה – סְקִילָה.

With regard to the primary categories of labor prohibited on Shabbat, **their subcategories are similar to them,** as **it is no different** if one unwittingly performed labor that is **a primary category,** for which he is liable to bring **a sin-offering, and it is no different** if one unwittingly performed labor that is **a subcategory,** for which he is liable to bring **a sin-offering.** Likewise, **it is no different** if one intentionally performed labor that is **a primary category,**[H] for which he is liable to be executed by **stoning, and it is no different** if one intentionally performed labor that is **a subcategory,** for which he is liable to be executed by **stoning.**

וּמַאי אִיכָּא בֵּין אָב לְתוֹלָדָה? נָפְקָא מִינָּהּ: דְּאִילּוּ עָבֵיד שְׁתֵּי אָבוֹת בַּהֲדֵי הֲדָדֵי, אִי נַמִּי שְׁתֵּי תוֹלָדוֹת בַּהֲדֵי הֲדָדֵי – מִחַיַּיב אַכָּל חֲדָא וַחֲדָא. וְאִילּוּ עָבֵיד אָב וְתוֹלָדָה דִּידֵיהּ – לָא מִחַיַּיב אֶלָּא חֲדָא.

And what difference **is there between a primary category and a subcategory?** The Gemara explains: The practical **difference is that if one** unwittingly **performs two** labors classified as different **primary categories**[H] **together,** during a single lapse of awareness, or, **alternatively,** if one unwittingly performs **two** labors classified as **subcategories** of two different primary categories **together,** during a single lapse of awareness, **one is liable** to bring a sin-offering **for each and every** labor that he performed. Each primary category of labor is an independent transgression. **While if one** unwittingly **performs** a labor that is **a primary category and** another labor classified as **its subcategory** during a single lapse of awareness, **he is liable** to bring **only one** sin-offering.

וּלְרַבִּי אֱלִיעֶזֶר, דִּמְחַיֵּיב אַתּוֹלָדָה בִּמְקוֹם אָב, אַמַּאי קָרֵי לֵיהּ אָב וְאַמַּאי קָרֵי לָהּ תּוֹלָדָה? הַךְ דַּהֲוָה בַּמִּשְׁכָּן חֲשִׁיבָא – קָרֵי לֵיהּ אָב, הַךְ דְּלָא הֲוֵי בַּמִּשְׁכָּן חֲשִׁיבָא – קָרֵי לָהּ תּוֹלָדָה.

The Gemara asks: **And according to Rabbi Eliezer, who deems one liable** to bring two sin-offerings even if one performs a labor classified as **a subcategory together with** a labor that is **its primary category, why is** one labor **characterized** as **a primary category**[N] **and why is** the other labor **characterized** as **a subcategory?** The Gemara explains: Of the labors prohibited on Shabbat, **that which was a significant** labor **in the Tabernacle,** the Sages **characterized** it as **a primary category,** and **that which was not a significant labor in the Tabernacle,** the Sages **characterized** it as **a subcategory.** The labors prohibited on Shabbat are derived from the labors employed in the construction of the Tabernacle; therefore, their classification is also based on their significance in its construction.

גַּבֵּי טוּמְאוֹת תְּנַן; אֲבוֹת הַטּוּמְאוֹת: הַשֶּׁרֶץ, וְהַשִּׁכְבַת זֶרַע,

With regard to ritual impurities, we learned in the mishna (*Kelim* 1:1): **The primary categories of ritual impurity** are as follows: Any of the eight species of **the creeping animal**[B] enumerated in the Torah (Leviticus 11:29–30), **and semen,**[H]

HALAKHA

The forbidden labors of Shabbat – מְלָאכוֹת שַׁבָּת: There are thirty-nine primary categories of labor prohibited on Shabbat. Each primary category of labor also includes subcategories of prohibited labors that are similar to them (Rambam *Sefer Zemanim*, *Hilkhot Shabbat* 7:1).

It is no different if one performed a primary category, etc. – לָא שְׁנָא אָב וכו׳: With regard to one who performs a prohibited labor on Shabbat, whether it is classified as a primary category or a subcategory, if he did so intentionally he is liable to receive *karet*, and if he performed it in the presence of witnesses who warned him not to do so, he is liable to be executed by stoning. If the labor was performed unwittingly, one is liable to bring a sin-offering (Rambam *Sefer Zemanim*, *Hilkhot Shabbat* 7:7).

If one performs two primary categories, etc. – דְּאִילּוּ עָבֵיד שְׁתֵּי אָבוֹת וכו׳: One who unwittingly performs several labors classified as different primary categories of prohibited labor during a single lapse of awareness, in which he forgets that it is Shabbat, is obligated to bring a separate sin-offering for each labor that he performed. The *halakha* is the same if one unwittingly performs several labors classified as subcategories of different primary categories (see *Kesef Mishne*). One who performs a labor that is a primary category and another labor that is its subcategory during a single lapse of awareness is obligated to bring only a single sin-offering (Rambam *Sefer Zemanim*, *Hilkhot Shabbat* 7:7–8; *Sefer Korbanot*, *Hilkhot Shegagot* 7:5–6).

The creeping animal and semen – הַשֶּׁרֶץ וְהַשִּׁכְבַת זֶרַע: The carcass of a creeping animal is one of the primary sources of ritual impurity, as is the semen of a man (Rambam *Sefer Tahara*, *Hilkhot She'ar Avot HaTumot* 4:2, 5:1).

NOTES

Why is one labor characterized as a primary category, etc. – אַמַּאי קָרֵי לֵיהּ אָב וכו׳: Ostensibly, one could suggest that a distinction exists with regard to the forewarning that witnesses need to issue to a potential transgressor in order to be able to administer a punishment. If one performs a labor that is a subcategory but the forewarning issued was for a primary category, perhaps Rabbi Eliezer would hold that the forewarning would be ineffectual. *Tosafot* suggest that this could actually be the Gemara's point. Since the Gemara explains that there is a distinction between a primary category and subcategory, it follows that the forewarning issued must also mention the specific subcategory and not the primary category.

BACKGROUND

Forty-less-one – אַרְבָּעִים חָסֵר אַחַת: It is common in the Mishna and Gemara to find the number thirty-nine expressed as forty-less-one. The precedent for this is the *halakha* concerning lashes given by the court. The Torah states explicitly that for transgressing a standard prohibition one receives forty lashes. Despite this, the Sages derived from the Bible that one actually receives only thirty-nine. Since the number stated in the Torah is forty, it is considered more apt to refer to forty-less-one lashes rather than thirty-nine. This expression is then used thereafter wherever the number thirty-nine appears (see *Zevaḥim* 118b).

Creeping animal – שֶׁרֶץ: This term generally refers to rodents, lizards, insects, or any other small creature that crawls. However, only the carcasses of the eight types that are specifically enumerated in the Torah (Leviticus 11:29–30) impart ritual impurity. Generally, when the Gemara refers to creeping animals, the reference is specifically to these eight types.

The Sages state that the smallest of these eight animals was at least the size of a lentil-bulk at birth. Therefore, ritual impurity can be imparted only if one comes into contact with a piece of the carcass of a creeping animal that is no smaller than that. One is also liable to receive lashes if one eats a lentil-bulk of that type of animal.

וְטָמֵא מֵת. תּוֹלְדוֹתֵיהֶן לָאו כַּיּוֹצֵא בָּהֶן; דְּאִילּוּ אָב – מְטַמֵּא אָדָם וְכֵלִים, וְאִילּוּ תּוֹלָדוֹת – אוֹכָלִין וּמַשְׁקִין מְטַמֵּא, אָדָם וְכֵלִים לֹא מְטַמֵּא.

and one who is impure with impurity imparted by a human **corpse.**[NH] A person, a vessel, or food that is rendered impure through contact with an item classified as a primary category of ritual impurity is characterized as a subcategory. In that domain, **their subcategories are dissimilar to them,** as any person or item classified as **a primary category** of ritual impurity **impurifies**[H] **a person and** impurifies any **vessels** with which it comes into contact, **while** a person or item classified as **a subcategory of ritual impurity impurifies food or drink, but does not impurify a person or vessels.**[B]

הָכָא מַאי? אֲמַר רַב פַּפָּא: יֵשׁ מֵהֶן כַּיּוֹצֵא בָּהֶן, וְיֵשׁ מֵהֶן לָאו כַּיּוֹצֵא בָּהֶן.

After determining that there are instances where the legal status of subcategories is like that of primary categories, e.g., Shabbat, and there are instances where the legal status of subcategories is dissimilar to that of primary categories, e.g., ritual impurity, the Gemara asks: **Here,** with regard to the laws of damages, **what** is the relationship between the primary categories and their subcategories? **Rav Pappa**[P] **said: There are, among** the primary categories of damage, some whose subcategories **are similar to them,**[H] **and there are, among them,** some whose subcategories **are dissimilar to them.**

תָּנוּ רַבָּנַן: שְׁלֹשָׁה אָבוֹת נֶאֶמְרוּ בְּשׁוֹר: הַקֶּרֶן, וְהַשֵּׁן, וְהָרֶגֶל.

§ Seeking to clarify Rav Pappa's statement, the Gemara cites a *baraita* that delineates the primary categories of damage. **The Sages taught** in a *baraita*: **Three primary categories** of damage **were stated** in the Torah **with regard to an ox.**[H] An ox causes damage in three ways, and each is classified as a distinct primary category of damage represented by a part of the body of the ox: There is **the** category of **Goring** [*keren*], literally, horn. This is referring to an ox goring a person or an animal and causing damage. **And** there is **the** category of **Eating** [*shen*], literally, tooth. This is referring to one's ox causing damage by consuming another person's produce. **And** there is **the** category of **Trampling** [*regel*], literally, foot. This is referring to an ox trampling another person's belongings and causing damage. These are classified as primary categories because they are mentioned explicitly in the Torah.

קֶרֶן מְנָלַן? דְּתָנוּ רַבָּנַן: ״כִּי יִגַּח״ – אֵין נְגִיחָה אֶלָּא קֶרֶן, שֶׁנֶּאֱמַר ״וַיַּעַשׂ לוֹ צִדְקִיָּה בֶן כְּנַעֲנָה קַרְנֵי בַרְזֶל וַיֹּאמֶר כֹּה אָמַר ה׳ בְּאֵלֶּה תְּנַגַּח אֶת אֲרָם״ וגו׳, וְאוֹמֵר ״בְּכוֹר שׁוֹרוֹ הָדָר לוֹ וְקַרְנֵי רְאֵם קַרְנָיו בָּהֶם עַמִּים יְנַגַּח״.

The Gemara elaborates: **From where do we** derive the primary category of **Goring?** The source is **as the Sages taught** in a *baraita*: The verse states: "And **if** an ox **gores** a man or a woman" (Exodus 21:28); and **goring is** performed **only** with **a horn, as it is stated: "And Zedekiah, son of Chenaanah,**[B] **made himself horns of iron, and said: So says the Lord: With these shall you gore the Arameans,** until they are consumed" (I Kings 22:11). **And** the verse also **states: "His firstborn bull, majesty is his, and his horns are the horns of the wild ox; with them he shall gore the nations"** (Deuteronomy 33:17).

NOTES

And one who is impure with impurity imparted by a human corpse – וְטָמֵא מֵת: There are additional categories of ritual impurity even more stringent than the ones listed here. For example, there is the human corpse itself, which is referred to as the ultimate primary source of ritual impurity. These more stringent categories are listed and discussed in the continuation of the mishna in the first chapter of tractate *Kelim*, cited here. The Gemara cites only the first part of that chapter since the discussion here is limited to primary categories.

HALAKHA

One who is impure with impurity imparted by a corpse – טְמֵא מֵת: A person or utensil that comes into contact with a human corpse, and thereby becomes ritually impure for a seven-day period, is considered to be a primary source of ritual impurity (Rambam *Sefer Tahara, Hilkhot Tumat Met* 5:9).

As a primary category impurifies, etc. – דְּאִילּוּ אָב מְטַמֵּא וכו׳: According to Torah law, people and vessels can contract impurity only from a primary source of impurity. A secondary source of ritual impurity can impurify food and drink, but not people and vessels (Rambam *Sefer Tahara, Hilkhot Tumat Met* 1:5, 5:7).

There are among them some whose subcategories are similar to them, etc. – יֵשׁ מֵהֶן כַּיּוֹצֵא בָּהֶן וכו׳: While generally the *halakhot* that apply to a primary category of damage apply equally to its subcategories, there are exceptions where there are halakhic distinctions between the two. This is in accordance with the opinion of Rav Pappa, as the Gemara explains below (Rambam *Sefer Nezikin, Hilkhot Nizkei Mamon* 2:1–2; *Shulḥan Arukh, Ḥoshen Mishpat* 389:18, 390:3).

Three primary categories were stated with regard to an ox – שְׁלֹשָׁה אָבוֹת נֶאֶמְרוּ בְּשׁוֹר: There are three different ways in which an ox can cause damage, each of which is considered a primary category of damage. They are Goring, Eating, and Trampling (Rambam *Sefer Nezikin, Hilkhot Nizkei Mamon* 1:10; *Shulḥan Arukh, Ḥoshen Mishpat* 389:18).

PERSONALITIES

Rav Pappa – רַב פַּפָּא: Rav Pappa belonged to the fifth generation of the *amora'im* in Babylonia. He was a student of both Abaye and Rava in Pumbedita. Rav Pappa established an academy in Neresh, where he was joined by his close friend Rav Huna, son of Rav Yehoshua, who was appointed Chief Lecturer. After Rava's death, many of his students came to study under Rav Pappa, who had more than two hundred students attending his lectures. Rav Pappa's father was a wealthy merchant who supported him in order to allow him to study. Rav Pappa became a wealthy businessman in his own right, with success as a brewer of date beer as well as other business ventures. The Talmud records that he engaged in trade with both Jews and gentiles and had a reputation for fairness and generosity in his business dealings.

BACKGROUND

Primary sources of ritual impurity and their secondary sources – אֲבוֹת הַטּוּמְאוֹת וְתוֹלְדוֹתֵיהֶן:

Category	Examples	Method of imparting impurity	Items to which it imparts impurity
Ultimate primary source	corpse, sword in corpse	by tent or by contact or carrying	all uncovered items in tent, all vessels or humans that touch or carry
Primary source	creeping animal, semen, one in contact with a corpse	carrying or contact	humans and vessels
Secondary source	people or vessels in contact with primary source of impurity	carrying or contact	food and drink

Zedekiah son of Chenaanah – צִדְקִיָּה בֶּן כְּנַעֲנָה: Zedekiah was a false prophet who deluded Ahab, king of Israel, into attacking the Arameans, by claiming that he would be victorious. Zedekiah made horns of iron to demonstrate how the king would achieve victory, and even slapped a true prophet who prophesied that Ahab would die in battle with Aram. It is possible that Zedekiah used this metaphor because Ahab was a descendant of the tribe of Ephraim, who is the son of Joseph, about whom it is said: "His horns are the horns of the wild ox; with them he shall gore nations."

מַאי "וְאוֹמֵר"? וְכִי תֵּימָא: דִּבְרֵי תוֹרָה מִדִּבְרֵי קַבָּלָה לָא יָלְפִינַן – תָּא שְׁמַע "בְּכוֹר שׁוֹרוֹ הָדָר לוֹ".

The Gemara interrupts its citation of the *baraita* and asks: **What** is the purpose of citing the additional verse introduced with the term: **And** the verse also **states? The Gemara answers: And if you would say** that the first verse cited is not a legitimate source as it is a verse from the Prophets, and **we do not derive Torah matters from the texts of the tradition,**[N] i.e., Prophets and Writings, **come** and **hear** proof from the Torah: **"His firstborn bull, majesty is his."**

וְהַאי מֵילַף הוּא?! גִּילּוּי מִילְּתָא בְּעָלְמָא הוּא, דִּנְגִיחָה בְּקֶרֶן הוּא!

The Gemara rejects the possibility that the reason a second verse was cited is that the primary category of Goring cannot be derived from a verse in the Prophets: **But is this** a halakhic **derivation? It is a mere disclosure of the matter, that goring is** performed **with a horn.** A verse in the Prophets can certainly serve as a source for that disclosure.

אֶלָּא, מַהוּ דְּתֵימָא: כִּי פָּלֵיג רַחֲמָנָא בֵּין תָּם לְמוּעָד – הָנֵי מִילֵּי בִּתְלוּשָׁה, אֲבָל בִּמְחוּבֶּרֶת – אֵימָא כּוּלָּהּ מוּעֶדֶת הִיא,

Rather, the reason the *baraita* cites a second verse is **lest you say,** based on the first verse, that **when the Merciful One distinguishes between** liability for damage caused by **an innocuous** ox, for which the owner is liable to pay half of the damages for the first three times that it gores, **and** liability for damage caused by **a forewarned** ox,[B] which already gored three times and whose owner was cautioned to prevent the ox from goring, for which he is liable to pay the full damages, **that statement** applies only to damage caused **with a detached** horn, like the horn of Zedekiah described in the verse, e.g., if an animal held a detached horn in its mouth and caused damage with it; **but** for damage that an ox caused **with** a horn **attached** to its head, **say** that in **all** cases the legal status of the ox **is** that of **a forewarned** ox and its owner is liable to pay for all of the damage.

תָּא שְׁמַע "בְּכוֹר שׁוֹרוֹ הָדָר לוֹ" וגו'.

Therefore, the *baraita* says: **Come** and **hear** a proof from another verse: **"His firstborn bull,**[N] **majesty is his,** and his horns are the horns of the wild ox; with them he shall gore the nations," where the reference is to a horn attached to the ox's head. Evidently, when an ox gores with its own horns there is a distinction between an innocuous ox and a forewarned ox.

תּוֹלָדָה דְּקֶרֶן מַאי הִיא? נְגִיפָה, נְשִׁיכָה, רְבִיצָה, וּבְעִיטָה.

The Gemara resumes its citation of the *baraita*: **What is a subcategory of Goring?**[H] It includes any action that an ox performs with its body with the objective of inflicting damage: **Pushing** [***negifa***], **biting, crouching** upon items with the objective of inflicting damage, **and kicking.**

מַאי שְׁנָא נְגִיחָה דְּקָרֵי לָהּ אָב – דִּכְתִיב "כִּי יִגַּח", נְגִיפָה נַמִי, כְּתִיב "כִּי יִגֹּף"! הַאי נְגִיפָה – נְגִיחָה הִיא. דְּתַנְיָא: פָּתַח בִּנְגִיפָה וְסִיֵּים בִּנְגִיחָה, לוֹמַר לָךְ: זוֹ הִיא נְגִיפָה, זוֹ הִיא נְגִיחָה.

The Gemara asks: **What is different** about **goring**[N] **that it is characterized** as **a primary category** of damage, **as it is written** explicitly in the verse: "And **if** an ox **gores** a man or a woman" (Exodus 21:28); accordingly, ***negifa*** should **also** be characterized as a primary category, **as it is written: "If** one man's ox **hurts** [***yiggof***] the ox of another" (Exodus 21:35)? The Gemara answers: **This** ***negifa*** mentioned in the verse, **is** actually a reference to **goring, as it is taught** in a *baraita* that the verses states: "And if one man's ox hurts [*yiggof*] the ox of another…or if it is known that the ox was a goring ox in time past" (Exodus 21:35–36). The verse **began** its description of the case **with** the term ***negifa*** **and** it **concluded with** the term **goring to say to you** that in this context the two terms describe the same action: **This** action **is** ***negifa*** and **this** same action **is goring.**

NOTES

We do not derive Torah matters from the texts of the tradition – דִּבְרֵי תוֹרָה מִדִּבְרֵי קַבָּלָה לָא יָלְפִינַן: The reason that we do not derive Torah laws from the Prophets or Writings is because after the Torah was given, no prophet has any right to add to or change any part of the Torah. Furthermore, any prophet who claims to have received a prophecy to do so is deemed to be a false prophet.

Come and hear, his firstborn bull, etc. – תָּא שְׁמַע בְּכוֹר שׁוֹרוֹ וכו': Even though there is a verse that teaches the liability for damage caused by the horn of an ox while it is still attached to its head, it is still necessary to have another verse to teach one's liability in a case where the damage is caused by a detached horn held in the mouth of the ox. Were it not for a verse teaching this, one might have supposed that damage caused in that manner is considered abnormal even if it is repeated many times (see Meiri).

What is different about goring, etc. – מַאי שְׁנָא נְגִיחָה וכו': In the Jerusalem Talmud it is stated that both Goring and *negifa* are regarded as primary categories, since they are both mentioned in the Torah, and the other types of listed actions that cause damage are considered subcategories.

BACKGROUND

Innocuous ox, forewarned ox – שׁוֹר תָּם, שׁוֹר מוּעָד: An innocuous ox is an animal that is not known to cause damage with the intent to injure. The first three times an animal causes damage of this nature, its owner is required to pay only half the damage it has caused. Afterward, it becomes a forewarned animal, an animal with a history of causing injury. The owner of a forewarned animal is required to pay for all the damage it causes. An animal can be considered innocuous with regard to certain kinds of damage and forewarned with regard to others. For example, an ox that has a history of goring other oxen is still considered innocuous with regard to goring humans. Similarly, if it is established that the animal causes injury only on certain days, for example, on Shabbat and Festivals, it may be considered forewarned on those days alone and innocuous during the rest of the week. An animal that is forewarned can regain status as innocuous if, on three separate occasions, animals that it was accustomed to attacking passed by and it refrained from attacking them.

HALAKHA

What is a subcategory of Goring – תּוֹלָדָה דְּקֶרֶן מַאי הִיא: The subcategory of Goring includes any action that causes damage that is similar to an ox intentionally causing damage by goring with its horn. An ox intentionally causing damage is atypical behavior for an ox, and it causes damage from which the ox receives no pleasure. This includes a case where an animal causes damage by pushing with its body, biting, or kicking. For such acts, if the animal is still considered innocuous, then its owner is liable to pay half of the damages; if the animal was forewarned then the owner is liable for full damages (Rambam *Sefer Nezikin, Hilkhot Nizkei Mamon* 1:10; *Shulḥan Arukh, Ḥoshen Mishpat* 389:19).

מַאי שְׁנָא גַּבֵּי אָדָם דִּכְתִיב ״כִּי יִגַּח״, וּמַאי שְׁנָא גַּבֵּי בְּהֵמָה דִּכְתִיב ״כִּי יִגֹּף״?

The Gemara asks: If the two terms are interchangeable, **what is different with regard to** an ox goring **a person that it is written:** "And if an ox **gores** a man or a woman" (Exodus 21:28), **and what is different with regard to** an ox goring **an animal that it is written:** "If one man's ox **hurts** [*yiggof*] the ox of another" (Exodus 21:35)?

אָדָם דְּאִית לֵיהּ מַזָּלָא – כְּתִיב ״כִּי יִגַּח״, בְּהֵמָה דְּלֵית לַהּ מַזָּלָא – כְּתִיב ״כִּי יִגֹּף״.

The Gemara explains: With regard to **a person, who has the ingenuity** to defend himself and is not easily injured, **it is written: "If an** ox **gores,"** a term indicating an attack of greater force. With regard to **an animal, which does not have** the **ingenuity** to defend itself and is more easily injured, **it is written: "If** an ox **hurts** [*yiggof*]," a term indicating an attack of lesser force. The term *yiggof* is related to the term *magefa*, meaning plague. The Torah employs that term with regard to the goring of an animal to indicate that when an animal is gored, regardless of the force of the blow, it will likely result in its death.

וּמִלְּתָא אַגַּב אוֹרְחֵיהּ קָא מַשְׁמַע לַן, דְּמוּעָד לְאָדָם הָוֵי מוּעָד לִבְהֵמָה, וּמוּעָד לִבְהֵמָה לָא הָוֵי מוּעָד לְאָדָם.

And the Torah's use of these terms **teaches us a matter in passing:** Because the effort required for the ox to gore a person to death is greater than the effort required for the ox to gore an animal to death, the *halakha* is **that** an ox that is **forewarned with regard to** goring **a person is** also **forewarned with regard to an animal. But** an ox that is **forewarned with regard to an animal is not forewarned with regard to a person.**

נְשִׁיכָה תּוֹלָדָה דְּשֵׁן הִיא! לָא, שֵׁן – יֵשׁ הֲנָאָה לְהֶיזֵּיקָהּ, הָא – אֵין הֲנָאָה לְהֶיזֵּיקָהּ.

The Gemara questions the classification in the *baraita* of biting, crouching, and kicking as subcategories of Goring: Isn't **biting a subcategory of Eating,** as the animal both eats and bites with its teeth? The Gemara answers: **No,** in cases included in the primary category of **Eating, there is pleasure** for the animal **in** the course of its causing **damage.** In **this** case of damage caused by biting, **there is no** intrinsic **pleasure** for the animal **in** the course of the **damage**[N] that **it** causes, as when the ox bites forcefully, the exclusive objective of the action is to cause damage.

רְבִיצָה וּבְעִיטָה תּוֹלָדָה דְּרֶגֶל הִיא! לָא, רֶגֶל – הֶיזֵּיקָהּ מָצוּי, הָנֵי – אֵין הֶיזֵּיקָן מָצוּי.

The Gemara asks: Aren't **crouching** upon items **and kicking** items in order to damage them each **a subcategory of Trampling,** as the animal crouches by bending its legs and kicks with its feet? The Gemara answers: **No,** in cases included in the primary category of Trampling, the **damage is commonplace,** as it is caused in the course of the animal's walking; in **these** cases of crouching and kicking, the **damage is not commonplace,** as animals do not typically kick or crouch upon utensils.

אֶלָּא ״תּוֹלְדוֹתֵיהֶן לָאו כַּיּוֹצֵא בָּהֶן״ דְּאָמַר רַב פַּפָּא, אַהַיָּיא?

After citing the subcategories listed in the *baraita*, the Gemara resumes its analysis of the statement of Rav Pappa: **But** with regard to the statement **that Rav Pappa said: There are among them** some whose subcategories **are dissimilar to them, to which** primary category was Rav Pappa referring?

אִילֵימָא אַהָנֵי, מַאי שְׁנָא קֶרֶן – דְּכַוָּונָתוֹ לְהַזִּיק, וּמָמוֹנְךָ, וּשְׁמִירָתוֹ עָלֶיךָ. הָנֵי נַמִי: כַּוָּונָתָן לְהַזִּיק, וּמָמוֹנְךָ, וּשְׁמִירָתָן עָלֶיךָ!

If we say that his reference was **to these** subcategories of Goring, **what is different** about **Goring** that defines it as a unique primary category? What is different is **that** the **objective** of the ox's action **is to cause damage, and** the ox is **your property, and** responsibility for **its safeguarding,** to prevent it from causing damage, is incumbent **upon you,** its owner. In **these** subcategories of Goring, i.e., pushing [*negifa*], biting, crouching, and kicking, **as well,** the **objective** of the oxen's actions **is to cause damage, and** the oxen are **your property, and** responsibility for **their safeguarding,** to prevent your oxen from causing damage, is incumbent **upon you.**

NOTES

In this case, there is no pleasure in the course of the damage – הָא אֵין הֲנָאָה לְהֶיזֵּיקָהּ: The Rashba infers from the Gemara that biting is a subcategory of Goring only when there is in fact no intrinsic pleasure for the animal in the course of the act of damage. If an animal damages an item by biting it, e.g., it bit into food but did not end up eating it, the biting is classified as a subcategory of Eating.

HALAKHA

And he sends forth, this is a reference to Trampling – וְשִׁלַּח זֶה הָרֶגֶל: Trampling is one of the primary categories of damage, as the Torah states: "And he sends forth his animal" (Exodus 22:4). It includes any damaging action performed by an animal with its legs while walking (*Shulḥan Arukh*, *Ḥoshen Mishpat* 390:1).

And it consumed, this is a reference to Eating – וּבִעֵר זוֹ הַשֵּׁן: Eating is one of the primary categories of damage. It is derived from the phrase: "And it consumed in the field of another" (Exodus 22:4), and is referring to any way in which an animal commits damage as it eats or any action from which the animal derives some other form of pleasure while causing damage (*Shulḥan Arukh*, *Ḥoshen Mishpat* 391:1).

NOTES

And he sends forth, and it consumed – וְשִׁלַּח וּבִעֵר: The Gemara here derives a different *halakha* from each part of the verse. What is not explained is what is derived from the beginning of the verse: "If a man causes a field or vineyard to be eaten." The Rashba explains that from here it is derived that there are two instances of Eating, one in which the owner actively sends his animal to pasture in someone else's land and another where the animal goes of its own accord.

אֶלָּא, תּוֹלָדָה דְּקֶרֶן כְּקֶרֶן, וְכִי קָאָמַר רַב פָּפָּא אַשֵּׁן וָרֶגֶל.

Rather, it is apparent that the status of **a subcategory of Goring is like** that of the primary category of **Goring, and when Rav Pappa says:** There are among them some whose subcategories are dissimilar to them, he was referring **to Eating and Trampling.**

שֵׁן וָרֶגֶל הֵיכָא כְּתִיבִי? דְּתַנְיָא: "וְשִׁלַּח" – זֶה הָרֶגֶל, וְכֵן הוּא אוֹמֵר "מְשַׁלְּחֵי רֶגֶל הַשּׁוֹר וְהַחֲמוֹר".

The Gemara asks: **Where are Eating and Trampling written** in the Torah that led them to be classified as primary categories? The Gemara answers: The source is **as the Sages taught** in a *baraita*: The verse states: "If a man causes a field or vineyard to be eaten, and he sends forth his animal, and it consumed in the field of another" (Exodus 22:4). The two parts of the verse are referring to different categories: **"And he sends forth," this is** a reference to **the** primary category of **Trampling,**[H] as sending forth results in the animal trampling another's produce and damaging it, **and likewise it states:** "Happy are you that sow beside all waters **that send forth the feet of the ox and the donkey"** (Isaiah 32:20). Clearly the term "send forth" is a reference to trampling by the feet of the animal.

"וּבִעֵר" – זוֹ הַשֵּׁן, וְכֵן הוּא אוֹמֵר "כַּאֲשֶׁר יְבַעֵר

"And it consumed,"[N] **this is** a reference to **the** primary category **of Eating,**[H] **and likewise it states:** "And I will utterly sweep away the house of Jeroboam, **as one consumes with**

Perek **I**
Daf **3** Amud **a**

הַגָּלָל עַד תֻּמּוֹ".

the tooth until it be all gone" (1 Kings 14:10).

אָמַר מָר: "וְשִׁלַּח" זוֹ הָרֶגֶל, וְכֵן הוּא אוֹמֵר "מְשַׁלְּחֵי רֶגֶל הַשּׁוֹר וְהַחֲמוֹר". טַעְמָא דִּכְתַב רַחֲמָנָא "מְשַׁלְּחֵי רֶגֶל הַשּׁוֹר וְהַחֲמוֹר", הָא לָאו הָכִי בְּמַאי מוֹקְמַתְּ לַהּ?

The Master said in the *baraita* just cited: **"And he sends forth," this** is a reference to **the** category of **Trampling, and likewise it says:** "Happy are you that sow beside all waters **that send forth the feet of the ox and the donkey"** (Isaiah 32:20). The Gemara infers: **The reason** that the phrase: "And he sends forth," is interpreted as a reference to the category of Trampling is **that the Merciful One writes: "That send forth the feet of the ox and the donkey."** The Gemara asks: Were **it not for this** verse, **with regard to what would you have interpreted** that phrase?

אִי קֶרֶן – כְּתִיב, אִי שֵׁן – כְּתִיב!

If you say that it could have been interpreted as referring to **Goring,** that cannot be, as Goring **is written** in a different verse. **If** you say that it could have been interpreted as referring to **Eating,** that too cannot be, as Eating **is written** in a different verse. Perforce the reference is to Trampling, and the *baraita* had no need to prove this from the phrase: "That send forth the feet."

אִיצְטְרִיךְ; סָלְקָא דַּעְתָּךְ אָמִינָא: אִידֵי וְאִידֵי אַשֵּׁן, וְהָא – דִּמְכַלְיָא קַרְנָא, הָא – דְּלָא מְכַלְיָא קַרְנָא, קָא מַשְׁמַע לַן.

The Gemara answers that it **is necessary** for the *baraita* to cite the verse: "That send forth the feet of the ox and the donkey," as it **could enter your mind to say** that both **this** phrase: "And he sends forth," **and that** phrase: "And it consumed," are referring **to** the primary category of **Eating, and that** phrase: "And it consumed," is referring to a case **where the object** damaged **is completely destroyed,** and **this** phrase: "And he sends forth," is referring to a case **where the object** damaged **is not completely destroyed.** Therefore, the verse "that send forth the feet of the ox and the donkey" **teaches us** that the phrase "and he sends forth," is referring to Trampling.

וְהַשְׁתָּא דְּאוֹקֵימְנָא אַרֶגֶל, שֵׁן דְּלָא מְכַלְיָא קַרְנָא מְנָלַן?

The Gemara asks: **And now that we have interpreted** that the phrase "and he sends forth" is referring **to Trampling, from where do we** derive that one is liable with regard to acts categorized as **Eating** in a case **where the object** damaged **is not completely destroyed?** The primary category of Eating is derived from the phrase "and it consumed." The connotation of that phrase is damage in which the object is completely destroyed.

דּוּמְיָא דְּרֶגֶל; מָה רֶגֶל – לָא שְׁנָא מְכַלְיָא קַרְנָא, וְלָא שְׁנָא לָא מְכַלְיָא קַרְנָא, אַף שֵׁן – לָא שְׁנָא מְכַלְיָא קַרְנָא, וְלָא שְׁנָא לָא מְכַלְיָא קַרְנָא.

The Gemara answers: It is derived because the category of Eating is juxtaposed to and therefore **similar to** the category **of Trampling: Just as** with regard to liability for the category of **Trampling, it is no different** if **the object** damaged **is completely destroyed and it is no different** if **the object** damaged **is not completely destroyed; so too,** with regard to liability for the category of **Eating, it is no different** whether **the object** damaged **is completely destroyed and it is no different** whether **the object** damaged **is not completely destroyed.**[H]

אָמַר מָר: "וּבִעֵר" – זוֹ הַשֵּׁן, וְכֵן הוּא אוֹמֵר "כַּאֲשֶׁר יְבַעֵר הַגָּלָל עַד תֻּמּוֹ". טַעְמָא דִּכְתַב רַחֲמָנָא "כַּאֲשֶׁר יְבַעֵר הַגָּלָל עַד תֻּמּוֹ", הָא לָאו הָכִי בְּמַאי אוֹקִימְנָא לָהּ?

The Master said in that *baraita*: When the verse states: **"And it consumed"** (Exodus 22:4), **this is** a reference to **the** category of **Eating. And likewise it states:** "And I will utterly sweep away the house of Jeroboam, **as one consumes with the tooth until it be all gone"** (I Kings 14:10). The Gemara infers: **The reason** that the phrase "and it consumed" is interpreted as a reference to the category of Eating is **that the Merciful One writes: "As one consumes with the tooth until it be all gone."** The Gemara asks: Were **it not for this** verse, **with regard to what** case **would you have interpreted** that phrase?

אִי קֶרֶן – כְּתִיב, אִי רֶגֶל – כְּתִיב! אִיצְטְרִיךְ; סָלְקָא דַּעְתָּךְ אָמִינָא: אִידִי וְאִידִי אַרֶגֶל, הָא – דְּאָזֵיל מִמֵּילָא, הָא – דְּשָׁלַח שַׁלּוּחֵי, קָא מַשְׁמַע לָן.

If you say that it could have been interpreted as referring to **Goring,** that cannot be, as Goring **is written** in a different verse. And **if** you say that it could have been interpreted as referring to **Trampling,** that too cannot be, as Trampling, **is written** in a different verse. Perforce the reference is to Eating. The Gemara answers that it **is necessary** for the *baraita* to cite the verse: "As one consumes with the tooth until it be all gone," as it **could enter your mind to say** that both **this** phrase: "And it consumed," **and that** phrase: "And he sends forth," are referring **to** the primary category of **Trampling, and this** phrase: "And it consumed," is referring to a case **where** the animal **went** and caused damage **on its own,** and **that** phrase: "And he sends forth," is referring to a case **where** the owner **sent** the animal to cause damage. Therefore, the verse "as one consumes with the tooth until it be all gone" **teaches us** that the phrase "and it consumed" is referring to Eating.

וְהַשְׁתָּא דְּאוֹקֵי אַשֵּׁן, רֶגֶל דְּאָזְלָה מִמֵּילָא מְנָלַן?

The Gemara asks: **And now that we have interpreted** that the phrase "and it consumed" is referring **to Eating, from where do we** derive that one is liable with regard to actions categorized as **Trampling** in a case **where** the animal **went** and caused damage **on its own?** The primary category of Trampling is derived from the phrase "and he sends forth." The connotation of that phrase is a case where the owner sent the animal to cause damage.

דּוּמְיָא דְּשֵׁן; מַה שֵּׁן – לָא שְׁנָא שָׁלְחָהּ שַׁלּוּחֵי, לָא שְׁנָא דַּאֲזַל מִמֵּילָא, אַף רֶגֶל – לָא שְׁנָא שָׁלְחָהּ שַׁלּוּחֵי, לָא שְׁנָא אָזְלָה מִמֵּילָא.

The Gemara answers: It is derived because the category of Trampling is juxtaposed to and therefore **similar to** the category **of Eating: Just as** with regard to liability for the category of **Eating, it is no different** if the owner **sent** the animal to cause damage and **it is no different** if the animal **went** and caused damage **on its own, so too,** with regard to liability for the category of **Trampling, it is no different** if the owner **sent** the animal to cause damage and **it is no different** if the animal **went** and caused damage **on its own.**

וְלִכְתּוֹב רַחֲמָנָא "וְשִׁלַּח" וְלָא בָּעֵי "וּבִעֵר", דְּמַשְׁמַע רֶגֶל וּמַשְׁמַע שֵׁן; מַשְׁמַע רֶגֶל – דִּכְתִיב "מְשַׁלְּחֵי רֶגֶל הַשּׁוֹר וְהַחֲמוֹר", וּמַשְׁמַע שֵׁן דִּכְתִיב "וְשֶׁן בְּהֵמוֹת אֲשַׁלַּח בָּם"!

The Gemara suggests: **And let the Merciful One write** only the first phrase, **"and he sends forth," and there would be no need** to write the second phrase, **"and it consumed," as** the phrase "and he sends forth" **connotes Trampling and connotes Eating. It connotes Trampling, as it is written: "That send forth the feet of the ox and the donkey"** (Isaiah 32:20), and **it connotes Eating, as it is written: "And the teeth of animals I will send forth against them"** (Deuteronomy 32:24).

אִי לָאו קְרָא יְתֵירָה, הֲוָה אָמִינָא: אוֹ הָא אוֹ הָא, אוֹ רֶגֶל – דְּהֶזֵּיקוֹ מָצוּי, אוֹ שֵׁן – דְּיֵשׁ הֲנָאָה לְהֶזֵּיקוֹ.

The Gemara answers: **If not for the additional** phrase in the verse, "and it consumed," **I would say** that the verse refers **either** to **this** category of damage **or** to **that** category of damage: It refers **either to Trampling, where its damage is** commonplace, **or** to **Eating, where there is pleasure** for the animal **in** the course of its causing **damage.**

HALAKHA

It is no different whether the object damaged is not completely destroyed – לָא שְׁנָא מְכַלְיָא קַרְנָא: If one's animal eats an object belonging to another person, one is liable to pay the full cost of the damage regardless of whether the animal consumed the object or merely damaged it, even if the object is not completely destroyed (*Shulḥan Arukh, Ḥoshen Mishpat* 391:1).

מִכְּדֵי שְׁקוּלִין הֵן, וְיָבֹאוּ שְׁנֵיהֶם, דְּהֵי מִנַּיְיהוּ מַפְּקַתְּ? אִיצְטְרִיךְ, סָלְקָא דַּעְתָּךְ אָמִינָא: הָנֵי מִילֵּי – הֵיכִי דְּשָׁלַח שַׁלּוּחֵי, אֲבָל אָזְלָא מִמֵּילָא – לָא, קָא מַשְׁמַע לַן.

The Gemara asks: **Since** both interpretations **are of equal** validity, **let both of them come** and be derived from the verse, **as which of them will you exclude?** Since there is no reason to prefer one category over the other, perforce both are derived, and the phrase "and it consumed" is unnecessary. The Gemara answers: The additional phrase **is necessary,** as it might **enter your mind to say** that **this matter** of liability **applies** only in a case **where** the owner **sent** the animal to cause damage, **but** in a case **where** the animal **went** and caused damage **on its own,** the owner would **not** be liable for the damage. Therefore, the phrase "and it consumed" **teaches us** that the owner is liable even in a case where the ox went and caused damage on its own.

תּוֹלָדָה דְּשֵׁן מַאי הִיא – נִתְחַכְּכָה בְּכוֹתֶל לַהֲנָאָתָהּ, וְטִינְּפָה פֵּירוֹת לַהֲנָאָתָהּ.

Having clarified the sources for the primary categories of Eating and Trampling, the Gemara proceeds to identify their subcategories and to determine whether it was with regard to these primary categories of damage that Rav Pappa said: There are among them some whose subcategories are dissimilar to them. **What is a subcategory of Eating?**[H] It is a case where, for example, an animal **rubbed against a wall for its pleasure** and damaged the wall, **or** where **it sullied produce**[N] by rolling on it **for its pleasure.**

מַאי שְׁנָא שֵׁן – דְּיֵשׁ הֲנָאָה לְהֶזֵּיקוֹ, וּמָמוֹנְךָ, וּשְׁמִירָתוֹ עָלֶיךָ. הָנֵי נַמִּי – יֵשׁ הֲנָאָה לְהֶזֵּיקָן, וּמָמוֹנְךָ, וּשְׁמִירָתָן עָלֶיךָ! אֶלָּא: תּוֹלָדָה דְּשֵׁן כְּשֵׁן, וְכִי קָאָמַר רַב פַּפָּא – אַתּוֹלָדָה דְּרֶגֶל.

If so, **what is different** about **Eating** that it is defined as a unique primary category? What is different is **that there is pleasure** for the animal **in** the course of **its** causing **damage, and** the ox is **your property, and** responsibility for **its safeguarding,** to prevent it from causing damage, is incumbent **upon you,** its owner. In **these** subcategories of **Eating, as well, there is pleasure** for the animals **in** the course of the **damage** that **they** cause **and** the oxen are **your property, and** responsibility for **their safeguarding,** to prevent your oxen from causing damage, is incumbent **upon you.** Therefore, the subcategories of Eating are not dissimilar to the primary category. **Rather,** it is apparent that the status of **a sub-category of Eating is like** that of the primary category of **Eating, and when Rav Pappa says:** There are among them some whose subcategories are dissimilar to them, he is referring **to a subcategory of Trampling.**

תּוֹלָדָה דְּרֶגֶל מַאי הִיא: הִזִּיקָה בְּגוּפָהּ דֶּרֶךְ הִילּוּכָהּ, בִּשְׂעָרָהּ דֶּרֶךְ הִילּוּכָהּ, בְּשָׁלִיף שֶׁעָלֶיהָ, בִּפְרוּמְבִּיָא שֶׁבְּפִיהָ, בְּזוֹג שֶׁבְּצַוָּארָהּ.

The Gemara asks: **What is a subcategory of Trampling?**[H] The classification is applied in a case where, for example, an animal **caused damage with its body,** not its legs, in the **course of its walking;** or caused damage **with its hair** that became entangled with an object in the **course of its walking;** or caused damage **with a rope that is upon it;** or caused damage **with a bit** [*bifrumbiya*][L] **that is in its mouth;** or caused damage **with a bell that is around its neck.**

מַאי שְׁנָא רֶגֶל – דְּהֶזֵּיקוֹ מָצוּי, וּמָמוֹנְךָ, וּשְׁמִירָתוֹ עָלֶיךָ. הָנֵי נַמִּי – הֶזֵּיקָן מָצוּי, וּמָמוֹנְךָ, וּשְׁמִירָתָן עָלֶיךָ! אֶלָּא: תּוֹלָדָה דְּרֶגֶל כְּרֶגֶל, וְכִי קָאָמַר רַב פַּפָּא – אַתּוֹלָדָה דְּבוֹר.

If so, **what is different** about **Trampling** that it is defined as a unique category? What is different is **that its damage is commonplace, and** the animal is **your property, and** responsibility for **its safeguarding,** to prevent it from causing damage, is incumbent **upon you,** its owner. In **these** subcategories of Trampling, **as well, their damage is commonplace, and** the oxen are **your property, and** responsibility for **their safeguarding,** to prevent them from causing damage, is incumbent **upon you.** Therefore, the subcategories of Trampling are not dissimilar to the primary category. **Rather,** it is apparent that the status of **a subcategory of Trampling is like** that of the primary category of **Trampling, and when Rav Pappa says:** There are among them some whose subcategories are dissimilar to them, he is referring **to a subcategory of Pit.**

תּוֹלָדָה דְּבוֹר מַאי נִיהוּ? אִילֵימָא אָב עֲשָׂרָה וְתוֹלָדָה תִּשְׁעָה – לָא תִּשְׁעָה כְּתִיבִי וְלָא עֲשָׂרָה כְּתִיבִי!

The Gemara examines that assertion: **What is a subcategory of Pit? If we say** that the **primary category** of Pit applies when, in the public domain, one leaves an uncovered pit that is **ten** handbreadths deep, and that is the pit mentioned in the Torah, **and a subcategory** of Pit applies when one leaves an uncovered pit that is **nine** handbreadths deep, there is no basis for that distinction, as **neither nine** handbreadths **are written** in the Torah, **nor are ten** handbreadths **written** in the Torah.

HALAKHA

What is a subcategory of Eating – תּוֹלָדָה דְּשֵׁן מַאי הִיא: Any action of an animal, from which an animal derives pleasure and which causes damage, is considered a subcategory of Eating. This includes cases where an animal rubbed up against a wall for its pleasure and as a result caused damage to the wall or where it soiled produce by rolling around on it for its own pleasure. In such cases, the owner of the animal is liable to pay the full cost of the damage as he would for an act classified as the primary category of Eating (Rambam *Sefer Nezikin*, *Hilkhot Nizkei Mamon* 1:10, 2:1; *Shulḥan Arukh*, *Ḥoshen Mishpat* 391:1).

What is a subcategory of Trampling – תּוֹלָדָה דְּרֶגֶל מַאי הִיא: If an animal caused damage while it was walking it is considered a subcategory of Trampling. This includes cases where, while walking, an animal caused damage with its body, its hair, its thrashing tail, or anything attached to the animal. In such cases the owner of the animal is liable to pay the full cost of the damage as he would for an act classified as the primary category of Trampling (Rambam *Sefer Nezikin*, *Hilkhot Nizkei Mamon* 1:10, 2:1; *Shulḥan Arukh*, *Ḥoshen Mishpat* 390:1).

NOTES

It sullied produce – טִינְּפָה פֵּירוֹת: Rashi explains that the animal gained pleasure from rolling around in the produce, and through doing so the produce became soiled. In a similar vein, *Tosefot Rabbi Shimshon of Saens* explains that the animal was trying to cool itself off by rolling around in the produce. By contrast, Rabbeinu Ḥananel writes that the animal soiled the produce by relieving itself directly onto it. This is considered an act in which there is pleasure for the animal because by relieving itself the animal alleviated its discomfort.

These different explanations reflect two key opinions in the definition of the category of Eating. Rabbeinu Ḥananel's explanation assumes that even when the animal doesn't derive direct pleasure or benefit from the ruined produce itself, since the animal derives pleasure from the act that caused the damage, this is sufficient to include it in the category of Eating. Rashi's explanation assumes that only where the pleasure was derived from the produce itself, such as when the animal finds relief in touching the produce, can the act of damage be classified as Eating.

LANGUAGE

Bit [*perumbiya*] – פְּרוּמְבִּיָא: Related to the Greek φορβεία, *forbeia*, referring to a leather strap that was used, among other purposes, to tether a horse to its trough.

הָא לָא קַשְׁיָא, ״וְהַמֵּת יִהְיֶה לּוֹ״ אָמַר רַחֲמָנָא, וְקִים לְהוּ לְרַבָּנַן: עֲשָׂרָה – עָבְדָן מִיתָה, תִּשְׁעָה – נְזִיקִין עָבְדִי, מִיתָה לָא עָבְדִי.

The Gemara explains: **This is not difficult,** as **the Merciful One states** in the Torah: **"And the carcass shall be for him"** (Exodus 21:34), **and the Sages have** an accepted **tradition** that a pit **ten** handbreadths deep **causes** the **death** of an animal that falls into it, but a pit **nine** handbreadths deep **causes damage** to an animal that falls into it but **does not cause death.** Accordingly, the pit written in the Torah (Exodus 21:33), which mentions the death of the animal that fell therein, is ten handbreadths deep. This is classified as the primary category of Pit, and a pit nine handbreadths deep is its subcategory.

סוֹף סוֹף, זֶה אָב לְמִיתָה וְזֶה אָב לִנְזָקִין!

The Gemara asks: **Ultimately, this** pit that is ten handbreadths deep **is a primary category** of damage with regard **to death, and that** pit that is nine handbreadths deep **is a primary category** with regard **to damage.**[NH]

אֶלָּא: אַאַבְנוֹ סַכִּינוֹ וּמַשָּׂאוֹ שֶׁהִנִּיחָן בִּרְשׁוּת הָרַבִּים וְהִזִּיקוּ.

Rather, Rav Pappa's statement: There are among them some whose subcategories are dissimilar to them, was stated in reference **to** these subcategories of Pit: **His stone, his knife, or his load,**[H] any of **which he placed in a public domain** as obstacles, **and they caused damage** when people stumbled upon them.

הֵיכִי דָּמֵי? אִי דְּאַפְקְרִינְהוּ – בֵּין לְרַב וּבֵין לִשְׁמוּאֵל הַיְינוּ בּוֹר,

The Gemara asks: **What are the circumstances** where one is liable for damage caused by these obstacles? **If** it is a case **where one declared** these items **ownerless, both according to** the opinion of **Rav and according to** the opinion of **Shmuel,** cited later in the Gemara, **these** cases **are** a subcategory of **Pit,** as both Rav and Shmuel agree that any obstacle declared ownerless by its owner that causes damage in the public domain is a subcategory of Pit.

NOTES

And that is a primary category with regard to damage – וְזֶה אָב לִנְזָקִין: In the Jerusalem Talmud (5:6) these two types of Pit are derived from the repeated mention of the word pit in the verse: "And if a man shall open a pit or if a man shall dig a pit" (Exodus 21:33). One mention of the word "pit" is the source for liability for injury caused by a fall into a shallow pit, and the other is the source for liability for death caused by a fall into a deep pit.

HALAKHA

A primary category with regard to death and a primary category with regard to damage – אָב לְמִיתָה וְאָב לִנְזָקִין: If one digs a pit in the public domain and an animal falls into it and dies, the person who dug the pit is liable for the death only if the pit was ten handbreadths deep. If the pit was less than ten handbreadths deep, he is not liable for the death of any animal that falls into the pit, but he is liable to pay for other injuries suffered by the animal that falls into it (Rambam *Sefer Nezikin, Hilkhot Nizkei Mamon* 12:10; *Shulḥan Arukh, Ḥoshen Mishpat* 410:10).

His stone, his knife, or his load – אַבְנוֹ סַכִּינוֹ וּמַשָּׂאוֹ: Placing an obstacle such as one's stone, knife, or load in the public domain, regardless of whether or not he declared the object ownerless, is a subcategory of Pit. If either a person or an animal stumbles on the obstacle and is injured, the person who placed the object there is liable for the full cost of the damage (Rambam *Sefer Nezikin, Hilkhot Nizkei Mamon* 13:2–3; *Shulḥan Arukh, Ḥoshen Mishpat* 411:1).

Perek **I**
Daf **3** Amud **b**

וְאִי דְּלָא אַפְקְרִינְהוּ, אִי לִשְׁמוּאֵל דְּאָמַר: כּוּלָּם מִבּוֹרוֹ לָמַדְנוּ – הַיְינוּ בּוֹר, וְאִי לְרַב דְּאָמַר: כּוּלָּם מִשּׁוֹרוֹ לָמַדְנוּ – הַיְינוּ שׁוֹר.

And if it is a case **where one did not declare them ownerless, there is still a difficulty. If** Rav Pappa's statement is **in accordance with** the opinion **of Shmuel, who says: We learned** that one is liable for damage caused by **all** obstacles that he places in a public domain, whether or not he declares them ownerless, **from** the *halakhot* with regard to **one's pit, these** cases **are** a subcategory of **Pit. And if** Rav Pappa's statement is **in accordance with** the opinion **of Rav, who says: We learned** that one is liable for damage caused by **all** obstacles that he places in a public domain that he did not declare ownerless, **from** the *halakhot* with regard to **one's ox**[N] that gored another animal, **these** cases **are** a subcategory **of Ox.** With regard to the subcategories of Ox, the Gemara already established that their legal status is like that of the primary category of Ox.

מַאי שְׁנָא בּוֹר – שֶׁכֵּן תְּחִלַּת עֲשִׂיָּיתוֹ לְנֵזֶק, וּמָמוֹנְךָ, וּשְׁמִירָתוֹ עָלֶיךָ. הָנֵי נַמִּי – תְּחִלַּת עֲשִׂיָּיתָן לְנֵזֶק, וּמָמוֹנְךָ, וּשְׁמִירָתָן עָלֶיךָ! אֶלָּא: תּוֹלָדָה דְּבוֹר כְּבוֹר, וְכִי קָאָמַר רַב פַּפָּא – אַתּוֹלָדָה דְּמַבְעֶה.

The Gemara asks concerning an obstacle that is a subcategory of Pit: **What is different** about **Pit** that it is defined it as a unique category? It is **that its initial formation,** i.e., the digging of the pit, is done in a manner that can **result in damage, and** it is **your property, and** responsibility for **its safeguarding,** to prevent it from causing damage to others, is incumbent **upon you.** In **these** subcategories of Pit, **too, their initial formation,** i.e., the placement of the obstacle in the public domain, is done in a manner that can **result in damage, and** they are **your property, and** responsibility for **their safeguarding,** to prevent them from causing damage, is incumbent **upon you. Rather,** it is apparent that the status of **a subcategory of Pit is like** that of the primary category of **Pit, and when Rav Pappa says:** There are among them some whose subcategories are dissimilar to them, he is referring **to a subcategory of** ***Maveh.***

NOTES

We learned all obstacles from one's ox – כּוּלָּם מִשּׁוֹרוֹ לָמַדְנוּ: The obstacles are classified as being of the category of Ox in the sense that the owner of the obstacle is liable even if the object caused vessels to be broken in the public domain.

מַאי נִיהוּ? אִי לִשְׁמוּאֵל דְּאָמַר מַבְעֶה זוֹ שֵׁן – הָא אוֹקִימְנָא תּוֹלָדָה דְּשֵׁן כְּשֵׁן, אִי לְרַב דְּאָמַר מַבְעֶה זֶה אָדָם – מַאי אָבוֹת וּמַאי תּוֹלָדוֹת אִית בֵּיהּ?

The meaning of the term *Maveh* is not clear; therefore, the Gemara asks: **What is** the primary category of *Maveh* to whose subcategories the Gemara referred? **If** one suggests that Rav Pappa said his statement **in accordance with** the opinion of **Shmuel, who says: *Maveh*, this** is the category of **Eating,** this cannot be Rav Pappa's intent. **But didn't** we already **establish** that the legal status of **a subcategory of Eating is like** that of the primary category of **Eating?** Clearly, Rav Pappa was not referring to subcategories of *Maveh*. And **if** one suggests that Rav Pappa said his statement **in accordance with** the opinion of **Rav, who says: *Maveh*, this** is the primary category of **Man,** which includes damage caused by a person, not by his property or animals, **what primary categories and what subcategories are there in** that category? The *halakha* is the same with regard to all damage that a person causes.

וְכִי תֵּימָא: אָב – נֵיעוֹר, תּוֹלָדָה – יָשֵׁן. וְהָתְנַן: אָדָם מוּעָד לְעוֹלָם, בֵּין עֵר בֵּין יָשֵׁן!

And if you would say that there is a distinction: The **primary category** is a case where one causes damage while **awake,** and **a subcategory** is a case where one causes damage while **asleep; but didn't we learn** in a mishna (26a): The legal status of **a person** is **always** that of one **forewarned,**[H] and he is liable for any damage that he causes, **both** when **he is awake and** when **he is asleep?** Accordingly, that is not the distinction between a primary category and a subcategory.

אֶלָּא, אַכִּיחוֹ וְנִיעוֹ. הֵיכִי דָּמֵי? אִי בַּהֲדֵי דְּאָזְלִי קָמַזְּקִי – כֹּחוֹ הֲוָה, אִי בָּתַר דְּנַיְיחִ – בֵּין לְרַב בֵּין לִשְׁמוּאֵל הַיְינוּ בּוֹר! אֶלָּא, תּוֹלָדָה דְּמַבְעֶה כְּמַבְעֶה, וְכִי קָאָמַר רַב פָּפָּא – אַתּוֹלָדָה דְּאֵשׁ.

Rather, perhaps Rav Pappa was referring **to** cases where one causes damage with **his phlegm or his spittle.** The Gemara asks: **What are the circumstances** where one would be liable for damage in that case? **If** it is a case **where** his phlegm and spittle **cause damage as they were moving**[H] through the air after the person expectorated, that **is** damage caused by **his** direct **action** and there is no room to distinguish between the damage that it caused and any other damage caused by one's direct action. **If** it is a case where his phlegm or spittle causes damage **after it comes to rest**[H] on the ground, e.g., if one slipped in the spittle, fell, and was injured, **both according to Rav and according to Shmuel**[N] **this is** a subcategory of **Pit,** as the spittle is an ownerless obstacle in the public domain. **Rather,** it is apparent that the status of **a subcategory of *Maveh* is like** that of the primary category of ***Maveh*, and when Rav Pappa says:** There are among them some whose subcategories are dissimilar to them; he was referring **to a subcategory of Fire.**

תּוֹלָדָה דְּאֵשׁ מַאי נִיהוּ? אִילֵימָא אַבְנוֹ סַכִּינוֹ וּמַשָּׂאוֹ שֶׁהִנִּיחָן בְּרֹאשׁ גַּגּוֹ וְנָפְלוּ בְּרוּחַ מְצוּיָה וְהִזִּיקוּ, הֵיכִי דָּמֵי? אִי בַּהֲדֵי דְּאָזְלוּ קָא מַזְּקִי – הַיְינוּ אֵשׁ;

The Gemara asks: **What is a subcategory of Fire? If we say** that it is a case of **his stone, his knife, or his load,**[H] **where he placed them on top of his roof, and they fell** off the roof **by means of a common wind,**[N] **and they caused damage, what are the circumstances** in which one would be liable for the damage that was caused? **If** it is a case **where** those items **caused damage as they were moving** through the air propelled by the wind, **that is** a case of **Fire.**

NOTES

Both according to Rav and according to Shmuel – בֵּין לְרַב בֵּין לִשְׁמוּאֵל: One certainly considers his spittle ownerless and therefore even according to Rav it is classified as a subcategory of Pit (Rashi).

By means of a common wind – בְּרוּחַ מְצוּיָה: Had the items been placed in a way in which they could not have been carried by a common wind, and then they were carried by a much stronger wind and caused damage, the owner of the items would not be liable for the damage because it would be considered an unavoidable accident, and one is not liable for damage caused in a way that one could not have anticipated (Rashi).

HALAKHA

A person is always forewarned – אָדָם מוּעָד לְעוֹלָם: A person is always considered forewarned with regard to damage he causes. Therefore, whether he acts intentionally or unwittingly, and whether he is awake or asleep, he is liable to pay for any damage he causes (Rambam *Sefer Nezikin, Hilkhot Ḥovel UMazik* 1:11; *Shulḥan Arukh, Ḥoshen Mishpat* 421:3).

His phlegm and his spittle as they were moving – כִּיחוֹ וְנִיעוֹ בַּהֲדֵי דְּאָזְלִי: If one spit or coughed out his phlegm or spittle and it caused damage while still in motion, while driven by the force of his body, it is considered as if he had caused the damage through his direct actions. These cases are classified as subcategories of Man (Rambam *Sefer Nezikin, Hilkhot Ḥovel UMazik* 6:10; *Shulḥan Arukh, Ḥoshen Mishpat* 384:1).

If after it comes to rest – אִי בָּתַר דְּנַיְיחִ: Damage caused by one's spittle or phlegm left in the public domain is classified as a subcategory of Pit, as is any obstacle left in the public domain (Rambam *Sefer Nezikin, Hilkhot Ḥovel UMazik* 6:10; *Shulḥan Arukh, Ḥoshen Mishpat* 384:1).

His stone, his knife, or his load, etc. – אַבְנוֹ סַכִּינוֹ וּמַשָּׂאוֹ וכו׳: Any property that is carried by the wind away from where its owner left it and thereby causes damage is classified as a subcategory of Fire. For example, if one placed his stone, knife, or load upon a rooftop, and it was blown off by a common wind and caused damage, the owner of the object is liable. In such cases one must pay the full cost of the damage unless the damaged object was concealed from view, in which case one is exempt (Rambam *Sefer Nezikin, Hilkhot Nizkei Mamon* 14:16; *Shulḥan Arukh, Ḥoshen Mishpat* 418:1, and see 411:1).

מַאי שְׁנָא אֵשׁ – דְּכֹחַ אַחֵר מְעוֹרָב בָּהֶן, וּמָמוֹנְךָ, וּשְׁמִירָתוֹ עָלֶיךָ. הָנֵי נַמִּי – כֹּחַ אַחֵר מְעוֹרָב בָּהֶן, וּמָמוֹנְךָ, וּשְׁמִירָתָן עָלֶיךָ! אֶלָּא, תּוֹלָדָה דְּאֵשׁ כְּאֵשׁ, וְכִי קָאָמַר רַב פָּפָּא – אַתּוֹלָדָה דְּרֶגֶל.

If so, **what is different** about Fire that defines it as a unique category? What is different is **that another force,** the wind, **is involved with** the fire in causing damage, as the wind causes the fire to spread, **and** the fire is **your property,**[N] and responsibility for **its safeguarding,** to prevent it from causing damage, is incumbent **upon you.** In **these** subcategories of Fire **too, another force is involved with** the items placed on the roof and causes damage, as the wind causes them to fall, **and** they are **your property, and** responsibility for **their safeguarding,** to prevent them from causing damage, is incumbent **upon you. Rather,** it is apparent that the status of a **subcategory of Fire is like** that of the primary category of **Fire, and when Rav Pappa says:** There are among them some whose subcategories are dissimilar to them, he was referring **to a subcategory of Trampling.**

רֶגֶל?! הָא אוֹקִימְנָא תּוֹלָדָה דְּרֶגֶל כְּרֶגֶל! בַּחֲצִי נֶזֶק צְרוֹרוֹת, דְּהִלְכְתָא גְּמִירִי לַהּ.

The Gemara questions this explanation: A subcategory of **Trampling? But didn't we** already **establish that** the status of **a subcategory of Trampling is similar to** that of the primary category of **Trampling?** The Gemara explains: Rav Pappa was referring **to** one's liability to pay **half the** cost of the **damage** caused by **pebbles**[H] in a case where they were inadvertently propelled by the foot of a walking animal, **which is a *halakha* learned through tradition**[B] and not explicitly written in the Torah.

וְאַמַּאי קָרֵי לַהּ תּוֹלָדָה דְּרֶגֶל – לְשַׁלֵּם מִן הָעֲלִיָּיה.

The Gemara asks: **But** if it is a unique halakhic category and the payment is different, **why is it characterized** as **a subcategory of Trampling?** The Gemara explains: It is due to the fact that it shares a common aspect with Trampling. One whose animal propels pebbles while it walks and thereby causes damage is liable **to pay** half of the damages **from** his **superior-quality** property, and he does not pay only from the body of his animal, as is the *halakha* concerning half the cost of the damage paid by the owner of an innocuous ox that gored a person or an animal.

וְהָא מִבַּעְיָא בָּעֵי רָבָא; דְּבָעֵי רָבָא: חֲצִי נֶזֶק צְרוֹרוֹת, מִגּוּפוֹ מְשַׁלֵּם אוֹ מִן הָעֲלִיָּיה מְשַׁלֵּם?

The Gemara asks: **But didn't Rava raise a dilemma** with regard to that matter? **As Rava raised a dilemma:** With regard to one's liability to pay **half** the cost of **the damage** caused by **pebbles** propelled by the foot of his animal, does **one pay** damages exclusively **from** the **body** of his ox that caused the damage, **or** does **one pay** damages **from** his **superior-quality** property?

לְרָבָא מִבַּעְיָא לֵיהּ, לְרַב פָּפָּא פְּשִׁיטָא לֵיהּ.

The Gemara explains: Although **it is a dilemma for Rava, it is obvious to Rav Pappa** that one pays from his superior-quality property, and in that sense, he classified the pebbles that cause damage as a subcategory of Trampling.

לְרָבָא דְּמִבַּעְיָא לֵיהּ, אַמַּאי קָרֵי לַהּ תּוֹלָדָה דְּרֶגֶל? לְפוֹטְרָהּ בִּרְשׁוּת הָרַבִּים.

The Gemara asks: **According to Rava, who raises it as a dilemma, why is it characterized** as **a subcategory of Trampling** when its legal status is different both in terms of the extent of one's liability and in terms of the manner of payment? The Gemara explains: It is classified as a subcategory of Trampling in order **to exempt** from liability pebbles that cause damage **in the public domain,** just as damage in the category of Trampling is exempt in the public domain.

״הַמַּבְעֶה וְהַהֶבְעֵר״ כו׳. מַאי מַבְעֶה? רַב אָמַר: מַבְעֶה זֶה אָדָם, וּשְׁמוּאֵל אָמַר: מַבְעֶה זֶה הַשֵּׁן.

§ One of the primary categories of damage enumerated in the mishna is **the** category of ***Maveh*** **and** another is **the** category of **Fire.** The Gemara asks: **What is the meaning of *Maveh*?**[L] **Rav says: *Maveh,* that** is the category of **Man,** which includes a person who causes damage, but not the property or animal of a person that causes damage. **And Shmuel says: *Maveh,* this** is **the** category of **Eating.**

רַב אָמַר: מַבְעֶה זֶה אָדָם, דִּכְתִיב ״אָמַר שֹׁמֵר אָתָא בֹקֶר וְגַם לָיְלָה אִם תִּבְעָיוּן בְּעָיוּ״,

The Gemara elaborates: **Rav says: *Maveh,* this** is the category of **Man, as it is written: "The watchman said: Morning has come, and also night; if you will inquire** [***tivayun***], **inquire** [***be'ayu***]**"** (Isaiah 21:12). The terms "*tivayun*" and "*be'ayu*," meaning inquire, refer to a person, who is able to inquire. Accordingly, *Maveh* relates to an action performed by a person.

NOTES

And it is your property – וּמָמוֹנְךָ: *Tosafot* note that the statement that the component that caused the damage in cases of Pit or Fire is considered: Your property, is not entirely accurate, because in these cases one is liable for setting up the situation that led to the damage irrespective of who actually owns the component that caused the damage. The *Shita Mekubbetzet* explains that the Gemara nevertheless calls these components: Your property, because even if the one liable for the damage does not have monetary ownership of them, the Torah considers one responsible for the damage they caused as though they were one's own property.

HALAKHA

Liability to pay half the cost of the damage caused by pebbles – חֲצִי נֶזֶק צְרוֹרוֹת: All subcategories are governed by the same *halakhot* as their primary categories except for damage caused by pebbles inadvertently propelled by the foot of a walking animal, which, although it is classified as a subcategory of Trampling, is distinct from its primary category. It is similar to Trampling in that one is liable only for damage caused in the domain of the injured party, but not for damage caused in the public domain. Another similarity is that one pays restitution from one's best-quality property. Propelled pebbles are distinct from Trampling in that one is liable to pay only half of the damages (Rambam *Sefer Nezikin, Hilkhot Nizkei Mamon* 2:1–2; *Shulḥan Arukh, Ḥoshen Mishpat* 390:3).

BACKGROUND

***Halakha* learned through tradition – הִלְכְתָא גְּמִירִי לַהּ:** The commentaries explain that when the Gemara cites a *halakha* learned through tradition, it is usually referring to a tradition received directly from Moses at Sinai, and this is how Rashi interprets the case of pebbles propelled by the foot of a walking animal. There are cases where the phrase is referring to a *halakha* that is derived through a verbal analogy, which is also a form of tradition, as one may not construct a verbal analogy based on logic (Rashi on *Ḥullin* 9b).

LANGUAGE

***Maveh* – מַבְעֶה:** The early Aramaic linguists explain that the root *beit, ayin, heh* is referring to pasturing the flock. In the Eretz Yisrael Aramaic translation of the Torah, the verse: "As the ox licks up" (Numbers 22:4), is rendered: The way cattle devour. Similarly, *Targum Yonatan* renders the verse: "Fire boils [*tiveh*] water" (Isaiah 64:1) as: The water that is licked by the fire. Accordingly, it is reasonable to assume that the category of *Maveh* is also referring to animals consuming a field, i.e., the category of Eating.

LANGUAGE

Searched out [*itbelish*] – **אִיתְבְּלִישׁ**: The Aramaic root *beit*, *lamed*, *shin* parallels the Hebrew root *ḥet*, *peh*, *sin*, meaning to seek or search out. Consequently, *itbelish* is a literal translation of *neḥpesu*, the passive form of the verb. This Aramaic root has been incorporated into Hebrew to mean a careful search for something, and it also provides the basis of the modern Hebrew term for a detective.

וּשְׁמוּאֵל אָמַר: מַבְעֶה זֶה הַשֵּׁן, דִּכְתִיב "אֵיךְ נֶחְפְּשׂוּ עֵשָׂו נִבְעוּ מַצְפֻּנָיו". מַאי מַשְׁמַע? כִּדְמְתַרְגֵּם רַב יוֹסֵף: אֵיכְדֵּין אִיתְבְּלִישׁ עֵשָׂו אִתְגְּלִיָּן מַטְמְרוֹהִי.

And Shmuel says: ***Maveh*****, this is the** category of **Eating, as it is written: "How is Esau searched out** [***neḥpesu***]**; how are his hidden places revealed** [***nivu***]**"** (Obadiah 1:6)? The terms *nivu* and *maveh* share a common root. The Gemara asks: **From where may it be inferred** that *nivu* connotes Eating? The Gemara explains that it is **as Rav Yosef translates**[N] the verse into Aramaic: **How is Esau searched out** [***itbelish***]**;**[L] **how are his hidden places revealed** [***itgaleyan***]**?**[N] The meaning of the Aramaic term *itgaleyan* means revealed, and that is the meaning of the Hebrew term "*nivu*." *Maveh* references the animal's teeth, which are covered when its mouth is closed and revealed when it eats.

וְרַב, מַאי טַעֲמָא לָא אֲמַר כִּשְׁמוּאֵל? אָמַר לָךְ: מִי קָתָנֵי "נִבְעֶה"?

The Gemara asks: **And** as for **Rav, what is the reason** that **he did not say** that *Maveh* refers to Eating, as does **Shmuel?** The Gemara explains that Rav could have **said to you: Is it taught** in the mishna: ***Niveh?*** *Niveh* is the passive form of the word *maveh*, which would be the appropriate form if the reference was to teeth that are revealed. The term in the mishna is *maveh*, an active form of the verb.

וּשְׁמוּאֵל, מַאי טַעֲמָא לָא אֲמַר כְּרַב? אָמַר לָךְ: מִי קָתָנֵי "בּוֹעֶה"?

And as for **Shmuel, what is the reason** that **he did not say** that *Maveh* refers to the category of Man, **as** does **Rav?** The Gemara explains that Shmuel could have **said to you: Is it taught** in the mishna: ***Bo'eh?*** *Bo'eh* is a form of the word *maveh* connoting an action taken directly, which would be appropriate were the reference to one's actions that cause damage. The term in the mishna is *maveh*, which connotes an action that one causes another to take.

מִכְּדִי, קְרָאֵי לָא כְּמָר דַּיְיקִי וְלָא כְּמָר דַּיְיקִי, רַב מַאי טַעֲמָא לָא אֲמַר כִּשְׁמוּאֵל? תְּנָא שׁוֹר וְכָל מִילֵּי דְּשׁוֹר.

The Gemara notes: **After all, the** meaning of the term in the **verses is not precise according to** one **Sage,** Rav, **and** it **is not precise according to** the other **Sage,** Shmuel. It is apparent that their dispute is not based upon their interpretation of the verses; it must be based on another issue. The Gemara asks again: As for **Rav, what is the reason** that **he did not say** that *Maveh* refers to Eating, **as** does **Shmuel?** The Gemara explains: Rav holds that the *tanna* **teaches** the primary category of **Ox** in the mishna. This includes damage caused by an ox **and all matters** involving damaging actions **that** are completed by **an ox,** i.e., the actions included in the categories of Goring, Eating, and Trampling. Perforce, *Maveh* refers to a different category of damage, i.e., Man.

וּשְׁמוּאֵל נַמִי, הָא תְּנָא לֵיהּ שׁוֹר! אֲמַר רַב יְהוּדָה: תְּנָא שׁוֹר לְקַרְנוֹ, וּמַבְעֶה לְשִׁינּוֹ. וְהָכִי קָאָמַר: לֹא רְאִי הַקֶּרֶן שֶׁאֵין הֲנָאָה לְהֶיזֵּיקוֹ, כִּרְאִי הַשֵּׁן שֶׁיֵּשׁ הֲנָאָה לְהֶיזֵּיקָהּ.

The Gemara asks: **And** as for **Shmuel too,** who interpreted *Maveh* as Eating, **doesn't** the mishna **teach** the category of **Ox,** which should include all matters involving damaging actions that are completed by an ox? **Rav Yehuda said** that according to Shmuel, the *tanna* **teaches Ox** specifically with regard **to** damage caused with **its horn, and** it teaches ***Maveh*** with regard **to** damage caused with **its tooth. And** when the mishna contrasts Ox with *Maveh*, **this is** what the *tanna* **is saying:** The defining **characteristic of the** primary category of **Goring, where there is no** inherent **pleasure** for the animal **in** the course of **its causing damage,**[N] **is not similar to** the defining **characteristic of the** category of **Eating, where there is pleasure** for the animal **in** the course of **its causing damage.**

NOTES

As Rav Yosef translates – **כִּדְמְתַרְגֵּם רַב יוֹסֵף**: This translation of the verse is the one that appears in the translation of the Torah known as *Targum Yonatan* and is not Rav Yosef's own translation. *Tosafot* explain that since Rav Yosef was particularly well versed in the Aramaic translations of the Torah, he would often quote them, and so the translations would be attributed to him. *Tosafot* also cite a suggestion that the reason Rav Yosef would always cite the Aramaic translation was because he was blind and wished to avoid citing biblical verses by heart, in accordance with the *halakha* that it is prohibited to do so (see *Gittin* 60b).

How are his hidden places revealed – **אִתְגַּלְיָין מַטְמְרוֹהִי**: In what way is the phrase: How are his hidden places revealed, suggestive of Eating? Rashi explains that the teeth are the parts of an animal's body that are sometimes concealed and sometimes revealed. *Nimmukei Yosef* adds that the revealing of the teeth is what occurs prior to the damage being caused in the course of eating. The *ge'onim* offer an entirely different explanation: The reference is not to the animal's teeth but to the field it damages. Initially the field itself is not seen because it is covered with produce. Then, when the animal eats the produce, the field itself is laid bare and revealed.

Where there is no pleasure for the animal in the course of its causing damage – **שֶׁאֵין הֲנָאָה לְהֶיזֵּיקוֹ**: *Tosafot* elucidate the Gemara's dispute here and explain why the categories of Goring and Eating cannot be derived from each other. The basic premise of the dispute is that liability for damage caused by one's animal is based on an owner's negligence in not appropriately preventing his animal from causing the damage. One's liability for Eating cannot be derived from one's liability for Goring because there is no pleasure for the animal in the act of Goring, as the animal has no natural drive to cause damage in that way, and therefore it should be relatively easy to prevent it from doing so. Accordingly, if the animal does cause such damage, it is considered the result of negligence on behalf of the owner who did not guard his animal appropriately, and it is reasonable that he should be held fully liable for the damage. By contrast, with regard to the act of Eating, where the animal has a natural drive to eat the produce for its personal benefit, one might have thought that it is considered beyond the owner's control to prevent his animal from causing such damage and therefore he would be exempt from liability.

Similarly, Goring cannot be derived from Eating, because one might have thought that Goring is more difficult to prevent than Eating, because the animal is intent on causing damage. Accordingly, it is necessary for the Torah to explicitly state both categories.

וְלֹא רְאִי הַשֵּׁן שֶׁאֵין כַּוָּונָתוֹ לְהַזִּיק כִּרְאִי הַקֶּרֶן שֶׁכַּוָּונָתוֹ לְהַזִּיק.

And the defining **characteristic** [*re'i*][L] **of the** category of Eating, **where it is not the objective of** the animal **to cause damage, is not similar to** the defining **characteristic of the** category of **Goring, where the objective** of the animal **is to cause damage.**

וְלָאו קַל וָחוֹמֶר הוּא? וּמַה שֵּׁן שֶׁאֵין כַּוָּונָתוֹ לְהַזִּיק – חַיָּיב, קֶרֶן שֶׁכַּוָּונָתוֹ לְהַזִּיק – לֹא כׇּל שֶׁכֵּן! אִיצְטְרִיךְ, סָלְקָא דַּעְתָּךְ אָמֵינָא מִידֵּי דַּהֲוָה אַעֶבֶד וְאָמָה; עֶבֶד וְאָמָה לָאו אַף עַל גַּב דְּכַוָּונָתָן לְהַזִּיק אֲפִילּוּ הָכִי פְּטִירִי, הָכִי נָמֵי לָא שְׁנָא.

The Gemara asks: **But isn't it** possible to derive Goring from Eating by means of an *a fortiori* inference: **If** in a case of **Eating, where it is not the objective of** the animal **to cause damage,** its owner **is liable,** with regard to **Goring, where the objective of** the animal **is to cause damage,** should the owner **not all the more so** be liable? The Gemara answers: Nevertheless, **it was necessary** for the Torah to state the case of Goring, as it might **enter your mind to say** that the owner is exempt, **just as he is** exempt in the case **where** his **slave or maidservant**[H] causes damage.[N] When **a slave or maidservant** causes damage, **is it not** so that **although their objective is to cause damage, even so** their owners **are exempt** from liability; and **so too,** when one's animal causes damage, it **is no different.** To dispel this notion, the Torah explicitly states that one is liable for damage caused by the primary category of Goring.

אָמַר רַב אָשֵׁי: אַטּוּ עֶבֶד וְאָמָה לָאו טַעְמָא רַבָּה אִית בְּהוּ? שֶׁמָּא יַקְנִיטֶנּוּ רַבּוֹ וְיֵלֵךְ וְיַדְלִיק גְּדִישׁוֹ שֶׁל חֲבֵירוֹ, וְנִמְצָא זֶה מְחַיֵּיב אֶת רַבּוֹ מֵאָה מָנֶה בְּכׇל יוֹם!

Rav Ashi said: Is that to say that in a case where one's **slave or maidservant** causes damage **there is not a substantial reason** to exempt the master? In that case there is concern that **perhaps his master will provoke him**[N] **and** in retribution **he will go and set fire to another's stack** of grain, **and it is found** that **this** slave **renders his master liable** to pay **one hundred *maneh*,** ten thousand dinars, **each day.** Therefore, there is no basis for the notion that an ox that gores would be exempt just as a slave is exempt, as perhaps, fundamentally, one is liable to pay for damage caused by his slave. A master is exempt from payment to prevent a situation where a slave would exploit that situation to take revenge against his master.

אֶלָּא, פָּרֵיךְ הָכִי: לֹא רְאִי הַקֶּרֶן שֶׁכַּוָּונָתוֹ לְהַזִּיק כִּרְאִי הַשֵּׁן שֶׁאֵין כַּוָּונָתוֹ לְהַזִּיק, וְלֹא רְאִי הַשֵּׁן שֶׁיֵּשׁ הֲנָאָה לְהֶיזֵּקוֹ כִּרְאִי הַקֶּרֶן שֶׁאֵין הֲנָאָה לְהֶיזֵּקוֹ.

Rather, the mishna **refutes** any possibility to derive the *halakhot* of Ox from *Maveh* or *Maveh* from Ox in **this** manner: The **characteristic of the** category of **Goring, where** the **objective** of the animal **is to cause damage, is not similar to** the **characteristic of the** category of **Eating, where it is not the objective of** the animal **to cause damage, and** the **characteristic of the** category of **Eating, where there is pleasure** for the animal **in** the course of **its** causing **damage, is not similar to** the **characteristic of the** category of **Goring, where there is no pleasure** for the animal **in** the course of its causing **damage.**

וְרֶגֶל מַאי? שַׁיְירֵיהּ?! ״כְּשֶׁהִזִּיק חָב הַמַּזִּיק״ לְאֵתוּיֵי רֶגֶל.

According to Rav Yehuda's explanation of Shmuel's opinion, among the primary categories of damage caused by an ox, the mishna mentions only Goring and Eating. The Gemara asks: **But what of** the category of **Trampling;** did the *tanna* **omit it** from the mishna? The Gemara answers: The principle stated in general terms at the end of the mishna: **And when** a component of any of these categories **causes damage, the** owner or generator of the component that **caused damage is obligated** to remit payments of restitution for damage with best-quality land, serves **to include** the primary category of **Trampling.**

LANGUAGE

Characteristic [*re'i*] – רְאִי: The word *re'i* can refer to appearance or image and in the context here is referring to a case's defining characteristics. The expression: The *re'i* of this is not similar to the *re'i* of that, means that the two matters do not appear similar due to various points of difference between them. This parallels the expression used in the opening mishna: The category of Ox is not similar to the category of *Maveh*.

HALAKHA

A slave or maidservant, etc. – עֶבֶד וְאָמָה וכו׳: If a slave or a maidservant injured someone or stole money from him, his or her master is not required to compensate the injured party. The reason for this is that slaves make their own decisions, and if their masters would be responsible for damage they cause, they might decide to precipitate extensive damage and thereby cause their masters great financial loss. If a slave caused damage and was later emancipated, then if he has the means to do so, he must pay for the damage he caused while he was a slave (Rambam *Sefer Nezikin, Hilkhot Geneiva* 1:9, *Hilkhot Ḥovel UMazik* 4:21; *Shulḥan Arukh, Ḥoshen Mishpat* 349:4, 424:9).

NOTES

Where his slave or maidservant causes damage – אַעֶבֶד וְאָמָה: Rashi explains that the source of this ruling is found in the mishna (87a) that states: With regard to a slave or a woman, an encounter with them is disadvantageous, since one who injures them is liable, but if they were the ones who injured others, they are exempt from the requirement to pay damages. He maintains that the term woman is referring to a maidservant. The other early commentaries disagree with Rashi. They note that the mishna there is referring to married women, not to a maidservant. Rather, they explain that the source of this *halakha* is the mishna in tractate *Yadayim* (4:7), which states explicitly that the Sages held that one is exempt from liability for damage caused by one's slave or maidservant (*Tosafot*; Rashba).

Perhaps his master will provoke him – שֶׁמָּא יַקְנִיטֶנּוּ רַבּוֹ: Many explain that a master's exemption in this case is a rabbinic enactment for the betterment of the world. According to this opinion, by right a master is liable for damage caused by his slaves in the same way one is liable for any damage caused by his property, but the Sages exempted him. Others suggest that the Gemara's reason here provides a fundamental basis to exempt a master from liability: Since a slave is independently minded, a master cannot be considered fully responsible for his slaves' actions, and for that reason he is exempt from liability for the damage they cause (see *Ḥazon Ish* and *Eshel Avraham*).

וְלִיתְנְיֵיהּ בְּהֶדְיָא!

The Gemara asks: **But** if the intent of the *tanna* is to teach the primary category of Trampling as well, **let him teach it explicitly.** Accordingly, Rav Yehuda's explanation of how Shmuel interprets the mishna is rejected.

אֶלָּא אֲמַר רָבָא: תְּנָא שׁוֹר לְרַגְלוֹ וּמַבְעֶה לְשִׁינּוֹ, וְהָכִי קָאָמַר: לֹא רְאִי הָרֶגֶל שֶׁהֶיזֵּיקָהּ מָצוּי כִּרְאִי הַשֵּׁן שֶׁאֵין הֶיזֵּיקָהּ מָצוּי, וְלֹא רְאִי הַשֵּׁן שֶׁיֵּשׁ הֲנָאָה לְהֶיזֵּיקוֹ כִּרְאִי הָרֶגֶל שֶׁאֵין הֲנָאָה לְהֶיזֵּיקוֹ.

Rather, Rava said that according to Shmuel, the *tanna* **teaches Ox** specifically with regard **to** actions that cause damage with **its foot and** it teaches ***Maveh*** with regard **to** actions that cause damage with **its tooth. And** when the mishna contrasts Ox with *Maveh* **this is** what the *tanna* **is saying:** The defining **characteristic** of **the** primary category of **Trampling, where its damage is commonplace, is not similar to** the defining **characteristic of the** primary category of **Eating, where its damage is not commonplace, and** the defining **characteristic** of **the** primary category of **Eating, where there is pleasure** for the animal **in** the course of **its** causing **damage, is not similar to** the **characteristic of the** primary category of **Trampling, where there is no pleasure** for the animal **in** the course of **its** causing **damage.**

וְקֶרֶן מַאי? שַׁיְירֵיהּ?! ״כְּשֶׁהִזִּיק חָב הַמַּזִּיק״ לְאַתּוּיֵי קֶרֶן.

According to Rav Yehuda's explanation of Shmuel's opinion, among the primary categories of damage with regard to an ox, the mishna mentions only Goring and Trampling. The Gemara asks: **But what** of the primary category of **Goring;** did the *tanna* **omit it** from the mishna? The Gemara answers: The principle stated in general terms at the end of the mishna: **And when** a component of any of these categories **causes damage, the** owner or generator of the component that **caused damage is obligated** to remit payments of restitution for damage with best-quality land, serves **to include** the primary category of **Goring.**

וְלִיתְנְיֵיהּ בְּהֶדְיָא! בִּמוּעָדִין מִתְּחִילָּתָן קָמַיְירֵי, בְּתַמִּין וּלְבַסּוֹף מוּעָדִין לָא קָמַיְירֵי.

The Gemara asks: **But** if the intent of the *tanna* is to teach the primary category of Goring as well, **let him teach it explicitly.** The Gemara explains: It is **with regard to** those categories of damage where the animal is **forewarned from the outset** and the owner is liable to pay for the entire damage the first time his animal causes damage that the *tanna* of the mishna **speaks;** but **with regard to** those categories of damage where the animal is initially **innocuous** and the owner is liable to pay only half the cost of the damage caused by his animal, **and** the animal is **ultimately forewarned,** the *tanna* of the mishna **does not speak** of them. With regard to Goring, the first three times an ox gores a person or an animal the owner of the ox pays only half of the damages. This is because an ox is considered forewarned with regard to damage categorized as Goring only after it attacks three times.

וּשְׁמוּאֵל מַאי טַעְמָא לָא אֲמַר כְּרַב? אָמַר לָךְ: אִי סָלְקָא דַּעְתָּךְ אָדָם, הָא קָתָנֵי סֵיפָא: שׁוֹר הַמּוּעָד, וְשׁוֹר הַמַּזִּיק בִּרְשׁוּת הַנִּיזָּק, וְהָאָדָם.

After addressing the reason that Rav did not say that *Maveh* refers to Eating in accordance with the explanation of Shmuel, the Gemara asks: **And** as for **Shmuel, what is the reason** that **he did not say** that *Maveh* refers to Man, **as does Rav?** Shmuel could have **said to you, if it enters your mind** to say that *Maveh* is **Man, isn't it taught in the latter clause** of the mishna (15b): Both **a forewarned ox, and an ox that causes damage in the domain of the injured** party, **and** any damage caused by **man?** Apparently, Man was mentioned in the latter clause of the mishna because it was not mentioned in the first clause.

וְלִיתְנֵי בְּרֵישָׁא! בְּנִזְקֵי מָמוֹן קָמַיְירֵי, בְּנִזְקֵי גוּפוֹ לָא קָמַיְירֵי.

The Gemara asks: **But let** the *tanna* **teach** Man among the primary categories of damage **in the first clause.** The Gemara explains: It is **with regard to** those categories of **damage** caused by one's **property** that the *tanna* of the mishna **speaks;** but **with regard to** the category of **damage** caused by **one's body,** the category of Man, the *tanna* of the mishna **does not speak.**

וְרַב נַמִי, הָא קָתָנֵי אָדָם בְּסֵיפָא! אָמַר לָךְ רַב: הַהוּא לְמִחְשְׁבֵיהּ בַּהֲדֵי מוּעָדִין הוּא דַּאֲתָא.

The Gemara asks: **And** according to **Rav, too,** the same difficulty arises: **Isn't** damage caused by a **man taught in the latter clause** of the mishna? The Gemara answers: **Rav** could have **said to you: That** mention of damage caused by a man in the latter clause **comes to enumerate** that damage **together with** the other forms of damage in a case where the owner of the cause of damage or the generator of that damage is **forewarned.**

וּמַאי "לֹא הֲרֵי"?

The Gemara asks: **And** according to Rav, **what** is the meaning of the statement in the mishna: The defining characteristic of the primary category of Ox **is not similar to** the defining characteristic of the primary category of *Maveh*?

הָכִי קָאָמַר: לֹא רְאִי הַשּׁוֹר שֶׁמְּשַׁלֵּם אֶת הַכּוֹפֶר כִּרְאִי הָאָדָם שֶׁאֵין מְשַׁלֵּם אֶת הַכּוֹפֶר, וְלֹא רְאִי הָאָדָם שֶׁחַיָּיב בְּאַרְבָּעָה דְּבָרִים כִּרְאִי הַשּׁוֹר שֶׁאֵין בּוֹ אַרְבָּעָה דְּבָרִים.

The Gemara explains: **This is** what the mishna **is saying:** The defining **characteristic of the** primary category of **Ox, where** if the ox kills a person the owner **pays the ransom**[B] to the heirs of the injured party, **is not similar to** the defining **characteristic of the** primary category of **Man, where** one who kills another **does not pay the ransom** for killing him; rather, if he killed him unwittingly he is exiled and if he did so intentionally he is executed. And the defining **characteristic of the** primary category of **Man, where** if one injures another **he is liable to** pay **four types of indemnity,** i.e., pain, humiliation, medical costs, and the loss of livelihood, in addition to payment for the damage, **is not similar to** the defining **characteristic of the** primary category of **Ox, where** the owner of the ox **is not liable to** pay **four types of indemnity** and is liable to pay only the cost of the damage.

הַצַּד הַשָּׁוֶה שֶׁבָּהֶן – שֶׁדַּרְכָּן לְהַזִּיק. וְכִי שׁוֹר דַּרְכּוֹ לְהַזִּיק? בְּמוּעָד. וּמוּעָד דַּרְכּוֹ לְהַזִּיק? כֵּיוָן דְּאִיַּיעַד אוֹרְחֵיהּ הוּא.

The Gemara questions Rav's understanding that Ox, as mentioned in the mishna, includes all actions an ox performs that cause damage, including goring, based on the continuation of the mishna: **The common denominator of** the components in all **these** primary categories of damage is **that** it is **their** typical **manner to cause damage.** The Gemara asks: **But is it the** typical **manner of an ox to cause damage** by goring? The Gemara answers: The statement in the mishna is **with regard to a forewarned** ox. The Gemara asks: **But is it the** typical **manner of a forewarned** ox **to cause damage** by goring? The Gemara answers: Yes, **once it was forewarned** after goring repeatedly, **its** typical **manner is** to cause damage by goring.

אָדָם דַּרְכּוֹ לְהַזִּיק? בְּיָשֵׁן. יָשֵׁן דַּרְכּוֹ לְהַזִּיק? כֵּיוָן דְּכָיֵיף וּפָשֵׁיט אוֹרְחֵיהּ הוּא.

The Gemara questions Rav's understanding that *Maveh* is the primary category of Man: Is it **man's** typical **manner to cause damage?** The Gemara answers: The statement in the mishna is **referring to** the damage one causes while **sleeping.** The Gemara asks: **Is it the** typical **manner of** a person **to cause damage** while **sleeping?** The Gemara answers: **Since** one **contracts and extends**[N] his limbs while sleeping, **it is his** typical **manner** to damage objects placed next to him.

"וּשְׁמִירָתָן עָלֶיךָ"? אָדָם – שְׁמִירַת גּוּפוֹ עָלָיו הוּא!

If *Maveh* is referring to Man, is it correct to state, as the mishna does in its enumeration of common denominators of the primary categories: **And** responsibility for **their safeguarding** is incumbent **upon you?** That formulation is appropriate in cases where one is safeguarding another person, animal, or item. When applied to the primary category of Man, it would indicate that responsibility to safeguard one person is incumbent upon another person. With regard to **man,** responsibility for **safeguarding his body is** incumbent **upon him** alone, not upon anyone else.

וּלְטַעְמִיךְ, הָא דְּתָנֵי קַרְנָא: אַרְבָּעָה אֲבוֹת נְזִיקִין וְאָדָם אֶחָד מֵהֶן, אָדָם – שְׁמִירַת גּוּפוֹ עָלָיו הוּא! אֶלָּא, כִּדְאָמַר לֵיהּ רַבִּי אַבָּהוּ לְתַנָּא, תְּנֵי: אָדָם – שְׁמִירַת גּוּפוֹ עָלָיו,

The Gemara responds: **And according to your reasoning,** that the formulation: And their safeguarding is incumbent upon you, indicates that *Maveh* is not Man, there is a difficulty with **that which** the Sage **Karna**[P] **taught** in a *baraita*: There are **four primary categories of damage, and Man is one of them.**[H] That *baraita* continues and states that one common denominator is: Their safeguarding is incumbent upon you. With regard to that *baraita*, the same question arises: With regard to **Man,** responsibility for **safeguarding his body is** incumbent **upon him,** not upon anyone else, and the wording of Karna is imprecise. **Rather,** just **as Rabbi Abbahu said to the** ***tanna***, who was reciting the *baraita* in the study hall: **Teach** the *baraita*: And with regard to **Man,** responsibility for **safeguarding his body is** incumbent **upon him;**

BACKGROUND

Ransom – כּוֹפֶר: If a forewarned ox gores a human being and kills him, the ox is stoned and the owner must pay a ransom. Ransom is not paid for a murder, as a murderer is liable to receive court-imposed capital punishment. By contrast, one whose ox kills another is liable to receive death at the hand of Heaven. He therefore pays a ransom through which he is released from that punishment (*Mekhilta Mishpatim*).

NOTES

Since one contracts and extends – כֵּיוָן דְּכָיֵיף וּפָשֵׁיט: The early commentaries cite the statement in the Jerusalem Talmud (2:8) that one is liable only for breaking objects that were already near to where he was lying when he fell asleep. In such a case, he is considered responsible because he should have been aware of the possibility that he could damage them in his sleep and should have taken precautions to prevent the damage. By contrast, if the objects he damaged were placed near him only after he had already fallen asleep, then he is exempt from any responsibility for breaking them, as it is considered an unavoidable accident.

HALAKHA

Four primary categories of damage and Man is one of them – אַרְבָּעָה אֲבוֹת נְזִיקִין וְאָדָם אֶחָד מֵהֶן: One of the primary categories of damage is Man. This includes using one's hand or any other limb of his body to cause damage, or throwing objects at something and thereby causing damage. In such cases, one pays the full cost of the damage (*Shulḥan Arukh, Ḥoshen Mishpat* 384:1).

PERSONALITIES

Karna – קַרְנָא: This Sage, who was from the first generation of Babylonian *amora'im*, is sometimes referred to as Rav Karna. Together with his colleague Shmuel, he welcomed Rav when he came to Babylonia. The Gemara in tractate *Sanhedrin* (17b) states that the phrase: Judges of the exile, is referring to Karna, who served as a judge in Neharde'a. He edited a special collection of *baraitot* named after him: Torts of the academy of Karna. Karna was employed as a wine taster.

הָכָא נַמִי תְּנֵי: אָדָם שְׁמִירַת גּוּפוֹ עָלָיו.

here too, teach the mishna: And with regard to **man,** responsibility for **safeguarding his body is** incumbent **upon him.**

מַתְקִיף לָהּ רַב מָרִי, וְאֵימָא: מַבְעֶה זֶה הַמַּיִם, כִּדְכְתִיב: ״כִּקְדֹחַ אֵשׁ הֲמָסִים מַיִם תִּבְעֶה אֵשׁ״! מִי כְּתִיב ״מַיִם נִבְעוּ״? ״תִּבְעֶה אֵשׁ״ כְּתִיב.

§ **Rav Mari objects to** the Gemara's initial suggestion that the dispute between Rav and Shmuel with regard to the meaning of *Maveh* is based on biblical terms with similar etymology. He suggests: **But** why not **say** that ***Maveh*, this is the** primary category of damage caused by **water, as it is written: "As when fire ignites brushwood; fire boils [*tiveh*] water"** (Isaiah 64:1). The terms *tiveh* and *maveh* share a common root, and the reference is to water. The Gemara rejects this: **Is it written** in the verse: **Water boils [*nivu*]** from fire, with water, a plural noun in Hebrew, the subject of the intransitive plural verb, *nivu*? No, **"fire boils [*tiveh*] water" is written,** and since *tiveh* is a transitive singular verb, the subject is fire, which is a singular noun. Therefore, no proof can be adduced from this verse that *Maveh* refers to an action performed with water.

מַתְקִיף לָהּ רַב זְבִיד, וְאֵימָא: מַבְעֶה זֶה הָאֵשׁ, דְּכִי כְּתִיב ״תִּבְעֶה״ – בְּאֵשׁ הוּא דִּכְתִיב! אִי הָכִי, מַאי ״הַמַּבְעֶה וְהַהֶבְעֵר״? וְכִי תֵּימָא: פֵּרוּשֵׁי קָמְפָרֵשׁ – אִי הָכִי, ״אַרְבָּעָה״?! שְׁלֹשָׁה הָווּ!

Rav Zevid[P] **objects to** the Gemara's initial suggestion that the dispute between Rav and Shmuel with regard to the meaning of *Maveh* is based on biblical terms with similar etymology. He suggests: **But** why not **say** that ***Maveh*, this is the** primary category of **Fire, as when** the term ***"tiveh"* is written** in the verse cited by Rav Mari, **it is written with regard to Fire.** The Gemara rejects this: **If so, what** is the meaning when the mishna enumerates the primary categories of damage: **The** category of ***Maveh* and the** category of **Fire,** indicating that they are two distinct categories? **And if you would say** that these are not two distinct categories but rather the mishna **is explaining** the meaning of *Maveh*, **if so,** why does the mishna say: There are **four** primary categories of damage? **There are** only **three.**

וְכִי תֵּימָא: תְּנָא שׁוֹר דְּאִית בֵּיהּ תַּרְתֵּי – אִי הָכִי, ״לֹא זֶה וָזֶה שֶׁיֵּשׁ בָּהֶן רוּחַ חַיִּים״, אֵשׁ מַאי רוּחַ חַיִּים אִית בֵּיהּ? וְתוּ, מַאי ״כַּהֲרֵי הָאֵשׁ״?

And if you would say that *Maveh* is Fire, and there are four categories in the mishna, as the mishna **teaches** the primary category of **Ox, in which there are two** primary categories of damage, Eating and Trampling, the mishna remains difficult. **If** it is **so** that *Maveh* in the mishna is referring to Fire, what is the meaning of that which the mishna states with regard to the common denominator of *Maveh* and Ox: **And** the defining characteristics of **this** category of Ox **and that** category of *Maveh*, **in which there is a living spirit,** are **not** similar to the defining characteristic of the next category in the mishna, in which there is no living spirit. Accordingly, how can *Maveh* mean Fire; **what living spirit is there in Fire? And furthermore,** if *Maveh* is Fire, what is the meaning of the next phrase in the mishna: They **are not similar to** the defining characteristic of **the** category of **Fire,** in which there is no living spirit. Clearly, *Maveh* is not Fire.

תָּנֵי רַבִּי אוֹשַׁעְיָא, שְׁלֹשָׁה עָשָׂר אֲבוֹת נְזִיקִין: שׁוֹמֵר חִנָּם, וְהַשּׁוֹאֵל, נוֹשֵׂא שָׂכָר, וְהַשּׂוֹכֵר, נֶזֶק, צַעַר, וְרִיפּוּי, שֶׁבֶת, וּבוֹשֶׁת, וְאַרְבָּעָה דְּמַתְנִיתִין – הָא תְּלֵיסַר.

§ Contrary to the mishna, where four primary categories of damage were enumerated, **Rabbi Oshaya taught** (*Tosefta* 9:1) that there are **thirteen primary categories of damage.** The thirteen categories consist of four bailees, five types of indemnity, and the four primary categories listed in the mishna. The four bailees are: The **unpaid bailee,** who is liable for damage caused by his negligence; **and the borrower,** who is liable for all damage; the **paid bailee,**[N] **and the renter,** who is liable if the object is lost or stolen. The five types of indemnity one is liable to pay for injuring another person are: **Damage,** i.e., the decrease in the injured party's value; **pain;**[N] **and medical costs; loss of livelihood; and humiliation** that the injured party suffered from the assault. **And** with **the four** primary categories enumerated in **the mishna, that** is a total of **thirteen.**

NOTES

Unpaid bailee…paid bailee – שׁוֹמֵר חִינָּם...נוֹשֵׂא שָׂכָר: An unpaid bailee is one who does not receive any remuneration for looking after a deposit. A paid bailee receives remuneration for looking after a deposit. Both are required to adequately protect the deposits in their possession, but the unpaid bailee is exempt from paying for a stolen or lost deposit if he takes the oath of a bailee, whereby he takes an oath that he was not negligent in protecting the item. Additionally, he must take oaths that the deposit is not presently in his possession, and that he had not previously willfully taken possession of it. A paid bailee is obligated to provide a higher level of protection since he is paid for his work, and therefore he cannot exempt himself with an oath in a case of loss or theft. He is exempt only when he takes an oath that an unavoidable accident occurred while the item was in his possession.

Damage, pain, etc. – נֶזֶק צַעַר וכו׳: Although liability for these five types of indemnity can result from a single act of damage, they are enumerated as five different types of liability because in any particular case it is possible for one to be liable for only one or some of them (*Shita Mekubbetzet*, citing *Talmid Rabbeinu Peretz*). Alternatively, they are distinctly enumerated simply because they relate to the five distinct kinds of damage caused by an act of bodily injury, which is the topic of the *baraita* (Ra'avad).

PERSONALITIES

Rav Zevid – רַב זְבִיד: A fifth-generation Babylonian *amora*, Rav Zevid was a close disciple of Abaye and Rava, and would often cite their statements for discussion among the great *amora'im* of his generation. It appears that Rav Zevid also devoted considerable time to explaining *baraitot* taught in Rabbi Oshaya's academy. After Rava's death, his academy was continued in two locations, and after Rav Ḥama, Rav Zevid took over the Pumbedita branch, which he headed for about ten years. It is recorded that he was poisoned by servants of the Exilarch who were upset about a stringent halakhic decision of his.

וְתַנָּא דִּידָן מַאי טַעֲמָא לָא תָּנֵי הָנֵי? בִּשְׁלָמָא לִשְׁמוּאֵל, בְּנִזְקֵי מָמוֹן קָמַיְירֵי, בְּנִזְקֵי גּוּפוֹ לָא קָמַיְירֵי. אֶלָּא לְרַב, לִיתְנֵי! תְּנָא אָדָם וְכׇל מִילֵּי דְאָדָם.

The Gemara asks: **And what is the reason the *tanna* of our** mishna **does not teach these** nine categories and enumerates only four? **Granted, according to** the opinion of **Shmuel,** who says that *Maveh* is Eating, it is **with regard to** the categories of **damage** caused by one's **property** that the *tanna* of the mishna **speaks. With regard to** categories of **damage** caused by **one's body,** the *tanna* of the mishna **does not speak,** and the additional categories of Rabbi Oshaya are damage caused by one's body. **But according to** the opinion of **Rav,** who says that *Maveh* is Man, **let** the *tanna* of the mishna **teach** these nine categories as well. The Gemara answers: According to Rav, the mishna **teaches** the primary category of **Man, and** included in that category are **all matters** of damage that are caused by **man,** among them the categories added by Rabbi Oshaya.

וּלְרַבִּי אוֹשַׁעְיָא נַמִי, הָא תָּנֵי לֵיהּ אָדָם! תְּרֵי גַּוְונֵי אָדָם, תְּנָא אָדָם דְּאַזֵּיק אָדָם, וּתְנָא אָדָם דְּאַזֵּיק שׁוֹר.

The Gemara asks: **And according to Rabbi Oshaya too, doesn't** the mishna **teach** the primary category of **Man?** Why then did he enumerate the four bailees and the five types of indemnity? The Gemara answers: In his enumeration, Rabbi Oshaya distinguishes between **two types of** damage caused by **a man:** He **teaches** cases involving **a man who injures** another **person, and** he **teaches** the primary category of *Maveh,* which involves the cases of **a man who damages an ox** or damages other property belonging to another person.

אִי הָכִי, שׁוֹר נַמִי לִיתְנֵי תְּרֵי גַּוְונֵי שׁוֹר, לִיתְנֵי שׁוֹר דְּאַזֵּיק שׁוֹר, וְלִיתְנֵי שׁוֹר דְּאַזֵּיק אָדָם!

The Gemara asks: **If so,** with regard to **Ox as well, let him teach two categories of Ox. Let him teach** the case of **an ox that damages an ox** or other property belonging to another person, **and let him teach** the case of **an ox that injures a person.**

הָאִי מַאי? בִּשְׁלָמָא אָדָם דְּאַזֵּיק שׁוֹר – נֶזֶק הוּא דִּמְשַׁלֵּם, אָדָם דְּאַזֵּיק אָדָם – מְשַׁלֵּם אַרְבָּעָה דְּבָרִים. אֶלָּא שׁוֹר, מָה לִי שׁוֹר דְּאַזֵּיק שׁוֹר, מָה לִי שׁוֹר דְּאַזֵּיק אָדָם, אִידִי וְאִידִי נֶזֶק הוּא דִּמְשַׁלֵּם!

The Gemara rejects this suggestion: **What is this** comparison? **Granted,** in the case of **a man who damages** another's **ox** or other property, **he pays** merely for the **damage;** in the case of **a man who injures** another **person, he pays** an additional **four types** of indemnity payments: Pain, medical costs, loss of livelihood, and humiliation. **But** with regard to damage caused by **an ox, what** difference is there **to me** if it is **an ox that damages an ox** or other property belonging to another person and **what** difference is there **to me** if it is **an ox that injures a person?** In both **this** case **and that** case the owner of the ox **pays** merely for the **damage.** Therefore, unlike a case where a person causes the damage, there is no reason to distinguish between cases where an ox causes damage based on the victim of that damage.

וְהָא שׁוֹמֵר חִנָּם וְהַשּׁוֹאֵל נוֹשֵׂא שָׂכָר וְהַשּׂוֹכֵר, דְּאָדָם דְּאַזֵּיק שׁוֹר הוּא, וְקָתָנֵי!

With regard to the assertion that Rabbi Oshaya added only cases involving a man who injures another person, the Gemara asks: **But aren't** there the categories of the **unpaid bailee and the borrower,** the **paid bailee and the renter, which are** categories that describe **a man who damages** another's **ox** or other property, as the cases referred to by Rabbi Oshaya are those where the bailee fails to return the deposit that he was entrusted to safeguard? **And** yet Rabbi Oshaya **teaches** each type of bailee as distinct categories and does not include them under the rubric of Man, one of the four categories enumerated in the mishna.

תָּנֵי הֶזֵּיקָא דְּבִידַיִם, וְקָתָנֵי הֶזֵּיקָא דְּמִמֵּילָא.

The Gemara answers that the reason why Rabbi Oshaya enumerates Man separately from the bailees is that he **teaches** one category, Man, referring to **damage that** is engendered **by** direct **action,** e.g., the five types of indemnity payments, **and he teaches** the four bailees, referring to **damage that occurs on its own,** e.g., failure of the four bailees to safeguard the deposit.

תָּנֵי רַבִּי חִיָּיא, עֶשְׂרִים וְאַרְבָּעָה אֲבוֹת נְזִיקִין: תַּשְׁלוּמֵי כֶפֶל, וְתַשְׁלוּמֵי אַרְבָּעָה וַחֲמִשָּׁה, וְגַנָּב, וְגַזְלָן, וְעֵדִים זוֹמְמִין,

The Gemara cites a third listing of primary categories of damage. **Rabbi Ḥiyya teaches** that there are **twenty-four primary categories of damage: Payment of double** the principal, paid by a thief who is apprehended and convicted based on the testimony of witnesses and who does not admit his crime; **and payment of four or five** times the principal, paid by a thief who steals an ox or sheep, respectively, and then slaughters or sells it; **and** payment of the principal, by **a thief** who admits his crime; **and a robber, who** steals openly and by force or threat of violence; **and conspiring witnesses** who pay the individual against whom they falsely testified with regard to a sum that they conspired to cause him to lose.

NOTES

The rapist and the seducer – הָאוֹנֵס וְהַמְפַתֶּה: One who seduces a virgin must pay the fine stipulated in the Torah as well as payments for her humiliation and depreciation. The rapist pays these and must also compensate her for the pain she suffered (Rambam *Sefer Nashim, Hilkhot Na'ara Betula* 2:7; *Shulḥan Arukh, Even HaEzer* 177:1).

One who mixes *teruma* with another's non-sacred food – מְדַמֵּעַ: It is prohibited for anyone apart from a priest to eat a mixture of *teruma* and non-sacred food, as only a priest may eat the *teruma*. Consequently, if one mixed *teruma* into another's non-sacred food, a non-priest's only recourse is to sell the entire mixture to a priest. As the price for *teruma* is generally less than the price of non-sacred food, a priest will be willing to pay for the mixture only when it is priced as though it were entirely *teruma*. Accordingly, the owner of the non-sacred food will not be able to recover the full value of his food and the one who mixed the *teruma* into his food is liable to pay him the value of his loss.

A more extreme example of damage caused by mixing *teruma* into another's non-sacred food is where the *teruma* was ritually impure. In such a case, even a priest may not eat it. Rather, it is only permitted for the priest to burn it and derive benefit from the fire. This is an even greater loss, as the value of the non-sacred food is thereby reduced even further, to the value of fire wood.

וְהָאוֹנֵס, וְהַמְפַתֶּה, וּמוֹצִיא שֵׁם רַע, וְהַמְטַמֵּא, וְהַמְדַמֵּעַ, וְהַמְנַסֵּךְ, וְהָנֵי תְּלֵיסַר – הָא עֶשְׂרִים וְאַרְבָּעָה.

And the rapist, and the seducer,[N] who seduces an unmarried young woman, who pay a fine of fifty *sela*; **and the defamer,** i.e., one who defames his wife by claiming falsely in court that he discovered that she was not a virgin when he consummated the marriage and alleges that she engaged in intercourse with another man while betrothed, who pays a fine of one hundred *sela*; **and one who causes** another's *teruma* **to become ritually impure,** rendering it prohibited to partake of that *teruma*; **and one who mixes** *teruma* with another's non-sacred food,[N] rendering it prohibited for any non-priest to partake of it; **and one who pours** another's wine **as a libation** for idolatry.[H] When one combines the eleven categories enumerated by **Rabbi Ḥiyya and these thirteen** categories enumerated by Rabbi Oshaya, **this** totals **twenty-four** principal categories of damage.

וְרַבִּי אוֹשַׁעְיָא מַאי טַעְמָא לָא תָּנֵי הָנֵי? בְּמָמוֹנָא קָמַיְירֵי, בִּקְנָסָא לָא קָמַיְירֵי.

The Gemara asks: **And** as for **Rabbi Oshaya, what is the reason** that **he did not teach these** eleven additional categories? The Gemara answers: It is **with regard to** cases where one is liable to pay **monetary restitution** that Rabbi Oshaya **speaks. With regard to** cases where one is liable to pay **a fine,**[B] Rabbi Oshaya **does not speak.**

גַּנָּב וְגַזְלָן דְּמָמוֹנָא הוּא, לִיתְנֵי! הָא קָתָנֵי לֵיהּ: שׁוֹמֵר חִנָּם וְהַשּׁוֹאֵל.

The Gemara asks: What of the cases of **a thief and a robber, which** are cases where one is liable to pay **monetary restitution?**[H] **Let** Rabbi Oshaya also **teach** those cases and include them in his list. The Gemara answers: **Doesn't he teach** those cases, as he enumerates in his list the **unpaid bailee and the borrower?** An unpaid bailee who takes a false oath that the deposit was stolen, when in fact it remained in his possession, is liable to pay restitution like a thief.

וְרַבִּי חִיָּיא נַמִּי הָא תְּנָא לֵיהּ: שׁוֹמֵר חִנָּם וְהַשּׁוֹאֵל! תָּנֵי מָמוֹנָא דַּאֲתָא לִידֵיהּ בְּהֶיתֵּירָא, וְקָתָנֵי מָמוֹנָא דַּאֲתָא לִידֵיהּ בְּאִיסּוּרָא.

The Gemara asks: **And** as for **Rabbi Ḥiyya too, doesn't he teach** those cases; as he enumerates in his list the **unpaid bailee and the borrower?** Why does Rabbi Ḥiyya list them separately? The Gemara answers: Rabbi Ḥiyya makes a distinction between different types of theft: He **teaches** cases of theft with regard to **property that came into** one's **possession in a permitted** manner, e.g., an unpaid bailee who was entrusted with a deposit and later misappropriated it, **and** he **teaches** cases of theft with regard to **property that came into** one's **possession in a prohibited** manner, e.g., the actions of a thief and a robber.

HALAKHA

One who causes *teruma* to become ritually impure, and one who mixes *teruma*, and one who pours as a libation for idolatry – הַמְטַמֵּא וְהַמְדַמֵּעַ וְהַמְנַסֵּךְ: In the cases of one who causes *teruma* to become ritually impure, and one who mixes *teruma* into another's non-sacred food, and one who pours another's wine as a libation for idolatry, the extent of the loss is assessed and the one who caused the damage pays restitution from the best of his property (Rambam *Sefer Nezikin, Hilkhot Ḥovel UMazik* 7:2; *Shulḥan Arukh, Ḥoshen Mishpat* 385:1).

A thief and a robber, which are cases where one is liable to pay monetary restitution – גַּנָּב וְגַזְלָן דְּמָמוֹנָא הוּא: Nowadays, since there are no ordained judges, only payments that are considered to be monetary restitution can be collected, but payments that are classified as fines may not be collected. Therefore, a thief pays only the principal. This restitution, as well as that of a robber, is taken from their best-quality property, similar to the payment of damages (*Shulḥan Arukh, Ḥoshen Mishpat* 1:3, 348:5).

BACKGROUND

Fine – קְנָסָא: A fine is a fixed obligation that obligates the one who caused the damage irrespective of the actual cost of the damage he caused. This is not an ordinance enacted for the sake of maintaining a civil society, but is rather a punishment imposed by the court for a sin. Fines cannot be imposed by non-ordained judges, just as non-ordained judges may not administer physical punishments for criminal offenses. In Babylonia, where there were no ordained judges, cases involving fines could not be adjudicated.

עֵדִים זוֹמְמִין דְּמָמוֹנָא הוּא, לִיתְנֵי! סָבַר לַהּ כְּרַבִּי עֲקִיבָא, דְּאָמַר: אֵין מְשַׁלְּמִין עַל פִּי עַצְמָן.

The Gemara asks: With regard to the payment made by **conspiring witnesses, which is** categorized as **monetary restitution,**[N] as the witnesses pay the precise sum that they conspired to cause the defendant to lose, let Rabbi Oshaya also **teach it** as one of the categories on his list. The Gemara answers: Rabbi Oshaya **holds in accordance with** the opinion of **Rabbi Akiva, who says** that conspiring witnesses **do not pay on the basis of their own** admission.[H] Evidently, theirs is not a payment of monetary restitution; rather, it is a fine, as only one who was found liable based on the testimony of witnesses pays a fine, not one who was found liable based on his own admission.

אִי סָבַר לֵיהּ כְּרַבִּי עֲקִיבָא, לִיתְנֵי תְּרֵי גַּוְונֵי שׁוֹר; לִיתְנֵי שׁוֹר דְּאַזֵּיק שׁוֹר, וְלִיתְנֵי שׁוֹר דְּאַזֵּיק אָדָם.

The Gemara asks: **If** Rabbi Oshaya **holds in accordance with** the opinion of **Rabbi Akiva, let him teach two** distinct **types of** categories of damage under the rubric of **Ox: Let him teach** one category for **an ox that damages an ox** or other property belonging to another person, **and let him** also **teach** the case of **an ox that injures a person.**

דִּתְנַן, רַבִּי עֲקִיבָא אוֹמֵר: אַף תָּם שֶׁחָבַל בָּאָדָם מְשַׁלֵּם בַּמּוֹתָר נֶזֶק שָׁלֵם!

The Gemara explains its question: **As we learned** in a mishna (33a): In a case where the two parties damaged each other concurrently, **Rabbi Akiva says:** The owner of the **innocuous** ox **that injured a person also pays the full** cost of the **damage with regard to the difference** between the damage caused by his ox and the damage that the person caused the ox. Rabbi Akiva holds that if an innocuous ox injures a person, the owner pays the full cost of the damage, whereas if an innocuous ox damages another's property then the owner is liable only for half the cost of the damage. Since the owner's liability in the two cases is different, each case should be classified as a distinct category, and Rabbi Oshaya should list them separately in his *baraita*.

הָא תַּבְרֵיהּ רַבִּי עֲקִיבָא לְגִזְיזֵיהּ; דְּתַנְיָא, רַבִּי עֲקִיבָא אוֹמֵר: יָכוֹל אַף תָּם שֶׁחָבַל בָּאָדָם יְשַׁלֵּם מִן הָעֲלִיָּיה? תַּלְמוּד לוֹמַר: "יֵעָשֶׂה לּוֹ" – מִגּוּפוֹ מְשַׁלֵּם, וְאֵינוֹ מְשַׁלֵּם מִן הָעֲלִיָּיה.

The Gemara answers: **Didn't Rabbi Akiva break** the force of **his fist** [*gezizeih*],[L] i.e., he significantly tempered the force of his statement, **as it is taught** in a *baraita* that **Rabbi Akiva says:** One **might** have thought that **even** in the case of **an innocuous ox that injured a person,**[H] the owner of the ox **would pay from** his **superior-quality** property and not merely from the body of his animal, as in the case of an innocuous ox that damages property; therefore, **the verse states** with regard to an ox that gores a person: "According to this judgment **shall it be done to him"** (Exodus 21:31), from which it is derived that the owner of the ox **pays** restitution exclusively **from** proceeds of the sale of the **body** of his ox, **and he does not pay from** his **superior-quality** property. The mishna states that one pays restitution from his superior-quality property in instances of all primary categories of damage. Since in the case of an innocuous ox that injured a person even Rabbi Akiva concedes that the owner does not pay from his superior-quality property, it should not be included in a list of the primary categories.

NOTES

Payment made by conspiring witnesses, which is monetary restitution – עֵדִים זוֹמְמִין דְּמָמוֹנָא הוּא: Ostensibly, it should be obvious that conspiring witnesses must pay a fine. The Gemara in tractate *Makkot* (5b) teaches that if witnesses succeed in causing the one about whom they testified to be punished, then they are not held liable at all. Therefore, since their liability exists only in a case where they never actually succeeded in causing a loss, the sum they pay cannot be considered monetary restitution; rather, it must be a fine.

Rashi explains that the Gemara entertained the possibility that the payment made by the witnesses is considered monetary restitution because the standard indicator for distinguishing between a fine and restitution is whether the amount of the payment is identical to the loss suffered. Here too, the payment is identical to the loss the witnesses sought to impose. The Gemara then immediately reconsiders, because while the size of the payment is an indicator, it does not conclusively demonstrate the nature of the payment, especially in this case where the size of the payment is parallel only to the value of the witnesses' collusion and not to the loss.

Tosafot and other early commentaries claim that the *halakha* that if witnesses succeed in causing the one about whom they testified to be punished they are not held liable is true only of corporal punishment. If they sought to make him liable to pay money, then even if they succeed, they are liable for their conspiracy. Accordingly, in a case where their conspiracy succeeded, it is certainly reasonable to consider the possibility that their payment should be characterized as monetary restitution.

LANGUAGE

His fist [*gezizeih*] – גְּזִיזֵיהּ: Some attribute the origin of this word to the Greek γαῖσος, *gaisos*, which means javelin.

HALAKHA

Do not pay on the basis of their own admission – אֵין מְשַׁלְּמִין עַל פִּי עַצְמָן: The payment made by conspiring witnesses is considered a fine, and consequently they do not pay based upon their own admission of guilt. Accordingly, if they admit to having testified falsely, and even if they admit before a court that they had previously been proven by a different court to be conspiring witnesses and they ran away before being punished, they are not made to pay. This is in accordance with the opinion of Rabbi Akiva. Furthermore, since courts nowadays are not empowered to impose fines, the *halakhot* of conspiring witnesses are no longer applied. Nevertheless, if their testimony succeeded in causing the one about whom they testified to forfeit his money, then once the falsehood of their testimony is uncovered, the money taken from the victim should be restored to him. If that cannot be done, then even nowadays the witnesses are required to compensate the one about whom they testified, as payment in such a case is not considered a fine but monetary restitution for causing someone else a loss (Rambam *Sefer Shofetim, Hilkhot Edut* 18:8; *Shulḥan Arukh, Ḥoshen Mishpat* 38:1 and 1:4, and in the comment of Rema, and *Sma* and *Beur HaGra* there).

An innocuous ox that injured a person – תָּם שֶׁחָבַל בָּאָדָם: If an innocuous ox injures a person, its owner is liable to pay for half the cost of the damage up to the value of the body of the ox itself, which is also the *halakha* in a case in which an innocuous ox gores another ox. The owner is also not liable to pay for the additional four types of indemnity incurred when one person injures another (Rambam *Sefer Nezikin, Hilkhot Nizkei Mamon* 7:3; *Shulḥan Arukh, Ḥoshen Mishpat* 405:1).

הָאוֹנֵס וְהַמְפַתֶּה וְהַמּוֹצִיא שֵׁם רַע, דְּמָמוֹנָא הוּא, לִיתְנֵי!

The Gemara asks: As for **the rapist, and the seducer, and the defamer,**[N] all of which **are** cases in which the offender pays **monetary restitution, let** Rabbi Oshaya **teach** them as categories in his list.

מַה נַּפְשָׁךְ; אִי נֵזֶק – תְּנָא לֵיהּ, אִי צַעַר – תְּנָא לֵיהּ, אִי בֹּשֶׁת – תְּנָא לֵיהּ, אִי פְּגָם – הַיְינוּ נֵזֶק. מָה אִית לָךְ לְמֵימַר? קְנָסָא, בִּקְנָסָא לָא קָמַיְירֵי.

The Gemara explains why Rabbi Oshaya did not teach them as separate categories: **Whichever way you** look at it, they should not be listed. **If** the payments listed by Rabbi Ḥiyya are for **damage** caused to the woman's body, which reduces her value, he already **taught it; if** the payments are for **pain,** he already **taught it;** if the payments are for **humiliation,** he already **taught it; if** the payment is for **degradation, that** too **is** a payment for **damage,** which he already taught. **What,** then, **have you to say?** What is the nature of the payments paid by the rapist and the seducer mentioned by Rabbi Ḥiyya? In these cases, each payment paid is considered **a fine** [*kenasa*],[L] and as explained, **with regard to** cases in which one is liable to pay **a fine,** Rabbi Oshaya **does not speak.**

הַמְטַמֵּא וְהַמְדַמֵּעַ וְהַמְנַסֵּךְ דְּמָמוֹנָא הוּא, לִיתְנֵי!

The Gemara asks further: **And one who causes** another's *teruma* **to become ritually impure, and one who mixes** *teruma* with another's non-sacred food, **and one who pours** another's wine **as a libation** for idolatry, each of **which is** a case in which the offender must pay **monetary restitution** to compensate the owner for his loss due to the lowered value of his food or wine, **let** Rabbi Oshaya **teach** them as categories in his list.

מַה נַּפְשָׁךְ; אִי הֶיזֵּק שֶׁאֵינוֹ נִיכָּר שְׁמֵיהּ הֶיזֵּק – הָא תְּנָא לֵיהּ נֵזֶק, אִי הֶיזֵּק שֶׁאֵינוֹ נִיכָּר לָא שְׁמֵיהּ הֶיזֵּק – הֲוָה לֵיהּ קְנָסָא, וּבִקְנָסָא לָא קָמַיְירֵי.

The Gemara answers: **Whichever way you** look at it, these cases should not be listed. **If** Rabbi Oshaya holds that **damage that is not evident,**[H] i.e., where the object is physically unchanged but its halakhic status is changed, **is characterized as damage** for which one is liable to pay restitution, Rabbi Oshaya already **taught,** i.e., included in his list, restitution for **damage,** and **if** he holds that **damage that is not evident is not characterized as damage** for which one is liable to pay restitution, then **it is a fine, and,** as explained, **with regard to** cases for which one is liable to pay **a fine,** Rabbi Oshaya **does not speak.**

לֵימָא קָסָבַר רַבִּי חִיָּיא: הֶיזֵּק שֶׁאֵינוֹ נִיכָּר לָא שְׁמֵיהּ הֶיזֵּק, דְּאִי שְׁמֵיהּ הֶיזֵּק – הָא תְּנָא לֵיהּ נֵזֶק! תְּנָא הֶיזֵּקָא דְּמִינְכְּרָא, וּתְנָא הֶיזֵּקָא דְּלָא מִינְכְּרָא.

The Gemara suggests: Since Rabbi Ḥiyya lists these cases as distinct categories, **let us say** that **Rabbi Ḥiyya holds** that **damage that is not evident is not characterized as damage** for which one is liable to pay restitution, **as, if it were characterized as damage** for which one is liable to pay restitution, **didn't** he already **teach,** i.e., include in his list, restitution for **damage?** The Gemara rejects that suggestion: Even if he holds that damage that is evident is characterized as damage for which one is liable to pay restitution, he distinguishes between different types of damage. He **teaches** cases of **damage that is evident and** he **teaches** cases of **damage that is not evident.**

בִּשְׁלָמָא לְתַנָּא דִּידָן, תְּנָא מִנְיָינָא לְמַעוּטֵי דְּרַבִּי אוֹשַׁעְיָא, וְרַבִּי אוֹשַׁעְיָא תְּנָא מִנְיָינָא לְמַעוּטֵי דְּרַבִּי חִיָּיא. אֶלָּא מִנְיָינָא דְּרַבִּי חִיָּיא לְמַעוּטֵי מַאי?

The Gemara considers the fact that each of the lists of primary categories is introduced with the number that they total: **Granted, according to the** ***tanna*** **of our** mishna, he **taught the number** of four primary categories in introducing his list **to exclude** those additional categories **of Rabbi Oshaya. And** similarly, **Rabbi Oshaya taught the number** of thirteen primary categories **to exclude** those additional categories **of Rabbi Ḥiyya. But what** does **the number** of twenty-four primary categories **of Rabbi Ḥiyya** serve **to exclude?**

NOTES

And the defamer – וְהַמּוֹצִיא שֵׁם רַע: *Tosafot* note that the payment made by one who defames his wife is certainly not considered to be monetary restitution, because the payment is fixed at one hundred silver shekels. The subsequent opinions presented by the Gemara relate only to payments for rape and seduction. The defamer is mentioned here only because defamation is often grouped together with a rapist and a seducer; therefore, whenever the rapist and the seducer are mentioned, the slanderer is also mentioned together with them, even if it is not actually relevant to the issue.

LANGUAGE

Fine [*kenasa*] – קְנָסָא: This word finds its earliest form in the Latin word census, which means a population tally or a general assessment of citizen's property for the purposes of tax collection. The word was then used by the Greeks as κῆνσος, *kensos*, which refers to the paying of property taxes. It would seem that the word was then borrowed from the Greek and incorporated into Hebrew and Aramaic, where it underwent a slight change of meaning and came to refer to any set amount of money to be paid as a punitive measure, imposed primarily upon someone who inflicted damage or injury upon another person.

HALAKHA

Damage that is not evident – הֶיזֵּק שֶׁאֵינוֹ נִיכָּר: If one damages another's property in such a way that the damage is not physically measurable, e.g., one who causes another's *teruma* to become ritually impure, then even though his actions result in a depreciation of the value of the item, according to Torah law he is exempt from liability. The Sages imposed a fine upon such a person, requiring him to reimburse the injured party for the full loss of value, and to do so from his best-quality property. Since this payment is considered a fine, if the damage was caused unintentionally one is not liable to pay it, and similarly, if the one who caused the damage dies, his heirs are not obligated to pay (Rambam *Sefer Nezikin, Hilkhot Ḥovel UMazik* 7:1–3; *Shulḥan Arukh, Ḥoshen Mishpat* 385:1).

לְמַעוֹטֵי מוֹסֵר וּמְפַגֵּל.

The Gemara answers: He taught that number in order **to exclude** the cases of **an informer,**[N] who provides information to the authorities leading them to confiscate another person's property; **and** to exclude the case of a priest who **renders** an offering ***piggul*** by performing the sacrificial rites for one offering with the intent to sacrifice it for the sake of another offering, in which case the person who brought the offering must replace it with another.

וְלִיתְנֵי! בִּשְׁלָמָא מְפַגֵּל – בְּקָדָשִׁים לָא קָמַיְירֵי, אֶלָּא מוֹסֵר מַאי טַעְמָא לָא תָּנֵי? שָׁאנֵי מוֹסֵר, דְּדִיבּוּרָא, וּבְדִיבּוּרָא לָא קָמַיְירֵי.

The Gemara asks: **And let** Rabbi Ḥiyya **teach** these cases. **Granted,** he did not include the case of a priest **who renders** an offering ***piggul.*** Perhaps, **with regard to** cases involving **consecrated** items, Rabbi Ḥiyya **does not speak. But** with regard to the case of **an informer, what is the reason** Rabbi Ḥiyya **did not teach it** and include it in his list of categories? The Gemara answers: The case of **an informer is different,** as the damage is caused through **speech, and with regard to** damage caused through **speech,** Rabbi Ḥiyya **does not speak.**

וְהָא מוֹצִיא שֵׁם רַע דְּדִיבּוּרָא הוּא, וְקָתָנֵי! דִּיבּוּרָא דְּאִית בֵּיהּ מַעֲשֶׂה הוּא.

The Gemara asks: **But isn't** there the case of **a defamer, where** the damage **is** caused through **speech, and** yet Rabbi Ḥiyya **teaches** it and includes it in his list? The Gemara answers: He includes that case because **it is** a case of **speech that involves an action.**[N] One who defames his wife is liable only if he made his allegation after engaging in intercourse with her.

וְהָא עֵדִים זוֹמְמִין דִּיבּוּרָא דְּלֵית בֵּיהּ מַעֲשֶׂה הוּא, וְקָתָנֵי! הָתָם אַף עַל גַּב דְּלֵית בֵּיהּ מַעֲשֶׂה – רַחֲמָנָא קַרְיֵיהּ מַעֲשֶׂה, דִּכְתִיב: "וַעֲשִׂיתֶם לוֹ כַּאֲשֶׁר זָמַם לַעֲשׂוֹת לְאָחִיו".

The Gemara asks: **But isn't** the case of **conspiring witnesses** a case of **speech that involves no action,** as they are liable for their testimony, **and** Rabbi Ḥiyya **teaches** it and includes it in his list? The Gemara answers: **There, although it involves no action, the Merciful One characterizes it** as **an action, as it is written: "And you shall do to him as he conspired to do unto his brother"** (Deuteronomy 19:19).

בִּשְׁלָמָא לְתַנָּא דִּידַן, תְּנָא אָבוֹת – מִכְּלָל דְּאִיכָּא תּוֹלָדוֹת. אֶלָּא לְרַבִּי חִיָּיא וְרַבִּי אוֹשַׁעְיָא, אָבוֹת – מִכְּלָל דְּאִיכָּא תּוֹלָדוֹת, תּוֹלְדוֹתֵיהֶן מַאי נִיהוּ?

The Gemara considers the subcategories of the various primary categories listed: **Granted, according to the *tanna* of our** mishna, his terminology is understandable, as **he taught primary categories,** which, **by inference,** means **that there are** also additional forms of damage that are **subcategories** of those primary categories. **But** according **to Rabbi Ḥiyya and Rabbi Oshaya,** why did they employ the terminology they employed? They employed the term **primary categories,** which, **by inference,** means **that there are subcategories. What are the subcategories** of the primary categories they listed? It appears that they enumerated all the various categories of damage.

אָמַר רַבִּי אַבָּהוּ: כּוּלָּן כְּאָבוֹת לְשַׁלֵּם מִמֵּיטָב.

Rabbi Abbahu says: When Rabbi Ḥiyya and Rabbi Oshaya characterize, as primary categories, the various categories of damage that they listed, it is not to indicate that there are subcategories; rather, it is to indicate that **all of them are characterized as primary categories,** in the sense that one is liable **to pay from** one's **best**-quality property.[NH]

מַאי טַעְמָא? אָתְיָא "תַּחַת" "נְתִינָה" "יְשַׁלֵּם" "כֶּסֶף".

The Gemara asks: **What is the reason** for this, i.e., from where is it derived? The Gemara explains: It **is derived** using a verbal analogy from the terms **"in place of," "giving," "he shall pay,"** and **"money."** The term "in place of" is written with regard to a forewarned ox that gores (Exodus 21:36); "he shall give" is written with regard to an ox that kills a slave (Exodus 21:32); "he shall pay" is written with regard to the categories of damage of Eating and Trampling (Exodus 22:4); and "money" is written with regard to Pit (Exodus 21:34). The *halakha* that one must pay from his best-quality property is stated explicitly in each of those four verses. In each of the twenty-four categories listed by Rabbi Ḥiyya one of those four terms is written, so by means of a verbal analogy, the requirement to pay from one's best-quality property applies to each of them.

NOTES

To exclude an informer – לְמַעוֹטֵי מוֹסֵר: One who informs the authorities about the actions of another and causes him a monetary loss is required to fully compensate his victim. Even though, according to some opinions, one who indirectly causes another financial loss is not liable to compensate him, everyone agrees that an informer is liable because his payment is not considered monetary restitution, but rather a fine.

It is a case of speech that involves an action – דִּיבּוּרָא דְּאִית בֵּיהּ מַעֲשֶׂה הוּא: According to the opinion, accepted as the *halakha*, that a husband is liable for defaming his wife only after he engaged in intercourse with her, it is clear why the case is defined as speech that is also an action. *Tosafot* add that even if one does not accept that opinion, the Gemara can be explained according to the opinion that liability is incurred only in a case in which the husband hires false witnesses to testify that his wife was guilty of adultery. The hiring of witnesses is sufficient to consider the defamation a case of speech involving an action.

All of them are characterized as primary categories, to pay from one's best-quality property – כּוּלָּן כְּאָבוֹת לְשַׁלֵּם מִמֵּיטָב: According to this answer of the Gemara there are a number of difficulties that arise. First, why did the Gemara above (2a) insist that the concept of primary categories indicates that there are subcategories if it is possible that they are called primary categories because one who is liable for damage of that kind pays from his best-quality property, as the Gemara suggests here, and not because they have subcategories? Moreover, why does the Gemara presume that for damage classified as a subcategory one does not pay from his best-quality property? *Tosafot* explain that with regard to the subcategories mentioned in the mishna, it was clear to the Gemara that one liable for such damage also pays from his best-quality property and therefore the term primary categories had to indicate the existence of subcategories. By contrast, with regard to other forms of damage mentioned in the Gemara here, the matter is not so clear. Therefore, Rabbi Ḥiyya and Rabbi Oshaya stressed that restitution for these categories of damage is also paid from one's best-quality property.

HALAKHA

All of them are characterized as primary categories, to pay from one's best-quality property – כּוּלָּן כְּאָבוֹת לְשַׁלֵּם מִמֵּיטָב: One who causes damage, whether personal injury or other forms of damage, to another, such as a priest who renders another person's offering *piggul* or an informer who causes governmental authorities to confiscate another person's property, must pay the injured party for the damage he caused with money or movable property. If he owns only land, then payment is made from his best-quality land (Rambam *Sefer Nezikin, Hilkhot Ḥovel UMazik* 1:1, 7:4, 7:16, 8:1; *Shulḥan Arukh, Ḥoshen Mishpat* 348:5).

״לֹא הֲרֵי הַשּׁוֹר כַּהֲרֵי הַמַּבְעֶה״. מַאי קָאָמַר? אָמַר רַב זְבִיד מִשְּׁמֵיהּ דְּרָבָא, הָכִי קָאָמַר: לִכְתּוֹב רַחֲמָנָא חֲדָא וְתֵיתֵי אִידָךְ מִינֵּיהּ! הֲדַר אָמַר: חֲדָא מֵחֲדָא לָא אָתְיָא.

§ The mishna states: The defining characteristic of **the** primary category of **Ox is not similar to** the defining characteristic of **the** primary category of ***Maveh*****.** The Gemara asks: **What is** the mishna **saying? Rav Zevid said in the name of Rava** that **this is** what the mishna **is saying: Let the Merciful One write one** of the primary categories **and derive the other** categories **from it. Then** the *tanna* **says:** It is **not** possible to **derive one** category **from one** other category, as each category has its unique characteristics.

״וְלֹא זֶה וָזֶה שֶׁיֵּשׁ בָּהֶן רוּחַ חַיִּים״. מַאי קָאָמַר? אָמַר רַב מְשַׁרְשְׁיָא מִשְּׁמֵיהּ דְּרָבָא, הָכִי קָאָמַר:

The mishna continues: **And** the defining characteristics of **this** category of Ox **and that** category of *Maveh*, **in which there is a living spirit,** are not similar to the defining characteristic of the category of Fire, in which there is no living spirit. The Gemara asks: **What is** the *tanna* **saying? Rav Mesharshiyya said in the name of Rava** that **this is** what the *tanna* **is saying:**

Perek **I**
Daf **5** Amud **b**

לִכְתּוֹב רַחֲמָנָא תַּרְתֵּי, וְתֵיתֵי אִידָךְ מִינַּיְיהוּ. הֲדַר אָמַר: חֲדָא מִתַּרְתֵּי לָא אָתֵי.

Let the Merciful One write only **two** of the primary categories **and derive** the **other** categories **from them.**[N] **Then** the *tanna* **says:** It is **not** possible to **derive one** category **from two** other categories, as each category has its own unique characteristics, which prevent the derivation of a new category even from a combination of two categories.

אָמַר רָבָא: וְכוּלְּהוּ כִּי שָׁדֵית בּוֹר בֵּינַיְיהוּ, אָתְיָא כּוּלְּהוּ בְּמָה הַצַּד, לְבַר מִקֶּרֶן, מִשּׁוּם דְּאִיכָּא לְמִיפְרַךְ: מָה לְכוּלְּהוּ שֶׁכֵּן מוּעָדִין מִתְּחִילָּתָן.

Rava said: And with regard to **all of** the primary categories in the mishna, **when you cast** the primary category of **Pit among them, all** of the rest **of them can** then **be derived through** an analogy based on **the common factor** of two categories. This is the case with all of the categories **except for Goring, due to** the fact **that there is** room **to refute** the analogy to teach the *halakha* of Goring with the following contention: **What** is notable **about all of** the other categories? They are notable **in that they are forewarned from their outset.**[H] Since it is the typical manner of the animal to trample and eat, and the typical manner of fire to burn, and the typical manner of a pit to serve as an obstacle, the owner is always forewarned with regard to safeguarding against damage and is liable to pay full damages for his failure to prevent the damage even the first time. With regard to Goring, the animal is innocuous for the first three instances of damage and only thereafter is the animal forewarned, rendering its owner liable to pay full damages.

וּלְמַאן דְּאָמַר: אַדְּרַבָּה, קֶרֶן עֲדִיפָא שֶׁכַּוָּונָתוֹ לְהַזִּיק – אֲפִילּוּ קֶרֶן נַמִי אָתְיָא.

And according to the one who says: On the contrary, Goring is superior in the sense that one's liability in a case of Goring is more apparent, **as the objective of** the ox's action **is to cause damage, even Goring** can **be derived** from the common factor of two sources.

אֶלָּא לְמַאי הִלְכְתָא כְּתָבִינְהוּ רַחֲמָנָא? לְהִלְכוֹתֵיהֶן.

The Gemara asks: **But** if all the categories can be derived from another category and Pit, **for** the purpose of deriving **what** ***halakha*** **did the Merciful One write** all the primary categories explicitly? The Gemara answers: It is in order **to** derive **their** unique ***halakhot*** that apply exclusively to each category.

NOTES

And derive the other categories from them – וְתֵיתֵי אִידָךְ מִינַּיְיהוּ: According to the Gemara's interpretation of the mishna, the mishna initially rejects the possibility of deriving one's liability in one primary category from another through a simple inductive analogy based on the fact that generally the *halakha* stated by the Torah with regard to one case will also apply to a similar case. The mishna rejects the use of this induction with regard to the primary categories of damage because each of the primary categories has distinct characteristics, and one cannot assume that the *halakhot* pertaining to them will be the same. The mishna then proceeds to suggest using a more complex form of induction that assumes that if the same *halakha* applies to two different cases, then it should also apply to any case that has the same characteristics as those shared by the first two cases. The mishna also rejects this because each of the primary categories has a characteristic that is unique to that category, despite sharing other characteristics with two other categories. For example, even if Fire shares some of the shared characteristics of Ox and *Maveh*, it does not share all of them, because whereas in Ox and *Maveh* the damage is caused by something with a living spirit, in Fire that is not the case.

HALAKHA

In that they are forewarned from their outset – שֶׁכֵּן מוּעָדִין מִתְּחִילָּתָן: One is considered forewarned with regard to all of the primary categories of damage and all of their subcategories from the outset so that he is liable for the full cost of the damage caused. There is an exception for Goring and its subcategories, with regard to which an ox is initially considered innocuous, such that one is liable for only half the cost of the damage caused; the ox is considered forewarned only after it causes damage three times and its owner is informed of the goring each of those times (Rambam *Sefer Nezikin*, *Hilkhot Hovel UMazik* 1:5, 2:1; *Shulḥan Arukh*, *Ḥoshen Mishpat* 389:6, 9).

קֶרֶן – לְחַלֵּק בֵּין תַּמָּה לְמוּעֶדֶת;

Goring is written explicitly in order **to distinguish between** the *halakhot* of damage caused by **an innocuous** animal **and** damage caused by **a forewarned** animal.

שֵׁן וָרֶגֶל – לְפוּטְרָן בִּרְשׁוּת הָרַבִּים;

Eating and Trampling are written explicitly in order **to exempt**[H] from liability those whose animals perform the actions in these categories **in a public domain.**

בּוֹר – לִפְטוֹר בּוֹ אֶת הַכֵּלִים. וּלְרַבִּי יְהוּדָה דִּמְחַיֵּיב עַל נִזְקֵי כֵלִים בְּבוֹר – לִפְטוֹר בּוֹ אֶת הָאָדָם;

Pit is written explicitly in order **to exempt** one from liability **for** damage to **vessels**[H] caused when they fall into a pit. The Gemara adds: **And according to** the opinion of **Rabbi Yehuda, who deems one liable** even **for damage to vessels** caused when they fall **into a pit,** Pit was written in order **to exempt** one from liability **for** the death of **a person**[NH] who was killed by falling into a pit. Rabbi Yehuda concedes that the possessor of the pit is exempt because the person who ultimately fell into the pit was capable of avoiding it.

אָדָם – לְחַיְּיבוֹ בְּאַרְבָּעָה דְּבָרִים;

Man is written explicitly in order **to render him liable for four** additional **types** of indemnity,[H] beyond the payment of damages for the diminution in value caused when one injures a person.

אֵשׁ – לִפְטוֹר בּוֹ אֶת הַטָּמוּן. וּלְרַבִּי יְהוּדָה דִּמְחַיֵּיב עַל נִזְקֵי טָמוּן בְּאֵשׁ, לְאַתּוּיֵי מַאי?

Fire is written explicitly in order **to exempt** one from liability for damage caused to **a concealed** object,[H] e.g., one hidden by grain, that was consumed by fire. The Gemara asks: **And according to Rabbi Yehuda, who deems one liable** even **for damage** done to **a concealed** object damaged by **fire, to add what** *halakha* does the Torah mention the category of Fire explicitly?

NOTES

To exempt one from liability for the death of a person – לִפְטוֹר בּוֹ אֶת הָאָדָם: The Gemara later derives this from the verse: "And an ox or a donkey fall therein" (Exodus 21:33), indicating that the owner of the pit is liable only for damage done to animals and not for any people who fall into his pit and die. This is the traditional interpretation of this verse, but it is also based on logic. People are intelligent and aware of possible dangers to them and must be vigilant enough to avoid those dangers (*Ḥizkuni*; Abravanel).

HALAKHA

Eating and Trampling are written in order to exempt, etc. – שֵׁן וָרֶגֶל לְפוּטְרָן וכו׳: The owner of an animal is liable to pay for damage caused by the categories of Eating or Trampling only if his animal caused the damage on the private property of the person whose property was damaged. The owner is exempt from liability for such damage in the public domain (Rambam *Sefer Nezikin, Hilkhot Ḥovel UMazik* 1:8; *Shulḥan Arukh, Ḥoshen Mishpat* 389:15).

To exempt one from liability for damage to vessels – לִפְטוֹר בּוֹ אֶת הַכֵּלִים: If vessels fall into a pit and are damaged or broken, the owner of the pit is exempt from having to pay for the damage (Rambam *Sefer Nezikin, Hilkhot Ḥovel UMazik* 13:1; *Shulḥan Arukh, Ḥoshen Mishpat* 410:21).

To exempt one from liability for the death of a person – לִפְטוֹר בּוֹ אֶת הָאָדָם: The Sages had a tradition that the owner of a pit is not obligated to pay for damage caused by his pit to either people or vessels. Therefore, if someone fell into a pit and died, regardless of whether he was a free man or a slave, and even if he was blind or he fell in at night, the owner of the pit is exempt from liability (Rambam *Sefer Nezikin, Hilkhot Nizkei Mamon* 12:16, 13:1; *Shulḥan Arukh, Ḥoshen Mishpat* 410:20).

To render him liable for four types of indemnity – לְחַיְּיבוֹ בְּאַרְבָּעָה דְּבָרִים: One who injures another must pay him not only for the cost of the injury, i.e., the depreciation in his value due to the injury, but also for the pain, the medical costs, his loss of livelihood, and the humiliation he endured (Rambam *Sefer Nezikin, Hilkhot Ḥovel UMazik* 1:1; *Shulḥan Arukh, Ḥoshen Mishpat* 420:3).

Fire is written in order to exempt one from liability for damage caused to a concealed object – אֵשׁ לִפְטוֹר בּוֹ אֶת הַטָּמוּן: If one lights a fire on his own property and it spreads to another person's field, and there it consumes a heap of grain, and embedded in that heap were various objects that were also consumed by the fire, one is exempt from liability to pay for them, even if such objects are commonly stored in a heap of grain, e.g., threshing implements and equipment used with the cattle. Nevertheless, if one lit the fire on another's property he does have to pay for objects ordinarily found in a heap of grain, and he is exempt from liability only for objects that are not usually found in a heap of grain (Rambam *Sefer Nezikin, Hilkhot Nizkei Mamon* 14:8–9; *Shulḥan Arukh, Ḥoshen Mishpat* 418:13).

Perek **I**
Daf **6** Amud **a**

לְאַתּוּיֵי לִיחֲכָה נִירוֹ וְסִכְסְכָה אֲבָנָיו.

The Gemara answers: It serves **to add** cases where the fire **scorched** another's **plowed field and** cases in which **it singed his stones.**[H] Even though the damaged object remains intact and is not consumed by the fire, one is still liable to pay for the damage caused.

״הַצַּד הַשָּׁוֶה שֶׁבָּהֶן״. לְאַתּוּיֵי מַאי? אֲמַר אַבָּיֵי: לְאַתּוּיֵי אַבְנוֹ סַכִּינוֹ וּמַשָּׂאוֹ שֶׁהִנִּיחָן בְּרֹאשׁ גַּגּוֹ וְנָפְלוּ בְּרוּחַ מְצוּיָה וְהִזִּיקוּ.

§ The mishna teaches: **The common denominator of** the components in all these categories is that it is their typical manner to cause damage. The Gemara asks: In order **to add what** *halakha* is this statement cited in the mishna? **Abaye said:** The stating of the common denominator in the mishna serves **to add** that one is liable in a case of **his stone, his knife, or his load, where he placed them on top of his roof, and they fell** off the roof **by means of a common wind and caused damage.**

HALAKHA

Scorched a plowed field and it singed his stones – לִיחֲכָה נִירוֹ וְסִכְסְכָה אֲבָנָיו: If a fire spread and scorched the dirt or stones in a field and thereby damaged them, the one who lit the fire is liable to pay for the damage (Rambam *Sefer Nezikin, Hilkhot Nizkei Mamon* 14:8; *Shulḥan Arukh, Ḥoshen Mishpat* 418:2).

HALAKHA

His stone, his knife, or his load…as they are moving – אַבְנוֹ וְסַכִּינוֹ וּמַשָּׂאוֹ...בַּהֲדֵי דְּקָא אָזְלִי: If one placed his stone, knife, or load on a roof, and the item was carried off by a common wind and caused damage as it fell, one is liable to pay the full cost of the damage. This is considered a subcategory of Fire (Rambam *Sefer Nezikin, Hilkhot Nizkei Mamon* 14:16).

We learned that one is liable to pay for damage caused by all obstacles from one's pit – כּוּלָּם מִבּוֹרוֹ לָמַדְנוּ: Anyone who places an obstacle, such as a stone, knife, or load, in the public domain is liable for any damage that they cause. One is liable regardless of whether or not one declared the objects to be ownerless, as the *halakha* is in accordance with the opinion of Shmuel, whose opinion is always accepted in his disputes with Rav concerning monetary law. Similarly, if one places objects on one's roof and they are carried off by a common wind and cause damage after they have already come to rest on the ground, one is liable to pay the full cost of the damage. All these forms of damage are considered to be subcategories of Pit (Rambam *Sefer Nezikin, Hilkhot Nizkei Mamon* 13:2; *Shulhan Arukh, Hoshen Mishpat* 411:1).

הֵיכִי דָּמֵי? אִי בַּהֲדֵי דְּקָא אָזְלִי קָא מַזְּקִי, הַיְינוּ אֵשׁ;

The Gemara asks: **What are the circumstances** in which one would be liable for the damage that was caused? **If** it is a case **where** those items **cause damage as they are moving**[H] through the air propelled by the wind, **that is** a subcategory of **Fire.**

מַאי שְׁנָא אֵשׁ – דְּכֹחַ אַחֵר מְעוֹרָב בּוֹ וּמָמוֹנְךָ וּשְׁמִירָתוֹ עָלֶיךָ, הָנֵי נַמִי – כֹּחַ אַחֵר מְעוֹרָב בָּהֶן וּמָמוֹנְךָ וּשְׁמִירָתָן עָלֶיךָ!

Therefore, one could claim: If so, **what is different** about **Fire** that defines it as a unique category? It is **that another force is involved with it** in causing damage,[N] as it is the wind that causes the fire to spread and cause damage; **and** the entity propelled by the wind is **your property, and** responsibility for **its safeguarding,** to prevent it from causing damage, is incumbent **upon you.** In **these** cases, **too, another force is involved with them** in causing damage; **and** the objects are **your property, and** responsibility for **their safeguarding,** to prevent them from causing damage, is incumbent **upon you.** Perforce, there is no need for the common denominator in the mishna to teach the case of an object that causes damage when propelled off a roof by the wind. That case is included in the primary category of Fire that is explicitly mentioned in the mishna.

וְאֶלָּא בָּתַר דְּנַיְיחִי, אִי דְּאַפְקְרִינְהוּ, בֵּין לְרַב בֵּין לִשְׁמוּאֵל הַיְינוּ בּוֹר;

Rather, perhaps the common denominator serves to teach the *halakha* that one is liable when **after** those objects fall from the roof **they come to rest** on the ground, and they cause damage as an obstacle on which a person or an animal stumbles. The mishna teaches that the one who placed them on the roof is liable. The Gemara questions this explanation: What are the circumstances in which one is liable? **If** it is a case **where one declared them ownerless, both according to Rav and according to Shmuel, this is** a subcategory of **Pit.**

מַאי שְׁנָא בּוֹר – שֶׁכֵּן תְּחִילַּת עֲשִׂיָּיתוֹ לְנֶזֶק וּמָמוֹנְךָ וּשְׁמִירָתָן עָלֶיךָ, הָנֵי נַמִי – תְּחִילַּת עֲשִׂיָּיתָן לְנֶזֶק וּמָמוֹנְךָ וּשְׁמִירָתָן עָלֶיךָ!

Therefore, one could claim: **What is different** about **Pit** that defines it as a unique category? It is **that its initial formation,** i.e., the digging of the pit, **is** done in a manner that can **result in damage, and** it is **your property, and** responsibility for **its safeguarding,** to prevent it from causing damage to others, is incumbent **upon you.** With regard to **these** items he had placed on the roof, **too, their initial formation,** i.e., when the obstacle reached the public domain, **is** done in a manner that can **result in damage, and** they are **your property, and** responsibility for **their safeguarding,** to prevent them from causing damage, is incumbent **upon you.** Perforce, there is no need for the common denominator in the mishna to teach the case where the objects fell from the roof, came to rest in the public domain, and were declared ownerless. That case is included in the primary category of Pit that is explicitly mentioned in the mishna.

אֶלָּא דְּלָא אַפְקְרִינְהוּ, לִשְׁמוּאֵל דְּאָמַר כּוּלָּם מִבּוֹרוֹ לָמַדְנוּ, הַיְינוּ בּוֹר!

Rather, perhaps the common denominator serves to teach the *halakha* that one is liable even in a case **where one did not declare them ownerless.** The Gemara asks: **According to Shmuel, who says: We learned** that one is liable to pay for damage caused by **all** obstacles that one places in a public domain, whether or not he declares them ownerless, **from** the *halakhot* with regard to **one's pit;**[H] **this is** a subcategory of **Pit.**[N] The question remains: What *halakha* does the common denominator in the mishna teach?

NOTES

That another force is involved with it in causing damage – דְּכֹחַ אַחֵר מְעוֹרָב בּוֹ: The Rashba notes that the Gemara uses this factor in two different ways. Sometimes, it is presented as a reason to limit one's liability, since the damage caused was not exclusively the product of one's actions. At other times it is used to expand one's liability, as even though the damage was caused only once, an additional force was involved, and since one should have considered that possibility one is held liable even in that case. For example, the Gemara states that if one places a stone on a roof and it is carried off by a common wind and causes damage, on the one hand the involvement of the wind is a reason to exempt one from liability, as the case is not similar to the category of Pit, where the hazard is created entirely by the person who formed it; on the other hand, the involvement of the wind makes the case similar to the category of Fire, in which the wind is also involved in causing the damage, and therefore one is liable.

According to Shmuel…this is Pit – לִשְׁמוּאֵל...הַיְינוּ בּוֹר: Even according to Rav's opinion, the mishna would still be difficult as, according to Rav, if one does not declare the items placed in the public domain to be ownerless, then any damage caused would be a subcategory of Ox (see 3b).

לְעוֹלָם דְּאַפְקְרִינְהוּ, וְלָא דָּמוּ לְבוֹר, מַה לְבוֹר שֶׁכֵּן אֵין כֹּחַ אַחֵר מְעוֹרָב בּוֹ, תֹּאמַר בְּהָנֵי שֶׁכֹּחַ אַחֵר מְעוֹרָב בָּהֶן.

The Gemara answers: **Actually,** the mishna teaches one's liability in a case **where one declared** the objects **ownerless, and** even if he declared them ownerless, those objects **are not similar to** the primary category of **Pit. What** is notable **about** the primary category of **Pit?** It is notable **in that there is no other force involved with it** in causing the damage. **Will you say** the same **with regard to these** cases, **where** there is **another force involved with it** in causing the damage, i.e., the wind that propelled them from the roof to rest on the ground?

אֵשׁ תּוֹכִיחַ.

The Gemara suggests: If one attempts to challenge the derivation from Pit in this manner, it is possible to respond: The *halakha* of the primary category of **Fire will prove** that this factor, that there is another force involved with the object in causing the damage, is not a reason to exempt one from paying restitution for the damage, as although there is another force involved in the spreading of a fire, one is liable for the damage the fire causes, so the *halakha* with regard to these objects can be derived from that of Fire.

מַה לְאֵשׁ שֶׁכֵּן דַּרְכּוֹ לֵילֵךְ וּלְהַזִּיק.

The Gemara questions the derivation from Fire: **What** is notable **about Fire?** It is notable **in that its** typical **manner** is **to proceed** from one place to another **and** cause **damage.** Will you say the same with regard to these objects propelled by the wind into the public domain, where it is not their typical manner to proceed and cause damage? Accordingly, how can one learn the *halakha* in this case from that of Fire?

בּוֹר תּוֹכִיחַ. וְחָזַר הַדִּין.

The Gemara suggests: If one attempts to challenge the derivation from Fire in this manner, it is possible to respond: The *halakha* of the primary category of **Pit will prove** that the lack of this characteristic, of a typical manner being to proceed and cause damage, is not a reason to exempt the owner of the objects from paying restitution for the damage, as that is the nature of Pit, and one is liable for damage caused by his pit. The Gemara notes: **And** as Pit and Fire each prove that the defining characteristic of the other is not decisive in establishing liability or exemption, **the derivation has reverted** to its starting point, and liability in these cases is derived from the common denominator of Pit and Fire. This is the *halakha* added by the common denominator stated in the mishna.

רָבָא אָמַר: לְאַתּוּיֵי בּוֹר הַמִּתְגַּלְגֵּל בְּרַגְלֵי אָדָם וּבְרַגְלֵי בְהֵמָה.

Rava said: The stating of the common denominator in the mishna serves **to add** the *halakha* that one is liable in a case of **Pit where** an object **is rolled**[NH] **by the feet of a person or the hooves of an animal.** This is a case where one placed an obstacle in a public domain and the obstacle caused no damage where it was placed, but subsequently was kicked by passersby to a different location where it caused damage.

הֵיכִי דָּמֵי? אִי דְּאַפְקְרִינְהוּ, בֵּין לְרַב בֵּין לִשְׁמוּאֵל הַיְינוּ בּוֹר;

The Gemara asks: **What are the circumstances** in which one is liable for damage in that case? **If** it is a case **where one declared** the objects **ownerless, both according to Rav and according to Shmuel this is** a subcategory of **Pit.**

מַאי שְׁנָא בּוֹר – שֶׁכֵּן תְּחִילַּת עֲשִׂיָּיתוֹ לְנֶזֶק וּשְׁמִירָתוֹ עָלֶיךָ, הָנֵי נָמֵי – תְּחִילַּת עֲשִׂיָּיתָן לְנֶזֶק וּשְׁמִירָתָן עָלֶיךָ!

Therefore, one could claim: **What is different** about **Pit** that it is defined as a unique category? It is **that its initial formation,** i.e., the digging of the pit, **is** done in a manner that can **result in damage, and** responsibility for **its safeguarding,** to prevent it from causing damage to others, is incumbent **upon you.** With regard to **these** objects, **too, their initial formation,** i.e., they are placed in the public domain, **is** done in a manner that can **result in damage, and** responsibility for **their safeguarding,** to prevent them from causing damage, is incumbent **upon you.** Perforce, there is no need for the mishna to state their common denominator to teach the *halakha* in the case where the objects came to rest and are declared ownerless. That case is included in the primary category of Pit that is explicitly mentioned in the mishna.

NOTES

Pit where an object is rolled – בּוֹר הַמִּתְגַּלְגֵּל: Rashi mentions a variant text of the Gemara that includes the additional clause that if the obstacle causes damage while still in motion, then the damage is considered to be the result of one's direct force. Although Rashi states that this version is incorrect, *Tosafot* accept it. *Tosafot* explain that according to this version, if the object was propelled by a person, then if it caused damage while still in motion, the person who propelled it is liable. If he kicked it intentionally then he bears full liability, and if he did so unintentionally then the payment of the damages is split equally between him and the person who placed the obstacle in the public domain. Similarly, if the obstacle was propelled by an animal, the owner of the animal is liable to pay half of the damages. By contrast, if the obstacle caused damage only after it came to rest, then the person who placed the obstacle in the public domain bears sole liability for the damage.

Other commentaries that accept this version of the Gemara differ with the opinion of *Tosafot* in some details. For example, some hold that even when the obstacle was intentionally kicked by a person and caused damage while in motion, the person who placed the obstacle in the thoroughfare bears liability for half of the damage (Meiri).

HALAKHA

Pit where an object is rolled – בּוֹר הַמִּתְגַּלְגֵּל: With regard to one who places an obstacle, such as a stone, in the public domain, and it did not cause damage in that location but was then propelled by the feet of people or animals causing it to move: If it caused damage while still in motion, then if it was propelled by a person as he walked, that person is liable for all the damage because he acted in a negligent manner; the one who placed the obstacle in the thoroughfare is exempt. If the obstacle was propelled by an animal, then the owner of the animal is liable to pay for half of the damage and the one who placed the obstacle in the thoroughfare is liable to pay for the other half of the damage. If, however, the obstacle caused damage only after it had come to rest in a new location, then the damage is classified as a subcategory of Pit, and the one who placed the obstacle in the thoroughfare is liable for damage in accordance with all the *halakhot* pertaining to Pit (*Shulḥan Arukh*, *Ḥoshen Mishpat* 411:3–4, 6).

אֶלָּא דְּלָא אַפְקְרִינְהוּ, לִשְׁמוּאֵל דְּאָמַר כּוּלָּם מִבּוֹרוֹ לָמַדְנוּ, הַיְינוּ בּוֹר!

Rather, perhaps the common denominator serves to teach the *halakha* that one is liable even in a case **where one did not declare** the objects **ownerless.** The Gemara asks: **According to Shmuel, who says: We learned** that one is liable for damage caused by **all** obstacles that one places in a public domain, whether or not he declares them ownerless, **from** the *halakhot* with regard to **one's pit, this is** a subcategory of **Pit.** What *halakha* does the common denominator in the mishna teach?

לְעוֹלָם דְּאַפְקְרִינְהוּ, וְלָא דָּמֵי לְבוֹר, מַה לְּבוֹר שֶׁכֵּן מַעֲשָׂיו גָּרְמוּ לוֹ, תֹּאמַר בְּהָנֵי שֶׁאֵין מַעֲשָׂיו גָּרְמוּ לוֹ.

The Gemara answers: **Actually,** the mishna teaches one's liability in a case **where one declared** the objects **ownerless, and** even if he declared them ownerless, those objects **are not similar to** the primary category of **Pit. What** is notable **about** the primary category of **Pit?** It is notable **in that one's actions,** the digging of the pit, **cause** the damage. **Will you say** the same **with regard to these** cases, **where one's actions do not cause** damage? Rather, it is the feet of the passersby that caused the damage, by rolling the object to a different location where it caused damage.

שׁוֹר יוֹכִיחַ.

The Gemara suggests: If one attempts to challenge the derivation from Pit in this manner, it is possible to respond: The *halakha* of the primary category of **Ox will prove** that this fact, that one's actions do not cause the damage, is not a reason to exempt one from paying restitution for the damage, as although the owner's actions do not cause the ox to cause damage, one is liable for the damage caused by his ox.

מַה לְּשׁוֹר שֶׁכֵּן דַּרְכּוֹ לֵילֵךְ וּלְהַזִּיק – בּוֹר תּוֹכִיחַ.

The Gemara questions the derivation from Ox: **What** is notable **about Ox?** It is notable **in that** it is the typical **manner** of the animals in these categories **to proceed** from one place to another **and** cause **damage.** By contrast, in the case of the obstacle kicked by passersby to a different location where it caused damage, it is not its typical manner to proceed and cause damage. Accordingly, how can one learn the *halakha* in this case from the primary category of Ox? The Gemara suggests: The primary category of **Pit will prove** that this fact, that the typical manner of a category's components is not to proceed and cause damage, is not a reason to exempt one from paying restitution for the damage, as that is the nature of Pit, and one is liable for damage caused by his pit.

וְחָזַר הַדִּין, לֹא רְאִי זֶה כִּרְאִי זֶה.

The Gemara notes: **And** as Pit and Ox each proves that the defining characteristic of the other is not decisive in establishing one's liability or exemption, **the derivation has reverted** to its starting point, which is that the defining **characteristic** of **this** primary category of Ox **is not similar to** the defining **characteristic** of **that** category of Pit, and liability in these cases is derived from the common denominator of Pit and Ox. This is the *halakha* added by the common denominator stated in the mishna.

רַב אַדָּא בַּר אַהֲבָה אָמַר: לְאַתּוּיֵי הָא דְּתַנְיָא, כׇּל אֵלּוּ שֶׁאָמְרוּ: פּוֹתְקִין בִּיבוֹתֵיהֶן וְגוֹרְפִין מְעָרוֹתֵיהֶן, בִּימוֹת הַחַמָּה אֵין לָהֶם רְשׁוּת, בִּימוֹת הַגְּשָׁמִים יֵשׁ לָהֶם רְשׁוּת, אַף עַל פִּי שֶׁבִּרְשׁוּת, אִם הִזִּיקוּ – חַיָּיבִים לְשַׁלֵּם.

Rav Adda bar Ahava said: The stating of the common denominator in the mishna serves **to add** the *halakha* that one is liable to pay damages in **this** case **that is taught** in a *baraita*: With regard to **all those** people **who** engage in activities that the Sages **stated** are permitted, i.e., those who **open their gutters**[H] and drain the sewage from their houses into the public domain, **and** those who **flush out** the water from **their caves,**[B] where foul-smelling water was stored, into the public domain, **during the summer they do not have permission**[N] to do so, while **during the rainy season they have permission** to do so, since the street is rained upon in any event and thereby washed. And **although** all these people perform their actions **with permission,**[N] **if they cause damage they are liable to pay** for it.

הֵיכִי דָּמֵי? אִי בַּהֲדֵי דְּקָאָזְלִי מַזְּקִי, כֹּחוֹ הוּא!

The Gemara asks: **What are the circumstances** in which one is liable for damage caused by the sewage? **If** the sewage **causes damage as it is moving,** after he poured it into the public domain, **it is** damage caused by **his** own direct **action,** and it is no different from any other damage caused by a person. According to Rav, it is under the rubric of *Maveh* in the mishna. According Shmuel it appears in the next mishna, and it is not derived from the common denominator mentioned in the mishna.

HALAKHA

Open their gutters, etc. – פּוֹתְקִין וכו׳: The Sages permitted the spilling of one's sewage or water into the public domain only during the rainy season. Nevertheless, even when one has such permission, if the sewage caused injury to someone who slipped on it or the slippery mud that it formed, one is liable for all the damage, as with any other case of Pit. In the summer, one is not permitted to spill such substances in the public domain; if one did so and it caused damage, one certainly bears full liability (Rambam *Sefer Nezikin, Hilkhot Nizkei Mamon* 13:13; *Shulḥan Arukh, Ḥoshen Mishpat* 412:5).

BACKGROUND

Those who flush out the water from their caves – גּוֹרְפִין מְעָרוֹתֵיהֶן: The word cave refers here to a cistern with a roof, where water was stored for use in the house or the garden. During the rainy season people would flush out the old water, which often became putrid over the course of the summer, and replace it with fresh, clean rainwater.

NOTES

During the summer they do not have permission – בִּימוֹת הַחַמָּה אֵין לָהֶם רְשׁוּת: Rashi explains that this is for aesthetic reasons, as in the summer the public domain is attractive, and one is not allowed to spoil its attractiveness for others. Others explain that in the rainy season people are vigilant as they walk, as the streets are muddy and slippery regardless, whereas in the summer they would not be vigilant, and it is therefore prohibited to pour sewage in the public domain, as it could cause damage to passersby.

Although all these people perform their actions with permission – אַף עַל פִּי שֶׁבִּרְשׁוּת: The novelty of this ruling is that even though one has permission to place one's sewage in the public domain, if it causes damage he is liable. This issue is considered at length in Chapter Three, which delineates in which cases the fact that one had permission from the courts to do something exempts one from liability when his actions cause damage and in which cases it does not. In this regard, a distinction exists even between the different primary categories for damage caused in the public domain. In some cases one is exempt because he had permission to be there or take his animal there, whereas in other cases one is liable despite the fact that he had permission to be there.

אֶלָּא בָּתַר דְּנַיֵּיח, הֵיכִי דָּמֵי? אִי דְּאַפְקְרִינְהוּ, בֵּין לְרַב בֵּין לִשְׁמוּאֵל הַיְינוּ בּוֹר; מַאי שְׁנָא בּוֹר – דִּתְחִילַּת עֲשִׂיָּיתוֹ לְנֵזֶק וּמָמוֹנְךָ וּשְׁמִירָתוֹ עָלֶיךָ, הָנֵי נַמִי – תְּחִילַּת עֲשִׂיָּיתָן לְנֵזֶק וּמָמוֹנְךָ וּשְׁמִירָתָן עָלֶיךָ!

Rather, it is in a case where the damage was caused **after** the sewage **came to rest** on the floor, e.g., a passerby slipped on it. The Gemara asks: **What are the circumstances? If** it is a case **where one declared** the sewage **ownerless, both according to Rav and according to Shmuel, this is** a subcategory of **Pit. What is different** about **Pit** that it is defined as a unique category? It is **that its initial formation,** i.e., the digging of the pit, is done in a manner that can **result in damage, and it is your property, and** responsibility for **its safeguarding,** to prevent it from causing damage to others, is incumbent **upon you.** With regard to **this** sewage, **too, its initial formation,** i.e., the placement of the sewage in the public domain, **is** done in a manner that can **result in damage, and it is your property, and** responsibility for **its safeguarding,** to prevent it from causing damage, is incumbent **upon you.**

אֶלָּא דְּלָא אַפְקְרִינְהוּ, לִשְׁמוּאֵל דְּאָמַר כּוּלָּם מִבּוֹרוֹ לָמַדְנוּ, הַיְינוּ בּוֹר!

Rather, perhaps the common denominator serves to teach the *halakha* that one is liable even in a case **where he did not declare** the sewage **ownerless.** The Gemara asks: **According to Shmuel, who says: We learned** that one is liable for damage caused by **all** obstacles that one places in a public domain, whether or not he declares them ownerless, **from** the *halakhot* with regard to **one's pit, this is** a subcategory of **Pit.** The question remains: What *halakha* does the common denominator in the mishna teach?

לְעוֹלָם דְּאַפְקְרִינְהוּ, וְלָא דָּמֵי לְבוֹר, מָה לְבוֹר שֶׁכֵּן שֶׁלֹּא בִּרְשׁוּת, תֹּאמַר בְּהָנֵי דְּבִרְשׁוּת.

The Gemara answers: **Actually,** the mishna teaches one's liability in a case **where he declared** the sewage **ownerless, and** even if he declared it ownerless, it **is not similar to** the primary category of **Pit. What** is notable **about** the primary category of **Pit?** It is notable **in that** the pit was dug in the public domain **without permission.**[N] **Will you say** the same **with regard to these** cases **where** the sewage was channeled into the public domain **with permission?**

NOTES

Without permission – שֶׁלֹּא בִּרְשׁוּת: The early commentaries explain that even if one dug a pit in the public domain with permission, when he declares it ownerless he is acting without permission, because by doing so he leaves a hazardous obstacle without taking the necessary precautions to keep it safe (*Tosafot*; Rashba). This is not comparable to the case of spilling sewage into the public domain where one also declares the waste to be ownerless, since in that case the court is aware that this is what people do and nevertheless gave permission for it.

Perek **I**
Daf **6** Amud **b**

שׁוֹר יוֹכִיחַ.

The Gemara suggests: The primary category of **Ox will prove** that this fact, that the ox, i.e., the cause of the damage, entered the public domain with permission, is not a reason to exempt its owner from payment, as that is the nature of the primary category of Ox, and one is liable for damage caused by his ox.

מָה לְשׁוֹר שֶׁכֵּן דַּרְכּוֹ לֵילֵךְ וּלְהַזִּיק.

The Gemara questions the derivation from Ox: **What** is notable **about Ox?** It is notable **in that** it is the typical **manner** of the animals in these categories **to proceed** from one place to another **and** cause **damage.** By contrast, in the case of the sewage, it is not its typical manner to proceed and cause damage. Accordingly, how can one learn the *halakha* in this case from the primary category of Ox?

בּוֹר תּוֹכִיחַ. וְחָזַר הַדִּין.

The Gemara suggests: If one attempts to challenge the derivation from Ox in this manner, it is possible to respond: The *halakha* of the primary category of **Pit will prove** that the lack of this characteristic, of the typical manner being to proceed and cause damage, is not a reason to exempt one from paying restitution for the damage, as that is the nature of Pit, and one is liable for damage caused by his pit. The Gemara notes: **And** as Pit and Ox each prove that the defining characteristic of the other is not decisive in establishing liability or exemption, **the derivation has reverted** to its starting point, and liability in these cases is derived from the common denominator of Pit and Ox. This is the *halakha* added by the common denominator stated in the mishna.

רָבִינָא אֲמַר, לְאַתּוּיֵי הָא דִּתְנַן: הַכּוֹתֶל וְהָאִילָן שֶׁנָּפְלוּ לִרְשׁוּת הָרַבִּים וְהִזִּיקוּ – פָּטוּר מִלְּשַׁלֵּם; נָתְנוּ לוֹ זְמַן לָקוֹץ אֶת הָאִילָן וְלִסְתּוֹר אֶת הַכּוֹתֶל, וְנָפְלוּ בְּתוֹךְ הַזְּמַן וְהִזִּיקוּ – פָּטוּר, לְאַחַר הַזְּמַן – חַיָּב.

Ravina said: The stating of the common denominator in the mishna serves **to add** the *halakha* that one is liable to pay damages in **this** case **that we learned** in a mishna (117b): In the case of **a wall or a tree that fell** on its own **into the public domain**[H] **and caused damage,** the owner of the wall or tree is **exempt from paying** damages because he is a victim of circumstances beyond his control. But if the court had sensed the potential danger and had **allotted him** a certain amount of **time** during which he was obligated **to chop down the tree**[H] **or to demolish the wall,** and he had not yet done so, **and** the wall or tree **fell** into the public domain **within the** allotted **time and caused damage,** he is **exempt** from paying damages. If he did not do so and it fell **after the** allotted **time** expired, he is **liable**[N] to pay the damages.

הֵיכִי דָּמֵי? אִי דְּאַפְקְרָה, בֵּין לְרַב בֵּין לִשְׁמוּאֵל הַיְינוּ בּוֹר; מַאי שְׁנָא בּוֹר – דְּהֶיזֵּיקוֹ מָצוּי וּשְׁמִירָתוֹ עָלֶיךָ, הָנֵי נַמִּי – הֶיזֵּיקָן מָצוּי וּשְׁמִירָתָן עָלֶיךָ!

The Gemara asks: **What are the circumstances?** If it is a case **where one declared** the fallen tree or wall **ownerless, both according to Rav and according to Shmuel, this is** a subcategory of **Pit. What is different** about the primary category of **Pit** that it is defined as a unique category? What is different is **that its damage is commonplace, and** it is **your property, and** responsibility for **its safeguarding,** to prevent it from causing damage, is incumbent **upon you.** In **these** cases involving the tree and the wall, **too, their damage is commonplace, and** they are **your property, and** responsibility for **their safeguarding,** to prevent them from causing damage, is incumbent **upon you.**

אִי דְּלָא אַפְקְרִינְהוּ, לִשְׁמוּאֵל דְּאָמַר כּוּלָּם מִבּוֹרוֹ לָמַדְנוּ, הַיְינוּ בּוֹר!

If it is a case **where one did not declare them ownerless, according to Shmuel, who says: We learned** that one is liable for damage caused by **all** obstacles that he places in the public domain whether or not he declares them ownerless, **from** the *halakhot* with regard to **one's pit, this is** a subcategory of **Pit.**

לְעוֹלָם דְּאַפְקְרִינְהוּ, וְלָא דָּמֵי לְבוֹר, מַה לְּבוֹר שֶׁכֵּן תְּחִילַּת עֲשִׂיָּיתוֹ לְנֵזֶק, תֹּאמַר בְּהָנֵי שֶׁאֵין תְּחִילַּת עֲשִׂיָּיתָן לְנֵזֶק.

The Gemara answers: **Actually,** the mishna teaches one's liability in a case **where one declared** the tree or wall **ownerless, and** even if he declared them ownerless, they **are not similar to** the primary category of **Pit. What** is notable **about** the primary category of **Pit?** It is notable **in that its initial formation,** i.e., the digging of the pit, **is** done in a manner that can **result in damage. Will you say** the same **with regard to these** cases, **where their initial formation,** i.e., the planting of the tree and the building of the wall, **is not** done in a manner that can **result in damage?**

שׁוֹר יוֹכִיחַ.

The Gemara suggests: The primary category of **Ox will prove** that this factor, of not being initially formed in a manner that can result in damage, is not a reason to exempt its owner from payment, as that is the nature of the primary category of Ox, i.e., an ox is not born in a manner that results in damage, and one is liable for damage caused by his ox.

מַה לְּשׁוֹר שֶׁכֵּן דַּרְכּוֹ לֵילֵךְ וּלְהַזִּיק.

The Gemara questions the derivation from Ox: **What** is notable **about Ox?** It is notable **in that** it is the typical **manner** of the animals in these categories **to proceed** from one place to another **and** cause **damage.** By contrast, in the case of the tree and wall, it is not their typical manner to proceed and cause damage. Accordingly, how can one learn the *halakha* in these cases from the primary category of Ox?

בּוֹר תּוֹכִיחַ. וְחָזַר הַדִּין.

The Gemara suggests: If one attempts to challenge the derivation from Ox in this manner, it is possible to respond: The *halakha* of the primary category of **Pit will prove** that the lack of this characteristic, of the typical manner being to proceed and cause damage, is not a reason to exempt one from paying restitution for the damage, as that is the nature of Pit, and one is liable for damage caused by his pit. The Gemara notes: **And** as Pit and Ox each prove that the defining characteristic of the other is not decisive in establishing liability or exemption, **the derivation has reverted** to its starting point, and liability in the cases of the tree and the wall is derived from the common denominator of Pit and Ox. This is the *halakha* added by the common denominator stated in the mishna.

HALAKHA

A wall or a tree that fell into the public domain – הַכּוֹתֶל וְהָאִילָן שֶׁנָּפְלוּ לִרְשׁוּת הָרַבִּים: If a wall or a tree fell into the public domain where it caused damage, the owner of the wall or tree is exempt from liability whether or not he declared it ownerless. The reason for this exemption is because these instances are not comparable to the category of Pit. To be classified in the category of Pit, the obstacle must be initially placed in the public domain in a way in which it could cause damage from the outset. Here, the tree or wall was initially located on the owner's private property and fell by itself into the public domain. Some say that if the owner had the opportunity to remove the debris, but did not, and he also did not declare the objects to be ownerless, he is liable for any damage caused (Rambam *Sefer Nezikin, Hilkhot Nizkei Mamon* 13:19; *Shulḥan Arukh, Ḥoshen Mishpat* 416:1, and in the comment of Rema).

They allotted him time to chop down the tree – נָתְנוּ לוֹ זְמַן לָקוֹץ: If there is a wall or a tree that is in danger of falling into the public domain, the court assesses the situation and provides a time by which the owner must demolish the wall or cut down the tree. If it fell down and caused damage prior to the deadline, the owner is exempt from liability. If it fell down after the deadline had passed, the owner bears full liability for the damage. One is liable only where the court itself provided a deadline. If other people warned the owner to cut down his tree, he is not liable if it falls, and based on their warning alone he is not even required to remove the hazard.

In a typical case, the court provides thirty days in which one must remove an unstable tree or wall. In situations where the court feels that the danger is imminent, the owner is forced to remove the hazard immediately.

One is exempt in the case in which a wall fell prior to the deadline only where one did not actively cause the wall to collapse, for example, by digging at its foundation (*Beit Yosef*, citing Rashba). Additionally, these *halakhot* apply only when the wall was originally built in a stable fashion, but if the construction was faulty to begin with, and this caused the wall to fall, the owner is liable for all damage it causes (Rambam *Sefer Nezikin, Hilkhot Nizkei Mamon* 13:19; *Shulḥan Arukh, Ḥoshen Mishpat* 416:1, and in the comment of Rema).

NOTES

After the time expired he is liable – לְאַחַר הַזְּמַן חַיָּב: The early commentaries discuss whether the tree or wall caused damage as it fell or only after it fell, by forming an obstacle upon which people or animals stumbled. The Rashba claims the case is one where the tree or wall caused damage only after falling because the Gemara considers this case similar to Pit, and had the falling objects caused damage as they fell the case would be more similar to Fire. The reason the owner is liable for the damage, if it occurred after the allotted time, is due to his failure to clear away the debris after it fell. By contrast, if the tree or wall fell before the allotted time, since he was not yet expected to have dealt with the situation, it cannot be presumed that he was aware of the fact that they fell and so cannot be held liable if he did not clear the debris away.

The Rashba also cites an opinion of *Tosafot* that even if the tree or wall caused damage as they were falling, the case is still classified as being more similar to Pit than to Fire. This is because in the case of Fire another force is involved in causing the damage, whereas in the case of the wall or tree there is no additional force involved. The tree or wall fell only due to weak roots or a weak foundation. *Tosafot* here explain that the discussion covers both damage caused as the objects were falling and the damage caused after they fell.

"כְּשֶׁהִזִּיק חָב הַמַּזִּיק". חָב הַמַּזִּיק? "חַיָּיב הַמַּזִּיק" מִיבָּעֵי לֵיהּ! אָמַר רַב יְהוּדָה אָמַר רַב: הַאי תַּנָּא יְרוּשַׁלְמִי הוּא, דְּתָנֵי לִישָּׁנָא קַלִּילָא.

§ The mishna states: And when a component of any of these categories causes damage, the owner or generator of the component that caused damage is obligated [*ḥav*] to pay restitution with best-quality land. The Gemara asks: Why does the *tanna* of the mishna use the unusual expression: **The one liable for the damage is *ḥav*** to pay? He should have used the more standard expression for liability: **The one liable for the damage is *ḥayyav*** to pay. The Gemara explains: **Rav Yehuda said that Rav said: This *tanna* is a Jerusalemite,**[B] **who teaches** using **a light** and concise **formulation,** as *ḥav* is more concise than *ḥayyav*.

"לְשַׁלֵּם תַּשְׁלוּמֵי נֶזֶק". תָּנוּ רַבָּנַן: "מֵיטַב שָׂדֵהוּ וּמֵיטַב כַּרְמוֹ יְשַׁלֵּם" – מֵיטַב שָׂדֵהוּ שֶׁל נִיזָּק וּמֵיטַב כַּרְמוֹ שֶׁל נִיזָּק, דִּבְרֵי רַבִּי יִשְׁמָעֵאל.

§ The mishna continues: The owner or generator of the component that caused damage is obligated **to pay** restitution for damage with best-quality land. The one liable for the damage is indebted **to pay payments** of restitution **for damage** with his superior-quality land. **The Sages taught** in a *baraita*: The Torah states with regard to paying damages: **"Of the best of his field, and of the best of his vineyard he shall pay"** (Exodus 22:4). What is the meaning of "his field" and "his vineyard"? It refers to that property of the injured party; the one liable for the damage pays from land of a quality that is commensurate to **the best**-quality **field of the injured** party[N] **and** to **the best**-quality **vineyard of the injured** party, even if the property he damaged was of a lesser quality; this is **the statement of Rabbi Yishmael.**

רַבִּי עֲקִיבָא אוֹמֵר: לֹא בָּא הַכָּתוּב אֶלָּא לִגְבּוֹת לַנִּזָּקִין מִן הָעִידִּית, וְקַל וָחוֹמֶר לְהֶקְדֵּשׁ.

Rabbi Akiva says that **the verse comes only to** allow **injured** parties **to collect** compensation **from superior-quality** land belonging to the one liable for the damage, in the event that he has no money or movable property. **And** by means of **an *a fortiori*** inference one can derive that the Temple treasury of **consecrated** property collects from superior-quality land.

וְרַבִּי יִשְׁמָעֵאל, אָכַל שְׁמֵינָה מְשַׁלֵּם שְׁמֵינָה, אָכַל כְּחוּשָׁה מְשַׁלֵּם שְׁמֵינָה?!

The Gemara asks: **And according to** the opinion of **Rabbi Yishmael,** if one's animal **ate** from **a rich** garden bed, it is understandable that he **must pay** the injured party the value of **a rich** garden bed. But if it **ate** from **a poor** garden bed, is it reasonable that he **pays** the value of **a rich** garden bed? While this is the straightforward meaning of his statement, it is untenable, as he would be paying more than the value of the damage he caused.

אָמַר רַב אִידִי בַּר אָבִין: הָכָא בְּמַאי עָסְקִינַן – כְּגוֹן שֶׁאָכַל עֲרוּגָה בֵּין הָעֲרוּגוֹת, וְלָא יָדְעִינַן אִי כְּחוּשָׁה אֲכַל אִי שְׁמֵינָה אֲכַל, דִּמְשַׁלֵּם שְׁמֵינָה.

Rav Idi bar Avin said: With what are we dealing here? We are dealing with a case **where** the animal that caused the damage **ate** from one **garden bed among** other **garden beds, and we do not know whether it ate** from **a poor** one **or it ate** from **a rich** one. In such a case, the *halakha* is **that** the animal's owner **pays** the injured party the value **of a rich** one.

אָמַר רָבָא: וּמָה אִילּוּ יָדְעִינַן דִּכְחוּשָׁה אֲכַל – לָא מְשַׁלֵּם אֶלָּא כְּחוּשָׁה, הַשְׁתָּא דְּלָא יָדְעִינַן אִי כְּחוּשָׁה אֲכַל אִי שְׁמֵינָה אֲכַל – מְשַׁלֵּם שְׁמֵינָה?! הַמּוֹצִיא מֵחֲבֵירוֹ עָלָיו הָרְאָיָה!

Rava raised a question and **said: And if we would know that** the animal **ate** from **a poor** garden bed, its owner would have to **pay only** the value of **a poor** garden bed. **Now that we do not know whether** it **ate** from **a poor** garden bed **or if** it **ate** from **a rich** garden bed, is it reasonable that he should have to **pay** the value of **a rich** garden bed? There is a general principle governing monetary disputes that **the burden of proof falls on the claimant.** Therefore, so long as the injured party cannot prove that the animal ate from the rich garden bed, he should not be entitled to collect the value of such a garden bed.

BACKGROUND

This *tanna* is a Jerusalemite – תַּנָּא יְרוּשַׁלְמִי הוּא: During and following the period in which the mishna was formulated, when Hebrew was still a spoken language in Eretz Yisrael, there were two primary dialects: Judean Hebrew and Galilean Hebrew. The Judean dialect was seen as the exemplary form of the language, both in terms of its lexicon and its syntax, and was even seen as having the superior accent. In contrast, the Galilean dialect was heavily influenced by foreign languages, which led to a deterioration of its lexicon and its accent.

Jerusalem, although situated in Judea, was in many ways culturally distinct from the surrounding areas. This was a result of the fact that from the initial stages of the settlement of the city, members of all the different tribes came to live there. As the city grew and developed, its diversity increased, and it counted among its residents many who came even from other countries. Consequently, as occurs frequently in a big metropolis, Jerusalem developed a dialect all its own that differed from that of the rest of Judea.

It would seem that the Mishna was primarily formulated in the Judean dialect, while a few passages retained traces of the unique dialect of Jerusalem.

NOTES

The best-quality field of the injured party – מֵיטַב שָׂדֵהוּ שֶׁל נִיזָּק: At this point, the Gemara understands Rabbi Yishmael as saying that one who damages another's land should pay the injured party with land that is the same size as the land he damaged; just that the land he pays with should be of superior quality, irrespective of the quality of the damaged land (Rashi). This would often mean that the one who caused damage would forfeit land of greater value than that of the land he damaged. Accordingly, the dispute between Rabbi Yishmael and Rabbi Akiva can be understood as relating both to the assessment of the value of the payment, which according to Rabbi Akiva is based upon the real value of the land that was damaged and according to Rabbi Yishmael is based upon the size of the land damaged, and also to the quality of land that must be provided as payment (*Tosefot Rabbeinu Peretz*; see Ra'avad).

אלא אמר רב אחא בר יעקב: הכא במאי עסקינן – כגון שהיתה עידית דניזק כזיבורית דמזיק,

Rather, Rav Aḥa bar Ya'akov said: With what are we dealing here? We are dealing with a case **where,** after appraising the damage, the court comes to collect from the one liable for the damage, but he does not have money available to pay for the damage. And the *tanna'im* disagree in a case where **the superior-quality** land [*iddit*],[L] i.e., the best land, **of the injured party is equal** in quality **to the inferior-quality** land[B] **of the one liable for the damage,**[NH] and the one liable for the damage also has land of superior quality.

ובהא פליגי; רבי ישמעאל סבר: בדניזק שיימינן, ורבי עקיבא סבר: בדמזיק שיימינן.

And they disagree with regard to this: Rabbi Yishmael holds: We appraise the value of the land **of the injured** party, and therefore the one liable for the damage can pay with his inferior-quality fields, which are equal in quality to the best fields owned by the injured party. **And Rabbi Akiva holds: We appraise** the value of the land **of the one liable for the damage**[H] and have him pay with his fields of superior quality.

מאי טעמא דרבי ישמעאל? נאמר שדה למטה ונאמר שדה למעלה, מה שדה האמור למעלה דניזק – אף שדה האמור למטה דניזק.

The Gemara explains: **What is the reason of Rabbi Yishmael?** The word **"field" is stated below,** toward the end of the verse: "Of the best of his field, and of the best of his vineyard he shall pay" (Exodus 22:4). **And** the word **"field"** is also **stated above,** at the beginning of that same verse: "If a man causes a field or vineyard to be eaten, and he sends forth his animal, and it consumed in the field of another." **Just as the field which is stated above** belongs to **the injured** party, **so too the field stated below** belongs to **the injured** party.

ורבי עקיבא: "מיטב שדהו ומיטב כרמו ישלם" דהאיך דקא משלם.

And Rabbi Akiva holds: When the verse says: **"Of the best of his field and of the best of his vineyard he shall pay,"** it means from the best **of** the one **who is paying,** i.e., from the best fields belonging to the one liable for the damage.

ורבי ישמעאל: אהני גזרה שוה ואהני קרא; אהני גזרה שוה – כדקאמינא,

And how would **Rabbi Yishmael** respond to this? The **verbal analogy** between the two instances of the word "field" **is effective, and** the straightforward meaning of **the verse** itself **is effective. The verbal analogy is effective, as I stated.** It serves to teach that when it says that he pays from the best of his field, it means from land equal in quality to the best field owned by the injured party.

אהני קרא – כגון דאית ליה למזיק עידית וזיבורית, ועידית לניזק, וזיבורית דמזיק לא שויא כעידית דניזק – דמשלם ליה ממיטב דידיה,

And the straightforward meaning of **the verse** itself **is effective,** as it serves to teach a different *halakha*, in a case **where the one liable for the damage has superior-quality** land **and inferior-quality** land, **and the injured** party **has inferior-quality** land, **and the inferior-quality** land **of the one liable for the damage is not as good as the superior-quality** land **of the injured** party. In this case, the *halakha* is **that** the one liable for the damage **pays** the injured party **from his best** land, i.e., from the superior-quality land that he owns.

דלא מצי אמר ליה: תא את גבי מזיבורית, אלא גבי ממיטב.

This is as the one liable for the damage **is** legally **unable to say to him: You** should **come** and **collect from** my **inferior-quality** land. He cannot say this because the standard for classifying land as being of superior-quality is set according to the injured party's superior-quality land, and the inferior-quality land of the one liable for the damage is of a lower quality than that. **Rather,** the injured party **collects** his damages **from** the **best**-quality land of the one liable for the damage.

"רבי עקיבא אומר: לא בא הכתוב אלא לגבות לניזקין מן העידית, וקל וחומר להקדש". מאי קל וחומר להקדש?

§ The *baraita* cited above teaches: **Rabbi Akiva says** that **the verse comes only to** allow **injured** parties **to collect** compensation **from superior-quality** land belonging to the one liable for the damage, in the event that he has no money or movable property. **And** by means of **an *a fortiori*** inference one can derive that the Temple treasury of **consecrated** property collects from superior-quality land. The Gemara asks: **What** is the ***a fortiori*** inference from ordinary damage **to** damage involving the **consecrated** property? To which case does this refer?

LANGUAGE

Superior-quality land [*iddit*] – עידית: Some explain that this word is related to the Hebrew word *adi*, which means an ornament, and therefore *iddit* should be literally translated as beautiful land. Others say that it is cognate with the Arabic عذية, *'adhiya*, meaning fertile land or good soil.

BACKGROUND

Superior-quality land and inferior-quality land – עידית וזיבורית: If there are two parcels of land, one of superior quality and the other of inferior quality, which have the same value, then obviously the land of inferior quality will be much larger than the land of superior quality. Nevertheless, despite its smaller size, people generally would prefer to own the land of superior quality, because due to its superior quality it requires a lower investment in order to yield a larger crop and it is easier to cultivate. For this reason, the lower the quality of land, the more difficult it is to find a buyer for it.

NOTES

The superior-quality land of the injured party is equal in quality to the inferior-quality land of the one liable for the damage – עידית דניזק כזיבורית דמזיק: The commentaries ask: From the Gemara here it would appear that Rabbi Yishmael's opinion is the more lenient one, as he requires the payment to be made according to the value of the superior-quality land of the injured party, even if that is inferior to the average superior-quality land. Yet, the implication of Rabbi Akiva's statement: The verse comes only to allow injured parties to collect compensation from superior-quality land, is that his opinion is the more lenient one. The commentaries explain that even if Rabbi Yishmael is more lenient in this regard, in general his opinion is more stringent because he holds that one assesses the value of the damaged land based not upon its current value but based upon its eventual value. Consequently, even if the produce was not ripe or fully grown when it was consumed, the person liable for the damage must pay the anticipated eventual value of the garden bed (Rashba).

HALAKHA

The superior-quality land of the injured party is equal in quality to the inferior-quality land of the one liable for the damage – עידית דניזק כזיבורית דמזיק: Even if the one liable for the damage owns inferior-quality land that is of similar quality to the injured party's superior-quality land, he must still pay with his superior-quality land (*Shulḥan Arukh*, *Ḥoshen Mishpat* 419:1).

We appraise the value of the land of the one liable for the damage – בדמזיק שיימינן: When the court collects land as payment for damage, it collects the payment from the superior-quality land belonging to the one responsible for the damage. This is in accordance with the opinion of Rabbi Akiva, whose opinion is accepted in his disputes with other individual Sages (Rambam *Sefer Nezikin*, *Hilkhot Nizkei Mamon* 8:10; *Shulḥan Arukh*, *Ḥoshen Mishpat* 419:1).

אִילֵימָא דְּנָגַח תּוֹרָא דִּידַן לְתוֹרָא דְּהֶקְדֵּשׁ – "שׁוֹר רֵעֵהוּ" אָמַר רַחֲמָנָא – וְלֹא שׁוֹר שֶׁל הֶקְדֵּשׁ!

If we say that **our ox**, i.e., an ox belonging to a Jew, **gored an ox that is consecrated** property, there is a difficulty, as **the Merciful One states:** "And if one man's ox hurts the **ox of another**" (Exodus 21:35). This teaches that the *halakha* applies only if the ox hurt an ox belonging to another Jew, **but not** if it hurt **an ox that is consecrated** property.[H] In the latter case no damages are collected.

אֶלָּא לְאוֹמֵר "הֲרֵי עָלַי מָנֶה לְבֶדֶק הַבַּיִת", דְּאָתֵי גִּזְבָּר וְשָׁקֵיל מֵעִידִית.

Rather, we say that the *a fortiori* inference is referring not to a case of damage but **to one who** vows and **says: It is** incumbent **upon me** to donate **one hundred dinars for Temple maintenance.** And the inference teaches that if the one who took the vow has no money, then the Temple **treasurer comes and collects** the hundred dinars **from** his **superior-quality** land.

לֹא יְהֵא אֶלָּא בַּעַל חוֹב,

The Gemara challenges this understanding: The Temple treasurer **should not** be treated any better than an ordinary **creditor,**

HALAKHA

But not if it hurt an ox that is consecrated property – וְלֹא שׁוֹר שֶׁל הֶקְדֵּשׁ: If an ox belonging to a Jew gores an ox that is consecrated to the Temple, or vice versa, no liability is incurred because the case does not fit the description in the Torah, which is referring to an ox injuring "the ox of another" (Rambam *Sefer Nezikin, Hilkhot Nizkei Mamon* 8:1).

וּבַעַל חוֹב בְּבֵינוֹנִית!

and the *halakha* of **a creditor** is to collect only **from intermediate-quality** land,[H] not from superior-quality land.

וְכִי תֵּימָא: סָבַר רַבִּי עֲקִיבָא בַּעַל חוֹב נָמֵי בְּעִידִית, אִיכָּא לְמִיפְרַךְ: מָה לְבַעַל חוֹב שֶׁכֵּן יָפֶה כֹּחוֹ בִּנְזָקִין, תֹּאמַר בְּהֶקְדֵּשׁ שֶׁהוּרַע כֹּחוֹ בִּנְזָקִין!

And if you would say that **Rabbi Akiva holds** that **a creditor** can **collect** the money owed him **from superior-quality** land **as well,** there is still a difficulty; the *a fortiori* inference **can** still **be refuted** in the following manner: **What** is notable **about** an ordinary **creditor?** He is notable **in that** the Torah **enhanced his power with regard to payment of damages,** as an ordinary person can collect payment of damages for loss or injury caused by another's ox. But **can you say** the same about the Temple treasury of **consecrated** property, with regard to which the Torah **weakened its power with regard to payment of damages,** not allowing it to collect such compensation? Accordingly, even if a creditor collects from superior-quality land, it does not necessarily follow that a Temple treasurer would also do so. It is therefore apparent that Rabbi Akiva's *a fortiori* inference is not referring to the case of one who donates money to the Temple.

לְעוֹלָם דְּנָגַח תּוֹרָא דִּידַן לְתוֹרָא דְּהֶקְדֵּשׁ. וּדְקָא קַשְׁיָא לָךְ: "שׁוֹר רֵעֵהוּ" אָמַר רַחֲמָנָא, וְלֹא שׁוֹר שֶׁל הֶקְדֵּשׁ – רַבִּי עֲקִיבָא סָבַר לָהּ כְּרַבִּי שִׁמְעוֹן בֶּן מְנַסְיָא;

The Gemara rejects this: **Actually,** we can explain that we are dealing here with a case **where our ox gored an ox that is consecrated** property. **And** with regard to that **which** posed **a difficulty for you** about this explanation, i.e., that **the Merciful One states:** "The **ox of another**" (Exodus 21:35), which indicates that liability is incurred only for damaging another person's ox **but not for an ox consecrated** to the Temple, **Rabbi Akiva** disagrees with that interpretation and **holds in accordance with** the opinion of **Rabbi Shimon ben Menasya.**[P]

דְּתַנְיָא, רַבִּי שִׁמְעוֹן בֶּן מְנַסְיָא אוֹמֵר: שׁוֹר שֶׁל הֶקְדֵּשׁ שֶׁנָּגַח שׁוֹר שֶׁל הֶדְיוֹט – פָּטוּר, שׁוֹר שֶׁל הֶדְיוֹט שֶׁנָּגַח שׁוֹר שֶׁל הֶקְדֵּשׁ, בֵּין תָּם בֵּין מוּעָד – מְשַׁלֵּם נֶזֶק שָׁלֵם.

As it is taught in a *baraita*: **Rabbi Shimon ben Menasya says:** If **an ox that is consecrated** property **gored an ox belonging to a common person** [*hedyot*],[L] the Temple treasury is **exempt** from liability. By contrast, in the case of **an ox belonging to a common person that gored**[N] **an ox that is consecrated** property, **whether** the ox that gored the other ox was **an innocuous** ox, i.e., an ox with no consistent history of causing damage with the intent to injure, **or** it was **a forewarned** ox, i.e., an ox whose owner was forewarned because his ox had already gored another ox three times, the ox's owner **pays** the **full** cost of the **damage.**

LANGUAGE

Common person [*hedyot*] – הֶדְיוֹט: From the Greek ἰδιώτης, *idiotēs*, which refers to one who holds no special position. The Sages used the word in a similar fashion, e.g., to distinguish between a common priest [*kohen hedyot*] and the High Priest. In the Gemara here, as in other places, *hedyot* is used to signify ownership of an ox by a common person, in comparison to the consecrated property being discussed.

HALAKHA

And the *halakha* of a creditor is to collect only from intermediate-quality land – וּבַעַל חוֹב בְּבֵינוֹנִית: When a creditor collects payment from the borrower's land on the loan he granted, he collects the debt from intermediate-quality land (Rambam *Sefer Mishpatim, Hilkhot Malve VeLoveh* 19:1; *Shulḥan Arukh, Ḥoshen Mishpat* 102:1).

PERSONALITIES

Rabbi Shimon ben Menasya – רַבִּי שִׁמְעוֹן בֶּן מְנַסְיָא: Rabbi Shimon ben Menasya was a disciple of Rabbi Meir and a contemporary of Rabbi Yehuda HaNasi. The Jerusalem Talmud states that Rabbi Shimon ben Menasya and his friend Rabbi Yosei ben HaMeshullam were known as: The holy community. They were called by that appellation because they would divide their days into thirds: One-third for prayer, one-third for Torah study, and one-third for labor. Others say that the moniker was coined because they would engage in Torah study during the winter and in agriculture during the summer. Those who sustain themselves from the labor of their hands and are also among the Torah luminaries of their generation are fit to be called: The holy community.

NOTES

An ox belonging to a common person that gored, etc. – שׁוֹר שֶׁל הֶדְיוֹט שֶׁנָּגַח וכו׳: Rashi explains that Rabbi Shimon ben Menasya understands that the limitation indicated by the phrase: "The ox of another" (Exodus 21:35), applies only to the *halakha* that one pays only half the damages when his innocuous ox gores another's ox. In other words, although the Torah teaches that if one's innocuous ox gores another's ox, one is liable for only half the damages, the phrase "the ox of another" restricts that *halakha* to a case involving an ox belonging to a Jew that gores an ox belonging to another Jew. Accordingly, if the injured ox was one that had been consecrated to the Temple, the owner of the ox that gored would be liable to pay the Temple treasury for the full cost of the damage.

Rashi in tractate *Gittin* (49a) explains further that the *halakha* that the Temple is always exempt from liability for damage caused by a consecrated ox to a privately owned ox is derived from the phrase: "The one whom the judges convict shall pay double to his neighbor" (Exodus 22:8), which indicates that this payment is made only by one person to another person, but never from the Temple treasury. This *halakha* could also be derived from the fact that the verse denotes the belligerent animal as: "One man's ox" (Exodus 21:35), which indicates that only a person can be liable for the actions of his ox.

אִי הָכִי, רַבִּי יִשְׁמָעֵאל וְרַבִּי עֲקִיבָא, מִמַּאי דִּבְעִידִית דְּנִיזָּק וְזִיבּוּרִית דְּמַזִּיק פְּלִיגִי? דִּלְמָא דְּכוּלֵּי עָלְמָא בִּדְנִיזָּק שָׁיְימִינַן, וְהָכָא בִּפְלוּגְתָּא דְּרַבִּי שִׁמְעוֹן בֶּן מְנַסְיָא וְרַבָּנַן קָמִפַּלְגִי,

The Gemara asks: **If so, from where** do you know to say that Rabbi Akiva and Rabbi Yishmael **disagree about** a case where **the superior-quality** land belonging to **the injured** party **and the inferior-quality** land belonging to **the one liable for the damage** are equal in quality, and the one liable for the damage also has land of superior quality, as the dispute was previously interpreted by Rav Aḥa bar Ya'akov? **Perhaps everyone,** including Rabbi Akiva, **agrees** that **we appraise** the value of the land **of the injured** party, **and here they disagree with regard to** the **dispute between Rabbi Shimon ben Menasya and the Rabbis.**

רַבִּי עֲקִיבָא סָבַר כְּרַבִּי שִׁמְעוֹן בֶּן מְנַסְיָא, וְרַבִּי יִשְׁמָעֵאל סָבַר כְּרַבָּנַן!

The Gemara explains: **Rabbi Akiva holds in accordance with** the opinion of **Rabbi Shimon ben Menasya,** that in the case of damage caused by the ox of a common person to the property of the Temple treasury, compensation is collected from superior-quality land belonging to the one liable for the damage. **And Rabbi Yishmael holds in accordance with** the opinion of **the Rabbis,** that the owner of the ox bears no liability. In other words, perhaps in the *baraita* recording the dispute between Rabbi Yishmael and Rabbi Akiva (see 6b), Rabbi Yishmael first taught that land is appraised based on the quality of the injured party's land, and then, although it is not explicit in the *baraita,* he continued to state his opinion that the Temple treasury is unable to collect damages. Accordingly, Rabbi Akiva can be understood as having first expressed his agreement concerning the valuation of land and then proceeding to dispute Rabbi Yishmael's opinion with regard to the Temple treasury.

אִם כֵּן, מַאי "לֹא בָא הַכָּתוּב"?

The Gemara rejects this suggestion: **If it is so** that this is the disagreement, then **what** is the meaning of Rabbi Akiva's statement: **The verse comes only** to allow injured parties to collect compensation from superior-quality land? This indicates that Rabbi Akiva disagrees about how to understand this verse.

וְעוֹד, מַאי "קַל וָחוֹמֶר לַהֶקְדֵּשׁ"?

And furthermore, if the subject is the Temple treasury, **what** is the meaning of: **And** by means of **an *a fortiori*** inference one can derive that the Temple treasury of **consecrated** property[N] collects from superior-quality land. If, as suggested, Rabbi Akiva holds in accordance with the opinion of Rabbi Shimon ben Menasya, then he maintains that damage to consecrated property is dealt with more stringently than damage to another person's property, in that if one's ox damages consecrated property one is liable for the full cost of the damage even if the ox was considered innocuous. If damage to consecrated property is dealt with more stringently, there is no basis to derive an *a fortiori* inference.

וְעוֹד, הָא אֲמַר רַב אַשִׁי, תַּנְיָא בְּהֶדְיָא: "מֵיטַב שָׂדֵהוּ וּמֵיטַב כַּרְמוֹ יְשַׁלֵּם" – מֵיטַב שָׂדֵהוּ שֶׁל נִיזָּק וּמֵיטַב כַּרְמוֹ שֶׁל נִיזָּק, דִּבְרֵי רַבִּי יִשְׁמָעֵאל; רַבִּי עֲקִיבָא אוֹמֵר: מֵיטַב שָׂדֵהוּ שֶׁל מַזִּיק וּמֵיטַב כַּרְמוֹ שֶׁל מַזִּיק.

And furthermore, didn't Rav Ashi say: It is **taught explicitly** in a *baraita*: The verse: **"The best of his field and the best of his vineyard he shall pay"** (Exodus 22:4), teaches that the appraisal is of **the best of the field of the injured** party, **and** of **the best of the vineyard of the injured** party. This is **the statement of Rabbi Yishmael. Rabbi Akiva says:** The appraisal is of **the best of the field of the one liable for the damage,**[NH] and of **the best of the vineyard of the one liable for the damage.** This clearly indicates that according to Rabbi Akiva compensation is collected from the superior-quality land belonging to the one liable for the damage.

רָמֵי לֵיהּ אַבָּיֵי לְרָבָא, כְּתִיב: "מֵיטַב שָׂדֵהוּ וּמֵיטַב כַּרְמוֹ יְשַׁלֵּם", מֵיטָב – אִין, מִידֵּי אַחֲרִינָא – לָא.

§ The Gemara considers others issues concerning the form in which restitution should be paid: **Abaye raises a contradiction** and addresses it **to Rava: It is written: "The best of his field and of the best of his vineyard he shall pay"** (Exodus 22:4), which indicates that from his **best**-quality land, **yes,**[N] he shall pay, but from **something else, no,** he shall not pay.

NOTES

What is the meaning of: And by means of an *a fortiori* inference one can derive that the Temple treasury of consecrated property – מַאי קַל וָחוֹמֶר לַהֶקְדֵּשׁ: According to the Gemara's suggestion here, Rabbi Akiva holds that the phrase: "The best of his field" (Exodus 22:4), teaches a leniency that the one liable for damages is not obligated to pay with the best of his land, but rather may pay with land of similar quality to the best of the injured party's land. Since that verse exists to teach a specific leniency, it is not logical to use it also as the basis of an *a fortiori* inference to teach a stringency (Rashi). Furthermore, if Rabbi Akiva uses the *a fortiori* inference to teach that one is liable for damaging a consecrated ox, in accordance with the opinion of Rabbi Shimon ben Menasya, there is no reason for him to derive that from the *a fortiori* inference he mentions, because he could derive it, as Rabbi Shimon ben Menasya does, from the term "of another" (Exodus 21:35).

Tosafot add that even if one claims that Rabbi Akiva derives from the *a fortiori* inference only that one should pay damages to the Temple from one's best-quality land, it is still difficult to understand why he should present such an opinion to Rabbi Yishmael. This is because Rabbi Yishmael rejects, based on his derivation from a verse, the entire notion that one is liable for damage caused to a consecrated ox. Since he derives it from a verse, an opinion based on an *a fortiori* inference carries no weight.

The best of the field of the one liable for the damage – מֵיטַב שָׂדֵהוּ שֶׁל מַזִּיק: Some suggest an explanation for Rabbi Akiva's opinion that one pays damages with the best property he owns. By damaging another's property or allowing one's animal or property to cause damage, one demonstrates a disregard for the property of others. The Torah therefore incorporates a punitive element into the payment of damages and requires him to forfeit the best of his property (*She'iltot deRav Aḥai Gaon*).

Best-quality land, yes – מֵיטָב אִין: Rashi explains that the requirement to pay with one's best land applies only when he does not already have funds available with which to pay the damages.

HALAKHA

The best of the field of the one liable for the damage – מֵיטַב שָׂדֵהוּ שֶׁל מַזִּיק: If the one liable for the damage does not have sufficient movable property with which to pay damages, damages are paid from his superior-quality land (Rambam *Sefer Nezikin, Hilkhot Nizkei Mamon* 8:10; *Shulḥan Arukh, Ḥoshen Mishpat* 419:1).

וְהָתַנְיָא: ״יָשִׁיב״ – לְרַבּוֹת שָׁוֶה כֶּסֶף, וַאֲפִילּוּ סוּבִּין!

But isn't it taught in a *baraita*: The verse states: "And if a man shall open a pit, or if a man shall dig a pit and not cover it, and an ox or a donkey fall therein, the owner of the pit shall pay; **he shall recompense** money to its owners" (Exodus 21:33–34)? Since the verse states: "The owner of the pit shall pay," the additional term "he shall recompense" is superfluous. It therefore serves **to include** any item **worth money, and even bran,** a relatively inferior commodity, as valid forms of restitution.

לָא קַשְׁיָא: כָּאן מִדַּעְתּוֹ, כָּאן בְּעַל כָּרְחוֹ.

Rava resolves the contradiction: This is **not difficult. Here,** the term "he shall recompense" is referring to a case where he pays **of his own volition,**[N] without being taken to court, and he may therefore use any form of payment. **There,** the phrase "of the best of his field" is referring to a case where he pays **against his will,** after the injured party has sued him in court. Since he caused the injured party additional trouble, he must pay using his best-quality land.

אֲמַר עוּלָּא בְּרֵיהּ דְּרַב עִילָּאי: דַּיְקָא נַמִי, דִּכְתִיב ״יְשַׁלֵּם״, בְּעַל כָּרְחוֹ.

Ulla, son of Rav Ilai, said: According to this explanation, the language of the verse **is also precise, as it is written: "He shall pay,"** a term that, as opposed to: "He shall recompense," connotes that he is forced to pay **against his will.**

אֲמַר לֵיהּ אַבַּיֵּי: מִי כְּתִיב ״יְשׁוּלַּם״? ״יְשַׁלֵּם״ כְּתִיב, מִדַּעְתּוֹ מַשְׁמַע!

Abaye said to him that the precise meaning of the verse does not indicate that he is paying against his will: **Is it written: He shall be paid,** in the passive form, which would clearly indicate that he did not voluntarily initiate the payment himself but rather is paying against his will? No; **"he shall pay" is written,** which can also **indicate** that he pays **of his own volition.**

אֶלָּא אֲמַר אַבַּיֵּי: כִּדְמָר; דְּתַנְיָא: הֲרֵי שֶׁהָיוּ לוֹ בָּתִּים שָׂדוֹת וּכְרָמִים, וְאֵינוֹ מוֹצֵא לְמוֹכְרָן – מַאֲכִילִין אוֹתוֹ מַעֲשַׂר עָנִי עַד מֶחֱצָה;

Rather, Abaye said an alternative resolution, **similar to that** with which the **Master,** i.e., Abaye's teacher, Rabba, employed in order to resolve a different difficulty. **As it is taught** in a *baraita*: A wealthy person is not entitled to take a poor man's tithe. He is instead expected to sell his assets and purchase food with the proceeds. But in the case of an individual **who owns houses, fields, and vineyards, but** at the present time **cannot find** buyers **to** whom he can **sell them,** one **may feed him** with food from the **poor man's tithe**[B] **up until half**[N] the value of his assets.

וְהָוֵי בָּהּ מָר: הֵיכִי דָּמֵי? אִי הוּזַל אַרְעָתָא דְּכוּלֵּי עָלְמָא וְדִידֵיהּ נַמִי זַל בַּהֲדַיְיהוּ – אֲפִילּוּ טוּבָא נַמִי לִיסְפֵּי לֵיהּ, דְּהָא זוֹל דְּכוּלֵּי עָלְמָא נַמִי!

And the Master **discussed it** and asked: **What are the circumstances** that led to him being unable to sell his land? **If everyone's land depreciated** in value, **and his land also depreciated along with theirs, let us provide him** with **even more** than half the value of his assets, **as,** since **everyone's land also depreciated,** the market value of his property is low and he is genuinely classified as a poor person, who may take as much poor man's tithe as is given to him.

אֶלָּא דְּאוֹקִיר אַרְעָתָא דְּכוּלֵּי עָלְמָא, וְדִידֵיהּ, אַיְּידֵי דְּעָיֵיל וְנָפֵיק אַזּוּזֵי זַל אַרְעֵיהּ,

Rather, it must be **that everyone** else's **land appreciated** in value,[H] **and** with regard to **his land,** since people see **that he goes in and goes out for money,** i.e., he is in need of money, they reason that he will be forced to accept a lower offer for his property. Consequently, **his land depreciated** in value.

BACKGROUND

Poor man's tithe – מַעְשַׂר עָנִי: This is a tithe separated from agricultural produce and distributed to the poor. During the third and sixth years of the Sabbatical cycle, after the priests' share of the produce and the first tithe have been separated, one-tenth of the remaining produce is distributed to the poor. During the other years of the Sabbatical cycle, second tithe is separated instead of poor man's tithe. The poor man's tithe is not sacred, but until it has been separated the produce is still deemed untithed produce, and may not be eaten.

HALAKHA

Rather that everyone else's land appreciated in value, etc. – אֶלָּא דְּאוֹקִיר אַרְעָתָא דְּכוּלֵּי עָלְמָא וכו׳: In the case of one who is in need of money to purchase food, and, due to the fact that people are aware of his need, he is able to find buyers for his property only if he sells it at a lower price, he is not expected to sell his property in order to purchase food. Rather, he is permitted to take food from the poor man's tithe or to withdraw money from charitable funds until such time as he will be able to sell his property for its market value. If the general market value of land depreciates, his included, then even if his property depreciated to less than half of its previous value, he may not be supported from charitable funds and the poor man's tithe and is expected to sell his property in order to be able to purchase food. This ruling applies until such time as his assets are worth less than two hundred dinars, at which point he is classified as a poor man and may be supported from charitable funds and the poor man's tithe. This is in accordance with the version of the Gemara held by the Rif (Rambam *Sefer Zera'im, Hilkhot Mattenot Aniyyim* 9:16; *Tur, Yoreh De'a* 253; *Shulḥan Arukh, Yoreh De'a* 253:3).

NOTES

Of his own volition – מִדַּעְתּוֹ: Rabbeinu Ḥananel explains that the active voice of the term "he shall recompense" indicates that it is done of his own volition. By contrast, Rashi indicates that this explanation is derived only from the fact that entire mention of the phrase is superfluous. It would have been sufficient to simply write: He shall pay. Consequently, the additional term "he shall recompense" teaches about the nature of the payment.

Up until half – עַד מֶחֱצָה: The mishna in tractate *Pe'a* (8:8) rules that for the purposes of poor man's tithe and other gifts to which the poor are entitled, one whose total assets are worth at least two hundred dinars is defined as a wealthy person and accordingly is ineligible to take these gifts. The Gemara here presents an exception to this *halakha*. If one is generally classified as wealthy but is able to sell his property only at a loss, he may take the poor man's tithe. The early commentaries dispute the parameters of this exception.

Rashi explains that the case here concerns one whose assets are worth exactly two hundred dinars but who is unable to find a buyer at its market value. Since he is unable to sell his property, he is, in a certain sense, similar to a poor person. For such a person, whose status is on the border between being wealthy or poor, the *halakha* is ruled leniently and he is provided with the poor man's tithe to offset the loss he will incur by selling his land cheaply. For example, if he is able to sell his assets for only 180 dinars, he is provided with twenty dinars of poor man's tithe. The Gemara states that he is never provided with more than half the value of his assets because it assumes that one can always find a buyer who will pay half the value of the land.

Rashi (7b) presents a second interpretation, shared also by the Rif, that the limitation of: Up until half the value of his assets, does not refer to the value of the poor man's tithe that he is provided. Rather, it refers to how long he is provided with it. According to this explanation, one who is able to sell his property only at an extreme loss is not expected to do so and may receive as much poor man's tithe as he needs, even if the value of his assets far exceeds two hundred dinars. This leniency exists only until the point that he is able find a buyer who will purchase his land for at least half its value. At that point, he is expected to sell his land to raise the funds to purchase food and may no longer take any poor man's tithe.

The Rambam appears to rule in a similar manner to Rashi's first explanation with his opinion that one is provided with poor man's tithe up until the value of half his assets, but, unlike Rashi, he explains that this applies even if one's assets are worth far more than two hundred dinars. Many question this ruling: If one has sufficient assets such that even were he to sell them at a loss he would still be classified as wealthy, why should he be permitted to take any poor man's tithe? Some suggest that according to the Rambam, although such a person is permitted to take the poor man's tithe, whatever he takes is considered to be a loan and once he is able to sell his property for its true value he must repay his debt (*Sefer HaEshkol*). The Meiri rules that because one is not expected to sell property at a loss, for all intents and purposes he does not now have access to money. Accordingly, he may at present rightfully be classified as a poor person and take poor man's tithe, and consequently will not be required to repay the value of his property when he eventually sells it.

BACKGROUND

In the days of the month of Nisan the market value of land appreciates – בְּיוֹמֵי נִיסָן יָקְרָא אַרְעָתָא: These seasonal fluctuations in price are due to the fact that the harvest season for the produce of fields and orchards in Eretz Yisrael and Babylonia starts in Nisan. This is a favorable period to purchase a field, since one is guaranteed the produce of the land without having to invest effort into planting it; consequently, land prices rise. By Tishrei, the produce has already been gathered from the fields, and a new agricultural year has just begun, bringing new work, e.g., plowing and reaping, as well as uncertainty with regard to the coming rainfall and the success of the crops. Therefore, at this time of year land prices fall.

Rashi notes that in Nisan, even if one buys a field that has already been harvested, the purchase is beneficial, because much time remains to prepare the field in time for the coming season. People are less interested in purchasing land in Tishrei, as then it is too late to prepare the land and plant a crop that will grow in the coming year.

HALAKHA

Because in the days of the month of Nisan the market value of land appreciates, etc. – דְּבְיוֹמֵי נִיסָן יָקְרָא אַרְעָתָא וכו׳: The Gemara discusses one who does not have money available to purchase food but does own property that he could sell to fund the purchase of food. If the value of his property fluctuates seasonally, e.g., if he would receive a lower price for his property if it were sold in the rainy season and a higher price if were sold in the summer, he is not expected to sell his property at the lower price. Rather, it is permitted for him to take food from the poor man's tithe or from other charitable sources, up to half the value of his assets. Some say that he is provided with food from the poor man's tithe only until he will be able to sell his property for at least half of its highest value (Rambam *Sefer Zera'im*, *Hilkhot Mattenot Aniyyim* 9:16; *Shulḥan Arukh*, *Yoreh De'a* 253:3, and in the comment of Rema).

You have weakened the power of injured parties – הוֹרַעְתָּ כֹּחָן שֶׁל נִזָּקִין: One liable for damage may pay the injured party with any parcel of his superior-quality land, its size being based on current market values. If the injured party requests a specific parcel of land, and the one liable for the damage states that he is willing to give it to him only if it is appraised based on its value in peak season, which will mean providing the injured party with a smaller plot of land, his condition is not accepted and he is required to pay with that parcel of land based on its current, lower market value. The *Ir Shushan* claims that this is the ruling only when the injured party requests a parcel of intermediate-quality land, which would be significantly larger than the superior-quality land he would otherwise have received. By contrast, if the injured party requests a specific parcel of superior-quality land, the one liable for the damage has the right to provide it to him only if the injured party agrees that it will be appraised based on its value in peak season. The *Shakh* agrees with the distinction of the *Ir Shushan*, and the *Sma* disagrees (*Shulḥan Arukh*, *Ḥoshen Mishpat* 419:2).

אֲפִילּוּ פּוּרְתָּא נַמִי לָא לִיסְפּוּ לֵיהּ!

The Gemara asks: But if that is the case, **we should not provide him with even a slight** amount of poor man's tithe. Since his assets, based on their market value, have a high value, he is not to be classified as a poor person.

וַאֲמַר מָר עֲלַהּ: לָא צְרִיכָא, דִּבְיוֹמֵי נִיסָן יָקְרָא אַרְעָתָא וּבְיוֹמֵי תִּשְׁרֵי זָל אַרְעָתָא,

And the Master, Rabba, **said concerning this: No,** the *halakha* that he is provided with only up to half the value of his assets is **necessary** in a case where he cannot sell due to seasonal fluctuations in price. This is **because in the days** of the month **of Nisan,** which is the beginning of the harvest season, the market value of **land appreciates,**[BH] **and in the days** of the month **of Tishrei,** a time when the harvest had already been reaped and it is too late to prepare the land for the coming year, the market value of **land depreciates.**

דְּכוּלֵּי עָלְמָא נָטְרִי עַד נִיסָן וּמְזַבְּנִי, וְהַאי הוֹאִיל וְאִצְטְרִיכָא לֵיהּ זוּזֵי זַבֵּין כִּדְהָשְׁתָּא, עַד פַּלְגָא – אוֹרְחֵיהּ לְמֵיזַל, טְפֵי – לָאו אוֹרְחֵיהּ לְמֵיזַל;

Consequently, **everyone** generally **waits until Nisan and sells** only at that point. **But this** person, **since he is in need of money, sells** his land in Tishrei **according to the current,** lower, market price. Accordingly, based on the current market prices, his assets have a low value and there is justification in regarding him as a poor person. Yet, since if he waited until Nisan, as everyone else does, his land would have a high value, he cannot truly be classified as a poor person. Therefore, he is permitted to take only as much poor man's tithe as will cover his losses. The Gemara explains why he is permitted to take only up to half the value of his land: Since **it is the nature of** land **to depreciate up to half** its value, and it is **not its nature to depreciate more** than that, he is entitled to take poor man's tithe that is worth up to half the value of his land and the rest he can supplement by selling his land at its current, lower price.

וְהָכָא נַמִי גַּבֵּי נְזָקִין, דִּינֵיהּ בְּעִידִּית,

Abaye uses a similar distinction to resolve the contradiction he raises: **And here also, with regard to damages,** if one considers a case where the injured party comes to collect his damages during Tishrei, **his legal right** is to collect payment **from superior-quality** land. This will be a relatively large amount of land, owing to the current seasonal depreciation in its value.

וְאִי אָמַר לֵיהּ אִיהוּ: הַב לִי בֵּינוֹנִית טְפֵי פּוּרְתָּא, אָמַר לֵיהּ: אִי שָׁקְלַתְּ כְּדִינָךְ שְׁקוֹל כִּדְהָשְׁתָּא, וְאִי לָא – שְׁקֵיל כִּי יוּקְרָא דִּלְקַמֵּיהּ.

But if the injured party **says to** the one liable for the damage: **Give me slightly more land of intermediate quality** instead, then the one liable for the damage **can say to him: If you** choose to **take** superior-quality land, **as is your legal right, take** a large amount **in accordance with the current** market value; **but if not,** and you wish to take intermediate-quality land, **take according to the future** value in Nisan, after it will have **appreciated,** which will mean you will be entitled to a smaller amount of land. This can be used to resolve the contradiction: The phrase "of the best of his field," which indicates that payment is made only from superior-quality land, defines the injured party's basic rights. The term "he shall recompense," which indicates that payment may be made in any form, is referring to a case where the injured party forgoes his rights. In such a case the value of the land or item he agrees to receive is appraised based on its appreciated value at the season when it is generally sold.

מַתְקִיף לָהּ רַב אַחָא בַּר יַעֲקֹב: אִם כֵּן, הוֹרַעְתָּ כֹּחָן שֶׁל נִזָּקִין אֵצֶל בֵּינוֹנִית וְזִיבּוּרִית, דְּרַחֲמָנָא אָמַר מֵמֵיטָב, וְאַתְּ אָמְרַתְּ מִבֵּינוֹנִית וְזִיבּוּרִית נַמִי לָא!

Rav Aḥa bar Ya'akov objects to this suggestion: **If so, you have weakened the power of injured** parties[H] **with regard to intermediate-quality and inferior-quality** land, as, by agreeing to receive land of a lower quality than that to which their rights entitle them, they will actually receive less land, since the land is then appraised based on the appreciated market values in Nisan. Such an opinion is untenable, **as the Merciful One states** that injured parties collect **from the best**-quality land, clearly intending to enhance their rights, **and** yet **you said** he **cannot also** collect **from intermediate-quality and inferior-quality** land unless he agrees that the land should be appraised based on the appreciated Nisan values, thereby lowering the value of his payment.

אלא אמר רב אחא בר יעקב: אי איכא לדמויי – לבעל חוב מדמינן ליה; בעל חוב דיניה בבינונית, ואי אמר ליה: הב לי זיבורית טפי פורתא, אמר ליה: אי שקלת כדינך – שקול כדהשתא, ואי לא – שקיל כי יוקרא דלקמיה.

Rather, Rav Aḥa bar Ya'akov said: If there is a case **to compare to** Rabba's distinction, it is not compared to a case of payment of damages, but **we can compare it to** a case of **a creditor** who comes to collect the loan during Tishrei. **His legal right is** to collect **from** the borrower's **intermediate-quality** land, which will be a relatively large amount owing to the current seasonal depreciation in the value of land. **But if** the creditor **says to** the borrower: **Give me slightly more land of inferior quality** instead, the borrower **can say to him: If you** choose to **take** the intermediate-quality land, **as is your legal right, take** a large amount **in accordance with the current** market value, **but if not,** and you wish to take land of inferior quality, **take** it **in accordance with the future, appreciated,** market value in the month of Nisan. This would mean that the creditor would be entitled to a smaller amount of land.

מתקיף לה רב אחא בריה דרב איקא: אם כן, נעלת דלת בפני לוין, דאמר ליה: אילו הוו לי זוזי הוה שקלי כדהשתא, השתא דזוזי גבך אשקול כיוקרא דלקמיה?!

Rav Aḥa, son of Rav Ika, objects to this suggestion: **If so, you have locked the door in the face of** potential **borrowers,**[H] as, according to your suggestion, the creditor is in a disadvantageous position. **He can say to** the borrower: **Were I** still **to have** the **money** I lent you, **I would** be able to **purchase** a large parcel of land **in accordance with the current** depreciated market value, so why, **now that the money is with you, should** I be forced to **purchase** land **in accordance with the future, appreciated** market value of the month of Nisan? If people are penalized as a result of granting loans, they will cease to do so.

אלא אמר רב אחא בריה דרב איקא: אי איכא לדמויי – לכתובת אשה מדמינן, דהא כתובת אשה דינה בזיבורית, ואי אמרה ליה איהי: הב לי בינונית בציר פורתא, אמר לה: אי שקלת כדינך – שקול כדהשתא, ואי לא – שקלי כיוקרא דלקמיה.

Rather, Rav Aḥa, son of Rav Ika, said: If there is a case **to compare to** Rabba's distinction, **we can compare it to** the collection of **a woman's marriage contract** where she comes to collect it during Tishrei. **As a woman's legal right** in **a marriage contract** is to collect payment **from** her husband's **inferior-quality** land,[H] which will be a relatively large amount owing to the current seasonal depreciation in the value of land. **But if she says to** her former husband: **Give me slightly less land of intermediate quality** instead, her former husband **can say to her: If you** choose to **take** the lowest-quality land, **as is your legal right, take** a large amount **in accordance with the current** market value, **but if not,** and you wish to take land of a higher quality, **take in accordance with the future appreciated** market value of the month of Nisan, which will mean you will be entitled only to a smaller amount of land.

מכל מקום קשיא!

The Gemara returns to examine the contradiction raised by Abaye: **In any case,** the original **difficulty** still remains.

אמר רבא: כל דיהיב ליה – ממיטב ליתיב ליה.

Rava said: Whatever he gives the injured party as payment **he must give him of the best** of that type. For example, even if he pays in bran he must pay with his best-quality bran, and this is the meaning of the phrase "of the best of his field." Accordingly, the contradiction is resolved. The term "he shall recompense" indicates that payment can be given in any form, but the phrase "of the best of his field" indicates only that whichever form of payment is used, it must be of a superior quality, and not, as Abaye initially understood it, as limiting the form of payment specifically to land of superior quality.

HALAKHA

You have locked the door in the face of potential borrowers – נעלת דלת בפני לוין: If a borrower owns several parcels of intermediate-quality land, he may repay his debt with any of those parcels, and the creditor does not have the right to insist on collecting the debt from one specific parcel of land. If the creditor states that he wishes to take a parcel of inferior-quality land that would be larger than the parcel of intermediate-quality land he would have otherwise received, his request is accepted and the inferior-quality land is appraised based on the current, lower, market value. A creditor is always granted such a request in order not to lock the door in the face of potential borrowers (*Tur*, citing Ramah). The Rema writes that even in this case, the borrower is not forced to repay his debt with the parcel of inferior-quality land that the creditor requested, but should he agree to do so, he must provide the land based on its current market value (*Shulḥan Arukh, Ḥoshen Mishpat* 102:2, and in the comment of Rema).

A woman's legal right in a marriage contract is to collect from inferior-quality land – כתובת אשה דינה בזיבורית: The Sages enacted that payment of a woman's marriage contract is collected from the husband's inferior-quality land. This applies to both the main sum of the contract and to any additional sums the husband promised to pay her (Rambam *Sefer Nashim, Hilkhot Ishut* 16:3 and *Sefer Mishpatim, Hilkhot Malve VeLoveh* 19:4; *Shulḥan Arukh, Even HaEzer* 100:2).

וְהָא ״מֵיטַב שָׂדֵהוּ״ כְּתִיב!

The Gemara asks: **But isn't "the best of his field" written,** which suggests that the requirement to pay with one's best land applies only when one pays with land?

אֶלָּא, כִּי אֲתָא רַב פַּפָּא וְרַב הוּנָא בְּרֵיהּ דְּרַב יְהוֹשֻׁעַ מִבֵּי רַב, פָּרְשׁוּהָ: כָּל מִילֵּי מֵיטָב הוּא, דְּאִי לָא מִזְדַּבַּן הָכָא מִזְדַּבַּן בְּמָתָא אַחֲרִיתִי, לְבַר מֵאַרְעָא, דְּלֵיתִיב לֵיהּ מִמֵּיטָב, כִּי הֵיכִי דְּלִקְפּוֹץ עֲלָהּ זְבִינָא.

Rather, when Rav Pappa and Rav Huna, son of Rav Yehoshua, came from Rav's academy, they explained it as follows: With regard to payment, **all items are** classified as property of the **best** quality,[H] **as,** if an item **cannot be sold here, it can be sold in another city.** Since movable items are easily liquidated, they are always considered an acceptable form of payment. This is **with the exception of land,** which is not always easily sold. Therefore, the *halakha* is that the one liable for the damage **must give** the injured party payment **from his best**-quality land, which is easier to sell. This is **in order** to ensure the possibility **that a buyer will jump at** the opportunity to purchase **it,** thereby providing the injured party with the possibility of liquidating it. This resolves the contradiction. The phrase "of the best of his field" indicates that if payment is made with land it must be with superior-quality land, and the term "he shall recompense" indicates that if payment is made from movable property, anything worth money may be used.

בְּעָא מִינֵּיהּ רַב שְׁמוּאֵל בַּר אַבָּא מֵאַקְרוֹנְיָא מֵרַבִּי אַבָּא: כְּשֶׁהֵן שָׁמִין, בְּשֶׁלּוֹ הֵן שָׁמִין אוֹ בְּשֶׁל עוֹלָם הֵן שָׁמִין?

§ **Rav Shmuel bar Abba from Akronya asked Rabbi Abba: When** the court **appraises** land to determine if it is to be classified as being of superior-quality, does **it appraise** land **based on** the quality of a property owner's other land[H] **or** does **it appraise** it **based on** the quality of the land in **the world**[N] at large?

אַלִּיבָּא דְּרַבִּי יִשְׁמָעֵאל לָא תִּבְּעֵי לָךְ, דְּאָמַר בְּדְנִיזָּק שָׁיְימִינַן.

The Gemara notes: **Do not raise the dilemma in accordance with** the opinion of **Rabbi Yishmael, as he says** that **we appraise** land **based on** the quality of land owned by the **injured** party, and therefore payment is made with land that is of a similar quality to the best-quality land of the injured party. Accordingly, it is obvious that the classification is based only on the land of the injured party.

כִּי תִּבְּעֵי לָךְ – אַלִּיבָּא דְּרַבִּי עֲקִיבָא, דְּאָמַר בְּדְמַזִּיק שָׁיְימִינַן,

When you raise this dilemma, it is **in accordance with** the opinion of **Rabbi Akiva, who says** that **we appraise** land **based on** the quality of land owned by **the one liable for the damage,** and he pays with his superior-quality land even if its quality exceeds that of any of the injured party's land. Consequently, according to Rabbi Akiva it is appropriate to ask whether the appraisal is based only on his other land or based on the land in the world at large.

מַאי? ״מֵיטַב שָׂדֵהוּ״ אָמַר רַחֲמָנָא לְמַעוּטֵי דְּנִיזָּק, אוֹ דִּלְמָא לְמַעוּטֵי דְּעָלְמָא נַמִּי?

The Gemara asks: **What** is the answer to the dilemma? When **the Merciful One states: "The best of his field"** (Exodus 22:4), does the stress in the verse on "his field" serve **to exclude** only the possibility of appraising land based solely on the value of the land **of the injured** party, but land is appraised based on the quality of land in the world at large? **Or perhaps,** does it serve **to exclude** the possibility of appraising land based on the quality of land **of the world** at large **as well,** and it is sufficient if the land he pays with is his best-quality land?

אֲמַר לֵיהּ: רַחֲמָנָא אָמַר ״מֵיטַב שָׂדֵהוּ״, וְאַתְּ אָמְרַתְּ בְּשֶׁל עוֹלָם הֵן שָׁמִין?!

Rabbi Abba **said to him: The Merciful One states: "The best of his field," and you say** the court **appraises** land **based on** the quality of land in **the world** at large? Certainly the term "his field" teaches that it is sufficient that the land be the best of the land of the one liable for the damage.

אֵיתִיבֵיהּ: אֵין לוֹ אֶלָּא עִידִּית – כּוּלָּם גּוֹבִין מִן הָעִידִּית, בֵּינוֹנִית – כּוּלָּם גּוֹבִין בֵּינוֹנִית, זִיבּוּרִית – כּוּלָּם גּוֹבִין זִיבּוּרִית;

Rav Shmuel bar Abba **raised an objection to** this opinion from a *baraita* that delineates the forms of payment used for paying damages, repaying a debt to a creditor, and paying a marriage contract: If the debtor **has only superior-quality** land,[H] **all of them collect from the superior-quality** land. Similarly, if **he has only intermediate-quality** land, **all of them collect from** the **intermediate-quality** land. And if **he has only inferior-quality** land, **all of them collect from** the **inferior-quality** land.

HALAKHA

All items are classified as best quality – כָּל מִילֵּי מֵיטָב הוּא: One liable for damage must pay damages from his movable property. He may choose to pay with any possession of his movable property, even bran. If he does not have sufficient movable property with which to pay the damages, he pays from his superior-quality land. This is in accordance with the opinion of Rav Pappa and Rav Huna, son of Rav Yehoshua (Rambam *Sefer Nezikin, Hilkhot Nizkei Mamon* 8:10; *Shulḥan Arukh, Ḥoshen Mishpat* 419:1).

Does it appraise based on the quality of his other land – בְּשֶׁלּוֹ הֵן שָׁמִין: When a creditor collects the debt from the property of his debtor, the court appraises the debtor's land in order to classify the quality of the various plots of land owned by the debtor. That appraisal is made relative only to the debtor's land. Therefore, for damages, the one liable for the damage pays with the best-quality land he has in his possession, and for a loan a borrower pays with the intermediate-quality land in his possession (Rambam *Sefer Nezikin, Hilkhot Nizkei Mamon* 8:10 and *Sefer Mishpatim, Hilkhot Malve VeLoveh* 19:1; *Shulḥan Arukh, Ḥoshen Mishpat* 102:1, 419:1).

If the debtor has only superior-quality land, etc. – אֵין לוֹ אֶלָּא עִידִּית וכו׳: If all of a debtor's land is of a similar quality, whether it is all superior-quality, all intermediate-quality, or all inferior-quality land, all of his creditors collect from whatever land he has, even if they would be required to collect from land of a different quality were it available (*Shulḥan Arukh, Ḥoshen Mishpat* 102:4).

NOTES

Or…based on the land in the world – אוֹ בְּשֶׁל עוֹלָם: The Maharshal explains that the issue underlying Rav Shmuel bar Abba's dilemma is how to understand the reason for the requirement to pay damages with land of superior quality. It is possible that superior-quality land is required in order to provide the injured party with the option of selling the land, if he so desires. If that is the reason, it is sufficient to provide him with land that is considered to be of superior quality in the market place, as then there will be many potential buyers for it. Alternatively, the reason for the requirement is that damages should ideally be paid with money, but when that is not possible the Torah provides a leniency to provide the injured party with the next-best option. Accordingly, damages are paid with whatever in one's possession is most similar to money, which is understood to be one's best-quality land.

היו לו עידית ובינונית וזיבורית – נזקין בעידית, ובעל חוב בבינונית, וכתובת אשה בזיבורית; עידית ובינונית – נזקין בעידית, בעל חוב וכתובת אשה בבינונית; בינונית וזיבורית – נזקין ובעל חוב בבינונית, וכתובת אשה בזיבורית;

If **he has superior-quality, intermediate-quality, and inferior-quality** land, **damages** are paid **from** the **superior-quality** land, **and a creditor** collects **from** the **intermediate-quality** land, **and a woman's marriage contract** is paid **from the inferior-quality** land. If he has only **superior-quality and intermediate-quality** land,[H] **damages** are paid **from** the **superior-quality** land, and payment to **a creditor and** payment of **a woman's marriage contract** are made **from** the **intermediate-quality** land. If he has only **intermediate-quality and inferior-quality** land, payments for **damages and** payments owed to **a creditor** are made **from** the **intermediate-quality** land, while payments of **a woman's marriage contract** are made **from the inferior-quality** land.

HALAKHA

Superior-quality and intermediate-quality land – **עידית ובינונית**: If a debtor has only land of superior and intermediate quality, he pays any damages he owes from the superior-quality land, while payment owed to a creditor and payment of a woman's marriage contract are made from his intermediate-quality land (Rambam *Sefer Mishpatim*, *Hilkhot Malve VeLoveh* 19:4).

Perek **I**
Daf **8** Amud **a**

עידית וזיבורית – נזקין בעידית, ובעל חוב וכתובת אשה בזיבורית;

If he has only **superior-quality and inferior-quality** land, **damages** are paid **from** the **superior-quality** land, **and** payments owed to **a creditor and** payments of **a woman's marriage contract** are made **from** the **inferior-quality** land.

קתני מיהא מציעא: בינונית וזיבורית – נזקין ובעל חוב בבינונית, וכתובת אשה בזיבורית. ואי אמרת בשלו הן שמין, תעשה בינונית שלו כעידית וידחה בעל חוב אצל זיבורית!

The Gemara explains how this *baraita* poses a challenge: **In any event,** the *baraita* **teaches** in the **middle clause:** If he owns only **intermediate-quality and inferior-quality** land, payments for **damages and** payments owed to **a creditor** are made **from** the **intermediate-quality** land, **and** payments of **a woman's marriage contract** are made **from** the **inferior-quality** land. This clause demonstrates that the quality of land is appraised objectively based on the standard of the world at large. The reason for this is that **if you say** that the court **appraises** land **based on** the quality of the land of the one liable for the damage, **let his intermediate-quality** land **be classified as superior-quality** land, as that is the best land he owns, **and** consequently, the **creditor should be directed to** collect the debt from the **inferior-quality** land.

הכא במאי עסקינן – כגון שהיתה לו עידית ומכרה.

The Gemara rejects this: **With what are we dealing here?** This is a case **where** at the time the borrower took the loan **he** also **had superior-quality** land[H] **and he** subsequently **sold it.** Accordingly, no matter how land is appraised, at the time that the loan was given his intermediate-quality land would be classified as being of intermediate quality. Consequently, the creditor's lien on the borrower's land, which took effect from the moment the loan was given, takes effect with regard to the intermediate-quality land. Therefore, the creditor retains his right to collect from that land, regardless of the fact that by the time of collection it was the borrower's best land and at that point could be reclassified as land of superior quality.

וכן אמר רב חסדא: כגון שהיתה לו עידית ומכרה.

And so says Rav Ḥisda: The *baraita* deals with a case **where** at the time he took the loan **he** also **had superior-quality** land **and he** subsequently **sold it.**

הכי נמי מסתברא, מדקתני אחריתי: בינונית וזיבורית – נזקין בבינונית, בעל חוב וכתובת אשה בזיבורית, קשיין אהדדי!

The Gemara notes: **This too stands to reason, from** the fact **that another** *baraita* **teaches:** If a debtor has only **intermediate-quality and inferior-quality** land, **damages** are collected **from** the **intermediate-quality** land, while payments to **a creditor and** payments of **a woman's marriage contract** are made from the **inferior-quality** land. These two *baraitot* **are difficult,** as they contradict **each other.** The *baraita* above teaches that in this case the creditor collects the debt from the intermediate-quality land, whereas this *baraita* teaches that he collects the debt from the inferior-quality land.

HALAKHA

A case where he also had superior-quality land, etc. – **כגון שהיתה לו עידית וכו׳**: If, at the time one took a loan he had superior-quality land and at the time of repayment he had only intermediate- and inferior-quality land, he repays the creditor with the intermediate-quality land, despite the fact that at that time it is the best-quality land in his possession. If, at the time he took the loan he had only intermediate- and inferior-quality land, he repays the loan using the inferior-quality land (*Shulḥan Arukh*, *Ḥoshen Mishpat* 102:4, see *Maggid Mishne* and *Beit Yosef*).

HALAKHA

By Torah law, a creditor collects from inferior-quality land – דְּבַר תּוֹרָה בַּעַל חוֹב בְּזִיבּוּרִית: By Torah law, a creditor collects from inferior-quality land. The Sages instituted that a creditor collects from intermediate-quality land in order not to lock the door in the face of potential borrowers. This ruling is in accordance with the opinion of Ulla (Rambam *Sefer Mishpatim*, *Hilkhot Malve VeLoveh* 19:1).

To three people simultaneously – לִשְׁלֹשָׁה בְּנֵי אָדָם כְּאֶחָד: If one owes money for damages, to a creditor, and to a woman for payment of a marriage contract, and he owns land of inferior quality, intermediate quality, and superior quality, then if he sold his land simultaneously to three different people, all the buyers replace the land's prior owner with regard to collection. Accordingly, if the debtor is unable to pay his debts, damages are collected from the superior-quality land, the creditor collects the debt from the intermediate-quality land, and the woman collects payment of her marriage contract from the inferior-quality land (Rambam *Sefer Mishpatim*, *Hilkhot Malve VeLoveh* 19:5; *Shulḥan Arukh*, *Ḥoshen Mishpat* 119:3).

אֶלָּא לָאו שְׁמַע מִינַּהּ: כָּאן שֶׁהָיְתָה לוֹ עִידִּית וּמְכָרָהּ, כָּאן שֶׁלֹּא הָיְתָה לוֹ עִידִּית וּמְכָרָהּ.

Rather, must one **not conclude from it** that **here,** in the *baraita* above, it is a case where **he** also **had superior-quality** land at the time that he took the loan **and** he subsequently **sold it,** while **there,** in the *baraita* subsequently cited, it is a case where **he did not have superior-quality** land **and** he did not **sell it.** In such a case, since his intermediate-quality land was his best land, it is classified as superior-quality land and accordingly, no lien took effect with regard to it.

וְאִי בָּעֵית אֵימָא: אִידִי וְאִידִי שֶׁלֹּא הָיְתָה לוֹ עִידִּית וּמְכָרָהּ, וְלָא קַשְׁיָא: הָא דְּשַׁוְיָא בֵּינוֹנִית שֶׁלּוֹ כְּעִידִּית דְּעָלְמָא, וְכָאן דְּלָא שַׁוְיָא בֵּינוֹנִית שֶׁלּוֹ כְּעִידִּית דְּעָלְמָא.

And if you wish, say instead that the contradiction between the *baraitot* can be resolved differently: Both **this** *baraita* **and that** *baraita* concern cases where the borrower **did not have superior-quality** land **and sell it. And** it is **not difficult** because **this** second *baraita* concerns a case where **his intermediate-quality** land **is equivalent** in quality **to the superior-quality** land **of the world** at large; therefore, it is classified as superior-quality land and the creditor has no right to collect from it. **And here,** the first *baraita* concerns a case in **which his intermediate-quality** land **is not equivalent** in quality **to the superior-quality** land **of the world at large** but is similar to the intermediate-quality land of the world at large; consequently, the creditor has a claim to it.

וְאִיבָּעֵית אֵימָא: אִידִי וְאִידִי כְּגוֹן שֶׁהָיְתָה בֵּינוֹנִית שֶׁלּוֹ כְּבֵינוֹנִית דְּעָלְמָא, וְהָכָא בְּהָא פְּלִיגִי; מָר סָבַר: בְּשֶׁלּוֹ הֵן שָׁמִין, וּמָר סָבַר: בְּשֶׁל עוֹלָם הֵן שָׁמִין.

And if you wish, say instead: Both **this** *baraita* **and that** *baraita* concern a case **where** the borrower's **intermediate-quality** land, which is the best land he owns, **is equivalent** in quality **to the intermediate-quality** land **of the world** at large, **and here,** the *baraitot* **disagree about this:** One **Sage,** the *tanna* of the second *baraita*, **holds** that the court **appraises** the debtor's land **based on** the quality of **his** other land, so that his best land is classified as superior-quality land and the creditor has no claim on it. And the other **Sage,** the *tanna* of the first *baraita*, **holds** that the court **appraises** the debtor's land **based on** the quality of land in **the world** at large, so that his land is classified as intermediate-quality land and the creditor is entitled to claim it.

רָבִינָא אֲמַר: בִּדְעוּלָּא פְּלִיגִי, דְּאָמַר עוּלָּא: דְּבַר תּוֹרָה בַּעַל חוֹב בְּזִיבּוּרִית, שֶׁנֶּאֱמַר: ״בַּחוּץ תַּעֲמוֹד וְהָאִישׁ אֲשֶׁר אַתָּה נֹשֶׁה בוֹ יוֹצִיא אֵלֶיךָ אֶת הָעֲבוֹט הַחוּצָה״, מַה דַּרְכּוֹ שֶׁל אָדָם לְהוֹצִיא לַחוּץ – פָּחוּת שֶׁבְּכֵלִים, וּמַה טַּעַם אָמְרוּ בַּעַל חוֹב בְּבֵינוֹנִית? כְּדֵי שֶׁלֹּא תִּנְעוֹל דֶּלֶת בִּפְנֵי לוֹוִין;

Ravina said: Another resolution to the contradiction between the *baraitot* is that the *baraitot* **disagree with regard to** the opinion of **Ulla, as Ulla says: By Torah law, a creditor** collects **from inferior-quality** land,[H] **as it is stated: "You shall stand outside, and the man you have a claim against will bring his collateral out to you"** (Deuteronomy 24:11). One can infer: **What** item would **a person typically** choose **to bring out** for use as collateral and potential payment? Certainly it is the **most inferior of his utensils.** The verse thereby indicates that a creditor collects from inferior-quality land. **But** if so, for **what reason** did the Sages **say** that **a creditor** collects **from intermediate-quality** land? They instituted this ordinance **so as not to lock the door in the face of** potential **borrowers,** as, if creditors were limited to collecting from inferior-quality land they would be hesitant to offer loans in the first place.

מָר אִית לֵיהּ תַּקַּנְתָּא דְּעוּלָּא, וּמָר לֵית לֵיהּ תַּקַּנְתָּא דְּעוּלָּא.

Ravina explains: One **Sage,** the *tanna* of the first *baraita*, **is of** the opinion that the ruling is in accordance with the **ordinance** cited **by Ulla** that a creditor collects from intermediate-quality land. **And** the other **Sage,** the *tanna* of the second *baraita*, **is not of** the opinion that the ruling is in accordance with the **ordinance** cited **by Ulla,** so the creditor has a right to collect from only inferior-quality land, in accordance with Torah law.

תָּנוּ רַבָּנַן: מָכַר לְאֶחָד אוֹ לִשְׁלֹשָׁה בְּנֵי אָדָם כְּאֶחָד – כּוּלָּן נִכְנְסוּ תַּחַת הַבְּעָלִים,

§ **The Sages taught** in the *Tosefta* (*Ketubot* 12:3): If one owes money to pay damages, repay a loan, and pay a woman's marriage contract, and he owns inferior-quality, intermediate-quality, and superior-quality land, and he sells all of his land, then if he **sold** all of the land **to one** person **or to three people simultaneously,**[H] **all** the buyers **replace the** land's prior **owner** with regard to repayment of his debts. At the time when each debt was created, each creditor gained a lien on the plots of the debtor's land, from which they have a right to collect. As a lien remains in effect even if the land is sold, then even after the sale, each creditor can collect from the plots of land upon which they have a lien. Accordingly, damages are collected from the superior-quality land, the loan is repaid from the intermediate-quality land, and the marriage contract is paid from the inferior-quality land.

בְּזֶה אַחַר זֶה – כּוּלָּן גּוֹבִין מִן הָאַחֲרוֹן, אֵין לוֹ – גּוֹבֶה מִשֶּׁלְּפָנָיו, אֵין לוֹ – גּוֹבֶה מִשֶּׁלִּפְנֵי פָנָיו.

If he sold his plots of land **one after the other,**[H] **all** the creditors **collect from the last** buyer, regardless of the quality of the land he purchased. If that buyer **does not have** sufficient land purchased from the debtor to pay all the debts, the creditors take the land he has and **collect** the remaining sums **from** the one **who** purchased land **before him,** and if he also **does not have** sufficient land, they **collect** the rest **from** the one **before** the one **before him,** i.e., the first buyer. The Sages instituted that creditors may not collect from land that a debtor sold, even though it is technically still liened to them, as long as the debtor still has sufficient means with which to repay the debt (see *Gittin* 48b). Accordingly, after the sale of the first plot of land, the creditors' rights to collect are restricted to the land that remains in the possession of the debtor, and consequently they gain a lien on it, irrespective of its quality. Therefore, even if that land is subsequently sold, their rights to collect are restricted to that land, and only if the value of that land is insufficient to cover the cost of the debt may they utilize the original liens they had on the plots of land that were sold first.

מְכָרָן לְאֶחָד הֵיכִי דָּמֵי?

The Gemara clarifies: With regard to the first case in the *baraita*, where he **sold** all the land **to one** person, **what are the circumstances?**

אִילֵימָא בְּבַת אַחַת, הָשְׁתָּא לִשְׁלֹשָׁה, דְּאִיכָּא לְמֵימַר חַד מִינַּיְיהוּ קָדֵים, אָמְרַתְּ כּוּלָּן נִכְנְסוּ תַּחַת הַבְּעָלִים, מְכָרָן לְאֶחָד מִיבַּעְיָא?

If we say that he **simultaneously** sold all of the land to one person, that is difficult. **Now** that the *baraita* teaches that if he sold the land **to three** different people simultaneously, **where it is possible to say** that the sale to **one of them preceded** the other sales, yet **you say** the *halakha* is that **all** the buyers **replace the** land's prior **owner** equally, and the possibility that one might have proceeded the other is disregarded, **is** it **necessary** to teach that the *halakha* is the same in a case where all the plots of land were simultaneously **sold to one** person?

אֶלָּא פְּשִׁיטָא בְּזֶה אַחַר זֶה,

Rather, it is **obvious** that the *baraita* is referring to a case where the plots of land were sold **one after the other.**

וּמַאי שְׁנָא שְׁלֹשָׁה – דְּכָל חַד וְחַד אָמַר לֵיהּ: הִנַּחְתִּי לְךָ מָקוֹם לִגְבּוֹת מִמֶּנּוּ?

The Gemara asks: **But what is different** about the latter clause of the *baraita*, where the plots of land were sold to **three** buyers, one after the other, and the creditors collect only from the last buyer? It is different in **that each one** of the first two buyers **can say to** any creditor who tries to seize the land they purchased: Do not collect my land, as **I left a place for you,** a plot of land in the debtor's possession, **from which to collect.** In other words, when the first two buyers purchased their land a plot of land remained with the debtor, and therefore the creditor's rights of collection are restricted to that land.

הַאי נַמִי אַכָּל חַד וְחַד לֵימָא לֵיהּ: הִנַּחְתִּי לְךָ מָקוֹם לִגְבּוֹת מִמֶּנּוּ!

The Gemara continues its question: In **this** case **as well,** where all the plots of land were sold to a single buyer, **with regard to each one** of the first two plots of land that were sold, **let** the buyer **say to** any creditor who tries to collect: With my purchase of the first two plots of land, **I left a place for you,** a plot of land in the debtor's possession, **from which to collect.** Therefore, even though the debtor subsequently sold the buyer all of the land, the creditor's rights of collection are restricted to the last plot of land the debtor sold the buyer, irrespective of its quality. Why then does the *baraita* rule that in this case each creditor collects from the land that was originally liened to him?

הָכָא בְּמַאי עָסְקִינַן – כְּגוֹן שֶׁלָּקַח עִידִּית בָּאַחֲרוֹנָה. וְכֵן אָמַר רַב שֵׁשֶׁת: כְּגוֹן שֶׁלָּקַח עִידִּית בָּאַחֲרוֹנָה.

The Gemara explains: **With what are we dealing here?** This is a case **where** the individual buyer **purchased** the **superior-quality** land **last.** Accordingly, the buyer is satisfied with allowing each creditor to collect from the land that was previously liened to him, rather than having them each collect from the superior-quality land. **And so says Rav Sheshet:** It is a case **where** the individual buyer **purchased** the **superior-quality** land **last.**

אִי הָכִי, לֵיתוּ כּוּלְּהוּ וְלִיגְבּוּ מֵעִידִּית!

The Gemara asks: **If that is so, let them all come and collect from** the **superior-quality** land, as their rights to collect should be restricted to it, since it was purchased last.

HALAKHA

One after the other – **בְּזֶה אַחַר זֶה**: With regard to one who owes money to pay damages, to repay a creditor, and to pay a woman the sum of her marriage contract, and he owns land of inferior quality, intermediate quality, and superior quality, if he sold his land to three different people, one after the other, then, if the debtor is unable to pay his debts, all of them collect from the last buyer. If that buyer did not acquire sufficient land from the debtor to pay off all the debts, they take the land he has and collect the remaining sums from the one who bought land before him. If he also does not have sufficient land they collect the remainder from the first buyer. If the land of inferior quality was sold last, then when they collect the debts from the buyer, they collect only from the land of inferior quality. This is in accordance with the conclusion of the Gemara (Rambam *Sefer Mishpatim, Hilkhot Malve VeLoveh* 19:5–6; *Shulḥan Arukh, Ḥoshen Mishpat* 119:4–5).

NOTES

I will return the bill, etc. – מְהַדַרְנָא שְׁטָרָא וכו׳: The Ramban and the Rosh, following the opinion of the *ge'onim*, explain that simply returning the bill of sale is not sufficient to annul the sale. Once the two sides agree to the terms of the sale and perform the necessary acts of acquisition, the sale is irreversible. Rather, the threat of the buyer is to give the inferior-quality land back to the debtor as a gift, through a new act of acquisition. Since the debtor would then be in possession of land, his creditors would be forced to collect the debts from him from that land. Obviously, since the gift of the land is an independent act of acquisition, it requires the consent of the recipient, i.e., the debtor.

Tosafot, however, indicate that the buyer's threat is to unilaterally annul the sale of the inferior land by claiming that it was done under false pretenses. His claim is that had he been aware of the liens attached to the plots of land he purchased, he would have refrained from purchasing the land of inferior quality in order to protect himself by ensuring that the creditors collect from the debtor and not from the land he purchased.

מִשּׁוּם דְּאָמַר לְהוּ: אִי שָׁתְקִיתוּ וְשָׁקְלִיתוּ כְּדִינַיְיכוּ – שָׁקְלִיתוּ, וְאִי לָא – מְהַדַרְנָא שְׁטָרָא דְּזִיבּוּרִית לְמָרֵיהּ, וְשָׁקְלִיתוּ כּוּלְּכוּ מִזִּיבּוּרִית.

The Gemara answers: **Because he can say** the following threat **to them: If you are silent** and do not insist on collecting from the superior-quality land, **and take** the land of a quality that is due to you **according to your** standard **legal rights,** as in a case where you collect directly from the debtor, i.e., the injured party will collect from the superior-quality land, the creditor from the intermediate-quality land, and the woman will collect her marriage contract from the inferior-quality land, then **take** that land and I will allow you to do so. **But if not,** and you insist on taking the superior-quality land that I purchased last, then **I will return the bill**[N] of sale **of the inferior-quality** land **to its** prior **owner,** i.e., the debtor, **and you will all** be forced to collect **from** the **inferior-quality** land, because whenever the debtor has land in his possession you are able to collect the debts only from him.

אִי הָכִי,

The Gemara asks: **If so,** that this is the reason for the ruling in the *baraita*,

Perek **I**
Daf **8** Amud **b**

בְּנִזָקִין נַמִי נֵימָא הָכִי!

then **also with regard to damages, let** the buyer **say this** to the injured party. He could threaten to return the bill of sale of the inferior-quality land to the debtor, which would force the injured party to collect directly from the debtor's inferior-quality land. Since the buyer can do so, he can effectively force the injured party to collect from the purchased intermediate-quality land instead of fulfilling his right to collect from superior-quality land. Yet, the *baraita* teaches that in this case each party collects from the land that was originally liened to him, which means that damages are collected from the superior-quality land, indicating that this threat would not be effective.

אֶלָּא, הָכָא בְּמַאי עָסְקִינַן – בְּיַתְמֵי, דְּלָאו בְּנֵי פֵּרָעוֹן נִינְהוּ, וְשִׁיעְבּוּדָא דִּילֵיהּ עֲלֵיהּ דִּידֵיהּ רַמְיָא.

Rather, with what are we dealing here? We are dealing **with** a case in which the debtor died and his inheritors are his **orphans, who are not subject to** an obligation to **repay**[H] the debts of their father. When one dies, his monetary debts are not inherited by his children. **And** therefore, **the lien of** the creditor **rests** solely **upon the buyer** of the land. Any lien that was in effect with regard to the land he owned at the time he incurred the obligation remains, and his creditors can therefore collect what they are owed from that land, even if it is in the possession of a buyer.

הִלְכָּךְ לֵיכָּא לְמֵימַר הָכִי.

Therefore, one cannot say that the ruling in the *baraita* is based on the fact that the buyer can threaten to return the bill of sale to the debtor, or in this case, to his orphans. In this case, even if he were to return the bill of sale, the creditors would not be able to collect from the land now in the orphans' possession, as they received it anew, not as an inheritance from their father. Therefore, the creditors can still collect from the plots of land that remain with the buyer.

HALAKHA

With orphans, who are not subject to an obligation to repay, etc. – בְּיַתְמֵי דְּלָאו בְּנֵי פֵּרָעוֹן נִינְהוּ וכו׳: Some rule that in a case where a debtor sells pieces of his land, one after the other, to an individual buyer, and he sells his superior-quality land last, if the creditors come to collect the debts after the debtor's death, the buyer pays each of the creditors from the land of the quality that creditor would have received had he collected from the debtor himself. Only if the debtor is still alive, in which case the buyer can threaten to return the bill of sale of the inferior-quality land to the debtor, resulting in the creditors being able to collect only from the inferior-quality land, then even when the creditors collect from the buyer, they collect only from the inferior-quality land (*Sefer Halttur*). This opinion is not accepted by the Rambam or the *Shulḥan Arukh*. *Shakh*, citing Maharshal, rules that damages may not be paid with land that is of lower quality than intermediate quality (*Shulḥan Arukh*, *Ḥoshen Mishpat* 119:5, and in the comment of Rema).

אֶלָּא, מִשּׁוּם דְּאָמַר לְהוּ: טַעֲמָא מַאי אֲמוּר רַבָּנַן אֵין נִפְרָעִין מִנְּכָסִין מְשׁוּעְבָּדִים בְּמָקוֹם שֶׁיֵּשׁ בְּנֵי חוֹרִין – מִשּׁוּם תַּקַּנְתָּא דִּידִי, אֲנָא בְּהָא תַּקַּנְתָּא לָא נִיחָא לִי;

The Gemara suggests another explanation of the *Tosefta*: **Rather,** not all the creditors collect from the superior-quality land, which was the last plot of land purchased from the debtor, **because** the buyer **can say to them: What is the reason** that **the Sages said one is not paid from liened** property,[H] i.e., property liened to a creditor that has been sold by the debtor, **whenever there is unsold** property still in the debtor's possession? It is **due to an ordinance** created solely **for my** benefit, as I should not be expected to pay from the land I purchased when the debtor is still able to pay. If that ordinance were to be in effect in this case, all of their liens would be in effect with regard to the superior-quality land, as that was purchased last. In this case **I do not** find **this ordinance satisfactory to me,**[H] and I would prefer for the lien of each creditor to remain in effect with regard to the land it had been on initially, and I will give each of you that land.

כִּדְרָבָא. דְּאָמַר רָבָא: כָּל הָאוֹמֵר אִי אֶפְשִׁי בְּתַקָּנַת חֲכָמִים כְּגוֹן זוֹ – שׁוֹמְעִין לוֹ.

The Gemara notes: This fact that one is not required to avail himself of the financial benefit provided by a rabbinic ordinance **is in accordance with** the opinion **of Rava. As Rava says: Anyone who says: I do not want** to avail myself of the financial benefit provided by **an ordinance of the Sages, such as this one, one listens to him.**

מַאי כְּגוֹן זוֹ?

The Gemara asks: **What** does Rava mean by saying: An ordinance of the Sages, **such as this** one?

כִּדְרַב הוּנָא, דְּאָמַר רַב הוּנָא: יְכוֹלָה אִשָּׁה שֶׁתֹּאמַר לְבַעְלָהּ: אֵינִי נִיזּוֹנֵית וְאֵינִי עוֹשָׂה.

The Gemara answers: His statement is **in accordance with** the opinion **of Rav Huna. As Rav Huna says:** The Sages enacted that a husband must sustain his wife. They also enacted that he receives her earnings in exchange. Yet, **a wife is** legally **entitled to say to her husband: I will not be sustained** by you, **and** in turn **I will not work**[H] i.e., you will not keep my earnings. Since his obligation to sustain her is only for her benefit, she may forgo her sustenance and retain her earnings for herself.

פְּשִׁיטָא, מָכַר לוֹקֵחַ בֵּינוֹנִית וְזִיבּוּרִית וְשִׁיֵּיר עִידִּית לְפָנָיו – לֵיתוּ כּוּלְּהוּ וְלִיגְבּוּ מֵעִידִּית,

The Gemara discusses a limitation on the buyer's ability to refuse the benefit of the rabbinic ordinance: **It is obvious** that if the **buyer sold,** of the land he purchased from the debtor, the **intermediate- and inferior-quality** land[H] to another buyer **and retained in his possession** only the **superior-quality** land, which he had purchased last, **then all** the creditors **may come and collect from** the **superior-quality** land.

דְּהָא אַחֲרוֹנָה הִיא, וּבֵינוֹנִית וְזִיבּוּרִית לֵיתְנְהוּ גַּבֵּיהּ דְּמָצֵי לְמֵימַר לְהוּ: גְּבוּ מִבֵּינוֹנִית וְזִיבּוּרִית, דְּלָא נִיחָא לִי בְּתַקַּנְתָּא דְּרַבָּנַן.

This is **because it is the last** land he purchased and consequently was the last plot of land in the debtor's possession. Accordingly, by virtue of the rabbinic ordinance, the creditors' right of collection is restricted to that land. **And** the **intermediate-quality and inferior-quality** land **are no longer** in his possession. **As,** if the intermediate-quality and inferior quality land were in his possession, **he would be able to say to** the creditors: **Collect from** the **intermediate-quality** land and from the **inferior-quality** land, **because it is not satisfactory to me** to avail myself of the **ordinance of the Sages.** But now that he has sold the land of intermediate and inferior quality, he cannot unilaterally waive the ordinance without the consent of the second buyer. The second buyer benefits from the ordinance, since it compels the creditors to collect from the first buyer, and he will therefore certainly not agree to waive it.

אֲבָל מָכַר עִידִּית וְשִׁיֵּיר בֵּינוֹנִית וְזִיבּוּרִית, מַאי?

But if the first buyer **sold** only the **superior-quality** land that he had purchased last, **and** he **retained** in his possession the **intermediate-quality and inferior-quality** land, **what** is the *halakha*?

סָבַר אַבַּיֵּי לְמֵימַר: אָתוּ כּוּלְּהוּ גָּבוּ מֵעִידִּית.

Abaye thought to say: All the creditors **should come** and **collect from** the **superior-quality** land. Since that land was the last plot of land in the debtor's possession, the creditors' right of collection was restricted to that land, irrespective of the fact that it was then subsequently sold twice.

HALAKHA

One is not paid from liened property, etc. – **אֵין נִפְרָעִין מִנְּכָסִין מְשׁוּעְבָּדִים וכו׳**: One does not exact payment from liened property that had been transferred to another, irrespective of whether it was sold or given as a present, whenever there is unsold property still in the debtor's possession, even if that unsold land is of inferior quality (Rambam *Sefer Mishpatim, Hilkhot Malve VeLoveh* 19:2; *Shulḥan Arukh, Ḥoshen Mishpat* 111:8).

I do not find this ordinance satisfactory to me – **בְּהָא תַּקַּנְתָּא לָא נִיחָא לִי**: Since the Sages instituted that one does not receive payment of debts from liened property whenever there is unsold property still in the debtor's possession, if one sold a number of plots of land, one after the other, to the same buyer, his debts should all be liened to the last plot of land he sold. If the last plot sold was of superior quality and the debtor is unable to pay his debts, the buyer should have to pay the creditors from the superior-quality land. This is not the *halakha*, because the ordinance was enacted for the benefit of the buyer, and therefore he may claim that in this case he does not wish to avail himself of the ordinance (Rambam *Sefer Mishpatim, Hilkhot Malve VeLoveh* 19:6).

I will not be sustained by you and I will not work – **אֵינִי נִיזּוֹנֵית וְאֵינִי עוֹשָׂה**: The Sages instituted that a husband must sustain his wife. They also enacted that, in exchange for this, he receives her earnings. Since the former ordinance is for her benefit, she is legally entitled to say to her husband: I will not be sustained by you, and in turn I will not give you the fruits of my labor. Some rule that even if she makes this declaration, she is not exempted from her household duties, and she can even be forced to perform them even if she is not being supported (Rema). There are those who rule that once she makes this declaration she cannot later reverse her decision (Rambam *Sefer Nashim, Hilkhot Ishut* 12:4; *Shulḥan Arukh, Even HaEzer* 69:4, 80:15).

The buyer sold the intermediate- and inferior-quality land, etc. – **מָכַר לוֹקֵחַ בֵּינוֹנִית וְזִיבּוּרִית וכו׳**: If a debtor sold land of inferior quality, intermediate quality, and superior quality, one plot after the other, to an individual buyer, selling the superior-quality land last, and then the buyer sold the inferior- and intermediate-quality land to another person, if the debtor is unable to pay his debts, the creditors collect the debts from the superior-quality land still in the possession of the first buyer (Rambam *Sefer Mishpatim, Hilkhot Malve VeLoveh* 19:7; *Shulḥan Arukh, Ḥoshen Mishpat* 119:6).

אֲמַר לֵיהּ רָבָא: מַה מָּכַר רִאשׁוֹן לַשֵּׁנִי – כָּל זְכוּת שֶׁתָּבֹא לְיָדוֹ. וְכֵיוָן דְּאִילּוּ אָתוּ גַּבֵּי לוֹקֵחַ רִאשׁוֹן מָצֵי אַגְבֵּי לְהוּ מִבֵּינוֹנִית וְזִיבּוּרִית, וְאַף עַל פִּי דְּכִי זָבְנִי בֵּינוֹנִית וְזִיבּוּרִית אַכַּתִּי עִידִּית בְּנֵי חוֹרִין הֲוַאי, וְאֵין נִפְרָעִין מִנְּכָסִים מְשׁוּעְבָּדִים כָּל זְמַן דְּאִיכָּא בְּנֵי חוֹרִין – מָצֵי אָמַר לְהוּ: לָא נִיחָא לִי בְּהַאי תַּקָּנָה.

Rava said to him: What has the first person **sold to the second** in any sale? **Any rights that will come into his possession. And since,** if the creditors **were to come to** the **first buyer** while he was still in possession of all three plots of land, **he could have had them collect from** the **intermediate-quality and inferior-quality** land; **and** this is the *halakha* **even though when he** initially **purchased** the **intermediate-quality and inferior-quality** land the **superior-quality** land **was** still **unsold** property in the debtor's possession. As although there is the rabbinic ordinance that **one does not exact payment from liened property when there is unsold** property still in the debtor's possession, the buyer **could have said to them: I do not** find **this ordinance satisfactory to me.**

לוֹקֵחַ שֵׁנִי נַמִי מָצֵי אָמַר לְהוּ: גְּבֵי בֵּינוֹנִית וְזִיבּוּרִית, דְּכִי זָבֵין לוֹקֵחַ שֵׁנִי, אַדַּעְתָּא דְּכָל זְכוּתָא דַּהֲוָה לֵיהּ לָרִאשׁוֹן בְּגַוָּהּ זָבֵין.

Rava continues: Therefore, since the first buyer had the right to say this, the **second buyer can also say to them: Collect** from the **intermediate-quality and inferior-quality** land[H] in the first buyer's possession. **As, when the second buyer purchased** the superior-quality land, **he purchased** it **with the understanding that he** also acquired **all the rights that the first** buyer **had with regard to** that land. Accordingly, he also acquires the right to insist that the creditors collect from the intermediate-quality and inferior-quality land.

אָמַר רָבָא: רְאוּבֵן שֶׁמָּכַר כָּל שְׂדוֹתָיו לְשִׁמְעוֹן, וְהָלַךְ שִׁמְעוֹן וּמָכַר שָׂדֶה אַחַת לְלֵוִי, וּבָא בַּעַל חוֹב דִּרְאוּבֵן, רָצָה – מִזֶּה גּוֹבֶה, רָצָה – מִזֶּה גּוֹבֶה. וְלָא אֲמָרַן אֶלָּא דִּזְבַן בֵּינוֹנִית,

In a related ruling, **Rava says:** In the case of **Reuven, who sold all of his fields to Shimon**[H] simultaneously **and Shimon proceeded to sell one field** of those purchased **to Levi, and Reuven's creditor came** to collect the debt, if the creditor so **desires, he collects from this** one, i.e., Shimon, and if **he** so **desires, he collects from that** one, i.e., Levi. **And we said this only** in a case **where** Levi **purchased intermediate-quality** land from Shimon. A creditor's right is to collect the debt from intermediate-quality land. Accordingly, in this case, Reuven's creditor can collect his loan from the intermediate-quality land even after it has been transferred into Levi's possession. Nevertheless, if he so desires, he may insist on collecting his loan from any inferior-quality land left in Shimon's possession. This is because a creditor also has the right to demand payment from a borrower's inferior-quality land instead of his intermediate-quality land, and therefore that land is also liened to the loan.

אֲבָל זְבַן עִידִּית וְזִיבּוּרִית – לָא, דְּאָמַר לֵיהּ: לְהָכִי דַּיְיקִי וּזְבַנִי עִידִּית וְזִיבּוּרִית, אַרְעָא דְּלָא חַזְיָא לָךְ.

But if Levi **purchased superior-quality and inferior-quality** land[H] from Shimon, **no,** the creditor can collect only from Shimon's intermediate-quality land, **as** Levi could **say to him: For this** reason **I was particular to purchase superior-quality and inferior-quality** land, which is **land that is not fit for you** to collect from as a creditor.

וַאֲפִילּוּ זְבַן בֵּינוֹנִית נַמִי – לָא אֲמָרַן אֶלָּא דְּלָא שַׁיֵּיר בֵּינוֹנִית דִּכְוָותֵיהּ, דְּלָא מָצֵי אָמַר לֵיהּ: הִנַּחְתִּי לְךָ מָקוֹם לְגַבֵּי שִׁמְעוֹן. אֲבָל שַׁיֵּיר בֵּינוֹנִית דִּכְוָותֵיהּ גַּבֵּי שִׁמְעוֹן – לָא גָּבֵי מִינֵּיהּ, דְּמָצֵי אָמַר לֵיהּ: הִנַּחְתִּי לְךָ מָקוֹם לִגְבּוֹת מִמֶּנּוּ.

And if Levi **purchased** the **intermediate-quality** land from Shimon **as well, we said** that Reuven's creditor can collect from him **only** in a case **where he did not leave** some **similar intermediate-quality** land[H] in Shimon's possession, **as** in that case, Levi **is unable to say** to the creditor: **I left a place for you,**[N] i.e., a plot of land, **in Shimon's possession,** from which to collect. **But** where Levi **did leave** some **similar intermediate-quality** land **in Shimon's possession,** the creditor **does not collect from** Levi, **as** Levi **is able to say to him: I left a place for you from which to collect.**

אָמַר אַבַּיֵי: רְאוּבֵן שֶׁמָּכַר שָׂדֶה לְשִׁמְעוֹן בְּאַחֲרָיוּת, וַאֲתָא בַּעַל חוֹב דִּרְאוּבֵן וְטָרַף מִשִּׁמְעוֹן, דִּינָא הוּא דְּאָזֵיל רְאוּבֵן וּמִשְׁתָּעֵי דִּינָא בַּהֲדֵיהּ, וְלָא מָצֵי אָמַר לֵיהּ: לָאו בַּעַל דְּבָרִים דִּידִי אַתְּ, דְּאָמַר לֵיהּ: אִי מַפְּקַתְּ מִינֵּיהּ – עֲלַי הָדַר.

In another related ruling, **Abaye says:** In the case of **Reuven, who sold a field** liened to his creditor **to Shimon with a guarantee,** meaning that Reuven agreed to reimburse Shimon should Reuven's creditor collect the debt from that field, **and Reuven's creditor came and seized** the field **from Shimon, the** *halakha* **is that Reuven** can **go and litigate with** his creditor and claim that he had already repaid the debt, and insist that the field be returned to Shimon. **And** the creditor **is unable to say to** Reuven: **I am not legally answerable to you,** as I am not taking away your land, since you sold it to Shimon. This is **because** Reuven could **say to him: If you extract** the field **from him,** Shimon **will return to me** and demand that I reimburse him for his loss. Consequently, I am involved in this matter.

HALAKHA

He can also say to them: Collect from the intermediate-quality and inferior-quality land – מָצֵי אָמַר לְהוּ...גְּבֵי בֵּינוֹנִית וְזִיבּוּרִית: If a debtor sold land of inferior quality, intermediate quality, and superior quality to an individual buyer and the buyer then sold the superior-quality land to another buyer, if the debtor is unable to pay, damages are collected from the superior-quality land and payments to a creditor or for a marriage contract are collected from the intermediate-quality and inferior-quality land, respectively. This is in accordance with the opinion of Rava. The *Sefer Halttur* and the Rosh rule that this applies only when the debtor has died (Rambam *Sefer Mishpatim, Hilkhot Malve VeLoveh* 19:7; *Shulḥan Arukh, Ḥoshen Mishpat* 119:6, and see *Sma* and *Beur HaGra* there).

Reuven who sold all his fields to Shimon, etc. – רְאוּבֵן שֶׁמָּכַר כָּל שְׂדוֹתָיו לְשִׁמְעוֹן וכו׳: If Reuven sold all of his fields to Shimon simultaneously, and Shimon sold all of the land of intermediate quality to Levi, Reuven's creditor can choose to collect his loan either from the intermediate-quality land in Levi's possession or from any land that remains in Shimon's possession even if it is of superior-quality (Rambam *Sefer Mishpatim, Hilkhot Malve VeLoveh* 19:3; *Shulḥan Arukh, Ḥoshen Mishpat* 119:1).

But if he purchased superior-quality and inferior-quality land, etc. – אֲבָל זְבַן עִידִּית וְזִיבּוּרִית וכו׳: Reuven's creditor has the option of collecting what he is owed from the land purchased by Levi only when Levi purchased land of intermediate quality. If he purchased land of only inferior quality or superior quality, Reuven's creditor can collect the payment of his loan only from the land in Shimon's possession. This is because Levi can claim that it was for this reason that he specifically avoided purchasing the intermediate-quality land, in order to avoid having to relinquish it to the creditor. The Rema cites the opinion of the Ramban, who holds that if Shimon has only superior-quality land, should the creditor wish to do so, he can collect from the inferior-quality land in Levi's possession (Rambam *Sefer Mishpatim, Hilkhot Malve VeLoveh* 19:3; *Shulḥan Arukh, Ḥoshen Mishpat* 119:1, and see *Sma* there).

Where he did not leave some similar intermediate-quality land – דְּלָא שַׁיֵּיר בֵּינוֹנִית דִּכְוָותֵיהּ: If Shimon sold to Levi only some of the intermediate-quality land that he purchased from Reuven, then if Reuven is unable to repay his loan, Reuven's creditor can collect only from the land in Shimon's possession (Rambam *Sefer Mishpatim, Hilkhot Malve VeLoveh* 19:3; *Shulḥan Arukh, Ḥoshen Mishpat* 119:1).

NOTES

I left a place for you – הִנַּחְתִּי לְךָ מָקוֹם: The later commentaries explain that the Sages actually instituted two ordinances: The first is that a creditor cannot exact payment from liened property that was sold whenever there is unsold property still in the debtor's possession. The second ordinance is that a buyer has the right to say to a creditor: I left you a plot of land with the person from whom I purchased my land in order that you should collect the debt from that land.

In a case where one purchased land from the debtor and then sold some of the land to another buyer, the first ordinance is not applied to force the creditor to collect from the land of the first buyer. This is because that land is not considered unsold property; rather, it is liened to the debt to the same extent as the land currently in the possession of the second buyer. Furthermore, as the Gemara explains, the first ordinance was meant to benefit the buyers, and if applied here, it would be disadvantageous to the first buyer. By contrast, the second ordinance always applies, and it is to this ordinance that the Gemara is referring here (see *Shiurei HaGaon Rav Shmuel Rozovsky*).

וְאִיכָּא דְּאָמְרִי: אֲפִילּוּ שֶׁלֹּא בְּאַחֲרָיוּת נַמִי, דְּאָמַר לֵיהּ: לָא נִיחָא לִי דְּתֶהֱוֵי לְשִׁמְעוֹן תַּרְעוֹמֶת עֲלַי.

And there are those who say: Even in a case where he sold the field **without a guarantee, as well,**[H] in which case even if the creditor seizes Shimon's land there are no legal consequences for Reuven, Reuven can litigate with the creditor, **as** he could **say to him: It is not satisfactory for me for Shimon to have a grievance against me** because he lost the field I sold him on account of the fact that I was unable to pay my debt. Consequently, I am involved in this matter.

וְאָמַר אַבָּיֵי: רְאוּבֵן שֶׁמָּכַר שָׂדֶה לְשִׁמְעוֹן שֶׁלֹּא בְּאַחֲרָיוּת,

And in another related ruling, **Abaye says:** In the case of **Reuven, who sold a field to Shimon without a guarantee,**

HALAKHA

Without a guarantee as well – שֶׁלֹּא בְּאַחֲרָיוּת נַמִי: If Reuven sold his fields to Shimon and then Reuven's creditor claimed that since Reuven cannot repay the debt he will collect what he is owed from the land Reuven sold to Shimon, Reuven has the right to litigate with the creditor and claim that he does not owe him money. Reuven is allowed to involve himself in the litigation against the creditor even though the creditor is trying to seize the land from Shimon. This is the *halakha* even if Reuven sold his land to Shimon without a guarantee, as Reuven would not wish for Shimon to have a grievance against him, and is therefore considered involved in the case. This is in accordance with the opinion introduced with: And there are those who say (Rambam *Sefer Kinyan*, *Hilkhot Mekhira* 19:9; *Shulḥan Arukh*, *Ḥoshen Mishpat* 226:1).

Perek **I**
Daf **9** Amud **a**

וְיָצְאוּ עָלֶיהָ עֲסִיקִין, עַד שֶׁלֹּא הֶחֱזִיק בָּהּ – יָכוֹל לַחֲזוֹר בּוֹ, מִשֶּׁהֶחֱזִיק בָּהּ – אֵין יָכוֹל לַחֲזוֹר בּוֹ;

and claimants [*asikin*][LN] **come forth about** the ownership of the land, disputing Reuven's prior ownership, **as long as** Shimon **has not yet taken possession**[H] of the land, **he can retract** his agreement to the transaction and is not required to pay for the land. **Once he has taken possession** of the land, **he cannot retract** his agreement to the transaction.

מַאי טַעְמָא? דְּאָמַר לֵיהּ: חֵייתָא דִּקְטִירֵי סְבַרְתְּ וְקַבֵּלְתְּ.

What is the reason that he cannot retract his agreement to the transaction once he has taken possession? **As** Reuven **says to him:** The purchase of the land was like purchasing **a tied bag** [*ḥayta*][LN] whose contents are unknown and might not have any value. Since **you were aware of and accepted**[N] that possibility, as you purchased it without a guarantee, you cannot retract your agreement.

מֵאֵימַת הָוֵי חֲזָקָה? מִכִּי דָּיֵישׁ אַמְצְרֵי.

The Gemara asks: **From when is it** considered that he has **taken possession** of the property? He takes possession **from the time that he walks upon the boundaries**[N] of the land to inspect it.

LANGUAGE

Claimants [*asikin*] – עֲסִיקִין: This refers to people who stir up quarrels and disputes. The use of the root *ayin, samekh, kuf* in this regard is found in the verse: "And he named the well Esek because they quarreled [*hitasseku*] with him" (Genesis 26:20). A field is considered contested whether the claimants are challenging the seller's prior ownership of the land, its properly defined borders, or the existence of rights that other people claim over the land.

Bag [*ḥayta*] – חֵייתָא: The *Arukh* and Rashi explain that this refers to a bottle made of animal hide.

HALAKHA

As long as he has not yet take possession, etc. – עַד שֶׁלֹּא הֶחֱזִיק בָּהּ וכו׳: If a buyer purchases a plot of land and after he takes possession of it, but prior to his using it, claimants come forth challenging the seller's rights to sell the land, the buyer can retract his offer to buy the land. Some explain that he can retract his offer to purchase the land even if he had already paid for it, and the seller is then required to reimburse him. Others explain that the buyer can retract his offer only if he had not yet paid for the land (*Sma*, citing Rosh and *Tur*). The Rema rules that he can retract his offer only when the court finds the claim made by the claimants to be plausible, but a mere challenge of the seller's rights is not sufficient cause to allow the buyer to retract his agreement (Rambam *Sefer Kinyan*, *Hilkhot Mekhira* 19:2; *Shulḥan Arukh*, *Ḥoshen Mishpat* 226:5).

NOTES

Claimants – עֲסִיקִין: Rashi explains that these claimants assert that the land actually belongs to them. *Tosafot* add that they must have some legal basis to their claim. Were their claim to be entirely unfounded and their goal to illegally seize the land of the buyer by intimidating him, the seller could argue that he could not guarantee that such circumstances would not arise and the fact that such people came forth at this point is due to the misfortune of the buyer. Accordingly, he would argue that the buyer cannot retract his agreement and that the buyer must address the issue himself (see *Shita Mekubbetzet*). Many commentaries therefore explain that the claimants assert that the seller stole the land from them or bought it from someone else who stole it from them.

The early commentaries consider whether included in this discussion is the appearance of a creditor who wishes to seize the land from the buyer in payment for money owed to him by virtue of the fact that the land was liened to the seller's debt. Some claim that since the possibility of a creditor seizing the land is a known and accepted situation for anyone who purchases land, the appearance of the creditor is not a valid reason to void the sale (Rabbeinu Yeruḥam). By contrast, the *Shita Mekubbetzet* in tractate *Ketubot* (93a) cites Rashi in saying that even in such a case, the buyer would have a valid reason to retract his agreement.

A tied bag – חֵייתָא דִּקְטִירֵי: Rashi explains this to mean a tied bag that is full of air. Rabbeinu Ḥananel explains further that the case is analogous to a case of one who purchased a closed bag that appeared to be full, under the assumption that it contained valuable merchandise, but turned out to contain nothing. Rabbeinu Yehonatan of Lunel interprets the expression to mean a bag tied with many knots. He explains that normally, when the contents of a bag are especially valuable, a bag is tied shut with many knots. This is what led the purchaser to make the mistake of not opening it to check what was inside.

A tied bag you were aware of and accepted – חֵייתָא דִּקְטִירֵי סְבַרְתְּ וְקַבֵּלְתְּ: Abaye maintains that since the seller did not give any guarantees, once the buyer has taken possession of the land, it is his responsibility to fend off all legal claims to his property. This expression indicates that the seller himself did not know the status of his property and the buyer bought it without investigating its status. The *Tur* (*Ḥoshen Mishpat* 226) maintains that the buyer bought it after there were already disputants about its ownership and this is why he has no recourse after he has taken possession. If he found out about the disputants only after the purchase, he can retract his agreement even after taking possession.

Walks upon [*dayesh*] the boundaries – דָּיֵישׁ אַמְצְרֵי: *Tosafot* explain that the meaning of: Walks upon the boundaries, is that he walked upon them to inspect the land to ensure that it was as the seller described to him. Doing so expressed his acceptance of the purchase.

Others understand the term *dayesh*, which is translated in this context as walking, in accordance with its literal meaning: To press down. It therefore is referring to performing some physical improvement to the field, which acts as a proprietary act on the buyer's behalf. Some cite Rashi as explaining that the intention is that the buyer encircled the property, heaping up the soil at the boundaries and compacting the soil at either side, in order to create a border for his field. A similar interpretation is cited by the Meiri. The Rif and the Rambam explain that this is referring to a case where the buyer also owned the neighboring field. He therefore went to the shared boundary of the two fields and pressed the boundary down, in order to merge the fields.

וְדַוְקָא שֶׁלֹּא בְּאַחֲרָיוּת, אֲבָל בְּאַחֲרָיוּת – לָא.

The Gemara notes: **And** this is referring **specifically** to a case where the field was sold **without a guarantee. But** where it was sold **with a guarantee** this is **not** so, and Shimon can retract his agreement and refuse to pay for the land even after taking possession of it. The reason is that if the claimants succeed with their claims and seize the land, Reuven will then have to return the sum Shimon paid for it. In order to minimize judicial proceedings, the court allows Shimon to claim that there is no point in paying Reuven now only to have his money returned to him later. Therefore, he can retract his agreement to the transaction.

וְאִיכָּא דְּאָמְרִי: אֲפִילּוּ בְּאַחֲרָיוּת נַמִי, דְּאָמַר לֵיהּ: אַחֲוֵי טִירְפָּךְ וַאֲשַׁלֵּם לָךְ.

And there are those **who say** that **even** where the field was sold **with a guarantee,**[H] Shimon is unable to retract his agreement to the transaction, as Reuven has the legal right to **say to him:** First **show me the claim authorization document,** which a court provides to a buyer when the land he purchased is seized from him by a third party who proved that he had a lien on the land, **and** only then **I will pay you.** Consequently, Shimon cannot claim that there is no point in paying Reuven now, after he agreed to the sale but before a third party seized the land, as even if the land will be seized it does not automatically follow that Reuven will have to reimburse Shimon.

רַב הוּנָא אָמַר: אוֹ כֶּסֶף אוֹ מֵיטָב.

§ The Gemara returns to its earlier discussion concerning the form of the payment of damages: **Rav Huna says:** Damages are paid **either** with **money or** with one's best-quality land.

אֵיתִיבֵיהּ רַב נַחְמָן לְרַב הוּנָא: "יָשִׁיב" – לְרַבּוֹת שָׁוֶה כֶּסֶף, אֲפִילּוּ סוּבִּין!

Rav Naḥman raised an objection to Rav Huna from a *baraita*: The verse states: **"He shall recompense** money to its owner" (Exodus 21:34), which serves **to include** items **worth money, even bran,** a relatively inferior commodity, as valid forms of payment.

הָכָא בְּמַאי עָסְקִינַן – בִּדְלֵית לֵיהּ. אִי דְּלֵית לֵיהּ, פְּשִׁיטָא! מַהוּ דְּתֵימָא, אָמְרִינַן לֵיהּ: זִיל טְרַח זַבֵּין וְאַיְיתֵי לֵיהּ כֶּסֶף, קָא מַשְׁמַע לָן.

Rav Huna replied: **With what are we dealing here** in the *baraita*? We are dealing with a case **where he does not have** any money or land. The Gemara asks: **If he does not have** any other means with which to pay, isn't it **obvious** that he can pay using what he has? The Gemara explains: **Lest you say** that **we** would **say to him: Go** to the **trouble** of **selling** whatever commodity you own, **and** thereby **bring him money** as payment for the damage, the *baraita* **teaches us** that it is unnecessary to sell one's possessions and pay with money.[N]

אָמַר רַב אַסִי: כְּסָפִים הֲרֵי הֵן כְּקַרְקַע. לְמַאי הִלְכְתָא? אִילֵימָא לְעִנְיַן מֵיטָב, הַיְינוּ דְּרַב הוּנָא!

Rav Asi says: Money is equivalent to land. The Gemara asks: **With regard to what** *halakha* are they equivalent? **If we say** that it is **with regard to** fulfilling the requirement of paying with one's best-quality land, meaning that he can choose to pay with money instead, **this is** precisely the ruling **of Rav Huna;** and yet the ruling of Rav Asi is presented as an independent ruling.

אֶלָּא, לִשְׁנֵי אַחִים שֶׁחָלְקוּ, וְנָטַל אֶחָד קַרְקַע וְאֶחָד כְּסָפִים, וּבָא בַּעַל חוֹב וְנָטַל קַרְקַע, דְּאָזֵיל הַאי וְשָׁקֵיל פַּלְגָא בִּכְסָפִים בַּהֲדֵיהּ.

Rather, Rav Asi is referring **to** a case of **two brothers who divided** their inheritance, **and one took land and** the other **one** took **money, and** subsequently their father's **creditor came and took** the **land,** as it was liened to his loan. Rav Asi's ruling teaches **that this** brother whose land was taken can **go and take a half** share **of the money together with** his brother.

פְּשִׁיטָא! הַאי בְּרָא וְהַאי לָאו בְּרָא?!

The Gemara rejects this explanation: Isn't that **obvious?** Is **this** one **a son and that** one **not a son?** Since they are both sons and equally inherited the estate of their father, they share responsibility for their father's debts. If the creditor takes repayment of the debt from one brother, the other one must reimburse him.

אִיכָּא דְּאָמְרִי: אַדְּרַבָּה, לְאִידָּךְ גִּיסָא, דְּאָמַר לֵיהּ: לְהָכִי שְׁקַלִי כְּסָפִים – דְּאִי מִגַּנְבֵי לָא מִשְׁתַּלְמָנָא מִינָּךְ, וּלְהָכִי שָׁקְלַתְּ אַרְעָא – דְּאִי מִטְּרְפָא לָא מִשְׁתַּלְמָא לָךְ מִידֵּי מִינַּאי!

There are those **who say** that the Gemara rejects this explanation not because it is obvious, but **on the contrary,** because it is incorrect. As, one could look at it **from the opposite direction,** saying **that** one brother **could say to** the other: It was **with this** understanding that **I took the money, that if it would be stolen** from me **I would not be reimbursed from your** land, **and** it was **with this** understanding that **you took the land, that if it would be seized** from you by a creditor **you would not be reimbursed from my** money.

HALAKHA

Even with a guarantee – אֲפִילּוּ בְּאַחֲרָיוּת נַמִי: If a buyer makes any use of the land he purchased, even if he just presses down upon the soil at the boundaries of the property, he may no longer retract his offer to purchase the land, irrespective of whether or not the sale was made with a guarantee. If anyone then comes forth and challenges the seller's right to sell the land, it is the buyer who must litigate with him. This is in accordance with the opinion of the Rambam, who holds that: Walks upon the boundaries, means the buyer pressed down on the soil at the boundaries in order to merge them with another of his fields, which was adjacent to it. The Rosh and the *Tur* explain that the phrase: Walks upon the boundaries, means he merely walked upon them to inspect the land in order to ensure that the land was as the seller described to him (Rambam *Sefer Kinyan, Hilkhot Mekhira* 19:2; *Shulḥan Arukh, Ḥoshen Mishpat* 226:5).

NOTES

Payments of debts with land – תַּשְׁלוּמֵי חוֹבוֹת בְּקַרְקַע: *Tosafot* cite Rabbeinu Tam, who delineates when and under which circumstances one may pay a debt with land: Payment of damages can be made with money, or any item worth money, even bran, or land of superior quality (see *Sefer HaYashar*).

For a loan, where the borrower has money, he is required to repay the loan with money, and only where he doesn't have money is he permitted to provide land as repayment. In such a case, there is no expectation that he must sell the land in order to be able to repay the loan with money.

For the payment of wages, an employer is required to pay his workers specifically with money and he is not permitted to pay with movable property or with land. If he has only movable property or land, he is required to sell them in order to pay his workers with money.

אֶלָּא, לִשְׁנֵי אַחִים שֶׁחָלְקוּ, וּבָא בַּעַל חוֹב וְנָטַל חֶלְקוֹ שֶׁל אֶחָד מֵהֶן.

Rather, Rav Asi is referring to a case of **two brothers who divided** the land they inherited from their father, **and** their father's **creditor came and took** the **portion of one of them.** Since the brothers carry joint responsibility for their father's debt, the one whose portion was seized has a right to be reimbursed by his brother. Rav Asi's ruling teaches that this may be done either by redistributing the remaining portion of land or by reimbursing him with money.

וְהָא אֲמָרָהּ רַב אַסִי חֲדָא זִימְנָא! דְּאִיתְּמַר: הָאַחִים שֶׁחָלְקוּ, וּבָא בַּעַל חוֹב וְנָטַל חֶלְקוֹ שֶׁל אֶחָד מֵהֶן, רַב אָמַר: בָּטְלָה מַחֲלוֹקֶת, וּשְׁמוּאֵל אָמַר: וִיתֵּר, וְרַב אַסִי אָמַר: נוֹטֵל רְבִיעַ בְּקַרְקַע וּרְבִיעַ בְּמָעוֹת;

The Gemara asks: **But didn't Rav Asi** already explicitly **say that** ruling **once before?** Therefore, this cannot be the explanation of this ruling. **As it was stated:** In a case of **brothers who divided** the land they inherited from their father, **and** their father's **creditor came and took** the **portion of one of them,**[H] **Rav says** that the initial **division** of the land is **voided** and any remaining land is divided equally between the brothers. **Shmuel says** that each brother, upon taking his portion, **relinquished** [*viter*][L] any rights to be reimbursed if his portion were lost. **And Rav Asi says** that the brother whose portion was seized has a right to receive half of the remaining inheritance: **He takes a quarter in land, and** he takes the other **quarter in money.**

רַב אָמַר בָּטְלָה מַחֲלוֹקֶת, קָסָבַר: הָאַחִים שֶׁחָלְקוּ – כְּיוֹרְשִׁים הָווּ.

The Gemara explains the rationale behind each opinion: **Rav says** that the initial **division** of the land is **voided.** This is because **he holds** that **brothers who divided** their inheritance **are** considered to still be **similar to heirs**[N] with respect to the inheritance, and therefore they continue to share joint responsibility for their father's debts. Consequently, any remaining land is divided equally between the brothers.

וּשְׁמוּאֵל אָמַר וִיתֵּר, קָסָבַר: הָאַחִים שֶׁחָלְקוּ – לָקוֹחוֹת, וּכְלוֹקֵחַ שֶׁלֹּא בְּאַחֲרָיוּת דָּמֵי.

And Shmuel says that each brother, upon taking his portion, **relinquished** any rights to be reimbursed if his portion were lost, as **he holds** that **brothers who divided** their inheritance are considered to be like **buyers**[H] of their respective portions, **and** each one is considered to be **similar to a buyer** who bought his portion **without a guarantee**[N] that would have provided him with a right to be reimbursed if his portion were seized by a creditor.

HALAKHA

And the creditor came and took the portion of one of them, etc. – וּבָא בַּעַל חוֹב וְנָטַל חֶלְקוֹ שֶׁל אֶחָד מֵהֶן, וכו׳: In a case of brothers who divided the inheritance they received from their father, and their father's creditor came and took the portion of one them, even if the brothers divided the inheritance such that one brother received the land and the other brother received the money, the initial division is voided and the remaining property is redistributed between the brothers. This is in accordance with the opinion of Rav (Rambam *Sefer Mishpatim, Hilkhot Naḥalot* 10:1; *Shulḥan Arukh, Ḥoshen Mishpat* 175:4).

Brothers who divided their inheritance are considered to be like buyers – הָאַחִים שֶׁחָלְקוּ לָקוֹחוֹת: Brothers who divided the inheritance they received from their father have the halakhic status of buyers of their respective portions. Therefore, in the Jubilee year they must return the land to each other and divide it once more. They are considered to be buyers also with regard to the extended permitted use of the other's land. One may use the other's land as a path, erect a ladder on the other's land, and maintain a window that overlooks the other's land, because one who sells property, sells generously, i.e., with a maximal inclusion of property rights. This is in accordance with the opinion of Rav (Rambam *Sefer Kinyan, Hilkhot Shekhenim* 2:12 and *Sefer Zera'im, Hilkhot Shemitta* 11:20; *Shulḥan Arukh, Ḥoshen Mishpat* 173:3).

LANGUAGE

Relinquish [*viter*] – וִיתֵּר: From the Hebrew root *vav, tav, reish*, meaning additional, this word means to concede, renounce, or waive. The Sages used this word in several different ways, whether to refer to one who relinquishes his portion or rights, one who scorns something and sees it as worthless, or one who loses something completely. Here in the Gemara its usage follows the last meaning to indicate that the brother lost his portion completely.

NOTES

Are considered similar to heirs – כְּיוֹרְשִׁים הָווּ: According to this opinion, in essence, the estate continues to be considered as if it were in the possession of the deceased father, with the brothers each having proportional rights to it. Consequently, when the father's creditor collects the debt, he is doing so from the father's estate and therefore the rights of all the brothers are affected and must be recalculated (*Sefer HaEshkol*).

The Ramban, in his commentary to tractate *Bava Batra* (107a), considers this issue at length. He explains that if the brothers are truly considered to continually be heirs with respect to their rights to the inheritance, then perforce one must assume that the *halakha* is in accordance with the *tanna* that holds that generally, there is retroactive clarification. In this context of inheritance, this means that when the father dies, each brother automatically gains the right to a specific portion of the inheritance. While at the time of death there is no way of knowing which portion each brother will receive, once the inheritance is divided among the brothers, it is retroactively clarified that the portion each of the brothers actually receives is one and the same as the portion to which each of them had automatically gained a right upon the father's death.

If a creditor comes and seizes land from one of the heirs, this results in a situation where they have not received equal portions and so it is apparent that the portions they received were not the ones to which they had automatically gained a right upon the father's death. Therefore, the land must be divided between the brothers once again.

While this is certainly the explanation of the *tanna* who holds that there is retroactive clarification, the Ramban notes that the *halakha* does not generally follow this opinion. He therefore explains that Rav does not mean to say that the brothers are actually considered to be heirs; rather, as is indicated by his precise formulation, they are similar to heirs. This means that Rav fundamentally agrees with Shmuel that the brothers are considered to be the buyers of their respective portions, as the Gemara will soon note. Rav adds that in addition, it is assumed and understood that the brothers had a tacit agreement that in the event that the inheritance of one of the brother is to be seized by their father's creditor, the division of the inheritance should be voided, as it would were they to actually still be considered heirs.

And similar to a buyer without a guarantee – וּכְלוֹקֵחַ שֶׁלֹּא בְּאַחֲרָיוּת דָּמֵי: There is a dispute whether a regular sale of land is considered to be guaranteed even when this was not specified during the transaction. Shmuel maintains that when people divide property upon ending their joint ownership there is no implied guarantee; both sides have the same level of knowledge with regard to the property being divided, and each takes his portions with the intention that if the portion of one of them is then seized by a creditor, he will suffer the loss. This is different from a regular sale, where the buyer is unaware of all the details, and therefore it might well be assumed that the sale is made with a guarantee (*Tosafot*).

וְרַב אַסִי אָמַר נוֹטֵל רְבִיעַ בְּקַרְקַע וּרְבִיעַ בְּמָעוֹת, מְסַפְּקָא לֵיהּ אִי כְּיוֹרְשִׁין דָּמוּ אִי כְּלָקוֹחוֹת דָּמוּ, הִלְכָּךְ נוֹטֵל רְבִיעַ בְּקַרְקַע וּרְבִיעַ בְּמָעוֹת!

And Rav Asi says that the brother whose portion was seized has the right to receive half the remaining inheritance. **He takes a quarter in land and** he takes the other **quarter in money.** This is because **he is uncertain** as to **whether they are similar to heirs,** in which case the remaining land should be redistributed between them, or **whether they are similar to buyers** who bought their portions with a guarantee, in which case the brother whose portion was taken should be reimbursed by his brother with a sum of money equal to the value of the land that was seized from him. **Therefore, he takes a quarter in land and** he takes the other **quarter in money.**

אֶלָּא מַאי הֲרֵי הֵן כְּקַרְקַע – לְעִנְיַן מֵיטָב.

As Rav Asi had already stated the *halakha* of brothers who divided their inheritance, the Gemara suggests another explanation of his statement. **Rather,** with regard to **what** did Rav Asi state that money **is equivalent to land?** He stated it **with regard to** the requirement of paying with one's best-quality land, and is teaching that one may choose to pay with money instead of land.

אִי הָכִי, הַיְינוּ דְּרַב הוּנָא! אֵימָא: וְכֵן אָמַר רַב אַסִי.

The Gemara repeats its original rejection of this suggestion: **If so,** then **this is** precisely the ruling **of Rav Huna,** and yet Rav Asi is presented as an independent ruling. The Gemara resolves the problem: Emend the statement and **say: And similarly, Rav Asi said.**

אָמַר רַבִּי זֵירָא אָמַר רַב הוּנָא: בְּמִצְוָה – עַד שְׁלִישׁ.

§ **Rabbi Zeira says** that **Rav Huna says: For** the purchase of an object with which to fulfill **a mitzva,** one should spend **up to one-third.**

מַאי שְׁלִישׁ?

The Gemara asks: To **what** does this **one-third** refer?

Perek **I**
Daf **9** Amud **b**

אִילֵימָא שְׁלִישׁ בֵּיתוֹ, אֶלָּא מֵעַתָּה אִי אִיתְרְמִי לֵיהּ תְּלָתָא מִצְוָתָא, לֵיתֵיב לְכוּלֵּיהּ בֵּיתָא?!

If we say it means that one should spend up to **one-third of his estate**[N] to perform a mitzva, **but if that is so,** and **if it happened to him** that he became obligated in **three mitzvot** at the same time, **should he give his entire estate** away in order to fulfill those mitzvot? One is certainly not required to do so.

אֶלָּא אָמַר רַבִּי זֵירָא: בְּהִידּוּר מִצְוָה – עַד שְׁלִישׁ בַּמִּצְוָה.

Rather, what **Rabbi Zeira said** is that **for** the **embellishment** of the performance **of a mitzva,** e.g., to purchase a more beautiful item used in the performance of a mitzva, one should spend **up to one-third** more[H] than the cost **of** the standard item used to perform **the mitzva.**

בָּעֵי רַב אַשִׁי: שְׁלִישׁ מִלְּגָיו אוֹ שְׁלִישׁ מִלְּבַר? תֵּיקוּ.

Rav Ashi raises a dilemma: How is this one-third calculated? Is it **one-third from within,** i.e., he calculates the cost of a standard item, adds one-third of that value, and spends the total on purchasing a more beautiful item; **or is it one-third from without,** i.e., one-third of the sum he ultimately spends should be the additional sum added in order to purchase a more beautiful item? The Gemara concludes: The dilemma **shall stand** unresolved.

NOTES

One-third of his estate – שְׁלִישׁ בֵּיתוֹ: Rashi explains that this means one-third of everything one owns.

From the Gemara's ruling here, the early commentaries infer that one is not required to spend his entire fortune in pursuit of a positive mitzva, even if that will mean missing the opportunity to fulfill that mitzva entirely. The Ra'avad explains that the reason for this is that the fulfillment of mitzvot should not lead one to become impoverished and a burden on the community. The Rashba adds that one is required to forgo all the money one has in order to avoid violating a prohibition.

HALAKHA

For the embellishment of a mitzva up to one-third more – בְּהִידּוּר מִצְוָה עַד שְׁלִישׁ: If one purchased an *etrog* that meets the minimum requirements for the mitzva and then found another *etrog* that was larger, it is a mitzva to pay one-third more of the price of the first *etrog* in order to exchange it for the larger one. This is in accordance with Rabbeinu Tam's interpretation of the Gemara. Since he has already bought the first *etrog*, the mitzva is to pay only one-third more in order to exchange it, but if he is not able to do so, he is not obligated to purchase the second *etrog*. Others explain that if he finds two *etrogim*, both of which are valid for the mitzva, and one is more beautiful than the other, the mitzva requires him to purchase the more beautiful *etrog* if it does not cost more than one-third more than the price of the less beautiful one. This is in accordance with Rashi's interpretation of the Gemara. The calculation of one-third is made from within, i.e., it is one-third of the value of the original *etrog*, as since the dilemma of how to calculate one-third of the value of the *etrog* stood unresolved, the *halakha* is in accordance with the lenient opinion. The *Magen Avraham* notes that these *halakhot* are not limited to the purchase of an *etrog* but apply to the purchase of any object for a mitzva (*Shulḥan Arukh*, *Oraḥ Ḥayyim* 656:1, and see *Mishna Berura* there).

בְּמַעַרְבָא אָמְרִי מִשְּׁמֵיהּ דְּרַבִּי זֵירָא: עַד שְׁלִישׁ מִשֶּׁלּוֹ, מִכָּאן וְאֵילָךְ מִשֶּׁל הַקָּדוֹשׁ בָּרוּךְ הוּא.

In the West, Eretz Yisrael, **they say in the name of Rabbi Zeira:** Of the money one spends on purchasing a more beautiful item to perform a mitzva, **up to one-third** more than the cost of a standard item comes **from his own**[N] finances, but **from this point forward,** any additional sum spent on purchasing a more beautiful item comes **from** the largesse of **the Holy One, Blessed be He,** i.e., God will reimburse him for spending that additional sum.

מתני׳ כָּל שֶׁחַבְתִּי בִּשְׁמִירָתוֹ הִכְשַׁרְתִּי אֶת נִזְקוֹ. הִכְשַׁרְתִּי בְּמִקְצָת נִזְקוֹ – חַבְתִּי בְּתַשְׁלוּמֵי נִזְקוֹ כְּהֶכְשֵׁר כָּל נִזְקוֹ.

MISHNA With regard to **anything** for **which I became responsible for safeguarding it** to prevent it from causing damage, if it in fact causes damage, it is considered as if I actively **facilitated that damage,** and accordingly I must pay for it. In any case in which **I facilitated part of the damage it** caused, **I am liable for payments** of restitution **for damage it** caused, **as** if I were the **one who facilitated the entire damage it** caused.

נְכָסִים שֶׁאֵין בָּהֶן מְעִילָה, נְכָסִים שֶׁהֵן שֶׁל בְּנֵי בְרִית, נְכָסִים הַמְיוּחָדִים.

One is liable only with regard to damage caused to **property** for **which,** were he to use it for a non-sacred purpose, he **would not be** liable for the **misuse** of consecrated property;[B] with regard to damage caused to **property that belongs to members of the covenant,** i.e., Jews; and with regard to **assigned property,** the meaning of which the Gemara will explain.

וּבְכָל מָקוֹם, חוּץ מֵרְשׁוּת הַמְיוּחֶדֶת לַמַּזִּיק,

And one is liable for damage caused **in any place except for a domain designated** exclusively **for** the use of **the one responsible for the damage.**

וּרְשׁוּת הַנִּיזָּק וְהַמַּזִּיק.

And one is liable for damage caused in **a domain** designated for the joint use **of the injured** party **and the one liable for the damage.**

כְּשֶׁהִזִּיק, חָב הַמַּזִּיק לְשַׁלֵּם תַּשְׁלוּמֵי נֶזֶק בְּמֵיטַב הָאָרֶץ.

When an animal or item one is responsible to safeguard **causes damage, the one liable for the damage** caused by insufficiently safeguarding it **is obligated to pay payments** of restitution **for damage with** his best-quality **land.**

גמ׳ תָּנוּ רַבָּנַן: כָּל שֶׁחַבְתִּי בִּשְׁמִירָתוֹ הִכְשַׁרְתִּי אֶת נִזְקוֹ, כֵּיצַד? שׁוֹר וּבוֹר שֶׁמְּסָרָן לְחֵרֵשׁ שׁוֹטֶה וְקָטָן וְהִזִּיקוּ – חַיָּיב לְשַׁלֵּם, מַה שֶּׁאֵין כֵּן בְּאֵשׁ.

GEMARA The Sages taught a *baraita* that elucidates the mishna's ruling: With regard to **anything** for **which I became responsible for safeguarding it** to prevent it from causing damage, if it in fact causes damage, it is considered as if I actively **facilitated that damage** and accordingly must pay for it. **How so?** In the case of **an ox or a pit that one transferred to** the care of a **deaf-mute,**[H] **an imbecile, or a minor,** whose presumed limited intellectual capacity means they are deemed incapable of sufficiently safeguarding them from causing damage, **and** the ox or pit **caused damage,** the *halakha* is that since the owner of the ox or pit did not fulfill his duty to safeguard them, he is **liable to pay** for the damage, **which is not so in** a corresponding case where the damage is caused by **a fire.**[H]

NOTES

Up to one-third from his own – עַד שְׁלִישׁ מִשֶּׁלּוֹ: Rashi explains that spending one-third more than the cost of a standard mitzva item fulfils a mitzva incumbent upon the individual, and for doing so he receives the appropriate reward in the World-to-Come. If he spent more than one-third above the cost of a standard mitzva item, going above and beyond what is expected of him, he is assured that God will reimburse him for that extra sum while he is still living.

Rabbeinu Ḥananel offers an entirely different explanation: The requirement to spend up to one-third more than the cost of a mitzva item applies to income that one earned through his own efforts. This is what the Gemara is referring to when it says: Up to one-third from his own. If he also acquired funds not through his own efforts, e.g., if he received a gift or found a valuable object, it is considered to be granted by God, and it is appropriate to use such funds to add to the extra one-third sum, in order to purchase an even more beautiful item with which to perform the mitzva.

The *Tzafenat Pa'ane'aḥ* suggests that the intention is that additional sums used for purchase beyond the one-third mark may be taken from money that was designated to be used for charity or another mitzva.

BACKGROUND

Misuse of consecrated property – מְעִילָה: The *halakhot* with regard to the misuse of consecrated property are presented briefly in the Torah (Leviticus 5:14–16) and are expanded upon in tractate *Me'ila*. This is the unintentional use, for personal gain, of items that have been consecrated to the Temple. One who unintentionally used consecrated property is required to donate to the Temple the value of the item that was used, with a surcharge of an additional one-fifth of its value. He must also bring a guilt-offering to atone for the offense.

HALAKHA

An ox or a pit that one transferred to the care of a deaf-mute, etc. – שׁוֹר וּבוֹר שֶׁמְּסָרָן לְחֵרֵשׁ וכו׳: If one transfers his animal or a pit that he dug to the care of a deaf-mute, an imbecile, or a minor, the owner remains liable for any damage they cause. The Rambam rules that he is liable even if the ox was tethered or the pit covered because the typical manner of an ox is to free itself from being tethered and the typical manner of a pit is for its cover to be dislodged. The Ra'avad disagrees, stating that the owner would not be liable in this case. The Rashba rules in accordance with the opinion of the Rambam (Rambam *Sefer Nezikin, Hilkhot Nizkei Mamon* 4:6, 12:8; *Shulḥan Arukh, Ḥoshen Mishpat* 396:6, 410:30).

Which is not so in a case where the damage is caused by a fire – מַה שֶּׁאֵין כֵּן בְּאֵשׁ: If one transfers a fire into the care of a deaf-mute, an imbecile, or a minor, and the fire causes damage, the one who made the transfer is exempt from liability imposed by the courts but will nevertheless be punished by the hand of Heaven. This applies only when he transfers an ember and the damage is caused by the recipient fanning it into a flame. If he transfers a flame, he is liable for any damage caused because his actions led directly to the damage. This is in accordance with the opinion of Ḥizkiyya. The *halakha* follows his opinion and not that of Rabbi Yoḥanan because Ḥizkiyya was Rabbi Yoḥanan's teacher (*Shulḥan Arukh, Ḥoshen Mishpat* 418:7).

The Gemara elucidates: **With what are we dealing? If we say** that the *baraita* deals with **a tethered ox or a covered pit,** which cannot cause damage in the manner in which the owner left them, then the case **in the corresponding** situation **of fire,** where he is not liable, is where one transferred **an ember** to one of limited halakhic competence, which, had it been left alone, would not have erupted into a fire and caused damage. This cannot be correct, because if so, **what is different here** in the case of an ox and a pit, where one is liable, **and what is different there** in the case of the fire, that exempts him from liability? There seems to be no reason to differentiate between them.

בְּמַאי עָסְקִינַן? אִילֵימָא בְּשׁוֹר קָשׁוּר וּבוֹר מְכוּסֶּה, דִּכְווֹתָהּ גַּבֵּי אֵשׁ – גַּחֶלֶת, מַאי שְׁנָא הָכָא וּמַאי שְׁנָא הָכָא?

Rather, the *baraita* must be dealing with **an untethered ox or an exposed pit,** which can cause damage in the manner in which the owner left them. If so, then the case **in the corresponding** situation **of fire,** where he is not liable, is where one transferred **a flame** to one of limited halakhic competence, which can also cause damage in this form. The Gemara rejects this suggestion: But if so, why does the *baraita* state: **Which is not so** in the case of damage caused **by a fire, as one is exempt** from paying damages? **But** this is untenable, as **didn't Reish Lakish say in the name of Ḥizkiyya: They taught** that one is exempt from damage caused by a fire **only** in a case where **he transferred an ember to** one of limited halakhic competence **who** then **fanned** it into a flame. **But** if he transferred **a flame** to him, the one who transferred the flame to him **is liable** for any damage caused. **What is the reason?** He is responsible **because the** capacity for it to cause **damage is certain.**

אֶלָּא בְּשׁוֹר מוּתָּר וּבוֹר מְגוּלֶּה, דִּכְווֹתָהּ גַּבֵּי אֵשׁ – שַׁלְהֶבֶת, מַה שֶּׁאֵין כֵּן בָּאֵשׁ דְּפָטוּר?! וְהָא אָמַר רֵישׁ לָקִישׁ מִשְּׁמֵיהּ דְּחִזְקִיָּה: לֹא שָׁנוּ אֶלָּא שֶׁמָּסַר לוֹ גַּחֶלֶת וְלִיבָּה, אֲבָל שַׁלְהֶבֶת – חַיָּיב, מַאי טַעְמָא – דְּהָא בָּרִי הֶיזֵּיקָא!

The Gemara returns to its initial suggestion: **Actually,** the ruling of the *baraita* is stated **with regard to a tethered ox or a covered pit, and** the case **in the corresponding** situation **of fire,** where he is not liable, is where one transferred **an ember** to one of limited halakhic competence. **And** with regard to **that** which **you said** in order to reject this: **What is different here** in the case of an ox and a pit that causes him to be liable **and what is different there** in the case of the fire, that exempts him from liability? Seemingly, in all these cases the item was not able to cause damage in its current form, so he is exempt from liability.

לְעוֹלָם בְּשׁוֹר קָשׁוּר וּבוֹר מְכוּסֶּה, וְדִכְווֹתָהּ גַּבֵּי אֵשׁ – גַּחֶלֶת, וּדְקָא אָמְרַתְּ: מַאי שְׁנָא הָכָא וּמַאי שְׁנָא הָכָא?

The Gemara explains: You could answer as follows: The typical **manner of an ox is to free** itself[N] from being tethered and the typical **manner of a pit is** for its cover **to become dislodged.** Therefore, as it is negligent to transfer an ox or pit to someone who is incapable of sufficiently safeguarding them, the one who transferred the ox or flame to them is liable. By contrast, with regard to **an ember, as long as he leaves it** alone **it progressively dims,** and the only way in which it will cause damage is if someone else actively fans it into a flame; therefore, he is not liable.

שׁוֹר דַּרְכֵּיהּ לְנַתּוֹקֵי, בּוֹר דַּרְכֵּיהּ לְנַתּוֹרֵי, גַּחֶלֶת כַּמָּה דְּשָׁבֵיק לַהּ מְעַמְיָא עַמְיָא וְאָזְלָא.

The Gemara asks: **And according to Rabbi Yoḥanan, who says: Even** if the *halakha* is that if **one transferred a flame to** one of limited halakhic competence he **is exempt,** it is possible to say that the case **in the corresponding** situation **here** in the first clause of the *baraita* is stated **with regard to an untethered ox or an exposed pit.** The Gemara asks: But if so, **what is different here** in the case of an ox and a pit that causes him to be liable **and what is different there** in the case of the fire that exempts him from liability? Seemingly, in all these cases the item that was transferred is capable of causing damage in its current form, so he would be expected to be liable.

וּלְרַבִּי יוֹחָנָן דְּאָמַר: אֲפִילּוּ מָסַר לוֹ שַׁלְהֶבֶת נַמִי פָּטוּר, דִּכְווֹתָהּ הָכָא בְּשׁוֹר מוּתָּר וּבוֹר מְגוּלֶּה, מַאי שְׁנָא הָכָא וּמַאי שְׁנָא הָכָא?

The Gemara explains: **There,** in the case of fire, ultimately **the deaf-mute's handling** [*tzevata*][L] of the flame **causes** the damage, as if it were not for him moving the flame no damage would have been caused. **Here,** in the case of the ox and the pit, **the deaf-mute's handling** of them **does not cause** the damage. Rather, the damage was caused even though they remained in exactly the same dangerous state in which the one who had transferred them to the deaf-mute did so. Therefore, the damage is a result of that person's negligence, and he is liable.

הָתָם צְבָתָא דְּחֵרֵשׁ קָא גָּרֵים, הָכָא לָא צְבָתָא דְּחֵרֵשׁ קָא גָּרֵים.

NOTES

The typical manner of an ox is to free itself – שׁוֹר דַּרְכֵּיהּ לְנַתּוֹקֵי: Rashi explains that an ox will typically struggle until it frees itself from being tethered, and similarly, any cover placed upon a pit will likely become dislodged. Because these events can and should be expected to occur, even though the owner took some steps to prevent the damage he remains liable for any damage that is caused. Ostensibly, this would apply even if he had never entrusted those possessions into the hands of someone unable to safeguard them.

Tosafot claim that an ox will become freed and a pit uncovered, only with another's intervention. Therefore, it is specifically in this case, where the owner entrusted them to the care of someone who lacked the intellectual abilities to safeguard them, that the owner should have considered the possibility that doing so could lead to damage being caused. It is for this reason that he is liable.

LANGUAGE

Handling [*tzevata*] – צְבָתָא: The root of this word is *tzadi*, *beit*, *tav*, which in Hebrew means to hold on to something. The word is also used as a noun to refer to tongs, as they are used to hold on to things. The root appears in a wider sense in the word *tzavat*, pinch, to describe things that are connected or bound together, such as *tzevatim shel dagan*, bound sheaves of grain. In the Gemara here, *tzevata* means handling. This spelling of the word is sometimes used as an alternate for the word *tzavta*, meaning company or people being together.

תָּנוּ רַבָּנַן: חוֹמֶר בְּשׁוֹר מִבְּבוֹר, חוֹמֶר בְּבוֹר מִבְּשׁוֹר.

§ **The Sages taught:** There is **a stringency that applies to** the category of **Ox**[N] **as opposed to** the category of **Pit,** and conversely, there is **a stringency that applies to Pit as opposed to Ox.**

חוֹמֶר בְּשׁוֹר מִבְּבוֹר, שֶׁהַשּׁוֹר מְשַׁלֵּם אֶת הַכּוֹפֶר, וְחַיָּיב בִּשְׁלֹשִׁים שֶׁל עֶבֶד, נִגְמַר דִּינוֹ אָסוּר בַּהֲנָאָה, וְדַרְכּוֹ לֵילֵךְ וּלְהַזִּיק, מַה שֶּׁאֵין כֵּן בְּבוֹר. חוֹמֶר בְּבוֹר מִבְּשׁוֹר, שֶׁהַבּוֹר תְּחִילַּת עֲשִׂיָּיתוֹ לְנֶזֶק, וּמוּעָד מִתְּחִילָּתוֹ, מַה שֶּׁאֵין כֵּן בְּשׁוֹר.

The *baraita* elucidates: The **stringency that applies to Ox as opposed to Pit is that** if **the ox** kills a Jew, the owner is liable to **pay a ransom**[H] to the victim's heirs. **And for** killing **a slave** the owner of the ox **is liable** to pay **thirty** *sela*[H] to the slave's master. Furthermore, in such a case, once the court hears the evidence and the **verdict of** the ox **is complete** and the court rules that the ox must be killed, it is **prohibited to derive** any **benefit** from the ox.[H] **And** from then, it is considered that **the** typical **manner** of the ox is **to proceed and cause damage.** All of **this is not so in** the case of **a pit** that caused damage. And the **stringency,** i.e., the reason to be stringent, **that applies to Pit as opposed to Ox is that** with regard to **the** primary category of **Pit, its initial formation,** e.g., its digging, **is** done in a manner that can **result in damage, and** the one responsible for it is considered **forewarned from its inception. This is not so with regard to Ox.**

NOTES

A stringency that applies to Ox – חוֹמֶר בְּשׁוֹר: When the *baraita* is referring to damage caused by Ox, this is referring specifically to Goring, as opposed to one of the other categories of damage caused by an ox (see 2b).

HALAKHA

The owner of the ox is liable to pay a ransom – הַשּׁוֹר מְשַׁלֵּם אֶת הַכּוֹפֶר: If one's animal kills a person, the animal is stoned to death. If the animal was forewarned, its owner is liable to pay a ransom to the victim's heirs, but if the animal was considered innocuous then he does not pay the ransom (Rambam *Sefer Nezikin, Hilkhot Nizkei Mamon* 10:2).

And for a slave he is liable to pay thirty *sela* – וְחַיָּיב בִּשְׁלֹשִׁים שֶׁל עֶבֶד: If one's animal killed a slave he must pay the slave's owner the fixed fine of thirty *sela*, irrespective of the age, sex, or value of the slave (Rambam *Sefer Nezikin, Hilkhot Nizkei Mamon* 11:1).

Once the verdict…is complete it is prohibited to derive any benefit from the ox – נִגְמַר דִּינוֹ אָסוּר בַּהֲנָאָה: If one's animal kills a person, once the verdict to kill it is complete it is prohibited to derive any benefit from its meat, even if it is then ritually slaughtered (Rambam *Sefer Nezikin, Hilkhot Nizkei Mamon* 11:9).

Perek **I**
Daf **10** Amud **a**

חוֹמֶר בְּשׁוֹר מִבְּאֵשׁ, חוֹמֶר בְּאֵשׁ מִבְּשׁוֹר.

There is **a stringency that applies to** the category of **Ox as opposed to Fire,** and conversely, there is **a stringency that applies to Fire as opposed to Ox.**

חוֹמֶר בְּשׁוֹר מִבְּאֵשׁ, שֶׁהַשּׁוֹר מְשַׁלֵּם כּוֹפֶר, וְחַיָּיב בִּשְׁלֹשִׁים שֶׁל עֶבֶד, נִגְמַר דִּינוֹ אָסוּר בַּהֲנָאָה, מְסָרוֹ לְחֵרֵשׁ שׁוֹטֶה וְקָטָן – חַיָּיב, מַה שֶּׁאֵין כֵּן בְּאֵשׁ. חוֹמֶר בְּאֵשׁ מִבְּשׁוֹר, שֶׁהָאֵשׁ מוּעֶדֶת מִתְּחִילָּתָהּ, מַה שֶּׁאֵין כֵּן בְּשׁוֹר.

The *baraita* elucidates: The **stringency that applies to the** category of **Ox as opposed to** the category of **Fire** is **that** if **an ox** kills a Jew the owner is liable to **pay a ransom, and for** killing **a slave** the owner is **liable** to pay **thirty** *sela*. Furthermore, in such a case, once the court hears the evidence and the **verdict of** the ox **is complete** and the court rules that the ox must be killed, it is **prohibited to derive** any **benefit** from the ox. And if **one transfers** his ox **to** the care of **a deaf-mute, an imbecile, or a minor,** and it causes damage, he is **liable.** All of **this is not so with regard to a fire.** And the **stringency that applies to Fire as opposed to Ox is that** the one responsible for **the fire is** considered **forewarned from its inception, which is not so with regard to an ox.**

חוֹמֶר בְּאֵשׁ מִבְּבוֹר, וְחוֹמֶר בְּבוֹר מִבְּאֵשׁ.

There is **a stringency that applies to** the category of **Fire as opposed to** the category of **Pit,** and conversely, there is **a stringency that applies to Pit as opposed to Fire.**

חוֹמֶר בְּבוֹר מִבְּאֵשׁ, שֶׁתְּחִילַּת עֲשִׂיָּיתוֹ לְנֶזֶק, מְסָרוֹ לְחֵרֵשׁ שׁוֹטֶה וְקָטָן – חַיָּיב, מַה שֶּׁאֵין כֵּן בְּאֵשׁ. חוֹמֶר בְּאֵשׁ מִבְּבוֹר, שֶׁהָאֵשׁ דַּרְכָּהּ לֵילֵךְ וּלְהַזִּיק, וּמוּעֶדֶת לֶאֱכוֹל בֵּין דָּבָר הָרָאוּי לָהּ וּבֵין דָּבָר שֶׁאֵינוֹ רָאוּי לָהּ, מַה שֶּׁאֵין כֵּן בְּבוֹר.

The *baraita* elucidates: The **stringency that applies to** the category of **Pit as opposed to** the category of **Fire** is **that its initial formation,** e.g., its digging, **is** done in a manner that can **result in damage,** and if **one transfers it to** the care of **a deaf-mute, an imbecile, or a minor** and it causes damage, one is **liable. This is not so with regard to a fire. The stringency that applies to Fire as opposed to Pit is that the** typical **manner of a fire is to proceed and cause damage. And** the one responsible for **it is** considered **forewarned** with regard **to its consuming both something that is fitting for it and something that is not fitting for it,** i.e., both flammable and non-flammable items. **This is not so with regard to a pit.**

וְלִיתְנֵי: חוֹמֶר בְּשׁוֹר מִבְּבוֹר, שֶׁהַשּׁוֹר חַיָּיב בּוֹ אֶת הַכֵּלִים, מַה שֶּׁאֵין כֵּן בְּבוֹר!

The Gemara asks: **But let** the *baraita* also **teach** the following additional stringency: **A stringency that applies to Ox as opposed to Pit** is **that** if **the ox** damages vessels, the ox's owner **is liable** to pay **for the vessels, which is not so with regard to a pit,** which incurs liability for its owner only for damage it causes to people and to animals but not to vessels.

NOTES

The *tanna* taught and omitted – תָּנָא וְשִׁיֵּיר: This is a common response to an attempted inference from an omission in a mishna. The idea is that the omission of a case from a mishna is not significant if the *tanna* did not list all of the possible cases. An alternative manner of expressing the same concept is the expression: Is that to say that the *tanna* should have continued reckoning cases like a peddler? The immediate rejoinder to this answer, as in the Gemara here, is for the Gemara to inquire: What else did he omit that he omitted this? In other words, in order to assert that the *tanna* did not list all possible cases, it must be proved that the *tanna* omitted additional examples.

LANGUAGE

Singed [*sikhsekha*] – סִכְסְכָה: The Sages use this verb to refer to a flame that does not consume the item, but rather surrounds and singes it. The root is apparently *samekh, kaf, kaf* in the sense of covering, or wrapping.

BACKGROUND

Scorched his plowed field or singed his stones – לִיחֲכָה נִירוֹ וְסִכְסְכָה אֲבָנָיו: Although fire cannot consume or destroy earth or stones, it can nevertheless cause changes to the physical and chemical properties of the soil, resulting in the land becoming damaged. When land is burned various organic materials that serve to enrich the soil, e.g., straw remnants and compost, are destroyed. Furthermore, the fire dries out the land, causing it to fissure, which hampers agricultural work. Similarly, a large fire may cause stones commonly used for building, such as limestone, to crack and possibly even fall apart. Even a small fire can cause changes in the chemical structure of the rocks, at least on their surface, making them softer, and in some cases, causing them to crumble when exposed to rain.

הָא מַנִּי – רַבִּי יְהוּדָה הִיא, דִּמְחַיֵּיב עַל נִזְקֵי כֵּלִים בְּבוֹר.

The Gemara explains: In accordance with **whose** opinion **is this** *baraita* taught? **It is** taught in accordance with the opinion of **Rabbi Yehuda, who deems** one **liable** also **for damage** caused to **vessels by** his **pit.**

אִי רַבִּי יְהוּדָה, אֵימָא סֵיפָא: חוֹמֶר בְּאֵשׁ מִבְּבוֹר, שֶׁהָאֵשׁ דַּרְכָּהּ לֵילֵךְ וּלְהַזִּיק, וּמוּעָד לֶאֱכוֹל בֵּין דָּבָר הָרָאוּי לָהּ וּבֵין דָּבָר שֶׁאֵינוֹ רָאוּי לָהּ, מַה שֶּׁאֵין כֵּן בְּבוֹר; דָּבָר הָרָאוּי לָהּ מַאי נִינְהוּ – עֵצִים, דָּבָר שֶׁאֵין רָאוּי לָהּ מַאי נִינְהוּ – כֵּלִים, מַה שֶּׁאֵין כֵּן בְּבוֹר; אִי רַבִּי יְהוּדָה, הָא אָמְרַתְּ: מְחַיֵּיב הָיָה רַבִּי יְהוּדָה עַל נִזְקֵי כֵּלִים בְּבוֹר!

The Gemara challenges this: **If** the *baraita* is in accordance with **Rabbi Yehuda,** try to **say** and explain accordingly **the latter clause,** which states: The **stringency that applies to Fire as opposed to Pit** is **that the** typical **manner of a fire is to proceed and cause damage. And** the one responsible for **it is** considered **forewarned** with regard to its **consuming both something that is fitting for it and something that is not fitting for it. This is not so with regard to a pit.** The Gemara clarifies: **Something that is fitting for it, what are these?** Pieces of **wood. Something that is not fitting for it, what are these? Vessels.** And yet the *baraita* concludes: **This is not so with regard to a pit,** which indicates that liability is not incurred for damage done to vessels by one's pit. The Gemara presents the difficulty: **If** the *baraita* is in accordance with the opinion of **Rabbi Yehuda, didn't you say** that **Rabbi Yehuda deems** one **liable for damage** caused **to vessels by** his **pit?**

אֶלָּא, לְעוֹלָם רַבָּנַן הִיא, וּתְנָא וְשִׁיֵּיר. מַאי שִׁיֵּיר דְּהַאי שִׁיֵּיר? שִׁיֵּיר טָמוּן.

Rather, actually, the *baraita* **is** in accordance with the opinion of **the Rabbis, and** the additional stringency mentioned is true but was not mentioned because the *tanna* **taught** certain cases **and omitted**[N] others. The Gemara asks: **What** else **did he omit** that makes it reasonable to assume **that he omitted this?** As a *tanna* would never omit just a single case, perforce there must be more. The Gemara explains: He also **omitted** the case of damage done to **a concealed** item. Liability is incurred for damage done to a concealed item only when it was caused through a category of damage other than fire. If it is damaged by a fire that one lit, he is exempt.

אִיבָּעֵית אֵימָא: לְעוֹלָם רַבִּי יְהוּדָה, וְדָבָר שֶׁאֵין רָאוּי לָהּ – לָאו לְאַתּוֹיֵי כֵּלִים, אֶלָּא לְאַתּוֹיֵי לִיחֲכָה נִירוֹ וְסִכְסְכָה אֲבָנָיו.

The Gemara suggests another explanation of the *baraita*: **If you wish, say** that **actually** the *baraita* is in accordance with the opinion of **Rabbi Yehuda, and** explain that the term: **Something that is not fitting for it,** in the *baraita*, **does not** serve **to include vessels;** with regard to vessels there is no distinction between Fire and Pit. **Rather,** it serves **to include** a case where a fire **scorched** another person's **plowed field or singed [*sikhsekha*]**[L] **his stones,**[B] which are ways of causing damage that cannot be caused by a pit.

מַתְקִיף לָהּ רַב אַשִׁי, לִיתְנֵי: חוֹמֶר בְּשׁוֹר מִבְּבוֹר, שֶׁהַשּׁוֹר חַיָּיב בּוֹ שׁוֹר פְּסוּלֵי הַמּוּקְדָּשִׁין, מַה שֶּׁאֵין כֵּן בְּבוֹר!

Rav Ashi objects to this suggestion: If so, **let** the *baraita* also **teach** the following additional stringency: **A stringency that applies to Ox as opposed to Pit is that in the** primary category of **Ox one is liable** if his ox damages another's **ox** that is in the category of **disqualified consecrated** animals,[H] i.e., an animal set aside to be an offering that was disqualified from use and then redeemed. He is liable despite the fact that even after being redeemed it retains a degree of sanctity. **This is not so with regard to** damage caused by **a pit**[H] to a disqualified consecrated animal, as in that case he is not liable for the damage caused.

אִי אָמְרַתְּ בִּשְׁלָמָא רַבָּנַן הִיא – אַיְּידֵי דְּשִׁיֵּיר הַךְ שִׁיֵּיר נַמִי הַךְ, אֶלָּא אִי אָמְרַתְּ רַבִּי יְהוּדָה, מַאי שִׁיֵּיר דְּהַאי שִׁיֵּיר?

Rav Ashi explains his objection: **Granted, if you say** that the *baraita* **is** in accordance with the opinion of **the Rabbis,** then **since** the *tanna* **omitted that** case of damage done to vessels, **he also omitted this** case of damage done to disqualified consecrated animals. **But if you say** that the *baraita* is in accordance with **Rabbi Yehuda, what** else **did he omit** that makes it reasonable to assume **that he omitted this?**

HALAKHA

If his ox damages another's ox that is in the category of disqualified consecrated animals – שׁוֹר חַיָּיב בּוֹ שׁוֹר פְּסוּלֵי הַמּוּקְדָּשִׁין: One is liable for any damage caused by a disqualified consecrated animal that was redeemed. Similarly, he is liable for damage caused to such an animal. The reason is that once they have been redeemed they are no longer subject to the exemption that applies to consecrated animals (Rambam *Sefer Nezikin, Hilkhot Nizkei Mamon* 8:1).

This is not so with regard to a pit – מַה שֶּׁאֵין כֵּן בְּבוֹר: If a disqualified consecrated animal fell into a pit and died or was injured, the owner of the pit is exempt from liability. This is the *halakha* even if the animal had been redeemed (Rambam *Sefer Nezikin, Hilkhot Nizkei Mamon* 12:17 and see Ra'avad there).

שְׁיֵיר דָּשׁ בְּנִירוֹ. אִי מִשּׁוּם דָּשׁ בְּנִירוֹ – לָאו שִׁיוּרָא הוּא, דְּהָתְנָא: שֶׁכֵּן דַּרְכּוֹ לֵילֵךְ וּלְהַזִּיק.

The Gemara answers: **He omitted** the case of an ox that intentionally **trampled on a plowed field of** another[N] person in order to cause damage. Since the damage was intentional it is included in the primary category of Goring and so one is liable. This manner of causing damage cannot be done by a pit. The Gemara rejects this: **If** one claims that the *tanna* omitted the case of damage done to disqualified consecrated animals only **due to** the fact that he also omitted the case of an ox that intentionally **trampled on a plowed field of** another person, that is not a sufficient justification. The latter case **is not an** additional independent **omission, as it is** included in that which is **taught** in that *baraita*: The stringency that applies to Fire as opposed to Pit is **that the** typical **manner of a fire is to proceed and cause damage.** The fact that there is no case in the category of Pit corresponding to an ox that intentionally trampled on a plowed field is addressed by this clause.

״הִכְשַׁרְתִּי בְּמִקְצָת נִזְקוֹ״.

§ The mishna states: In any case in which **I facilitated part of the damage it** caused, I am liable for payments of restitution for damage it caused, as if I were the one who facilitated the entire damage it caused.

תָּנוּ רַבָּנַן: הִכְשַׁרְתִּי מִקְצָת נִזְקוֹ – חַבְתִּי בְּתַשְׁלוּמֵי נִזְקוֹ כְּהֶכְשֵׁר כׇּל נִזְקוֹ, כֵּיצַד? הַחוֹפֵר בּוֹר תִּשְׁעָה, וּבָא אַחֵר וְהִשְׁלִימוֹ לַעֲשָׂרָה – הָאַחֲרוֹן חַיָּיב.

The Sages taught a *baraita* that elucidates the mishna's ruling: In any case in which **I facilitated part of the damage it** caused, **I am liable for payments** of restitution **for damage it** caused, **as if** I were the **one who facilitated the entire damage it** caused. **How so?** In the case of **one who digs a pit** to a depth of **nine** handbreadths, **and another** person **comes** along **and completes** the digging **to** a depth of **ten** handbreadths, the depth at which a pit, according to *halakha*, can cause death, only **the latter** individual is **liable**[N] for injuries and death caused by the pit. Although the pit was already able to cause injury before the second individual deepened it, since by deepening it he increased its capacity to cause damage, he becomes liable for any damage it causes.

וּדְלָא כְּרַבִּי, דְּתַנְיָא: הַחוֹפֵר בּוֹר תִּשְׁעָה, וּבָא אַחֵר וְהִשְׁלִימוֹ לַעֲשָׂרָה – אַחֲרוֹן חַיָּיב; רַבִּי אוֹמֵר: אַחַר אַחֲרוֹן לְמִיתָה, אַחַר שְׁנֵיהֶם לְנִזָקִין.

The Gemara suggests: **And this is not in accordance with** the opinion of **Rabbi Yehuda HaNasi, as it is taught** in a *baraita*: In the case of **one who digs a pit** to a depth of **nine** handbreadths,[H] **and another** person **comes** along **and completes** the digging **to** a depth of **ten** handbreadths, only **the latter** individual is **liable** for both injuries and death caused by the pit. **Rabbi** Yehuda HaNasi **says: With regard to death** caused by the pit, the responsibility is **ascribed to the latter** individual. **With regard to damage** caused by the pit, the responsibility is **ascribed to the two of them.**

רַב פַּפָּא אָמַר: לְמִיתָה, וְדִבְרֵי הַכֹּל.

Rav Pappa said: The *baraita* refers only to a digger's liability **for death** caused by a pit, **and** then the ruling of the *baraita* **is unanimous,** i.e., it is in accordance with the opinions of both the first *tanna* and Rabbi Yehuda HaNasi.

אִיכָּא דְּאָמְרִי: לֵימָא דְּלָא כְּרַבִּי? אָמַר רַב פַּפָּא: לְמִיתָה, וְדִבְרֵי הַכֹּל.

There are those **who say** that the preceding discussion took a slightly different form: The Gemara asks: **Shall we say that** the *baraita* **is not in accordance with** the opinion of **Rabbi** Yehuda HaNasi? **Rav Pappa** answered and **said:** The *baraita* refers only to a digger's liability **for death** caused by a pit, **and** then the ruling of the *baraita* is **unanimous.**

מַתְקִיף לַהּ רַבִּי זֵירָא: וְתוּ לֵיכָּא? וְהָא אִיכָּא: מָסַר שׁוֹרוֹ לַחֲמִשָּׁה בְּנֵי אָדָם, וּפָשַׁע בּוֹ אֶחָד מֵהֶן וְהִזִּיק – חַיָּיב!

Rabbi Zeira objects to the explanation of the *baraita*, that the mishna is referring only to one specific case: **But are there no more** cases? **But isn't there** the case of one who **transferred his ox to five individuals**[H] in order for them to safeguard it, **and one of them was negligent** in his duties **and** the ox **caused damage?** Isn't this individual **liable** for all the damage? This seems to be an additional example of the principle in the mishna that if one facilitated part of the damage caused, he is liable for payments of restitution for the damage caused, as if he were the one who facilitated the entire damage, so the *baraita* should have mentioned it.

NOTES

Trampled on a plowed field of another – דָּשׁ בְּנִירוֹ: Even though an ox is accustomed to plowing fields and the Torah even proscribes plowing with an ox and donkey together, indicating that an ox is commonly used to plow a field, it is unusual for an ox to independently go and trample a plowed field. Therefore, such damage is classified as being of the category of Goring, which primarily refers to damage from an ox that gores with its horn, which is also unusual conduct (*Tosefot Talmid Rabbeinu Tam*).

The latter is liable – הָאַחֲרוֹן חַיָּיב: The *baraita* discusses a case where the first person dug a pit to a depth of less than ten handbreadths and the second person deepened the pit to more than ten handbreadths. In such a case the second person bears full and sole liability for any damage caused by the pit and the first person's involvement in digging the pit is disregarded.

The early commentaries discuss whether this ruling can be extended to a case where the first person dug a pit of less than ten handbreadths and the second person deepened it to a depth that was still less than ten handbreadths. The Meiri claims that in this case both diggers share liability, and will each pay half the damages. He explains that it is uniquely in the case of this *baraita* that the first digger's actions are disregarded, because the second digger changed the nature of the pit from one that can only cause damage to one that can cause death. Since its new status is entirely the product of the second digger, the first digger's involvement is disregarded. By contrast, whenever the halakhic status of the pit is not changed and the second digger merely contributes to its ability to cause damage, the first digger's involvement continues to be relevant and both share liability.

Rabbeinu Yehonatan of Lunel disagrees and claims that in any case in which a second person deepens the pit, since its capacity to cause damage is thereby increased, it is possible that any damage is entirely the fault of the second person, and therefore he, and not the first digger, bears full liability for the damage.

HALAKHA

One who digs a pit to a depth of nine handbreadths, etc. – הַחוֹפֵר בּוֹר תִּשְׁעָה וכו׳: If one digs a pit to a depth of less than ten handbreadths and another person deepens the pit to ten handbreadths, either by digging deeper or by building up the edges of the pit, only the second individual is liable for injuries or deaths caused by the pit. This is in accordance with the *tanna* who disputes the opinion of Rabbi Yehuda HaNasi (Rambam *Sefer Nezikin, Hilkhot Nizkei Mamon* 12:12; *Shulḥan Arukh, Ḥoshen Mishpat* 410:15).

One who transferred his ox to five individuals, etc. – מָסַר שׁוֹרוֹ לַחֲמִשָּׁה בְּנֵי אָדָם וכו׳: In a case where one transferred his ox to five individuals so they could safeguard it, and one of them was negligent in his duties and the ox went out and caused damage, if the ox would not have been properly safeguarded without one of the guards, because the ox was particularly strong and it took all five individuals to safeguard it, then the one who was negligent in his duties is liable for all of the damage. If the ox would still have been properly safeguarded by the other individuals, then all the watchmen share liability.

There are some who say that they share liability only in a case where immediately upon the first individual stating that he was stopping to safeguard the animal, the others did the same. If the others continued to safeguard the ox and it nevertheless caused damage due to their negligence, only they are liable and the one who stopped safeguarding it is exempt, as he can claim that when he left, the animal was still being safeguarded (Rambam *Sefer Nezikin, Hilkhot Nizkei Mamon* 4:7; *Shulḥan Arukh, Ḥoshen Mishpat* 396:7).

HALAKHA

Augmented by adding a bundle – מַרְבֶּה בַּחֲבִילָה: If various people place their bundles on an animal and it does not collapse, and another person places his bundle upon the animal and it collapses under the weight and dies, the latter individual is liable. If the animal was already unable to walk before he put his bundle on it, he is exempt from liability. If it is not clear if the animal was able to walk before he loaded it with his bundle, all who placed their bundles on the animal share liability. This is in accordance with the Rambam's interpretation of the Gemara (Rambam *Sefer Nezikin, Hilkhot Ḥovel UMazik* 6:14; *Shulḥan Arukh, Ḥoshen Mishpat* 383:4).

NOTES

Augmented by a bundle – מַרְבֶּה בַּחֲבִילָה: Rashi and most of the commentaries, including Rabbeinu Ḥananel, interpret the Gemara as referring to a case where one adds wood to a bonfire lit by another, causing it to flare up and cause damage. Accordingly, the Rashba explains that one is liable only if he adds a sufficient quantity of wood to cause a significant change to the fire, and he is not liable for adding a small amount.

The Rambam has an entirely different interpretation of the Gemara. He understands it as referring to a case where people were loading items upon an animal. After several bundles had been loaded upon the animal's back one person added an additional bundle, which overburdened the animal, causing it to collapse and die.

הֵיכִי דָּמֵי? אִילֵימָא דִּבְלָאו אִיהוּ לָא הֲוָה מִינְטַר, פְּשִׁיטָא דְּאִיהוּ קָעָבֵיד! אֶלָּא דִּבְלָאו אִיהוּ נַמִי מִינְטַר, מַאי קָעָבֵיד?

The Gemara rejects the possibility that the mishna could be referring to this case: **What are the circumstances** in which the negligent watchman bears full liability? **If we say that without him** the ox **would not have been** properly **safeguarded** because the ox was particularly strong and it took all five individuals to safeguard it, it **is obvious** that the negligent individual is liable for all the damage. The reason is **that** he alone, through his negligence, **caused** all the damage, not just part of it. **Rather,** the case must be **where** even **without him** the ox **would still have been** sufficiently **safeguarded.** The Gemara asks: But if that is the case, **what did he do** by not safeguarding it? It was still safeguarded without him, so he should not be liable for even part of the damage. It is apparent, then, that the mishna is not referring to this case.

מַתְקִיף לָהּ רַב שֵׁשֶׁת, וְהָא אִיכָּא: מַרְבֶּה בַּחֲבִילָה!

Rav Sheshet objects to the explanation of the *baraita*, that the mishna is referring only to one specific case: **But isn't there** also the case of a fire that was left unattended by its owner and someone else **augmented** the fire **by** adding **a bundle**[HN] of wood to it, thereby increasing the capacity of the fire to cause damage to another's field? Even though he only increased the fire's capacity to damage, he is liable for any damage it causes. Seemingly, this is an additional example of the mishna's principle that if one facilitated part of the damage caused, he is liable for payments of restitution for the damage caused, as if he were one who facilitated the entire damage, so the *baraita* should have mentioned it.

הֵיכִי דָּמֵי?

The Gemara rejects this suggestion: **What are the circumstances?**

Perek **I**
Daf **10** Amud **b**

HALAKHA

Five people were sitting on one bench, etc. – חֲמִשָּׁה שֶׁיָּשְׁבוּ עַל סַפְסָל אֶחָד וכו׳: If five people were sitting on a bench belonging to another, and it did not break, and then one additional person sat upon it or leaned upon it in such a way that he did not allow the others to get up, and the bench broke, even if it would have eventually broken under the weight of the first five people, since the last person hastened the process he is liable for the damage. Some rule that this applies only in a case where the people sitting upon it were unusually heavy, as otherwise the case would be comparable to one who borrows an animal that dies while performing its typical work, in which case the borrower is exempt from liability (Rambam *Sefer Nezikin, Hilkhot Ḥovel UMazik* 6:15; *Shulḥan Arukh, Ḥoshen Mishpat* 381).

LANGUAGE

Bench [*safsal*] – סַפְסָל: From the Latin subsellium, meaning a low seat or a bench. Over time the word was used to refer specifically to a seat reserved for honored individuals, which was situated a little lower than the chair of the ruler.

Bench at the baths of Pompeii

אִי דִּבְלָאו אִיהוּ לָא אָזְלָא – פְּשִׁיטָא! אֶלָּא דִּבְלָאו אִיהוּ אָזְלָא, מַאי קָא עָבֵיד?

If the fire **would not have spread** to another person's field **without him** adding bundles the fire, it **is obvious** that he alone is liable for the damage because he alone did everything that led to the damage. **Rather,** the case must be one where the fire **would have spread** even **without him.** The Gemara asks: But if that is the case, **what did he do** by adding bundles of wood? The fire would have spread without him, so he did not cause even part of the damage. It is apparent, then, that the mishna is not referring to this case.

מַתְקִיף לָהּ רַב פַּפָּא, וְהָא אִיכָּא הָא דְּתַנְיָא: חֲמִשָּׁה שֶׁיָּשְׁבוּ עַל סַפְסָל אֶחָד וְלֹא שְׁבָרוּהוּ, וּבָא אֶחָד וְיָשַׁב עָלָיו וּשְׁבָרוֹ – הָאַחֲרוֹן חַיָּיב, וַאֲמַר רַב פַּפָּא: כְּגוֹן פַּפָּא בַּר אַבָּא!

Rav Pappa objects to the claim of the *baraita* that the mishna refers only to one specific case: **But isn't there** also **that which is taught** in a *baraita*: With regard to a case in which **five** people **were sitting on one bench** [*safsal*][HL] **and it did not break, and** then **one** additional person **came and sat upon it and broke it** with his added weight, **the latter** individual **is liable** for all the damage. **And Rav Pappa said** by way of clarification that this applies in a case **where** the last individual to sit down was as heavy as **Pappa bar Abba.**[P] Since he could have potentially broken it even on his own, he had no right to use it. In this case, even though the weight of the first five individuals was presumably a contributing factor in causing the damage, since the damage was ultimately caused by the additional weight of the last individual, he is liable for all of the damage. Seemingly, this is an additional example of the mishna's principle, and the *baraita* should have mentioned it.

PERSONALITIES

Pappa bar Abba – פַּפָּא בַּר אַבָּא: Also referred to with the title Rav, Pappa bar Abba was a man of great honor and wealth who lived during the same time as Rav Pappa (see *Yevamot* 21b). There were close relations between Rav Pappa and the house of Pappa bar Abba. The members of Pappa bar Abba's household related to Rav Pappa as their rabbi and master, asking him various questions in *halakha*. It also appears that the sons of Pappa bar Abba were Torah scholars, as they are found participating in talmudic discussions concerning matters of *halakha* together with Rav Pappa and Ravina.

הֵיכִי דָּמֵי? אִילֵימָא דִּבְלָאו אִיהוּ לָא אִיתְּבַר, פְּשִׁיטָא! אֶלָּא דִּבְלָאו אִיהוּ נַמִי אִיתְּבַר, מַאי קָעָבֵיד?

The Gemara rejects this suggestion: **What are the circumstances? If we say that without him** the bench **would never have broken** under the weight of the first five people, then it **is obvious** that the last individual is liable for all the damage, as ultimately it was his action alone that caused the damage. **Rather,** it must be that **even without him** the bench **would have broken** under the weight of the first five people, and the last individual sat down just as it was about to break. The Gemara asks: But if that is the case, **what did he do,** i.e., why should he be liable at all? It is apparent, then, that the mishna is not referring to this case.

סוֹף סוֹף מַתְנִיתָא הֵיכָא מִתָּרְצָא?

The Gemara asks: **Ultimately, how is the *baraita*** cited by Rav Pappa to be **explained?** As the Gemara explained, the ruling of the *baraita* is understandable only if it is referring to a case where the bench would not have broken without him. But if that is the case, as the Gemara noted, it is obvious and therefore unnecessary to state it.

לָא צְרִיכָא, דִּבְלָאו אִיהוּ הֲוֵי מִיתְּבַר בִּתְרֵי שָׁעֵי, וְהָשְׁתָּא אִיתְּבַר בַּחֲדָא שָׁעָה, דְּאָמְרִי לֵיהּ: אִי לָאו אַתְּ, הֲוֵי יָתְבִינַן טְפֵי פּוּרְתָּא וְקָיְימִין.

The Gemara explains: **No,** it is **necessary** in a case **where without him it would have broken in two hours, and now it broke in one hour.** The *baraita* teaches that the last individual alone is liable and not the first five, **as they can say to** the last individual: **Were it not for you, we would have sat a little bit more and** then **stood up;** consequently, the bench would never have broken. Therefore, it was ultimately you who caused the bench to break, and therefore only you are liable.

וְלֵימָא לְהוּ: אִי לָאו אַתּוּן, בְּדִידִי לָא הֲוָה מִיתְּבַר!

The Gemara rejects this suggestion, because in that situation the last individual would have a valid counterclaim: **But let him say to them: Were it not for you** continuing to sit on the bench after I sat down, the bench would not have broken, as **under my** weight alone **it would not have broken.** Accordingly, we should share the liability for damaging it.

לָא צְרִיכָא, דִּבְהָהִיא דִּסְמֵיךְ בְּהוּ תְּבַר.

The Gemara offers a different suggestion: **No,** it is **necessary** in a case **where** instantaneously, **as he was leaning upon** the other five people, **the bench broke.**

פְּשִׁיטָא!

The Gemara asks: If so, it **is obvious** that he alone is liable, as his action alone caused the damage, and the other five could not have done anything to prevent it as he was leaning upon them.

מַהוּ דְּתֵימָא: כֹּחוֹ לָאו כְּגוּפוֹ דָּמֵי, קָא מַשְׁמַע לַן דְּכֹחוֹ כְּגוּפוֹ דָּמֵי, דְּכׇל הֵיכָא דְּגוּפוֹ תָּבַר, כֹּחוֹ נַמִי תָּבַר.

The Gemara explains: The ruling is necessary **lest you say** that when one causes damage with **one's direct force** it **is not equivalent to** a situation where one causes damage with **one's body.** If he broke the bench by actually sitting down upon it, his action would be considered a direct act of damage completed with his body and he alone would be liable even though the other peoples' weight was a contributing factor. In this case, since he broke the bench by merely leaning upon the others sitting there, it is his force that led to the damage, not his body, and one might have thought that since the weight of the others certainly contributed to the breakage they should share liability. Therefore, the *baraita* **teaches us that** causing damage with **one's direct force is equivalent to** causing damage with **one's body.**[N] And it teaches that the *halakha* is **that anywhere that** one would be liable if **his body broke** something, one is **also** liable if **his force broke** something.

וְתוּ לֵיכָּא? וְהָא אִיכָּא הָא דְּתַנְיָא: הִכּוּהוּ עֲשָׂרָה בְּנֵי אָדָם בְּעֶשֶׂר מַקְלוֹת, בֵּין בְּבַת אַחַת בֵּין בָּזֶה אַחַר זֶה, וּמֵת – כּוּלָּן פְּטוּרִין; רַבִּי יְהוּדָה בֶּן בְּתֵירָא אוֹמֵר: בָּזֶה אַחַר זֶה – הָאַחֲרוֹן חַיָּיב, מִפְּנֵי שֶׁקֵּירֵב אֶת מִיתָתוֹ!

The Gemara continues to consider the possibility that there are additional cases covered by the mishna's ruling aside from the one listed in the *baraita*: **And are there not more cases? But isn't there** also the case of **that which is taught** in a *baraita*: If one **was beaten by ten people**[H] **with ten sticks, whether** they beat him **simultaneously or one after the other, and he died, they are all exempt** from liability for killing him. **Rabbi Yehuda ben Beteira**[P] **says:** Where they beat him **sequentially, the last** individual to beat him alone **is liable, because he hastened his death.** In this case, the other individuals contributed to the man's death, but the last one alone is liable. Why didn't the *baraita* also mention this case?

NOTES

Direct force is equivalent to one's body – כֹּחוֹ כְּגוּפוֹ דָּמֵי: The Gemara earlier (3b) presumed that when one causes damage by using the force of his body he is liable for the damage caused, and the Gemara does not discuss whether causing damage in this manner is tantamount to causing damage with the body itself. In this case, the force being expended by leaning is clearly not the same as the force he would exert if his entire body would sit on the bench, and therefore it could be possible to exempt him from paying all of the damages. The *baraita* is innovating that even in such a case, causing damage with the force of one's body is tantamount to causing damage with the body itself (*Shitat HaKadmonim*).

HALAKHA

Was beaten by ten people, etc. – הִכּוּהוּ עֲשָׂרָה בְּנֵי אָדָם וכו׳: If one was beaten by ten people with ten sticks, whether they beat him simultaneously or one after the other, if he died they are all exempt from liability for killing him. This is in accordance with the opinion of the Rabbis (Rambam *Sefer Nezikin, Hilkhot Rotze'aḥ UShmirat HaNefesh* 4:6).

PERSONALITIES

Rabbi Yehuda ben Beteira – רַבִּי יְהוּדָה בֶּן בְּתֵירָא: The Benei Beteira family produced renowned Sages over several generations. Some members of the family served as the *Nasi* during the time of Hillel but later transferred the position to him. It is almost certain that there were two Sages named Yehuda ben Beteira. The second may have been the grandson of the first. Both lived in the city of Netzivin in Babylonia: One lived while the Temple was still standing and the second lived at the end of the tannaitic period. The latter was one of the greatest Torah scholars of his age and organized the study of Torah throughout Babylonia before the great yeshivas were established. He was venerated by the Sages of Eretz Yisrael.

NOTES

He shall not pay for the torn animal itself – טְרֵפָה עַצְמָהּ לֹא יְשַׁלֵּם: Rashi explains that the word *ed*, witness, should be interpreted based on the way it would be read were it not vocalized, i.e., it should be read as *ad*, meaning until. Furthermore, with regard to the verse (Exodus 22:12), the word should be read as introducing the latter half of the verse and not as the last word of the first clause. Accordingly, the latter part of the verse reads: Until the torn animal he shall not pay, and this indicates Rav Kahana's statement.

Rabbeinu Ḥananel appears to expound the verse based on its straightforward reading. He interprets the phrase "the torn animal he shall not pay" to mean that one should not pay the current value of the torn animal; rather, one should pay the value of the animal less the value of its carcass.

בִּקְטָלָא לָא קָמַיְירֵי.

The Gemara explains: The *baraita* **is not speaking of** one's liability to receive **the death penalty,** only of one's liability to pay damages.

וְאִיבָּעֵית אֵימָא: בִּפְלוּגְתָּא לָא קָמַיְירֵי. וְלָא? וְהָא אוֹקִימְנָן דְּלָא כְּרַבִּי! דְּלָא כְּרַבִּי וּכְרַבָּנַן מוֹקְמִינַן, כְּרַבִּי יְהוּדָה בֶּן בְּתֵירָא וְלָא כְּרַבָּנַן לָא מוֹקְמִינַן.

And if you wish, say instead that the *baraita* **is not speaking of** an issue that is the subject of **a dispute.** The Gemara asks: **But isn't** it? **But didn't we uphold that** the case stated in the *baraita* concerning a pit is subject to a dispute, and **it is not in accordance with** the opinion of **Rabbi** Yehuda HaNasi, but of the Rabbis? The Gemara explains: **We will interpret** the *baraita* to be **in accordance with** the opinion of **the Rabbis and not** to be **in accordance with** the opinion of **Rabbi** Yehuda HaNasi, but **we will not interpret** it to be **in accordance with** the opinion of **Rabbi Yehuda ben Beteira and not in accordance with** the opinion of **the Rabbis.** In other words, although we will interpret the *baraita* as referring to a case that is subject to a dispute, that applies only if it is in accordance with the majority opinion in that dispute.

"חַבְתִּי בְּתַשְׁלוּמֵי נִזְקוֹ". "חַבְתִּי בְּנִזְקוֹ" לָא קָתָנֵי, אֶלָּא "בְּתַשְׁלוּמֵי נִזְקוֹ".

§ The mishna teaches: In any case in which I facilitated part of the damage it caused, **I am liable for payments** of restitution **for damage it** caused, as if I were the one who facilitated the entire damage. The Gemara notes that the mishna **does not teach: I am liable for the damage it** caused, **rather:** I am liable **for payments** of restitution **for damage it** caused. The Hebrew terms: Payments of restitution [*tashlumim*], and: To complete [*lehashlim*], share the same Hebrew root. This alludes to the *halakha* that the payment of damages is required only in order to complete the injured party's compensation, which is already partially accounted for, as the injured party is able to recover his dead animal's current value by selling its carcass. Accordingly, the one liable for the damage is not required to pay the animal's prior value; rather, he must pay only the difference in its value from before it was damaged and its current state.

תְּנֵינָא לְהָא, דְּתָנוּ רַבָּנַן: תַּשְׁלוּמֵי נֶזֶק – מְלַמֵּד, שֶׁהַבְּעָלִים מְטַפְּלִין בַּנְּבֵילָה.

The Gemara notes: **We** already **learned this, as the Sages taught** in a *baraita*: The mishna uses the term: **Payments** of restitution **for damage,** as opposed to simply stating: One is liable for the damage caused, to allude to the *halakha* that the one who is liable must pay only for the decrease in the value of the animal. This assumes that the injured party is able to recover his animal's current value by selling the carcass. Therefore, the mishna **teaches that the owner** of the injured animal **attends to,** i.e., retains ownership of, **the animal carcass** so that, if he wishes to, he may sell it and keep the proceeds.

מְנָא הָנֵי מִילֵּי? אָמַר רַבִּי אַמֵּי: דְּאָמַר קְרָא "מַכֵּה נֶפֶשׁ בְּהֵמָה יְשַׁלְּמֶנָּה", אַל תִּקְרֵי "יְשַׁלְּמֶנָּה" אֶלָּא "יַשְׁלִימֶנָּה".

The Gemara asks: **From where are these matters** derived? **Rabbi Ami said: As the verse states: "One who strikes an animal shall pay for it [*yeshallemenna*]"** (Leviticus 24:18). **Do not read** the final word ***yeshallemenna,*** meaning he shall pay for it; **rather,** read it as though it were vocalized as ***yashlimenna,*** meaning he shall complete it, to teach that he shall complete the injured party's compensation, which is already partially accounted for by the injured party's right to sell his animal's carcass.

רַב כָּהֲנָא אָמַר, מֵהָכָא: "אִם טָרֹף יִטָּרֵף יְבִאֵהוּ עֵד הַטְּרֵפָה לֹא יְשַׁלֵּם", עַד טְרֵפָה יְשַׁלֵּם, טְרֵפָה עַצְמָהּ לֹא יְשַׁלֵּם.

Rav Kahana said that this *halakha* is derived **from here:** The verse states with regard to a case where an animal was entrusted with a paid bailee who did not fulfill his duty to safeguard it, and the animal was attacked by a wild beast: **"If it be torn in pieces, let him bring a witness, the torn animal he shall not pay"** (Exodus 22:12). Rav Kahana expounds the verse to mean that **he shall pay** only up **until** the value of the **torn animal;** but **he shall not pay** for the **torn animal itself.**[N] In other words, he pays only the difference in value between the animal before it was injured and its current torn state. If the owner of the injured animal wishes to fully recover his loss he must sell the animal's carcass and keep the proceeds.

חִזְקִיָּה אָמַר מֵהָכָא: "וְהַמֵּת יִהְיֶה לּוֹ" – לַנִּיזָּק.

Ḥizkiyya said that this *halakha* is derived **from here:** The verse states with regard to a person's ox that fatally gored another ox: "He shall pay an ox for the ox, **and the carcass shall be his"** (Exodus 21:36), meaning the carcass belongs **to the injured** party, the owner of the gored animal.

וְכֵן תְּנָא דְּבֵי חִזְקִיָּה: "וְהַמֵּת יִהְיֶה לּוֹ" – לַנִּיזָּק; אַתָּה אוֹמֵר: לַנִּיזָּק, אוֹ אֵינוֹ אֶלָּא לַמַּזִּיק? אָמַרְתָּ: לֹא כָּךְ הָיָה.

And similarly, the school of Ḥizkiyya taught in a *baraita*: The verse states: **"And the carcass shall be his"** (Exodus 21:36). The verse means the carcass belongs **to the injured** party. Do **you say** it belongs **to the injured** party? **Or** perhaps **it** belongs **only to the one liable for the damage?** To this suggestion, **you should say: It could not have been that.**

מַאי "לֹא כָּךְ הָיָה"?

The Gemara asks: **What** does the *baraita* mean by: **It could not have been that?**

אֲמַר אַבָּיֵי: אִי סָלְקָא דַּעְתָּךְ נְבֵילָה דְּמַזִּיק הָוְיָא, לִיכְתּוֹב רַחֲמָנָא "שׁוֹר תַּחַת הַשּׁוֹר" וְלִישְׁתּוֹק, "וְהַמֵּת יִהְיֶה לּוֹ" לָמָּה לִי? שְׁמַע מִינָּהּ, לַנִּיזָּק.

Abaye said: If it enters your mind to say that the **animal carcass is** the property **of the one liable for the damage, let the Merciful One write:** "He shall pay **an ox for the ox,"** and then **be silent** and state no more. **Why do I** need the verse to continue: **"And the carcass shall be his"? Conclude from it** that the carcass belongs **to the injured** party.

וּצְרִיכָא; דְּאִי כְּתַב רַחֲמָנָא "מַכֵּה בְהֵמָה יְשַׁלְּמֶנָּה" – מִשּׁוּם דְּלָא שְׁכִיחָא, אֲבָל טְרֵפָה דִּשְׁכִיחָא – אֵימָא לָא, צְרִיכָא;

The Gemara notes: **And** it is **necessary** to have multiple sources for this *halakha*, **as if the Merciful One wrote** only: **"One who strikes an animal shall pay for it,"** I could claim that only in that case does one have to pay for only part of the damage **because it is an uncommon** occurrence. **But** in the case of **a torn animal, which is a common** occurrence, **I will say** that his liability should **not** be limited to the difference in value between what the animal had been worth and the carcass, but he should pay for the entire value of the injured animal. Therefore, it is **necessary** to explicitly state the *halakha* also in that case.

וְאִי אַשְׁמוּעִינַן טְרֵפָה – מִשּׁוּם דְּמִמֵּילָא, אֲבָל מַכֵּה בְהֵמָה, דְּבִידַיִם – אֵימָא לָא;

And if the Torah **had taught us only** the case of **a torn animal,** I could claim that only in that case does one have to pay for only part of the damage **because** the damage occurred **by itself,** i.e., it was not directly caused by the one liable for it. **But** in the case of **one who strikes an animal,** who does so **by** direct **action, I will say that** his liability should **not** be limited. Therefore, it is necessary to explicitly state the *halakha* also in that case.

וְאִי אַשְׁמוּעִינַן הָנֵי תַּרְתֵּי, הָא מִשּׁוּם דְּלָא שְׁכִיחָא וְהָא מִשּׁוּם דְּמִמֵּילָא, אֲבָל "וְהַמֵּת יִהְיֶה לּוֹ", דִּשְׁכִיחָא וּבְיָדַיִם – אֵימָא לָא;

And if the Torah **had taught us only these two** cases, I could claim that only in those cases does one have to pay for only part of the damage, **this** one **because** it is **an uncommon** occurrence, **and that** one **because** the damage occurred **by itself. But** in a case where one's ox gores another's ox, of which the Torah states: **"And the carcass shall be his," which is a common** occurrence, and the damage is considered to have been inflicted **by** its owner's direct **action,** since it was under his guard, **I will say** his liability should **not** be limited.

וְאִי אַשְׁמוּעִינַן "הַמֵּת יִהְיֶה לּוֹ" – מִשּׁוּם דְּמָמוֹנָא קָא מַזִּיק, אֲבָל הָכָא דִּבְגוּפָא מַזִּיק – אֵימָא לָא, צְרִיכָא.

And if the Torah **had taught us** only the case in the verse **"And the carcass shall be his,"** I could claim that only in that case does one have to pay for only part of the damage **because** it is one's **property** that **causes damage. But here,** in the case of one who strikes another's animal, **where one causes damage with** one's own **body, I will say** his liability should **not** be limited. Therefore, it is **necessary** to explicitly state the *halakha* in each case.

אֲמַר לֵיהּ רַב כָּהֲנָא לְרַב: אֶלָּא טַעְמָא דִּכְתַב רַחֲמָנָא "וְהַמֵּת יִהְיֶה לּוֹ", הָא לָאו הָכִי, הֲוָה אָמִינָא נְבֵילָה דְּמַזִּיק הָוְיָא;

Rav Kahana said to Rav: But according to the statement of Ḥizkiyya, as explained by Abaye, **the** only **reason** the injured party retains ownership of the carcass is **that the Merciful One wrote: "And the carcass shall be his,"** but were **it not for that I would say** that **the carcass is** the property **of the one liable for the damage.**

הַשְׁתָּא אִי אִית לֵיהּ לְדִידֵיהּ כַּמָּה טְרֵיפוֹת יָהֵיב לֵיהּ, דְּאָמַר מָר: "יָשִׁיב" – לְרַבּוֹת שָׁוֶה כֶּסֶף, וַאֲפִילּוּ סוּבִּין, דִּידֵיהּ מִבַּעְיָא?

Rav Kahana questions the need for the Torah to teach this: **Now, if** the one liable for the damage **had** in his possession the carcasses of **several torn animals, he could give** the injured party a carcass as payment, **as the Master said** above (7a): The verse states: **"He shall recompense"** (Exodus 21:34), **to include** items **worth money, and even bran,** a relatively inferior commodity, as valid items with which to pay restitution. **Is it necessary** for the Torah to teach that he can pay restitution with **his,** i.e., the injured party's, animal carcass? Granting ownership of the carcass to the injured party seems pointless, because even had the Torah granted it to the one liable for the damage, he could give it to the injured party as payment.

HALAKHA

The diminishing value of the carcass – **פְּחַת נְבֵילָה**: The injured party sustains the loss due to the depreciation in the value of the carcass between the time of its death and the time when the case is brought before the court. For example, if an ox gored and killed an animal worth two hundred dinars, and the carcass is worth only one hundred dinars, then the owner of the belligerent ox is liable to pay one hundred dinars even if by the time the case is brought to court the value of the carcass has diminished to eighty dinars. This applies only where the owner of the killed animal was aware of the death from the moment of its death. If he was not immediately aware of it, then the owner of the belligerent ox is liable for any depreciation in the carcass' value until the point its owner became aware of it (Rosh). Some say (*Nimmukei Yosef*) that even if the depreciation was due to a decline in the general market value of carcasses, the injured party sustains the loss (Rambam *Sefer Nezikin*, *Hilkhot Nizkei Mamon* 7:8–9; *Shulḥan Arukh*, *Ḥoshen Mishpat* 403:2).

לָא נִצְרְכָא אֶלָּא לִפְחַת נְבֵילָה.

The Gemara explains: It **is necessary only for** the issue of who sustains the loss due to the **diminishing** value **of the carcass**[H] between its death and when the case is brought before the court. By granting ownership of the carcass to the injured party from the moment of the animal's death, the Torah limits the damages to the difference between the value of the animal when it was alive and its value immediately after it is killed, irrespective of what happens to the carcass afterward.

לֵימָא, פְּחַת נְבֵילָה תַּנָּאֵי הִיא? דְּתַנְיָא: "אִם טָרֹף יִטָּרֵף יְבִאֵהוּ עֵד".

The Gemara asks: **Shall we say** that the issue of the **diminishing** value **of the carcass is** a dispute between ***tanna'im*? As it is taught** in a *baraita*: The verse states with regard to a case where an animal was entrusted with a paid bailee and was attacked by a wild beast: **"If it be torn in pieces, let him bring a witness** [*ed*]" (Exodus 22:12).

Perek **I**
Daf **11** Amud **a**

LANGUAGE

Carcass [*aduda*] – **עֲדוּדָה**: Derived from the word *ad*, meaning booty or spoils, as employed in the verse: "A ravenous wolf, in the morning he devours the spoils [*ad*], at night he will devour the booty" (Genesis 49:27). Accordingly, *aduda* technically is referring to the carcass of an animal killed by a beast of prey.

יָבִיא עֵדִים שֶׁנִּטְרְפָה בְּאוֹנֶס, וּפָטוּר. אַבָּא שָׁאוּל אוֹמֵר: יָבִיא עֲדוּדָה לְבֵית דִּין;

This means that the bailee **should bring witnesses that** the animal **was mauled through circumstances beyond** his **control, and** based on their testimony he is **exempt** from liability. **Abba Shaul says:** The word *ed* should not be interpreted as witness, but as carcass. Accordingly, the bailee **should** immediately **bring** the **carcass** [***aduda***][L] **to court** in order to appraise its current value.

מַאי לָאו בְּהָא קָמִיפַּלְגִי, דְּמָר סָבַר: פְּחַת נְבֵילָה דְּנִיזָּק הָוֵי, וּמָר סָבַר: דְּמַזִּיק הָוֵי?

What, is it not so that **they disagree about this** matter: **That** one **Sage**, Abba Shaul, **holds** that the loss due to **the diminishing** value **of the carcass is** sustained **by the injured** party, and so there is a need to appraise its value immediately in order to correctly assess how much the one liable for the damage must pay, **and** the other **Sage**, the first *tanna*, **holds** that the loss due to **the diminishing** value **of the carcass is** sustained **by the one liable for the damage** because the Torah granted him ownership of it.

לָא, דְּכוּלֵּי עָלְמָא דְּנִיזָּק, וְהָכָא בְּטוֹרַח נְבֵילָה קָמִיפַּלְגִי;

The Gemara rejects this: **No, everyone** agrees that the loss due to **the diminishing** value **of the carcass is** sustained **by the injured** party, since he owns it, **and here they disagree concerning** who must go to **the effort** of retrieving the **carcass** and transporting it to the court to be appraised.

וְהָתַנְיָא, אֲחֵרִים אוֹמְרִים: מִנַּיִין שֶׁעַל בַּעַל הַבּוֹר לְהַעֲלוֹת שׁוֹר מִבּוֹרוֹ? תַּלְמוּד לוֹמַר "כֶּסֶף יָשִׁיב לִבְעָלָיו וְהַמֵּת".

And so it **is taught** in a *baraita*: **Others say: From where** is it derived **that it is** incumbent **upon the owner of the pit to raise the ox**[H] **from his pit** after it was killed by falling into it? **The verse states:** "The owner of the pit shall pay; **he shall restore money to its owner, and the carcass** shall be his" (Exodus 21:34). They read the term "and the carcass" as a second subject of the term "he shall restore." It therefore indicates that the one liable for the damage must restore the carcass to the injured party by retrieving it. The fact that this opinion is introduced with the phrase: Others say, suggests that it stands in opposition to another opinion. That other opinion apparently holds that the owner of the injured animal is responsible for retrieving the carcass.

אֲמַר לֵיהּ אַבָּיֵי לְרָבָא: הַאי טוֹרַח נְבֵילָה הֵיכִי דָּמֵי?

Abaye said to Rava: What are the circumstances in which the one liable for the damage is required to go to **this effort,** to retrieve the **carcass** from the pit?

HALAKHA

That it is incumbent upon the owner of the pit to raise the ox – **שֶׁעַל בַּעַל הַבּוֹר לְהַעֲלוֹת שׁוֹר**: If an ox fell into a pit and died as a result, the owner of the pit is responsible to raise the carcass out of the pit and deliver it to its owner. This is in accordance with the opinion of Abba Shaul and others. *Sma*, citing Rosh, rules that the responsibility to physically remove the ox from the pit rests on the owner of the animal, but the owner of the pit must pay the expenses (Rambam *Sefer Nezikin*, *Hilkhot Nizkei Mamon* 7:13; *Shulḥan Arukh*, *Ḥoshen Mishpat* 403:3, and see *Pitḥei Teshuva* there).

אִילֵימָא דְּבְבֵירָא שַׁוְיָא זוּזָא וְאַגּוּדָא שַׁוְיָא אַרְבַּע, כִּי טָרַח בִּדְנַפְשֵׁיהּ טָרַח!

If we say that while still **inside the pit,** the carcass **is worth a dinar, and** when it is **at the edge** of the pit, since it is more accessible, its market value increases and **is worth four** dinars, then **when** the one liable for the damage **expends the effort** to retrieve the carcass, he is **expending the effort for his own sake,** since by increasing the value of the carcass he reduces his own liability. Therefore, he will certainly retrieve it of his own accord, and it is not necessary for the Torah to require him to do so.

אֲמַר לֵיהּ: לָא צְרִיכָא, דְּבְבֵירָא שַׁוְיָא זוּזָא וְאַגּוּדָא נַמִי שַׁוְיָא זוּזָא.

Rava **said to him: No,** it is **necessary** to require him to retrieve the carcass in a case **where,** while still **inside the pit** the carcass **is worth** one **dinar, and** when it is **at the edge** of the pit, despite being more accessible, it **is still worth** one **dinar.** Since it is of no benefit to him to retrieve it, the Torah had to require him to do so.

וּמִי אִיכָּא כְּהַאי גַּוְונָא? אִין, דְּהָא אָמְרִי אֱינָשֵׁי: כְּשׁוּרָא בְּמָתָא בְּזוּזָא, כְּשׁוּרָא בְּדַבְרָא בְּזוּזָא.

The Gemara asks: **But is there** ever **a case like this,** where despite being more accessible its market value does not change? The Gemara answers: **Yes, as people say, a beam** of wood **in the city** sells **for a dinar,** and **a beam** of wood **in the field** also sells **for a dinar,** despite the fact that it needs to be transported from there to the city.

אָמַר שְׁמוּאֵל: אֵין שָׁמִין לֹא לַגַּנָּב וְלֹא לַגַּזְלָן אֶלָּא לַנְּזָקִין, וַאֲנִי אוֹמֵר: אַף לַשּׁוֹאֵל, וְאַבָּא מוֹדֶה לִי.

§ **Shmuel says:** The practice of the court is that when an animal or other item is stolen and then is damaged or dies, the court **does not appraise** its current value and assign ownership of it to its owner, in order that the perpetrator should have to pay only the difference between its prior value and its current value, **neither for** the sake of **a thief nor for** the sake of **a robber.** Rather, the thief or robber acquires ownership of the carcass or damaged item and compensates the owner for its prior value. The court appraises the item or carcass **only for damages,** as the Gemara explained above. **And I say** that they appraise the item or animal **even for a borrower**[N] who borrowed an item and while it was in his possession it became damaged, or who borrowed an animal and while it was in his possession it died, **and Abba,** i.e., Rav, **concedes to me.**

אִיבַּעְיָא לְהוּ, הָכִי קָאָמַר: אַף לַשּׁוֹאֵל שָׁמִין וְאַבָּא מוֹדֶה לִי, אוֹ דִּלְמָא הָכִי קָאָמַר: וַאֲנִי אוֹמֵר אַף לַשּׁוֹאֵל אֵין שָׁמִין וְאַבָּא מוֹדֶה לִי?

A dilemma was raised before them: Is **this what** Shmuel **is saying:** The court **appraises** the value of an item or a carcass **even for** the sake of **a borrower, and Abba concedes to me; or perhaps, this is what** Shmuel **is saying: And I say** that the court **does not appraise** its value **even for a borrower, and Abba concedes to me?**

תָּא שְׁמַע: דְּהַהוּא גַּבְרָא דְּשָׁאֵיל נַרְגָּא מֵחַבְרֵיהּ, תַּבְרָהּ, אֲתָא לְקַמֵּיהּ דְּרַב, אֲמַר לֵיהּ: זִיל שַׁלֵּים לֵיהּ נַרְגָּא מְעַלְיָא, שְׁמַע מִינָּהּ: אֵין שָׁמִין.

Come and **hear** a resolution from the following incident: There was **a certain man who borrowed an ax**[B] **from another and he broke it. He came before Rav** to rule if, and how much, he was liable to pay for it. Rav **said to him: Go and pay him with a full-fledged ax,** i.e., you must compensate the owner for the full value of the ax that you broke. The Gemara suggests: **Conclude from it** that the court **does not appraise** its value for the sake of a borrower.

אַדְּרַבָּה, מִדְּאָמְרִי לֵיהּ רַב כָּהֲנָא וְרַב אַסִּי לְרַב: דִּינָא הָכִי? וְשָׁתֵיק, שְׁמַע מִינָּהּ: שָׁמִין.

The Gemara rejects this: **On the contrary, from** the fact **that Rav Kahana and Rav Asi said to Rav** on that occasion: **Is this the *halakha*?** And Rav **remained silent,** this suggests that he conceded to their opinion that the borrower should not have had to pay the full value of the ax. Accordingly, **conclude from it** that the court **appraises** an item's value for the sake of a borrower.

אִיתְּמַר, אָמַר עוּלָּא אָמַר רַבִּי אֶלְעָזָר: שָׁמִין לַגַּנָּב וְלַגַּזְלָן, רַב פַּפִּי אָמַר: אֵין שָׁמִין. וְהִלְכְתָא: אֵין שָׁמִין לֹא לַגַּנָּב וְלֹא לַגַּזְלָן, אֲבָל לַשּׁוֹאֵל שָׁמִין, כִּדְרַב כָּהֲנָא וְרַב אַסִּי.

An amoraic dispute **was stated: Ulla says** that **Rabbi Elazar says:** The court **appraises** a stolen item's value **for a thief and for a robber. Rav Pappi says: It does not appraise** its value for them. The Gemara concludes: **And the *halakha*** is that the court **does not appraise** value **either for a thief or for a robber;**[H] **but it appraises value for a borrower,**[H] **in accordance with** the opinion **of Rav Kahana and Rav Asi.**

NOTES

And I say even for a borrower – וַאֲנִי אוֹמֵר אַף לַשּׁוֹאֵל: From the comments of *Tosafot* it would appear that the dispute concerning the borrower depends on how to understand the reason why no appraisals are made for a robber or a thief. Two rationales may be offered for that *halakha*: One possibility is that the theft of the item is considered, to a certain extent, to transfer ownership of the item to the thief or the robber. Since the item is transferred into their possession, they are liable to repay its entire value, and for the same reason it is they who will sustain the depreciation in its value. The second possibility is that an appraisal is not made for a thief or robber in order to penalize them for their transgression. In the case of a borrower, the second rationale clearly does not apply. Ostensibly, the first rationale does apply, since just as thief or robber can be said to have taken possession of the item, so too a borrower can be considered to have acquired a limited form of ownership of the item for the duration of his possession of the item.

BACKGROUND

Ax – נַרְגָּא: This tool is possibly similar to the *kardom* mentioned in the Mishna. The *kardom* has been identified as the Roman dolabra, a tool similar to the contemporary pickax.

Dolabra

HALAKHA

The court does not appraise value either for a thief or for a robber – אֵין שָׁמִין לֹא לַגַּנָּב וְלֹא לַגַּזְלָן: In the case of one who stole an item, whether he is a thief or a robber, if the item then broke or depreciated in value, he must restore to the injured party an equivalent item or pay the injured party the value of the item he stole, after which the thief or robber may keep the item. This is based on the principle that one does not appraise a stolen item's value for the sake of a thief or a robber.

A thief is required to pay his victim twice the value of the item he stole. This payment combines the restitution for the value of the item he stole and a fine that is equal to the value of the item. The Ra'avad rules that this double payment is calculated as follows: The restitution for the value of the item is calculated to be the value of the item before it was stolen and not just the difference between its prior value and its current value. This is based on the principle that one does not appraise a stolen item's value for the sake of a thief. By contrast, in calculating the size of the fine, one does appraise a stolen item's value. The fine is set as the difference between the item's prior value and its current value. The Rambam disagrees and holds that even when calculating the fine one does not appraise a stolen item's value; rather, the thief pays twice the prior value of the item (*Maggid Mishne*). The Rema adds that if the thief does not have money with which to pay, he may pay using even the broken shards themselves just as he could pay the victim with any other type of movable property in his possession (*Nimmukei Yosef*, citing Ramah). The Rambam writes that if the injured party is willing, he may take possession of the shards and then the thief need pay only the difference in value between the item's prior value and value of the shards (Rambam *Sefer Nezikin, Hilkhot Geneiva* 1:15 and *Hilkhot Gezeila VaAveda* 2:15; *Shulḥan Arukh, Ḥoshen Mishpat* 354:5, 362:13).

It appraises value for a borrower – לַשּׁוֹאֵל שָׁמִין: If one borrows an item and it breaks, or if one borrows an animal and it is injured, the court appraises the value of the borrowed item prior to it being broken as compared to its current value, and the borrower returns the broken item or injured animal to its owner and pays the difference in value. This also applies in a case where the animal dies, in which the borrower gives the carcass to the owner and pays the difference in value (Rambam *Sefer Mishpatim, Hilkhot She'ela UFikadon* 1:3; *Shulḥan Arukh, Ḥoshen Mishpat* 344:2).

וְאָמַר עוּלָּא אָמַר רַבִּי אֶלְעָזָר: שִׁלְיָא שֶׁיָּצְתָה מִקְצָתָהּ בְּיוֹם רִאשׁוֹן וּמִקְצָתָהּ בְּיוֹם שֵׁנִי – מוֹנִין לָהּ מִן הָרִאשׁוֹן.

§ The Gemara cites additional *halakhot* taught by Ulla, citing Rabbi Elazar: When a woman gives birth or miscarries a fetus she is thereby rendered ritually impure (see Leviticus 12:1–5). Even if she delivers only the afterbirth, with no discernible fetus, she is rendered ritually impure due to the possibility that the fetus was dissolved in the afterbirth, and it is therefore considered as though she delivered it (*Nidda* 24b). The length of the period of impurity depends on the sex of the child. In the case where it is unclear what the sex is, she must observe the longer period of fourteen days (*Nidda* 29a). At the end of that period she may purify herself by immersing in a ritual bath. **And Ulla says that Rabbi Elazar says:** If **part of the afterbirth** [*shilya*][LB] **emerged on the first day** of a woman's miscarriage **and part of it** emerged **on the second day, one counts** the period of ritual impurity **from the first** day.[H]

אֲמַר לֵיהּ רָבָא: מַה דַּעְתָּךְ – לְחוּמְרָא?

Rava said to him, to Ulla: **What** is the rationale for **your opinion** to begin counting from the first day? It would appear to be based on the following: Ritual impurity is engendered only once the woman has delivered the fetus. This is defined as the emergence of the majority of the fetus or its head. Since in this case the fetus is not discernible, one must consider the possibility that it had already emerged on the first day, and therefore one is required **to act stringently** and regard her as impure from the first day.

חוּמְרָא דְּאָתֵי לִידֵי קוּלָּא הוּא, דְּקָא מְטַהֲרַתְּ לָהּ מֵרִאשׁוֹן!

Rava questions the propriety of acting stringently in this case, as it is **a stringency that results in a leniency, because** if she begins counting from the first day, **you** will also **render her** fit to immerse and become **pure from** fourteen days **after the first** day. This is a leniency because it is possible that the majority of the fetus emerged only on the second day and therefore her period of impurity began only then. She will therefore remain impure until the fifteenth day.

אֶלָּא אֲמַר רָבָא: לְחוּשׁ חוֹשֶׁשֶׁת, מִימְנָא לָא מַמְנְיָא אֶלָּא לְשֵׁנִי.

Rather, Rava said: With regard **to being concerned** for the possibility that she is impure from the first day, **she should be concerned.** But with regard to **counting** the period of impurity, **one counts only from the second** day.

מַאי קָא מַשְׁמַע לַן, דְּאֵין מִקְצָת שִׁלְיָא בְּלֹא וָלָד? תְּנֵינָא: שִׁלְיָא שֶׁיָּצְתָה מִקְצָתָהּ אֲסוּרָה בַּאֲכִילָה, סִימָן וָלָד בְּאִשָּׁה, סִימָן וָלָד בִּבְהֵמָה!

The Gemara asks: **What is** Ulla **teaching us** through this *halakha*? Does he mean to teach us **that part of the afterbirth** does not emerge **without** part of the **fetus** inside? But **we** already **learned** that in a mishna (*Ḥullin* 77a): When an animal is ritually slaughtered, the animal and everything inside it becomes permitted for consumption. This applies to an unborn fetus as well. If prior to the slaughter the majority of the fetus emerged, it is considered to have been born, and therefore the entire fetus, even the part that is still within its mother, is not rendered permitted for consumption by the slaughter. Accordingly, if **part of the afterbirth emerged** prior to the slaughter, **it is prohibited to eat** it,[H] because an afterbirth is **a sign of a fetus in a woman** and **a sign of a fetus in an animal.**

אִי מִמַּתְנִיתָא, הֲוָה אָמֵינָא

The Gemara explains: **If** I would know this only **from the mishna, I would say**

Perek **I**
Daf **11** Amud **b**

דְּיֵשׁ מִקְצָת שִׁלְיָא בְּלֹא וָלָד, וּגְזֵירָה מִקְצָתָהּ אַטּוּ כּוּלָּהּ, קָא מַשְׁמַע לַן.

that there is a possibility that **part of the afterbirth** will emerge **without** part of **the fetus** inside, and the reason that the Sages forbid eating the afterbirth is due to a rabbinic **decree** prohibiting a case where **part of** an afterbirth emerges from the womb and part of it remains inside, **due to** the possibility that one may confuse it with a case where **all of** the afterbirth emerges. Therefore, Ulla **teaches us** that, in fact, part of the afterbirth does not emerge without part of the fetus inside.

LANGUAGE

Afterbirth [*shilya*] – שִׁלְיָא: In modern Hebrew the word *shilya* is used to refer specifically to the placenta. In the Gemara, the term refers both to the placenta, the fetal membranes, and the umbilical cord that exit a woman's body following delivery. Consequently, the translation here uses afterbirth. See tractate *Nidda* 26a and *Tosefta*, *Nidda* 4:9.

BACKGROUND

Afterbirth – שִׁלְיָא: The placenta is a mass filled with blood vessels affixed to the wall of the uterus through which, by way of the umbilical cord, the fetus is nourished. Shortly after birth, usually within the first hour, the placenta separates from the uterus and emerges from the body. There are cases where the placenta is retained in the body for periods of up to several days, which is a potentially life-threatening condition.

The existence of a placenta is clear evidence that a woman or a female animal was pregnant. Such a sign is important when there is uncertainty as to whether there had been a birth, which is relevant for the *halakhot* of impurity and for defining whether subsequent offspring will have the status of a firstborn. If a placenta emerges, even if there is no fetus present, it is assumed that either the fetus was delivered and taken away or it never developed properly and is therefore indiscernible. The case discussed by the Gemara here is referring to a partially delivered placenta without a newborn, and it is assumed that the fetus died in utero at some stage and its remains are dissolved in the placenta.

HALAKHA

One counts from the first day – מוֹנִין לָהּ מִן הָרִאשׁוֹן: If part of the afterbirth emerged on the first day of a woman's miscarriage and part of it emerged on the second day, she must consider both the possibility that her period of impurity began on the first day and the possibility that it began only on the second day. This is in accordance with the opinion of Rava, cited in the Gemara (Rambam *Sefer Kedusha*, *Hilkhot Issurei Bia* 10:15; *Shulḥan Arukh*, *Yoreh De'a* 194:6).

If part of the afterbirth emerged, it is prohibited to eat it – שִׁלְיָא שֶׁיָּצְתָה מִקְצָתָהּ אֲסוּרָה בַּאֲכִילָה: If part of the afterbirth of a pregnant animal emerged and then the animal was slaughtered, if the afterbirth remained connected to an unborn fetus, that which emerged is forbidden and that which remained inside the body together with the fetus, may be eaten. If it was not connected to a fetus, it may not be eaten, due to the possibility that it contained another fetus that was in the part of the afterbirth that emerged (Rambam *Sefer Kedusha*, *Hilkhot Ma'akhalot Assurot* 5:13).

וְאָמַר עוּלָּא אָמַר רַבִּי אֶלְעָזָר: בְּכוֹר שֶׁנִּטְרַף בְּתוֹךְ שְׁלֹשִׁים יוֹם – אֵין פּוֹדִין אוֹתוֹ.

The Gemara cites another *halakha* taught by Ulla, citing Rabbi Elazar: **And Ulla**[P] **says that Rabbi Elazar says:** With regard to a male **firstborn** child **who was mauled**[HN] by an animal **within thirty days**[N] of his birth and died, one is **not required to redeem him,** as the requirement to do so, by paying five *sela* to a priest, applies only once the child is thirty days old (see Numbers 18:15–16).

וְכֵן תָּנֵי רָמִי בַּר חָמָא, מִתּוֹךְ שֶׁנֶּאֱמַר: "פָּדֹה תִפְדֶּה", יָכוֹל אֲפִילּוּ נִטְרַף בְּתוֹךְ שְׁלֹשִׁים יוֹם? תַּלְמוּד לוֹמַר: "אַךְ" – חִלֵּק.

And similarly, Rami bar Ḥama taught a *baraita*: **Since it is stated:** "Yet **you shall redeem**" (Numbers 18:15), one **might** have thought that **even** if a male firstborn child was **mauled** by an animal **within thirty days** of his birth one should redeem him. Therefore, **the verse states "yet** you shall redeem"; the addition of the word "yet" serves to **differentiate** and limit the requirement to redeem the firstborn male.

וְאָמַר עוּלָּא אָמַר רַבִּי אֶלְעָזָר: בְּהֵמָה גַּסָּה נִקְנֵית בִּמְשִׁיכָה.

The Gemara cites another *halakha* taught by Ulla, citing Rabbi Elazar: **And Ulla says that Rabbi Elazar says: A large animal,** such as a cow or a horse, **is acquired by** the buyer **pulling** the animal.

וְהָא אֲנַן תְּנַן: בִּמְסִירָה! הוּא דְּאָמַר כִּי הַאי תַּנָּא; דְּתַנְיָא, וַחֲכָמִים אוֹמְרִים: זוֹ וָזוֹ בִּמְשִׁיכָה, רַבִּי שִׁמְעוֹן אוֹמֵר: זוֹ וָזוֹ בְּהַגְבָּהָה.

The Gemara asks: **But didn't we learn** in a mishna (*Kiddushin* 25b): A large animal is acquired **by passing** the reins of the animal to the buyer? The Gemara explains: Rabbi Elazar **states** his opinion **in accordance with** the opinion of **that** *tanna*, i.e., the Rabbis, **as it is taught** in a *baraita*: **And the Rabbis say: This and that,** i.e., both large and small animals, are acquired **through** the buyer **pulling**[HN] the animal. **Rabbi Shimon says: This and that** are acquired **through** the buyer **lifting** the animal.

וְאָמַר עוּלָּא אָמַר רַבִּי אֶלְעָזָר: הָאַחִין שֶׁחָלְקוּ, מַה שֶּׁעֲלֵיהֶן – שָׁמִין, וּמַה שֶּׁעַל בְּנֵיהֶן וּבְנוֹתֵיהֶן – אֵין שָׁמִין.

The Gemara cites another *halakha* taught by Ulla, citing Rabbi Elazar: **And Ulla says** that **Rabbi Elazar says:** With regard to **brothers who divide**[H] the estate they inherited, the court **appraises whatever** clothes are **upon them** if those clothes came from, or if they were purchased with money from, the deceased's estate, and that sum is considered part of the portion they receive. But the court does **not appraise whatever is upon their sons and daughters.**[N] In order to save the children from the humiliation of having to appear in court, the brothers waive their rights to the clothes the children are wearing.

PERSONALITIES

Ulla – עוּלָּא: Ulla was a disciple of Rabbi Yoḥanan and Rabbi Elazar. He was accustomed to traveling to Babylonia and transmitting the words of the *amora'im* of Eretz Yisrael, and he stayed with Rav Naḥman on his travels. On one of these occasions Ulla became very ill and was distressed that he would not die in Eretz Yisrael. Despite the fact that people comforted him that his bones would be interred in Eretz Yisrael, he was not mollified and said: What does this help me, if I will lose my jewel, i.e., my soul, on impure soil? When his body arrived in Eretz Yisrael, Rabbi Elazar eulogized his disciple saying: You, O Ulla, how could you die on impure soil?

HALAKHA

A firstborn who was mauled, etc. – בְּכוֹר שֶׁנִּטְרַף וכו׳: A father is not required to redeem his male firstborn child if it died or was mortally wounded within thirty days of its birth (Rambam *Sefer Zera'im, Hilkhot Bikkurim* 11:17; *Shulḥan Arukh, Yoreh De'a* 305:12).

This and that through pulling – זוֹ וָזוֹ בִּמְשִׁיכָה: All animals, both large and small, can be acquired by the buyer pulling them, and they do not need to be lifted up. The Rema writes that some hold that a large animal can also be acquired by the transfer of its reins from the seller to the buyer. Others maintain it is also possible to acquire small animals in this way (Rambam *Sefer Kinyan, Hilkhot Mekhira* 2:5; *Shulḥan Arukh, Ḥoshen Mishpat* 197:1).

Brothers who divide, etc. – הָאַחִין שֶׁחָלְקוּ וכו׳: When brothers divide the estate they inherited, the court appraises the clothes that they are wearing if they came from the deceased's estate, and that sum is considered part of the portion they receive. The court does not appraise the weekday clothes of the children of the brothers, although it does appraise the value of their Shabbat clothes (Rambam *Sefer Mishpatim, Hilkhot Naḥalot* 10:3; *Shulḥan Arukh, Ḥoshen Mishpat* 176:9, 288:1).

NOTES

A firstborn who was mauled [*nitraf*] – בְּכוֹר שֶׁנִּטְרַף: Rashi explains that the baby died of his wounds during the first thirty days of his life even though he was fully viable. *Tosafot Rabbeinu Yeshaya* explains that the Gemara uses the term mauled to describe this case because in talmudic times, when a healthy newborn died, it was not uncommon that his death came about through an animal attack. By contrast, *Tosafot* and many of the other early commentaries explain that the Gemara's term *nitraf* means: Became a *tereifa*, i.e., he developed a fatal condition during his first thirty days that will certainly lead to his eventual death. In such a case, even if the child lives beyond thirty days, there is no obligation to redeem him, as he is not considered to be viable.

The present-day halakhic authorities discuss the case of a child who was born with a life-threatening condition, whose condition was reversed by an operation in the first thirty days of his life. They rule that such a child must be redeemed and a blessing may be recited at his redemption. In a case where doctors say that the child must wait a few months before they can operate on him, it is preferable to wait and not redeem him until that point (*Teshuvot VeHanhagot* 2:575). If the child is capable of surviving due to medical intervention but is still halakhically defined as a *tereifa*, there is a dispute as to whether he should be redeemed with the recitation of a blessing or whether it is possible that he is exempt from redemption and should be redeemed only without the recitation of a blessing (*Minḥat Yitzḥak* 7:97; *Tzitz Eliezer* 16:32).

Within thirty days – בְּתוֹךְ שְׁלֹשִׁים יוֹם: The Sages explain the rationale for the Torah edict that one must wait thirty days before redeeming a firstborn male child: If a baby dies within the first thirty days of its life, it is apparent that the baby was never viable. Accordingly, it is not known during the first thirty days whether or not the baby is viable, and therefore a firstborn male child should be redeemed only after thirty days.

Through pulling – בִּמְשִׁיכָה: Every transfer of ownership requires that the buyer perform a defined act of acquisition in order to effect the transfer. Most early commentaries explain that for movable property, the standard act of acquisition performed by the buyer is that he pulls the item. Some Sages hold that since successfully pulling a large animal is very difficult, the buyer is not required to expend such effort, and it is sufficient that the seller pass the reins to the buyer. Rabbi Shimon holds that the buyer needs to lift the animal in order to acquire it. Although the Rabbis agree to this in principle, they claim that doing so is certainly too much to expect of a buyer. Nevertheless, they still required him to pull the animal and do not allow for the transfer of ownership through passing the reins.

Whatever is upon their sons and daughters, etc. – וּמַה שֶּׁעַל בְּנֵיהֶן וּבְנוֹתֵיהֶן וכו׳: Rashi explains that since children do not typically come to court, the brothers will not expect them to do so specifically for the sake of having their clothes appraised. Therefore, the brothers forgo their rights to those clothes. This can also enlighten the ruling found in the Jerusalem Talmud that while the court does not appraise the clothes that the children are wearing, it does appraise their Shabbat and Festival clothes. Apparently, since the children will not be wearing those clothes on the days the court sits, as the court meets only on weekdays, there is no reason not to appraise them.

The Meiri suggests a different explanation. The brothers accept that it is important that their nieces and nephews are well dressed, and therefore they are happy for them to take clothes from the estate.

אָמַר רַב פָּפָּא: פְּעָמִים אַף מָה שֶׁעֲלֵיהֶן אֵין שָׁמִין, מַשְׁכַּחַת לָהּ בְּגָדוֹל אָחִי, דְּנִיחָא לְהוּ דְּלִשְׁתַּמְעוּן מִילֵּיהּ.

Rav Pappa said: Sometimes, it does not even appraise whatever is upon the brothers. **You find such** a case **with the eldest brother**[NH] where the other brothers waive their rights to the value of his clothes, **as it is beneficial for them** to have the eldest brother appear well dressed in order **that** when he represents their interests in dealings with others, **his words will be listened to** and respected.

וְאָמַר עוּלָּא אָמַר רַבִּי אֶלְעָזָר: שׁוֹמֵר שֶׁמָּסַר לְשׁוֹמֵר – פָּטוּר. וְלָא מִיבַּעְיָא שׁוֹמֵר חִנָּם שֶׁמָּסַר לְשׁוֹמֵר שָׂכָר, דְּעַלּוּיֵי עַלְּיֵיהּ לִשְׁמִירָתוֹ, אֶלָּא אֲפִילּוּ שׁוֹמֵר שָׂכָר שֶׁמָּסַר לְשׁוֹמֵר חִנָּם, דְּהַשְׁתָּא גָּרוֹעֵי גָּרְעֵיהּ לִשְׁמִירָתוֹ – נַמִי פָּטוּר, שֶׁהֲרֵי מָסַר לְבֶן דַּעַת.

The Gemara cites another *halakha* taught by Ulla, citing Rabbi Elazar: **And Ulla says** that **Rabbi Elazar says:** In the case of **a bailee who conveyed** a deposit that was entrusted to him **to** another **bailee,** the first bailee is **exempt** for any occurrence for which he would have been exempt had he kept the deposit with him. The Gemara adds: **And it is not necessary** to state this in the case of **an unpaid bailee who conveyed** a deposit **to a paid bailee, thereby increasing** the level of **its safeguarding,** since the paid bailee has a greater level of accountability than an unpaid bailee. **Rather,** this is the *halakha* **even** in a case of **a paid bailee who conveyed** a deposit **to an unpaid bailee, thereby decreasing** the level of **its safeguarding.** In this case, the first bailee is **exempt** for any occurrence for which he would have been exempt had he kept the deposit with him, **because he conveyed** it **to a mentally competent person** and thereby fulfilled his responsibility to ensure the deposit is safeguarded.

רָבָא אָמַר: שׁוֹמֵר שֶׁמָּסַר לְשׁוֹמֵר – חַיָּיב; וְלָא מִיבַּעְיָא שׁוֹמֵר שָׂכָר שֶׁמָּסַר לְשׁוֹמֵר חִנָּם, דְּגָרוֹעֵי גָּרְעֵיהּ לִשְׁמִירָתוֹ, אֶלָּא אֲפִילּוּ שׁוֹמֵר חִנָּם שֶׁמָּסַר לְשׁוֹמֵר שָׂכָר – חַיָּיב,

Rava said: With regard to **a bailee who conveyed** a deposit **to** another **bailee,**[H] the first bailee becomes **liable** to pay for any loss to the item, even for mishaps for which he would not have been liable had he kept the deposit with him. The Gemara adds: **And it is not necessary** to state this in a case of **a paid bailee who conveyed** a deposit **to an unpaid bailee, thereby decreasing** the level of **its safeguarding. Rather,** this is the *halakha* **even** in the case of **an unpaid bailee who conveyed** a deposit **to a paid bailee,** thereby increasing the level of its safeguarding; he is **liable.**

דְּאָמַר לֵיהּ: אַתְּ מְהֵימְנַתְּ לִי בִּשְׁבוּעָה, הַאי לָא מְהֵימַן לִי בִּשְׁבוּעָה.

The reason he is liable is **that** the owner of the deposit **can say to him: You are credible to me with regard to** taking **an oath,**[N] but **this** other bailee, to whom you conveyed my item, **is not credible to me with regard to** taking **an oath.** If an occurrence for which a bailee does not carry liability occurs, damaging the deposit, in order to release himself from an obligation to pay the bailee must take an oath to the item's owner that none of the types of occurrences for which he bears liability occurred. Rava rules that the owner is required to accept an oath only from the bailee with whom he entrusted his item, but not from anyone else. Accordingly, since the first bailee was not present when the event occurred, he is unable to attest to what happened, and even if the second bailee takes an oath to that effect, the owner is not expected to accept his oath. Consequently, the first bailee bears full liability for any loss.

וְאָמַר עוּלָּא אָמַר רַבִּי אֶלְעָזָר, הִלְכְתָא: גּוֹבִין מִן הָעֲבָדִים.

The Gemara cites another *halakha* taught by Ulla, citing Rabbi Elazar: **And Ulla says** that **Rabbi Elazar says: The *halakha*** is that **one can collect from** the debtor **the slaves** that he owns[N] as payment for a debt.

NOTES

With the eldest brother – בְּגָדוֹל אָחִי: *Tosafot* explain that the case is one in which the other brothers did not protest when the eldest brother took the fine clothes. It is therefore presumed that they are content with him doing so. The reason for this is that the eldest brother is the one who represents the interests of the estate, and if he is dressed well then it is likely that he will carry greater influence. Consequently, the other brothers directly benefit from allowing him to wear fine clothes. The Meiri adds that although it is usually the case that the eldest brother acts as the family's representative, if another brother took this role then he would be the one who could take fine clothes at the expense of the estate.

Rabbeinu Ḥananel offers a different reason for why the brothers do not protest against the eldest taking the fine clothes. He contends that even when the brothers do not actually stand to directly benefit from the eldest brother's activities, it is still beneficial for them that he be dressed well because, as the eldest brother, his standing in society reflects on the status of the entire family.

You are credible to me with regard to an oath – אַתְּ מְהֵימְנַתְּ לִי בִּשְׁבוּעָה: *Tosafot* note that the Gemara elsewhere, in its treatment of this topic in *Gittin* (29a), provides a different reason for this *halakha*: The owner of the deposit can claim that the very conveying of the deposit to someone else was a breach of trust, and he can claim: It is not my desire that my deposit will be in the possession of another bailee. There are significant practical differences that arise between the reason given in the Gemara here and the reason presented in *Gittin*. For example, which reason is employed will affect the *halakha* in a case where the second bailee is more trustworthy than the first, or where there are witnesses available to testify as to what happened so no oath is necessary.

Collect from the debtor the slaves he owns – גּוֹבִין מִן הָעֲבָדִים: The Gemara elsewhere (see, e.g., 62b) derives that slaves share the same legal status as land with regard to some monetary *halakhot*. Therefore, just as land can be set aside as designated repayment, so can slaves be set aside as designated repayment.

The Gemara's discussion here, and its ensuing discussion, pertains only to a Canaanite slave, who is considered to be the property of his master. It does not apply to a Hebrew slave, who is essentially a freeman who has bound himself to work for another.

HALAKHA

With the eldest brother – בְּגָדוֹל אָחִי: If the eldest brother wears particularly refined clothing, the other brothers benefit from his appearance, as he will be listened to and respected when he represents their collective interests. In such a case, the eldest brother's clothes are not appraised as part of his inheritance from the estate. Yet, before he purchases such clothes with funds from the inheritance, the other brothers can protest his doing so (Rambam *Sefer Mishpatim*, *Hilkhot Naḥalot* 9:15; *Shulḥan Arukh*, *Ḥoshen Mishpat* 176:9, 288:1, and in the comment of Rema).

A bailee who conveyed a deposit to another bailee – שׁוֹמֵר שֶׁמָּסַר לְשׁוֹמֵר: A bailee who conveyed a deposit to another bailee is liable to pay for any loss to the item under their guard. This applies even in a case of an unpaid bailee who conveyed a deposit to a paid bailee, as the owner of the deposit can say to him: I consider you trustworthy with regard to taking an oath, but I do not trust this other bailee, to whom you passed my item, with regard to taking an oath. This is in accordance with the opinion of Rava. Similarly, if a bailee conveyed an ox to another bailee and it then caused damage, the first bailee is liable to pay for the damage (Rambam *Sefer Mishpatim*, *Hilkhot Sekhirut* 1:4 and *Sefer Nezikin*, *Hilkhot Nizkei Mamon* 4:11; *Shulḥan Arukh*, *Ḥoshen Mishpat* 291:26, 305:5, 396:9).

אָמַר לֵיהּ רַב נַחְמָן לְעוּלָּא: אָמַר רַבִּי אֶלְעָזָר אֲפִילּוּ מִיַּתְמֵי? לָא, מִינֵּיהּ. מִינֵּיהּ, אֲפִילּוּ מִגְּלִימָא דְּעַל כַּתְפֵּיהּ!

Rav Naḥman said to Ulla: Did **Rabbi Elazar say** that this *halakha* applies **even** when collecting **from** a debtor's **orphans?** A creditor can collect the debt from orphans only by taking the land the debtor bequeathed to his children. Rav Naḥman asked whether this also extends to collecting any slaves the children inherited. Ulla replied: **No,** a creditor collects a debt by taking slaves only when he collects directly **from** the debtor himself. Rav Naḥman challenges this: But when the creditor collects **from him,** he can collect the debt **even from the cloak that is upon his shoulders,** and therefore he can certainly also collect the debt by taking his slaves, so what is the novelty of this ruling?

הָכָא בְּמַאי עָסְקִינַן – שֶׁעֲשָׂאוֹ אַפּוֹתִיקִי; כִּדְרָבָא, דְּאָמַר רָבָא: עָשָׂה עַבְדּוֹ אַפּוֹתִיקִי וּמְכָרוֹ – בַּעַל חוֹב גּוֹבֶה הֵימֶנּוּ, שׁוֹרוֹ אַפּוֹתִיקִי וּמְכָרוֹ – אֵין בַּעַל חוֹב גּוֹבֶה הֵימֶנּוּ.

Ulla explains: **With what are we dealing here?** We are dealing with a case in **which** the debtor **set aside** his slave **as designated repayment** [*appoteiki*].[LH] Consequently, if the slave was subsequently sold to a third party and the debtor was later unable to repay the debt, the creditor can seize the slave from the third party as payment of the debt. Even though generally only land can be seized from a buyer as payment for the seller's debt, a slave is considered to have similar status to land in this regard. This is **in accordance with** the opinion **of Rava, as Rava says:** If a master **set aside his slave** as **designated repayment** of a debt **and** then **sold him,** the master's **creditor collects** the debt **by** taking the slave; but if one set aside **his ox as designated repayment**[H] **and** then **sold it, the creditor does not collect** the debt **by** taking the ox.

מַאי טַעְמָא? הָא אִית לֵיהּ קָלָא, וְהָא לֵית לֵיהּ קָלָא.

The Gemara asks: **What is the reason** for this difference? The Gemara explains: The designation of **this** slave generates **publicity,**[N] since a slave is significant and identifiable, therefore any prospective buyer is assumed to have been aware of the status of the slave and accepted the consequences of purchasing him. **But** the designation of **this** ox **does not** generate **publicity,** since one ox is not easily distinguishable from another, and a buyer cannot be assumed to be aware that the ox was set aside as designated repayment. Therefore it is unfair that one who purchases such an ox should have it seized from him. Therefore, the Sages enacted that a creditor cannot do so.

NOTES

This generates publicity – הָא אִית לֵיהּ קָלָא: Some explain the Gemara's reasoning as follows: The slave knows he has been set aside as designated repayment, and since the slave will speak of it, the matter will gain publicity. By contrast, if an animal or inanimate object is set aside there is no certainty that the information will be publicized. Therefore, it is very difficult, if not impossible, for a prospective buyer to become aware of that change in status, so it does not take effect (*Sma*).

LANGUAGE

Designated repayment [*appoteiki*] – אַפּוֹתִיקִי: From the Greek ὑποθήκη, *hupothēkē*, meaning security, pledge, or mortgage. The Sages homiletically expounded this term as an acronym for the Aramaic phrase *apoh tehei kai*, meaning: Upon this it will stand, i.e., upon this item the repayment of the debt rests. Typically, a precisely defined property is used. When a property is set aside in reference to a specific debt, the creditor has the right to claim that property as payment for the debt prior to any other creditors.

HALAKHA

He set aside his slave as designated repayment – עֲשָׂאוֹ אַפּוֹתִיקִי: If a debtor set aside his slave as designated repayment and then sold him, his creditor can still collect the debt by taking possession of the slave. The reason for this is because the setting aside of a slave as designated repayment generates publicity, and therefore any prospective buyer is assumed to have been aware of his status and accepted the consequences of purchasing such a slave. The halakhic authorities discuss whether the loan needs to be made in writing and whether the setting aside of something as designated repayment needs also to be formalized in writing, and to what extent the designation needs to be explicit (Rosh; *Baḥ*; *Shakh*). If no slave was set aside as designated repayment, a creditor can never collect a debt by taking possession of a slave. This is in accordance with the opinion of Rav Naḥman, whose opinion is accepted as the *halakha* in monetary matters (Rambam *Sefer Mishpatim, Hilkhot Malve VeLoveh* 18:5; *Shulḥan Arukh, Ḥoshen Mishpat* 117:5).

His ox as designated repayment – שׁוֹרוֹ אַפּוֹתִיקִי: If one set aside his ox or any other movable property as designated repayment, whether through an oral or written declaration, and then he sold the item or gave it away as a gift, the creditor cannot collect the debt from that item (Rambam *Sefer Mishpatim, Hilkhot Malve VeLoveh* 18:5; *Shulḥan Arukh, Ḥoshen Mishpat* 117:3).

Perek **I**
Daf **12** Amud **a**

לְבָתַר דִּנְפַק אֲמַר לְהוּ עוּלָּא: הָכִי אָמַר רַבִּי אֶלְעָזָר: אֲפִילּוּ מִיַּתְמֵי. אָמַר רַב נַחְמָן: אִשְׁתַּמְטִין עוּלָּא.

The Gemara relates: **After** Rav Naḥman **exited** the study hall, **Ulla said to** the remaining Sages in the study hall: In truth, **this** is what **Rabbi Elazar said:** A slave can be collected as payment **even** when collecting **from** the debtor's **orphans.** Generally, when collecting a debt from the debtor's orphans the creditor can collect only from the land that they inherited from their father, which is liened to the debt. Rabbi Elazar rules that a creditor can also collect from the slaves they inherited, as he holds that in this regard, the legal status of slaves is like that of land. Ulla did not reveal this fact to Rav Naḥman, as he knew that Rav Naḥman disagreed and held that the legal status of slaves is like that of movable property. When he heard of Ulla's revelation, **Rav Naḥman said: Ulla evaded me,** as had he told me Rabbi Elazar's full opinion, I would have brought proofs against his opinion.

הֲוָה עוּבְדָא בִּנְהַרְדְּעָא, וְאַגְבּוּ דַּיָּינֵי דִּנְהַרְדְּעָא. הֲוָה עוּבְדָא בְּפוּמְבְּדִיתָא, וְאַגְבֵּיהּ רַב חָנָא בַּר בִּיזְנָא. אֲמַר לְהוּ רַב נַחְמָן: זִילוּ אַהֲדוּרוּ, וְאִי לָא – מַגְבֵּינַן לְכוּ לְאַפַּדְנַיְיכוּ.

The Gemara relates: **There was an incident in Neharde'a, and the judges of Neharde'a**[P] **collected,** on behalf of a creditor, slaves that orphans had inherited from the debtor. **There was an incident in Pumbedita, and Rav Ḥana bar Bizna collected** slaves from orphans as repayment for a debt. **Rav Naḥman said to** those judges: **Go and return** those slaves to the orphans, **and if** you do **not** do so, **we will collect** the value of the slaves **from** the proceeds of **your own mansions** in order to compensate the orphans for their loss, as you have made a elementary mistake in your ruling and therefore you are responsible to rectify it.

אֲמַר לֵיהּ רָבָא לְרַב נַחְמָן: הָא עוּלָּא, הָא רַבִּי אֶלְעָזָר, הָא דַּיָּינֵי דִּנְהַרְדְּעָא, וְהָא רַב חָנָא בַּר בִּיזְנָא, מָר כְּמַאן סְבִירָא לֵיהּ?

Rava said to Rav Naḥman: There is Ulla, there is Rabbi Elazar, there are the judges of Neharde'a, and there is Rav Ḥana bar Bizna, all of whom ruled based on the assumption that the legal status of slaves is like that of land. **In accordance with whose** opinion **does the Master,** i.e., you, Rav Naḥman, **hold?**

אֲמַר לֵיהּ: אֲנָא מַתְנִיתָא יָדַעְנָא, דְּתָנֵי אֲבִימִי: פְּרוֹזְבּוּל חָל עַל הַקַּרְקַע, וְאֵינוֹ חָל עַל הָעֲבָדִים; מִטַּלְטְלִין נִקְנִין עִם הַקַּרְקַע, וְאֵינָן נִקְנִין עִם הָעֲבָדִים.

Rav Naḥman **said to him: I know a *baraita*** that supports my opinion, **as Avimi teaches: A document that prevents the Sabbatical Year from abrogating an outstanding debt [*prosbol*]**[LB] **takes effect upon** a debt assumed by one who owns **land,**[HN] **but** a ***prosbol* does not take effect upon** a debt assumed by one who owns **slaves** of the debtor. And **movable property is acquired together with the land**[H] one acquires through the act of acquisition performed on the land, **but** movable property **cannot be acquired together with the slaves** that one acquires. Both *halakhot* assume that in these cases the legal status of slaves is not like that of land.

לֵימָא כְּתַנָּאֵי:

The Gemara suggests: **Let us say** that this issue is the **subject of** a dispute between ***tanna'im*** in the following *baraitot*.

מָכַר לוֹ עֲבָדִים וְקַרְקָעוֹת, הֶחֱזִיק בָּעֲבָדִים – לֹא קָנָה קַרְקָעוֹת, בַּקַּרְקָעוֹת – לֹא קָנָה עֲבָדִים; קַרְקָעוֹת וּמִטַּלְטְלִין, הֶחֱזִיק בַּקַּרְקַע – קָנָה מִטַּלְטְלִין, בְּמִטַּלְטְלִין – לֹא קָנָה קַרְקַע; עֲבָדִים וּמִטַּלְטְלִין, הֶחֱזִיק בָּעֲבָדִים – לֹא קָנָה מִטַּלְטְלִין, בְּמִטַּלְטְלִין לֹא קָנָה עֲבָדִים.

One *baraita* teaches: If **one sold slaves and land**[HN] **to** a buyer and the buyer **took possession of the slaves** alone, he **does not** thereby **acquire** the **land.** If he took possession **of the land** alone, he **does not** thereby **acquire** the **slaves.** If one sold **land and movable property to** a buyer and the buyer **took possession of the land** alone, he thereby also **acquires the movable property.** If he took possession **of the movable property** alone, he **does not** thereby **acquire the land.** If one sold **slaves and movable property to** a buyer and the buyer **took possession of the slaves** alone, he **does not** thereby **acquire the movable property.** If he took possession **of the movable property** alone, he **does not** thereby **acquire the slaves.**

וְהָתַנְיָא: הֶחֱזִיק בָּעֲבָדִים – קָנָה מִטַּלְטְלִין.

But isn't it taught in another *baraita*: If the buyer **took possession of the slaves** alone, he thereby also **acquires the movable property?** This directly contradicts the ruling in the parallel clause of the previous *baraita*.

NOTES

A *prosbol* takes effect upon a debt assumed by one who owns land – פְּרוֹזְבּוּל חָל עַל הַקַּרְקַע: A *prosbol* is a written document in which one declares that he delivers all debts that he is owed to the court. Avimi taught that this is effective only for loans taken by one who owns land. The early commentaries offer various reasons for this *halakha*. Some suggest that this is because the security provided by land is very strong, given that land can be neither hidden nor destroyed, and therefore it can be assured that the creditor of such a loan will eventually collect the debt (*Tosafot*; *Sefer Hashlama*). Some explain that this level of certainty means that the loan may be regarded, to a certain extent, as though it were already collected, and therefore it is not abrogated by the Sabbatical Year (Rashbam on *Bava Batra* 65b). Alternatively, some suggest that, technically speaking, a *prosbol* could also apply to loans taken by those who do not own land; but since such loans are uncommon, the Sages never enacted that the *prosbol* should be effective for such loans and therefore it does not apply. This is an application of the principle that the Sages did not enact decrees with regard to uncommon matters (*Eiruvin* 63b; Rashi on *Gittin* 37a; Rashba; Rosh).

One sold slaves and land, etc. – מָכַר לוֹ עֲבָדִים וְקַרְקָעוֹת וכו׳: The Gemara's discussion here addresses two distinct modes of acquisition. The first is the acquisition of one item by virtue of the acquisition of another. In this case, an act of acquisition is performed on one item, and along with the acquisition of that item, one also acquires additional items. This applies both to acquiring multiple plots of land through an act of acquisition performed on one plot of land, and to acquiring movable property through an act of acquisition performed on land.

A second mode of acquisition involves using one's land in order to acquire movable property. In this case, the acquisition is effected by the presence of the movable property on the land that one already owns. This is referred to as acquisition through one's courtyard. There are many *halakhot* governing this mode of acquisition, including the fact that the courtyard must be consciously secured by its owner at the time that the transaction is effected.

PERSONALITIES

The judges of Neharde'a – דַּיָּינֵי דִּנְהַרְדְּעָא: The Gemara (*Sanhedrin* 17b) explains that this appellation is referring to Rav Abba bar Minyumi, who was apparently the head of the court in Neharde'a. He was part of the third and fourth generations of Babylonian *amora'im*, a disciple of Rav Yehuda, and a contemporary of Abaye and Rava, with whom he often engaged in halakhic discourse.

LANGUAGE

***Prosbol* – פְּרוֹזְבּוּל:** Clearly Greek in origin, the original form of this word is uncertain and there are several suggestions as to what it may be. One opinion suggests it is derived from the word προβολή, *probolē*, which can mean to make a declaration before a court or assembly of people, and it can also refer to a loan. Another opinion suggests it is related to the word προσβολή, *prosbolē*, meaning the completion of a sale.

BACKGROUND

***Prosbol* – פְּרוֹזְבּוּל:** During the Sabbatical Year, in addition to the prohibition against working the land, any outstanding debts are canceled and it is subsequently prohibited to collect them (Deuteronomy 15:1–11). Hillel the Elder observed that because of this, people were refraining from lending money to the needy as the Sabbatical Year approached out of fear that the debts would be canceled and they would thereby lose their money. In order to ensure that people would continue to offer loans to the needy he instituted the *prosbol*, which is a halakhic mechanism that prevents the cancellation of a loan. This is a document written either in the Sabbatical Year or, according to some opinions, on the eve of the Sabbatical Year, in which one declares that he delivers all debts that he is owed to the court. In this way, the debt may be considered owed to the court and not to a private individual. It is consequently not canceled by the Sabbatical Year, as only private debts are canceled.

HALAKHA

A *prosbol* takes effect upon a debt assumed by one who owns land, etc. – פְּרוֹזְבּוּל חָל עַל הַקַּרְקַע וכו׳: A *prosbol* takes effect only upon debts that are assumed by one who owns land (Rambam *Sefer Zera'im*, *Hilkhot Shemitta VeYovel* 9:19; *Shulḥan Arukh*, *Ḥoshen Mishpat* 67:22).

Movable property is acquired together with the land – מִטַּלְטְלִין נִקְנִין עִם הַקַּרְקַע: In order to acquire land and movable property simultaneously, it is sufficient to perform an act of acquisition on the land, and that also effects the acquisition of the movable property. This applies even if the land is being sold and the movable property is being given as a gift or vice versa. The Rema cites Rabbeinu Yeruḥam, who holds that even if the land is not actually sold but is being leased, an act of acquisition performed upon the land to effect the lease can also effect the acquisition of movable property being given as a gift. The *Shakh* adds that this applies even if the land is only borrowed (Rambam *Sefer Kinyan*, *Hilkhot Mekhira* 3:8; *Shulḥan Arukh*, *Ḥoshen Mishpat* 202:1).

One sold slaves and land – מָכַר לוֹ עֲבָדִים וְקַרְקָעוֹת: With regard to one who wishes to acquire land and slaves simultaneously, if he performs an act of acquisition on the slaves alone, he does not thereby acquire the land. If he performs an act of acquisition on the land alone, the *halakha* is dependent on several factors mentioned in the Gemara (Rambam *Sefer Kinyan*, *Hilkhot Mekhira* 3:11; *Shulḥan Arukh*, *Ḥoshen Mishpat* 202:8).

מַאי לָאו בְּהָא קָמִפַּלְגִי, דְּמָר סָבַר: עֲבָדִים כִּמְקַרְקְעֵי דָּמֵי, וּמָר סָבַר: עֲבָדִים כְּמִטַּלְטְלִין דָּמֵי?

What, is it not the case that it is about this that **they disagree, that** one **Sage,** the *tanna* of the second *baraita*, **holds** that the legal status of **slaves is like** that of **land,** and the other **Sage,** the *tanna* of the first *baraita*, **holds** that the legal status of **slaves is like** that of **movable property?**

אֲמַר רַב אִיקָא בְּרֵיהּ דְּרַב אַמִּי: דְּכוּלֵּי עָלְמָא – עֲבָדִים כִּמְקַרְקְעֵי דָּמֵי, וְהַדְּתַנְיָא קָנָה – שַׁפִּיר, וְהַדְּתַנְיָא לֹא קָנָה – בָּעֵינַן קַרְקַע דּוּמְיָא דְּ״עָרִים מְצוּרוֹת בִּיהוּדָה״ דְּלָא נָיְידֵי.

The Gemara rejects this: **Rav Ika, son of Rav Ami, said: According to everyone,** the legal status of **slaves is** generally **like** that of **land,** and therefore, **that which is taught** in the second *baraita*, that by taking possession of the slaves **he** also **acquires** the movable property, is **properly** understood. **And that which is taught** in the first *baraita*, that in such a case he **does not acquire** the movable property, the reason for this ruling is that the *tanna* of that *baraita* holds that in order for movable property to be acquired together with land, **we require** that he acquire **land similar to "fortified cities in Judea"** (II Chronicles 21:3), **which do not move around.** Slaves, even if their legal status is generally like that of land, do not fulfill this requirement.

דִּתְנַן: נְכָסִים שֶׁאֵין לָהֶם אַחְרָיוּת נִקְנִין עִם נְכָסִים שֶׁיֵּשׁ לָהֶם אַחְרָיוּת – בְּכֶסֶף, בִּשְׁטָר, וּבַחֲזָקָה; מְנָהָנֵי מִילֵּי? אֲמַר חִזְקִיָּה: דְּאָמַר קְרָא ״וַיִּתֵּן לָהֶם אֲבִיהֶם מַתָּנוֹת רַבּוֹת לְכֶסֶף וּלְזָהָב וּלְמִגְדָּנוֹת עִם עָרֵי מְצֻרוֹת בִּיהוּדָה״.

The reason behind the need for land to be like the "fortified cities in Judea" is that the *halakha* that one can acquire movable property together with land is derived from this verse, **as we learned** in a mishna (*Kiddushin* 26a): **Property that does not serve as a guarantee,** i.e., movable property, **is acquired together with property that does serve as a guarantee,** i.e., land, be it **through** the buyer giving **money** to the seller, by the seller giving the buyer a **bill** of sale, **or by** the buyer performing an act of **taking possession.** The Gemara asks: **From where is this matter** derived? **Ḥizkiyya said: As the verse states: "And their father gave them great gifts, of silver, and of gold, and of precious things, with fortified cities in Judea"** (II Chronicles 21:3). The verse indicates that the acquisition of the movable property was done together with that of the cities of Judea.

אִיכָּא דְּאָמְרִי, אֲמַר רַב אִיקָא בְּרֵיהּ דְּרַב אַמִּי: דְּכוּלֵּי עָלְמָא – עַבְדֵי כְּמִטַּלְטְלִין דָּמֵי, וְהַדְּתַנְיָא לֹא קָנָה – שַׁפִּיר, הָא דְּתַנְיָא קָנָה – בְּעוֹדָן עָלָיו.

There are those **who say** that Rav Ika stated a different answer: **Rav Ika, son of Rav Ami, said: According to everyone,** the legal status of **slaves is** generally **like** that of **movable property, and** therefore, **that which is taught** in the first *baraita*, that by taking possession of the slaves **he does not** also **acquire** the movable property, is **properly** understood. **And that which is taught** in the second *baraita*, that in such a case he **acquires** the movable property, applies to a case in which at the moment the slave was acquired, the movable property was **still upon him,**[HB] e.g., the slave was holding it, and it could therefore be acquired together with the slave. This is because one's slave is considered like one's courtyard, and any item that is placed within it is acquired for its owner.

וְכִי עוֹדָן עָלָיו מַאי הָוֵי? חָצֵר מְהַלֶּכֶת הִיא, וְחָצֵר מְהַלֶּכֶת לֹא קָנָה! וְכִי תֵּימָא בְּעוֹמֵד, וְהָא אָמַר רָבָא: כׇּל שֶׁאִילּוּ מְהַלֵּךְ לֹא קָנָה, עוֹמֵד וְיוֹשֵׁב לֹא קָנָה!

The Gemara asks: **But even if** the movable property was **still upon him, what of it?** Even if one claims a slave is like a courtyard, he **is a mobile courtyard, and a mobile courtyard does not acquire** items placed upon it. **And if you would say** that the case is one **where the slave is standing** at the time of the transaction, that is still insufficient, as **didn't Rava say: Anything that does not acquire when moving** also **does not acquire** when it is **standing or sitting.** The fact that the slave can move gives him the status of a mobile courtyard, regardless if he is currently moving or not.

וְהִלְכְתָא: בִּכְפוּת.

The Gemara concludes: **And the *halakha* is** that **where** a slave is **bound up**[N] and is unable to walk, his status is like that of an immobile courtyard, and his master will acquire anything that is placed upon him at that time.

וְהָתַנְיָא: הֶחֱזִיק בַּקַּרְקַע – קָנָה עֲבָדִים!

The Gemara presents another contradiction to the first *baraita* cited above, which explicitly states that one cannot acquire slaves by taking possession of land: **But isn't it taught** in another *baraita*: If **he took possession of the land** alone, he thereby also **acquires the slaves?**

HALAKHA

Was still upon him, etc. – בְּעוֹדָן עָלָיו וכו׳: With regard to one who wishes to acquire a slave and movable property simultaneously, if he performs an act of acquisition on the movable property alone, he does not thereby also acquire the slave. If he performs an act of acquisition on the slave alone, then if the movable property was upon the slave's body at the time, and the slave was bound so that he could not walk, the movable property is also acquired. Some rule that the slave must also be asleep at the time of the acquisition in order for it to be effective (Rambam *Sefer Kinyan, Hilkhot Mekhira* 3:12; *Shulḥan Arukh, Hoshen Mishpat* 202:9).

BACKGROUND

Movable property still upon him – בְּעוֹדָן עָלָיו: One can acquire movable property in a number of ways. One way to acquire movable property is to place an object in one's consciously secured courtyard. The Gemara says that the source for this form of acquisition is the repeated verb in the expression: "If the stolen item be found [*himmatze timmatze*] in his hand" (Exodus 22:3), from which it is derived that even if a stolen item was found in a courtyard belonging to the thief, and not on his person, he still pays the double payment for theft. With regard to this *halakha*, a slave is similar to a courtyard. He is secured by his master in the sense that he is not at liberty to move when he wishes. The Gemara concludes that in order to fulfill the requirement of his being secured, the slave must be bound so that he cannot walk.

NOTES

Where he is bound up – בִּכְפוּת: *Tosafot* hold that the final *halakha* concerning the ability of a slave to acquire items for his master in the manner of a courtyard is that he must be both bound and sleeping. Being bound is necessary to prevent him from moving, and being asleep is necessary in order that the presence of his independent will should not intervene and prevent his master from acquiring the item. The Rashba raises doubts as to whether both conditions are always necessary. Rabbeinu Yona claims that at least in the current case all should agree that it is sufficient that the slave be bound, as the transaction is effected by the prior owner of the item and not by the receiver, and therefore the slave's will is unable to intervene (*Tosefot Rabbeinu Peretz*).

HALAKHA

Where they are standing within it – בְּעוֹמְדִין בְּתוֹכָהּ: With regard to one who wishes to acquire a slave and land simultaneously: If he performs an act of acquisition on the land alone, he does not thereby acquire the slave unless the slave is standing on the land. This is the ruling of the Rambam. The Ra'avad rules that even if the slave is not standing on the land, the acquisition of the land also effects the acquisition of the slave (Rambam *Sefer Kinyan*, *Hilkhot Mekhira* 3:11; *Shulḥan Arukh*, *Ḥoshen Mishpat* 202:8).

Ten fields in ten countries – עֶשֶׂר שָׂדוֹת בְּעֶשֶׂר מְדִינוֹת: If someone sells ten fields located in ten different countries, once the buyer pays for all of them and performs an act of acquisition on one of the fields, he thereby acquires all of them. This is the *halakha* even when the fields are of different types, for example, one on the top of a hill and another in a valley (Rambam *Sefer Kinyan*, *Hilkhot Mekhira* 1:19; *Shulḥan Arukh*, *Ḥoshen Mishpat* 192:12).

הָתָם בְּעוֹמְדִין בְּתוֹכָהּ.

The Gemara resolves the contradiction: **There,** in the *baraita* just cited, the case is one **where** the slaves **are standing within** the borders of the land that was acquired.[H]

מִכְּלָל דְּהַאי לֹא קָנָה – כְּשֶׁאֵין עוֹמְדִין בְּתוֹכָהּ?

The Gemara notes: **By inference,** the ruling of **this** first *baraita*, which states that **he does not acquire** the slaves, is stated with regard to a case **where they are not standing within** the borders of the land that was acquired.

הָנִיחָא לְהָךְ לִישָּׁנָא דְּאָמַר רַב אִיקָא בְּרֵיהּ דְּרַב אַמֵּי עַבְדֵי כְּמִטַּלְטְלֵי דָּמֵי, הַיְינוּ דְּאִי עוֹמְדִין בְּתוֹכָהּ – אִין, אִי לָא – לָא;

This works out well according to that second **formulation of** that which **Rav Ika, son of Rav Ami, said,** that the legal status of **slaves is like** that of **movable property. This is** the reason **that if** the slaves **are standing within** the borders of the land, **yes,** they are acquired together with the land, but **if not, no,** they are not acquired. The Gemara assumes that movable property is acquired together with land only if at the time of the acquisition it is placed upon the land.

אֶלָּא לְהָךְ לִישָּׁנָא דְּאָמַר עַבְדֵי כְּמִקַּרְקְעֵי דָּמֵי, לָמָּה לִי עוֹמְדִין בְּתוֹכָהּ? הָא אָמַר שְׁמוּאֵל: מָכַר לוֹ עֶשֶׂר שָׂדוֹת בְּעֶשֶׂר מְדִינוֹת, כֵּיוָן שֶׁהֶחֱזִיק בְּאַחַת מֵהֶן – קָנָה כּוּלָּן!

But according to that first **formulation** of that which Rav Ika, son of Rav Ami, **said, that** the legal status of **slaves is like** that of **land, why do I** need the slaves to be **standing within** the borders of the land? As **doesn't Shmuel say:** If someone **sold him ten fields,** located **in ten** different **countries,**[H] **once he takes possession of one of them, he has acquired all of them?** If the legal status of slaves is like that of land, then the same principle should apply to them, and it should be unnecessary for them to be standing within the land's borders.

וְלִיטַעְמִיךְ, לְהָךְ לִישָּׁנָא דְּאָמַר עַבְדֵי כְּמִטַּלְטְלִין דָּמֵי, לָמָּה לִי עוֹמֵד בְּתוֹכָהּ?

The Gemara reconsiders: **But** even **according to your reasoning,** one can ask: **According to** the second **formulation of** that which Rav Ika, son of Rav Ami, **said, that** the legal status of **slaves is like** that of **movable property, why do I** need the slaves to be **standing within** the borders of the land?

Perek **I**
Daf **12** Amud **b**

HALAKHA

We maintain that we do not need movable property to be piled up – הָא קַיְימָא לָן דְּלָא בָּעֵינַן צְבוּרִין: When one wishes to acquire movable property simultaneously with his acquisition of land, if the movable property is on the land at the time that the land is acquired, it suffices to perform an act of acquisition on the land. If the movable property is located elsewhere, in order for the movable property to be acquired it must be explicitly stipulated that it is being acquired through the acquisition of the land. The Rema (citing the Ra'avad and Rosh) states that even when the movable property is placed on the land, it is acquired only if it is explicitly stipulated that it is being acquired through the acquisition of the land. It would appear that the Rema rules in accordance with this opinion (Rambam *Sefer Kinyan*, *Hilkhot Mekhira* 3:9; *Shulḥan Arukh*, *Ḥoshen Mishpat* 202:2).

הָא קַיְימָא לָן דְּלָא בָּעֵינַן צְבוּרִין!

Don't **we maintain** that the *halakha* **is that we do not need** movable property **to be piled up**[H] upon the land one acquires in order to acquire the movable property together with it?

אֶלָּא, מַאי אִית לָךְ לְמֵימַר – שָׁאנֵי מִטַּלְטְלֵי דְּנָיְידֵי מִמִּטַּלְטְלֵי דְּלָא נָיְידֵי,

Rather, what have you to say? Perforce, **movable property that moves around** by itself, such as slaves, **is different from movable property that does not move around** by itself, i.e., inanimate objects. The *halakha* that movable property does not need to be piled up upon the land applies only to the latter. Accordingly, in order to acquire slaves together with land, they must be standing within its borders.

הָכָא נָמֵי – שָׁאנֵי מִקַּרְקְעֵי דְּנָיְידֵי מִמִּקַּרְקְעֵי דְּלָא נָיְידֵי; עַבְדָּא מִקַּרְקְעֵי דְּנָיְידֵי הוּא, הָתָם סַדְנָא דְּאַרְעָא חַד הוּא.

Given this distinction, one can say that **here, also,** an entity legally classified as **land that moves around,** such as a slave, **is different from land that does not move around.** Accordingly, **a slave,** which is classified as **land that moves around,** is not included in Shmuel's ruling, as in his ruling **there,** he refers only to acquiring multiple plots of land, which is possible only because the **crust** [*sadna*][L] **of the earth is one** block, and therefore each field is really only one part of a bigger whole. This rationale does not permit acquiring land and slaves together, as a slave is not attached to the earth and is separate from the land.

LANGUAGE

Crust [*sadna*] **– סַדְנָא:** The Aramaic word *sadna* and its Hebrew equivalent, *sadan*, mean a block of wood, or in this context, the mass of the earth. The word also has the connotation of a wheel, such as a potter's wheel, which may be related to the Persian sandān. This latter meaning was employed in the literature of the Middle Ages for the axis of the earth and the poles. Here too, it is possibly used to signify the earth, which revolves on its axis.

״נְכָסִים שֶׁאֵין בָּהֶן מְעִילָה״ וכו׳.

§ The mishna teaches: One is liable only with regard to damage caused to **property** for **which,** were he to use it for a non-sacred purpose, he **would not be** liable for the **misuse**[H] of consecrated property.

מְעִילָה הוּא דְּלֵית בְּהוּ, הָא מִקְדַּשׁ קָדְשִׁי,

The Gemara infers: The property in question **does not have** the prohibition of **misuse** of consecrated property, **but it is consecrated** property, yet one is still liable for causing damage to it.

מַאן תַּנָּא? אָמַר רַבִּי יוֹחָנָן: בְּקָדָשִׁים קַלִּים, וְאַלִּיבָּא דְּרַבִּי יוֹסֵי הַגְּלִילִי, דְּאָמַר מָמוֹן בְּעָלִים הוּא;

The Gemara asks: **Who is the** ***tanna*** who holds like this? The Gemara answers: **Rabbi Yoḥanan said:** The mishna is **referring to offerings of lesser sanctity and is in accordance with** the opinion **of Rabbi Yosei HaGelili, who says** that such offerings, before they are slaughtered, **are** considered **property of** their **owners,** as opposed to property of Heaven. It is only once such an offering is slaughtered that it becomes subject to the *halakhot* of misuse of consecrated property.

דְּתַנְיָא: ״וּמָעֲלָה מַעַל בַּה׳״ – לְרַבּוֹת קָדָשִׁים קַלִּים, שֶׁהֵן מָמוֹנוֹ, דִּבְרֵי רַבִּי יוֹסֵי הַגְּלִילִי.

As it is taught in a *baraita* that concerning one who steals another's property and takes a false oath denying he has done so, incurring the obligation to bring a guilt-offering, the verse states: **"And commits a trespass against the Lord,**[N] and deals falsely with his neighbor" (Leviticus 5:21). The verse serves **to include** a case in which one denies having in his possession **offerings of lesser sanctity,**[N] **which are property of** their owners. This is **the statement of Rabbi Yosei HaGelili.**

וְהָתְנַן: הַמְקַדֵּשׁ בְּחֶלְקוֹ, בֵּין בְּקָדְשֵׁי קָדָשִׁים בֵּין בְּקָדָשִׁים קַלִּים – אֵינָהּ מְקוּדֶּשֶׁת; לֵימָא, דְּלָא כְּרַבִּי יוֹסֵי הַגְּלִילִי?

The Gemara asks: **But didn't we learn** in the mishna (*Kiddushin* 52b): In the case of a priest **who betroths** a woman **with his portion** of an offering, **whether it is from offerings of the most sacred order**[H] **or from offerings of lesser sanctity, she is not betrothed? Shall we say that** this mishna is **not in accordance with** the opinion **of Rabbi Yosei HaGelili?**

אֲפִילּוּ תֵּימָא רַבִּי יוֹסֵי הַגְּלִילִי, כִּי אֲמַר רַבִּי יוֹסֵי הַגְּלִילִי – מֵחַיִּים, אֲבָל לְאַחַר שְׁחִיטָה, אֲפִילּוּ רַבִּי יוֹסֵי הַגְּלִילִי מוֹדֶה, דְּכִי קָא זָכוּ – מִשֻּׁלְחַן גָּבוֹהַּ קָא זָכוּ.

The Gemara suggests: **You** can **even say** that it is in accordance with the opinion of **Rabbi Yosei HaGelili, as when Rabbi Yosei HaGelili said** that offerings of lesser sanctity are the property of their owners, that applies only **when** the animal is still **alive.**[N] **But after** its **slaughter, even Rabbi Yosei HaGelili concedes** that the offering takes on a higher degree of sanctity and is now the property of Heaven. **As when they receive**[N] their portions, they do not receive them because those portions belong to them; rather, **they receive** them **from the table of the Most High,** i.e., they have the right to partake of them, but do not own them.

HALAKHA

Property for which he would not be liable for misuse – נְכָסִים שֶׁאֵין בָּהֶן מְעִילָה: One is liable for causing damage to consecrated property only if it is of the type that if one would use it for a mundane purpose one would be liable for the misuse of consecrated property. This is in accordance with the opinion of Rabbi Yosei. The *halakha* follows his opinion since the Gemara explains that the unattributed mishna is in accordance with his opinion (Rambam *Sefer Nezikin*, *Hilkhot Nizkei Mamon* 8:1, and see *Leḥem Mishne* there).

One who betroths with his portion of an offering, whether it is from offerings of the most sacred order, etc. – הַמְקַדֵּשׁ בְּחֶלְקוֹ בֵּין בְּקָדְשֵׁי קָדָשִׁים וכו׳: In the case of a priest who betroths a woman with his portion of an offering, whether it is from an offering of the most sacred order or from an offering of lesser sanctity, she is not betrothed. This is because he does not own those portions; rather, he has only the right to partake of them (Rambam *Sefer Nashim*, *Hilkhot Ishut* 5:5).

NOTES

And commits a trespass against the Lord – וּמָעֲלָה מַעַל בַּה׳: This verse is mentioned with regard to the obligation to bring a guilt-offering for one who denies under oath an allegation that he has in his possession something belonging to another. He is then liable to repay the value of the item, adding one-fifth of the item's value, and he is also required to offer a guilt-offering. The verse states in full: "A person who sins, and commits a trespass against the Lord, and deals falsely with his neighbor in a matter of deposit, or of pledge, or of robbery." Rabbi Yosei HaGelili apparently understands that the verse hints at a case in which one fulfills both elements of the verse, i.e., he both commits a trespass against the Lord and deals falsely with his neighbor. He claims that this is the case of one who denies having taken offerings of lesser sanctity that are both consecrated to God as well as still being owned by the one who consecrated them.

Offerings of lesser sanctity – קָדָשִׁים קַלִּים: The offerings sacrificed in the Temple are classified into two distinct categories: Offerings of the most sacred order and offerings of lesser sanctity. The former includes burnt-offerings, sin-offerings, and guilt-offerings. The latter includes peace-offerings, thanks-offerings, firstborn offerings, and animal tithes, among others. The key factor that distinguishes between the two categories is that the meat of offerings of the most sacred order is either consumed by the fire on the altar or is eaten by the priests within the Temple confines, whereas a large portion of the meat of offerings of lesser sanctity is eaten anywhere within the city limits of Jerusalem by those who brought the offerings, with only select parts of the animal being offered up on the altar.

The application of the *halakhot* of the misuse of consecrated property also differs greatly with regard to these two categories. While misuse of almost any part of an offering of the most sacred order is considered an infringement at almost any stage of the sacrificial rite, with regard to offerings of lesser sanctity after their slaughter, one is not liable for the misuse of any part of the offering that is designated to be eaten by those who brought it. The reason for this is that since those parts are designated to be consumed by those who bring the offerings, they do not fit the verse's description of items that are "sacred to the Lord" (Leviticus 5:15). It is apparently from this detail that Rabbi Yosei HaGelili concludes that offerings of lesser sanctity are not considered the property of the Temple, but rather are the property of their owners.

When alive – מֵחַיִּים: Rashi explains that the reason to suggest that the offering is considered to be the property of the owner only before it is slaughtered is based on the fact that the one who consecrates it is responsible to ensure that it is actually sacrificed. This means that until it is slaughtered, should anything happen to the animal he would be required to bring another animal in its place. That level of liability demonstrates that the animal is still considered to be his property. Some later commentaries raise various difficulties with this explanation of Rashi (see Maharatz Ḥayyut and Rashash).

As when they receive – דְּכִי קָא זָכוּ: Rashi explains that with regard to all offerings, once they have been slaughtered they are considered to be the property of God. Accordingly, even though certain portions are eaten by the priests or those who brought the offering, their consumption is not an expression of the fact that they own those portions; rather, it is as though God invited them to partake of His portions. It is explicit in Rashi's commentary that this perception is true both of the portions eaten by the priests and of the portions eaten by those who brought the offering. *Tosafot* dispute this, claiming that it is true only with regard to the portions eaten by the priests, whereas the portions eaten by those who brought the offering are considered to be their property. Still, various restrictions concerning how and where they are permitted to consume their portions are applied.

וּמֵחַיִּים מִי אָמַר? וְהָתְנַן: בְּכוֹר מוֹכְרִין אוֹתוֹ תָּם חַי (וְלֹא שָׁחוּט), וּבַעַל מוּם חַי וְשָׁחוּט, וּמְקַדְּשִׁין בּוֹ אֶת הָאִשָּׁה;

The Gemara asks: **But does he say** his opinion only **when** the offering is still **alive? But didn't we learn** in a mishna (*Ma'aser Sheni* 1:2): With regard to the male **firstborn** of a kosher animal, which is endowed upon its birth with the sanctity of an offering of lesser sanctity, a priest **may sell it** if it is **unblemished**[H] and **alive**,[N] but he may not sell it once it is slaughtered, as if an unblemished firstborn animal is slaughtered it is prohibited to derive benefit from it, **and** if it is **blemished**, one can sell it both when it is **alive or** after it is **slaughtered, and one can betroth a woman with it.**[H] This mishna assumes that even when a firstborn animal is unblemished it is considered to be the property of the priest.

וְאָמַר רַב נַחְמָן אָמַר רַבָּה בַּר אֲבוּהּ: לֹא שָׁנוּ אֶלָּא בְּכוֹר בַּזְּמַן הַזֶּה, דְּכֵיוָן דְּלָא חֲזֵי לְהַקְרָבָה – אִית לְהוּ לַכֹּהֲנִים זְכִיָּיה בְּגַוַּיְיהוּ, אֲבָל בִּזְמַן שֶׁבֵּית הַמִּקְדָּשׁ קַיָּים דַּחֲזֵי לְהַקְרָבָה – לָא;

And Rav Naḥman says that **Rabba bar Avuh says: They taught** this **only** with regard to the status of **a firstborn** animal **in the present;**[N] **since it is not fit to be sacrificed,** as there is no Temple, **the priests have ownership of it. But when the Temple is standing,** in **which** case the animal **is fit to be sacrificed, no.** When the Temple is standing a priest may slaughter and eat the firstborn only if it becomes blemished. Nowadays, since it is not possible to offer it as a sacrifice, it is certain that the animal will eventually develop a blemish and the priest will then be permitted to slaughter and eat it. Consequently, the priest is considered to have ownership of the firstborn even before it develops any blemish.

וְאֵיתִיבֵיהּ רָבָא לְרַב נַחְמָן: "וּמָעֲלָה מַעַל בַּה'" – לְרַבּוֹת קֳדָשִׁים קַלִּים, שֶׁהֵן מָמוֹנוֹ, דִּבְרֵי רַבִּי יוֹסֵי הַגְּלִילִי!

And Rava raised an objection to Rav Naḥman from the *baraita* cited above: The verse states: "A person who sins **and commits a trespass against the Lord**" (Leviticus 5:21). The verse serves **to include** a case in which one denies having in his possession **offerings of lesser sanctity, as they are the property of** their owners; this is **the statement of Rabbi Yosei HaGelili.** Rabbi Yosei HaGelili's statement is clearly referring to a time when the Temple is standing, as it is based on a verse that continues to obligate one to bring a guilt-offering. Nevertheless, he states that offerings of lesser sanctity, of which a firstborn is an example, are considered to be the property of their owners even when they are unblemished.

וּמְשַׁנֵּי רָבִינָא: בִּבְכוֹר בְּחוּצָה לָאָרֶץ, וְאַלִּיבָּא דְּרַבִּי שִׁמְעוֹן, דְּאָמַר: אִם בָּאוּ תְּמִימִים – יִקָּרְבוּ. אִם בָּאוּ – אִין, לְכַתְּחִלָּה – לָא;

And Ravina answered that Rabbi Yosei HaGelili's statement is said **with regard to a firstborn outside** of **Eretz** Yisrael, **and is in accordance with** the opinion **of Rabbi Shimon, who says: If** firstborn animals **came** from outside of Eretz Yisrael to Eretz Yisrael and they are **unblemished, they may be sacrificed** on the altar. From Rabbi Shimon's formulation it is apparent that **if they came,** then **yes,** they are sacrificed, but they should **not** be brought ***ab initio.*** Since the firstborn animals should not be brought to Eretz Yisrael, they are considered unfit to be sacrificed, and therefore they are considered to be the property of the priest even before they develop a blemish.

וְאִם אִיתָא דְּכִי אֲמַר רַבִּי יוֹסֵי הַגְּלִילִי מָמוֹנוֹ הוּא – מֵחַיִּים,

It is apparent that Ravina understood Rav Naḥman's qualification to be true even according to Rabbi Yosei HaGelili. Therefore, the Gemara asks: **And if it is so that when Rabbi Yosei HaGelili said** that an offering of lesser sanctity **is the property of** its owner, that was referring only to a situation **when** they are still **alive,**

לִישְׁנֵי: הָא רַבִּי יוֹסֵי הַגְּלִילִי, הָא רַבָּנַן!

let Ravina **answer**[N] Rava's objection by saying: **This** *baraita*, which states that an offering of lesser sanctity is the property of its owner and may be sold even when the Temple stands, is in accordance with the opinion of **Rabbi Yosei HaGelili,** and it is referring to a case where the animal is still alive. And **that** qualification of the mishna by Rav Naḥman, that the sale of an unblemished firstborn animal when the Temple is standing is invalid, is in accordance with the opinion of **the Rabbis,** who dispute Rabbi Yosei HaGelili's opinion.

HALAKHA

A firstborn, one may sell it unblemished, etc. – **בְּכוֹר מוֹכְרִין אוֹתוֹ תָּם וכו׳**: When the Temple is standing, an unblemished firstborn animal may not be sold at all as it is endowed with the sanctity of a sacrifice and a priest has no right to sell it. If the animal is blemished it may be sold even if it is alive. When the Temple is not standing, all firstborn animals are designated to be eaten, and therefore even an unblemished animal may be sold to another priest or an Israelite. The animal may be slaughtered and eaten only once it has actually developed a blemish. This is in accordance with the mishna and the opinion of Rav Naḥman (Rambam *Sefer Korbanot, Hilkhot Bekhorot* 1:17, 18; *Shulḥan Arukh, Yoreh De'a* 306:6, 307:3).

And one can betroth a woman with it – **וּמְקַדְּשִׁין בּוֹ אֶת הָאִשָּׁה**: There are apparently contradictory rulings presented in the *Shulḥan Arukh* concerning the betrothal of a woman by means of a firstborn animal. One ruling of the *Shulḥan Arukh* is that one can do so but another ruling of the *Shulḥan Arukh* is that the status of such a betrothal is uncertain. The later authorities rule that if one betroths a woman with a slaughtered firstborn animal she is considered betrothed according to all opinions (*Shulḥan Arukh, Yoreh De'a* 306:6 and *Even HaEzer* 28:23).

NOTES

He may sell it unblemished and alive – **מוֹכְרִין אוֹתוֹ תָּם חַי**: Rashi explains that since it is consecrated as an offering, if the animal is slaughtered it is treated as any other offering that is slaughtered outside the Temple confines, and therefore it is prohibited to derive any benefit from it.

A firstborn animal in the present – **בְּכוֹר בַּזְּמַן הַזֶּה**: Even though the same *halakha* applies equally to the case of a firstborn animal born outside of Eretz Yisrael, the Gemara prefers to interpret the mishna and *baraitot* as referring to a case where it was born in Eretz Yisrael, since the Mishna and *baraitot* were composed there and they generally refer to cases that occur there.

Perek **I**
Daf **13** Amud **a**

NOTES

And if it is so…let him answer, etc. – **וְאִם אִיתָא...לִישְׁנֵי וכו׳**: If one assumes that Rabbi Yosei HaGelili holds that a firstborn offering remains the property of its owner, it is clear that Rav Naḥman's statement was made only according to the opinion of the Rabbis. Accordingly, how could someone use Rabbi Yosei HaGelili's opinion to raise a difficulty with Rav Naḥman's statement (Rosh)?

(אֲמַר לֵיהּ): מַתְּנוֹת כְּהוּנָּה קָאָמְרַתְּ? שָׁאנֵי מַתְּנוֹת כְּהוּנָּה, דְּכִי קָא זָכוּ – מִשֻּׁלְחַן גָּבוֹהַּ קָא זָכוּ.

The Gemara answers: **He said to him** that this is not difficult: **Do you speak of gifts** to which members **of the priesthood**[N] are entitled, of which a firstborn animal is an example? **Gifts of the priesthood are different** from other offerings of lesser sanctity, **as when** the priests **receive** their portions, **they receive** them **from the table of the Most High.** Rabbi Yosei HaGelili claims that the act of consecration of an animal as an offering of lesser sanctity does not nullify one's ownership of the animal. The sanctity of a firstborn offering takes effect with its birth, so it may be that it was never owned; rather, it is reasonable that the Torah provided the priest only with the right and the obligation to partake of it after it is sacrificed.

גּוּפָא: "וּמָעֲלָה מַעַל בַּה'" – לְרַבּוֹת קֳדָשִׁים קַלִּים, שֶׁהֵם מָמוֹנוֹ, דִּבְרֵי רַבִּי יוֹסֵי הַגְּלִילִי; בֶּן עַזַּאי אוֹמֵר: לְרַבּוֹת אֶת הַשְּׁלָמִים; אַבָּא יוֹסֵי בֶּן דּוֹסְתַּאי אוֹמֵר: לֹא אָמַר בֶּן עַזַּאי אֶלָּא בִּבְכוֹר בִּלְבַד.

§ The Gemara considers **the matter itself:** The *baraita* teaches: Concerning one who steals another's property and takes a false oath denying he has done so, incurring the obligation to bring a guilt-offering, the verse states: **"And commits a trespass against the Lord,** and deals falsely with his neighbor" (Leviticus 5:21). The verse serves **to include** a case in which one denies having in his possession **offerings of lesser sanctity, which are** the **property** of their owners, and are included in the phrase "and deals falsely with his neighbor." This is **the statement of Rabbi Yosei HaGelili. Ben Azzai says:** This phrase serves **to include peace-offerings. Abba Yosei ben Dostai**[P] **says: Ben Azzai said this only with regard to a firstborn** offering.

אָמַר מָר, בֶּן עַזַּאי אוֹמֵר: לְרַבּוֹת אֶת הַשְּׁלָמִים. לְמַעוּטֵי מַאי?

The Master said in the *baraita*: **Ben Azzai says:** This phrase serves **to include peace-offerings.** The Gemara asks: Ben Azzai's interpretation of the phrase, limiting its interpretation to a reference only to peace-offerings, is **to exclude what?**

אִילֵימָא לְמַעוּטֵי בְּכוֹר, הַשְׁתָּא וּמַה שְּׁלָמִים שֶׁטְּעוּנִים סְמִיכָה וּנְסָכִים וּתְנוּפַת חָזֶה וְשׁוֹק, אָמְרַתְּ מָמוֹן בְּעָלִים הוּא, בְּכוֹר מִבַּעְיָא?

If we say it is **to exclude a firstborn** offering, because he holds that a firstborn is not the property of the priest, one could reject this, as the sanctity of a firstborn offering is a lesser sanctity than that of a peace-offering, as follows: **Now, just as** with regard to **peace-offerings, which** have a higher degree of sanctity such that **they require placing hands**[HB] on the head of the offering **and** are accompanied by **libations**[HB] **and the waving of** their **breast and** the right **hind leg**[H] by the priest and owner together, **you** nevertheless **say** that **it is the property of the owners, is it necessary** to state that with regard to **a firstborn** offering, for which these *halakhot* do not apply, that the priest has ownership of it?

אֶלָּא אֲמַר רַבִּי יוֹחָנָן: לְמַעוּטֵי מַעֲשֵׂר;

Rather, Rabbi Yoḥanan said: Ben Azzai mentioned peace-offerings in order **to exclude** an animal **tithe** offering,[B] i.e., every tenth animal of one's flock that is designated as tithe for those ten animals and is sacrificed as an offering of lesser sanctity. Animal tithes are excluded because ben Azzai holds that an animal tithe offering is not the property of the owner of the flock.

NOTES

Gifts of the priesthood – מַתְּנוֹת כְּהוּנָּה: There are twenty-four types of gifts to which, by Torah edict, members of the priesthood are entitled. These include the foreleg, the jaw, and the first of the sheared wool. The priests' right to these gifts does not necessarily afford them ownership of those gifts; rather, it is considered as though they receive their portions as guests at the table of the Most High. Included among these gifts is the right to the firstborn animal.

Some suggest that, according to the opinion of Rashi, although the right to eat the meat portion of an offering granted to one who brings an offering is considered a gift from the table of the Most High, the distinction, suggested by the Gemara with regard to ownership before and after slaughtering, remains true with regard to the owners of the offerings. The Gemara concludes that it is not true with regard to priests.

PERSONALITIES

Abba Yosei ben Dostai – אַבָּא יוֹסֵי בֶּן דּוֹסְתַּאי: A first-century *tanna*, Abba Yosei appears to have been one of Rabbi Yehuda HaNasi's mentors, and Abba Yosei quotes Rabbi Yehuda HaNasi a number of times, particularly with regard to resolving apparent contradictions between biblical verses. In some places he is referred to as Abba Yosei ben Dosai.

HALAKHA

They require placing hands – טְעוּנִים סְמִיכָה: Prior to every animal sacrifice offered by an individual in the Temple, with the exception of a firstborn offering, an animal tithe, and the Paschal offering, the one bringing the offering places his hands upon the head of the animal (Rambam *Sefer Avoda, Hilkhot Ma'aseh HaKorbanot* 3:6).

Libations – נְסָכִים: Libations accompany the sacrifice of every burnt-offering and every peace-offering (Rambam *Sefer Avoda, Hilkhot Ma'aseh HaKorbanot* 2:2).

The waving of their breast and hind leg – תְּנוּפַת חָזֶה וְשׁוֹק: Following the slaughter of a peace-offering, the sprinkling of its blood, and the removal of the parts that will be consumed on the altar, the meat of the offering is cut up. Those parts that will be burnt upon the altar, together with the breast and the right hind leg, are placed into the hands of the one who brought the offering. The priest then places his hands beneath the hands of the one who brought the offering and together they wave the portions before God (Rambam *Sefer Avoda, Hilkhot Ma'aseh HaKorbanot* 9:6).

BACKGROUND

Placing hands – סְמִיכָה: All offerings except for the firstborn offering, the animal tithe offering, and the Paschal offering require the placing of hands on the animal's head. The one performing this rite places his two hands between the horns of the animal and presses down with all of his strength. If it is an offering brought to atone for a transgression, he confesses his transgression while placing his hands on the animal. In the case of peace-offerings or thanks-offerings, he recites a statement of gratitude. The animal is slaughtered immediately thereafter in the same place where the placing of hands was performed.

Libations – נְסָכִים: This is referring to the wine libation offered on the altar. Wine libations are offered together with burnt-offerings and peace-offerings. They are also offered with a leper's sin-offering and guilt-offering. Varying quantities of wine are offered, depending on the animal that is sacrificed: One-fourth of a *hin*, i.e., three *log*, is offered for any sheep other than a ram; one-third of a *hin*, four *log*, is offered for a ram; and half a *hin*, six *log*, is offered for a bullock. Libations of wine could also be brought as independent, voluntary offerings.

Animal tithe offering – מַעֲשַׂר בְּהֵמָה: Each year, the owner of a herd of kosher animals is required to tithe the animals born during the preceding year. He does this by gathering them into an enclosure and then letting them out, one by one. These animals are passed "under the shepherd's rod" (Leviticus 27:32), and every tenth animal is marked with red paint to indicate that it is sacred. The sacred animals are animal tithe offerings. If an animal tithe offering is fit to be sacrificed, it is brought to the Temple and sacrificed in a manner similar to a peace-offering. Its blood is sprinkled on the altar and its meat eaten by its owner. The details of the *halakhot* of animal tithes are elucidated in tractate *Bekhorot*.

כְּדְתַנְיָא: בִּבְכוֹר נֶאֱמַר "לֹא תִפְדֶּה", וְנִמְכָּר תָּם חַי, וּבַעַל מוּם חַי וְשָׁחוּט. בְּמַעֲשֵׂר נֶאֱמַר "לֹא יִגָּאֵל", וְאֵינוֹ נִמְכָּר לֹא חַי וְלֹא שָׁחוּט, לֹא תָּם וְלֹא בַּעַל מוּם.

This is **as it is taught** in a *baraita*: **With regard to a firstborn** offering **it is stated: "You shall not redeem"** (Numbers 18:17), indicating that the owner can never fully redeem the offering, thereby removing its sanctity. **And** the firstborn offering **can be sold**[N] when it is **unblemished** and **alive, or** when it is **blemished** and **alive, or** blemished and **slaughtered. With regard to** animal **tithe** offerings, **it is stated: "It shall not be redeemed"** (Leviticus 27:33), indicating that the one who designated it can never fully redeem an animal tithe offering, thereby removing its sanctity. **And** the animal tithe offering **cannot be sold, not** when it is **alive and not** when it is **slaughtered,**[H] **not** when **unblemished and not** when **blemished.** The fact that the sale of an animal tithe offering is invalid demonstrates that it is not the property of the one who designated it.

רָבִינָא מַתְנֵי לָהּ אַסֵּיפָא, אַבָּא יוֹסֵי בֶּן דּוֹסְתַּאי אוֹמֵר: לֹא אָמַר בֶּן עַזַּאי אֶלָּא בִּבְכוֹר בִּלְבַד. לְמַעוּטֵי מַאי?

Ravina taught the preceding discussion **with regard to the last clause** of the *baraita*: **Abba Yosei ben Dostai says** that **ben Azzai said this only with regard to a firstborn** offering. The Gemara asks: Abba Yosei ben Dostai's interpretation of the phrase, limiting its interpretation to a reference only to a firstborn offering, is **to exclude what?**

אִילֵימָא לְמַעוּטֵי שְׁלָמִים, הָשְׁתָּא וּמָה בְּכוֹר שֶׁקָּדוֹשׁ מֵרֶחֶם – מָמוֹנוֹ הוּא, שְׁלָמִים מִבַּעְיָא?

If we say it is **to exclude peace-offerings,** because he holds that they are not the property of the one who consecrated them as offerings, one could reject this, as the sanctity of peace-offerings is a lesser sanctity than that of a firstborn offering, as follows: **Now, just as** with regard to **a firstborn** offering, **which is** already **sanctified** upon its emergence **from the womb** yet nevertheless **is the property of** the priest, **is it necessary** to state that **peace-offerings** are the property of those who consecrated them, where the animals were already the property of its owner before they were consecrated?

אָמַר רַבִּי יוֹחָנָן: לְמַעוּטֵי מַעֲשֵׂר;

Rabbi Yoḥanan said: Abba Yosei ben Dostai mentioned peace-offerings in order **to exclude** an animal **tithe** offering. Animal tithes are excluded because Abba Yosei ben Dostai holds that an animal tithe offering is not the property of the owner of the flock.

כְּדְתַנְיָא: בִּבְכוֹר נֶאֱמַר "לֹא תִפְדֶּה", וְנִמְכָּר תָּם חַי, וּבַעַל מוּם חַי וְשָׁחוּט. בְּמַעֲשֵׂר נֶאֱמַר "לֹא יִגָּאֵל", וְאֵינוֹ נִמְכָּר לֹא חַי וְלֹא שָׁחוּט, לֹא תָּם וְלֹא בַּעַל מוּם.

This is **as it is taught** in a *baraita*: **With regard to a firstborn** offering **it is stated: "You shall not redeem"** (Numbers 18:17), indicating that the owner can never fully redeem the offering, thereby removing its sanctity. **And** the firstborn offering **can be sold** when it is **unblemished** and **alive, or** when it is **blemished** and **alive, or** blemished and **slaughtered. With regard to** animal **tithe** offerings, **it is stated: "It shall not be redeemed"** (Leviticus 27:33), indicating that the one who designated it can never fully redeem an animal tithe offering, thereby removing its sanctity. **And** the animal tithe offering **cannot be sold, not** when it is **alive and not** when it is **slaughtered, not** when **unblemished and not** when **blemished.** The fact that the sale of an animal tithe offering is invalid demonstrates that it is not the property of the one who designated it.

הָא "בִּבְכוֹר בִּלְבַד" קָאָמַר! קַשְׁיָא.

The Gemara asks: How can one claim that Abba Yosei ben Dostai holds that peace-offerings are also owned by those who consecrated them? **Doesn't** Abba Yosei ben Dostai **say:** Ben Azzai said this **only with regard to a firstborn** offering. The Gemara concedes: This **is difficult.**[N]

רָבָא אָמַר: מַאי "נְכָסִים שֶׁאֵין בָּהֶן מְעִילָה"? נְכָסִים שֶׁאֵין בָּהֶן דִּין מְעִילָה, וּמַאי נִינְהוּ? דְּהֶדְיוֹט.

§ The Gemara cites an alternative explanation of the mishna's statement: **Rava said: What** does the mishna mean when it says: One is liable only for damage caused to **property** for **which,** were one to use it for a mundane purpose, one **would not be** liable **for the misuse** of consecrated property? It is referring to **property that is not** at all **subject to the *halakhot* of misuse** of consecrated property, **and what is that?** It is referring to any property **of an ordinary person,** which has no sanctity at all.

וְלִיתְנֵי: דְּהֶדְיוֹט! קַשְׁיָא.

The Gemara asks: **But** then **let** the mishna **teach** explicitly: One is liable only for damage caused to property **of an ordinary individual.** The Gemara concedes: This **is difficult.**

NOTES

You shall not redeem, and it can be sold, etc. – לֹא תִפְדֶּה וְנִמְכָּר וכו׳: Even when it is permissible to sell a firstborn animal, the verse: "You shall not redeem" (Numbers 18:17), which indicates that the firstborn animal retains a certain degree of sanctity, provides various restrictions on how to sell it in a manner befitting its sanctity. For example, the meat of a firstborn animal may not be sold in a butcher shop or any other public setting; it may not be valued by weighing it on scales, rather, its value should be estimated.

Difficult – קַשְׁיָא: The commentaries point out that the term *kashya*, meaning difficult, suggests that there is a strong question but there may be a solution to it, unlike the term *teyuvta*, meaning refutation, which indicates that an opinion is indefensible. The solution suggested by some commentaries in this case is that the mishna is not in accordance with the opinion of Rabbi Yosei HaGelili and it does not accept that peace offerings are the property of the one who consecrated the offering, and therefore the mishna excludes them (*Panim Meirot*).

HALAKHA

And it cannot be sold, not when alive and not when slaughtered – וְאֵינוֹ נִמְכָּר לֹא חַי וְלֹא שָׁחוּט: It is prohibited by Torah law to sell an unblemished animal tithe offering. If it is blemished, it is prohibited to sell it by rabbinic law, even after it is slaughtered, except in certain specific circumstances (Rambam *Sefer Avoda*, *Hilkhot Bekhorot* 6:5).

אָמַר רַבִּי אַבָּא: שְׁלָמִים שֶׁהִזִּיקוּ – גּוֹבֶה מִבְּשָׂרָן וְאֵינוֹ גּוֹבֶה מֵאֵימוּרֵיהֶן.

§ **Rabbi Abba says:** With regard to the case of an innocuous animal that was consecrated as **a peace-offering** and **that caused damage,** the injured party **collects** damages **from its meat,**[H] i.e., from the portion of the offering that would have been eaten by its owners. This is in accordance with the general *halakha* that the payment for damage caused by an innocuous ox is collected exclusively from the proceeds of the sale of the body of the ox and not from any other property of its owner. **But he does not collect** the damages **from the sacrificial portions.**

פְּשִׁיטָא, אֵימוּרִין לַגָּבוֹהַּ סָלְקִי!

The Gemara asks: **Isn't it obvious** that one collects exclusively from the meat portion and not from the **sacrificial portions,** as those are **to be offered up to God?**

לָא צְרִיכָא, לַגּוֹבֶה מִבְּשָׂרָן כְּנֶגֶד אֵימוּרִים.

The Gemara answers: **No,** it is **necessary** for Rabbi Abba to teach that there is no **collection from** the owner's **meat** portions **corresponding** to the **sacrificial portions.** Payment for damage caused by an innocuous animal is half the amount of the damages, and can be no more than the value of the animal itself. Rabbi Abba is teaching that when assessing the damage to determine the amount to be paid, one deems the owner responsible only according to his share of the animal, i.e., the meat portions, in relation to the animal as a whole.

אַלִּיבָּא דְּמַאן?

Rabbi Natan and the Rabbis engage in a dispute concerning the *halakha* in a case in which an ox pushed another animal into a pit (see 53a). If it were an innocuous ox, for which the Torah limits the owner's liability to half the damages, the Rabbis rule that liability is incurred exclusively by the owner of the ox, i.e., he pays half the value of the damage, and the owner of the pit is entirely exempt. Rabbi Natan holds that since the damage was caused jointly by the ox and the pit, the owner of the ox need pay only half of what he would pay if his animal had been solely responsible, i.e., a quarter of the damages. Rabbi Natan further rules that the remaining sum can then be fully recovered from the owner of the pit, i.e., he pays the remaining three-quarters of the damages. The Gemara asks: **In accordance with whose** opinion, of those *tanna'im*, does Rabbi Abba state his ruling?

אִי אַלִּיבָּא דְּרַבָּנַן – פְּשִׁיטָא, הָא אָמְרִי: כִּי לֵיכָּא לְאִשְׁתַּלּוּמֵי מֵהַאי לָא מִשְׁתַּלְּמָא מֵהַאי!

If it is **in accordance with** the opinion **of the Rabbis,** then it **is obvious** and there is no need to state it, as **didn't** the Rabbis **say: Whenever,** for whatever reason, the full cost of the damage **cannot be recovered from this** party, **it is not recovered from that** party, i.e., even though the injured party suffered the loss of the full value of his animal and recovered only half its value from the owner of the ox, he may not demand the remaining sum from the owner of the pit. So too, in this case, where the injured party cannot collect damages from the sacrificial portions, he cannot recover that loss from the meat portions of the one who brought the offering.

HALAKHA

A peace-offering that caused damage, the injured party collects damages from its meat – שְׁלָמִים שֶׁהִזִּיקוּ גּוֹבֶה מִבְּשָׂרָן וכו׳: If an innocuous animal consecrated as a peace-offering caused damage, its owners are liable to pay damages from the meat portions of the animal that they receive but not from the sacrificial portions. When the injured party receives the meat portions as payment, they retain their sanctity as portions of an offering. Since the animal was innocuous, liability is incurred for half the value of the damage. In addition, liability is limited to the value of the animal. In this case, when assessing the damage to determine the amount to be paid, one deems the owner responsible only according to his share of the animal, i.e., the meat portions, in relation to the animal as a whole. For example, if an innocuous animal consecrated as a peace-offering worth two hundred dinars causes damage valued at two hundred dinars, and the meat portions of the offering are valued at one hundred fifty dinars, the injured party receives only half of that, i.e., seventy-five dinars, and not one hundred dinars (Rambam *Sefer Nezikin*, *Hilkhot Nizkei Mamon* 8:2, 3).

וְאִי אַלִּיבָּא דְּרַבִּי נָתָן – הָא אָמַר: כֹּל הֵיכָא דְּלֵיכָּא לְאִשְׁתַּלּוּמֵי מֵהַאי מִשְׁתַּלֵּם מֵהַאי! (as printed: וְאִי אַלִּיבָּא דְּרַבִּי נָתָן – הָא אָמַר: כִּי לֵיכָּא לְאִשְׁתַּלּוּמֵי מֵהַאי מִשְׁתַּלֵּם מֵהַאי!)

And if it is in accordance with the opinion of Rabbi Natan, doesn't he say: Whenever the full cost of the damage cannot be recovered from this one, it is recovered from that one, i.e., since the owner of the ox pays only a quarter of the damages, the remaining sum can be recovered from the owner of the pit. So too, in this case, since the injured party cannot collect payment from the sacrificial portions, he should be able to recover that loss from the meat portions of the one who brought the offering, in contrast to the ruling of Rabbi Abba.

אִי בָּעֵית אֵימָא: רַבִּי נָתָן, אִיבָּעֵית אֵימָא: רַבָּנַן;

The Gemara explains: If you wish, say Rabbi Abba's ruling is in accordance with Rabbi Natan, and if you wish, say his ruling is in accordance with the Rabbis.

אִיבָּעֵית אֵימָא רַבָּנַן, הָנֵי מִילֵּי בִּתְרֵי גּוּפֵי, אֲבָל בְּחַד גּוּפָא, מָצֵי אָמַר לֵיהּ: מִכָּל הֵיכָא דְּבָעֵינַן מִשְׁתַּלְּמְנָא;

The Gemara explains: If you wish, say Rabbi Abba's ruling is in accordance with the Rabbis, as one might have thought that this matter, the ruling of the Rabbis, applies only where the damage is caused by two bodies, such as an ox and a pit. But where the damage is caused by one body, as in the case of damage caused by a an animal consecrated as a peace-offering, the injured party can say to the owner of the animal: From anywhere that I want to, I will recover my losses, and accordingly, the injured party could collect the full cost of the damage from the meat portions of the one who brought the offering. Therefore, it is necessary for Rabbi Abba to teach that this is not the *halakha*.

אִיבָּעֵית אֵימָא רַבִּי נָתָן, הָתָם הוּא דְּאָמַר לֵיהּ בַּעַל שׁוֹר לְבַעַל הַבּוֹר: אֲנָא תּוֹרַאי בְּבֵירָךְ אַשְׁכַּחְתֵּיהּ, מַאי דְּלֵית לִי לְאִשְׁתַּלּוּמֵי מֵהֵיאָךְ מִשְׁתַּלֵּימְנָא מִינָּךְ,

And if you wish, say Rabbi Abba's ruling is in accordance with Rabbi Natan: It is only there that the owner of the damaged ox can say to the owner of the pit: Since I found my ox in your pit, ultimately you bear responsibility for any damage, and therefore whatever I cannot recover from the other one, i.e., the owner of the ox, I will recover from you.

Perek **I**
Daf **13** Amud **b**

אֲבָל הָכָא מִי מָצֵי אָמַר: בָּשָׂר אַזֵּיק, אֵימוּרִין לָא אַזֵּיק?

But here, in the case of damage caused by an animal consecrated as a peace-offering, is the injured party actually able to say: Only the meat of the animal caused damage but the sacrificial portions did not cause damage? Since the entire animal caused the damage, he does not collect the full cost of the damage from the meat portions of the one who brought the offering.

אָמַר רָבָא: תּוֹדָה שֶׁהִזִּיקָה – גּוֹבֶה מִבְּשָׂרָהּ וְאֵינוֹ גּוֹבֶה מִלַּחְמָהּ.

Rava says: In the case of an innocuous animal consecrated as a **thanks-offering**[B] **that caused damage,**[H] the injured party **collects** damages **from its meat,** i.e., from the portion of the offerings that would have been eaten by the one who brought the offering, **but he does not collect from its bread,** i.e., from the offering of forty loaves of bread that accompanies the sacrifice of the animal.

לֶחֶם, פְּשִׁיטָא!

The Gemara asks: **Isn't it obvious** that he does not collect from the **bread?** The bread is not part of the animal that caused damage.

סֵיפָא אִצְטְרִיךְ לֵיהּ: נִיזָּק אוֹכֵל בָּשָׂר, וּמִתְכַּפֵּר מֵבִיא לֶחֶם.

The Gemara answers: **It was necessary** for Rava to state this because of **the latter clause** of his ruling, which states: The **injured** party **eats the meat** portions of the offering according to the value of the damages owed to him, **but the one achieving atonement,** i.e., the one bringing the offering, **brings the bread.**

הָא נַמִי פְּשִׁיטָא! מַהוּ דְּתֵימָא, כֵּיוָן דְּלֶחֶם הֶכְשֵׁירָא דְּזֶבַח הוּא, לֵימָא לֵיהּ: אַתְּ אָכְלַתְּ בָּשָׂר וַאֲנָא אַיְיתֵי לֶחֶם? קָא מַשְׁמַע לַן דְּלֶחֶם חִיּוּבָא דִּבְעָלִים הוּא.

The Gemara asks: **Isn't this also obvious?** Why should anyone else bring the bread? The Gemara explains: **Lest you say, since** the **bread** is a necessary **qualifying factor for the thanks-offering,** as without it one does not fulfill one's obligation, **let** the owner of the offering **say to** the one eating it, why should **you eat the meat and I bring the bread?** If you wish to eat, you should bring the bread. Therefore, Rava **teaches us that** the offering of the loaves of **bread is the obligation of the owners**[N] of the offering.

BACKGROUND

Thanks-offering – תּוֹדָה: The thanks-offering is specified in the Torah as a unique type of peace-offering, in that along with the sacrifice, typically a sheep, one also brings a meal-offering in the form of forty loaves, comprised of ten loaves each of four varieties of bread. This offering is brought in appreciation of God's beneficence. In particular, the following people are required to bring a thanks-offering: One who completed a journey at sea, one who crossed a desert, one who was freed from prison, and one who recovered from an illness.

HALAKHA

A thanks-offering that caused damage – תּוֹדָה שֶׁהִזִּיקָה: If an animal that had been consecrated as a thanks-offering caused damage, the injured party collects payment from the meat of the animal, in the same way that he would collect from an animal consecrated as a peace-offering that caused damage. He does not collect from the bread that accompanies the offering (Rambam *Sefer Nezikin, Hilkhot Nizkei Mamon* 8:2).

NOTES

Is the obligation of the owners – חִיּוּבָא דִּבְעָלִים הוּא: The *Ketzot HaḤoshen* (406:1) proves from here that one who consecrates an offering cannot transfer his offering to another person. If he could, then in this case, too, the one who consecrated the thanks-offering could transfer it to the injured party, thereby transferring also the requirement to offer the forty loaves.

״נְכָסִים שֶׁהֵן שֶׁל בְּנֵי בְרִית״.

§ The mishna teaches: One is liable only for damage caused to **property that belongs to members of the covenant.**

לְמַעוּטֵי מַאי? אִי לְמַעוּטֵי דְּגוֹי, הָא קָתָנֵי לַהּ לְקַמָּן: שׁוֹר שֶׁל יִשְׂרָאֵל שֶׁנָּגַח שׁוֹר שֶׁל גּוֹי – פָּטוּר! תְּנָא וַהֲדַר מְפָרֵשׁ.

The Gemara asks: This clause serves **to exclude what? If** it serves **to exclude** the property of **a gentile, isn't that** already explicitly **taught** in the mishna **below** (37b): In the case of **an ox of a Jew**[H] **that gored an ox of a gentile,** the Jew is **exempt.** The Gemara answers: The *tanna* **teaches** this as a principle in the mishna here **and then explains** it in greater detail in the mishna below.

״נְכָסִים הַמְיוּחָדִין״. לְמַעוּטֵי מַאי? אָמַר רַב יְהוּדָה: לְמַעוּטֵי זֶה אוֹמֵר: שׁוֹרְךָ הִזִּיק, וְזֶה אוֹמֵר: שׁוֹרְךָ הִזִּיק.

The mishna continues: One is liable only for **assigned property.** The Gemara asks: This clause serves **to exclude what? Rav Yehuda said:** This clause serves **to exclude** a case in which an animal is injured but it is unclear which of two oxen, owned by different people, caused the damage. The owner of **this** ox **says** to the owner of the other: **Your ox caused** the **damage. And** the owner of **that** ox **says** to the owner of the other: **Your ox caused** the **damage.** Since it cannot be proven which ox actually caused the damage, neither owner is liable. The intention of the mishna is that one is liable only where the belligerent ox is assigned to, i.e., is known to be the property of, a specific individual.

הָא תָּנֵי לְקַמָּן: הָיוּ שְׁנַיִם רוֹדְפִין אַחַר אֶחָד, זֶה אוֹמֵר: שׁוֹרְךָ הִזִּיק, וְזֶה אוֹמֵר: שׁוֹרְךָ הִזִּיק – שְׁנֵיהֶם פְּטוּרִין! תָּנֵי וַהֲדַר מְפָרֵשׁ.

The Gemara asks: **Isn't that** explicitly **taught** in the mishna **below** (35a): If **two** oxen **were** seen **pursuing a single** ox, and then the single ox is found to be injured, and the owner of **this** ox **says** to the owner of the other: **Your ox caused** the **damage.** And the owner of **that** ox **says** to the owner of the other: **Your ox caused** the **damage.** In such a case, **both of them are exempt** since it is uncertain which one is guilty. The Gemara answers: The *tanna* **teaches** this as a principle in the mishna here **and then explains** it in greater detail in the mishna below.

בְּמַתְנִיתָא תָּנָא: פְּרָט לְנִכְסֵי הֶפְקֵר. הֵיכִי דָמֵי? אִילֵימָא דְּנָגַח תּוֹרָא דִּידַן לְתוֹרָא דְּהֶפְקֵר, מַאן תָּבַע לֵיהּ? אֶלָּא דְּנָגַח תּוֹרָא דְּהֶפְקֵר לְתוֹרָא דִּידַן,

It was taught in a ***baraita*** in explanation of the mishna that the term assigned property serves **to exclude ownerless** property.[H] The Gemara clarifies: **What are the circumstances** in which the mishna teaches that one is exempt? **If we say** it is referring to a case **where an ox belonging to us,** i.e., to a Jew, **gored an ownerless ox,** it is obvious that the owner bears no liability, as **who is claiming** damages **from him? Rather,** it must be referring to a case **where an ownerless ox gored an ox belonging to us,** and it teaches that the injured party does not have a right to damages.

לֵיזִיל וְלֵיתֵיהּ! בְּשֶׁקְּדָם וְזָכָה בּוֹ אַחֵר.

The Gemara asks: What is the point of this *halakha*? If the injured party wishes to recover his losses, **let him go and take** the belligerent ox for himself, since it is currently ownerless. The Gemara explains: The mishna teaches that the injured party does not have any right to the ox, in order to teach that in a case **where another** person **preceded him and acquired it,** the injured party has no claim to it.

רָבִינָא אָמַר: לְמַעוּטֵי נָגַח וְאַחַר כָּךְ הִקְדִּישׁ, נָגַח וְאַחַר כָּךְ הִפְקִיר.

Ravina said an alternative interpretation of the mishna: The term assigned property serves **to exclude** a case in which an ox **gored and subsequently** its owner **consecrated** it,[N] or where **it gored and subsequently** its owner **declared** it **ownerless.** Since the owners did not own the ox at the time the case was brought before the court, they are exempt from paying. Ravina explains that this is the intention of the mishna: That one is liable only when the property that caused the damage was owned by a responsible party both when it caused the damage and when it was tried. In this case, at the time of the court hearing it was not owned by a responsible party, as it was either consecrated or ownerless.

HALAKHA

An ox of a Jew, etc. – שׁוֹר שֶׁל יִשְׂרָאֵל וכו׳: If an ox of a Jew gores an ox of a gentile, the Jew is exempt from liability irrespective of whether the ox was considered to be innocuous or forewarned (Rambam *Sefer Nezikin, Hilkhot Nizkei Mamon* 8:5; *Shulḥan Arukh, Ḥoshen Mishpat* 406:1).

To exclude ownerless property – פְּרָט לְנִכְסֵי הֶפְקֵר: If an ownerless ox gores someone or his property, the injured party does not have any claim to the ox. Consequently, if another person acquires the ox for himself before the injured party is able to do so, the injured party has no claim to it or against the person who acquired it (Rambam *Sefer Nezikin, Hilkhot Nizkei Mamon* 8:4; *Shulḥan Arukh, Ḥoshen Mishpat* 406:2).

NOTES

It gored and subsequently he consecrated it – נָגַח וְאַחַר כָּךְ הִקְדִּישׁ: Some early commentaries claim that an owner can consecrate a forewarned ox that gored, but not an innocuous ox that gored. In the case of an innocuous ox, since damages are paid from the body of the ox, it is automatically considered to be partially owned by the injured party. Consequently, the ox's owner no longer has the ability to sell it or consecrate it. By contrast, when the ox is forewarned, the payment is made from one's superior-quality property. Therefore, the owner retains complete ownership of the ox, and therefore it is possible to consecrate it (*Sefer Hashlama*; Meiri). Other commentaries disagree, claiming that the owner has the ability to consecrate even an innocuous ox that gored. Many claim that it appears that this is also the opinion of the Rambam.

תַּנְיָא נַמִּי הָכִי, יָתֵר עַל כֵּן אָמַר רַבִּי יְהוּדָה: אֲפִילּוּ נָגַח וְאַחַר כָּךְ הִקְדִּישׁ, נָגַח וְאַחַר כָּךְ הִפְקִיר – פָּטוּר, שֶׁנֶּאֱמַר: ״וְהוּעַד בִּבְעָלָיו...וְהֵמִית אִישׁ״ וגו׳, עַד שֶׁתְּהֵא מִיתָה וְהַעֲמָדָה בְּדִין שָׁוִין כְּאֶחָד.

It is also taught in a *baraita*: The *halakha* is that an ox that kills a person is stoned to death. The mishna states (44b) that this does not apply to an ox consecrated to the Temple or an ownerless ox. **Moreover, Rabbi Yehuda said: Even** if an ox **gored and** its owner **subsequently consecrated** it to the Temple, or if an ox **gored and** its owner **subsequently declared** it **ownerless,**[H] the owner **is exempt** from liability, **as it is stated:** "And if the ox was wont to gore in time past, **and had been forewarned with its owner,** and he had not guarded it in, **and it killed a man** or a woman; the ox shall be stoned, and also its owner shall be put to death" (Exodus 21:29). The repetition of the reference to the owner at the beginning and end of the verse indicates that the ox is not stoned **unless** the ox's status as the owner's property at the time of the **death** of the victim **and** at the time of the owner's **standing trial is the same,**[N] i.e., the ox is owned by a responsible party for both events.

וּגְמַר הַדִּין לָא בָּעֵינַן? הָא ״הַשּׁוֹר יִסָּקֵל״ בִּגְמַר דִּין הוּא דִּכְתִיב!

The Gemara asks: **But do we not** also **require** that the ox's status be the same at the time of the **verdict? Isn't** the phrase: **"The ox shall be stoned" written with regard to** the time of the **verdict?**

אֶלָּא אֵימָא: עַד שֶׁתְּהֵא מִיתָה וְהַעֲמָדָה בְּדִין וּגְמַר דִּין שָׁוִין כְּאֶחָד.

Rather, say that the owner of the ox is exempt **unless** the ox's status as the owner's property at the time of the **death** of the victim and at the time of the owner's **standing trial and at the verdict is the same,** i.e., the ox is owned by a responsible party for all three events.

״חוּץ מֵרְשׁוּת הַמְיוּחֶדֶת לַמַּזִּיק״. דְּאָמַר לֵיהּ: תּוֹרָךְ בִּרְשׁוּתִי מַאי בָּעֵי?

§ The mishna teaches: One is liable for damage caused in any place **except for a domain designated** exclusively **for** the use of **the one responsible for the damage.**[H] The Gemara explains the reason for this: This is **because** the one liable for the damage **can say to** the injured party: **What did your ox want in my domain?** One does not have to guard his ox from causing damage within his own property, since another person's animal has no right to be there.

״וּרְשׁוּת הַנִּיזָּק וְהַמַּזִּיק״.

The mishna continues: **And** one is liable for damage caused in **a domain** designated for the joint use **of the injured** party **and the one liable for the damage.**

אָמַר רַב חִסְדָּא אָמַר אֲבִימִי: חֲצַר הַשּׁוּתָּפִין – חַיָּיב בָּהּ עַל הַשֵּׁן וְעַל הָרֶגֶל, וְהָכִי קָאָמַר: חוּץ מֵרְשׁוּת הַמְיוּחֶדֶת לַמַּזִּיק – דְּפָטוּר, וּרְשׁוּת הַנִּיזָּק וְהַמַּזִּיק – כְּשֶׁהִזִּיק חָב הַמַּזִּיק;

The Gemara cites a dispute concerning this case that results in two different ways of interpreting the mishna: **Rav Ḥisda says** that **Avimi says:** With regard to **a courtyard** designated for **the** joint use of two **partners,** either one of them is **liable** for damage caused by the ox of one partner to the property of the other partner while **in it,** both **for the** category of **Eating and for the** category of **Trampling. And** accordingly, **this is** what the mishna **is saying:** One is liable for damage caused in any place **except for a domain designated** exclusively **for** the use of **the one responsible for the damage, as** he is **exempt** there; **but** in **a domain** designated for the joint use **of the injured** party **and the one responsible for the damage, when he causes damage, the one who is responsible for the damage is obligated** to pay damages. The statement in the mishna concerning a domain designated for joint use is the beginning of the following clause and introduces a case in which one is liable for damage.

וְרַבִּי אֶלְעָזָר אָמַר: פָּטוּר עַל הַשֵּׁן וְעַל הָרֶגֶל, וְהָכִי קָאָמַר: חוּץ מֵרְשׁוּת הַמְיוּחֶדֶת לַמַּזִּיק, וּרְשׁוּת הַנִּיזָּק וְהַמַּזִּיק נַמִּי פָּטוּר. ״וּכְשֶׁהִזִּיק חָב הַמַּזִּיק״ – לְאַתּוּיֵי קֶרֶן.

And Rabbi Elazar says: In a courtyard designated for joint use, one is **exempt for** one's ox causing damage to the property of his partner in **the** category of **Eating, and for** one's ox causing damage to the property of his partner in **the** category of **Trampling. And** accordingly, **this is** what the mishna **is saying:** One is liable for damage caused in any place **except for a domain designated** exclusively **for** the use of **the one responsible for the damage, and** one is **also exempt** for damage done in **a domain** designated for the joint use **of the injured** party **and the one liable for the damage.** The statement in the mishna about a domain designated for joint use is a continuation of the previous clause and adds an additional case in which one is exempt. **And** the following clause: **When one causes damage, the one liable for the damage is obligated** to pay damages, serves **to add** the fact that one is liable for damage in the framework of the category of **Goring,** which was not previously mentioned in the mishna.

HALAKHA

It gored and its owner subsequently declared it ownerless, etc. – **נָגַח וְאַחַר כָּךְ הִפְקִיר וכו׳**: If an ox causes damage, and then, prior to the trial, its owner consecrates it or declares it to be ownerless, he is exempt from all liability. This is the *halakha* unless he reclaims ownership of the ox before anyone else succeeds in doing so (Rambam *Sefer Nezikin, Hilkhot Nizkei Mamon* 8:4; *Shulḥan Arukh, Ḥoshen Mishpat* 406:3).

Except for a domain designated exclusively for the use of the one responsible for the damage – **חוּץ מֵרְשׁוּת הַמְיוּחֶדֶת לַמַּזִּיק**: If an ox is placed in another's property without permission of the owner of the property, and the ox is damaged there, no liability is incurred (Rambam *Sefer Nezikin, Hilkhot Nizkei Mamon* 1:7; *Shulḥan Arukh, Ḥoshen Mishpat* 389:10).

NOTES

The ox's status…is the same – **שָׁוִין כְּאֶחָד**: It would appear from a straightforward reading of the Gemara that it is necessary that the ox remain the property of the same owner throughout the process, from the death of the person who was gored, through the trial of the owner of the ox. This is how Rashi explains the Gemara. The Rashba claims that the requirement is only that the ox is owned throughout the process, but there is no need for the ox to remain the property of the same owner. See 33b concerning the *halakha* in a case in which an ox was sold after it gored.

הָנִיחָא לִשְׁמוּאֵל, אֶלָּא לְרַב דְּאָמַר: תְּנָא שׁוֹר וְכָל מִילֵּי דְּשׁוֹר, ״חָב הַמַּזִּיק״ לְאַתּוּיֵי מַאי?

This interpretation of the concluding clause of the mishna, as a reference to Goring, **works out well according to Shmuel,** in his dispute with Rav (3b) concerning the meaning of Ox and *Maveh* in the first mishna of this chapter. According to Shmuel they mean Trampling and Eating, respectively, and Goring has yet to be addressed. **But according to Rav, who says:** The term ox in the mishna includes damage caused by the ox **and all matters** involving damaging actions **that** are completed by **an ox,** including Goring, Eating, and Trampling, Goring is already addressed in the mishna. **What is added** by the clause: The **one liable for the damage is obligated** to pay damages?

לְאַתּוּיֵי הָא דְּתָנוּ רַבָּנַן: ״כְּשֶׁהִזִּיק חָב הַמַּזִּיק״ – לְהָבִיא שׁוֹמֵר חִנָּם וְהַשּׁוֹאֵל, נוֹשֵׂא שָׂכָר וְהַשּׂוֹכֵר, שֶׁהִזִּיקָה בְּהֵמָה בִּרְשׁוּתָן, תָּם – מְשַׁלֵּם חֲצִי נֶזֶק, וּמוּעָד – מְשַׁלֵּם נֶזֶק שָׁלֵם; נִפְרְצָה בַּלַּיְלָה אוֹ שֶׁפְּרָצוּהָ לִסְטִין, וְיָצְתָה וְהִזִּיקָה – פָּטוּר.

The Gemara answers: It serves **to add that which the Sages taught** in a *baraita* that elucidates the mishna's statement. The mishna states: **When** an animal or item one is responsible to safeguard **causes damage, the one liable for the damage** caused by insufficiently safeguarding it **is obligated** to pay payments of restitution for damage. This serves **to include** the cases of **an unpaid bailee,**[H] **a borrower, a paid bailee, and a renter,** in **which an animal,** e.g., an ox, **caused damage** while **in their possession.** If the ox was **innocuous,** he **pays half of the damages, and** if it was **forewarned,** he **pays** the **full damages.** If the ox was safely enclosed and a wall **broke open at night,**[H] **or** if **bandits** [*listin*][L] **broke it open and** the ox **went out and caused damage,** he is **exempt** from liability.

אָמַר מָר: כְּשֶׁהִזִּיק חָב הַמַּזִּיק – לְהָבִיא שׁוֹמֵר חִנָּם וְהַשּׁוֹאֵל, נוֹשֵׂא שָׂכָר וְהַשּׂוֹכֵר. הֵיכִי דָּמֵי?

The Gemara analyzes the *baraita*: **The Master said** that the mishna states: **When** an animal or item one is responsible to safeguard **causes damage, the one liable for the damage** caused by insufficiently safeguarding it **is obligated** to pay payments of restitution for damage. This serves **to include** the cases of **an unpaid bailee, a borrower, a paid bailee, and a renter.** The Gemara asks: **What are the circumstances?**

אִילֵימָא דְּאַזְּקֵיהּ תּוֹרָא דְּמַשְׁאִיל לְתוֹרָא דְּשׁוֹאֵל – לֵימָא לֵיהּ: אִילּוּ אַזֵּיק בְּעָלְמָא בָּעֵית לְשַׁלּוּמֵי אַתְּ, הַשְׁתָּא דְּאַזְּקֵיהּ לְתוֹרָא דִּידָךְ בָּעֵינָא לְשַׁלּוּמֵי?!

If we say that the lender's ox, which was under the watch of the borrower, **injured**[H] **the borrower's ox,** and the *baraita* is teaching that the lender is liable to pay the borrower, why is this so? **Let the** lender **say to** the borrower: **If** my **ox had injured** an ox **in the world** at large, i.e., someone else's ox, **you,** the borrower, **would be required to pay,**[N] as you were entrusted with safeguarding it. **Now that** my ox **has injured your ox, should I be required to pay?**

אֶלָּא דְּאַזְּקֵיהּ תּוֹרָא דְּשׁוֹאֵל לְתוֹרָא דְּמַשְׁאִיל – לֵימָא לֵיהּ: אִילּוּ אִיתַּזַּק מֵעָלְמָא בָּעֵית לְשַׁלּוּמֵי כּוּלֵּיהּ תּוֹרָא, הַשְׁתָּא דְּאַזְּקֵיהּ תּוֹרָא דִּידָךְ, פַּלְגָא נִיזְקָא הוּא דִּמְשַׁלְּמַת לִי?

Rather, the case must be **that the borrower's ox injured**[H] **the lender's ox,** and the *baraita* is teaching that the borrower is liable to pay. The Gemara asks: According to this interpretation, the *baraita* teaches that if the belligerent ox was innocuous, the borrower is liable to pay only half of the damages. But why? **Let the** lender **say to** the borrower:[N] By borrowing my ox, you undertook full responsibility for it such that **if** my ox **had been injured** by an ox **from the world** at large, **you would be required to pay** me **for the entire** value of my **ox,** irrespective of whether the belligerent ox was considered innocuous or forewarned. **Now that** it is **your ox that injured** my ox, **should** you have to **pay** only **half of the damages?** This interpretation of the *baraita* is also difficult.

לְעוֹלָם, דְּאַזְּקֵיהּ תּוֹרָא דְּמַשְׁאִיל לְתוֹרָא דְּשׁוֹאֵל, וְהָכָא בְּמַאי עָסְקִינַן – שֶׁקִּיבֵּל עָלָיו שְׁמִירַת גּוּפוֹ,

The Gemara explains: **Actually,** the case is **where the lender's ox injured the borrower's ox, and with what are we dealing here?** This is a case **where** the borrower **undertook** the responsibility of **safeguarding the body of** the lender's ox[H] from being injured,

HALAKHA

To include an unpaid bailee, etc. – לְהָבִיא שׁוֹמֵר חִנָּם וכו׳: If one entrusted an animal to an unpaid bailee, a paid bailee, a borrower, or a renter, they take on the responsibility of safeguarding the animal to prevent it from causing damage. Should the animal cause damage, they are liable to pay restitution to the injured party. The *Shulḥan Arukh* rules that as long as an unpaid bailee provided a reduced level of safeguarding, even if it was insufficient, for example, if he locked the ox behind a door that could be opened by a typical wind, then he is exempt from liability. By contrast, a paid bailee, a borrower, and a renter would be liable in such a case. If they safeguarded the animal in a superior fashion then they would all be exempt, and in such a case, if the animal caused damage through an act in the category of Goring, the owner of the ox would be liable for any damage caused, but not for damage that falls under one of the other categories (Rambam *Sefer Nezikin, Hilkhot Nizkei Mamon* 4:4; *Shulḥan Arukh, Ḥoshen Mishpat* 396:8).

It broke open at night, etc. – נִפְרְצָה בַּלַּיְלָה וכו׳: If one entrusted to look after an ox guarded it in an appropriate manner by placing it in an enclosure with a stable wall, and at night the wall broke open or the animal dug at its foundations and broke through the wall, he is exempt from any liability (Rambam *Sefer Nezikin, Hilkhot Nizkei Mamon* 4:1; *Shulḥan Arukh, Ḥoshen Mishpat* 396:2).

The lender's ox injured – דְּאַזְּקֵיהּ תּוֹרָא דְּמַשְׁאִיל: If one lent an animal to another without any special conditions and the animal injured an animal belonging to the borrower, the owner is exempt from liability irrespective of whether the ox was considered innocuous or forewarned (*Shulḥan Arukh, Ḥoshen Mishpat* 347:1).

The borrower's ox injured – דְּאַזְּקֵיהּ תּוֹרָא דְּשׁוֹאֵל: If one borrowed an animal without any special conditions, and the borrower's animal injured the animal that he borrowed, the borrower is liable for the full cost of the damage even if the belligerent animal was innocuous (*Shulḥan Arukh, Ḥoshen Mishpat* 347:1).

Where he undertook the responsibility of safeguarding the body of the ox – שֶׁקִּיבֵּל עָלָיו שְׁמִירַת גּוּפוֹ: If the borrower undertook the responsibility of safeguarding the lender's ox from being injured but not the responsibility to prevent it from causing harm, and the ox caused damage, the lender pays for half the value of the damage if the ox was considered innocuous and the full cost of the damage if it was forewarned (Rambam *Sefer Nezikin, Hilkhot Nizkei Mamon* 4:10; *Shulḥan Arukh, Ḥoshen Mishpat* 347:1).

LANGUAGE

Bandits [*listin*] – לִסְטִין: From the Greek ληστής, *lēstēs*, meaning robber or bandit. The Sages usually shorten the standard form of *listisim* to *listim*, which in turn is often rendered *listin* due to Aramaic influence.

NOTES

You would be required to pay – בָּעֵית לְשַׁלּוּמֵי אַתְּ: The borrower must pay because a bailee takes on the same level of responsibility held by the owner. Therefore, if he does not safeguard the animal appropriately he must absorb the loss and compensate the owners. Similarly, if the animal caused damage, if it was innocuous he must pay half of the damages and if it was forewarned he must pay the full damages.

Let the lender say to the borrower – לֵימָא לֵיהּ: Here the lender's claim is not based on the *halakhot* of damage but on the *halakhot* of custodianship. He claims that since the animal was damaged while under the watch of the bailee, he must compensate him for the full value of his animal, as he would be required to do so for anything else that occurred to it. The fact that the damage was caused by the bailee's own animal is irrelevant.

HALAKHA

If he did undertake the responsibility of safeguarding it from causing damage – **אִם קִבֵּל עָלָיו שְׁמִירַת נְזָקָיו**: With regard to the bailee of an ox who undertook the responsibility only to prevent the ox from causing damage, if it caused damage, he is liable to pay for the damage. If the ox was injured, he is exempt from having to compensate the owner. If no stipulation was made concerning the extent of his custodianship, it is presumed that he undertook both the responsibility to prevent the ox from being injured and to prevent it from causing damage (Rambam *Sefer Nezikin, Hilkhot Nizkei Mamon* 4:10; *Shulḥan Arukh, Ḥoshen Mishpat* 347:1, 396:5).

Any location that is the property of the injured party, etc. – **כָּל שֶׁהוּא רְשׁוּת לַנִּיזָּק וכו׳**: If one's animal that is forewarned causes damage, one is liable to pay the full cost of the damage from one's best quality property. If the animal was considered to be innocuous, one is liable to pay half of the cost of the damage from the proceeds of the sale of the body of the belligerent animal. This applies when the animal caused damage in the domain of the injured party (Rambam *Sefer Nezikin, Hilkhot Nizkei Mamon* 1:7; *Shulḥan Arukh, Ḥoshen Mishpat* 389:9–10).

Property of the one liable for the damage and is not the property of the injured party, etc. – **דְּמַזִּיק וְלֹא לַנִּיזָּק וכו׳**: If damage was caused by an ox within the domain of its owner no liability is incurred. The Rema writes that he is exempt only when the injured party or his property entered that domain without permission (Rambam *Sefer Nezikin, Hilkhot Nizkei Mamon* 1:7; *Shulḥan Arukh, Ḥoshen Mishpat* 389:10).

LANGUAGE

Inn [pundak] – **פּוּנְדָּק**: From the Greek πανδοκεῖον, *pandokeion*, meaning guest house or inn.

PERSONALITIES

Rabbi Shimon ben Elazar – **רַבִּי שִׁמְעוֹן בֶּן אֶלְעָזָר**: Rabbi Shimon ben Elazar was one of the Sages of the Mishna during the last generation of *tanna'im*. Very little is known about his life or family. Furthermore, as he belonged to the generation in which the Mishna was edited, not many of his statements appear in the Mishna itself, although they are found in *baraitot* and in the Gemara. Rabbi Shimon ben Elazar was a friend of Rabbi Yehuda HaNasi, and several disputes between them are cited. He received most of his Torah knowledge from his teacher, Rabbi Meir, to whom he was devoted, and in whose name he cites many rulings.

וְלֹא קִבֵּל עָלָיו שְׁמִירַת נְזָקָיו.

but he did not undertake the responsibility of **safeguarding** the lender's ox to prevent it **from causing damage.** Accordingly, the lender remains responsible for his ox, and if it caused damage to the borrower's ox the lender is liable, as in any other case in which his ox caused damage.

אִי הָכִי, אֵימָא סֵיפָא: נִפְרְצָה בַּלַּיְלָה אוֹ שֶׁפְּרָצוּהָ לִסְטִים, וְיָצְתָה וְהִזִּיקָה – פָּטוּר; הָא בַּיּוֹם – חַיָּיב? הָא לֹא קִבֵּל עָלָיו שְׁמִירַת נְזָקָיו!

The Gemara asks: **If that is so, say,** and try to explain accordingly, **the latter clause** of the *baraita*: If the ox was safely enclosed and a wall **broke open at night, or** if **bandits broke it open and** the ox **went out and caused damage,** the bailee is **exempt** from liability. The Gemara infers: If it broke open **during the day** and then caused damage, he is **liable.** The Gemara asks: According to the interpretation offered in explanation of the previous clause, the *baraita* concerns a case in which one borrowed an ox but did not undertake the responsibility to prevent it from causing damage. If so, how can the latter clause imply that there are cases in which he is liable? If **he did not undertake** the responsibility of **safeguarding** the lender's ox to prevent it **from causing damage,** he should never be liable for the damage that it caused.

הָכִי קָאָמַר: אִם קִבֵּל עָלָיו שְׁמִירַת נְזָקָיו – חַיָּיב. נִפְרְצָה בַּלַּיְלָה אוֹ שֶׁפְּרָצוּהָ לִסְטִים, וְיָצְתָה וְהִזִּיקָה – פָּטוּר.

The Gemara answers that the latter clause of the *baraita* concerns a different case than that of the previous clause. **This** is what the latter clause of the *baraita* **is saying: If,** by contrast, the borrower **did undertake** the responsibility of **safeguarding** the lender's ox to prevent it **from causing damage,**[H] if it causes damage, the borrower is **liable.** But if the ox was safely enclosed and the wall enclosing it **broke open at night, or** if **bandits broke it open and** the ox **went out and caused damage,** he is **exempt.**

אִינִי? וְהָא תָּנֵי רַב יוֹסֵף: חֲצַר הַשּׁוּתָּפִים, וְהַפּוּנְדָּק – חַיָּיב בָּהֶן עַל הַשֵּׁן וְעַל הָרֶגֶל, תְּיוּבְתָּא דְּרַבִּי אֶלְעָזָר!

The Gemara returns to its prior discussion of the mishna's statement concerning property designated for the joint use of the injured party and the one liable for the damage. The Gemara cited Rabbi Elazar's opinion that each partner is exempt from liability for any damage that falls within the categories of Trampling or Eating that their ox caused to the other partner's property. The Gemara challenges his opinion: **Is that so? But didn't Rav Yosef teach** in a *baraita*: **In a courtyard** designated for the joint use **of partners, or** in **an inn [*pundak*],**[L] one is **liable for Eating and for Trampling** caused by an ox of one partner to the property of the other. It would appear that this *baraita* is **a conclusive refutation of** the opinion of **Rabbi Elazar.**

אָמַר לָךְ רַבִּי אֶלְעָזָר: וְתִסְבְּרָא, מַתְנְיָתָא מִי לָא פְּלִיגִי? וְהָתַנְיָא, אַרְבָּעָה כְּלָלוֹת הָיָה רַבִּי שִׁמְעוֹן בֶּן אֶלְעָזָר אוֹמֵר בִּנְזָקִין. כָּל שֶׁהוּא רְשׁוּת לַנִּיזָּק וְלֹא לַמַּזִּיק – חַיָּיב בַּכֹּל; דְּמַזִּיק וְלֹא לַנִּיזָּק – פָּטוּר מִכֹּל;

The Gemara answers: **Rabbi Elazar** could have **said to you: But** how can **you understand** that this *baraita* provides a refutation of my opinion? **Are there not *baraitot* that disagree** with regard to this issue? **And it is taught** in accordance with my opinion in a *baraita* in the *Tosefta* (1:9): **Rabbi Shimon ben Elazar**[P] **would state four principles with regard to** the liability incurred based on where the **damage** occurs. With regard to **any** location **that is** the **property of the injured** party[H] **and** is **not** the property **of the one liable for the damage,** the owner of an animal that causes damage is **liable for all** the damage caused there. If a place is the property **of the one liable for the damage and** is **not** the property **of the injured** party,[H] the owner of an animal that causes damage is **exempt for all** the damage caused there.

לָזֶה וְלָזֶה, כְּגוֹן חֲצַר הַשּׁוּתָּפִים וְהַבִּקְעָה – פָּטוּר בָּהּ עַל הַשֵּׁן וְעַל הָרֶגֶל. עַל הַנְּגִיחָה וְעַל הַנְּגִיפָה וְעַל הַנְּשִׁיכָה וְעַל הָרְבִיצָה וְעַל הַבְּעִיטָה, תָּם – מְשַׁלֵּם חֲצִי נֶזֶק, מוּעָד – מְשַׁלֵּם נֶזֶק שָׁלֵם;

If a place is the property **of** both **this** one **and that** one, **e.g., a courtyard** designated for the joint use **of partners or** a field in **the valley** used by the public, the owner of an animal that causes damage is **exempt for Eating and for Trampling** performed by his animal **in** that place. But **for goring, and for pushing, and for biting, and for crouching** upon items in order to damage them, **and for kicking,** which are all subcategories of the primary category of Goring, if the ox is **innocuous,** the owner **pays half** the value of **the damage,** and if it is **forewarned, he pays** the **full** cost of the **damage.**

לֹא לָזֶה וְלֹא לָזֶה, כְּגוֹן חָצֵר שֶׁאֵינוֹ שֶׁל שְׁנֵיהֶם – חַיָּיב בּוֹ עַל הַשֵּׁן וְעַל הָרֶגֶל. עַל הַנְּגִיחָה וְעַל הַנְּשִׁיכָה וְעַל הַנְּגִיפָה וְעַל הָרְבִיצָה וְעַל הַבְּעִיטָה, תָּם – מְשַׁלֵּם חֲצִי נֶזֶק, מוּעָד – מְשַׁלֵּם נֶזֶק שָׁלֵם.

If a place where the damage occurs is the property **of neither this** one **nor that** one, **e.g., a courtyard that is not** owned by either of **the two of them,**[N] the owner of an animal that causes damage is **liable for Eating and for Trampling** performed by his animal **in** that place. But **for goring, and for pushing, and for biting, and for crouching** upon items in order to damage them, **and for kicking,** which are all subcategories of the primary category of Goring, if the ox is **innocuous,** the owner **pays half** the value of **the damage, and** if it is **forewarned, he pays** the **full** cost of the **damage.**

קָתָנֵי מִיהַת: חָצֵר הַשּׁוּתָּפִין וְהַבִּקְעָה – פָּטוּר בָּהּ עַל הַשֵּׁן וְעַל הָרֶגֶל.

The Gemara notes that **in any event** the *baraita* **teaches** that in a **courtyard** designated for the joint use **of partners or** a field in **the valley** that is jointly owned, the owner of an animal that causes damage is **exempt for Eating and for Trampling** performed by his animal **in that place.** This *baraita* supports Rabbi Elazar's opinion.

קַשְׁיָא אַהֲדָדֵי!

The Gemara comments: These *baraitot* **are difficult,** as they seem to contradict **one another.**

כִּי תַּנְיָא הַהִיא – בְּחָצֵר מְיוּחֶדֶת לָזֶה וְלָזֶה בֵּין לְפֵירוֹת בֵּין לְשְׁוָורִים, הַהִיא דְּרַב יוֹסֵף – בְּחָצֵר מְיוּחֶדֶת לְפֵירוֹת וְאֵינָהּ מְיוּחֶדֶת לְשְׁוָורִים, דִּלְגַבֵּי שֵׁן הָוְיָא לָהּ חֲצַר הַנִּיזָּק.

The Gemara explains: **When that** *baraita* **is taught,**[H] it is **with regard to** a jointly owned **courtyard,** which under the terms of their partnership is **designated for** the use of both **this** one **and that** one, i.e., as partners, **for** bringing **both produce and oxen** there. Since both partners have a right to keep their oxen there, they are not liable for any damage their oxen cause in the jointly owned space. **That** *baraita* **of Rav Yosef** is taught **with regard to** a jointly owned **courtyard,** which under the terms of their partnership is **designated for** the purpose of bringing their **produce** there, **but it is not designated for** bringing **oxen** there. Accordingly, **with regard to** damage of the category of **Eating** caused by one partner's ox to the other's produce, **it is** equivalent to **a courtyard** owned exclusively by **the injured** party, and therefore he is liable.

דַּיְקָא נַמִי, דְּקָתָנֵי הָכָא דּוּמְיָא דְּפוּנְדָּק, וְקָתָנֵי הָתָם דּוּמְיָא דְּבִקְעָה, שְׁמַע מִינָּהּ.

The Gemara notes: In accordance with this explanation, the language of each of these *baraitot* is **also precise, as it teaches here,** in the *baraita* of Rav Yosef, the case of a courtyard that is **similar to an inn,** where oxen are usually not allowed to be brought, **and it teaches there,** in the second *baraita,* the case of a courtyard that is **similar to** a field in the **valley,** where oxen are usually allowed to enter. **Conclude from it** that the Gemara's distinction between the two *baraitot* is correct.

מַתְקִיף לָהּ רַבִּי זֵירָא: כֵּיוָן דִּמְיוּחֶדֶת לְפֵירוֹת, הָא בָּעֵינַן "וּבִעֵר בִּשְׂדֵה אַחֵר" וְלֵיכָּא!

Rabbi Zeira objects to this interpretation of Rav Yosef's *baraita*: **Since** the courtyard is **designated for** both of them to keep their **produce** there, they should not be liable for damage caused by their oxen there, as in order for one to be liable **don't we need** a case that fits the depiction of the verse: **"And it consumed in a field of another"** (Exodus 22:4),[N] **and** since they both have the right to use the courtyard it **does not** fulfill this condition.

אֲמַר לֵיהּ אַבָּיֵי: כֵּיוָן דְּאֵינָהּ מְיוּחֶדֶת לְשְׁוָורִים – "שְׂדֵה אַחֵר" קָרֵינָא בֵּיהּ.

Abaye said to him: Since it is not designated for them to keep **oxen** there, that is sufficient **for it to be termed "a field of another."**

NOTES

A courtyard that is not owned by either of the two of them – **חָצֵר שֶׁאֵינוֹ שֶׁל שְׁנֵיהֶם**: As taught above (3a), one is liable for damage of the category of Eating and Trampling in a locale that belongs to others, but one is not liable for damage caused in the public domain. This *baraita* teaches that the exemption for Eating and Trampling is not confined to the public domain, but rather is referring to any domain where the ox has a right to be, such as the property of its owner. Moreover, the *baraita* teaches that with regard to damage of the category of Goring, no distinction is made between the private and public domain, in accordance with the view of Rabbi Tarfon.

Don't we need "And it consumed in a field of another" – **הָא בָּעֵינַן וּבִעֵר בִּשְׂדֵה אַחֵר**: Rabbi Zeira holds that a field is defined as "a field of another" only when it is the exclusive property of another person and the one liable for the damage had no right to make use of it. Therefore, since in the current case the domain was jointly owned, the ox's owner is not liable for the damage his ox caused despite the fact that it did not have permission to be there.

HALAKHA

When that *baraita* is taught, etc. – **כִּי תַּנְיָא הַהִיא וכו׳**: With regard to damage caused by an ox in a domain that was designated for the joint use of the owner of the animal and the injured party, if the designation of the domain was for them to keep both produce and oxen there, then for damage of the category of Eating or Trampling the owner of the ox is exempt, but for damage of the category of Goring, he is liable. If the designation of the domain was for both of them to keep only their produce there but not to keep their oxen there, if one of them did keep his ox there and it caused damage, he is liable for damage of any category, even Eating and Trampling. This is in accordance with the Gemara's resolution of the *baraitot*, which is supported by Abaye (Rambam *Sefer Nezikin, Hilkhot Nizkei Mamon* 1:8, 9; *Shulḥan Arukh, Ḥoshen Mishpat* 389:11–12).

אֲמַר לֵיהּ רַב אַחָא מִדִּיפְתִּי לְרָבִינָא: לֵימָא, מִדְּמַתְנְיָיתָא לָא פְּלִיגִי, אֲמוֹרָאֵי נַמִי לָא פְּלִיגִי?

Given the distinction between the cases discussed in the *baraitot*, the Gemara reconsiders the dispute between Rav Ḥisda and Rabbi Elazar concerning the mishna's statement about property whose use is designated for both the injured party and the one liable for the damage. **Rav Aḥa of Difti said to Ravina: Let us say** that **from** the fact **that the *baraitot* do not disagree,** as they are referring to different cases, so too, the ***amora'im*,** i.e., Rav Ḥisda and Rabbi Elazar, **also do not disagree,** as they are similarly referring to these different cases.

אֲמַר לֵיהּ: אִין, וְאִם תִּמְצָא לוֹמַר פְּלִיגִי – בְּקוּשְׁיָא דְּרַבִּי זֵירָא וּבְפֵירוּקָא דְּאַבַּיֵּי פְּלִיגִי.

Ravina **said to him: Yes,** that is correct. **And** even **if you say** that **they disagree,** their dispute does not concern every case of a jointly owned courtyard, as the Gemara had assumed; rather, their dispute concerns specifically a courtyard designated for the use of their produce, but not the use of their oxen. And **they disagree whether** to accept **the difficulty** raised **by Rabbi Zeira,** that such a courtyard cannot be considered "a field of another," **or** whether **to** accept **the resolution of Abaye,** that it can be considered "a field of another."

גּוּפָא, אַרְבָּעָה כְּלָלוֹת הָיָה רַבִּי שִׁמְעוֹן בֶּן אֶלְעָזָר אוֹמֵר בִּנְזָקִין: כׇּל שֶׁהוּא רְשׁוּת לַנִּיזָּק וְלֹא לַמַּזִּיק – חַיָּיב בַּכֹּל.

§ The Gemara returns to **the** matter **itself** and analyzes the *baraita* in the *Tosefta* cited above. It states: **Rabbi Shimon ben Elazar would state four principles with regard to** the liability incurred based on where the **damage** was caused. With regard to **any** location **that is** the **property of the injured** party **and** is **not** the property **of the one liable for the damage,** the owner of an animal that causes damage is **liable for all** the damage caused there.

"עַל הַכֹּל" לֹא קָתָנֵי, אֶלָּא: "חַיָּיב בַּכֹּל", בְּכוּלֵּי נֶזֶק,

The Gemara infers: The *baraita* **does not teach:** One is liable **for any** [***al hakkol***] damage caused there, which would suggest that one is liable for all types of damage. **Rather,** it teaches: **One is liable for all** [***bakkol***] the damage caused, which can be translated as: **For the full** cost of the **damage.** This indicates that even were one's ox considered to be innocuous and caused damage of the category of Goring, which would generally incur liability for half the value of the damage, in this case the owner is liable for the full cost of the damage.

מַנִּי? רַבִּי טַרְפוֹן הִיא, דְּאָמַר: מְשׁוּנָּה קֶרֶן בַּחֲצַר הַנִּיזָּק – נֶזֶק שָׁלֵם מְשַׁלֵּם.

Whose opinion is this? **It is** in accordance with the opinion of **Rabbi Tarfon, who says:** The *halakha* of cases of **Goring** performed by an innocuous animal, which is **atypical,** done **in the courtyard of the injured** party, is that the owner of the ox **pays** the **full** cost of the **damage** even if the ox is innocuous.

אֵימָא סֵיפָא: לֹא לָזֶה וְלֹא לָזֶה, כְּגוֹן חָצֵר שֶׁאֵינוֹ שֶׁל שְׁנֵיהֶם – חַיָּיב בָּהּ עַל הַשֵּׁן וְעַל הָרֶגֶל;

If this is so, **say,** and try to explain accordingly, **the latter clause** of the *baraita*: If a place where the damage occurs is the property **of neither this** one **nor that** one, **e.g., a courtyard that is not** owned by either **of the two of them,** the owner of an animal that causes damage is **liable for Eating and for Trampling** performed by his animal **in** that place.

מַאי "לֹא לָזֶה וְלֹא לָזֶה"? אִילֵימָא לֹא לָזֶה וְלֹא לָזֶה כְּלָל אֶלָּא דְּאַחֵר – וְהָא בָּעֵינָא "וּבִעֵר בִּשְׂדֵה אַחֵר" וְלֵיכָּא!

The Gemara asks: **What** does the *baraita* mean by saying the property is **of neither this** one **nor that** one? **If we say** the intention of the *baraita* is that the property is **of neither this** one **nor that** one **at all,**[H] but **rather** it belongs **to another** person,[N] why should either partner be liable? **But don't I need** a case that fits the depiction of the verse: **"And it consumed in a field of another"** (Exodus 22:4), which is understood to mean that the consumed produce belongs to the owner of the field in which the act of consumption occurred; **and** since the injured party does not have any rights to this place it **does not** fulfill this condition?

אֶלָּא פְּשִׁיטָא לֹא לָזֶה וְלֹא לָזֶה אֶלָּא דְּחַד, וְקָתָנֵי סֵיפָא: תָּם – מְשַׁלֵּם חֲצִי נֶזֶק, וּמוּעָד – מְשַׁלֵּם נֶזֶק שָׁלֵם,

Rather, it is obvious that the intention of the *baraita* is that the property is **of neither this** one **nor that** one together; **rather,** it belongs **to** only **one** of them, i.e., the injured party, **and the latter clause teaches:** If the ox is **innocuous,** the owner **pays half** the value of **the damage, and** if it is **forewarned, he pays the full** cost of the **damage.**

HALAKHA

Of neither this one nor that one at all – לֹא לָזֶה וְלֹא לָזֶה כְּלָל: If Reuven places his produce in Shimon's courtyard without permission, and Levi's ox enters the courtyard and eats the produce, Levi is exempt from having to pay damages. The Rema writes that had Reuven placed his produce there with permission and Levi's ox entered without permission, the case would be equivalent to the standard case of causing damage on the property of the injured party and Levi would therefore be liable for any damage caused (Rambam *Sefer Nezikin*, *Hilkhot Nizkei Mamon* 1:8; *Shulḥan Arukh*, *Ḥoshen Mishpat* 389:11, 16).

NOTES

Rather it belongs to another person, etc. – אֶלָּא דְּאַחֵר וכו׳: According to this opinion, liability for damage of the category of Eating is incurred only when both the produce and the domain the produce was in are owned by the same person. The Rosh and others go further and claim that even if the domain had been rented to another person and the ox ate from produce belonging to the owner of the property, the owner of the ox would be exempt from liability. The reasoning behind their claim is that from the Gemara's discussion concerning a jointly owned courtyard, it is apparent that with regard to the *halakhot* of damages, the ownership status of a domain is defined by who has the right to use it and not who holds the title to it.

אֲתָאן לְרַבָּנַן, דְּאָמְרִי: מְשׁוּנָּה קֶרֶן בַּחֲצַר הַנִּיזָּק – חֲצִי נֶזֶק הוּא דִּמְשַׁלֵּם;

If so, in the latter clause **we arrive at** the opinion of **the Rabbis, who say:** The *halakha* of cases of **Goring** performed by an innocuous animal, which is **atypical,** occurring **in the courtyard of the injured** party,[H] is that the owner of the ox **pays half** the value of **the damage.**

רֵישָׁא רַבִּי טַרְפוֹן וְסֵיפָא רַבָּנַן?

The Gemara asks: Could it be that **the first clause** of the *baraita* is in accordance with the opinion of **Rabbi Tarfon and the last clause is** in accordance with the opinion of **the Rabbis?**

אִין, דְּהָא אָמַר לֵיהּ שְׁמוּאֵל לְרַב יְהוּדָה: שִׁינָּנָא, שְׁבוֹק מַתְנִיתִין וְתָא אַבַּתְרַאי, רֵישָׁא רַבִּי טַרְפוֹן וְסֵיפָא רַבָּנַן.

The Gemara answers: **Yes,** that is **as Shmuel said to Rav Yehuda** with regard to another mishna (15b): ***Shinnana,***[L] **leave the mishna and follow after me** and my interpretation that **the first clause** of the mishna is in accordance with the opinion of **Rabbi Tarfon and the last clause is** in accordance with the opinion of **the Rabbis.** In this *baraita* as well, the different clauses are taught in accordance with different Sages' opinions.

רָבִינָא מִשְּׁמֵיהּ דְּרָבָא אָמַר: כּוּלָּהּ רַבִּי טַרְפוֹן הִיא, וּמַאי "לֹא לָזֶה וְלֹא לָזֶה"? לֹא לָזֶה וְלֹא לָזֶה לְפֵירוֹת אֶלָּא לְאֶחָד, לָזֶה וְלָזֶה לְשְׁוָורִים;

The Gemara presents a different interpretation of the *baraita*: **Ravina said in the name of Rava: The entire** *baraita* **is** in accordance with the opinion of **Rabbi Tarfon, and what** does it mean by saying that the property is **of neither this one nor that** one? The property does **not** belong both **to this one and that** one; **rather,** it is designated **for** the use of only **one** of them, **for** him to keep his **produce**[H] there. Only the injured party has the right to keep his produce there. But it is designated both **for this** one **and for that** one, **for** them to keep their **oxen**[N] there, as both have this right.

דִּלְגַבֵּי שֵׁן הָוְיָא לָהּ חֲצַר הַנִּיזָּק, לְגַבֵּי קֶרֶן הָוְיָא לָהּ רְשׁוּת הָרַבִּים.

Accordingly, **with regard to** damage of the category of **Eating,** the property **is** considered to be the **courtyard of the injured** party; therefore, the one responsible for the damage is liable to pay for the damage. By contrast, **with regard to** damage of the category of **Goring,** since they both have the right to keep their oxen there, the property **is** considered to be like **a public domain,** and therefore even Rabbi Tarfon agrees that if one's innocuous ox causes damage there one is liable for only half the value of the damage.

אִי הָכִי, אַרְבָּעָה? שְׁלֹשָׁה הָווּ!

The Gemara asks: **If that is so,** does the *baraita* list **four** principles? **There are** only **three.** In other words, according to the way Ravina explains the latter clause, i.e., the fourth principle, it does not teach anything that is not already known from the first three principles, as the fact that one is liable for Eating and Trampling in property designated for the use of the injured party is explicitly stated in the first principle, and the fact that one is liable for only half the cost of the damage in a case of Goring in a jointly owned courtyard is expressed in the third principle.

אָמַר רַב נַחְמָן בַּר יִצְחָק:

Rav Naḥman bar Yitzḥak said:

Perek **I**
Daf **14** Amud **b**

שְׁלֹשָׁה כְּלָלוֹת בְּאַרְבַּע מְקוֹמוֹת.

There are only **three** distinct **principles,** but they are listed as four cases because they apply **in four** different **places.**

מתני׳ שׁוּם כֶּסֶף. שָׁוֶה כֶּסֶף. בִּפְנֵי בֵית דִּין. וְעַל פִּי עֵדִים בְּנֵי חוֹרִין בְּנֵי בְרִית. וְהַנָּשִׁים בִּכְלַל הַנֶּזֶק. וְהַנִּיזָּק וְהַמַּזִּיק בְּתַשְׁלוּמִין.

MISHNA The determination of payment of damages is made by **monetary appraisal.** One pays with items **worth money.** This *halakha* applies **before a court. And** it is **based upon** the testimony of **witnesses** who are **free men,** i.e., men who are not Canaanite slaves, and who are **members of the covenant,** i.e., Jews. **And women are included in the** *halakhot* **of damages** in the same way as men. **And** both **the injured** party **and the one liable for the damage** are involved **in the payment.** The Gemara will explicate each of these principles.

HALAKHA

Goring…in the courtyard of the injured party – קֶרֶן בַּחֲצַר הַנִּיזָּק: Liability for half the cost of the damage is incurred when one's innocuous ox causes damage of the category of Goring both when in a public thoroughfare and when in the domain of the injured party. This is in accordance with the opinion of the Rabbis (Rambam *Sefer Nezikin, Hilkhot Nizkei Mamon* 1:7; *Shulḥan Arukh, Ḥoshen Mishpat* 389:19).

Does not belong both to this one and that one…for produce, etc. – לֹא לָזֶה וְלֹא לָזֶה לְפֵירוֹת וכו׳: With regard to a jointly owned courtyard where it was designated that both partners could keep their oxen there and one partner had the exclusive right to keep his produce there, if his produce was damaged by the other's ox, the owner of the ox is liable for damage of the category of Eating and Trampling. This is in accordance with the opinion of Ravina (Rambam *Sefer Nezikin, Hilkhot Nizkei Mamon* 1:9; *Shulḥan Arukh, Ḥoshen Mishpat* 389:13).

LANGUAGE

***Shinnana* – שִׁינָּנָא:** This nickname for Rav Yehuda, mentioned in several places in the Gemara, is understood by many commentaries to be referring to his sharp, brilliant intellect. The *ge'onim*, however, claim that this was a physical description used for someone with large teeth, and they note that the expression was still used in that way in their days.

NOTES

For this one and for that one, for their oxen – לָזֶה וְלָזֶה לְשְׁוָורִים: Rabbeinu Tam (*Sefer HaYashar*, cited in *Tosafot*) raises a difficulty with this version of the text. If the domain was designated for both individuals for their oxen then it is obvious that the oxen will eat the produce; and furthermore, since the ox entered that domain with permission it cannot be considered "a field of another." For this reason, Rabbeinu Tam alters the text to read: It is designated to neither of them for use for oxen, according to which the ox's entry was without permission, and so the domain can be considered "a field of another" (see Rashba).

גמ׳ מַאי ״שׁוּם כֶּסֶף״?

GEMARA What is the meaning of: **The determination of payment of damages is made by monetary appraisal?**

אָמַר רַב יְהוּדָה: שׁוּם זֶה לֹא יְהֵא אֶלָּא בְּכֶסֶף.

Rav Yehuda says: This appraisal of the damage caused **should be** made **only in terms of** the **monetary** value of the damage.

תְּנֵינָא לְהָא דְּתָנוּ רַבָּנַן: פָּרָה שֶׁהִזִּיקָה טַלִּית, וְטַלִּית שֶׁהִזִּיקָה פָּרָה, אֵין אוֹמְרִים תֵּצֵא פָּרָה בְּטַלִּית וְטַלִּית בְּפָרָה, אֶלָּא שָׁמִין אוֹתָהּ בְּדָמִים.

The Gemara notes: **We learn,** in this mishna, **this** *halakha* **that the Sages taught** explicitly: In a case in which **a cow damaged a cloak,**[H] and the **cloak injured** the **cow,** e.g., the cow tread on it, thereby damaging it, and it became entangled in the cow's legs, causing the cow to trip, **one does not say** that it may be presumed that the damage to the **cow is offset by** the damage to the **cloak and** the damage to the **cloak is offset by** the damage to the **cow,** and therefore the owners of both are exempt from any payment. **Rather,** the court **appraises** separately the damage caused to each side **in terms of** its **monetary** value and only then calculates to what extent the liabilities offset each other.

״שָׁוֵה כֶּסֶף״.

§ The mishna continues: With items **worth money;** to what does this refer?

דְּתָנוּ רַבָּנַן: שָׁוֵה כֶּסֶף – מְלַמֵּד שֶׁאֵין בֵּית דִּין נִזְקָקִין אֶלָּא לִנְכָסִים שֶׁיֵּשׁ לָהֶן אַחֲרָיוּת, אֲבָל אִם קָדַם נִיזָּק וְתָפַס מִטַּלְטְלִין – בֵּית דִּין גּוֹבִין לוֹ מֵהֶן.

This is **as the Sages taught** in a *baraita*: Payment is made with items **worth money.** This **teaches that** the **court attends to** the collection of damages **only** in order to collect from **property that serves as a guarantee,** i.e., land. **But if the injured** party **proceeded,** of his own accord, **to seize movable property** from the one liable for the damage, the **court collects** damages **for him from those** items he seized. According to the *baraita*, the phrase: Items worth money, is referring to land.

אָמַר מָר: שָׁוֵה כֶּסֶף – מְלַמֵּד שֶׁאֵין בֵּית דִּין נִזְקָקִין אֶלָּא לִנְכָסִים שֶׁיֵּשׁ לָהֶן אַחֲרָיוּת. מַאי מַשְׁמַע?

The Gemara analyzes this: **The Master said** in the *baraita*: Payment is made with items **worth money.** This **teaches that** the **court attends to** the collection of damages **only** in order to collect from **property that serves as a guarantee,** i.e., land. The phrase: Items worth money, therefore, is used as a term for land. The Gemara asks: **From where** is this **inferred?**

אָמַר רַבָּה בַּר עוּלָּא: דָּבָר הַשָּׁוֶה כׇּל כֶּסֶף. מַאי נִיהוּ? דָּבָר שֶׁאֵין לוֹ אוֹנָאָה. עֲבָדִים וּשְׁטָרוֹת נַמִּי אֵין לָהֶן אוֹנָאָה!

Rabba bar Ulla says that the phrase: Items worth money, is referring to **something that is worth any** amount **of money,**[N] and **what is that?** It is **something that is not subject to** price **fraud,** which is the *halakha* with regard to land. Unlike the sale of movable property, the sale of land is valid irrespective of the sum for which the land is sold. The Gemara challenges this explanation: **But slaves and documents are also not subject to** price **fraud,**[NH] and yet these are not included in the phrase: Items worth money, as the court does not collect payments of damages from them.

אֶלָּא אָמַר רַבָּה בַּר עוּלָּא: דָּבָר הַנִּקְנֶה בְּכֶסֶף. עֲבָדִים וּשְׁטָרוֹת נַמִּי נִקְנִין בְּכֶסֶף!

Rather, Rabba bar Ulla said: The phrase is referring to **something that is acquired with money,** which is the *halakha* with regard to land but not with regard to movable property (see *Kiddushin* 26a). The Gemara rejects this explanation: But **slaves and documents are also acquired with money.**[NH]

NOTES

Something that is worth any amount of money – **דָּבָר הַשָּׁוֶה כׇּל כֶּסֶף**: The early commentaries dispute to what extent land is excluded from the *halakhot* of price fraud. The Rif assumes that land is entirely excluded and a sale of land will never be voided on account of fraud. Rabbeinu Tam disagrees and argues that the *halakhot* of fraud also apply to land, but the limits are different than those with regard to the sale of movable property. Whereas with regard to movable property, if the price was inflated by more than one-sixth the market value of the item, the sale is automatically voided, with regard to land the sale is voided only if the price was inflated by more than one-half of its value.

According to the Rif, the Gemara's expression that land is: Something that is worth any amount of money, is easily understood, because no matter how much money is taken for the land, the sale is valid. This is how the Rashba explains the Gemara. According to Rabbeinu Tam, one must explain that the intention is only that the value of land is much less fixed than that of movable property, because the *halakhot* of fraud as they apply to land are less limiting. This is how *Tosafot* explain the Gemara.

Are also not subject to price fraud – **נַמִּי אֵין לָהֶן אוֹנָאָה**: The exclusion of land, slaves, and documents from the *halakhot* of price fraud is derived by the Gemara (*Bava Metzia* 56b) from verses in the Torah (see Leviticus 25:14). The Ramban, in his commentary on the Torah, explains that the exclusion applies only to the voiding of a sale in which the price paid differs greatly from the market value of what was sold. By contrast, the prohibition against defrauding someone by greatly inflating the price certainly applies also to land, slaves, and documents. The Maharshal concurs with his opinion, adding that, at the very least, defrauding someone in such a case is no less severe an act than verbally wronging another or misleading him, which are also prohibitions by Torah law.

Slaves and documents are also acquired with money – **עֲבָדִים וּשְׁטָרוֹת נַמִּי נִקְנִין בְּכֶסֶף**: Some early commentaries (*Tosafot*; Rashba) suggest that the words: And documents, should be removed from the Gemara's text because with regard to their acquisition, documents, e.g., bills of sale, are considered to be movable property, and therefore they are not acquired with money. Rashba opines that the original text read: Slaves and maidservants, both of whom are legally classified as land and are therefore acquired with money. He suggests that since the Hebrew word for maidservants, *shefaḥot*, and for documents, *shetarot*, appear similar when written in Hebrew, some scribe must have confused the former for the latter.

Rashi assumes that documents are treated differently from movable property in that they are acquired with money but concedes that he is unaware of the source of this *halakha*. The Meiri cites an opinion that the Gemara refers specifically to the title deed of land; when land is acquired with money the buyer automatically receives ownership of the title deed for the land.

HALAKHA

A cow damaged a cloak, etc. – **פָּרָה שֶׁהִזִּיקָה טַלִּית וכו׳**: In the case of a jointly owned courtyard to which both partners may keep livestock, and one of them also has the right to keep objects there, if the partner who had the right to keep objects brought his cloak to the courtyard, and if the cow of the other partner damaged the cloak and then became injured by the cloak, one does not say that it may be presumed that the damage to the cow is equal to the damage to the cloak and thereby both parties are exempt. Rather, the court appraises separately the damage caused to each side in terms of monetary value, and then whosever liability is greater pays the balance. This is in accordance with the *baraita* according to the interpretation of Rosh (*Shulḥan Arukh*, *Ḥoshen Mishpat* 389:17).

Slaves and documents are also not subject to price fraud – **עֲבָדִים וּשְׁטָרוֹת נַמִּי אֵין לָהֶן אוֹנָאָה**: The *halakhot* of price fraud do not apply to the sale of land, slaves, and documents. The Rema writes that there are some authorities who rule that if the price was inflated by more than half the market value of the item, the *halakhot* of price fraud are applied (Rambam *Sefer Kinyan*, *Hilkhot Mekhira* 13:8; *Shulḥan Arukh*, *Ḥoshen Mishpat* 227:29).

Slaves and documents are also acquired with money – **עֲבָדִים וּשְׁטָרוֹת נַמִּי נִקְנִין בְּכֶסֶף**: A gentile slave has the same legal classification as land; therefore, he is acquired through the same acts of acquisition that can be used to acquire land, be it through the buyer giving money to the seller, the seller giving the buyer a bill of sale, or the buyer performing an act of taking possession (Rambam *Sefer Kinyan*, *Hilkhot Mekhira* 2:1; *Shulḥan Arukh*, *Ḥoshen Mishpat* 198:1).

אֶלָּא אָמַר רַב אַשִׁי: "שָׁוֶה כֶּסֶף" – וְלֹא כֶּסֶף, וְהָנֵי כּוּלְּהוּ כְּכֶסֶף נִינְהוּ.

Rather, Rav Ashi said: The phrase is referring to something that is **worth money, but is not** actually **money, and all these** things, i.e., movable property, slaves, and documents, **are** considered like actual **money** because they have the defining characteristics of money in that they are valuable and portable.

רָמֵי לֵיהּ רַב יְהוּדָה בַּר חִינָּנָא לְרַב הוּנָא בְּרֵיהּ דְּרַב יְהוֹשֻׁעַ, תָּנָא: "שָׁוֶה כֶּסֶף" – מְלַמֵּד שֶׁאֵין בֵּית דִּין נִזְקָקִין אֶלָּא לִנְכָסִים שֶׁיֵּשׁ לָהֶן אַחֲרָיוּת. וְהָתַנְיָא: "יָשִׁיב" – לְרַבּוֹת שָׁוֶה כֶּסֶף, וַאֲפִילּוּ סוּבִּין!

Rav Yehuda bar Ḥinnana raises a contradiction to the opinion of **Rav Huna, son of Rav Yehoshua:** In the *baraita* cited earlier **it is taught:** The mishna's statement that payment is made with items **worth money teaches that** the **court attends to** the collection of damages **only** in order to collect from **property that serves as a guarantee,** i.e., land. **But it is taught** also in another *baraita*: The verse states the superfluous phrase: **"He shall recompense"** (Exodus 21:34), **to include** items **worth money, and even bran,** a relatively inferior commodity, is accepted as a valid form of payment. The first *baraita* teaches that only land is a valid form of payment, whereas the second *baraita* teaches that one may pay even with movable property.

הָכָא בְּמַאי עָסְקִינַן – בְּיַתְמֵי.

The Gemara answers: **With what are we dealing here** in the *baraita* that teaches that the court collects damages only from land? We are dealing **with** a case where damages are collected from **orphans**[H] whose father was liable to pay damages. The *baraita* teaches that the liability inherited by the orphans applies only to the land they inherited from their father as it is liened to their father's debts.

אִי בְּיַתְמֵי, אֵימָא סֵיפָא: אִם קָדַם נִיזָּק וְתָפַס מִטַּלְטְלִין – בֵּית דִּין גּוֹבִין לוֹ מֵהֶן; אִי בְּיַתְמֵי, אַמַּאי בֵּית דִּין גּוֹבִין לוֹ מֵהֶן?

The Gemara asks: **If** the *baraita* is referring to collection **from orphans, say,** and try to explain accordingly, **the latter clause** of the *baraita*: But **if the injured** party **proceeded,** of his own accord, **to seize movable property** from the one liable for the damage, the **court collects** damages **for him from those** items[N] he seized. The Gemara asks: **If,** as suggested, the *baraita* is referring to collection **from orphans, why does the court collect** damages **for him from those** items he seized, as the father's movable property is not liened to his debts?

כִּדְאָמַר רָבָא אָמַר רַב נַחְמָן: שֶׁתָּפַס מֵחַיִּים, הָכָא נַמִי שֶׁתָּפַס מֵחַיִּים.

The Gemara answers: The case is **like that which Rava says** that **Rav Naḥman says** with regard to a mishna (*Ketubot* 84a), which teaches that creditors who seize movable property as payment for a debt may keep those items: That is referring to a case in **which he seized** the property **while** the debtor was still **alive.**[H] **Here also,** the *baraita* is referring to a case in **which he seized** the property **while** the one liable for the damage was still **alive.**

"בִּפְנֵי בֵּית דִּין".

§ The mishna continues: **Before a court.** What does this phrase mean?

פְּרָט לְמוֹכֵר נְכָסָיו וְאַחַר כָּךְ הוֹלֵךְ לְבֵית דִּין.

This phrase should be understood as a qualification of the previous phrase in the mishna that teaches, as the Gemara explained, that a court collects damages only from land. The mishna then teaches that the court collects only from land that is still in the possession of the one liable for the damage when he appears in court. This **excludes** a case where the one liable for the damage **sells his** landed **property and afterward goes to court.** Since at the time of the hearing he no longer owns land, the court does not collect damages from it.

שְׁמַע מִינַּהּ: לָוָה וּמָכַר נְכָסָיו וְאַחַר כָּךְ בָּא לְבֵית דִּין, אֵין בֵּית דִּין גּוֹבִין לוֹ מֵהֶן?

The Gemara challenges this: Should we **conclude from** the mishna that if one **borrows** money **and** then **sells his** landed **property,**[N] **and afterward** he **goes to the court, the court does not collect** the loan **from those** landed properties that he sold? This is certainly incorrect, as the creditor has a lien on the debtor's property from the time that he borrows the money.

אֶלָּא, פְּרָט לְבֵית דִּין הֶדְיוֹטוֹת.

Rather, the phrase: Before a court, should be understood as an independent clause that **excludes a court of non-ordained judges** [*hedyotot*][HL] from judging all types of damages, as the payment for certain types of damage is considered to be a fine, and only expert judges who have been ordained are able to impose fines.

HALAKHA

With orphans – בְּיַתְמֵי: If one liable to pay damages dies, the court does not collect the damages from the movable property of his orphans; rather, the court collects only from the inferior-quality land that they inherited. This was the *halakha* in the time of the Gemara. The *ge'onim* later enacted that the court collects payment either from superior-quality land or from the movable property that the orphans inherited. If the orphans did not inherit either of these, the court collects from the inferior-quality land that they inherited (Rambam *Sefer Nezikin, Hilkhot Nizkei Mamon* 8:11–12; *Shulḥan Arukh, Ḥoshen Mishpat* 419:3).

Which he seized while the debtor was still alive – שֶׁתָּפַס מֵחַיִּים: If the injured party seized movable property from the one liable for the damage, and the one liable subsequently died, the court collects the damages from that property (Rambam *Sefer Nezikin, Hilkhot Nizkei Mamon* 8:11).

Excludes a court of non-ordained judges – פְּרָט לְבֵית דִּין הֶדְיוֹטוֹת: Fines are imposed payments that are not equal in value to the loss suffered by the injured party, with the exception of the payment for half the cost of the damage caused by pebbles inadvertently propelled by the foot of a walking animal. Whether they are imposed by the Torah or enacted by the Sages, fines may be imposed only by a court of ordained judges in Eretz Yisrael (Rambam *Sefer Shofetim, Hilkhot Sanhedrin* 5:8; *Shulḥan Arukh, Ḥoshen Mishpat* 1:1, 2–5).

NOTES

The court collects damages for him from those items – בֵּית דִּין גּוֹבִין לוֹ מֵהֶן: According to the Gemara's conclusion, this is referring to an injured party who had already seized the assets of the one liable for the damage before he died. He may keep those assets even though orphans are not obligated to pay damages from movable property. The term collects is appropriate here even though the injured party is already in possession of the assets, because technically the orphans still own them, as they inherited them, and therefore, despite being in the physical possession of the injured party, the assets are considered only collateral. It is only once a court rules to award ownership of the assets to the injured party that he is considered to have legally collected them. Alternatively, one could explain that the case involved one who seized more than the value of the damages he is entitled to receive, and therefore the court must decide which of the assets will be used to pay for the damage.

Conclude from the mishna that if one borrows and sells his property, etc. – שְׁמַע מִינַּהּ לָוָה וּמָכַר נְכָסָיו וכו׳: Rashi interprets this line as a rhetorical exclamation: Should we conclude from the mishna that a lender cannot collect a loan from the land the borrower sold? Certainly not; it is obvious that he can collect because a borrower's land is liened to the loan. Rabbeinu Tam explains that the Gemara is asking a genuine question and is referring to Torah law: Should we conclude from here that by Torah law a lien does not attach itself to the borrower's property, and therefore, by Torah law, the loan cannot be collected from the land if it has already been sold? If that would be the case, then even though the Sages enacted that there is a lien on the borrower's land, perhaps that enactment was limited to a loan, but not to other debts. A reason for this would be that with regard to a loan, the sages are concerned not to lock the door in the face of potential borrowers, as the Gemara explains. It is possible that this enactment applies only to a loan but does not extend to less common cases of damage, where that concern does not apply (see Ra'avad).

LANGUAGE

Non-ordained judges [*hedyotot*] – הֶדְיוֹטוֹת: From the Greek ἰδιώτης, *idiotēs*, which is referring to one who does not hold any office. The word often appears in the Talmud as a compound noun, such as *kohen hedyot*, meaning a common priest as opposed to the High Priest. The word *hedyot* also appears alone as a general term for a commoner, as opposed to a priest.

HALAKHA

One who admits he is liable to pay a fine, even if witnesses come afterward – מוֹדֶה בִּקְנָס וְאַחַר כָּךְ בָּאוּ עֵדִים: One who admits he is liable to pay a fine is thereby exempt from paying that fine, even if witnesses come afterward and testify that he is guilty. This applies only if he admitted his guilt before a court or before three judges. If he admitted his guilt in a different context, if witnesses in court later testify to his guilt, the court can impose the fine upon him (Rambam *Sefer Nezikin*, *Hilkhot Geneva* 3:8).

"עַל פִּי עֵדִים".

§ The mishna continues: Payment is made **based upon** the testimony of **witnesses.**

פְּרָט לְמוֹדֶה בִּקְנָס וְאַחַר כָּךְ בָּאוּ עֵדִים, שֶׁהוּא פָּטוּר.

The Gemara explains: This clause is stated to **exclude** from liability one who **admits** he is liable to pay **a fine,** even if **witnesses come afterward**[H] and testify that he is liable to pay it. The mishna teaches **that he is** nevertheless **exempt,** due to his admission.

הָנִיחָא לְמַאן דְּאָמַר: מוֹדֶה בִּקְנָס וְאַחַר כָּךְ בָּאוּ עֵדִים – פָּטוּר, אֶלָּא לְמַאן דְּאָמַר: מוֹדֶה בִּקְנָס וְאַחַר כָּךְ בָּאוּ עֵדִים – חַיָּיב, מַאי אִיכָּא לְמֵימַר?

The Gemara asks: **This works out well according to the one who says: One who admits** he is liable to pay **a fine** is **exempt,** even if **witnesses come afterward** and testify to his liability. **But according to the one who says:** With regard to **one who admits** he is liable to pay **a fine and** then **witnesses come afterward** and testify that he is guilty, he is **liable** to pay the fine, **what is there to say** in explanation of this clause of the mishna?

סֵיפָא אִצְטְרִיךְ לֵיהּ:

The Gemara answers: This clause does not serve to exclude some other case; rather, **it is needed** to preface **the latter clause** that teaches that the only people who are accepted as witnesses in cases of damages are both

Perek **I**
Daf **15** Amud **a**

HALAKHA

To exclude slaves and gentiles – לְמַעוּטֵי עֲבָדִים וְגוֹיִם: The testimony of slaves and gentiles is not accepted in matters of damages (Rambam *Sefer Nezikin*, *Hilkhot Nizkei Mamon* 8:13; *Shulḥan Arukh*, *Ḥoshen Mishpat* 34:19, 408).

BACKGROUND

A slave…has no lineage – עֶבֶד...אֵין לוֹ יַחַס: This is referring to a Canaanite slave's paternal pedigree. The son of a gentile is considered the legal offspring of his father and therefore he can inherit from his father. By contrast, a Canaanite slave is not halakhically related to his father. Accordingly, if a Jewish man fathered a son from a Canaanite maidservant, the child would be considered a Canaanite slave and would not be considered a son of the Jewish man. This is true to the extent that if that man had not fathered any other sons and then proceeded to father another son, this time with a Jewish woman, that son would be considered his firstborn and would gain the associated inheritance rights (Rambam *Sefer Nashim*, *Hilkhot Ishut* 15:6 and *Sefer Mishpatim*, *Hilkhot Naḥalot* 2:12; *Shulḥan Arukh*, *Even HaEzer* 1:7 and *Ḥoshen Mishpat* 277:9).

"בְּנֵי חוֹרִין וּבְנֵי בְרִית". בְּנֵי חוֹרִין – לְמַעוּטֵי עֲבָדִים, בְּנֵי בְרִית – לְמַעוּטֵי גּוֹיִם.

free men and members of the covenant. The mishna states: **Free men, to exclude** Canaanite **slaves**[N] from being valid witnesses, and it states: **Members of the covenant, to exclude gentiles.**[H]

וּצְרִיכָא; דְּאִי אַשְׁמְעִינַן עֶבֶד, מִשּׁוּם דְּאֵין לוֹ יַחַס, אֲבָל גּוֹי דְּיֵשׁ לוֹ יַחַס – אֵימָא לָא; וְאִי אַשְׁמְעִינַן גּוֹי, מִשּׁוּם דְּלָא שַׁיָּיךְ בְּמִצְוֹת, אֲבָל עֶבֶד דְּשַׁיָּיךְ בְּמִצְוֹת – אֵימָא לָא, צְרִיכָא.

The Gemara notes: **And** it is **necessary** to teach both exceptions, **as had** the Torah **taught us** only about **a slave,** I might have presumed that he is disqualified from serving as a witness **because he has no lineage,**[BN] i.e., the child of a Canaanite slave is not legally considered to be his child in any sense; **but** a free **gentile, who has lineage, I might say no,** he is qualified. **And** similarly, **had** the Torah **taught us** only about **a gentile,** I might have presumed that he is disqualified from serving as a witness **because he has no connection to the mitzvot** of the Torah; **but** with regard to a Canaanite **slave, who does have a connection to the mitzvot,** as he is obligated to keep the mitzvot that a woman is obligated to keep, **I might say no,** he is qualified. Therefore, it is **necessary** to teach both exceptions.

"וְהַנָּשִׁים בִּכְלַל הַנֵּזֶק". מְנָהָנֵי מִילֵּי?

§ The mishna continues: **And women are included in the** *halakhot* **of damages** in the same way as men. The Gemara asks: **From where is this matter** derived?

NOTES

To exclude slaves, etc. – לְמַעוּטֵי עֲבָדִים וכו׳: Even though Canaanite slaves and gentiles are excluded from being valid witnesses in all court cases, it is apparently necessary to reemphasize this fact with regard to the collection of damages. The Rambam, in his Commentary on the Mishna and in the *Mishne Torah*, explains why this is necessary: Damage often occurs to one's produce in the fields, out of the view of the general population. Accordingly, it is possible that there might be no valid witnesses to a damaging event. Nevertheless, it is likely that slaves and gentiles who work in the fields will have seen what transpired. Therefore, one might have thought that specifically in this case an exception should be made to allow slaves and gentiles to testify. The Rosh suggests a different reason, that since the damage to the injured party is clearly apparent, one might have thought that the standards for witnesses could be lowered to include slaves and gentiles as they are needed only to confirm what is known to have happened. To reject these notions, the mishna emphasizes that the same standards are applied to cases of damages as are applied to every other court case.

He has no lineage, etc. – אֵין לוֹ יַחַס וכו׳: The children of a Canaanite slave are not halakhically considered to be the children of their biological father. Yet, it is clear from the many places in which the Bible traces the lineage of gentiles that free gentiles are considered to be the children of their father and forebears. Therefore, with regard to lineage, a free gentile has greater similarity to a Jew than does a slave. By contrast, with regard to his connection to the mitzvot, a Canaanite slave has greater similarity to a Jew than does a gentile, because upon becoming a slave he is circumcised, immersed in a ritual bath, and accepts upon himself the observance of certain mitzvot, the same ones that a Jewish woman is obligated to observe.

אָמַר רַב יְהוּדָה אָמַר רַב, וְכֵן תָּנָא דְּבֵי רַבִּי יִשְׁמָעֵאל: אָמַר קְרָא ״אִישׁ אוֹ אִשָּׁה כִּי יַעֲשׂוּ מִכָּל חַטֹּאת״, הִשְׁוָה הַכָּתוּב אִשָּׁה לְאִישׁ לְכׇל עוֹנָשִׁין שֶׁבַּתּוֹרָה.

The Gemara presents three sources for this *halakha*. **Rav Yehuda says that Rav says, and similarly, the school of Rabbi Yishmael taught:** The **verse states** with regard to the liability of one who takes a false oath that he had not stolen: **"When a man or woman shall commit any of the sins** of a person" (Numbers 5:6). **The verse equates a woman with a man**[N] **with regard to all punishments**[H] **in the Torah.**

דְּבֵי רַבִּי אֶלְעָזָר תָּנָא: ״וְאֵלֶּה הַמִּשְׁפָּטִים אֲשֶׁר תָּשִׂים לִפְנֵיהֶם״, הִשְׁוָה הַכָּתוּב אִשָּׁה לְאִישׁ לְכׇל דִּינִין שֶׁבַּתּוֹרָה.

The school of Rabbi Elazar taught: The verse states with regard to the civil laws given following the revelation at Sinai: **"And these are the civil laws that you shall set before them"** (Exodus 21:1). The reference to "them" in the verse is referring to all those who stood at the revelation, both men and women. **The verse** thereby **equates a woman with a man with regard to all civil laws**[H] **in the Torah.**

דְּבֵי חִזְקִיָּה וְרַבִּי יוֹסֵי הַגְּלִילִי תָּנָא: אָמַר קְרָא ״וְהֵמִית אִישׁ אוֹ אִשָּׁה״, הִשְׁוָה הַכָּתוּב אִשָּׁה לְאִישׁ לְכׇל מִיתוֹת שֶׁבַּתּוֹרָה.

The school of Ḥizkiyya and Rabbi Yosei HaGelili taught: The **verse states** with regard to liability in a case where one's ox kills a person: **"And it killed a man or a woman"** (Exodus 21:29). **The** verse thereby **equates a woman with a man with regard to all killings**[NH] **in the Torah**, i.e., the liability incurred is the same whether the person killed was a man or a woman.

וּצְרִיכִי; דְּאִי אַשְׁמְעִינַן קַמַּיְיתָא – הָתָם הוּא דְּחָס רַחֲמָנָא עֲלַהּ, כִּי הֵיכִי דְּתֶיהְוֵי לַהּ כַּפָּרָה, אֲבָל דִּינִין – אִישׁ דְּבַר מַשָּׂא וּמַתָּן אִין, אִשָּׁה לָא;

The Gemara notes: **And** all three sources **are necessary, as had** the Torah **taught us** only **the first** source, one might have said that it **is there** that men and women are equated, **as the Merciful One had pity upon** a woman and made her liable **in order that she should achieve atonement** through paying restitution. **But** with regard to **civil law,** one might say that for **a man, who is involved in business dealings, yes,** the civil laws apply to him, but to a **woman,** who generally is not involved in business dealings, the laws do **not apply.**

וְאִי אַשְׁמְעִינַן דִּינִין – כִּי הֵיכִי דְּתֶיהְוֵי לַהּ חִיּוּתָא, אֲבָל כַּפָּרָה – אִישׁ דְּבַר מִצְוָה אִין, אִשָּׁה דְּלָאו בַּת מִצְוָה לָא;

And had the Torah **taught us** only that men and women are equated in **civil law,** one might have said that this is **in order that she should** be able to **sustain** herself by engaging in business dealings. If civil laws did not apply to a woman, one would be wary about conducting business with her. **But** with regard to obligating a woman to achieve **atonement,** one might have said that **a man, who is obligated in mitzvot, yes,** he is similarly obligated to achieve atonement; but **a woman, who is not obligated in** all the **mitzvot** to the same extent as a man, no, the obligation does **not** apply to her.

וְאִי אַשְׁמְעִינַן הָנֵי תַּרְתֵּי – הָכָא מִשּׁוּם כַּפָּרָה וְהָכָא מִשּׁוּם חִיּוּתָא, אֲבָל לְעִנְיַן קַטְלָא – אִישׁ דְּבַר מִצְוָה לְשַׁלֵּם כּוֹפֶר, אִשָּׁה לָא;

And had the Torah **taught us** only **these** first **two** sources, one might have limited the fact that a woman and man are equated to these two cases, **here due to** the fact that she also needs **atonement, and there due to** the fact that she needs to be able to **sustain** herself. **But with regard to** one's liability for his ox **killing** a person, one might have said that only for killing **a man, who is obligated in** all **mitzvot,** yes, the owner of the ox is liable **to pay a ransom;** but for killing **a woman,** who is not obligated in all mitzvot, one might say he is **not** liable.

וְאִי אַשְׁמְעִינַן כּוֹפֶר – מִשּׁוּם דְּאִיכָּא אִיבּוּד נְשָׁמָה, אֲבָל הָנֵי תַּרְתֵּי דְּלֵיכָּא אִיבּוּד נְשָׁמָה – אֵימָא לָא, צְרִיכָא.

And had the Torah **taught us** only the equivalence of a man and woman with regard to **a ransom,** one might have thought that this is **because** it is a very serious matter as **there is a loss of life, but** in **these** first **two** sources, **where there is not a loss of life, I would say no,** a woman is not included. Accordingly, it is **necessary** to have all three sources.

״הַנִּיזָּק וְהַמַּזִּיק בְּתַשְׁלוּמִין״.

§ The mishna continues: **And both the injured** party **and the one liable for the damage** are involved **in the payment.**

אִתְּמַר: פַּלְגָא נִזְקָא – רַב פַּפָּא אָמַר: מָמוֹנָא, רַב הוּנָא בְּרֵיהּ דְּרַב יְהוֹשֻׁעַ אָמַר: קְנָסָא.

An amoraic dispute **was stated** with regard to the payment of **half** the cost of **the damage** made when one's innocuous ox gores another's animal. **Rav Pappa says:** It is **monetary restitution** for the injured party's loss. **Rav Huna, son of Rav Yehoshua, says:** It is **a fine.**

NOTES

The verse equates a woman with a man – הִשְׁוָה הַכָּתוּב אִשָּׁה לְאִישׁ: The early commentaries (see *Tosafot*; Rashba) explain that from the cases in which the Torah explicitly equates a man and a woman, it is apparent that with regard to other mitzvot, even though the Torah is formulated using the masculine verb form, the reference is to both men and women. In Hebrew there is no genderless verb form, and the masculine form is used as the default for both men and women. Consequently, the use of the masculine form does not indicate that the reference is specifically to men, but is used to refer to both men and women. Accordingly, in most cases there is no need to derive that mitzvot apply to both men and women. In a case where the Torah explicitly makes mention of "a man," the presumption is that the mitzva applies only to men unless there is a derivation to the contrary.

To all killings – לְכׇל מִיתוֹת: The Gemara does not refer here to the fact that men and women both receive the same punishment for killing, as that fact is already included in the Gemara's derivation that men and women are equated with regard to all punishments. Rather, the point here is that it is no different whether the victim is a man or woman. If one person killed another, whether he killed a man or woman, he is liable to receive the same death penalty, and similarly, if one's ox killed a person, whether a man or woman, the ox is killed and one is liable to pay a ransom.

HALAKHA

The verse equates a woman with a man with regard to all punishments – הִשְׁוָה הַכָּתוּב אִשָּׁה לְאִישׁ לְכׇל עוֹנָשִׁין: Men and women are subject to the same punishments for violations of the Torah. This applies to all punishments, including lashes, capital punishment, and fines. Similarly, just as a man can be excommunicated, a woman may be excommunicated as well (Rambam *Sefer HaMadda, Hilkhot Talmud Torah* 6:14; *Sefer Kedusha, Hilkhot Issurei Bia* 17:5; *Sefer Nezikin, Hilkhot Geneva* 1:7; and *Sefer Shofetim, Hilkhot Sanhedrin* 14:5; *Shulḥan Arukh, Yoreh De'a* 241:1 and *Ḥoshen Mishpat* 61:3, in the comment of Rema).

The verse thereby equates a woman with a man with regard to all civil laws – הִשְׁוָה הַכָּתוּב אִשָּׁה לְאִישׁ לְכׇל דִּינִין: Men and women are equally subject to the civil laws of the Torah, including liability for damages, the *halakhot* of bailees, and the *halakhot* of commerce (Rambam *Sefer Nezikin, Hilkhot Geneva* 1:6 and *Sefer Mishpatim, Hilkhot Sekhirut* 2:6; *Shulḥan Arukh, Ḥoshen Mishpat* 96:6, and in the comment of Rema, 302:1, 349:1).

The verse thereby equates a woman to a man with regard to all killings – הִשְׁוָה הַכָּתוּב אִשָּׁה לְאִישׁ לְכׇל מִיתוֹת: An ox that killed a person is stoned to death, irrespective of whether the victim was a man or a woman, and its owner pays a ransom. Similarly, one who kills another person is subject to the death penalty, irrespective of whether the victim was a man or a woman (Rambam *Sefer Nezikin, Hilkhot Nizkei Mamon* 10:1, 11:2 and *Hilkhot Rotze'aḥ UShmirat Nefesh* 2:6).

HALAKHA

The diminishing value of the carcass – פְּחַת נְבֵילָה: The injured party must absorb the loss due to the diminishing value of the carcass as it deteriorates while waiting for the case to be heard in court (Rambam *Sefer Nezikin, Hilkhot Nizkei Mamon* 7:8; *Shulḥan Arukh, Ḥoshen Mishpat* 403:2).

רַב פָּפָּא אָמַר מָמוֹנָא, קָסָבַר: סְתָם שְׁוָורִים לָאו בְּחֶזְקַת שִׁימּוּר קַיְימָן, וּבְדִין הוּא דְּבָעֵי לְשַׁלּוּמֵי כּוּלֵּיהּ, וְרַחֲמָנָא הוּא דְּחָס עֲלֵיהּ דְּאַכַּתִּי לָא אִיַּיעַד תּוֹרֵיהּ;

The Gemara elucidates: **Rav Pappa says:** The payment is **monetary restitution,** as **he holds** that even **ordinary oxen,** which have not been forewarned with regard to Goring, are **not presumed to be safeguarded,** as their nature does not prevent them from acting in a belligerent manner. Therefore, the owner is responsible to safeguard them, to prevent them from doing so. Accordingly, if an ox causes damage by goring, **by right it** should have been **that** the owner **needs to pay** the **full** cost of the damage. Nevertheless, **the Merciful One had pity upon him, as his ox had not yet been forewarned** and he was not fully aware of the possibility that it might gore, and accordingly, the Torah reduced the extent of his liability.

רַב הוּנָא בְּרֵיהּ דְּרַב יְהוֹשֻׁעַ אָמַר קְנָסָא, קָסָבַר: סְתָם שְׁוָורִים בְּחֶזְקַת שִׁימּוּר קַיְימִי, וּבְדִין הוּא דְּלָא לְשַׁלֵּם כְּלָל, וְרַחֲמָנָא הוּא דִּקְנָסֵיהּ כִּי הֵיכִי דְּלִנְטְרֵיהּ לְתוֹרֵיהּ.

Rav Huna, son of Rav Yehoshua, says: It is **a fine,** as **he holds** that **ordinary oxen** are **presumed to be safeguarded,** as their nature prevents them from acting in a belligerent manner. Therefore, the owner is not responsible for safeguarding them to prevent them from doing so. Accordingly, if an ox causes damage by goring, **by right it** should have been **that** the owner **does not pay at all.** Nevertheless, **the Merciful One penalized him in order that he will safeguard his ox,** even before it is forewarned, and decreed that the fine should be given to the injured party even though he is not really entitled to be compensated for his loss.

תְּנַן: הַנִּיזָּק וְהַמַּזִּיק בְּתַשְׁלוּמִין; בִּשְׁלָמָא לְמַאן דְּאָמַר פַּלְגָא נִזְקָא מָמוֹנָא, הַיְינוּ דְּשַׁיָּיךְ נִיזָּק בְּתַשְׁלוּמִין. אֶלָּא לְמַאן דְּאָמַר פַּלְגָא נִזְקָא קְנָסָא, הַשְׁתָּא דְּלָאו דִּידֵיהּ שָׁקֵיל, בְּתַשְׁלוּמִין אִיתֵיהּ?!

We learned in the mishna: Both **the injured** party **and the one liable for the damage** are involved **in the payment. Granted, according to the one who says** that **the** payment of **half the** cost of the **damage** is **monetary restitution,** this assumes that the injured party is theoretically entitled to receive the full value of his damaged animal but in practice receives only half. **This is** what the mishna means by saying **that the injured** party is also **involved in the payment,** because it is as though he is compelled to forgo half of the cost of the damage that by right he should be paid. **But according to the one who says** that **the** payment of **half the** cost of the **damage** is **a fine,** which assumes that the injured party is not really entitled to be compensated for his loss, **now that** even the money that **he takes is not his** by right, is it accurate to describe him **as being** involved **in the payment?**

לָא נִצְרְכָא אֶלָּא לְפְחַת נְבֵילָה.

The Gemara explains: The mishna's statement **is necessary only with regard to** the fact that the injured party is the one who absorbs the loss due to the **diminishing** value **of the carcass**[H] between the animal's death and the time that the case is brought before the court. Since he must absorb this financial loss, it may be said that he is involved in the payment.

פְּחַת נְבֵילָה, הָא תְּנָא לֵיהּ רֵישָׁא: ״תַּשְׁלוּמֵי נֶזֶק״ – מְלַמֵּד שֶׁהַבְּעָלִים מְטַפְּלִין בַּנְּבֵילָה!

The Gemara asks: How can one claim that the mishna is referring to the **diminishing** value **of the carcass? Isn't it** already **taught** in **the first clause** of the mishna, which by using the term: **Payments** of restitution **for damage, teaches that the owner** of the injured animal **attends to,** i.e., retains ownership of, **the animal carcass?** And therefore it follows that he bears any depreciation in its value, as the Gemara (10b) explained above.

חֲדָא בְּתָם, וַחֲדָא בְּמוּעָד.

The Gemara explains why the mishna needs to teach this principle twice: **One** mention is made **with regard to an innocuous** ox **and** the other **one** is made **with regard to a forewarned** ox.

וּצְרִיכָא; דְּאִי אַשְׁמְעִינַן תָּם, מִשּׁוּם דְּאַכַּתִּי לָא אִיַּיעַד, אֲבָל מוּעָד – אֵימָא לָא; וְאִי אַשְׁמְעִינַן מוּעָד, מִשּׁוּם דְּקָא מְשַׁלֵּם כּוּלֵּיהּ, אֲבָל תָּם – אֵימָא לָא, צְרִיכָא.

And it is **necessary** to state both cases, **because if it would teach us** the principle only with regard to **an innocuous** ox, I might say that only there does the Torah limit the liability of the owner of the ox, **because it has not yet been forewarned. But** with regard to **a forewarned** ox, **I would say** the Torah does **not** limit the owner's liability at all and the owner must also bear the loss due to the diminishing value of the carcass. **And** similarly, **if it would teach us** the principle only with regard to **a forewarned** ox, I might say that only there does the Torah limit the owner's liability **because he is paying the full** cost **of** the damage, so the Torah does not overly burden him. **But** with regard to **an innocuous** ox, where he is liable for only half of the damage, **I would say** the Torah does **not** limit his liability any further, so he must bear the loss of the diminishing value of the carcass. Therefore, it is **necessary** to state the principle in both cases.

תָּא שְׁמַע: מַה בֵּין תָּם לְמוּעָד? שֶׁהַתָּם מְשַׁלֵּם חֲצִי נֶזֶק מִגּוּפוֹ, וּמוּעָד מְשַׁלֵּם נֶזֶק שָׁלֵם מִן הָעֲלִיָּיה;

The Gemara attempts to prove whether the payment of half the cost of the damage is considered to be monetary restitution or a fine: **Come and hear** a proof from a mishna (16b): **What** is the difference **between** the liability incurred for damage caused by **an innocuous** ox **and** that caused by **a forewarned** ox?[H] The difference is **that** the owner of **an innocuous ox pays half the** cost of the **damage** exclusively **from** proceeds of the sale of **its body, and** the owner of a **forewarned** ox **pays** the **full** cost of the **damage from** his **superior-quality** property.

וְאִם אִיתָא, לִיתְנֵי נַמִי הָא: תָּם אֵינוֹ מְשַׁלֵּם עַל פִּי עַצְמוֹ, מוּעָד מְשַׁלֵּם עַל פִּי עַצְמוֹ!

The Gemara explains the challenge posed by the mishna: **And if it is so,** that payment for damage caused by an innocuous ox is considered a fine, **let the** mishna **also teach this** additional distinction: The owner of **an innocuous** ox **does not pay based on his own** admission, in accordance with the *halakha* that one does not pay a fine based on one's own admission, whereas the owner of a **forewarned** ox **pays based on his own** admission.

תְּנָא וְשַׁיֵּיר. מַאי שַׁיֵּיר דְּהַאי שַׁיֵּיר?

The Gemara answers: The *tanna* could have taught this distinction; however, **he taught** only certain distinctions **and omitted** others, including this one. The Gemara asks: **What** else **did he omit that he omitted this?** A *tanna* would never omit just a single case, perforce there must be another *halakha* he omitted.

שַׁיֵּיר חֲצִי כּוֹפֶר.

The Gemara answers: **He omitted** the *halakha* that if an innocuous ox kills someone, its owner does not pay even **half of the ransom** payment, whereas if the ox is forewarned, he pays the full ransom.

אִי מִשּׁוּם חֲצִי כּוֹפֶר לָאו שִׁיוּרָא הוּא, הָא מַנִּי? רַבִּי יוֹסֵי הַגְּלִילִי הִיא, דְּאָמַר: תָּם – מְשַׁלֵּם חֲצִי כּוֹפֶר.

The Gemara rejects this: **If** one claims that the mishna omits the *halakha* of one who admits his liability **due to** the fact that it also omits the *halakha* that the owner of an innocuous ox does not pay even **half of the ransom,** that is a flawed claim, as **this is not an omission,** because one could say: In accordance with **whose** opinion **is this** mishna? It **is** in accordance with the opinion of **Rabbi Yosei HaGelili, who says** that when **an innocuous** ox kills a person, one **pays half the ransom,**[H] and therefore the distinction between an innocuous and forewarned ox is included in the mishna's ruling that the owner of an innocuous ox pays half the cost of the damage. Accordingly, no proof can be adduced from the mishna.

תָּא שְׁמַע:

The Gemara suggests another proof: **Come** and **hear** a proof from a mishna (*Ketubot* 41a):

Perek **I**
Daf **15** Amud **b**

״הֵמִית שׁוֹרִי אֶת פְּלוֹנִי״ אוֹ ״שׁוֹרוֹ שֶׁל פְּלוֹנִי״ – הֲרֵי זֶה מְשַׁלֵּם עַל פִּי עַצְמוֹ;

If one admits: **My ox killed so-and-so,**[H] **or** my ox killed **so-and-so's ox,** then **this** person **pays based on his own** admission.

מַאי לָאו בְּתָם?

The Gemara analyzes the mishna: **What, is** the *halakha* of the mishna **not** stated **with regard to an innocuous ox?** If so, this mishna proves that one is required to pay for half the cost of the damage even based on one's own admission, which demonstrates that the payment is monetary restitution and not a fine.

HALAKHA

What is the difference between an innocuous and a forewarned ox – מַה בֵּין תָּם לְמוּעָד: The owner of a forewarned ox is liable to pay the full cost of any damage caused by his ox from his superior property, whereas if his ox was innocuous he is liable for only half the cost of the damage and pays from the proceeds of the sale of the body of his ox (Rambam *Sefer Nezikin, Hilkhot Nizkei Mamon* 1:7; *Shulḥan Arukh, Ḥoshen Mishpat* 389:9).

Half the ransom – חֲצִי כּוֹפֶר: When one's ox kills a person, if the ox was forewarned, one is liable to pay a ransom. If the ox was innocuous one does not pay half of the ransom; rather, one is entirely exempt (Rambam *Sefer Nezikin, Hilkhot Nizkei Mamon* 10:2).

HALAKHA

My ox killed so-and-so, etc. – הֵמִית שׁוֹרִי אֶת פְּלוֹנִי וכו׳: Any liability for damage that is equal in value to the full cost of the damage is considered to be monetary restitution: If one admits that his forewarned ox killed someone, he is liable to pay the ransom, and if he admits that his forewarned ox killed another ox he is liable to pay the full value of that ox (Rambam *Sefer Nezikin, Hilkhot Nizkei Mamon* 2:7–8; see *Sefer Hafla'a, Hilkhot Shevuot* 8:4 and *Sefer Shofetim, Hilkhot Sanhedrin* 5:14).

לָא, בְּמוּעָד. אֲבָל תָּם מַאי, הָכִי נַמִי דְּאֵין מְשַׁלֵּם עַל פִּי עַצְמוֹ? אִי הָכִי, אַדְּתָנֵי סֵיפָא: ״הֵמִית שׁוֹרִי אֶת עַבְדּוֹ שֶׁל פְּלוֹנִי״ – אֵין מְשַׁלֵּם עַל פִּי עַצְמוֹ, לִפְלוֹג וְלִיתְנֵי בְּדִידֵיהּ:

The Gemara rejects the proof: **No,** the *halakha* of the mishna is stated **with regard to a forewarned** ox. The Gemara asks: **But** according to this explanation, if it had been an **innocuous** ox that gored, **what** would be the *halakha*? Would one say that **indeed, he does not pay based on his own** admission? But **if so, rather than teaching in the latter clause** of the mishna in *Ketubot*: If one admits: **My ox killed so-and-so's** Canaanite **slave,**[HN] **he does not pay based on his own** admission, **let** the mishna **differentiate and teach** the distinction **with regard to** the case raised in the first clause **itself.** The reason for the distinction between the cases when one's ox kills a Jew or a Canaanite slave is that in the first one pays monetary restitution, while in the second one pays a fine. If the mishna wishes to demonstrate the difference between a fine and monetary restitution with regard to admission, then instead of introducing a new case, the mishna would have modified the case of the previous clause.

בַּמֶּה דְּבָרִים אֲמוּרִים – בְּמוּעָד, אֲבָל בְּתָם – אֵינוֹ מְשַׁלֵּם עַל פִּי עַצְמוֹ!

The mishna would have continued: **In what** case **is this statement** in the first clause **said?** It is said **with regard to a forewarned** ox, **but with regard to** an admission that one's **innocuous** ox gored, **he does not pay based on his own** admission. The fact that the mishna does not do so suggests that in fact one is required to pay for half the cost of the damage based on one's own admission that his innocuous ox gored. Evidently, the payment is considered to be monetary restitution.

כּוּלָּהּ בְּמוּעָד קָמַיְירֵי.

The Gemara rejects this: The reason the mishna did not raise the distinction between an innocuous and a forewarned ox is not because that distinction is not a valid one, but because the **entire** mishna **speaks** only **of** cases of **a forewarned** ox. Accordingly, no proof can be adduced from the mishna.

תָּא שְׁמַע: זֶה הַכְּלָל, כׇּל הַמְשַׁלֵּם יוֹתֵר עַל מַה שֶּׁהִזִּיק – אֵינוֹ מְשַׁלֵּם עַל פִּי עַצְמוֹ; מַאי לָאו, הָא פָּחוֹת מִמַּה שֶּׁהִזִּיק מְשַׁלֵּם?

The Gemara suggests further: **Come** and **hear** a proof from the concluding clause of the mishna just cited: **This is the principle: Anyone who pays more than** the cost of **that which he damaged does not pay based on his own** admission. The Gemara infers: **What, is it not** that were he liable to pay **less than** the cost of **that which he damaged, he would pay** based on his own admission? Since when an innocuous ox gores, its owner is liable to pay more than the cost of the damage, the payment is clearly not monetary restitution, and that is why it is not payable based on one's own admission.

לָא, הָא כְּמָה שֶּׁהִזִּיק מְשַׁלֵּם.

The Gemara rejects the inference: **No,** one should infer only that were he liable to pay **as much as** the cost of **that which he damaged, he pays** based on his own admission. If the sum to be paid is more or less than the cost of that which he damaged, he would not pay based on his own admission.

אֲבָל פָּחוֹת, מַאי, הָכִי נַמִי דְּלָא מְשַׁלֵּם? אִי הָכִי, אַדְּתָנֵי: זֶה הַכְּלָל, כׇּל הַמְשַׁלֵּם יוֹתֵר עַל מַה שֶּׁהִזִּיק – אֵינוֹ מְשַׁלֵּם עַל פִּי עַצְמוֹ, לִיתְנֵי: זֶה הַכְּלָל, כׇּל שֶׁאֵינוֹ מְשַׁלֵּם כְּמָה שֶּׁהִזִּיק, דְּמַשְׁמַע פָּחוֹת וּמַשְׁמַע יוֹתֵר! תְּיוּבְתָּא.

The Gemara asks. **But** according to that opinion, where one is liable to pay **less** than the cost of the damage, **what** would be the *halakha*? Would one say that, **indeed, he does not pay** based on his own admission? **If so, instead of teaching: This is the principle: Anyone who pays more than** the cost of **that which he damaged does not pay based on his own** admission, **let** the mishna **teach** instead: **This is the principle: Anyone who does not pay as much as** the cost of **that which he damaged** does not pay based on his own admission. **As** that statement **indicates** cases where one is liable to pay **more** than the cost of that which he damaged **and it** also **indicates** cases where one is liable to pay **less** than the cost of that which he damaged. Evidently, the mishna holds that where one's liability is for less than the cost of the damage, it is payable based on one's own admission. This therefore provides **a conclusive refutation** of the opinion that the payment for half the cost of the damage is a fine.

וְהִלְכְתָא: פַּלְגָא נִזְקָא – קְנָסָא.

The Gemara adds: **And the *halakha*** is that the payment for **half** the cost of **the damage is a fine.**[H]

HALAKHA

My ox killed so-and-so's slave – **הֵמִית שׁוֹרִי אֶת עַבְדּוֹ שֶׁל פְּלוֹנִי**: One who admits that his ox killed another person's Canaanite slave is exempt from paying because the payment is considered a fine and one does not pay a fine based on one's own admission of obligation (Rambam *Sefer Hafla'a, Hilkhot Shevuot* 8:2).

Half the cost of the damage is a fine – **פַּלְגָא נִזְקָא קְנָסָא**: Any liability for damage that is greater or less than the value of the full cost of the damage is considered to be a fine. Consequently, if one admits one's obligation to pay such a payment, one is exempt from paying since one pays a fine only based on eyewitness testimony. This is in accordance with the opinion of Rav Huna, son of Rav Yehoshua (Rambam *Sefer Nezikin, Hilkhot Nizkei Mamon* 2:7–8).

NOTES

So-and-so's slave – **אֶת עַבְדּוֹ שֶׁל פְּלוֹנִי**: If one's ox kills another person's Canaanite slave, they are liable to pay a fine of thirty silver shekels. This payment is considered a fine because its value is fixed, irrespective of the actual worth of the slave. In many cases a slave is worth much more (Rashi).

תְּיוּבְתָּא וְהִלְכְתָא?!

The Gemara notes the obvious inconsistency: How can it be that the Gemara offers **a conclusive refutation** of the opinion that the payment for half the cost of the damage is a fine **and** then state that **the *halakha***[N] is in accordance with that opinion?

אִין, טַעֲמָא מַאי הָוְיָא תְּיוּבְתָּא – מִשּׁוּם דְּלָא קָתָנֵי "כְּמוֹ שֶׁהִזִּיק".

The Gemara explains: **Yes,** the *halakha* may be in accordance with that opinion because of the following resolution of the refutation. **What is the reason** that the Gemara held that **there is a conclusive refutation** of the opinion that the payment for half the cost of the damage is a fine? **Because** the mishna **does not teach:** Anyone who does not pay **as much as** the cost of **that which he damaged** does not pay based on his own admission. This is not, in fact, a conclusive refutation, as even if one holds that the payment of half the cost of the damage for an innocuous ox is considered monetary restitution, one can still explain why the mishna doesn't discuss cases where one is liable for less than the cost of the damage.

לָא פְּסִיקָא לֵיהּ, כֵּיוָן דְּאִיכָּא חֲצִי נֶזֶק צְרוֹרוֹת, דְּהִלְכְתָא גְּמִירָא לַהּ דְּמָמוֹנָא הוּא, מִשּׁוּם הָכִי לָא קָתָנֵי.

This is because the *tanna* **cannot make an absolute** statement about such cases, that one never pays based on one's own admission. **Since there is** an obligation for one to pay for **half** the cost of **the damage** resulting from **pebbles**[H] inadvertently propelled by the foot of a walking animal, **which, through tradition it is learned**[N] **that** this payment **is monetary restitution,** and it is **due to that** reason that the mishna **does not teach** cases where one's liability is valued at less than the cost of the damage.

וְהַשְׁתָּא דְּאָמְרַתְּ פַּלְגָא נִזְקָא קְנָסָא, הַאי כַּלְבָּא דַּאֲכַל אִימְרֵי, וְשׁוּנְרָא דַּאֲכָלָה תַּרְנְגוֹלָא – מְשׁוּנֶּה הוּא, וְלָא מַגְבִּינַן בְּבָבֶל.

The Gemara considers the ramifications of this *halakha*: **And now that you have said**[N] that the *halakha* is that the payment of **half the** cost of the **damage is a fine,** with regard to **this** innocuous **dog that ate lambs**[H] **or** this innocuous **cat that ate a chicken,** which **is atypical**[N] behavior for dogs and cats, **we do not collect** the payment for these acts in the courts **in Babylonia.**[H] Since it is not common for these animals to eat those animals, these acts are classified as Goring, irrespective of the fact that the animal gained pleasure from the damage, for which it would normally be classified in the category of Eating. Therefore, in cases where these animals had not performed this act of damaging before, and were therefore considered innocuous, the owner is liable for only half the cost of the damage, which is a fine. Since the collection of fines may be imposed only by judges who have been ordained, and ordination is given only in Eretz Yisrael, these payments are not collected in Babylonia.

HALAKHA

Half the cost of the damage resulting from pebbles – חֲצִי נֶזֶק צְרוֹרוֹת: If while walking in the public domain an animal inadvertently propels pebbles with its foot, and they caused damage to the items of a person that were situated in his private property, one is liable to pay for only half the cost of the damage. This is considered to be a subcategory of Trampling. The payment made by the owner of the animal is not a fine; rather, it is learned through tradition that it is considered to be a reduced form of monetary restitution (Rambam *Sefer Nezikin, Hilkhot Nizkei Mamon* 2:2–4; *Shulḥan Arukh, Ḥoshen Mishpat* 1:1).

This dog that ate lambs, etc. – הַאי כַּלְבָּא דַּאֲכַל אִימְרֵי וכו׳: With regard to a dog that ate a lamb, or a cat that ate a large chicken, since it is considered atypical for them to do so, their owner is liable to pay only half of the damages. If the attack occurred within the property of the owner of the animal that was killed, the owner of the belligerent animal is liable to pay for the full cost of the damage (Rambam *Sefer Nezikin, Hilkhot Nizkei Mamon* 3:7; *Shulḥan Arukh, Ḥoshen Mishpat* 391:6).

We do not collect in Babylonia – וְלָא מַגְבִּינַן בְּבָבֶל: The obligation to pay half of the damages is considered a fine, and therefore it can be imposed only by ordained judges in Eretz Yisrael and is not collected outside of Eretz Yisrael. An exemption to this *halakha* is the payment of half the cost of the damage for damage caused by pebbles propelled by the foot of one's animal, as that is considered to be monetary restitution and not a fine (Rambam *Sefer Shofetim, Hilkhot Sanhedrin* 5:9; *Shulḥan Arukh, Ḥoshen Mishpat* 1:1).

NOTES

A conclusive refutation and the *halakha* – תְּיוּבְתָּא וְהִלְכְתָא: The Gemara did not originally search for a suitable answer to the question from the mishna on the opinion of Rav Pappa, and concluded that it was a strong refutation. Once the Gemara noted that the *halakha* is in accordance with the opinion of Rav Huna, it was forced to demonstrate that there were suitable resolutions to the difficulties it raised against his opinion (Rabbeinu Ḥananel). Rabbeinu Tam, cited by *Tosafot* (*Sanhedrin* 80b), notes that only when the word refutation is repeated twice, once before and once after an opinion, it can be said that the refuted opinion is categorically rejected from *halakha*, but when it appears only once there may still be an answer, and the *halakha* may be in accordance with that opinion.

Which through tradition it is learned – דְּהִלְכְתָא גְּמִירָא לַהּ: Clearly the fact that one is liable for only half the cost of the damage is a *halakha* that was transmitted through the generations. What is not clear is whether the fact that the payment is considered monetary restitution and not a fine was also transmitted or if it was concluded through logic. The Rashba raises both possibilities but appears to prefer the second one.

And now that you have said, etc. – וְהַשְׁתָּא דְּאָמְרַתְּ וכו׳: The Gemara states that its conclusion is true only according to the opinion that the payment for half the cost of the damage is a fine. *Tosafot* explain that the opinion that the payment is monetary restitution is based on the presumption that it is usual for an ox to cause damage with its horn. Accordingly, when a dog eats a large lamb, which is an atypical occurrence, it cannot be classified as a case of Goring since Goring includes only typical animal behavior. Accordingly, there is no basis for the owner of the dog to be liable, leaving him entirely exempt, and damages cannot be collected for the damage even in Eretz Yisrael.

It is atypical – מְשׁוּנֶּה הוּא: Even though the actual actions of the animal are similar to those in a case of Eating, in that the animal gained pleasure while causing the damage, since the action of the animal was atypical it is classified as Goring, for which the owner is liable for only half of the damages. Nevertheless, Rashba explains that the owner must compensate the injured party for the full value of the benefit that his animal received through eating the injured party's produce. This is based on the general *halakha* that one must pay someone for any benefit one receives from him. This is also the reason for the Gemara's ruling below (19b) that even in a case classified as Eating, which is done in a public thoroughfare, one is liable, at the very least, to pay the value of the benefit received by the owner of the animal.

NOTES

Large animals – רַבְרְבֵי: Rashi explains that the reference is both to the case of a cat and a dog, i.e., both a cat eating a large chicken and a dog eating a large lamb would be considered atypical. By contrast, the Rambam and the Meiri explain that it is atypical for a dog to eat even a small lamb, and the Gemara's distinction applies only to a cat eating chickens.

And if he seized – וְאִי תָּפַס: Rabbeinu Tam explains that this ruling applies only to a case in which the injured party seizes the animal that actually caused the damage. In such a case he is allowed to collect the damages owed to him from the body of that animal. A court will not authorize the injured party to seize other property belonging to the owner of the belligerent animal as payment, and if he does so he is required to return it. The reason for this is that if he were allowed to do so, he would likely end up seizing more than the cost of the damages due to him. Some commentaries argue that if the injured party seizes other property, although he may not keep or sell that property, the one liable for the damage can be forced to exchange that property for the belligerent animal itself and then the injured party may collect damages from it (Meiri).

Either way – בֵּין כָּךְ וּבֵין כָּךְ: Even if the dangerous animal has never actually caused damage, its owner may be excommunicated until he neutralizes the danger (*Nimmukei Yosef*).

BACKGROUND

Excommunication – שַׁמְתָּא: This sanction is considered even more severe than corporal punishment as it does not just involve being ostracized from society but also includes a curse on the excommunicated person. The Gemara (*Moed Katan* 17a) even compares excommunication to death and says that such a person will be devastated by his fate.

וְהָנֵי מִילֵּי בְּרַבְרְבֵי, אֲבָל בְּזוּטְרֵי – אוֹרְחֵיהּ הוּא.

The Gemara adds: **And this matter** applies only **where** they attacked **large** animals,[N] as it is atypical behavior for them; **but where** they attacked **small** animals, since that **is their** typical **manner** of behavior, it is classified as Eating, for which the owner pays the full cost of the damage, which is certainly considered monetary restitution. Accordingly, the payment is collected by the courts in Babylonia.

וְאִי תָּפַס – לָא מַפְּקִינַן מִינֵּיהּ.

And even in a case where the payment is considered a fine, **if** the injured party **seized**[N] the property of the owner of the belligerent animal in order to cover his loss, **we do not reclaim it**[H] **from him** since he is entitled to it.

וְאִי אָמַר: קִבְעוּ לִי זִימְנָא דְּאָזֵילְנָא לְאַרְעָא דְּיִשְׂרָאֵל – קָבְעִינַן לֵיהּ. וְאִי לָא אָזֵיל – מְשַׁמְּתִינַן לֵיהּ.

And also, **if** the injured party **said** to the court: **Fix a time for me**[H] **to go to Eretz Yisrael** to present the case before ordained judges, **we fix** a time **for him** and require the owner of the belligerent animal to go to the court in Eretz Yisrael at that time. **And if he does not go, we excommunicate**[B] **him**[H] for disobeying the orders of the court.

וּבֵין כָּךְ וּבֵין כָּךְ מְשַׁמְּתִינַן לֵיהּ עַד דִּמְסַלֵּק הֶיזֵּיקָא,

And either way,[N] **we excommunicate** the owner of the belligerent animal **until he removes the danger,**[H] e.g., by killing the animal or otherwise neutralizing the danger.

מִדְּרַבִּי נָתָן; דְּתַנְיָא, רַבִּי נָתָן אוֹמֵר: מִנַּיִין שֶׁלֹּא יְגַדֵּל אָדָם כֶּלֶב רַע בְּתוֹךְ בֵּיתוֹ, וְאַל יַעֲמִיד סוּלָּם רָעוּעַ בְּתוֹךְ בֵּיתוֹ? תַּלְמוּד לוֹמַר: "לֹא תָשִׂים דָּמִים בְּבֵיתֶךָ".

The justification for this is **from** the ruling **of Rabbi Natan, as it is taught** in a *baraita*: **Rabbi Natan says: From where** is it derived **that one may not raise a vicious dog**[H] **in his house, and one may not set up an unstable ladder in his house? The verse states: "You shall not bring blood into your house"** (Deuteronomy 22:8),[H] i.e., one may not allow a hazardous situation or item to remain in one's house. As long as the hazard remains, the owner is in violation of this verse and therefore the court may excommunicate him for failing to remove the danger.

מתני׳ חֲמִשָּׁה תַּמִּין, וַחֲמִשָּׁה מוּעָדִין.

MISHNA There are **five** damage-causing acts that an animal can perform twice and remain **innocuous**[H] even when its owner was warned each time to prevent it from doing so. After the third time, the animal is rendered forewarned. In such cases, the owner is liable to pay only half of the damages. **And** there are **five** damage-causing acts for which an animal is considered **forewarned,** at times even if it had never caused damage in that manner. In such cases the owner is liable to pay the full cost of the damage.

HALAKHA

And if he seized, we do not reclaim it – וְאִי תָּפַס לָא מַפְּקִינַן: Even though fines are not collected outside of Eretz Yisrael, if the injured party seizes property of the one liable for the damage that is of equal value to the amount that he should have received, the court does not reclaim it from him. The *Sma* writes that this includes the payment of four and five times the principal for stealing and then slaughtering or selling a sheep or ox. The Rema writes that after the injured party has seized the property, the court appraises the value of what was taken and calculates if there is any excess that must be returned (Rambam *Sefer Shofetim, Hilkhot Sanhedrin* 5:17; *Shulḥan Arukh, Ḥoshen Mishpat* 1:5).

Fix a time for me, etc. – קִבְעוּ לִי זִימְנָא וכו׳: If the injured party wishes to bring his case before ordained judges in Eretz Yisrael, the courts outside of Eretz Yisrael coerce the one liable for the damage to go to Eretz Yisrael together with him. The Rema writes that nowadays the custom is that if one has a court in his city, he cannot coerce the other party to take the case to a court in another city (Rambam *Sefer Shofetim, Hilkhot Sanhedrin* 5:17, 6:7; *Shulḥan Arukh, Ḥoshen Mishpat* 14:1, and see Beur HaGra there).

We excommunicate him – מְשַׁמְּתִינַן לֵיהּ: Even though judges that are not ordained are not empowered to collect fines, they can excommunicate the one liable for the damage until he compensates the injured party (Rambam *Sefer Shofetim, Hilkhot Sanhedrin* 5:16; *Shulḥan Arukh, Ḥoshen Mishpat* 14:1).

We excommunicate him until he removes the danger – מְשַׁמְּתִינַן לֵיהּ עַד דִּמְסַלֵּק הֶיזֵּיקָא: A court can excommunicate someone who has in his possession something that can cause damage, until he neutralizes the danger (Rambam *Sefer HaMadda, Hilkhot Talmud Torah* 6:14; *Shulḥan Arukh, Yoreh De'a* 334:43).

A vicious dog – כֶּלֶב רַע: It is prohibited to raise a vicious dog, unless the dog is chained (Rambam *Sefer Nezikin, Hilkhot Nizkei Mamon* 5:9; *Shulḥan Arukh, Ḥoshen Mishpat* 409:3).

You shall not bring blood into your house – לֹא תָשִׂים דָּמִים בְּבֵיתֶךָ: It is a positive mitzva to remove any item that is hazardous to the point of being life-threatening. If one does not remove such an item, one is in violation of the prohibition: "You shall not bring blood into your house" (Rambam *Sefer Nezikin, Hilkhot Rotze'aḥ UShmirat Nefesh* 11:4; *Shulḥan Arukh, Ḥoshen Mishpat* 409:3, 427:8).

Five damage-causing acts that an animal can perform twice and remain innocuous, etc. – חֲמִשָּׁה תַּמִּין וכו׳: For the following five acts an animal is considered innocuous until it has caused damage in that manner three times, when each time its owner was warned to prevent it from doing so: Goring with its horns, pushing with its body, biting, crouching upon items in order to damage them, and kicking. For acts classified as Eating and Trampling, an animal is considered forewarned from the outset (Rambam *Sefer Nezikin, Hilkhot Nizkei Mamon* 1:5; *Shulḥan Arukh, Ḥoshen Mishpat* 389:6).

הַבְּהֵמָה אֵינָהּ מוּעֶדֶת לֹא לִיגַּח, וְלֹא לִיגּוֹף, וְלֹא לִשּׁוֹךְ, וְלֹא לִרְבּוֹץ, וְלֹא לִבְעוֹט.

An animal is not considered **forewarned** with regard to Goring, i.e., **not for goring** with its horns, **nor for pushing** with its body, **nor for biting, nor for crouching** upon items in order to damage them, **nor for kicking.**[N] In these cases the animal is considered to be innocuous and its owner is liable for only half of the damages.

הַשֵּׁן מוּעֶדֶת לֶאֱכוֹל אֶת הָרָאוּי לָהּ, הָרֶגֶל מוּעֶדֶת לִשְׁבּוֹר בְּדֶרֶךְ הִילּוּכָהּ, וְשׁוֹר הַמּוּעָד, וְשׁוֹר הַמַּזִּיק בִּרְשׁוּת הַנִּיזָּק, וְהָאָדָם.

Concerning acts of damage performed with **the tooth,** the animal is considered **forewarned with regard to eating that which is fitting for it**[N] to eat. Concerning acts of damage performed with **the foot,** the animal is considered **forewarned with regard to breaking** items **while walking. And** there is **a forewarned ox,** which gored three times and each time his owner was warned to safeguard his ox from doing so. **And** there is **an ox that causes damage** to the property of the injured party while **on the property of the injured** party. **And** there is **the person,** i.e., any damage done by a person. In all of these cases the one who caused the damage is considered to be forewarned, resulting in the obligation to pay the full cost of the damage.

הַזְּאֵב, וְהָאֲרִי, וְהַדּוֹב, וְהַנָּמֵר, וְהַבַּרְדְּלָס, וְהַנָּחָשׁ – הֲרֵי אֵלּוּ מוּעָדִין; רַבִּי אֶלְעָזָר אוֹמֵר: בִּזְמַן שֶׁהֵן בְּנֵי תַרְבּוּת אֵינָן מוּעָדִין, וְהַנָּחָשׁ מוּעָד לְעוֹלָם.

The mishna presents the *halakha* for wild animals: **The wolf; the lion;**[H] **the bear; the leopard; the** ***bardelas***,[B] the meaning of which the Gemara will discuss; **and the snake. These are** considered **forewarned** even if they had never previously caused damage. **Rabbi Elazar says: When these** animals **are domesticated**[NB] **they are not** considered **forewarned. But the snake is always** considered **forewarned.**[B]

NOTES

Nor for biting, nor for crouching, etc. – **וְלֹא לִשּׁוֹךְ וְלֹא לִרְבּוֹץ וכו׳**: All of these actions are done with the objective of inflicting damage and they are therefore classified as Goring. Therefore, the animal is considered to be forewarned only once it has repeatedly caused such damage.

With regard to eating that which is fitting for it – **לֶאֱכוֹל אֶת הָרָאוּי לָהּ**: The Gemara will explain that when an animal eats something that is not considered fitting for it to eat, it is classified as Goring and not as Eating.

Domesticated – **בְּנֵי תַרְבּוּת**: Animals are regarded by *halakha* as domesticated if they were raised, at least for the majority of their life, in a person's home or around people and were trained from a young age not to cause damage.

The early commentaries note that the Rabbi Elazar mentioned here must be Rabbi Elazar ben Shammua. It cannot be Rabbi Eliezer ben Hyrcanus, as he states in the mishna in *Sanhedrin* (2a) that one can never assume that a wild animal has been domesticated and will not cause damage; rather, in all cases they are considered to be forewarned from the outset.

HALAKHA

The wolf, the lion, etc. – **הַזְּאֵב וְהָאֲרִי וכו׳**: The wolf, the lion, the bear, the leopard, the *bardelas*, and the snake are considered to be forewarned even if they never previously caused damage. Therefore, if they cause damage or kill someone in any way whatsoever their owner is liable to pay the full cost of the damage. It makes no difference if these animals are wild or domesticated. This is in accordance with the first *tanna* of the mishna (Rambam *Sefer Nezikin, Hilkhot Nizkei Mamon* 1:6; *Shulḥan Arukh, Ḥoshen Mishpat* 389:8).

BACKGROUND

When these are domesticated – **בִּזְמַן שֶׁהֵן בְּנֵי תַרְבּוּת**: The dispute between the Rabbis and Rabbi Elazar concerns the issue of whether it is possible to domesticate wild animals. It has been demonstrated that it is possible to train wild predatory animals not to cause harm and they may then be kept in the home with some degree of certainty that they will not attack others. According to the Rabbis, even if a predatory animal has been trained from a young age it is impossible to assume that the training has changed it to the degree that one can be certain that it will not cause damage.

The snake is always forewarned – **הַנָּחָשׁ מוּעָד לְעוֹלָם**: In the talmudic period, non-venomous snakes were raised domestically in order to rid homes of mice and other rodents. Since a snake is not intelligent enough to be trained to refrain from attacking something that it perceives as a threat, there is always the possibility that a snake may attack. Consequently, all agree that a snake is forewarned even if it has been domesticated.

BACKGROUND

Bardelas – **בַּרְדְּלָס**: In the Talmud, the word *bardelas* may be used to refer to one of three different animals: It may refer to a small animal, probably similar to the marten or polecat (see Rashi). Sometimes it is used to refer to the striped hyena, and some say that this is the intention in the Gemara here. Others claim that the reference here is to the cheetah, a spotted animal from the cat family found in Asia and Africa.

Marten

Polecat

Cheetah

Striped hyena

גמ׳ מִדְּקָתָנֵי: הַשֵּׁן מוּעֶדֶת לֶאֱכוֹל – מִכְּלָל דְּבַחֲצַר הַנִּיזָּק עָסְקִינַן, וְקָתָנֵי: בְּהֵמָה אֵינָהּ מוּעֶדֶת – לְשַׁלֵּם כּוּלֵּיהּ, אֲבָל חֲצִי נֶזֶק מְשַׁלֶּמֶת.

GEMARA **From** the fact **that** the mishna **teaches** in its latter clause: Concerning acts of damage performed with **the tooth,** the animal is considered **forewarned with regard to eating** that which is fitting for it to eat, we learn, **by inference, that we are dealing** throughout the mishna **with** cases of damage done **in the courtyard of the injured** party, as one is exempt from liability for acts of damage classified as Eating if they occur in the public domain. **And** yet the first clause **teaches: An animal is not** considered **forewarned** with regard to Goring. Stating that it is not forewarned indicates that the liability of its owner is limited only **with regard to paying the full** cost **of** the damage, **but** the owner **pays half** the cost of **the damage.**

מַנִּי? רַבָּנַן הִיא, דְּאָמְרִי: מְשׁוּנָּה קֶרֶן בַּחֲצַר הַנִּיזָּק – חֲצִי נֶזֶק הוּא דִּמְשַׁלֵּם.

The Gemara asks: **Who is** it that holds that when damage classified as Goring is done within the property of the injured party the owner of the belligerent animal is liable for only half of the damages? **It is the Rabbis, who say:** The *halakha* of cases of **Goring** performed by an innocuous animal, which is **atypical** behavior, done **in the courtyard of the injured** party, is that the owner of the ox **pays half** the cost of **the damage.**

אֵימָא סֵיפָא: שׁוֹר הַמּוּעָד, וְשׁוֹר הַמַּזִּיק בִּרְשׁוּת הַנִּיזָּק, וְהָאָדָם; אֲתָאן לְרַבִּי טַרְפוֹן, דְּאָמַר: מְשׁוּנָּה קֶרֶן בַּחֲצַר הַנִּיזָּק – נֶזֶק שָׁלֵם הוּא דִּמְשַׁלֵּם.

But then **say,** and try to explain accordingly, the next part of **the latter clause** of the mishna: **And** there is **a forewarned ox** that gored three times, and each time his owner was warned to safeguard his ox from doing so. **And** there is **an ox that causes damage** to the property of the injured party while **on the property of the injured** party. **And** there is **the person.** In these cases, the responsible party pays full damages. With this clause **we arrive at** the opinion of **Rabbi Tarfon, who says:** The *halakha* of cases of **Goring** performed by an innocuous animal, which is **atypical,** done **in the courtyard of the injured** party, is that the owner of the ox **pays** the **full** cost of the **damage** even if the ox is innocuous.

רֵישָׁא רַבָּנַן וְסֵיפָא רַבִּי טַרְפוֹן?

The Gemara asks: Could it be that **the first** part of the latter **clause** of the mishna is in accordance with the opinion of the **Rabbis and** the next part of **the latter clause is** in accordance with the opinion of **Rabbi Tarfon?**

אִין, דְּהָאָמַר לֵיהּ שְׁמוּאֵל לְרַב יְהוּדָה: שִׁינָּנָא, שְׁבוֹק מַתְנִיתִין וְתָא אַבַּתְרַאי, רֵישָׁא רַבָּנַן וְסֵיפָא רַבִּי טַרְפוֹן.

The Gemara answers: **Yes, as Shmuel said to Rav Yehuda: Large-toothed one, leave the mishna and follow after me** and my interpretation that **the first** part of the latter **clause** of the mishna is in accordance with the opinion of the **Rabbis and** the next part of **the latter clause is** in accordance with the opinion of **Rabbi Tarfon.**

רַבִּי אֶלְעָזָר מִשְּׁמֵיהּ דְּרַב אָמַר:

The Gemara presents a different interpretation of the mishna: **Rabbi Elazar said in the name of Rav:**

Perek **I**
Daf **16** Amud **a**

כּוּלָּהּ רַבִּי טַרְפוֹן הִיא, רֵישָׁא בְּחָצֵר הַמְיוּחֶדֶת לְפֵירוֹת לְאֶחָד מֵהֶן וְלָזֶה וְלָזֶה לְשָׁוָרִים, דִּלְגַבֵּי שֵׁן הָוְיָא לָהּ חֲצַר הַנִּיזָּק, וּלְגַבֵּי קֶרֶן הָוְיָא רְשׁוּת הָרַבִּים.

The entire mishna **is** in accordance with the opinion of **Rabbi Tarfon; the first** part of the latter **clause** is stated **with regard to** a jointly owned **courtyard,** which under the terms of their partnership is **designated for** the use of **one of them,** i.e., the injured party, **to** keep his **produce** there, **and for this** one **and for that** one **to** keep their **oxen** there. Accordingly, **with regard to** damage of the category of **Eating** caused by one partner's ox to the injured party's produce in that courtyard, **it is** equivalent to the case of **a courtyard** owned exclusively by **the injured** party, and the ox's owner is liable for all the damage. **But with regard to** damage of the category of **Goring,** since they are both allowed to keep oxen there, the courtyard **is** equivalent to **a public domain,** and if one's innocuous ox causes damage there, one is liable for only half the cost of the damage.

אָמַר רַב כָּהֲנָא: אֲמַרִיתָהּ לִשְׁמַעְתָּא קַמֵּיהּ דְּרַב זְבִיד מִנְּהַרְדְּעָא, וַאֲמַר לִי: מִי מָצֵית מוֹקְמַתְּ לַהּ כּוּלַּהּ כְּרַבִּי טַרְפוֹן? הָקָתָנֵי: הַשֵּׁן מוּעֶדֶת לֶאֱכוֹל אֶת הָרָאוּי לָהּ, רָאוּי לָהּ – אִין, שֶׁאֵין רָאוּי לָהּ – לָא.

Rav Kahana said: I stated this teaching of Rabbi Elazar **before Rav Zevid of Neharde'a, and he said to me: Are you** really **able to interpret** that **the entire** mishna **is in accordance with** the opinion of **Rabbi Tarfon? But doesn't** the mishna **teach:** Concerning acts of damage performed with **the tooth,** the animal is considered **forewarned with regard to eating that which is fitting for it** to eat. This indicates that only if what it eats **is fitting for it,** then **yes,** one is liable for the full cost of the damage, but if it eats something **that is not fitting for it,** the owner would **not** be liable for the full cost of the damage, but only for half the cost of the damage.

וְאִי רַבִּי טַרְפוֹן, הָאָמַר: מְשׁוּנֶּה קֶרֶן בַּחֲצַר הַנִּיזָּק – נֶזֶק שָׁלֵם מְשַׁלֵּם!

Rav Kahana explains his difficulty: **And if** the mishna is in accordance with the opinion of **Rabbi Tarfon,** the owner should be liable to pay the full cost of the damage even if his animal ate something not fitting for it, as **doesn't** Rabbi Tarfon **say:** The *halakha* of cases of **Goring** performed by an innocuous animal, which is **atypical,** done **in the courtyard of the injured** party, is that the owner of the ox **pays** the **full** cost of the **damage** even if the ox is innocuous.

אֶלָּא לְעוֹלָם רַבָּנַן הִיא, וְחַסּוּרֵי מִחַסְּרָא וְהָכִי קָתָנֵי: חֲמִשָּׁה תַּמִּים הֵן, וְאִם הוּעֲדוּ חֲמִשְׁתָּן מוּעָדִין.

Rather, Rav Kahana said: **Actually** it must be that the entire mishna **is** in accordance with the opinion of **the Rabbis and** the mishna **is incomplete and this** is what **it is teaching:** The opening clause should be understood as saying: There are **five** damage-causing acts that animals can perform twice and remain **innocuous, but if they were warned** for performing those acts three times, with regard to **the five** acts **they are** considered **forewarned,** i.e., the mishna is not referring to two different sets of damages, five acts for which the animal is considered innocuous and five for which it is considered forewarned. Rather, both statements in the initial clause of the mishna are referring to the same five acts of Goring, and they teach that although the animal is initially considered innocuous with regard to these five acts, it can become forewarned.

וְשֵׁן וְרֶגֶל מוּעָדִין מִתְּחִילָּתָן, וְהֵיכָן הַעֲדָתָן? בַּחֲצַר הַנִּיזָּק.

The next part of the mishna then provides another *halakha*: **But** for damage of the categories of **Eating and Trampling,** an animal is considered **forewarned from the outset.** The next two items in the mishna: A forewarned ox and an ox that causes damage on the property of the injured party, should be understood as a question and an answer: **And where** does **their forewarned status** with regard to these acts apply? It applies **in the courtyard of the injured** party. According to Rav Kahana's explanation, the statement: In the courtyard of the injured party, refers only to cases of Eating or Trampling, not to acts classified as Goring, and therefore it is true even according to the opinion of the Rabbis.

מַתְקִיף לַהּ רָבִינָא, הָא קָתָנֵי לְקַמָּן: שׁוֹר הַמַּזִּיק בִּרְשׁוּת הַנִּיזָּק כֵּיצַד; אִי אָמְרַתְּ בִּשְׁלָמָא אַיְירֵי בַּהּ, מִשּׁוּם הָכִי קָתָנֵי ״כֵּיצַד״, אֶלָּא אִי אָמְרַתְּ לָא אַיְירֵי בַּהּ, מַאי ״כֵּיצַד״?

Ravina objects to this explanation: **Doesn't** the mishna **below** (24b) **teach:** With regard to the case of **an ox that causes damage** to the property of the injured party **on the property of the injured** party, stated in the mishna here (15b), **how so,** i.e., what are the circumstances in which one is liable to pay the full cost of the damage? The mishna below (24b) proceeds to list acts of damage classified as Goring. Ravina states his objection: **Granted, if you say** that the mishna here (15b) **discusses that** case, i.e., that it is referring to Goring, it is **due to that** ruling that the mishna below **teaches: How so,** and proceeds to discuss one's liability for Goring, as it is elucidating the case mentioned in the mishna here. **But if you say,** as Rav Zevid suggests, that the mishna here (15b) **does not discuss** Goring, **what** is the meaning of the mishna below when it asks: **How so,** and then proceeds to discuss one's liability for Goring?

אֶלָּא אָמַר רָבִינָא, חַסּוּרֵי מִחַסְּרָא וְהָכִי קָתָנֵי: חֲמִשָּׁה תַּמִּים הֵן, וְאִם הוּעֲדוּ חֲמִשְׁתָּן מוּעָדִין.

Rather, Ravina said: The mishna **is incomplete and this** is what **it is teaching:** There are **five** damage-causing acts that animals can perform twice and remain **innocuous, but if they were warned** for performing those acts three times with regard to **the five** acts, **they are** considered **forewarned.**

וְשֵׁן וָרֶגֶל מוּעָדִין מִתְּחִילָּתָן, וְזֶהוּ שׁוֹר הַמּוּעָד. וְשׁוֹר הַמַּזִּיק בִּרְשׁוּת הַנִּיזָּק – מַחֲלוֹקֶת רַבִּי טַרְפוֹן וְרַבָּנַן. וְיֵשׁ מוּעָדִים אֲחֵרִים כַּיּוֹצֵא בְּאֵלּוּ: הַזְּאֵב, וְהָאֲרִי, וְהַדּוֹב, וְהַבַּרְדְּלֵס, וְהַנָּמֵר, וְהַנָּחָשׁ.

The next part of the mishna then provides another *halakha*: **But** for damage of the categories of **Eating and Trampling,** an animal is considered **forewarned from the outset, and this is** a case in which all agree that the animal is classified as **a forewarned ox.**[N] **And** there is the case of **an ox that causes damage** to the property of the injured party, **on the property of the injured** party, which **is** subject to **a dispute** between **Rabbi Tarfon and the Rabbis. And there are other** cases **similar to these** in which animals are considered **forewarned**[N] from the outset, namely: **The wolf, the lion, the bear, the leopard, the *bardelas*, and the snake.**

תַּנְיָא נַמִּי הָכִי: חֲמִשָּׁה תַּמִּים הֵן, וְאִם הוּעֲדוּ חֲמִשְׁתָּן מוּעָדִין, וְשֵׁן וָרֶגֶל מוּעָדִין מִתְּחִילָּתָן, וְזֶהוּ שׁוֹר הַמּוּעָד. וְשׁוֹר הַמַּזִּיק בִּרְשׁוּת הַנִּיזָּק – מַחֲלוֹקֶת רַבִּי טַרְפוֹן וְרַבָּנַן. וְיֵשׁ מוּעָדִין אֲחֵרִים כַּיּוֹצֵא בְּאֵלּוּ: הַזְּאֵב, וְהָאֲרִי, הַדּוֹב, וְהַנָּמֵר, וְהַבַּרְדְּלֵס, וְהַנָּחָשׁ.

The Gemara notes: **This** interpretation of the mishna **is also taught** in a *baraita*: There are **five** damage-causing acts that animals can perform twice and remain **innocuous, but if they were warned** for performing those acts three times with regard to **the five** acts, **they are** considered **forewarned.** The next part of the mishna then provides another *halakha*: **But** for damage of the categories of **Eating and Trampling,** an animal is considered **forewarned from the outset, and this is** a case in which all agree that the animal is classified as **a forewarned ox. And** there is the case of **an ox that causes damage** to the property of the injured party, **on the property of the injured** party, which **is** subject to **a dispute** between **Rabbi Tarfon and the Rabbis. And there are other** cases **similar to these** in which animals are considered **forewarned** from the outset, namely: **The wolf, the lion, the bear, the leopard, the *bardelas*, and the snake.**

אִיכָּא דְּרָמוּ לַהּ מִירְמָא; תְּנַן: חֲמִשָּׁה תַּמִּים וַחֲמִשָּׁה מוּעָדִים; וְתוּ לֵיכָּא? וְהָאִיכָּא: הַזְּאֵב, הָאֲרִי, וְהַדּוֹב, וְהַנָּמֵר, וְהַבַּרְדְּלֵס, וְהַנָּחָשׁ!

There are those **who raise** this issue **as a contradiction** and through doing so arrived at the same conclusions, as follows: **We learned** in the opening clause of the mishna: There are **five** damage-causing acts that animals can perform twice and remain **innocuous, and** there are **five** damage-causing acts for which an animal is considered **forewarned.** With regard to this, one can ask: **But is there nothing else? But aren't there** the cases mentioned in the continuation of the mishna: **The wolf, the lion, the bear, the leopard, the *bardelas*, and the snake?** These are considered to be forewarned even if they had never caused damage before.

וּמְשַׁנֵּי, אֲמַר רָבִינָא, חַסּוּרֵי מִחַסְּרָא וְהָכִי קָתָנֵי: חֲמִשָּׁה תַּמִּים הֵן, וְאִם הוּעֲדוּ חֲמִשְׁתָּן מוּעָדִין. וְשֵׁן וָרֶגֶל מוּעָדִין מִתְּחִילָּתָן, וְזֶהוּ שׁוֹר הַמּוּעָד. וְשׁוֹר הַמַּזִּיק בִּרְשׁוּת הַנִּיזָּק – מַחֲלוֹקֶת רַבִּי טַרְפוֹן וְרַבָּנַן. וְיֵשׁ מוּעָדִין אֲחֵרִים כַּיּוֹצֵא בְּאֵלּוּ: הַזְּאֵב, וְהָאֲרִי, הַדּוֹב, וְהַנָּמֵר, וְהַבַּרְדְּלֵס, וְהַנָּחָשׁ.

And they **resolve** the contradiction through that which **Ravina said:** The mishna **is incomplete and this** is what **it is teaching:** There are **five** damage-causing acts that animals can perform twice and remain **innocuous, but if they were warned** for performing those acts three times with regard to **the five** acts, **they are** considered **forewarned.** The next part of the mishna then provides another *halakha*: **But** for damage of the categories of **Eating and Trampling,** an animal is considered **forewarned from the outset, and this is** a case in which all agree that the animal is classified as **a forewarned ox. And** there is the case of **an ox that causes damage** to the property of the injured party, **on the property of the injured** party, which **is** subject to **a dispute** between **Rabbi Tarfon and the Rabbis. And there are other** cases **similar to these** in which animals are considered **forewarned** from the outset, namely: **The wolf, the lion, the bear, the leopard, the *bardelas*, and the snake.**

״וְלֹא לִרְבּוֹץ״. אָמַר רַבִּי אֶלְעָזָר: לֹא שָׁנוּ אֶלָּא פַּכִּין גְּדוֹלִים, אֲבָל פַּכִּין קְטַנִּים – אוֹרְחֵיהּ הוּא.

§ The mishna teaches: An animal is not considered forewarned with regard to Goring, i.e., not for goring with its horns, nor for pushing with its body, nor for biting, **nor for crouching** upon items in order to damage them. **Rabbi Elazar says:** They **taught** this **only** with regard to **large vessels,** as it is atypical for an animal to crouch upon them, and therefore the act is classified as a subcategory of Goring. **But** if the animal crouched upon **small vessels,**[H] since that **is its** typical **manner** of behavior, it is classified as a subcategory of Trampling, for which the animal is considered forewarned from the outset.

NOTES

And this is classified as a forewarned ox – וְזֶהוּ שׁוֹר הַמּוּעָד: Rashi explains that this statement refers back to the five acts of damage for which an animal is initially considered innocuous and teaches that when the animal performs those acts multiple times and is warned for doing so, all agree that it is then considered forewarned for those acts of damage. By contrast, the Ra'avad understands that this is a continuation of the previous statement, i.e., it is referring to acts classified as Eating and Trampling. Accordingly, the purpose of the statement is that in these cases there is agreement that the animal is considered forewarned, unlike the following case of damage caused in the domain of the injured party, which is subject to a dispute.

And there are other cases similar to these in which animals are forewarned – וְיֵשׁ מוּעָדִים אֲחֵרִים כַּיּוֹצֵא בָּאֵלּוּ: *Tosafot* note that each animal has a typical manner through which it causes damage. Therefore, every animal is considered forewarned with regard to an act that is typical for its species. If an animal departs from its typical manner, it is not considered forewarned with regard to that act; rather, it is considered as though it was innocuous, and the owner is liable for only half the cost of the damage.

HALAKHA

Small vessels – פַּכִּין קְטַנִּים: With regard to damage caused to small vessels when an animal crouches down upon them, some say that an animal is always considered forewarned with regard to this act (Rambam). Others rule that an animal is not considered to be forewarned from the outset with regard to this (Rosh). These two opinions are in accordance with the two opinions presented in the Gemara (Rambam *Sefer Nezikin, Hilkhot Nizkei Mamon* 1:5; *Shulḥan Arukh, Ḥoshen Mishpat* 389:7).

לֵימָא מְסַיַּיע לֵיהּ: הַבְּהֵמָה מוּעֶדֶת לְהַלֵּךְ כְּדַרְכָּהּ וּלְשַׁבֵּר וּלְמַעֵךְ אֶת הָאָדָם וְאֶת הַבְּהֵמָה וְאֶת הַכֵּלִים.

The Gemara suggests: **Let us say** that the following *baraita* **supports** the opinion of Rabbi Elazar: **An animal is** considered **forewarned,** from the outset, **to walk in its** typical **manner and to break or crush a person, or an animal, or vessels.** The *baraita* indicates that an animal's typical manner is to crush vessels, presumably by crouching down upon them. This would seem to contradict the mishna that states that such behavior is atypical. It would appear the only resolution to this contradiction is if one accepts the distinction made by Rabbi Elazar that the mishna concerns large vessels and the *baraita* concerns small vessels.

דִּלְמָא מִן הַצַּד.

The Gemara rejects this: **Perhaps** the *baraita* concerns a case where the animal pushed against the utensils **from the side** and crushed them against a wall, but it does not concern a case where it crouched upon them.

אִיכָּא דְּאָמְרִי: אָמַר רַבִּי אֶלְעָזָר, לָא תֵּימָא: כֵּלִים גְּדוֹלִים הוּא דְּלָאו אוֹרְחֵיהּ, אֲבָל כֵּלִים קְטַנִּים אוֹרְחֵיהּ הוּא, אֶלָּא אֲפִילוּ כֵּלִים קְטַנִּים נַמִי לָאו אוֹרְחֵיהּ הוּא.

There are those **who say** a different version of this discussion, as follows: **Rabbi Elazar says: Do not say** that the mishna's ruling refers only to **large vessels, as it is atypical** for an animal to crouch upon them, **but** if the animal crouched upon **small vessels, that is its** typical **manner** and for that type of damage the animal is considered forewarned. **Rather,** the mishna refers **even** to **small vessels, as it is atypical** for an animal to crouch upon them.

מֵיתִיבִי: וּלְמַעֵךְ אֶת הָאָדָם וְאֶת הַבְּהֵמָה וְאֶת הַכֵּלִים!

The Gemara **raises an objection** from a *baraita*: An animal is considered forewarned, from the outset, to walk in its typical manner and to break **or crush a person, or an animal, or vessels.**

אֲמַר רַבִּי אֶלְעָזָר: דִּלְמָא מִן הַצַּד.

Rabbi Elazar said: Perhaps the *baraita* concerns only a case where the animal pushed against the utensils **from the side** and crushed them against a wall.

אִיכָּא דְּרָמֵי לַהּ מִירְמָא; תְּנַן: וְלֹא לִרְבּוֹץ, וְהָתַנְיָא: וּלְמַעֵךְ אֶת הָאָדָם וְאֶת הַבְּהֵמָה וְאֶת הַכֵּלִים! אֲמַר רַבִּי אֶלְעָזָר, לָא קַשְׁיָא: כָּאן בְּכֵלִים גְּדוֹלִים, כָּאן בְּכֵלִים קְטַנִּים.

There are those **who raise** this issue **as a contradiction: We learned** in the mishna: An animal is not considered forewarned with regard to Goring, i.e., not for goring with its horns, nor for pushing with its body, nor for biting, **nor for crouching** upon items in order to damage them. **But isn't it taught** in a *baraita*: An animal is considered forewarned, from the outset, to walk in its typical manner and to break **or crush a person, or an animal, or vessels?** In order to resolve this contradiction, **Rabbi Elazar said:** It is **not difficult; here,** in the mishna, the reference is to **large vessels,** while **there,** in the *baraita*, the reference is to **small vessels.**

״הַזְּאֵב וְהָאֲרִי״ וכו׳. מַאי בַּרְדְּלֵס? אֲמַר רַב יְהוּדָה: נַפְרָזָא. מַאי נַפְרָזָא? אֲמַר רַב יוֹסֵף: אַפָּא.

§ The mishna teaches: **The wolf, the lion,** the bear, the leopard, the *bardelas*, and the snake; these are considered to be forewarned even if they had never caused damage before. The Gemara asks: **What is a *bardelas*? Rav Yehuda said:** It is a ***nafreza***.[L] The Gemara asks: **What is a *nafreza*? Rav Yosef said:** It is **an *appa***.[L]

מֵיתִיבֵי, רַבִּי מֵאִיר אוֹמֵר: אַף הַצָּבוֹעַ, רַבִּי אֱלִיעֶזֶר אוֹמֵר: אַף הַנָּחָשׁ; וַאֲמַר רַב יוֹסֵף: צָבוֹעַ זוֹ אַפָּא!

The Gemara **raises an objection** from a *baraita*: In addition to the list of animals that are considered forewarned, **Rabbi Meir says: Also the hyena** [*tzavo'a*].[B] **Rabbi Elazar says: Also the snake. And Rav Yosef said** in explanation of the *baraita*: The **hyena** mentioned by Rabbi Meir, **this is** the animal called **an *appa***. If Rav Yosef understands a hyena to be an *appa*, how could he also claim, above, that it is a *bardelas*?

לָא קַשְׁיָא: כָּאן בְּצָבוֹעַ זָכָר, כָּאן בְּצָבוֹעַ נְקֵיבָה;

The Gemara explains: It is **not difficult: Here,** in the *baraita*, Rabbi Meir is **referring to a male hyena,**[N] and **there,** in the mishna, the reference is to **a female hyena.**

NOTES

Referring to a male hyena [*tzavo'a*], etc. – **בִּצְבוֹעַ זָכָר וכו׳**: Rashi, in his first interpretation in the Gemara, says that the *bardelas* mentioned in the mishna is the male hyena, which is more dangerous than the female hyena, and Rabbi Meir added the female hyena to this list of forewarned animals using the term *tzavo'a*. In his second interpretation Rashi claims the opposite, i.e., that the mishna is speaking of a female hyena, which is more dangerous, and Rabbi Meir added the male hyena, which is less dangerous, using the term *tzavo'a*. This is also the opinion of Rabbeinu Ḥananel. By contrast, the Meiri understands that a *tzavo'a* is another species of *bardelas* and it is Rabbi Meir's opinion that only the male *tzavo'a* is dangerous, while the male and the female of the *bardelas* are equally dangerous.

LANGUAGE

Nafreza – **נַפְרָזָא**: Some editions of the Talmud read *navreza*. The etymology of this word remains unclear. It is possible that it is an Aramaic word with Akkadian roots.

Appa – **אַפָּא**: Apparently the source of this word is the Assyrian *abba*, which in Babylonian became *appa*.

BACKGROUND

Hyena [*tzavo'a*] – **צָבוֹעַ**: Generally speaking, the species of hyena found in Eretz Yisrael in contemporary times, despite being a strong animal whose teeth are capable of crushing even hard bones, is of no danger to people and even flees from them. It appears from the Jerusalem Talmud that the *baraita* is referring to a specific season, perhaps the mating season, in which the hyena becomes aggressive and dangerous to man, and certainly to other animals. There is also a species of hyena called the spotted hyena, today found in South Africa, that in ancient times was found in Eretz Yisrael, whose packs would at times prey upon other animals and even on people.

Spotted hyena

דְּתַנְיָא: צָבוֹעַ זָכָר לְאַחַר שֶׁבַע שָׁנִים נַעֲשֶׂה עֲטַלֵּף, עֲטַלֵּף לְאַחַר שֶׁבַע שָׁנִים נַעֲשֶׂה עַרְפָּד, עַרְפָּד לְאַחַר שֶׁבַע שָׁנִים נַעֲשֶׂה קִימּוֹשׁ, קִימּוֹשׁ לְאַחַר שֶׁבַע שָׁנִים נַעֲשֶׂה חוֹחַ, חוֹחַ לְאַחַר שֶׁבַע שָׁנִים נַעֲשֶׂה שֵׁד, שִׁדְרוֹ שֶׁל אָדָם לְאַחַר שֶׁבַע שָׁנִים נַעֲשֶׂה נָחָשׁ; וְהָנֵי מִילֵּי דְּלָא כָּרַע בְּ״מוֹדִים״.

And it is apparent that a male hyena is distinct from a female one, as it is taught in a *baraita*: **A male hyena**[N] **after seven years**[B] **metamorphoses into an insectivorous bat** [*atalef*]; **an insectivorous bat after seven years metamorphoses into a herbivorous bat** [*arpad*];[L] **a herbivorous bat after seven years metamorphoses into a thistle** [*kimosh*]; **a thistle after seven years metamorphoses into a briar** [*ḥo'aḥ*];[LN] **and a briar after seven years metamorphoses into a demon.** Similarly, **a person's spine, seven years after** his death, **metamorphoses into a snake.** The Gemara qualifies the last statement: **And this matter applies** only to a case **where** that person **did not bow during** the blessing of **thanksgiving,**[N] the eighteenth blessing of the *Amida* prayer.

אָמַר מָר, רַבִּי מֵאִיר אוֹמֵר: אַף הַצָּבוֹעַ,

The Gemara analyzes the *baraita*: **The Master says** above: In addition to the list of animals that are considered forewarned, **Rabbi Meir says: Also the hyena.**

NOTES

As it is taught, a male hyena, etc. – דְּתַנְיָא צָבוֹעַ זָכָר וכו׳: The *Arukh* has an alternate version of the text that reads: The male hyena metamorphoses into a female hyena. According to this version, the *baraita* is cited to demonstrate that the female of the species is more dangerous than the male, and that explains why the female is the one referred to in the mishna.

The early commentaries also cite the parallel remarks found in the Jerusalem Talmud (*Shabbat*, 1:3), which state that every seven years God renews the world and the creatures of the world mutate into other forms. There, the Sages are not referring to changes that occur while the animal is still alive, but rather to changes that occur after an animal's death. It is possible that the claims should be taken as referring to metaphysical development and teaching that something that is evil, if it is not uprooted from the world, will continue to develop a deeper level of evil, and in each cycle of development it will transform into something worse.

Thistle, briar – קִימּוֹשׁ, חוֹחַ: Simply understood, these are referring to types of thorns that can cause damage. Some suggest that the *ḥo'aḥ* is actually an edible type of thorn, possibly the wild artichoke. Some commentaries suggest that this is a list of demons and evil spirits (see *Sefer HaMelitza*).

Where he did not bow during thanksgiving – דְּלָא כָּרַע בְּמוֹדִים: The early commentaries explain that this is a punishment measure for measure. The Sages teach that when bowing and rising in the thanksgiving blessing, one should raise one's head like a snake (*Berakhot* 12b). Accordingly, one who did not transform himself with his movement during prayer into a snake in order to honor the Creator during his lifetime will eventually be punished and mutated into a snake after his death (see *Tosafot* 16b).

BACKGROUND

After seven years – לְאַחַר שֶׁבַע שָׁנִים: It is said that over a seven-year period most of the living cells of the body are replaced with new ones, and in that sense it can be posited that the body of an animal has been almost entirely transformed. Nevertheless, it would appear the Gemara here is not referring to a transformation that is recognized by modern science.

LANGUAGE

Herbivorous bat [*arpad*] – עַרְפָּד: The meaning of *arpad* is not at all certain, however, in the *Targum Yerushalmi* to the Torah, and similarly in the Samaritan translation, the word *atalef*, which also appears in the *baraita*, is rendered *arpada*. It would therefore seem that it is a species of bat. It is possible that the difference between the *atalef* and the *arpad* is that the *atalef* is smaller and feeds on small insects, whereas the *arpad* is larger and feeds on fruit.

Nowadays, *arpad* is used to refer to the vampire bat. That is unlikely to be the meaning of the *baraita* here as this species is found only in the Americas.

Thistle [*kimosh*], briar [*ḥo'aḥ*] – קִימּוֹשׁ, חוֹחַ: These two terms are both found in the Bible, and sometimes they are even mentioned together, for example: "Thistles and briars in her fortresses" (Isaiah 34:13). Based on the context, it appears that both are wild thorny plants. From the verses and from the *baraita* here it would seem that the *ḥo'aḥ* has larger and harder thorns.

Perek **I**
Daf **16** Amud **b**

רַבִּי אֶלְעָזָר אוֹמֵר: אַף הַנָּחָשׁ. וְהָא אֲנַן תְּנַן: רַבִּי אֶלְעָזָר אוֹמֵר: בִּזְמַן שֶׁהֵן בְּנֵי תַרְבּוּת אֵינָן מוּעָדִים, וְהַנָּחָשׁ מוּעָד לְעוֹלָם!

Rabbi Elazar says: Also the snake. By using the term also, Rabbi Elazar suggests he considers a snake to be forewarned to the same extent as the other animals in the mishna's list, which, according to his opinion, are not considered to be forewarned if they are domesticated. The Gemara asks: **But didn't we learn** in the mishna: **Rabbi Elazar says: When these** animals **are domesticated they are not** considered to be **forewarned, but the snake is always** considered **forewarned?**

תְּנֵי: נָחָשׁ.

The Gemara answers: Emend and **teach** the *baraita* as saying that Rabbi Elazar says: **A snake,** instead of saying: Also a snake. Accordingly, the *baraita* is teaching that he holds that only a snake is considered to be forewarned under all circumstances because he holds that even if it is domesticated it is still prone to caused damage.

אָמַר שְׁמוּאֵל: אֲרִי בִּרְשׁוּת הָרַבִּים, דָּרַס וְאָכַל – פָּטוּר, טָרַף וְאָכַל – חַיָּיב;

§ The Gemara considers cases of damage caused by a lion: **Shmuel says:** With regard to **a lion** that kills an animal **in the public domain, if it clawed**[N] its prey **and ate it,**[NB] the lion's owner is **exempt** from liability. But if it first **tore apart** its prey with its teeth in order to kill it, **and** only then **ate** it, the owner is **liable** for the damage.

BACKGROUND

Clawed and ate it – דָּרַס וְאָכַל: Predatory animals of various species have different ways of killing their prey. Most predatory animals of the feline family, including lions and leopards, use their paws to kill their prey, employing their teeth only to finish the process. Only afterward do they tear the body of the prey with their teeth. This way of killing is called *derisa*, clawing, in talmudic terminology. It has ramifications in the *halakhot* of damages and also has implications with regard to defining an animal as a torn animal that cannot be permitted for consumption through ritual slaughter. In contrast to this, other animals, such as wolves, primarily use their teeth in order to kill their prey. This is referred to in talmudic terminology as *tereifa*, tearing apart, and accordingly the term *ḥayot teref*, literally animals that tear apart, refers specifically to such animals. Although at times animals may alter their method of killing based on the size of their prey, their hunting methods are generally uniform. For this reason, when an animal kills in a way that is different from its usual method, it is displaying atypical behavior.

NOTES

A lion in the public domain, if it clawed, etc. – אֲרִי בִּרְשׁוּת הָרַבִּים דָּרַס וכו׳: The *Yam Shel Shlomo* asks whether according to this ruling the owner of a lion can let his lion loose in the public domain and be entirely exempt from payment for any damage caused. Could it really be that one can endanger the public with no consequences? Ultimately, he concedes that since the *halakha* dictates that one is not liable if one's animal causes damage in its typical manner in the public thoroughfare, the case of a lion is no different. Even though allowing one's lion to go loose would appear to be a demonstration of gross negligence, since it is highly unusual for the animal to attack, there was never a need to make a unique provision with regard to it, and so the general exemption from liability remains. By contrast, *Naḥalat David* argues that a lion owner would certainly never be allowed to do so. He notes that if, as the Gemara rules subsequently, one may not keep a vicious dog, he certainly would not be allowed to let a lion roam free.

Clawed and ate it – דָּרַס וְאָכַל: Rabbeinu Ḥananel explains that the term clawing means that the animal strikes with its paw and thereby stuns or kills its prey, and the term tearing apart means that the animal kills its prey with its teeth. By contrast, Rashi and most of the early commentaries explain that the term clawing is referring to a case where the animal wounds its prey and then begins to eat it while it is still alive, and the term tearing apart is referring to a case where the animal first kills its prey and only afterward eats it (see *Shita Mekubbetzet*). He concludes that the straightforward understanding of the talmudic discussion here is closer to the second interpretation than to the first (*Tosefot* of Rabbi Shimshon of Saens).

דָּרַס וְאָכַל – פָּטוּר, כֵּיוָן דְּאוֹרְחֵיהּ לְמִידְרַס הֲוָה לֵיהּ כְּמוֹ שֶׁאָכְלָה פֵּירוֹת וִירָקוֹת, דַּהֲוָה לֵיהּ שֵׁן בִּרְשׁוּת הָרַבִּים וּפָטוּר. טָרַף – לָאו אוֹרְחֵיהּ הוּא.

The Gemara elucidates: If it **clawed** its prey **and ate** it, the owner is **exempt,**[H] **since it is its typical manner to claw** its prey and eat it, and **it is** therefore **equivalent to** the case of an animal **that eats fruit and vegetables** belonging to someone else. Therefore, **it is** classified as **Eating** done **in a public domain, and** the owner of the lion is **exempt.** But if the lion first **tore apart** its prey to kill it, since this **is not its typical manner,** the act is classified as Goring, for which an owner is liable even in a public thoroughfare.

לְמֵימְרָא, דִּטְרֵיפָה לָאו אוֹרְחֵיהּ הוּא? וְהָכְתִיב: ״אַרְיֵה טֹרֵף בְּדֵי גֹרוֹתָיו״! בִּשְׁבִיל גּוּרוֹתָיו. ״וּמְחַנֵּק לְלִבְאֹתָיו״! בִּשְׁבִיל לְבְאוֹתָיו. ״וַיְמַלֵּא טֶרֶף חֹרָיו״! בִּשְׁבִיל חוֹרָיו. ״וּמְעֹנֹתָיו טְרֵפָה״! בִּשְׁבִיל מְעוֹנוֹתָיו.

The Gemara asks: **Is this to say that tearing apart** its prey **is not the** typical **manner** of a lion? **But isn't it written: "The lion tears apart for its young,** and it strangles for its lionesses, and it fills its caves with prey, and its den with that which was torn apart" (Nahum 2:13). The description in the verse clearly indicates that it is the typical manner of a lion to tear apart its prey. The Gemara answers that each phrase of this verse is referring not to a situation where the lion catches prey for its own immediate use, but to one where it provides food **for its young,** as it says: "The lion tears apart for its young"; to provide food **for its lionesses: "And it strangles for its lionesses";** to provide food **for** the young cubs in **its lair: "And it filled its lair with prey";** and to provide food **for** the young cubs in **its den: "And its den with that which was torn apart."** Therefore, we cannot learn from this verse that it is the typical manner of a lion to tear apart prey for its own immediate use.

וְהָתַנְיָא: וְכֵן חַיָּה שֶׁנִּכְנְסָה לַחֲצַר הַנִּיזָּק, טָרְפָה בְּהֵמָה וְאָכְלָה בָּשָׂר – מְשַׁלֵּם נֶזֶק שָׁלֵם!

The Gemara asks: **But isn't it taught** in a *baraita* concerning acts classified as Eating: **And similarly,** in the case of **a wild animal,** including a lion, **that entered the courtyard of the injured** party **and tore apart** the courtyard owner's **animal and ate** its **meat,** the owner of the wild animal **pays the full** cost of the **damage.**

הָכָא בְּמַאי עָסְקִינַן – שֶׁטְּרָפָה לְהַנִּיחַ. הָא ״אָכְלָה״ קָתָנֵי! בְּשֶׁנִּמְלְכָה וְאָכְלָה.

The Gemara answers: **With what are we dealing here?** This is a case **where it tore apart** the animal in order **to leave it** for later consumption. Since this is typical behavior for a lion, the lion is considered forewarned with regard to it. The Gemara asks: **Doesn't** the *baraita* **teach:** And **ate** its meat? The Gemara answers: This is a case **where** the lion initially killed the animal to leave it for later consumption but then **reconsidered and ate** it.

מְנָא יָדְעִינַן? וְעוֹד, דִּשְׁמוּאֵל נַמִי דִּלְמָא הָכִי הוּא!

The Gemara questions this understanding: **How can we know** what the animal's initial intentions were? **And furthermore,** if one accepts this claim, then the ruling **of Shmuel** is **also** called into question, as **perhaps** the case he ruled on **is** a case like **this,** where the lion initially intended to leave the prey he killed for later consumption, and therefore the owner should be exempt. The Gemara therefore rejects this understanding.

אֲמַר רַב נַחְמָן בַּר יִצְחָק, לִצְדָדִין קָתָנֵי: שֶׁטְּרָפָה לְהַנִּיחַ, אוֹ דְּרָסָה וְאָכְלָה – מְשַׁלֶּמֶת נֶזֶק שָׁלֵם.

Rav Naḥman bar Yitzḥak said: The *baraita* **teaches** two cases **disjunctively** and should be understood as teaching two *halakhot*: With regard to a lion **that tore apart** an animal in order **to leave** it for later consumption, **or** a lion that **clawed** its prey **and ate** it, since each acted in the typical manner of a lion, the owner **pays the full** cost of the **damage.**

רָבִינָא אֲמַר: כִּי קָאָמַר שְׁמוּאֵל – בַּאֲרִי תַּרְבּוּת, וְאַלִּיבָּא דְּרַבִּי אֶלְעָזָר, דְּאָמַר: לָאו אוֹרְחֵיהּ.

Ravina said: It is the typical manner of a wild lion to kill its prey and then eat it, and therefore such damage is classified as Eating. Accordingly, if the damage was done in the public domain, the lion's owner is exempt from any liability. **When Shmuel says** that an owner is liable if his lion does so, that was **with regard to a domesticated lion and in accordance with** the opinion **of Rabbi Elazar, who says it is not the** typical **manner** of a domesticated wild animal to attack. Accordingly, the act is classified as being of the category of Goring, for which one is liable even in a public thoroughfare.

אִי הָכִי, אֲפִילּוּ דְּרָסָה נַמִי לִיחַיֵּיב!

The Gemara asks: **If so,** then **even** when the lion **clawed** its prey and ate it, the owner **should be liable** for any damage it causes in a public domain, since according to Rabbi Elazar such behavior is atypical for a domesticated lion. Why then does Shmuel rule that in such a case the owner is exempt?

HALAKHA

If it clawed its prey and ate it, the owner is exempt, etc. – **דָּרַס וְאָכַל פָּטוּר וכו׳**: Some rule that even wild animals are considered to be forewarned only when they cause damage or injury in a manner that is typical for them to do so. Therefore, since it is the typical manner of a lion to either claw its prey and eat it or tear it apart for later consumption, if it does so the owner of the lion is liable to pay the full cost of the damage. If it tears apart its prey and then eats it straight away, that is considered atypical behavior; it is therefore classified as Goring and the lion is considered to be innocuous with regard to it. Accordingly, the owner of the lion is liable only for half the cost of the damage. Similarly, for other animals whose typical manner is to tear apart their prey and only then eat it, if they claw their prey and then eat it while it is still alive, that is considered atypical behavior and the owner is liable for half the cost of the damage (Ri, in accordance with the opinion of Shmuel).

The Rambam rules against the opinion of Shmuel because of the numerous difficulties the Gemara raises with his opinion. Therefore, he rejects the various distinctions Shmuel makes and rules that it is considered to be the typical manner of any wild animal to tear apart its prey and eat it. The owner of a wild animal is therefore liable for the full cost of the damage (Rambam *Sefer Nezikin, Hilkhot Nizkei Mamon* 3:7; *Shulḥan Arukh, Ḥoshen Mishpat* 389:3, 391:6).

אֶלָּא, דְּרָבִינָא לָאו אַשְּׁמוּאֵל אִתְּמַר, אֶלָּא אַמַּתְנִיתָא; כִּי תָּנֵי מַתְנִיתָא – בַּאֲרִי תַּרְבּוּת, וְאַלִּיבָּא דְּרַבִּי אֶלְעָזָר, דְּאָמַר: לָאו אוֹרְחֵיהּ.

The Gemara concedes that its presentation of Ravina's opinion is untenable: **Rather, Ravina's** explanation **was not stated in reference to Shmuel's** ruling, but **rather in reference to the *baraita*,** cited above, that discusses a case where a lion causes damage in the courtyard of the injured party. Accordingly, Ravina's statement should be understood as follows: **When the *baraita* teaches** that one is liable if one's lion tore apart an animal and ate it, that was **with regard to a domesticated lion and in accordance with** the opinion **of Rabbi Elazar, who says it is not the** typical **manner** of a domesticated wild animal to attack.

אִי הָכִי, חֲצִי נֶזֶק בָּעֵי לְשַׁלּוּמֵי! דְּאִיַּיעַד.

The Gemara asks: **If that is so,** since the act is atypical behavior for a lion, it should be classified as Goring, and the owner should be **required to pay** for only **half** the cost of **the damage.** The Gemara answers: The *baraita* is referring to a case **where** the lion **was forewarned.**

אִי הָכִי, מַאי הַאי דְּקָתָנֵי לַהּ גַּבֵּי תּוֹלָדָה דְּשֵׁן? גַּבֵּי תּוֹלָדָה דְּקֶרֶן בָּעֵי לְמִיתְנְיֵיהּ! קַשְׁיָא.

The Gemara questions further: **If that is so, what** is the reason **that** the *baraita* **teaches this among** the **subcategories of Eating? It should have taught it among** the **subcategories of Goring.** The Gemara concedes: This is **a difficulty** with this explanation.

מתני׳ מַה בֵּין תָּם לְמוּעָד?

MISHNA What is the difference **between** the liability incurred for damage caused by an ox that is considered **innocuous and** the liability incurred for damage caused by an ox that is **forewarned?**[HN]

אֶלָּא שֶׁהַתָּם מְשַׁלֵּם חֲצִי נֶזֶק מִגּוּפוֹ, וּמוּעָד מְשַׁלֵּם נֶזֶק שָׁלֵם מִן הָעֲלִיָּיה.

The **only** differences are **that** for damage caused by **an innocuous** ox, the owner **pays half** the cost of **the damage** exclusively **from** proceeds of the sale **of the body** of the ox, **and** for **a forewarned** ox **he pays the full** cost of the **damage from** his **higher** property.

גמ׳ מַאי ״עֲלִיָּיה״? אָמַר רַבִּי אֶלְעָזָר: בִּמְעוּלָּה שֶׁבִּנְכָסָיו;

GEMARA What does the mishna mean by saying he pays from his **higher** [*aliyya*] property? **Rabbi Elazar says:** It means that he pays **with the superior-quality** [***bame'ulla***] items **of his property.**[N]

וְכֵן הוּא אוֹמֵר: ״וַיִּשְׁכַּב חִזְקִיָּהוּ עִם אֲבֹתָיו וַיִּקְבְּרֻהוּ בְּמַעֲלֵה קִבְרֵי בְנֵי דָוִיד״, וְאָמַר רַבִּי אֶלְעָזָר: ״בְּמַעֲלֵה״ – אֵצֶל מְעוּלִּים שֶׁבַּמִּשְׁפָּחָה, וּמַאן נִינְהוּ? דָּוִד וּשְׁלֹמֹה.

And similarly, the fact that the word *aliyya* is referring to superior-quality property is indicated by the verse that **states: "And Hezekiah lay with his ancestors, and they buried him in the best** [***bema'ale***] **of the sepulchers of the descendants of David"** (II Chronicles 32:33), **and Rabbi Elazar says:** The term ***bema'ale*** means **beside the best of the family.**[N] **And who are they? David and Solomon.**

״וַיִּקְבְּרֻהוּ בְקִבְרֹתָיו אֲשֶׁר כָּרָה לוֹ בְּעִיר דָּוִיד וַיַּשְׁכִּיבֻהוּ בַּמִּשְׁכָּב אֲשֶׁר מִלֵּא בְּשָׂמִים וּזְנִים״ – מַאי ״בְּשָׂמִים וּזְנִים״? רַבִּי אֶלְעָזָר אָמַר: זִינֵי זִינֵי, רַבִּי שְׁמוּאֵל בַּר נַחְמָנִי אָמַר: בְּשָׂמִים שֶׁכָּל הַמֵּרִיחַ בָּהֶן בָּא לִידֵי זִימָּה.

The Gemara offers an interpretation of another verse about the burial of a king of Judea, King Asa: **"And they buried him in his own sepulchers, which he had hewn out for himself in the city of David, and laid him in the resting place, which was filled with perfumes and spices** [***zenim***][LN] prepared by the perfumers' art" (II Chronicles 16:14). **What** is meant by **"perfumes and spices"? Rabbi Elazar says:** It means **many** different **types** [*zinei*] of perfumes. **Rabbi Shmuel bar Nahmani**[P] **says:** The word *zenim* sounds similar to the word *zenut*, licentiousness, and should therefore be understood about types of **perfumes that anyone who smells them is led to licentiousness.**

HALAKHA

What is the difference between innocuous and forewarned – מַה בֵּין תָּם לְמוּעָד: Whenever damage is caused by an animal that is forewarned for that damaging act, the owner pays for the full cost of the damage from his superior-quality property. If the animal was considered innocuous with regard to that damaging act, the owner pays for half the cost of the damage exclusively from proceeds of the sale of the body of the ox (Rambam *Sefer Nezikin, Hilkhot Nizkei Mamon* 1:7; *Shulḥan Arukh, Ḥoshen Mishpat* 389:9).

LANGUAGE

Spices [*zenim*] – זְנִים: The word is apparently borrowed from the Iranian terms for kind or variety, including the Old Persian zana, which is apparently the source of the word in Daniel 3:5.

PERSONALITIES

Rabbi Shmuel bar Naḥmani – רַבִּי שְׁמוּאֵל בַּר נַחְמָנִי: An *amora* of Eretz Yisrael who lived during the second and third generations, Rabbi Shmuel bar Naḥmani was an important teacher of *aggada*. He was a disciple of Rabbi Yonatan, in whose name he transmitted many statements. He also studied under Rabbi Yehoshua ben Levi. Rabbi Shmuel bar Naḥmani lived in Lydda in central Eretz Yisrael.

NOTES

What is the difference between innocuous and forewarned – מַה בֵּין תָּם לְמוּעָד: The purpose of the mishna is not to teach the difference in how much of the damage one is liable for, as that distinction has already been discussed. Rather the intention is to highlight the fact that there is a fundamental distinction in the nature of the payment. For damage caused by an innocuous ox, the owner pays only from the proceeds of the sale of the ox, as indicated by the verse: "They shall sell the live ox and divide its monetary value" (Exodus 21:35). The owner's liability is therefore limited to the value of the ox, and if at times the value of half the cost of the damage exceeds the value of the ox, the owner is not required to pay any more. With regard to a forewarned ox, the Torah instructs: "He shall pay an ox for an ox" (Exodus 21:36), and it does not specify from what source the owner has to pay. Accordingly, it is understood that he should pay the full cost of the damage from his own pocket, and the Sages derive that he must pay with his superior-quality property (*Nimmukei Yosef*).

With the superior-quality items of his property – בִּמְעוּלָּה שֶׁבִּנְכָסָיו: The word *aliyya*, higher, can also be referring to an attic; therefore, the phrase: From one's higher property, could be understood to mean that one is liable to pay from his own pocket, even if that means paying from the property stored away in his attic. To dispel that possibility, the Gemara explains that the intended interpretation of *aliyya* here is a reference to the requirement to pay with one's superior-quality property.

Beside the best of the family – אֵצֶל מְעוּלִּים שֶׁבַּמִּשְׁפָּחָה: King Hezekiah's father, Ahaz, was a wicked king, and the Sages teach that Hezekiah buried his father in a dishonorable fashion. Based on this, some explain that when it came to bury King Hezekiah, it was not deemed proper to bury him next to his own father and instead a different place, befitting his dignity, was chosen (*Iyyun Ya'akov*).

Perfumes and spices – בְּשָׂמִים וּזְנִים: The Maharsha explains that prior to his death, King Asa suffered from a foot ailment. He made use of these spices on his sickbed, and that is why he was buried with them.

"כִּי כָרוּ שׁוּחָה לְלָכְדֵנִי וּפַחִים טָמְנוּ לְרַגְלָי" – רַבִּי אֶלְעָזָר אָמַר: שֶׁחֲשָׁדוּהוּ מִזּוֹנָה, רַבִּי שְׁמוּאֵל בַּר נַחְמָנִי אָמַר: שֶׁחֲשָׁדוּהוּ מֵאֵשֶׁת אִישׁ.

The Gemara cites another dispute between Rabbi Elazar and Rabbi Shmuel bar Naḥmani: Jeremiah requested of God to punish those who hounded him: **"For they have dug a pit to trap me and they have set snares for my feet"** (Jeremiah 18:22). In what way did they dig a pit to trap him? **Rabbi Elazar says: They cast suspicion upon him of** engaging in intercourse with **a woman who had engaged in sexual intercourse with a man forbidden to her by the Torah** [*zona*].[N] **Rabbi Shmuel bar Naḥmani says: They cast suspicion upon him of** engaging in intercourse with **a married woman.**

בִּשְׁלָמָא לְמַאן דְּאָמַר שֶׁחֲשָׁדוּהוּ מִזּוֹנָה, הַיְינוּ דִּכְתִיב: "כִּי שׁוּחָה עֲמֻקָּה זוֹנָה", אֶלָּא לְמַאן דְּאָמַר שֶׁחֲשָׁדוּהוּ מֵאֵשֶׁת אִישׁ, מַאי "שׁוּחָה"? אַטּוּ אֵשֶׁת אִישׁ מִי נָפְקָא מִכְּלַל זוֹנָה?

The Gemara asks: **Granted, according to the one who says that they cast suspicion upon him of** engaging in intercourse with **a *zona*, this is** because the word "pit" is used as a metaphor for a *zona*, **as it is written: "For a *zona* is a deep pit"** (Proverbs 23:27). **But according to the one who says that they cast suspicion upon him** of engaging in intercourse with **a married woman,** for **what** reason did Jeremiah use the word **"pit"?** The Gemara answers: **Due to** the fact that she is **a married woman, should she be excluded from the category of a *zona*?** If she commits adultery she is also termed a *zona*, and the term "pit" can justifiably be applied to her.

בִּשְׁלָמָא לְמַאן דְּאָמַר שֶׁחֲשָׁדוּהוּ מֵאֵשֶׁת אִישׁ, הַיְינוּ דִּכְתִיב: "וְאַתָּה ה' יָדַעְתָּ אֶת כׇּל עֲצָתָם עָלַי לַמָּוֶת", אֶלָּא לְמַאן דְּאָמַר שֶׁחֲשָׁדוּהוּ מִזּוֹנָה, מַאי "לַמָּוֶת"? שֶׁהִשְׁלִיכוּהוּ לִבְאֵר טִיט.

The Gemara asks: **Granted, according to the one who says that they cast suspicion upon him of** engaging in intercourse with **a married woman, this is** consistent with **that which is written: "You, Lord, know all their plans to kill me"** (Jeremiah 18:23). By claiming he engaged in intercourse with a married woman, they implicated him in a prohibition punishable by the death penalty. **But according to the one who says that they suspected him of** engaging in intercourse with **a *zona*, what** did he mean by saying **"to kill me"** when there is no court-imposed capital punishment for doing so? The Gemara answers: Jeremiah was referring to the fact **that they cast him into a pit of mire.**[B]

דָּרַשׁ רָבָא, מַאי דִּכְתִיב: "יִהְיוּ מֻכְשָׁלִים לְפָנֶיךָ בְּעֵת אַפְּךָ עֲשֵׂה בָהֶם"? אָמַר יִרְמְיָה לִפְנֵי הַקָּדוֹשׁ בָּרוּךְ הוּא: רִבּוֹנוֹ שֶׁל עוֹלָם, אֲפִילּוּ בְּשָׁעָה שֶׁעוֹשִׂין צְדָקָה, הַכְשִׁילֵם בִּבְנֵי אָדָם שֶׁאֵינָן מְהוּגָּנִים, כְּדֵי שֶׁלֹּא יְקַבְּלוּ עֲלֵיהֶן שָׂכָר.

Rava interpreted a verse **homiletically: What** is the meaning of that **which is written: "Let them be made to stumble before You;**[N] **deal with them in the time of Your anger"** (Jeremiah 18:23)? It means that **Jeremiah said before the Holy One, Blessed be He: Master of the Universe, even at a time when they** try to **perform** acts of **charity, make them stumble** by ensuring that they do so **with people**[N] **who are unworthy** of charity **in order that they should not receive** the **reward** for helping **them.**

"וְכָבוֹד עָשׂוּ לוֹ בְמוֹתוֹ" – מְלַמֵּד שֶׁהוֹשִׁיבוּ יְשִׁיבָה עַל קִבְרוֹ.

The Gemara, above, cited a verse concerning King Hezekiah's burial. The Gemara cites the continuation of that verse: **"And they afforded him honor**[N] **in his death"** (II Chronicles 32:33). This **teaches that they established a yeshiva**[N] **at his grave** to study Torah there.

פְּלִיגִי בַּהּ רַבִּי נָתָן וְרַבָּנַן, חַד אָמַר: שְׁלֹשָׁה,

Rabbi Natan and the Rabbis disagree with regard to this yeshiva: **One said:** They studied there for **three** days.

BACKGROUND

They cast him into a pit of mire – הִשְׁלִיכוּהוּ לִבְאֵר טִיט: As described in Jeremiah, chapter 38, Jeremiah prophesied that those who stayed in the city would die of hunger and pestilence while those who submitted to the Chaldeans would survive. Jeremiah's words angered some officials among the people who saw them as treasonous, and they threw him into a pit. Jeremiah nearly drowned in the mire and was saved by the intervention of a Nubian slave of the king, who pleaded with the king to save Jeremiah and brought thirty people to help drag him out of the mire.

NOTES

They cast suspicion upon him of engaging in intercourse with a *zona* – שֶׁחֲשָׁדוּהוּ מִזּוֹנָה: *Tosafot* add that since Jeremiah was a priest it would have been prohibited for him to consort with a *zona*; therefore, suspicions were cast not just that he engaged in sexual intercourse with a woman, which would have been unseemly, but about one who was known to be a *zona*, who was actually forbidden to him. The Maharsha explains why they chose to cast suspicions concerning Jeremiah with regard to sexual intercourse. Just as the Gemara explains (*Sanhedrin* 110a) that when Moses separated from his wife in order to be prepared to receive prophecy at any moment, people suspected him of licentious behavior, so too, since Jeremiah was instructed not to marry (see Jeremiah 16:2), similar suspicions were raised against him.

Let them be made to stumble before You – יִהְיוּ מֻכְשָׁלִים לְפָנֶיךָ: *Tosafot* add that by saying "before You," Jeremiah hinted that they should stumble even with regard to the giving of charity, with regard to which it is stated: "Your charity will go before You" (Isaiah 58:8). Rabbeinu Yeshaya (cited in the *Shita Mekubbetzet*; see Maharsha) adds that Jeremiah's concluding phrase: "In the time of Your anger," alludes to Jeremiah's wish that despite the fact that the verse states: "A gift in secret suppresses anger" (Proverbs 21:14), his antagonists should still be made to stumble even if they give such gifts.

Make them stumble with people, etc. – הַכְשִׁילֵם בִּבְנֵי אָדָם וכו׳: Some of the early commentaries claim that even when one mistakenly gives charity to someone who is unworthy of that charity, his actions are still regarded as partially fulfilling a mitzva since his intentions were noble. This conclusion is supported by the discussion at the end of tractate *Pe'a*. These commentaries add that in order for the merit of fulfilling the mitzva to protect one at a time of divine anger, one needs to have actually fulfilled the mitzva fully (Rabbi Yoshiya Pinto).

And they afforded him honor, etc. – וְכָבוֹד עָשׂוּ לוֹ וכו׳: Apparently the Sages followed the maxim: "The only honor is through Torah" (*Avot* 6:3), and therefore they interpreted the honor afforded to King Hezekiah as referring to the study of Torah (*Etz Yosef*).

They established a yeshiva – שֶׁהוֹשִׁיבוּ יְשִׁיבָה: *Tosafot* question the propriety of studying Torah next to a grave, since there is a prohibition against studying Torah within four cubits of a corpse; doing so is considered to be an infraction of "mocking the downtrodden" (Proverbs 17:5), as the deceased is no longer able to fulfill the mitzva himself. *Tosafot* suggest that they established the yeshiva more than four cubits away from the grave. The Ri Migash, in a lengthy discussion, explains that the prohibition against studying Torah in the presence of a corpse is only where people do so for their own interests. In this case, where the entire purpose of doing so was to afford honor to the deceased, it is not considered "mocking the downtrodden" but is a valuable practice. Furthermore, when this is done for a Torah scholar it is certainly considered appropriate. Rashi (*Yevamot* 122b) cites the *ge'onim*, who say that the practice was to gather around the gravesite of the great *amora'im* on the annual day of their passing in order to honor them by engaging in Torah study there. Accordingly, this was certainly an honorable practice for Hezekiah, who spread Torah throughout the Jewish people.

NOTES

And one said seven days, etc. – וְחַד אָמַר: שִׁבְעָה וכו׳: The different opinions here reflect different stages of the mourning process. The first three days are defined as days for crying, the first week is the main mourning period, and for thirty days a lighter form of mourning is observed (*Nimmukei Yosef*).

Bared shoulders – חֲלוּצֵי כָתֵף: Rashi suggests that they rent their garments until they bared one of their shoulders. Rav Hai Gaon and the *ge'onim* explain that the custom was to have one's arm protrude through the tear in the cloak that was rent in mourning, thereby resulting in a bared shoulder.

וְחַד אָמַר: שִׁבְעָה, וְאָמְרִי לַהּ: שְׁלֹשִׁים.

And the other one said: They studied there for **seven** days.[N] **And some say** they studied there for **thirty** days.

תָּנוּ רַבָּנַן "וְכָבוֹד עָשׂוּ לוֹ בְמוֹתוֹ" – זֶה חִזְקִיָּה מֶלֶךְ יְהוּדָה, שֶׁיָּצְאוּ לְפָנָיו שְׁלֹשִׁים וְשִׁשָּׁה אֶלֶף חֲלוּצֵי כָתֵף, דִּבְרֵי רַבִּי יְהוּדָה;

The Sages taught a *baraita* that offers another interpretation of the verse cited: **"And afforded him [*lo*] honor in his death"** (II Chronicles 32:33). **This** is referring to the honor given to **Hezekiah, king of Judea, that** at his burial **36,000** men with **bared shoulders**[NB] **went out before him.** They removed their robes from their shoulders as a sign of mourning. The number 36,000 is alluded to by the numerical value of the word *lo*, which is thirty-six. This is **the statement of Rabbi Yehuda.**

אָמַר לוֹ רַבִּי נְחֶמְיָה: וַהֲלֹא לִפְנֵי אַחְאָב עָשׂוּ כֵּן!

Rabbi Neḥemya said to him: But didn't they also **do this before Ahab?** Apparently, if they did this for the wicked king Ahab, it is an honor shown to all kings, and it is was not a unique show of honor for the righteous Hezekiah.

אֶלָּא, שֶׁהִנִּיחוּ סֵפֶר תּוֹרָה עַל מִטָּתוֹ, וְאָמְרוּ: קִיֵּים זֶה מַה שֶּׁכָּתוּב בָּזֶה.

Rather, the honor that was done for Hezekiah was **that they laid a Torah scroll upon his bier and they said: This one,** i.e., Hezekiah, **fulfilled that which is written in this,** i.e., the Torah scroll.

וְהָאִידָּנָא נַמִי עָבְדִינַן הָכִי! אַפּוֹקֵי מַפְּקִינַן, אַנּוֹחֵי לָא מַנְחִינַן. וְאִיבָּעֵית אֵימָא: אַנּוֹחֵי נַמִי מַנְחִינַן, "קִיֵּים" לָא אָמְרִינַן.

The Gemara asks: **But nowadays as well, we do this** for any great Torah scholar that dies, so what is unique about what was done to honor Hezekiah? The Gemara answers: Nowadays, **we take** a Torah scroll **out** but **we do not lay** it on the bier of the deceased. **And if you wish, say** instead that nowadays **we also lay** a Torah scroll on the bier of the deceased; but **we do not say:** This one **fulfilled** that which is written in this.

אֲמַר רַבָּה בַּר בַּר חָנָה: הֲוָה אָזֵילְנָא בַּהֲדֵיהּ דְּרַבִּי יוֹחָנָן לְמִשְׁאַל שְׁמַעְתָּא, כִּי הֲוָה עָיֵיל לְבֵית הַכִּסֵּא וַהֲוָה בָּעֵינָא מִינֵּיהּ מִלְּתָא, לָא פָּשֵׁיט לָן עַד דְּמָשֵׁי יְדֵיהּ וּמַנַּח תְּפִילִּין וּמְבָרֵךְ, וַהֲדַר אֲמַר לָן. אֲפִילּוּ "קִיֵּים" אָמְרִינַן, "לִימֵּד" לָא אָמְרִינַן.

Rabba bar bar Ḥana said: I was once **walking together with Rabbi Yoḥanan to ask** him about this **statement. Whenever he would enter a lavatory,** upon his exit **I would ask him** to explain **a matter,** and **he would not answer us until he had washed his hands and donned his phylacteries and made** the **blessing, and** only **then would he answer us.** With regard to the honor given to King Hezekiah, he said: Nowadays, **we even say:** This one **fulfilled** that which is written in this, but **we do not say: He taught** that which is written in this, which was a unique honor performed at the burial of the righteous King Hezekiah.

BACKGROUND

Bared shoulders – חֲלוּצֵי כָתֵף: This is referring to the mourning practice where people would symbolically rend their clothes as if to remove them. As mentioned in the Gemara, the more one wishes to accentuate his expression of mourning and the honor shown for the dead, the more skin one exposes through his rending.

Mourner with bared shoulder

וְהָאָמַר מָר: גָּדוֹל תַּלְמוּד תּוֹרָה, שֶׁהַתַּלְמוּד מֵבִיא לִידֵי מַעֲשֶׂה! לָא קַשְׁיָא: הָא לְמִיגְמַר, הָא לְאַגְמוּרֵי.

The Gemara asks: **But didn't the Master say: Torah study is great**[H] **because** the **study** of Torah **leads to** one's **performance**[N] of the mitzvot? This indicates that the performance of mitzvot is considered of greater value than Torah study. If so, once Hezekiah had been praised with the fact that he fulfilled the mitzvot of the Torah, why mention that he studied it? The Gemara explains: This is **not difficult: This** statement of the Master is **about studying**[N] the Torah for one's own knowledge, and **that** unique praise given to King Hezekiah was **about teaching**[N] the Torah to others.

אָמַר רַבִּי יוֹחָנָן מִשּׁוּם רַבִּי שִׁמְעוֹן בֶּן יוֹחַאי, מַאי דִּכְתִיב: ״אַשְׁרֵיכֶם זֹרְעֵי עַל כָּל מָיִם מְשַׁלְּחֵי רֶגֶל הַשּׁוֹר וְהַחֲמוֹר״? כָּל הָעוֹסֵק בְּתוֹרָה וּבִגְמִילוּת חֲסָדִים – זוֹכֶה לְנַחֲלַת שְׁנֵי שְׁבָטִים.

§ A verse that was cited at the beginning of the this chapter (2b) as part of a halakhic exposition is now explained homiletically: **Rabbi Yoḥanan says in the name of Rabbi Shimon ben Yoḥai: What** is the meaning of that **which is written: "Happy are you that sow beside all waters, that send forth the feet of the ox and the donkey"** (Isaiah 32:20)?[N] It teaches that **whoever engages in** the study of **Torah and in** the performance of **acts of kindness merits** reward equal to **the portion of two tribes,**[N] Joseph and Issachar.

שֶׁנֶּאֱמַר: ״אַשְׁרֵיכֶם זֹרְעֵי״, וְאֵין זְרִיעָה אֶלָּא צְדָקָה, שֶׁנֶּאֱמַר: ״זִרְעוּ לָכֶם לִצְדָקָה וְקִצְרוּ לְפִי חֶסֶד״, וְאֵין מַיִם אֶלָּא תּוֹרָה, שֶׁנֶּאֱמַר: ״הוֹי כָּל צָמֵא לְכוּ לַמַּיִם״.

The Gemara explains how this is derived from the verse: **As it is stated: "Happy are you that sow."** And the reference to **sowing** refers **only** to acts of **charity, as it is stated: "Sow for yourselves for charity, reap according to kindness"** (Hosea 10:12). **And the** reference to **water** refers **only** to the study of **Torah, as it is stated** with regard to Torah study: **"Ho, all who are thirsty, go to water"** (Isaiah 55:1).

וְזוֹכֶה לְנַחֲלַת שְׁנֵי שְׁבָטִים; זוֹכֶה לְכִילָּה כְּיוֹסֵף, דִּכְתִיב: ״בֵּן פֹּרָת יוֹסֵף...בָּנוֹת צָעֲדָה עֲלֵי שׁוּר״, וְזוֹכֶה לְנַחֲלַת יִשָּׂשכָר, דִּכְתִיב: ״יִשָּׂשכָר חֲמֹר גָּרֶם״.

And the fact that **he merits** reward equal to **the portion of two tribes** is derived as follows: The reference to the ox in the verse is an allusion to Joseph, who is described as an ox (Deuteronomy 33:17), and one's reward is that **he merits to** receive **a canopy** of honor, **as** did **Joseph, as it is written: "Joseph is a fruitful vine,** a fruitful vine by a fountain; **its branches run over the wall."** The branches over the wall in this verse allude to the canopy. **And** the reference to the donkey is an allusion to the fact that **he merits** to receive **the portion of Issachar,** who is described as a donkey, **as it is stated: "Issachar is a large-boned donkey"** (Genesis 49:14).

אִית דְּאָמְרִי: אוֹיְבָיו נוֹפְלִים לְפָנָיו כְּיוֹסֵף, דִּכְתִיב: ״בָּהֶם עַמִּים יְנַגַּח יַחְדָּו אַפְסֵי אָרֶץ״, וְזוֹכֶה לְבִינָה כְּיִשָּׂשכָר, דִּכְתִיב: ״וּמִבְּנֵי יִשָּׂשכָר יוֹדְעֵי בִינָה לָעִתִּים לָדַעַת מַה יַּעֲשֶׂה יִשְׂרָאֵל״.

There are some **who say** that the comparison should be understood in a different manner. **His enemies will fall before him** just **like** in the blessing given by Moses to the tribe of **Joseph, as it is written** in the blessing bestowed by Moses to the tribe of Joseph: "His horns are the horns of the wild-ox; **with them he shall gore the nations, even to the ends of the earth"** (Deuteronomy 33:17). **And he merits the understanding of Issachar, as it is written: "And of the children of Issachar, men that had understanding of the times, to know what Israel ought to do"** (I Chronicles 12:33).

הדרן עליך ארבעה אבות

NOTES

Study leads to performance – **שֶׁהַתַּלְמוּד מֵבִיא לִידֵי מַעֲשֶׂה:** From the statement that Torah study is important because it leads to the performance of mitzvot, Rashi infers that the performance of mitzvot is ultimately more valuable than Torah study. *Tosafot* cite Rabbeinu Tam, who rejects Rashi's conclusion because in the original context in which the Gemara presents this statement it concludes from it that Torah study takes priority over the performance of mitzvot, which indicates that Torah study is of greater value. Accordingly, *Tosafot* explain that the Gemara's question was not whether the performance of mitzvot is more valuable, but whether once it is known that one performed the mitzvot, is it superfluous to say that he also studied Torah, since Torah study always leads to the performance of mitzvot.

This is about studying, etc. – **הָא לְמִיגְמַר וכו׳:** According to the conclusion of the Gemara, it would appear that the performance of mitzvot is of greater value than studying the Torah for one's own sake, but it is of less value than teaching Torah to others (Rashi). Despite this, Rabbeinu Ḥananel in his commentary states the exact opposite, that studying Torah for one's own knowledge is of greater value than the performance of mitzvot, which is of greater value than teaching Torah. The Rashba challenges this opinion, noting that it appears to directly contradict the Gemara. It seems that Rabbeinu Ḥananel's opinion is based on a different version of the text.

Tosafot cite the version held by the *She'iltot deRav Aḥai Gaon*, according to which the account of Rabbi Yoḥanan is presented as being connected to the current discussion. According to that version, Rabbi Yoḥanan was not asked directly to compare the value of Torah study and the performance of mitzvot; rather, the conclusion is drawn from Rabbi Yoḥanan's personal actions. The fact that Rabbi Yoḥanan first donned his phylacteries and only afterward answered the question indicates his opinion that the performance of mitzvot takes preference to teaching, which is like the conclusion of Rabbeinu Ḥananel.

This is about studying and that was about teaching – **הָא לְמִיגְמַר הָא לְאַגְמוּרֵי:** The Gemara in *Sanhedrin* (94b) describes how Ḥezekiah was a great disseminator of Torah. He went to the study hall, stuck a sword at the entrance, and declared: All those who do not engage in Torah study will be stabbed with this sword. As a result of his dedication to Torah study, the Gemara says that there were no ignoramuses to be found in Eretz Yisrael in his time, and all the children were versed in the *halakhot* of ritual purity. The Gemara therefore stresses that Hezekiah was praised for teaching Torah to others, and this is a greater level than performing mitzvot.

That send forth the feet of the ox and the donkey – **מְשַׁלְּחֵי רֶגֶל הַשּׁוֹר וְהַחֲמוֹר:** This aggadic passage was apparently chosen to complete this chapter as it refers both to Trampling caused by animals and Goring performed by an ox, and it interprets these allegorically to refer to the tribes of Joseph and Issachar. By choosing to discuss this aggadic passage, the chapter concludes on a positive note and not with issues of damages.

Merits the portion of two tribes – **זוֹכֶה לְנַחֲלַת שְׁנֵי שְׁבָטִים:** Rashi explains that the verse: "Happy are you that sow beside all waters, that send forth the feet of the ox and the donkey," is being interpreted as saying that those who have the merit of sowing beside all waters, an allusion to the study of Torah and the performance of acts of kindness, will be rewarded by being given the portions of those compared to an ox and a donkey, i.e., Joseph and Issachar. Not only is their reward given in the World-to-Come, but they are rewarded in this world as well, as is explained in the opening mishna of tractate *Pe'a* (*Iyyun Ya'akov*).

The Ra'avad explains that Joseph and Issachar are mentioned because their tribes were blessed with particularly abundant portions. This is indicated by the fact that Moses speaks of the good quality of Joseph's portion in the blessing he bestowed on him (see Deuteronomy 33:16), and with regard to Issachar it states: "He sees that the resting place is good, and the land, that it is pleasant" (Genesis 49:15).

HALAKHA

Torah study is great – **גָּדוֹל תַּלְמוּד תּוֹרָה:** The study of Torah is valued more than the performance of other mitzvot because the performance of mitzvot does not necessarily lead one to study Torah, but the study of Torah does lead to performing mitzvot. Therefore, if one has a choice of either studying Torah or engaging in the performance of some other mitzva, if the mitzva can be fulfilled by someone else, he should not cease his study. If the mitzva cannot be performed by someone else, he should perform that mitzva first and then return to his study (Rambam *Sefer HaMadda, Hilkhot Talmud Torah* 1:3, 3:2–3; *Shulḥan Arukh, Yoreh De'a* 246:18).

Summary of **Perek I**

It has been established that one must pay for any damage caused as a result of his actions or of his failure to properly safeguard his property.

Liability to pay restitution is incurred only when the damage is caused to the property of a Jew, but not in the case of damage caused to ownerless property or property belonging to a gentile, or to property that was consecrated to the Temple.

Generally, the one liable for the damage pays restitution for the full cost of the damage, and he pays from his best-quality land. An exception to this principle is damage caused by an animal that was innocuous but nevertheless caused damage with destructive intent, i.e., damage in the category of Goring. In that case, the owner is liable to pay for only half the cost of the damage, and the payment is made from the proceeds of the sale of the body of the belligerent animal. Similarly, the owner of the animal is liable to pay only half the cost of the damage caused by pebbles inadvertently propelled by the foot of his animal as it was walking. The Gemara considered the nature of these payments and concluded that the payment of half the cost of the damage in the case of the innocuous animal is considered to be a fine, whereas the payment for damage caused by pebbles is considered to be a reduced form of monetary restitution. Since the former is considered a fine, the various *halakhot* of fines apply, most significantly that one does not pay based on one's own admission; rather, one pays based only on the testimony of witnesses.

The primary categories of damage can be enumerated in various ways. The Gemara cited one opinion whose list included twenty-four different categories, most of them being forms of damage caused directly or indirectly by a person. On the whole, the discussion in this chapter was limited to damage caused by one's property, which may be divided into the following primary categories:

- Goring: This includes all forms of damage caused by an animal where the intention was to cause damage, and doing so was a departure from its typical behavior. This includes goring, biting, and kicking. Liability for such damage is incurred for damage both on private property and in a public domain, although there is a distinction between a case where the animal was innocuous and where it was forewarned.
- Eating: The essential characteristics of Eating are that the damage is caused through the normal actions of the animal and the animal derived pleasure from his actions. This includes consuming a person's produce, or rubbing itself up against a wall for its pleasure. Liability for this damage is limited to damage caused to property within the injured party's private property. Accordingly, if an animal consumed someone's produce in the public domain, its owner is exempt.
- Trampling: This refers to any damage resulting from the animal's normal movement, including treading on items while it walks or other forms of damage resulting

from its normal motions, such as knocking items over and breaking them as it passes. Also in these cases, liability is limited to damage caused to property within the injured party's private property.

- Pit: The classic case of this mentioned in the Torah is one who digs a pit on property that does not belong to him and people or animals are damaged by falling into it. This category also includes the creation of any public hazard, such as placing an obstacle in the public domain, although the *halakhot* of when such acts are classified as Pit is subject to a dispute among the *amora'im*. One who creates the hazard is liable to pay damages for any injury caused to an animal or a person, but he is exempt from liability in a case in which damage was caused to vessels or in a case in which a person was killed.
- Fire: One who lights a fire that spreads and causes damage, or who sets in motion any other type of obstacle that causes damage to others while in motion, is liable to pay the full cost of the damage. Liability is incurred irrespective of whether it occurred on the injured party's private property or in the public domain.

As mentioned, for damage of the category of Goring only, a distinction exists between an innocuous and a forewarned animal. Until an animal has repeatedly caused damage and has been warned for doing so, it is considered to be innocuous. Accordingly, if an innocuous animal causes damage it is considered to be an aberration, and so the owner is liable for only half the cost of the damage. Once the animal has been forewarned, the owner is required to pay for the full cost of any subsequent damage. For all other categories of damage, since the damage is caused by the animal's typical behavior, the animal is deemed to be forewarned even if it had never previously caused damage of that form. Accordingly, the owner is liable to pay the full cost of the damage even the first time it causes that form of damage.

Image **Credits**

My Notes

My Notes

My Notes

My Notes

My Notes

My Notes

My Notes